面向明日世界的科学能力

国际学生评估项目（PISA）2006报告

经济合作与发展组织（OECD）
上海市教育科学研究院
国际学生评估项目上海研究中心 译

图书在版编目（CIP）数据

面向明日世界的科学能力　国际学生评估项目（PISA）2006报告/ 经济合作与发展组织（OECD）：上海市教育科学研究院，国际学生评估项目上海研究中心译. — 上海:上海教育出版社，2010.12（2019.6重印）
ISBN 978-7-5444-3110-1

Ⅰ.①面... Ⅱ.①经...②上...③国... Ⅲ.①学生—教育评估—研究报告—世界—2006 Ⅳ.①G40-058.1

中国版本图书馆CIP数据核字(2010)第216800号

责任编辑　童　亮　李　玮
封面制作　陈　芸

面向明日世界的科学能力
国际学生评估项目（PISA）2006报告
经济合作与发展组织（OECD）
上海市教育科学研究院　译
国际学生评估项目上海研究中心

出版发行	上海教育出版社有限公司
官　　网	www.seph.com.cn
地　　址	上海市永福路123号
邮　　编	200031
印　　刷	昆山市亭林印刷有限责任公司
开　　本	850×1168　1/16　印张 23.75　插页 2
版　　次	2010年12月第1版
印　　次	2019年6月第2次印刷
书　　号	ISBN 978-7-5444-3110-1/G·2380
定　　价	98.00元

如发现质量问题，读者可向本社调换　　电话：021-64377165

国际学生评估项目

面向明日世界的科学能力

国际学生评估项目(PISA)2006报告

第1卷 分析

经济合作与发展组织

经济合作与发展组织(OECD),简称经合组织,是由 33 个市场经济国家组成的政府间国际经济组织,旨在共同应对全球化带来的经济、社会和政府治理等方面的挑战,并把握全球化带来的机遇。

经合组织提供了这样一种机制:各国政府可以相互比较政策实践,寻求共同问题的解决方案,甄别出良好的措施和协调的国内、国际政策。

经合组织的成员国有:澳大利亚、奥地利、比利时、加拿大、智利、捷克、丹麦、芬兰、法国、德国、希腊、匈牙利、冰岛、爱尔兰、以色列、意大利、日本、韩国、卢森堡、墨西哥、荷兰、新西兰、挪威、波兰、葡萄牙、斯洛伐克、斯洛文尼亚、西班牙、瑞典、瑞士、土耳其、英国、美国。欧盟委员会参与经合组织的工作。

本书英文原版和法文原版由经济合作与发展组织(OECD)以如下标题出版:

PISA 2006:Science Competencies for Tomorrow's World:Volume 1 Analysis

PISA 2006:Les compétences en sciences, un atout pour réussir:Volume 1 Analyse des résultats

PISA 2006:Science Competencies for Tomorrow's World:Volume 2 Data

PISA 2006:Les compétences en sciences, un atout pour réussir:Volume 2 Données

© 2007 OECD
PISA™,OECD/PISA™和 PISA 的徽标是经济合作与发展组织(OECD)的商标。
未经 OECD 允许,禁止使用 OECD 商标。

《面向明日世界的科学能力 国际学生评估项目(PISA)2006 报告》
© 2008 上海市教育科学研究院
本书按照与 OECD(巴黎)的协议出版。
中文版的质量以及与原版的一致性由上海市教育科学研究院负责。

前　言

　　个人、经济和社会都迫切需要提高教育水平,这一直是促使政府提高教育服务质量的动力。当今世界,国家的繁荣很大程度上源于其人力资本,而个人需要终其一生不断提高自己的知识和技能,才能在快速变化的世界中获得成功。教育系统要鼓励年轻人学习,增强他们离开学校后继续学习的能力和动力,为国家的繁荣和个人的成功奠定坚实的基础。

　　所有的利益相关者——父母、学生、那些从教和管理教育体系的人、广大公众,都需要清楚地了解他们的教育系统是如何帮助学生为生活做准备的。为了找到这个问题的答案,很多国家(地区)都对学生的学习进行监测。国际测评比较通过提供解释各国成绩的大量背景信息,能够扩大和丰富对本国情况的了解,帮助各国(地区)判断自己相对较强和较弱的领域,同时监测其进展状况。国际测评比较还能激励各国(地区)提高自身期望值,并激发各国(地区)的努力,帮助学生更好地学习,教师更好地教学,学校变得更加有效。

　　1997年,为回应学生学业成绩跨国比较研究需要,经济合作与发展组织(OECD)启动了国际学生评估项目(PISA™)。PISA显示了政府的职责所在,即定期地,在国际普遍接受的框架内,用学业成绩来监督教育系统结果。其目的在于运用一种反映成年生活所需技能的创新模式,为政策对话、为制定和执行教育目标中的合作提供新的基础。

　　推动PISA发展的关键特点是:它的政策导向;它革新的"素养"概念,即学生从所学内容外推的能力和将知识在新情境中应用的能力;它与终身学习的相关性;以及它的定期性。PISA现在已经成为最综合最严格的国际项目,测评学生成绩,收集学生、家庭和教育机构因素等有助于解释成绩差异的数据。参加PISA的国家(地区)经济总量接近全世界的90%。

　　第一次PISA研究是在2000年,聚焦在阅读素养,结果表明国家(地区)间存在广泛的差异,这些差异表现在国家(地区)多大程度上能成功地使年轻人接触、掌握、整合、评价并反思书面信息,以发展他们的潜能,并进一步扩大他们的视野。对一些国家(地区)来说,结果令人失望,虽然他们的学校教育年限与其他国家(地区)相同,有时教育投入也很高,但是他们15岁孩子的学业仍远落后于其他国家(地区)。另外,PISA 2000也强调了学校成绩的显著差异,更加关注学习机会分配的公平性。然而,PISA 2000也表明,有些国家(地区)在高质量和公平上都取得了成功,这在许多国家(地区)激发了前所未有的研究和政策讨论,都是有关推动教育成功的因素的。PISA 2003测评聚焦在数学能力上,结果发表后讨论更加激烈了。PISA 2003不仅把PISA覆盖的能力范围扩大到交叉课程问题解决领域,还在国际国内两个层面加深了对与高成绩标准相联系的政策和实践的分析。

　　自2003年以后PISA有哪些变化呢?本报告是PISA 2006研究的首批结果,它增加了一个重要的新视角,不仅看各国(地区)的名次,还要看他们自2000年来的变化。那些学生成绩高且公平的国家(地区)仍然是重要的基准,那些成绩显著提高的国家无疑也得到了很多关注。但是,

前言

这份报告远远超越了对各国（地区）学生成绩相对名次的研究，它聚焦科学能力，同时也考查学生对科学的态度，他们对拥有科学能力可能带来的生活机会的意识，对学校能提供的科学学习机会和学习环境的了解。而且本报告还把学生成绩放在其他因素背景中研究，诸如性别、社会经济背景以及学校政策和实践，深入了解这些因素怎样影响家庭和学校中知识和技能的发展，分析有哪些政策启示。

PISA 2006 测评于 2006 年 3 月至 11 月间在各个国家（地区）实施，因此本报告只能提供一个初步的结果，可以看做是深入研究及国际国内研究的出发点，就像 PISA 2000 和 PISA 2003 的首批结果报告那样。

这份报告是 PISA 参与国（地区）、PISA 专业协作组织框架内工作的专家和机构，以及 OECD 共同合作的成果。报告由 OECD 教育司的 Andreas Schleicher, John Cresswell, Miyako Ikeda 和 Claire Shewbridge 完成，在报告的建议、分析和编辑方面得到了以下人员的支持：Alla Berezner, David Baker, Roel Bosker, Rodger Bybee, Eric Charbonnier, Aletta Grisay, Heinz Gilomen, Eric Hanushek, Donald Hirsch, Kate Lancaster, Henry Levin, Elke Lüdemann, Yugo Nakamura, Harry O'Neill, Susanne Salz, Wolfram Schulz, Diana Toledo Figueroa, Ross Turner, Sophie Vayssettes, Elisabeth Villoutreix, Wendy Whitham, Ludger Woessman 和 Karin Zimmer。第 4 章也在很大程度上得益于 Jaap Scheerens 和 Douglas Willms 根据 PISA 2000 背景所做的分析工作。本书还得到了 Juliet Evans 在管理方面的支持。

PISA 的测评工具和报告中使用的数据是在澳大利亚教育研究委员会（ACER）Raymond Adams 的指导下，由 PISA 专业协作组织完成的；Rodger Bybee 担任指导科学测评框架开发工作的专家组主席。

以 Ryo Watanabe（日本）为主席的 PISA 理事会领导整个报告的工作。报告的附录 B 列出了各 PISA 团体成员、专家和顾问名单，他们对这份报告和整个 PISA 研究作出了贡献。

出版此报告是 OECD 总干事的职责。

目 录

第一章

绪 论 1

    PISA——概述 2

        ■ PISA 2006——聚焦科学 2

        ■ PISA 测评 2

    PISA 测评什么、怎样测评 4

        ■ PISA 成绩：测量了什么 6

        ■ PISA 工具：测量的实施 6

        ■ PISA 学生总体 8

    PISA 2006 研究的不同之处 10

        ■ 深入了解对学生的科学成绩和对科学的态度 10

        ■ 比较随时间推移产生的变化 11

        ■ 引入了新的学生背景信息 11

    本报告的组织 11

第二章

学生科学成绩概况 17

    引言 18

    PISA 测评学生科学成绩的方法 19

        ■ PISA 测评科学的方法 19

        ■ PISA 对科学素养的界定 20

        ■ PISA 的科学框架 21

        ■ PISA 2006 科学试题单元 25

        ■ 结果如何报告 26

        ■ PISA 科学试题概况 29

    学生在科学领域能做什么 33

        ■ 学生的科学成绩 33

    不同科学维度的学生成绩概述 45

- 不同科学能力上的学生成绩 ·· 45
- 不同知识领域的学生成绩 ·· 54

科学能力量表上学生成绩的详细分析 ·· 59
- 学生在识别科学议题上的成绩 ·· 59
- 学生在科学地解释现象上的成绩 ·· 66
- 学生在运用科学证据上的成绩 ·· 77

政策启示 ·· 87
- 满足对优秀科学人才的需求 ·· 87
- 确保坚实的科学能力基准 ·· 88
- 科学领域不同方面的强项与弱项 ·· 88
- 性别差异 ·· 89
- 结果重要吗? ·· 89

第三章
学生参与科学概况 ·· 95

引言 ·· 96

PISA 对态度和参与度的测量 ·· 96
- 测量指标解释说明 ·· 99

学生支持科学探究吗? ·· 101
- 普遍科学价值观 ·· 101
- 对科学探究的支持 ·· 104
- 个人科学价值观 ·· 104

学生是否相信自己能在科学上成功? ·· 107
- 学生对克服科学困难的信心 ·· 107
- 学生对科学的自我概念 ·· 110

学生对科学感兴趣吗? ·· 113
- 学习科学学科的兴趣 ·· 113
- 学好科学的重要性 ·· 118
- 因有用而学习科学的动机 ·· 119
- 科学相关活动 ·· 126

学生是否感到对资源和环境有责任感? ·· 128
- 对环境问题的意识 ·· 128
- 学生对环境问题的关注度 ·· 130

- 对环境问题的乐观度 ··· 132
- 对可持续发展的责任感 ·· 134
- 在对资源和环境责任感上的性别差异 ·· 134

科学成绩和对科学态度的性别差异概述 ·· 136

政策启示 ··· 136

第四章
学校和学生的成绩表现和公平 ·· 141

引言 ·· 142

保证学校达到一致的标准：学生成绩的校间差异与校内差异 ····································· 142

学习结果的质量与学习机会分配的公平性 ··· 145
- 移民背景与学生成绩 ··· 146
- 社会经济背景与学生和学校的成绩 ·· 151

社会经济差异和教育政策在减少社会经济不利因素影响中的作用 ······························ 162

社会经济背景和家长的作用 ··· 165

政策启示 ··· 167

低分学生集中 ·· 168

不同的斜率和社会经济梯度解释力 ··· 169

不同的社会经济状况 ··· 170

不同的校间梯度 ··· 171

不同的校内梯度 ··· 172

第五章
学校及教育体系特征与学生的科学成绩 ··· 181

概述 ·· 183

录取、选拔和分组政策 ·· 185
- 学校录取政策 ·· 185
- 教育机构的区分和留级 ·· 188
- 校内能力分组 ·· 191
- 学校录取、选拔和能力分组与学生科学成绩的关系 ··· 192

公共和私人利益相关者在学校管理和财政中的作用 ··· 197

- 学校管理和财政中的公共和私人利益相关者与学生科学成绩之间的关系 …………… 197

家长的作用：择校和家长对学校的影响 ……………………………………………………… 200
- 择校和家长对学校的影响与学生科学成绩之间的关系 ……………………………… 203

问责体制 …………………………………………………………………………………………… 204
- 问责体系的性质和用途 ………………………………………………………………… 207
- 向家长和公众反馈学生成绩 …………………………………………………………… 207
- 存在外部标准参照考试 ………………………………………………………………… 209
- 问责政策与学生科学成绩的关系 ……………………………………………………… 210

学校管理方式和利益相关者在决策中的参与 ………………………………………………… 212
- 学校教职员在学校决策中的参与 ……………………………………………………… 212
- 利益相关者在学校决策中的参与 ……………………………………………………… 216
- 学校自主权与学生科学成绩的关系 …………………………………………………… 219

学校资源 …………………………………………………………………………………………… 220
- 校长报告的人力资源 …………………………………………………………………… 220
- 校长报告的物力资源 …………………………………………………………………… 222
- 学生和校长报告的学习时间和教育资源 ……………………………………………… 224
- 学校资源与学生科学成绩之间的关系 ………………………………………………… 228

学校和教育体系的资源、实施和政策对学生成绩的综合作用 ……………………………… 230
- 即使考虑了人口和社会经济背景后仍与成绩有联系的学校因素 …………………… 233
- 即使考虑了人口和社会经济背景后仍与成绩有联系的教育系统因素 ……………… 233
- 仅当未考虑人口和社会经济背景时与成绩相联系的学校因素 ……………………… 235

学校和教育体系的资源、实施以及政策对社会经济背景与学生
科学成绩之间关系的综合作用 ………………………………………………………………… 238

政策启示 …………………………………………………………………………………………… 241

第六章
从 PISA 2000 到 PISA 2006 学生阅读和数学成绩概览 ………………………………… 247

引言 ………………………………………………………………………………………………… 248

学生在阅读领域会做什么 ………………………………………………………………………… 248
- PISA 阅读试题概述 ……………………………………………………………………… 250

学生的阅读成绩 …………………………………………………………………………………… 257
- 国家（地区）在阅读量表上的平均成绩 ………………………………………………… 259

- 学生阅读成绩是怎样变化的 ………………………………………………… 264
- 阅读成绩的性别差异 ………………………………………………………… 266

学生在数学领域会做什么 ……………………………………………………… 267
- PISA 数学试题概述 ………………………………………………………… 267

学生的数学成绩 ………………………………………………………………… 275
- 国家(地区)在数学量表上的平均成绩 …………………………………… 277
- 学生的数学成绩是如何变化的 …………………………………………… 280
- 数学成绩的性别差异 ……………………………………………………… 283

政策启示 ………………………………………………………………………… 283
- 阅读 ………………………………………………………………………… 283
- 数学 ………………………………………………………………………… 285
- 性别差异 …………………………………………………………………… 285

附录 A 技术背景资料 ……………………………………………………… 291

附录 A1：指标构建与从学生、学校和家长背景问卷里得出的其他指标 …… 292
附录 A2：PISA 的目标总体，PISA 的样本，以及对学校的界定 …………… 307
附录 A3：标准误、显著性检验与子群体比较 ………………………………… 319
附录 A4：质量保证 ……………………………………………………………… 322
附录 A5：PISA 测试工具的开发 ……………………………………………… 324
附录 A6：开放题评分的信度 …………………………………………………… 328
附录 A7：PISA 2000，PISA 2003 与 PISA 2006 测评结果比较 …………… 330
附录 A8：多层回归分析中的技术说明 ………………………………………… 333
附录 A9：准备用于多层回归分析数据文件的 SPSS SYNTAX ……………… 343
附录 A10：学生对科学态度测量指标的技术说明 …………………………… 344

附录 B 共同协作的 PISA，其构建和实施 ………………………………… 351

附录 C 本报告数据的链接 ………………………………………………… 359

专栏目录：

专栏 1.1 PISA 2006 的关键特征 ……………………………………………… 5

目录

专栏 1.2	覆盖的总体和剔除的学生	9
专栏 1.3	在学校中，PISA测试一般是怎样进行的？	10
专栏 2.1	工作市场技能需求的变化	19
专栏 2.2	样本统计量的解释	34
专栏 2.3	15岁学生的科学成绩与国家研究强度	35
专栏 2.4	学生进行PISA测评的认真程度？	36
专栏 2.5	解释PISA分数的差异：差距有多大？	41
专栏 2.6	计算机化科学测试	77
专栏 3.1	15岁学生科学态度的概况	98
专栏 3.2	解读PISA指标	100
专栏 3.3	按性别、社会经济背景和移民背景分类，比较学生科学态度的差异	103
专栏 3.4	学生对其能力的信念是否只是反映了他们的成绩？	111
专栏 4.1	怎样读解图4.5	153
专栏 5.1	对学校数据及其与学生成绩关系的解读	184
专栏 5.2	多层模型：录取、分组和筛选	195
专栏 5.3	多层模型：学校管理和资金——公共或私人	199
专栏 5.4	多层模型：家长施加的压力和择校	204
专栏 5.5	多层模型：问责政策	211
专栏 5.6	多层模型：学校自主权	219
专栏 5.7	多层模型：学校资源	229
专栏 5.8	学生成绩的综合多层模型	231
专栏 5.9	社会经济背景影响作用的综合多层模型	239
专栏 6.1	15岁学生的PISA成绩对未来教育成功的预测力有多强？	263
专栏 A8.1	背景和解释变量的描述统计值	335
专栏 A8.2	学生成绩的背景模型	338
专栏 A8.3	学生成绩的最终净混合模型	339
专栏 A8.4	社会经济背景影响力的背景模型	340
专栏 A8.5	社会经济背景影响力的模型："学校资源"	340
专栏 A8.6	社会经济背景影响力的模型："绩效政策"	341
专栏 A8.7	社会经济背景影响力的最终混合模型	342

图片目录：

| 图 1.1 | PISA参与国家和经济体地图 | 4 |

图 1.2	PISA 2006 测评领域概述	7
图 2.1	PISA 2006 科学框架	21
图 2.2	PISA 2006 的科学背景	22
图 2.3	PISA 2006 科学能力	22
图 2.4	PISA 2006 科学的知识领域的内容分类	23
图 2.5	PISA 2006 关于科学的知识领域的分类	24
图 2.6	PISA 2006 对学生态度的调查	25
图 2.7	试题与位于能力水平量表上学生之间的关系	27
图 2.8	科学量表六个能力水平的概述	28
图 2.9	显示各能力水平的 PISA 2006 科学样题分布图	29
图 2.10	PISA 2006 所选部分科学试题图相互参照的知识类别和能力	30
图 2.11a	科学量表上每个能力水平上学生的比例	33
图 2.11b	科学量表上平均分的多重比较	38
图 2.11c	国家(地区)在科学量表上的排位范围	40
图 2.12a	科学能力量表上的学生成绩与国家收入	42
图 2.12b	科学能力量表上的学生成绩与生均支出	43
图 2.13	不同科学量表上成绩的比较	46
图 2.14a	学生显示在科学地解释现象上相对较弱而在其他领域有相对优势的国家(地区)	47
图 2.14b	学生显示在科学地解释现象上相对较有优势而在其他领域有相对较弱的国家(地区)	48
图 2.14c	学生显示在运用科学证据上相对较弱的国家	48
图 2.14d	学生显示在运用科学证据上相对更有优势的国家	48
图 2.14e	各国(地区)在不同科学量表上的排名范围	49
图 2.15	识别科学议题量表上男生和女生的成绩	52
图 2.16	科学地解释现象量表上男生和女生的成绩	53
图 2.17	运用科学证据量表上男生和女生的成绩	53
图 2.18a	关于科学的知识和科学的知识两个量表的平均分	55
图 2.19a	学生显示在"物质系统"量表上处于相对优势或弱势的国家	56
图 2.19b	学生显示在"地球和宇宙系统"量表上处于相对优势或弱势的国家(地区)	57
图 2.19c	学生显示在"生命系统"量表上处于相对优势或弱势的国家(地区)	58
图 2.20	识别科学议题六个能力水平的概述	59
图 2.21a	识别科学议题量表每个能力水平上学生所占的百分比	60
图 2.22	转基因农作物	61

图 2.23	防晒品	63
图 2.24	科学地解释现象六个能力水平的概述	66
图 2.25a	科学地解释现象量表每个能力水平上学生所占的百分比	68
图 2.26	衣服	68
图 2.27	大峡谷	70
图 2.28	玛丽·蒙塔古	72
图 2.29	体育锻炼	74
图 2.30	运用科学证据六个能力水平的概述	78
图 2.31a	运用科学证据量表每个能力水平上学生所占的百分比	79
图 2.32	酸雨	80
图 2.33	温室效应	83
图 3.1	PISA 2006 科学态度测评	97
图 3.2	普遍科学价值观指数	102
图 3.3	学生支持科学探究的样例	105
图 3.4	个人科学价值观指数	106
图 3.5	对科学的自我效能指数	108
图 3.6	科学成绩与对科学的自我效能	109
图 3.7	对科学的自我概念指数	112
图 3.8	对科学的普遍兴趣指数	114
图 3.9	学生对学习科学议题兴趣的样题	116
图 3.10	对科学的喜爱指数	117
图 3.11	认为学好科学、阅读和数学重要的学生比例	119
图 3.12	学习科学的工具性动机指数	120
图 3.13	学习科学的未来导向动机指数	122
图 3.14	学生希望从事科学相关的职业和科学成绩	124
图 3.15	科学成绩与期望在 30 岁时希望从事科学相关职业的学生比例	125
图 3.16	科学相关活动指数	127
图 3.17	学生对环境问题的意识指数	129
图 3.18	科学成绩和对环境问题的意识	130
图 3.19	学生对环境问题的关注度指数	131
图 3.20	学生对环境问题的乐观度指数	133
图 3.21	学生对可持续发展的责任感指数	135
图 4.1	科学量表上学生成绩在学校间和学校内的方差	143
图 4.2a	不同移民背景学生的科学量表成绩	148

图 4.2b	第二代移民学生与本土学生处于科学量表 2 级以下的比例	148
图 4.3	本土和移民学生就读学校的特征	150
图 4.4	本土学生和移民学生在个人的科学价值观、对科学的喜爱和学习科学的未来导向动机方面的差异	152
图 4.5	OECD 整体上学生科学成绩与社会经济背景之间的关系	153
图 4.6	社会经济背景与学生科学成绩之间相关	155
图 4.7	OECD 所有成员国(地区)平均社会经济文化地位指数都相同时科学量表上的平均分与未做调整的科学平均分之间的差异	157
图 4.8	学生在 PISA 经济社会文化地位(ESCS)指数分布上的变动范围	158
图 4.9	学校在 PISA 经济社会文化地位(ESCS)指数分布上的变动范围	158
图 4.10	科学成绩与社会经济背景的影响	159
图 4.11	学校内和学校间的社会经济效应	161
图 4.12	学生和学校的社会经济背景对学生科学成绩的影响作用	164
图 4.13	社会经济背景和家长的影响	166
图 4.14a	丹麦、葡萄牙、韩国和英国学校成绩与学校社会经济背景之间的关系	169
图 4.14b	瑞典和墨西哥学校成绩与学校社会经济背景之间的关系	171
图 4.14c	美国、德国、西班牙和挪威中学校成绩与学校社会经济背景之间的关系	172
图 4.14d	比利时、瑞士、新西兰和芬兰的学校成绩与学校社会经济背景之间的关系	173
图 4.14e	学校成绩与学校社会经济背景之间的关系:学校平均分介于 300 至 700 分	173
图 4.14f	学校成绩与学校社会经济背景之间的关系:学校平均分介于 200 至 600 间和介于 100 至 500 间	178
图 5.1	学校录取政策	186
图 5.2	机构因素之间的相互关系	189
图 5.3	校内能力分组和学生科学成绩	193
图 5.4	按分轨系统划分的学生和学校的社会经济背景对学生科学成绩的影响作用	196
图 5.5	公立和私立学校	198
图 5.6	择校	200
图 5.7	校长对学生家长期望的看法	201
图 5.8	家长对学校质量的看法	202
图 5.9	以问责为目的的学业成绩数据使用	205
图 5.10	学校向家长报告成绩	208
图 5.11	学校参与决策	213
图 5.12	利益相关者在学校决策方面的直接影响作用	217
图 5.13	工商业对学校课程的影响	218

图 5.14	学校校长报告的科学教师职位空缺以及他们对补充合格科学教师的认识	221
图 5.15	物力资源——学校教育资源质量指标	223
图 5.16	15 岁学生学习科学课的比例	225
图 5.17	学生的学习时间	226
图 5.18	促进科学学习的学校活动指数	227
图 5.19a	学生、学校和教育系统层面的科学成绩方差和得到解释的方差	232
图 5.19b	各国(地区)科学成绩在学校层面的方差和得到解释的方差	234
图 5.20	学校因素与学生科学成绩的净联系	236
图 5.21	在校学习时间不同时,学生经济社会文化地位和学生科学成绩之间的关系	240
图 5.22	分轨制度不同时,学生经济社会文化地位与学生科学成绩间的关系	240
图 6.1	在阅读量表上达到各能力水平的学生百分比	250
图 6.2	部分阅读试题难度分布	251
图 6.3	劳动人口	252
图 6.4	涂鸦	253
图 6.5	乍得湖	254
图 6.6	运动鞋	255
图 6.7	阅读能力的 5 级水平概述	256
图 6.8a	阅读量表平均成绩的多重比较	260
图 6.8b	国家(地区)阅读量表成绩排名	262
图 6.9	PISA 2006 与 PISA 2000 阅读成绩差异	265
图 6.10	男生与女生在阅读量表上的成绩	266
图 6.11	部分数学试题难度分布图	268
图 6.12	木匠	269
图 6.13	测验成绩	270
图 6.14	汇率——问题 11	271
图 6.15	成长	272
图 6.16	楼梯	273
图 6.17	汇率——问题 9	274
图 6.18	数学的六个能力水平概述	275
图 6.19	数学量表上各能力水平学生的百分比	277
图 6.20a	数学量表平均分的多重比较	278
图 6.20b	国家(地区)数学量表成绩排名	281
图 6.21	PISA 2006 与 PISA 2000 数学成绩差异	282

图 6.22　男生与女生在数学量表上的成绩 ………………………………………………… 283

图 A3.1　在一个双向表格里用到的标记 …………………………………………………… 320

表格目录：

表 A1.1　父母受教育程度转化为学校教育年限 …………………………………………… 294

表 A1.2　考虑选取的背景变量后用多层模型估计科学成绩的年级效应 ………………… 297

表 A2.1　PISA 目标总体和样本 ……………………………………………………………… 309

表 A2.2　剔除 ………………………………………………………………………………… 312

表 A2.3　应答率 ……………………………………………………………………………… 316

表 A5.1　科学试题按 PISA 科学测评框架维度分布 ……………………………………… 325

表 A5.2　阅读试题按 PISA 阅读素养测评框维度分布 …………………………………… 325

表 A5.3　数学试题按 PISA 数学测评框架维度分布 ……………………………………… 326

表 A7.1　连接误差 …………………………………………………………………………… 330

表 A7.2　三次 PISA 调查科学连接试题比较 ……………………………………………… 331

表 A10.1　样本总体背景：就读正规教育的学生比例 …………………………………… 344

表 A10.2　PISA 2006 态度测量指标的心理计量学品质：抽样
OECD 国家和伙伴国家（地区）的经典项目统计量 ……………………………… 345

表 A10.3　态度指数与科学成绩间关系概述 ……………………………………………… 346

表 A10.4　国际职业标准分类编码——1988 年版（ISCO-88）中
PISA 科学相关职业列表 …………………………………………………………… 347

第一章
绪 论

PISA——概述	2
■ PISA 2006——聚焦科学	2
■ PISA 测评	2
PISA 测评什么、怎样测评	4
■ PISA 成绩：测量了什么	6
■ PISA 工具：测量的实施	6
■ PISA 学生总体	8
PISA 2006 研究的不同之处	10
■ 深入了解对学生的科学成绩和对科学的态度	10
■ 比较随时间推移产生的变化	11
■ 引入了新的学生背景信息	11
本报告的组织	11

第一章 绪论

PISA——概述

PISA 2006——聚焦科学

学生们准备好迎接未来的挑战了吗？他们能不能有效地分析、推理并交流自己的想法？作为对经济和社会有价值的成员，他们是否找到了能够终生追求的兴趣？OECD 国际学生评估项目(PISA)试图通过对 15 岁学生关键能力的测评，为这些问题提供一些答案。PISA 测评每隔三年在 OECD 成员国家和一些伙伴国(地区)进行一次，这些国家(地区)的经济总量接近全世界的 90%。[1]

PISA 测评即将完成义务教育时，学生在多大程度上掌握了全面参与社会所需要的基本知识和技能，聚焦在阅读、数学和科学等关键领域的学生能力上。PISA 要评价的不仅是学生能否再现他们学到的东西，而且要展望学生在多大程度上能将学到的东西推及其他，以及将他们学到的知识和技能在新环境中应用，包括学校情境和非学校情境。这份报告代表了 2006 年进行的最近一次 PISA 测评的成果。

PISA 2006 聚焦于学生的科学能力。在今天的技术为本的社会里，理解基本的科学概念和科学理论、组织并解决科学问题的能力比以往任何时候都重要。然而，在有些 OECD 国家，大学里学习科学和技术的学生比例在过去 15 年间明显下降，尽管原因各不相同，但一些研究认为，学生对科学的态度可能起了重要作用(OECD, 2006a)。因此 PISA 2006 不仅评价学生的科学知识和技能，还评价他们对科学的态度，他们在多大程度上了解拥有科学能力可以拓展他们的生活机会，以及他们的学校所提供的科学学习机会和学习环境。

PISA 测评

PISA 聚焦于年轻人运用知识和技能迎接现实生活挑战的能力。这一取向反映了学校教育目标和课程目标本身的变化，即越来越多地关注学生能运用他们在学校里学到的内容做什么，而不单单看他们是否掌握了特定的课程内容。

推动 PISA 发展的主要特征包括：

- **政策导向**：把学生学习结果的数据与学生个人特征数据以及学校内外影响他们学习的关键因素联系起来，目的是使人们注意到成绩类型的差异，并识别出那些成绩达到高标准的学校和教育体系的特点；

- **独创的"素养"概念**：即有关学生在主要学科领域应用知识和技能的能力，以及在不同情境中提出、解决和解释问题时有效地分析、推理和交流的能力；

- **对终生学习的相关性**(relevance，即有用性)：PISA 不仅评估学生的课程及跨课程能力，同时也要求学生报告自己的学习动机、自我信念和学习策略；

- **定期性**：使国家(地区)能够监测他们在达到关键学习目标上的进步；

- **覆盖国家(地区)广泛性及合作性**：2006 年 PISA 测评已经包括 30 个 OECD 成员国家、27 个伙伴国家和地区。

最近对在接受 PISA 测评几年后的青年人进行了追踪研究，证实了 PISA 所测评的知识技能的相关性（有用性）。在澳大利亚、加拿大和丹麦进行的研究显示，学生 15 岁时的 PISA 2000 阅读成绩与 19 岁时高中毕业并继续接受高中后教育的几率有很强的关系。例如，加拿大 15 岁时阅读成绩达到 5 级的学生，在 19 岁时进入高中后学校学习的人数是没有达到 1 级水平学生的 16 倍（见专栏 6.1）。

PISA 是最综合最严格的国际项目，它测评学生成绩，收集学生、家庭和教育机构因素等有助于解释成绩差异的数据。在参与国家（地区）共同的、政策驱动的利益基础上，在各国（地区）政府的共同指导下，由各国（地区）的顶尖专家决定测评的范围和性质以及要收集的背景信息。为了使测评材料达到文化和语言上的广泛性和平衡性，各国（地区）投入了巨大的努力和大量的资源，在翻译、抽样和数据收集过程中采用了严格的质量保证机制，因而，PISA 结果有很高的信度和效度，能显著增进对世界上经济最发达的国家（地区），以及越来越多处于经济发展初级阶段的国家（地区）教育结果的了解。

PISA 2006 加上 PISA 2000 及 PISA 2003，完成了三个主要学科领域——阅读、数学和科学的第一个测评周期。现在 PISA 正在进行第二周期的研究，从 2009 年开始，以阅读为主要测评领域，接着是 2012 年（数学）和 2015 年（科学）。

虽然一开始 PISA 是由 OECD 国家的政府发起的，但是现在已经成为全球各地区的主要测评工具。除了 OECD 成员国家外，该研究已经在以下国家（地区）实施或计划实施：

- 东亚和东南亚：中国上海，中国香港，印度尼西亚，中国澳门，新加坡，中华台北和泰国；
- 中欧、东欧[2]和中亚：阿尔巴尼亚，阿塞拜疆，保加利亚，克罗地亚，爱沙尼亚，哈萨克斯坦，吉尔吉斯斯坦，拉脱维亚，立陶宛，马其顿，摩尔多瓦，黑山，罗马尼亚，俄罗斯，塞尔维亚和斯洛文尼亚；
- 中东：以色列、约旦和卡塔尔；
- 中美和南美：阿根廷，巴西，智利，哥伦比亚，多米尼加，巴拿马，秘鲁和乌拉圭；
- 北非：突尼斯。

世界各地的政策制订者将 PISA 结果用于：把本国（地区）学生的知识和技能与其他参与国（地区）相比较；设置教育改进的基准，例如，用其他国家（地区）的平均分，或它们提供高度公平的教育结果和教育机会的能力。许多参与国（地区）的报告都阐明了对 PISA 的兴趣[3]，PISA 结果在公众讨论中无数次被引用，全球媒体也高度关注 PISA。

PISA 2006 的结果分为两册，这是第一册，总结了 PISA 2006 的学生成绩，运用收集到的信息分析哪些因素与教育成功有关。第二册包含了从 PISA 2006 数据库中产生的、作为本册分析基础的数据表。对 PISA 实施方法的具体描述将在《PISA 2006 技术报告》（*PISA 2006 Technical Report*，OECD，forthcoming）中呈现。

图 1.1 ■ PISA 参与国家和经济体地图

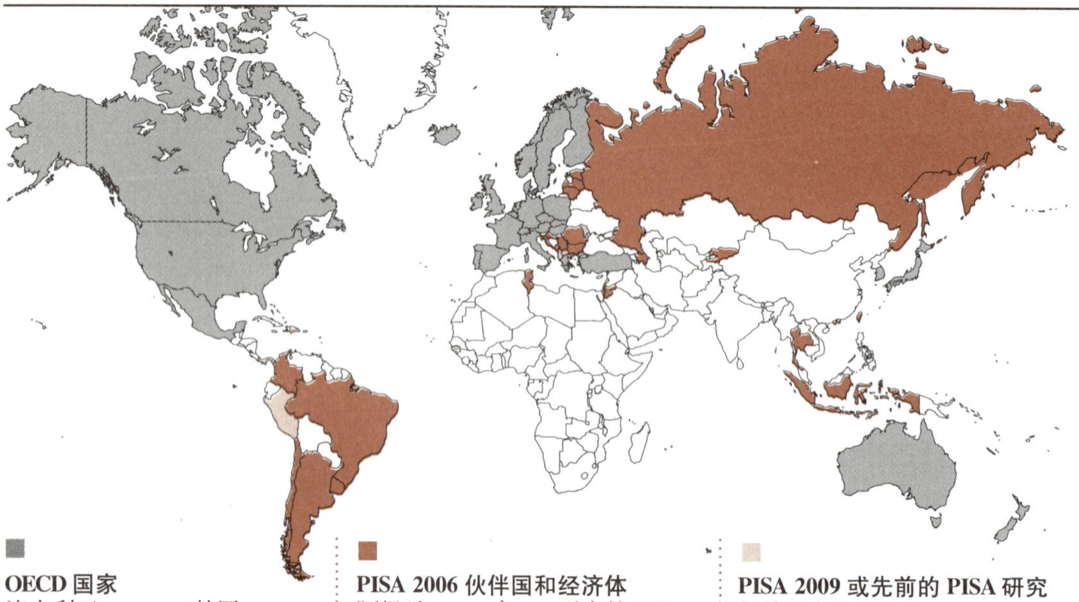

OECD 国家
澳大利亚　韩国
奥地利　　卢森堡
比利时　　墨西哥
加拿大　　荷兰
捷克　　　新西兰
丹麦　　　挪威
芬兰　　　波兰
法国　　　葡萄牙
德国　　　斯洛伐克
希腊　　　西班牙
匈牙利　　瑞典
冰岛　　　瑞士
爱尔兰　　土耳其
意大利　　英国
日本　　　美国

PISA 2006 伙伴国和经济体
阿根廷　　列支敦士登
阿塞拜疆　立陶宛
巴西　　　中国澳门
保加利亚　黑山
智利　　　卡塔尔
哥伦比亚　罗马尼亚
克罗地亚　俄罗斯
爱沙尼亚　塞尔维亚
中国香港　斯洛文尼亚
印度尼西亚　中华台北
以色列　　泰国
约旦　　　突尼斯
吉尔吉斯斯坦　乌拉圭
拉脱维亚

PISA 2009 或先前的 PISA 研究伙伴国家和经济体
阿尔巴尼亚
中国上海
多米尼加
马其顿
摩尔多瓦
巴拿马
秘鲁
新加坡
特立尼达和多巴哥

本章的其他内容包括：

- PISA 测评什么内容（总的以及每个领域的），采用的方法以及涉及的目标总体；
- PISA 2006 的特点是什么，包括重复做这项研究能在多大程度上进行跨年度比较（PISA 2000，PISA 2003 和 PISA 2006）；
- 报告是怎样组织的。

PISA 测评什么、怎样测评

　　PISA 各测评领域的框架和概念基础是由参与国家（地区）的国际专家开发，然后征求各参与国（地区）政府的意见并取得一致同意（OECD，1999；OECD，2003；和 OECD，2006a）。框架从素养的概念开始，素养是有关学生从学到的知识中进行推断的能力，把知识用于新情境的能力，以及他们在各种情境中提出、解决和解释问题时，有效地分析、推理和交流的能力。

　　PISA 所用的素养概念比传统意义上的读写能力更广，而且，它是在一个连续体上测量的，而不是测量个人非有即无的东西。为了某些目的，可能有必要或希望在素养的连续体上规定一个点，低于该点被认为是能力水平不足，但是潜在的连续体是重要的。

专栏 1.1 ■ PISA 2006 的关键特征

内容

- 虽然 PISA 2006 主要关注科学,但也覆盖阅读和数学领域。PISA 并不孤立地看待学生在这些领域内的知识,而是将其与学生对知识和经验的反思和实际应用能力联系在一起。重点放在每个测评领域中对过程的掌握、对概念的理解,以及在各种情境中发挥作用的能力。
- PISA 2006 还第一次通过在测试中嵌入态度问题,而不仅仅通过补充的问卷调查,来探索学生对科学的态度。

方法

- 经随机抽样,大约 40 万名学生参加了 PISA 2006 测评,代表了 57 个参与国(地区)2 000 万名 15 岁在校生。
- 每个参加的学生要完成 2 小时的纸笔测试,有三个国家的学生还额外回答了用计算机呈现的问题。
- PISA 有要求学生自己构建答案的试题,也有单项选择题。题目通常以单元形式组织,每个单元包含一段文字或图表,都是学生在现实生活中可能遇到的问题。
- 学生还要回答一份需时约 30 分钟的问卷,主要是关于他们个人的背景,他们的学习习惯和对科学的态度,以及他们的参与度和动机。
- 校长要完成一份有关他们学校的问卷,包括学校的人口分布特征,以及对学校学习环境质量的评价。

结果

- 2006 年 15 岁学生的知识和技能情况,包括科学领域的具体情况,以及阅读和数学领域更新的数据;
- 将学生成绩与学生特点、学校特点联系起来的背景指标;
- 对学生科学态度的评估;
- 政策分析和研究的知识基础;
- 学生阅读和数学领域的知识和技能变化趋势数据。

未来的测评

- PISA 2009 的主要测评领域将转到阅读,而 PISA 2012 将主要测评数学,PISA 2015 再次回到科学。
- 未来的测试还将测评学生对电子文本的阅读和理解能力——反映现代社会中信息和计算机技术的重要性。

素养的获得是个终身过程——不仅在学校或通过正规学习获得,而且也通过与家庭、同伴、同事和广大社会的交往获得。虽然不能指望15岁的青少年能学到他们成年后所要知道的一切,但是他们应该在阅读、数学和科学等领域有一个扎实的知识基础。为了能在这三个学科领域中继续学习,并在现实世界中应用他们学到的内容,他们还需要理解基本过程和原则,并在不同情境中灵活应用。正是因为这个原因,PISA所测量的是与完成现实生活相关任务的能力,它取决于对关键概念的整体理解,而不是把评估局限在对特定学科知识的理解上。

在测评三个关键学科领域能力的同时,PISA还研究学生的学习策略,跨学科的问题解决能力,以及他们对不同议题的兴趣。第一次是在PISA 2000,询问学生动机和学习态度方面的问题,家庭拥有计算机的情况,以及在"对学习的自我调控"标题下面,管理和监控自己学习的策略。PISA 2003增加了交叉课程的问题解决知识和技能的测评,进一步发展和完善了这些要素。PISA 2006继续开展学生动机和态度的评价,特别关注学生对科学的态度和兴趣,本章最后一节有进一步阐述,第3章有详细描述。

PISA 成绩:测量了什么

PISA 2006定义了科学素养,并在由4个相互关联的维度构成的框架下,开发了科学测评任务和问题。这4个维度是:

- 学生需要掌握的**知识**或**知识结构**(例如,熟悉科学概念);
- 学生需要应用的**能力**(例如,完成某个科学的操作过程);
- 学生解决科学问题和应用相关知识技能时遭遇的**情境**(例如,做出与个人生活有关的决定,了解世界时事);
- 学生对科学的**态度和倾向**。

2006年的科学、阅读和数学素养测评框架在《测评科学、阅读和数学素养:PISA 2006 框架》(*Assessing Scientific, Reading and Mathematical Literacy: A Framework for PISA 2006* [OECD, 2006a])一书中有全面描述,本报告的第2章和第6章也有概括的介绍。下面的图1.2也概述了各测评领域定义的核心部分,并对上述4个维度中的前3个分别做了解释。

PISA 工具:测量的实施

与先前的PISA研究一样,PISA 2006的测评工具是围绕着测评单元来开发的。单元由引导材料和问题构成,引导材料包括文本、表和(或)图表,问题针对文本、表和(或)图表的各个方面,通过这样建构问题,使学生要完成的任务尽可能接近实际生活。

问题有不同的形式,但数学、科学和阅读这三个测评领域都有约40%的问题需要学生自己构建答案,答案或简短(简答题)或较长(开放式问答题),让学生可以有不同的、个性的回答,还能评价学生支撑观点的理由。这类问题由受过培训的专家根据详细的评分指南评分,评分指南对各种回答所对应的代码予以指示,对于部分正确或有不足的回答,则可给予部分分数代码。为了确保评分过程中的一致性,一部分问题要由4位评分员独立评分。此外,为了验证不同国家(地区)的评分过程是否以同等方式开展,我们从每个国家(地区)抽出一组学生答案的子样本,由

图 1.2 ■ PISA 2006 测评领域概述

	科 学	阅 读	数 学
定义和特点	个人在以下方面发展的程度： ■ 掌握科学知识并运用科学知识来识别科学问题，获得新知识，解释科学现象，对与科学有关的问题得出基于证据的结论。 ■ 了解科学作为人类知识和探究的一种形式的特点。 ■ 意识到科技怎样影响我们的物质、精神和文化生活。 ■ 作为善于思考的公民，参与科学相关议题，并具备科学观念。 科学素养要求能够理解科学概念，应用科学观点，并且对证据进行科学思考。	为了达到个人目标、增长知识、发展潜能以及参与社会活动，而理解、使用和反思书面文本的能力。 阅读素养除了解码和字面理解外，还包括阅读、解释和反思，以及利用阅读来达到生活目标的能力。 PISA的焦点在于为了学习而阅读，而不是为了阅读而学习，因此并没有对学生最基本的阅读技能进行测评。	个人识别和理解数学在世界上的作用，做出有根据的判断，以及作为一个建设性的、关心社会、善于思考的公民，为了满足个人生活需要而运用数学和从事数学活动的能力。 数学素养与广义的、功能性的数学运用相关联；投入数学活动包含了在各种情境下的识别数学问题并能明确地表达的能力。
知识领域	科学知识，例如： ■ "物质系统" ■ "生命系统" ■ "地球和宇宙系统" ■ "技术系统" 关于科学的知识，例如： ■ "科学探究" ■ "科学解释"	阅读材料的形式： ■ 连续文本，包括不同种类的散文，例如记叙文，说明文，议论文 ■ 非连续文本，包括图表，表格和清单	有关数学领域和概念群： ■ 数量 ■ 空间和形状 ■ 变化和关系 ■ 不确定性
能力	科学任务或过程的类型： ■ 识别科学议题 ■ 科学地解释现象 ■ 运用科学证据	阅读任务或过程的类型： ■ 检索信息 ■ 解释文本 ■ 反思和评价文本	"能力群"定义数学所需要的技能： ■ 再现（简单的数学运算） ■ 联系（运用多个观念解决直接的问题） ■ 反思（更广的数学思维）
情境和背景	科学应用的领域，关注与个人、社会和全球情境中的应用，例如： ■ "健康" ■ "自然资源" ■ "环境" ■ "危机" ■ "科学和技术前沿"	文本的使用场合： ■ 个人的（比如，私人信件） ■ 公共的（比如，官方文件） ■ 职业的（比如，报告） ■ 教育的（比如，与学校相关的阅读）	数学应用领域，聚焦在与个人、社会和全球背景有关的应用上，例如： ■ 个人的 ■ 教育和职业的 ■ 公共的 ■ 科学的

一组独立的、受过集中培训的评分专家评分。结果表明，不同国家（地区）间的评分具有一致性。评分过程的具体情况，以及国家（地区）内部和国家（地区）之间评分的可靠性，请参阅附录 A6 和《PISA 2006 技术报告》（*PISA 2006 Technical Report*，OECD，forthcoming）。

测试中还有8%的题目，要求学生根据预先确定的一组可能的回答自己构建答案（封闭式问答题），评分只有对错之分。其余52%的题目都以选择题的形式出现，学生要么从给定的四到五

个选项中选择一个,要么回答一组二选一(比如"是"或"否",或者"同意"或"不同意")的问题,该问题由若干个命题或者陈述组成,其中每个命题或陈述都要做二选一的选择(复合式选择题)。

PISA 2006 科学测评还包括 32 个与学生对科学的态度有关的问题,下面及第 2 章中会进一步阐述。这些问题一般要求学生表明他们的喜好或者观点,答案没有对错之分。第 3 章进一步说明怎样利用这些问题的回答。

总的测试时间为 390 分钟,有 13 种不同的试题本组合,每个学生的测试时间为 120 分钟。所有的试题本合起来,用于科学测评的时间为 210 分钟(占总时间的 54%),数学为 120 分钟(占总时间的 31%)、阅读为 60 分钟(占总时间的 15%)。每个学生随机分配 13 种试题本中的 1 种。

PISA 学生总体

为了确保不同国家(地区)结果的可比性,PISA 把很多注意力都放在评估有可比性的目标总体上。不同国家(地区)学前教育及保育本身的性质和范围存在差异,正规教育入学年龄及学制结构上也有差异,这使得我们无法对学校年级做出国际可比性的界定。因此,有效的教育成绩国际比较必须通过年龄来界定目标总体。PISA 涵盖了测评时年龄在 15 岁 3 个月到 16 岁 2 个月之间、至少受过 6 年正规学校教育的学生,不论他们在什么教育机构就读,是全日制还是非全日制教育,也不论他们上的是学术类还是职业类课程,公立学校、私立学校还是国际学校。关于目标总体的操作性定义,参见《PISA 2006 技术报告》(*PISA 2006 Technical Report*,OECD,forthcoming),PISA 在各轮测试和各个国家(地区)都采用这一年龄,使我们能可靠地比较学生在完成义务教育前的成绩。

因此,这份报告能评价那些同一年出生、但是有着不同的校内和校外教育经历的、15 岁在校生的知识和技能。这些学生处于哪几个年级取决于国家(地区)的入学和升学政策。此外,在一些国家(地区),PISA 目标总体的学生代表了不同的学制、不同的教育分轨和分流情况。

对各国(地区)目标总体的定义和其中允许的剔除范围的界定都有严格的技术标准(如需更多信息,参见 PISA 网站 www.pisa.oecd.org)。PISA 还要求一个国家(地区)内总的剔除率必须低于 5%,以保证在合理的设定情况下,由于学生剔除而造成的国家(地区)平均分数误差控制在上下 5 分的范围内,即,一般控制在两个抽样标准误的范围内(专栏 1.2)。剔除有学校剔除(school-level exclusion)或校内(学生)剔除(within school exclusion),在 PISA 测评中,学校剔除或学生剔除需要理由,学校剔除可能是因为,由于学校难以到达或规模太小,或者是组织上或操作上的原因,需要排除一个很小的、偏远的地区;学生剔除可能是因为学生智力落后或者使用测试语言的能力有限。

在 57 个参加 PISA 2006 的国家(地区)中,34 个国家(地区)学校剔除比例不到 1%;除了加拿大(4.3%)、和美国(3.3%)以外,其他国家(地区)都低于 3%。当把学校内达到国际上建立的剔除标准而剔除的学生考虑在内时,剔除率稍有上升。然而,有 32 个参与国(地区)总的剔除率低于 2%,51 个参与国(地区)低于 4%,除了加拿大(6.35%)和丹麦(6.07%)外,所有国家(地区)总的剔除率都低于 6%。

PISA 2006 对各类剔除水平的限定如下:

- 由于难以到达、可行性或其他原因而采取的学校剔除，不得超过 PISA 目标总体学生数的 0.5%。只有 1—2 个学生符合测试资格要求的学校是不能从学校抽样框中剔除的，但是如果根据抽样框能够确定，这些学校的学生百分比不会导致学校剔除率超过 0.5% 的界限，那么这些学校可以在实施测试时剔除，前提是这些学校在测试时也只有 1—2 个符合测试资格要求的学生。

- 由于学生有智力落后或身体残疾，或由于学生掌握 PISA 测试语言的能力不够而采取的学校剔除，不得超过 2%。

- 由于学生有智力落后或身体残疾，或由于学生掌握 PISA 测试语言的能力不够而采取的校内剔除，不得超过 2.5%。

在参加 PISA 2006 的学校内，可以剔除的学生包括：

- 智力落后的学生，定义为那些由校长或其他合格教职工根据专业的观点认定在智力上有残疾，或经过心理测验认定为智力落后的学生，还包括那些在情绪上或心智上不能按照测试的一般指导语做的学生。仅仅是学业成绩差或有纪律问题的学生不能被剔除。

- 有功能性残疾的学生，定义为有永久性的身体残疾而无法完成 PISA 测试。虽有功能性残疾但是能够考试的学生应该参加测试。

- 学生使用 PISA 测试语言的能力有限，定义为学生接受测试语言的教学时间不满一年。

专栏 1.2 ■ 覆盖的总体和剔除的学生

PISA 测试尽可能包括所有学生。在 PISA 各国（地区）目标总体的定义中，不包括那些未在教育机构就读的 15 岁孩子。这份报告的其余部分中，"15 岁"是 PISA 学生总体的简称。与其他国际调查相比，PISA 对教育系统内 15 岁目标总体的覆盖率非常高：很少有学校因为地理位置偏远而被排除在参与范围之外。而且在大多数国家（地区），校内剔除的学生比例低于 2%，在所有国家（地区），校内剔除的比例都低于 6.4%。

这么高水平的样本覆盖率使测评结果更具可比性。比如，即使被剔除的学生整体成绩都比参加的学生差，并且这个相关性具有中等强度，5% 的剔除率导致的对国家（地区）平均分数的高估不会超过 5 分。此外，大多数都是在无法避免的情况下才剔除的。如果剔除率和学生成绩之间的相关性是 0.3，那么 1% 的剔除率可能会使平均分高估 1 分，5% 的剔除率会高估 5 分，10% 的剔除率会高估 10 分。根据这一测算，我们对参与率与成绩之间的关系采用正态分布的双侧检验模型。具体请看《PISA 2003 技术报告》（*PISA 2003 Technical Report*, OECD, 2005a）

每个国家（地区）的特定样本设计和样本大小都是为了使学生层面估计值的抽样效率最大化。在 OECD 国家中，样本大小从冰岛的 3 789 个学生到墨西哥的 30 000 个学生。大样本的国家往往同时在国家和地区（州）两个层面进行 PISA 测试（例如，澳大利亚，比利时，加拿大，德国，意大利，墨西哥，西班牙，瑞士和英国），样本的选择需要接受国际监督，并对参与率有严格的标准

（对由国际机构抽取的学校和这些学校内的学生都是如此），以确保PISA的结果能反映出参与国（地区）15岁学生的能力。PISA还要求各国（地区）用完全相同的方式管理测试过程，以确保学生在测试前和测试过程中接受的指导语是完全相同的（专栏1.3）。

> **专栏1.3 ■ 在学校中，PISA测试一般是怎样进行的？**
>
> 学校被选中参加PISA后，就要任命一位学校主考（School Co-ordinator）。学校主考要汇编学校全体15岁学生的名单，发到所在国家（地区）的PISA中心，PISA中心会随机抽取35名学生参加测评。接着，学校主考要联系被抽到的学生，并征得家长同意。测试过程通常由国家（地区）中心聘任并受过培训的测试主任（Test Administrator）主持。测试主任要与学校主考联系，确定测试日程管理事宜，学校主考要确保学生能参加测试——有时候很难，因为学生可能来自不同的年级和班级。测试主任的主要任务是保证每一本试题本都正确地发给了对应的学生，并向学生介绍测试要求。测试结束后，测试主任要收齐试题本并交给国家（地区）中心评分。
>
> PISA 2006共开发了13种不同的试题本。试题本是随机分配给学生的，在每35名学生中，使用同一种试题本的学生不超过3名。测试主任的指导语文字非常精确，不同国家（地区）的学校、所有的学生接受的指导语完全相同。在正式测验开始前，学生要做一些试题本中的练习题。测试分为两部分——2小时试题本测试，还有问卷。根据选择的项目不同，各国（地区）的问卷长度有所不同，通常是30分钟。测试进行到一半时以及做问卷之前，一般都会让学生休息一会儿。

PISA 2006研究的不同之处

深入了解对学生的科学成绩和对科学的态度

PISA 2006将一大半的时间用于科学测评，比PISA 2000和PISA 2003对科学成绩有更为细致的报告。在计算总分的同时，PISA 2006可以分别报告不同方面的科学能力，还能为每个分量表建立有理论根据的能力等级，这就将学生的分数与他们能做什么联系起来了。学生能分别得到三方面科学能力的分数（识别科学问题，科学地解释现象，运用科学证据），这与PISA 2003数学测评的情况不一样，数学测评是按内容领域区分的（数量，空间与形状，变化与关系，不确定性）。

与科学教育方面最新的研究和观点一致（例如，Bybee 1997；Fensham，2000；Law，2002；Mayer and Kumano，2002），PISA 2006还在科学问题本身的情境中问学生对科学的态度，目的是为了更好地理解学生对特定科学议题的观点，并将结果推广到测量学生的科学兴趣以及他们对科学探究的价值判断上。

PISA 2006有一个革新，它扩展了科学测评，包括了用电脑测试的内容。在澳大利亚、奥地利、丹麦、冰岛、爱尔兰、日本、韩国、挪威、葡萄牙、苏格兰、斯洛伐克和中华台北做了先导性试验。目的是测试那些难以用纸笔测验的问题——相关问题包括视频，模拟和动画。这也减少了要求的阅读量,使得学生的科学素养能得到更直接的测评。为了保证国际可比性,电脑测试是在一批已经安装测试题的标准笔记本电脑上进行的,这些电脑由一位受过特殊培训的测试主任从一所学校送到另一所学校。三个完成正式测试的国家已经有了结果:丹麦、冰岛和韩国。

电脑测评的发展有助于开发 PISA 科学问题,以及开发一些在 PISA 2009 研究过程中已经证明有用的程序,包括更快的翻译程序和自动评分程序。这一经验使 PISA 在用电脑实施的国际比较测试中已经处于领先地位,大多数 OECD 国家将在 PISA 2009 研究中参加用电脑进行的阅读测评。

比较随时间推移产生的变化

PISA 首先是一个监测工具。它每隔三年测量一次学生在阅读、数学和科学三个领域的知识和技能。9 年完成三次测评,每次轮流选择其中一个作为主要领域,另外两个作为次要领域。基本的调查设计是不变的,为的是前后的测评之间具有可比性。从长远看,这可以使各国(地区)把政策变化与教育标准的改进联系起来,并且更多地了解其教育结果的变化相对于国际基准情况如何。

在首次分析了从 PISA 2000 到 PISA 2003 之间的变化后,PISA 2006 呈现了自 PISA 2000 以来阅读成绩的变化趋势信息,以及自 PISA 2003 首次全面测评数学成绩以来,数学成绩的变化趋势。至于科学,PISA 2006 将首次全面测评科学,并建立监测未来趋势的基础。

引入了新的学生背景信息

学生和校长完成的背景问卷为 PISA 分析提供了必要的信息。在 PISA 2006 研究中,这些问卷更加细致和深入。特别是以下几个方面:

- 考查了学校科学教学的组织方式,提供了更多有关学生科学态度的信息。
- 39 个国家(地区)[4] 的学生做了选填的问卷,该问卷提供了以下信息:学生使用电脑的地点、使用电脑的频率和目的。(2003 年也有类似的问卷,结果发表在《学生为技术密集世界做好准备了吗:PISA 研究告诉我们什么》(*Are Students Ready for a Technology Rich World: What PISA Studies Tell Us*, OECD, 2006b)一书中。
- 有 16 个国家(地区)做了家长问卷,由参加 PISA 测试的样本学生的家长完成[5]。问卷收集了学生家长对孩子教育投资方面的信息,以及他们对与科学有关的议题和职业的看法。

本报告的组织

第 2 章至第 5 章考查 PISA 2006 科学测试的结果,而且还用这些结果分析与成绩有关的一系列因素。第 6 章将分析扩展到阅读和数学领域,并且分析阅读和数学成绩怎样随时间而变化。下面列出了各章的作用和内容要点:

- 第 2 章描述了学生科学成绩的基本情况。这章首先将结果置于科学如何定义、如何测量和如何报告的背景下,然后研究学生在科学上能做什么。由于科学能力在三个维度上的测评

结果有很大不同,所以先概述总的成绩,再分别考查三个维度的能力。然后进一步分析不同科学内容领域,并考虑与不同能力和内容领域相联系的性别差异。对教育系统结果所做的任何比较都需要考虑国家(地区)的社会和经济环境,以及各国(地区)投入教育的资源。为强调这一点,这一章的最后部分在国家(地区)的经济和社会背景下对结果进行了解释。

- 第3章描述了学生科学参与度的基本情况。这章一开始先分析学生支持科学探究的程度,以及他们是否重视科学。接着,用学生对自己能力的感受来描述学生的自我信念,包括有效地处理科学任务的能力和在解决科学问题时克服困难的能力。随后,描述了学生对科学的兴趣,包括他们对科学相关议题的参与度,他们获取科学知识和技能的意愿,他们对科学相关职业的考虑。然后还讨论了学生对环境议题的感受和态度。在可能的情况下,本章还考查了不同方面的参与度与学生成绩之间的关系。

- 第4章考查了学生学习结果在多大程度上依赖家庭和学校的社会经济背景,这是衡量学习机会是否公平的一个重要手段。这一章首先更深入地研究了第2章中显示的成绩差异,特别是研究了学生成绩的总体差异在多大程度上与不同学校的成绩差异相关。随后,该章分析了诸如移民情况等因素及社会经济背景对学生和学校成绩的影响,以及教育政策在减轻这些因素的影响上能够发挥的作用。

- 第5章着手研究什么样的学校和学校政策能够提高总体的学生成绩,同时又能减轻社会经济背景对学生成绩的影响,使学习机会分配更加公平。本章依次考查学校政策和实践,涉及学校录取政策、学校的选拔性、按能力分组;学校经费和管理;家长择校的作用和家长对学校的期望;学校问责制的内容;学校在各个领域的自主性;以及选取的一些人力资源、物质资源和教育资源指标以及它们在学校内的分布。在上述每个标题下,这章单独考查了学校政策和实践以及体制特点的相关特征。还研究在那些学生成绩高于平均水平且社会经济背景对学习成绩的影响低于平均水平的国家(地区),相关因素是怎样起作用的;研究这些因素在考虑社会经济背景影响作用前后与学生成绩之间的关系;研究这些因素与社会经济背景对学习成绩影响的共同关系,以考查每个因素对教育机会分配公平性的贡献。

- 第6章分析了PISA 2006的阅读和数学成绩,以及从最初实施PISA测试以来,阅读和数学成绩的变化情况。

这几章之后是技术附录,解释问卷指标的构建,讨论抽样问题,记录质量保证程序和测评工具开发过程,并提供了评分信度数据。技术附录中涵盖的很多内容都在《PISA 2006 技术报告》(PISA 2006 Technical Report,OECD,即将出版)中有更详尽的说明。

本章之后有一份导读,帮助说明报告中的表和图。

报告的第2册是各章的基础数据表。

注　释

[1] 参加 PISA 2006 的国家(地区)GDP 占 2006 年全球 GDP 的 86%，有些是伙伴经济体，因为严格来说，他们不是国家。

[2] 报告用马其顿、摩尔多瓦、黑山和塞尔维亚来指代前南斯拉夫的马其顿共和国、摩尔多瓦共和国、黑山共和国和塞尔维亚共和国。

[3] 请访问 www.pisa.oecd.org，获取各国(地区)PISA 网站的信息和国家(地区)PISA 报告。

[4] PISA 2006 信息技术熟悉度问卷在以下这些国家实施：澳大利亚，奥地利，比利时，加拿大，捷克，丹麦，芬兰，希腊，匈牙利，冰岛，爱尔兰，意大利，日本，荷兰，新西兰，挪威，波兰，葡萄牙，韩国，斯洛伐克，西班牙，瑞典，瑞士和土耳其，同时也在以下这些伙伴国(地区)中实施：保加利亚，智利，哥伦比亚，克罗地亚，约旦，拉脱维亚，立陶宛，中国澳门，黑山，卡塔尔，俄罗斯联邦，塞尔维亚，斯洛文尼亚，泰国和乌拉圭。

[5] PISA 2006 家长问卷在以下这些国家实施：丹麦，德国，冰岛，意大利，卢森堡，新西兰，波兰，葡萄牙，韩国和土耳其，同时在以下这些伙伴国(地区)实施：保加利亚，哥伦比亚，克罗地亚，中国香港，中国澳门和卡塔尔。

第一章 绪论

导读

图表所用的数据

这份报告中第 2—6 章涉及的数据都在本报告第 2 册中，PISA 网站（www.pisa.oecd.org）. 上给出了更详细的信息。有 5 个符号来表示缺失数据：

a　该类别不适用所涉及的国家（地区）。因此数据缺失。

c　没有足够的观察值，无法提供可信的估计（比如，能够用于测算该单元格的只有不到 30 名学生或不到 3％ 学生的数据，或者参与学校太少而无法进行有效的推论）。

m　数据不能使用。这些数据收集了，但随后因为技术原因而在出版物中删除了。

w　根据相关国家（地区）的要求，数据被取消。

x　数据包含在表格的另一个类别或栏目中。

国际平均值的计算

本报告出现的大多数指标都要计算一个 OECD 平均值。对某些指标来说，还需要计算一个代表整个 OECD 区域的总体值：

- "OECD 平均"将每个 OECD 国家作为一个单一的实体，每个国家拥有相同的权重。对于百分比或平均分等统计量，OECD 平均是各个国家统计量的算术平均数。

- "OECD 总体"将全体 OECD 国家作为一个单一的实体，每个国家所占的权重根据该国学校内就读的 15 岁学生数量确定（数据见附录 A3）。该值表明某国家（地区）与 OECD 整体比较结果如何。

在这份报告中，在需要参考 OECD 区域总体情况时一般用 OECD 总体，而重在比较不同教育系统的成绩时，则用 OECD 平均。对一些国家（地区）而言，特定指标的数据可能没有或者某些类别并不适用。因此读者应当清楚，OECD 平均和 OECD 总体中所指的 OECD 国家包含着两种不同的比较方法。

数据的四舍五入

因为进行了四舍五入，表格中的一些数字加起来不完全等于总和。总计，差异和平均数都是在精确数字的基础上计算出来的，并且是在计算后才变成整数。

本报告中所有的标准误都四舍五入到两位小数。如果值为 0.00，并不表示标准误为零，而是说该值小于 0.005。

学生数据的报告

报告通常使用"15岁"作为PISA目标总体的简写。实际上,确切的目标总体是指开始测试阶段,年龄在15岁3个月(足月)到16岁2个月(足月)之间的、至少完成6年正规教育的在校生,不论他们在什么教育机构就读,是全日制还是非全日制教育,也不论他们上的是学术类还是职业类课程,公立学校、私立学校还是在该国(地区)设立的国际学校。

学校数据的报告

那些被评估学生所在学校的校长要完成一份学校问卷,提供有关学校特点的信息。凡是这份报告中涉及校长回答的地方,都根据就读于该校15岁学生数量的比例为其赋予权重。

报告中的缩写词

这份报告使用了以下的缩写:

GDP 国民生产总值

ISCED 国际教育标准分类

PPP 购买力平价

SD 标准差

SE 标准误

更多的资料

要了解更多有关PISA测评工具和方法的信息,可参见《PISA 2006技术报告》(*PISA 2006 Technical Report*,OECD,即将出版)及PISA网站(www.pisa.oecd.org)。

本报告使用了OECD StatLink服务。在每张表和图的下方都有一个链接到包含表中数据的、对应的Excel表的网页地址。这些网页地址是固定的,不会随时间变化。此外,*PISA 2006:Science Competencies for Tomorrow's World* 一书电子版的读者可以直接点击该链接,对应的Excel表会在新窗口中打开。

译者注

本报告将Science译为科学,采用的是国内约定俗成的说法,但更确切的翻译应该是"理科"或"自然科学"。因为Science对应的课程包括物理、化学、生命科学、科学或综合理科(以上海市课程标准为例)。

第二章
学生科学成绩概况

引言	18
PISA 测评学生科学成绩的方法	19
■ PISA 测评科学的方法	19
■ PISA 对科学素养的界定	20
■ PISA 的科学框架	21
■ PISA 2006 科学试题单元	25
■ 结果如何报告	26
■ PISA 科学试题概况	29
学生在科学领域能做什么	33
■ 学生的科学成绩	33
不同科学维度的学生成绩概述	45
■ 不同科学能力上的学生成绩	45
■ 不同知识领域的学生成绩	54
科学能力量表上学生成绩的详细分析	59
■ 学生在识别科学议题上的成绩	59
■ 学生在科学地解释现象上的成绩	66
■ 学生在运用科学证据上的成绩	77
政策启示	87
■ 满足对优秀科学人才的需求	87
■ 确保坚实的科学能力基准	88
■ 科学领域不同方面的强项与弱项	88
■ 性别差异	89
■ 结果重要吗？	89

第二章 学生科学成绩概况

引言

学生在多大程度上学习了基本的科学概念和科学理论？当他们在现实生活中碰到科技问题并需要解释和处理这些问题时，能否很好地识别科学议题、科学地解释现象，并能够运用科学证据？为了向政策制订者和教育者提供这些问题的答案，帮助他们改进科学的教学，PISA 确定了一系列的国际比较基准。这些基准与下列因素有关：

- 学生对基本科学概念和科学理论的理解，他们在多大程度上能够根据从科学中所学的知识和技能进行推断，并将他们的知识用于解决现实问题；
- 学生对科学的兴趣，他们对理解世界所用科学方法的重视，他们参与科学探究的意愿；
- 学生的学校环境，包括学生同伴群的社会经济背景，研究显示与学生成绩相关的其他因素等。

PISA 2006 首次在国际调查中同时考虑了国际背景下的科学能力、学生对科学的兴趣和态度，以及学校背景等因素。因此，PISA 2006 提供了一个重要的机会，使我们可以评估不同国家间学生的科学成绩何以产生差异，以及同一个国家内不同学校背景的学生间何以存在差异。与之前的 PISA 科学测评相比，这次有两个重要的变化：首先，PISA 2006 测评更清楚地将关于科学的知识(knowldege about science)区别于科学的知识(knowledge of science)，前者是指一种人类探究的形式，后者是呈现在不同科学学科中的自然界知识。PISA 2006 尤其更为强调关于科学的知识是科学成绩的一个组成部分，并在测试中增加了强调学生对科学典型特征知识掌握情况的因素。其次，PISA 2006 框架增加了科学与技术间关系的因素。同时，相比与 PISA 2003 和 PISA 2000，PISA 2006 对科学的测评方式也有两个重要的变化。首先，为了更清楚地区别科学素养和阅读素养，PISA 2006 科学试题的平均阅读量要少于前两轮 PISA 的科学试题阅读量。第二，PISA 2006 用了 108 道科学试题，而 PISA 2003 只有 35 题；在这 108 道试题中，有 22 题是 PISA 2006 和 PISA 2003 共有的，有 14 题是 PISA 2006 和 PISA 2000 共有的。

PISA 2006 首次以科学为主要测试领域，这为将来分析科学成绩趋势奠定了基础，但也因此使我们无法将 PISA 2006 的科学学习结果与前两轮 PISA 测评结果相比较，而阅读和数学领域已经做了类似的比较。实际上，读者如果比较 PISA 2006 和前两轮 PISA 测评的科学成绩就可以发现，科学成绩间的差异主要是取决于科学测评性质的变化和试题设计的变化[1]。

本章首先通过大量样题来举例说明，解释 PISA 如何测量和报告学生的科学成绩，随后分析不同国家的学生在科学领域能够做什么。

任何教育体系结果的比较都需要考虑各国的社会经济环境和教育资源投入。因此，本章都是在各经济和社会背景下解释科学成绩结果。第四章将对此做更进一步的分析，并研究学生和学校的社会经济背景在多大程度上是与学生的学习结果相关联的，第五章则分析有助于解释学生间、学校间、国家间可观察到的成绩差异的影响因素，包括个人层面、学校层面和体系层面的因素。

PISA测评学生科学成绩的方法

PISA测评科学的方法

不同于许多测评学生科学成绩的传统方法，PISA不局限于测量学生对特定科学内容的掌握。相反，PISA测量的是，当学生碰到涉及科学和技术的生活情境，需要解释、解决其中的问题并做出决策时，他们在识别科学议题、科学地解释现象和运用科学证据等方面的能力。

这种方法的运用反映了现代社会所重视的能力本质，这些能力涉及从工作的成功到积极的公民权利等生活的方方面面。同时，这也反映了下面的事实，即全球化和计算机化正在改变社会和劳动力市场。如果有些工作可以由计算机或低收入国家的工人来完成，那么可以预期这些工作将逐渐在OECD国家消失。特别是对于有些工作来说，所用到的信息可以用计算机方式呈现，而且如果实施过程遵循的原则简单，三言两语就能说清楚，那么情况更是如此。专栏2.1分析了过去一段时期美国工作市场对技能要求的演变，也正是说明了这一点。分析显示，过去十年间下滑速度最快的工作任务投入并不像报道所说的那样是体力劳动，而是在常规的认知任务领域，也就是说，是那些用演绎或归纳原则可以充分描述的脑力劳动任务，这也是当前许多中产阶级工作的主体。上述分析强调的是，如果学生只学会记忆和再现科学知识和科学技能，那么他们就很有可能面临下面的风险，即，所做准备对应的工作可能在许多国家劳动力市场上正在消失。为了充分参与当今的全球化社会，学生需要能够处理那些解决方式没有明确规则可循的问题，并要能够清晰且有说服力地交流复杂的科学观点。PISA对此做出了回应，设计了超越简单回忆科学知识的任务。

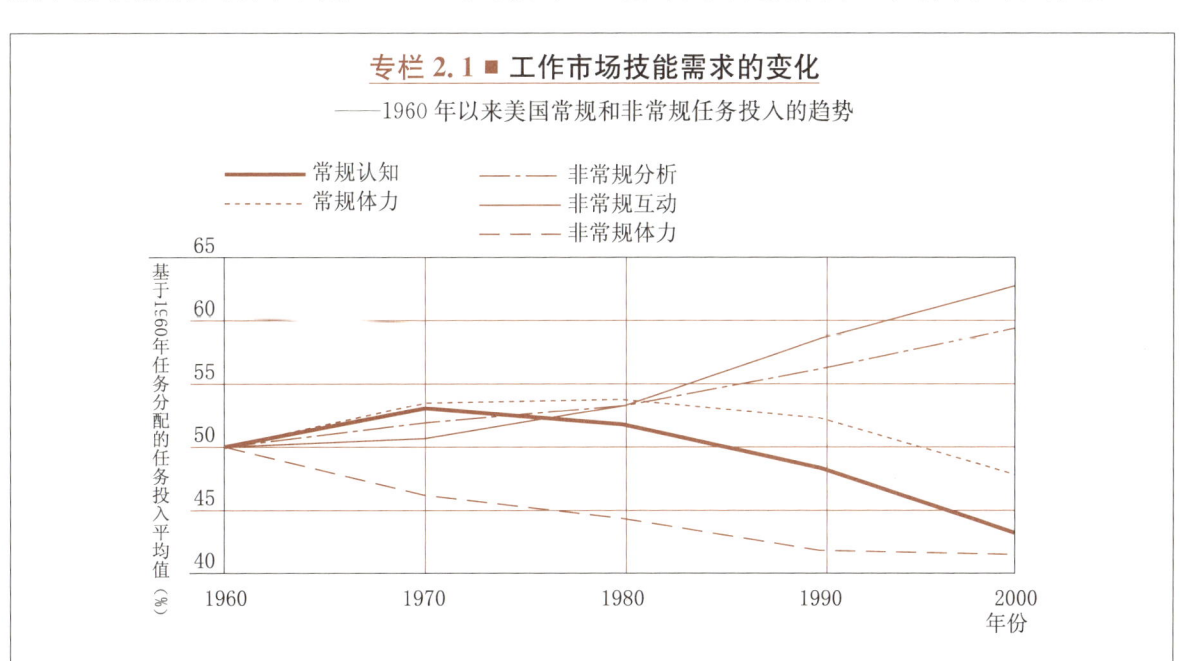

专栏2.1 ■ 工作市场技能需求的变化
——1960年以来美国常规和非常规任务投入的趋势

资料来源：Autor *et al*.，2003；Levy and Mumane，2006.

注释：数据是按年份汇集成1 120个产业—性别—教育单元。每个单元根据其在1960年任务投入分配（计算1960年1 120个任务单元的值）中的排位，赋予一个值。标出的值表示指定年份每个赋值的百分位数经过就业权重处理后获得的平均值。

图中显示下降的工作包括那些能够用演绎法和归纳法很好描述的体力任务,还包括那些无法很好地描述成遵循一系列"如果……那么就……做"原则的体力任务,因为这些任务要求视觉识别或者精细的肌肉控制,并已证明很难用程序计算机来完成。对体力劳动需求的下降问题,已经广泛讨论过了。

然而,公众不太关注的是,常规认知任务投入也大幅度下降,这其中涉及用演绎法和归纳法可以很好描述的脑力任务。这类任务遵循一系列规则就能完成,因此它们是最有可能首先被计算机化,上图显示,过去十余年中对这类任务的需求下降幅度是最大的。另外,基于规则的任务也比其他类型的工作更易于转移给外国生产者:当一项任务可简化成规则——也就是标准操作过程时,过程只需要解释一遍,因此与外国生产者的沟通过程就比基于非规则任务要简单得多,对于后者而言,每一份工作都是一个特定的情况。同理,当一个过程能简化为规则时,产出质量的监控也就更为简单。因此,这也引发了下面的担忧,如果学生只是学会记忆和再现科学知识和技能,那么他们就可能面临下面的风险,即他们只是为那些实际上正逐渐从劳动力市场消失的工作做准备。换句话说,最适易于教和考试的那类技能不再足以帮助年轻人为未来做好准备。

相反,上图显示,要求复杂沟通任务的投入需求有大幅度提高,这些任务涉及与他人的互动,以便掌握、解释信息,或者说服他人这些信息在行动中的意义。例如,经理鼓励她管理的员工,销售员揣摩顾客对一件衣服的反应,生物学教师解释细胞如何分裂,工程师描述DVD播放器的新设计为什么比以前的设计更进步。同样,对专家思维的需求也有所增长,这涉及解决那些解决方式不是基于规则的问题。例如,诊断有奇异症状病人的病情,某个早上用市场上新鲜的原料创造美味食物,修理不再运转良好而计算机诊断学报告却显示没有问题的汽车。这些情境要求所谓的纯模式识别——无法用计算机程序化的信息处理过程。虽然计算机在这些任务上无法替代人类,但计算机能够补充人类技能,使人们可以利用更多的信息。

本专栏是基于麻省理工大学和哈佛教育研究院所做的对美国劳动力市场能力需求变化的分析(Levey and Murnane,2006)。

PISA 对科学素养的界定

PISA 2006 界定的科学素养是指人们(的):

- 科学知识,及运用科学知识识别问题、掌握新的知识、解释科学现象,并对科学相关问题得出以证据为基础的结论。例如,当人们阅读一个与健康相关的议题时,他们能否区别文本中科学方面的内容与非科学方面的内容,并能够运用知识并证明自己决策的正确性?
- 理解科学作为一种人类知识和探究的典型特点。例如,人们是否知道基于证据的解释与个人观点之间的区别?
- 意识到科学和技术如何塑造我们所在的物质环境、智力环境和文化环境。例如,当技术影响国家的经济、社会组织和文化时,人们能否意识到技术在其中的作用并进行解释?人们是否意识到环境的变化,以及这些变化对经济和社会稳定的影响?

- 作为一名反思性公民,乐于参与科学相关的议题并运用科学观念。这一点指出了学生对科学的重视程度,既包括主题,又包括理解世界和解决问题的科学方法。记忆和再现信息并不一定意味着学生会愿意选择科学职业或参与科学相关的议题。公民对科学的支持是一种社会进步力量,了解15岁学生对科学的兴趣、对科学探究的支持和对解决环境议题的责任,可以为政策制订者们提供公民对科学支持的早期指标。

PISA 的科学框架

PISA 2006 设计科学测评任务和问题的框架由四个相互关联的部分组成,包括:任务所嵌入的背景,学生需要应用的能力,涉及的知识领域,学生态度(图 2.1)。

图 2.1 ■ PISA 2006 科学框架

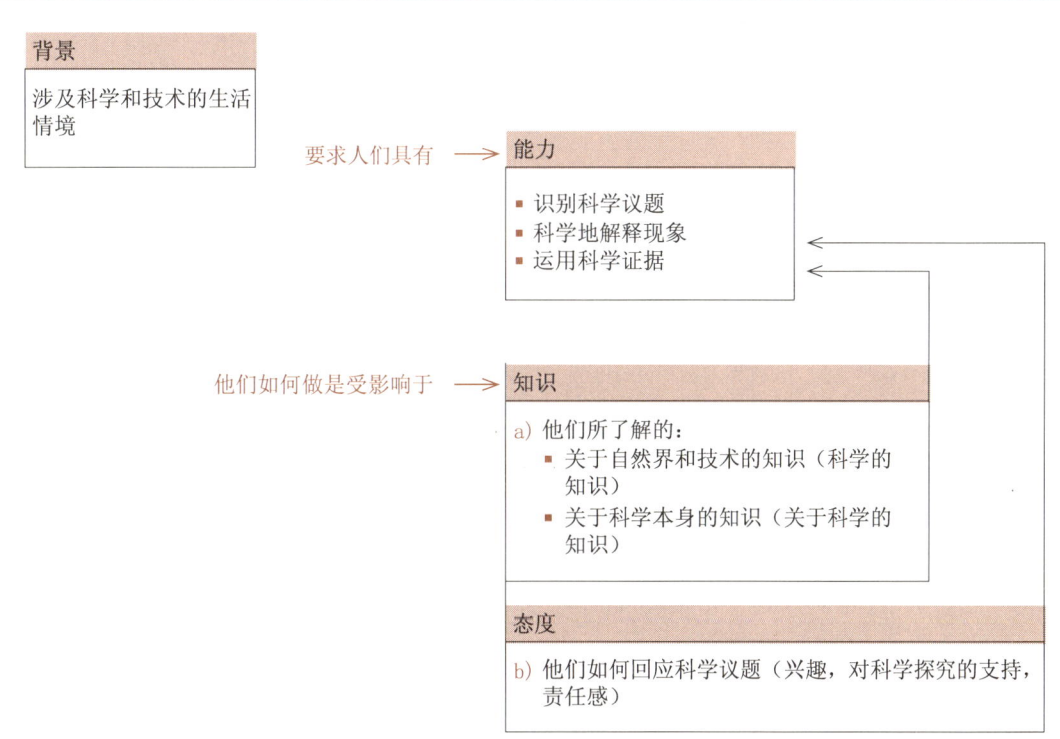

背景

PISA 旨在评估学生对未来生活所做的准备,与之相应,PISA 2006 的科学问题设定在广泛多样的、涉及科学和技术的生活情境中,包括:"健康"(health)、"自然资源"(natural resources)、"环境质量"(environmental quality)、"危险"(hazard)和"科学和技术前沿"(frontiers of science and technology)。这些情境则与三个主要背景相联系:个人的(personal)(自我、家庭、同伴群)、社会的(social)(社群)和全球的(global)(全世界的生活)。PISA 根据与学生兴趣和生活的相关性来选择问题背景,代表成人会碰到的科学相关情境。成人每天听到和面对的决定几乎都会涉及健康、资源利用、环境质量、危险缓解和科技进步。科学背景也要与决策者碰到的各种议题相结合。图 2.2 以生活情境为例,举例说明了情境和背景之间的互动关系。

图 2.2 ■ PISA 2006 的科学背景

	个人的 （自我，家庭和同伴群）	社会的 （社群）	全球的 （全世界的生活）
"健康"	保持健康，意外，营养	疾病控制，社会传播，食品选择，社群健康	流行病，传染病的扩散
"自然资源"	物质和能源的个人消费	人类的繁衍，生活质量，安全，食品的生产和分配，能源供应	可再生和不可再生，自然系统，人口增长，物种的可持续利用
"环境"	环保行为，材料的使用和处理	人口分布，垃圾处理，环境影响，当地气候	生物多样性，生态可持续性，人口控制，土壤的养护和流失
"危险"	自然的和人为的，有关住房方面的决定	快速的变化（地震、恶劣天气），缓慢和渐进的变化（海岸侵蚀、沉积），风险评估	大气变化，现代战争的影响
"科学与技术前沿"	对自然现象的科学解释方面的兴趣，科学有关的兴趣爱好、运动和休闲、音乐、个人技术	新材料，装置和处理，基因转变，交通	物种灭绝，空间探索，宇宙的起源和结构

能力

　　PISA 2006 的科学问题要求学生识别科学议题（identify scientific issues），科学地解释现象（explain phenomena scientifically），并运用科学证据（use scientific evidence）。选择这三方面的能力是因为，它们对科学实践至关重要，并与下列核心认知能力也有关联，如演绎/归纳推理、系统性思维、批判性决策、信息的转换（如根据原始数据制图表）、建构基于数据的观点和解释并能进行交流、运用模型思考、科学的运用。图 2.3 描绘了这三种科学能力的主要特点。

图 2.3 ■ PISA 2006 科学能力

识别科学议题
- 辨别出可能开展科学调查的议题
- 识别出搜索科学信息的关键词
- 辨别出科学调查的关键特征

科学地解释现象
- 在一个既定的情境中应用科学知识
- 科学地描述或解释现象，并预测变化
- 识别出合理的描述、解释和预测

运用科学证据
- 对科学证据做出解释，得出结论并进行交流
- 识别结论背后的假设、证据以及推理
- 反思科学和技术发展的社会应用

　　许多例子都可以用来说明这三种能力。全球气候变化是一个很恰当的例子：这是当前人们谈论最多的议题之一，当人们看到或听到有关气候变化的内容时，他们要能够区分出存在问题的科学、经济和社会议题。例如，我们经常会听到科学家们解释，地球大气层中释放二氧化碳的来源及其重要后果。这些科学解释有时会与经济观点相矛盾，公民应该能够识别出科学立场和经济立场的差异。另外，随着人们接触到的信息越来越多，而其中有些信息是互相矛盾的，他们需

要能够获得科学知识,并理解不同团体的科学评估。最后,公民应该能够运用科学研究结果,来支持他们从那些有个人、社会或全球性影响的科学议题中得出的结论。

知识

PISA 2006 中,科学素养同时包括科学的知识(各科学学科和自然界的知识)和作为一种人类探究形式的关于科学的知识。前者包括对基本科学概念和科学理论的理解;后者包括对科学本质的理解。PISA 2006 中有些问题是测评科学的知识,有些问题则是测评关于科学的知识。

有大量的科学知识可以放入 PISA 测评中,因此有必要对测评学生科学知识的内容进行组织建构并排出优先顺序。PISA 希望描述出学生在多大程度上能够将他们所掌握的知识运用到与他们生活相关的背景中,因此测评材料主要选自物理、化学、生物、地理与宇宙科学、技术等领域。这些测评材料必须是:

- 与现实生活情境相关;
- 代表重要的科学概念并因此具有长期效用;
- 适合于 15 岁学生的发展水平。

图 2.4 将上述标准运用于大量范围可供测评的科学知识,显示了 PISA 2006 测评选用的四

图 2.4 ■ PISA 2006 科学的知识领域的内容分类

"物质系统"
- 物质的结构(如:粒子模型,键)
- 物质的特性(如:状态变化,热和电的传导)
- 物质的化学变化(如:反应,能量转化,酸/碱)
- 运动和力(如:速度,摩擦)
- 能量和能量转化(如:守恒,耗散,化学反应)
- 能量和物质的相互作用(如:光和无线电波,声和震波)

"生命系统"
- 细胞(如:结构和功能,DNA,植物和动物)
- 人类(如:健康,营养,疾病,繁殖,子系统[如消化、呼吸、循环、排泄,以及它们之间的关系])
- 人口(如:种族,进化,生物多样性,基因变化)
- 生态系(如:食物链,物质和能量流)
- 生物圈(如:生态系统服务,可持续性)

"地球和宇宙系统"
- 地球系统的结构(如:岩石圈,大气,水界)
- 地球系统中的能量(如:能源,全球气候)
- 地球系统中的变化(如:板块结构,地球化学圈,建设性和破坏性力)
- 地球的历史(如:化石,起源和进化)
- 宇宙中的地球(如:重力,太阳系)

"技术系统"
- 科学技术的作用(如:解决问题,帮助人类满足需要,设计并开展调查)
- 科学和技术之间的关系(如:技术推进科学发展)
- 概念(如:最优化,交易,成本,风险,利益)
- 重要原理(如:标准,限制,创新,发明,问题解决)

个内容领域。这四个领域是:"物质系统"(Physical systems)、"生命系统"(Living systems)、"地球和宇宙系统"(Earth and space systems)、"技术系统"(Technology systems)。这四个内容领域代表了成人理解自然界和体验个人、社会和全球背景中的经验所需要的重要知识。PISA 2006 在描述这四个内容领域时没有用"科学"这个词,而是用了"系统",这是为了传达这样一个观点,即人们应该理解基于成分自身的各种概念和背景,以及它们之间的相互关系。传统科学课程呈现的经常是强调某一特定导向的科学概念,如物理、化学、生物。这与大部分人体验科学的方式是相反的:无论在专业生活还是在日常生活中,科学议题经常是综合了各个学科,并与非科学的考虑因素相互交叉。例如,识别出运用核电站发电相关的议题,需要指出地球系统中的物理和生物因素,同时也要能够指出这些能量来源产生的经济和社会影响。PISA 的这些问题反映了这种学科综合性。

PISA 将关于科学的知识分成两类,第一类是"科学探究",重点指出探究是科学的核心过程,并强调这个过程的各种因素;第二类是"科学解释",是"科学探究"的结果。我们可以把探究理解为科学方法(即科学家如何获得证据),把科学解释理解为科学的目标(科学家如何用数据)。图 2.5 中列举的例子显示了这两类关于科学的知识的一般涵义。

图 2.5 ■ PISA 2006 关于科学的知识领域的分类

"科学探究"
- 起源(如:好奇心,科学问题)
- 目的(如:产生有助于解答科学问题的证据,如引导探究的当前观点、模式和理论)
- 实验(如:不同的问题需要不同的科学调查和设计)
- 数据(如:量化数据[测量],质性数据[观察])
- 测量(如:仪器设备和操作过程中的内在不确定性,可复制性,变化,准确度/精确度)
- 结果的特征(如:经验主义的,试验性的,可试验的,能被证伪的,自我校正的)

"科学解释"
- 类型(如:假设,理论,模型,规律)
- 形成(如:现有知识和新的证据,创造性和想象力,逻辑)
- 规则(如:逻辑一致的,基于证据的,基于过去的和现在的知识)
- 结果(如:新知识,新方法,新技术,新调查)

态度

科学教育的重要目标除了帮助学生获得科技知识外,还包括帮助学生发展对科学的兴趣和对科学探究的支持。对科学的兴趣对学生做出下列决定起着重要的作用,包括学生是否进一步学习科学知识、今后是否从事科学领域的职业,以及是否终其一生有成效地运用科学概念和方法。因此,PISA 认为科学竞争力(competency)不仅仅包括学生的科学能力(ability),还包括他们对科学的态度倾向。也就是说,一个人的科学能力包括特定的态度、信仰、动机导向、自我效能和价值观。PISA 2006 将态度包括在内并选择特定的态度领域,这得到有关态度问题研究综述的支持,而且也是基于这些研究综述(OECD,2006a)。

PISA 2006 收集了学生在以下四个方面的科学态度和参与度:对科学探究的支持、作为科学学习者的自我信念、科学兴趣、对资源和环境的责任感(图 2.6)。从广义上讲,选择这些领域是因为它们提供了国际的图像,描绘了学生对科学的总体评价、对科学的态度和价值观,以及对所选

科学相关议题的责任感,这些议题都涉及个人、地区、全国和世界等各个层面。第三章将详细报告 PISA 2006 在这个领域的测量方法和分析结果。

图 2.6 ■ PISA 2006 对学生态度的调查

"对科学探究的支持"
- 承认考虑不同科学角度和科学观点的重要性
- 支持采用事实信息和理性解释
- 表达得出结论前谨慎逻辑过程的必要性

"科学兴趣"
- 表现出对科学和科学相关议题的好奇心和努力
- 表现出利用大量资源和方法探究其他科学知识和技能的意愿
- 表现出寻找信息的意愿,对科学具有持续的兴趣,包括考虑从事与科学相关的职业

"对资源和环境的责任感"
- 表现出对维护可持续环境的个人责任感
- 表现出具有个人行为会产生环境影响的意识
- 表现出要保护自然资源而采取行动的意愿

PISA 2006 科学试题单元

PISA 2006 科学试题单元(unit)是在国际专家组的指导下、所有参与国共同参与和提供专家意见的基础上共同建构的,覆盖上面所描述框架中的各个方面,包括背景、能力、知识和态度。测试所用的科学试题是在各参与国递交材料的基础上发展而成的。PISA 中,一个试题单元包括某些类型的引导文本和随后的一些问题。每一道 PISA 试题的特点由它的背景、蕴含的能力和所代表的知识领域所构成。每个单元中背景由引导文本呈现——一般是一段简短的文字,或者是表格、图表、统计图、图片、示意图加上相关的文字说明。学生需要具备一定水平的阅读能力才能理解和回答科学问题,不过,引导材料所用的语言尽可能简洁明了,同时又能恰当地表达意思。更重要的是,每个问题要求学生除运用科学的知识和/或关于科学的知识外,还要运用一种或一种以上的科学能力。

正如第一章中指出的,试题有各种各样的形式。很多情况下是要求学生用自己的话建构答案。有时他们必须写出计算过程,以呈现他们得出这一答案所用的一些方法和思考过程。有些问题则要求学生写出对结果的解释,这也是显示了学生回答问题必须运用的方法和思考过程。这些开放式问答题要求受过培训的评分员经过专业判断后,将观察到的答案归入确定的答案类别。为了确保 PISA 2006 评分过程产生的结果具有可靠性和跨国可比性,PISA 制订了详细的评分指南,并对评分员进行培训,以确保准确性和不同国家间的一致性。为了更详细地检查每个国家内部评分过程的一致性,评估评分员工作的一致性,每个国家都有一批子样本试题由四个评分员分别单独评分。然后对这批子样本试题的评分信度进行评估并加以记录。最后,为了检验不同国家是否是以相同的方式进行评分,PISA 还对其中一些试题进行国家间的信度研究。在这个过程中,经过培训的、具有多种语言能力的专家会对原始测试题进行独立评分,并将其与各个国家本国评分员的评分进行比较。结果显示不同国家间的评分非常一致(详见附录 A6 和《PISA 2006 技术报告》[OECD, forthcoming])。

PISA 2006 中还有些题目要求学生建构答案,对学生答案的评分则限于答案本身,而不是解释答案如何产生。对许多封闭式问答题,所要求的答案是数字形式或其他固定的形式,因此对这些试题的评分可以依据精确设定的标准。类似的答案一般不需要专家评分员,机器自动评分就可以了。

有的 PISA 试题要求学生从多个给定的可能答案中选择一个或多个答案。这种形式类别包括标准的选择题和复合式选择题,前者要求学生从多个给定回答选项中选择一个正确答案,后者则要求学生回答多个陈述题或多个问题,并对每个陈述或问题都从给定的多个回答中选出一个。这些问题的答案也可以机器自动评分。

如果学生的答案能被接受,就能得分。在测评发展过程中,所有参与国在正式测试的前一年都实施了广泛的试测,以便确定开放式问答题并预测尽可能广泛的学生答案范围。然后,试题开发专家把这些可能的答案归成明确的类别,确定编码。在有些情况下,显然只有一个正确答案,就很容易将回答分为正确或不正确;但在另一些情况下,可能有一系列不同的答案是正确的;还有一些情况是,可以确定一系列不同的答案,但其中某些答案明显好于其他答案,在这种情况下,经常有可能根据回答的正确程度确定三个回答类别——第一种回答明显是最好的,第二个类别不是特别好但仍好于第三个类别,这种情况下会给出部分分数。

结果如何报告

PISA 2006 的科学试题、阅读试题和数学试题的安排是以单元组(cluster)为单位,每个单元组需要半个小时完成。发给学生的试题本包括四个单元组的试题,也就是说每个学生的测试时间是两个小时。这些单元组循环地出现在所组成的试题本中,确保每个单元组出现在试题本四个可能位置中的一个,一个试题本中每两个单元组是同时出现的。这样,每个试题会出现在四个试题本中,但处于四个不同的位置。

这样的设计使 PISA 有可能建构一个科学成绩量表,每道试题根据其难度水平在量表上得到一个分数,学生也能得到一个代表他/她估计能力的量表分数。这是运用现代项目反应模型技术实现的,对模型的描述可参阅《PISA2006 技术报告》(OECD,forthcoming)。

同一次测试中试题的相对难度是通过考生答对该试题的比例来估计的[2],结果得到一系列的估计值,从而产生代表科学能力的连续量表。在这个连续量表上,可以估计出个体学生所处的位置,从而了解学生表现出的科学能力水平,也可以估计各个试题的位置,从而了解每道试题所体现的科学能力水平(图 2.7)。一旦在量表上给出了单个试题的难度值,我们就可以预测学生在某个概率下能完成的最难任务,并据此给出每一位学生的成绩分数[3]。

PISA 2006 对每个科学能力和每一个知识领域都建构类似的量表[4]。PISA 2006 还同时建立了一个混合所有量表试题的综合量表(在本报告中称为科学量表)。为了有助于诠释学生的分数,建构科学量表时把 OECD 国家的平均分设为 500 分,OECD 国家中大概有三分之二的学生分数在 400 分到 600 分之间[5]。(作为比较,参加 PISA 2006 的 25 个欧盟国家[6]的平均分是 497 分。)

图 2.7 ■ 试题与位于能力水平量表上学生之间的关系

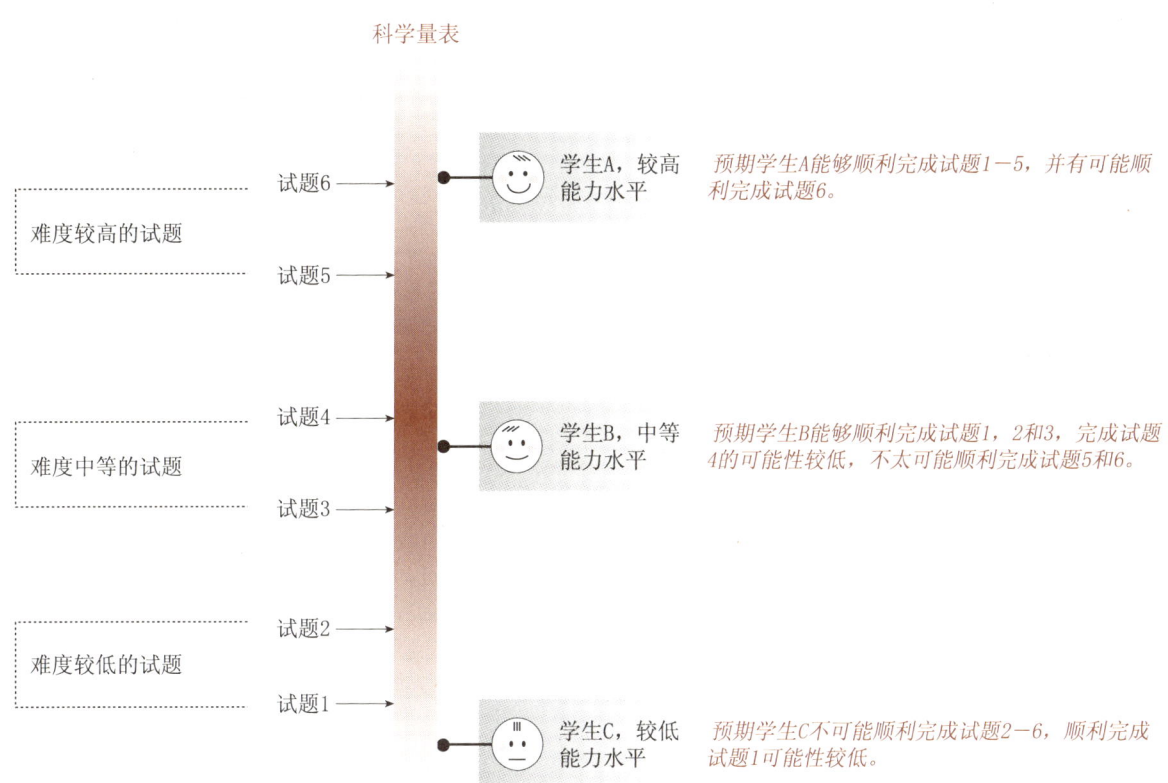

PISA 2006 的科学能力水平

确定能力水平是为了描述学生在每个水平上得到的分数显示了怎样的科学能力。学生的科学分数分成 6 个能力水平组别，水平 6 代表最高分数（因此也是最难的任务），水平 1 代表最低分数（因此是最简单的任务）。能力水平分组的依据主要考虑内在能力的性质。如果学生在所有科学能力上都低于 334.9 分，那么他们就被归类到水平 1 以下。这就是说，这些学生——OECD 各国大约有 5.2%的学生——不能在最简单 PISA 试题所要求的情境中证明他们的科学能力。正如图 2.8 中显示的内在能力所指出的，学生如果处于类似的低水平科学能力，我们可以认为他们在全面参与社会和经济中处于非常不利的境地。

我们可以把六个水平中每个能力水平理解成是对学生所需掌握科学能力类型的描述。本章的后面部分有三张图表，描绘了三个能力领域的每个能力水平上学生一般能做什么。图 2.8 是这三张图表所有信息的综合，概括了所要求的能力。

PISA 运用一个便于理解的标准将学生归到各个水平：如果可以预期学生能正确回答大部分测评试题，那他/她就被归到最高水平。举例说，在统一由水平 3（难度评分在 484.1 到 558.7 之间）试题组成的测试中，预期归类到这一水平的所有学生都至少能答对 50%的试题。然而，在同一水平内学生的分数也是有差异的。例如，预期在该水平底部的学生能答对正好超过 50%的试题，而在该水平顶端的学生能答对更高百分比的试题[7]。

图 2.8 ■ 科学量表六个能力水平的概述

水平	该水平最低分数线	能够回答该水平及该水平以上试题的学生比例	学生一般能做到……
6	707.9	OECD 有 1.3% 的学生能够完成科学量表水平 6 的任务	水平 6 上的学生始终能够识别、解释和应用在各种复杂生活情境中的科学知识和关于科学的知识。他们能够联系不同的信息来源和解释，并且能够运用这些来源的证据论证所做的决定。他们清楚且始终如一地展示其高水平的科学思维和推理能力，并显示乐意运用他们的科学理解来支撑不熟悉的科学技术情境中的解决方案。这个水平的学生能够运用科学知识并提出论据，以支持集中于个人、社会、全球等情境中的建议和决定。
5	633.3	OECD 有 9.0% 的学生能够完成科学量表水平 5 及以上的任务	水平 5 上的学生能够识别许多复杂生活情境中的科学成分，能够将科学概念和关于科学的知识运用于这些情境，并能够比较、选择和评估合适的科学证据来回应生活情境。这个水平的学生能够运用发展良好的探究能力，恰当地联系知识，并批判性地审视情境。他们能够基于证据建构解释，并基于批判分析得出观点。
4	558.7	OECD 有 29.3% 的学生能够完成科学量表水平 4 及以上的任务	水平 4 上的学生能够有效地处理涉及具体现象，并要求他们推断科技在其中所起作用的情境和议题。他们能够从科学或技术的不同学科中选择和综合各种解释，并将这些解释与生活情境的各方面直接联系起来。这个水平的学生能够反思他们的行为，能够用科学的知识和证据交流所做的决定。
3	484.1	OECD 有 56.7% 的学生能够完成科学量表水平 3 及以上的任务	水平 3 上的学生能够在一系列背景中识别清楚描述的科学议题。他们能够选择事实和知识来解释现象，并能够运用简单模型或探究策略。这个水平的学生能诠释和运用来自不同学科的科学概念，并能直接运用它们。他们还能用事实得出简单的陈述，并基于科学知识做出决定。
2	409.5	OECD 有 80.8% 的学生能够完成科学量表水平 2 及以上的任务	水平 2 上的学生有足够的科学知识为熟悉的背景提供可能的解释，或基于简单调查得出结论。他们有能力做直接的推理，并能对科学探究或技术性问题解决的结果做出表面的解释。
1	334.9	OECD 有 94.8% 的学生能够完成科学量表水平 1 及以上的任务	水平 1 的学生所具的科学知识很有限，只能应用于少数熟悉的情境。他们能够呈现显而易见的、明确遵循给出的证据的科学解释。

PISA 2006 中，六个能力水平代表了 PISA 所界定的科学素养的全部成绩范畴。PISA 国际科学专家组负责指导科学框架和试题的设计。2007 年，他们在详细分析正式测试的试题后，确定将水平 2 作为基准能力水平线。这个水平并不是科学素养的起点，而是说，基准的能力水平线确定了 PISA 量表上的某个成绩水平，在这个水平上，学生开始显示出能够使他们有效参与科技相关生活情境的科学能力。例如，达到水平 2 要求具有下列能力：能够识别科学调查的关键特征、能够回忆与情境相关的单一科学概念和信息、能够运用数据表格呈现的科学实验结果来支持个人的决定。而处于水平 1 的学生经常搞不清楚调查的关键特征，运用不正确的科学信息，在做决定时会混淆个人信仰和科学事实。图 2.8 进一步详细地展示了水平 1 和水平 2 的学生一般能做什么，并区别这两个水平学生的成绩，并以此显示要达到 PISA 能力的临界基准线需要具备什么。

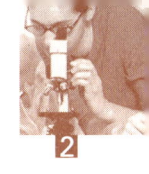

图 2.9 ■ 显示各能力水平的 PISA 2006 科学样题分布图

水平	最低分数线	能力		
		识别科学议题	科学地解释现象	运用科学证据
6	707.9	酸雨 试题 5.2(717) （满分）	温室效应 问题 5(709)	
5	633.3			温室效应 问题 4.2(659) （满分）
4	558.7	防晒品 问题 4(574) 问题 2(588) 衣服 问题 1(567)	体育锻炼 问题 5(583)	防晒品 问题 5.2(629) （满分） 问题 5.1(616) （部分分数） 温室效应 问题 4.1(568) （部分分数）
3	484.1	酸雨 问题 5.1(513) （部分分数） 防晒品 问题 3(499) 大峡谷 问题 7(485)	体育锻炼 问题 1(545) 酸雨 问题 2(506) 玛丽·蒙塔古 问题 4(507)	温室效应 问题 3(529)
2	409.5	转基因农作物 问题 3(421)	大峡谷 问题 3(451) 玛丽·蒙塔古 问题 2(436) 问题 3(431) 大峡谷 问题 5(411)	酸雨 问题 3(460)
1	334.9		体育锻炼 问题 3(386) 衣服 问题 2(399)	

注：括号中的数字是指试题的难度水平，同时也指出学生的回答是得满分或是部分分数。

除了诠释成绩差异外，我们可以用能力水平量表识别有助于获得更高水平学生成绩的技术和能力。例如，能力水平 4 不同于水平 3 的地方在于，前者能够选择和融合不同学科的知识，并运用这些知识进行更详细的交流。

PISA 科学试题概况

对于像 PISA 这样每三年举行一次的评估，有必要在各轮评估间保留足够数量的试题，以确定可靠的趋势。其余试题会在调查完成后公布，用来举例说明测量学生成绩的方式。本章后面部分会提到不同 PISA 科学能力的结果以及用来测评这些能力的样题。不过，本小节首先选择了一些公开的样题，从整体上说明不同能力和不同难度水平的要求是什么。

图 2.9 是一张 PISA2006 科学试题分布图。对于三个科学能力，每个能力所选的试题及其分

数(在每道试题后面的括号内)根据难度进行排列,最难的在顶部,最简单的在底部。

图中试题的特征为分别解释量表上不同水平的成绩提供了基础。图中还出现了各种模式,因此我们有可能描述与不同能力水平相一致的科学能力的各个方面。我们可以看到,有许多试题是按单元标题进行分组的——例如,《酸雨》单元有四道试题——因此该单元能够用于评估三个能力。嵌入式的态度试题也包括在内——这个试题询问学生对污染、尤其是对酸雨的态度。有些问题标有"部分分数"或"满分",表明学生的回答可能不够完整而给予部分分数,满分的回答要包括要求的所有细节。

图2.10 ■ PISA 2006 所选部分科学试题图相互参照的知识类别和能力

个人情境
社会情境
全球情境

			能力		
			识别科学议题	科学地解释现象	运用科学证据
知识	科学的知识	"物质系统"		酸雨试题2	酸雨问题3
		"生命系统"		体育锻炼问题1 体育锻炼问题3 体育锻炼问题5 玛丽·蒙塔古问题2 玛丽·蒙塔古问题3 玛丽·蒙塔古问题4	
		"地球和宇宙系统"		大峡谷问题3 大峡谷问题5 温室效应问题5	
		"技术系统"		衣服问题2	
	关于科学的知识	"科学探究"	酸雨问题5 防晒品问题2 防晒品问题3 防晒品问题4 衣服问题1 转基因农作物问题3 大峡谷问题7		
		"科学解释"			防晒品问题5 温室效应问题3 温室效应问题4
态度	对科学的兴趣		酸雨问题10 转基因问题10		
	对科学探究的支持		大峡谷问题10 玛丽·蒙塔古问题10 酸雨问题10		

来源:http://dx.doi.org/10.1787/141844475532

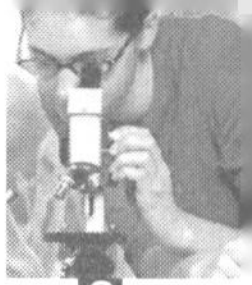

表格的第二列指出需要达到相关能力水平的最低分数。因此，要完成达到水平6任务（或者说，学生要达到水平6）的最低分数是707.9。

靠近量表的底部，试题设定在相对熟悉的简单背景中，只要求学生对情境有最低限度的解释。这些试题本来就只要求学生直接应用科学知识，理解熟悉情境中耳熟能详的科学过程。

图2.10也显示了试题及其知识类别（这将在本章后面讨论）和科学能力。它同时也显示了试题的态度类别（这将在第3章中讨论）。

《体育锻炼》和《衣服》的试题（图2.29和图2.26）包括水平1中科学地解释现象能力的试题。例如，在《衣服》中，学生只需要回忆起哪件实验室仪器能用来检查衣物的导电性。在《大峡谷》（图2.27）中，试题5在水平1和水平2的边界附近，要求学生了解当海洋后退时，早先时期堆积的生物体化石就会显露出来。在《体育锻炼》中，试题3要求学生必须了解活动的肌肉会增加血流量、肌肉运动时形不成脂肪这样的科学事实。

《大峡谷》的问题3在水平2，正好位于"科学地解释现象"能力切点之上。这个问题要求学生知道结冰的水会膨胀因而可能会影响岩石的风化这个事实。对于"运用科学证据"的能力，《酸雨》（图2.32）问题3也提供了一个水平2的例子。这个问题要求学生用所提供的信息得出关于醋对大理石影响——也就是酸雨对大理石影响的简单模拟——的结论。

同样是靠近量表的底部，代表水平2的典型问题是《转基因农作物》单元中的问题3（图2.22）。这个问题评估了识别科学议题的能力。问题3是关于科学调查中有关条件变化的简单问题，要求学生展示设计科学实验的知识。

位于量表中间的问题大都要求学生给出更多的解释，而且这些问题经常是设在学生相对不太熟悉的情境中。有时这些试题要求学生运用不同科学学科的知识，包括对科学或技术更正式的表示法，以及对不同科学领域知识进行深思熟虑的联系，以促进理解并协助分析。有时这些试题又涉及一系列的推理过程和各种知识的综合，要求学生通过简单的解释表达推理过程。典型的活动包括诠释一项科学调查的各个方面，解释用于实验的某些过程，为一项建议提供基于证据的理由。

位于量表中间的样题是《酸雨》（图2.32）中的问题5。这个问题向学生提供了有关醋对大理石影响（也就是，酸雨对大理石影响的模拟）的信息，要求学生解释为什么要把一些大理石碎片放在纯净（蒸馏）水中过夜。对于部分分数的回答，也就是水平3的回答，学生只要能够指出这是一个对比，而如果学生指出酸（醋）是反应所必需的，那回答就可以看作是水平6。两种回答都与识别科学议题相联系，而《酸雨》中问题2则是测评了科学地解释现象的能力。问题2询问学生空气中某些化学物质的来源。正确的回答要求学生显示能够理解，这些化学物质来自于汽车尾气、工厂排放的废气和矿物燃料的燃烧。对于运用科学证据的能力，《温室效应》（图2.33）这个单元很好地代表了水平3。问题3要求学生必须能够解释以图表形式呈现的证据，并进行推断，结合各张图表可以得出以下结论：平均温度和二氧化碳排放量都在上升。《防晒品》（图2.23）中的问题5代表了同一能力的水平4。这道题给了学生实验的结果，要求学生诠释结果的模式，并解释他们的结论。

量表顶端的典型试题一般涉及诠释不熟悉的复杂数据,在复杂的现实世界情境中提出科学解释,并将科学程序应用于解决不熟悉的问题。量表这个部分的问题要求学生能够将几个科学因素或技术因素相综合,而这些因素的成功综合则要求几个相互联系的步骤。建构基于证据的论证和交流还要求学生具有批判性思维和抽象推理能力。《温室效应》(图 2.33)中的问题 5 是水平 6 和科学地解释现象能力的一个例子。这个问题要求学生必须分析结论,考虑会影响温室效应的其他因素。最后一个例子,《温室效应》中的问题 4 强调运用科学证据的能力,要求学生指出图形的哪一部分没有提供证据来支持结论。学生必须定位两个图中曲线不是同时上升或下降的一段,并把这个发现看作证明结论的一个部分。这个问题的满分回答位于水平 5。

这些筛选出来的科学单元中嵌入了一些试题,询问学生对本单元涉及议题的态度。《转基因农作物》、《酸雨》、《玛丽·蒙塔古》和《大峡谷》(图 2.22、2.32、2.28 和 2.27)都嵌有态度问题。《转基因农作物》中嵌入的问题(10N)要求学生回答他们对学习更多转基因农作物各个方面的兴趣。《酸雨》嵌有两个态度问题:问题 10N 想了解学生对酸雨这个议题的兴趣程度,而问题 10S 则询问学生他们在多大程度上同意支持进一步研究这个领域。《大峡谷》中嵌入的问题旨在了解学生是否支持对涉及化石、国家公园的保护和岩石形成等问题的科学探究。

我们已经根据能力量表回顾了整套试题,并发现了某种模式,基于此,我们有可能归纳出随着 PISA 2006 科学量表从下往上,测量各能力复杂性程度增加呈现的特点。通过指出科学能力如何与位于量表上从底部到顶部间不同点上的试题相联系,我们就可以说明这些特点。PISA 2006 科学试题难度的增加是与下列特点相联系的,这些特点要求具备所有三种能力,但是重点有所不同,随学生的能力从识别议题发展到运用证据交流答案、决定和解决方案而变化。

- 要求知识迁移和知识应用的程度。在最低水平上,知识应用是简单直接的,经常是简单回忆单一事实就能达到这个要求。在量表的更高水平上,正确的回答要求个人能够识别多种基础概念和综合各类知识。

- 所要求达到认知要求(cognitive demand)程度,以分析呈现的状况并加以综合后得出恰当的答案。这一点与知识应用的讨论相关,强调的特征包括:所要求科学理解的深度、所要求科学理解的范围、情境与学生生活的接近程度。

- 回答问题所需要的分析程度。这一点包括由下列要求产生的需要:区分情境中呈现的议题、识别恰当的知识领域(科学的知识和关于科学的知识),运用恰当的证据提出主张或得出结论。分析可能包括:对情境的科学或技术需求在多大程度上是清楚明了的,或者学生在多大程度上必须区分情境的各种因素,以便区分哪些是科学议题,哪些是其他非科学议题。

- 解决所呈现问题需要的复杂程度。复杂性的范围可以从一个简单的步骤(只要求学生识别科学议题、应用单一事实或概念、呈现一个结论)到多步骤的问题(要求学生搜索高深的科学知识、复杂的决策、信息处理,并形成论点的能力)。

- 回答问题所需要的综合程度。综合的范围从单一的证据(不要求真正建构辩护观点或论据)到下面的各种情境:包括要求学生应用各种来源证据、比较一系列竞争性的证据和提供不同解释来充分地论证一个观点立场。

学生在科学领域能做什么

学生的科学成绩

PISA总结了科学量表上的学生成绩,提供了学生到15岁时积累的科学理解概貌。下面将先描述科学量表的结果,随后再更详细地分析每一个科学能力(识别科学议题、科学地解释现象和运用科学证据)、知识领域(关于科学的知识和科学的知识)和内容领域("物质系统"、"生命系统"和"地球与宇宙系统")[8]上的学生成绩。

结果中呈现了每个水平上的平均分,以及15岁学生达到图2.8中能力水平6的比例。图2.11a显示了这六个能力水平上学生成绩的分布。

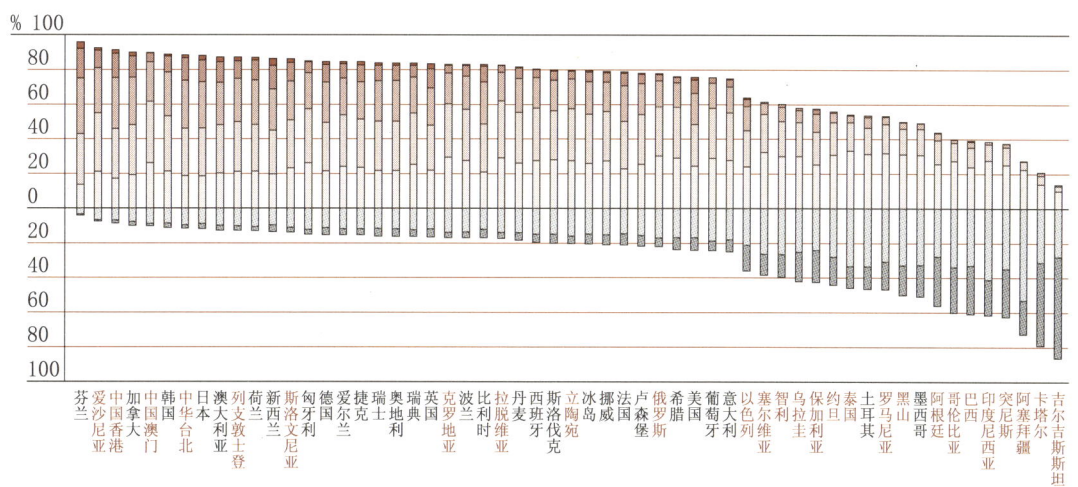

图2.11a ■ 科学量表上每个能力水平上学生的比例

国家(地区)先后按水平2、3、4、5和6上15岁学生的比例降序排列。
数据来源:OCED PISA 2006 数据库,表格 2.1a。
StatLink http://dx.doi.org/10.1797/141844475532

高能力水平的学生

对高级技能工人需求的快速增长和对老龄化人口越来越多的关注,已经转化为全球性的人才竞争。虽然人们一般认为基本能力对吸收新技术是重要的,但具备高层次能力对新技术和创新的产生才是关键的。对于靠近技术前沿的国家,这意味着在劳动力市场中占有受过高层次教育的工人是经济增长和社会发展的重要决定因素。越来越多的证据显示,相对于"一般"的个体,具备高层次技能的个体在知识的创造和应用中会产生相对大的外溢性,这反过来也表明,投资于优秀生可以使所有人都受益(Minne et al., 2007)[9]。这种情况是会发生的,例如,高级技能个体在各种不同领域(组织、行销、设计等等)的创造,可以使所有人都受益,或者推动第一线的技术创新。研究同时也显示,在国际成人读写能力研究中,高出平均分一个标准差的技能水平比平均分低于一个标准差的技能水平对经济增长的影响要高出大约六倍(Hanushek and Woessmann, 2007)[10]。

因此，PISA 尤其关注对技能分布顶端学生的测评。OECD 国家平均而言，有 1.3% 的学生达到 PISA 科学量表的最高水平——水平 6，芬兰和新西兰有超过 3.9% 的学生达到水平 6（见表 2.1a）。英国、澳大利亚、日本、加拿大，以及伙伴国（地区）列支敦士登、斯洛文尼亚和中国香港，学生科学成绩达到最高水平的学生占 2.1% 到 2.9%，德国、捷克、荷兰、美国[11]和瑞士，以及伙伴国（地区）中华台北和爱沙尼亚，达到这个水平的学生占 1.4%—1.8%。这些 15 岁的学生能够始终如一地在各种复杂生活情境中识别、解释并运用科学知识和关于科学的知识。他们能够联系不同的信息来源和解释，运用来自这些来源的证据为决策提供依据。他们清楚而一致地表现出高水平的科学思维和推理能力，并显示能运用他们的科学理解来支撑他们对不熟悉科学技术情境的解决方案。这个水平的学生能够运用科学知识，形成观点，以支持强调个人、社会或全球等情境中的建议和决定。

> **专栏 2.2 ■ 样本统计量的解释**
>
> **标准误和置信区间**　本报告中的统计量都是基于学生样本的全国成绩估计，而不是各个国家中每一个学生回答每一个问题后计算获得的值。因此，了解估计中内在的不确定性是非常重要的。PISA 2006 中每一个估计值都有一个相关的不确定度，以标准误表示。通过置信区间值，我们可以通过反映样本估计所带来的不确定性，来对总体平均值和比例进行推断。通常在正态分布的合理假设下，本报告中真实值是在置信区间内的可能性为 95%，除非专门另外指出。
>
> **判断总体是否存在差异**　本报告中的统计量符合标准的统计显著性检验，确保出现下面这种情况的可能性不超过 5%：即在两个总体间实际没有差异的情况下，由于抽样和测量误差的原因，得出两个总体间存在差异的结论。在显示各国平均分多重比较的图表中，还运用了多重比较显著性检验，假如某个国家的平均成绩与其他任何一个国家实际上不存在差异，那么错误地宣称这两个国家间存在差异的可能性不超过 5%（附录 A3）。

值得注意的是，我们无法根据一个国家的平均成绩预测该国位于成绩顶端学生的比例。例如，韩国的 PISA 科学平均成绩为 522 分，是成绩最好的国家之一，而美国的科学平均成绩为 489 分，在 OECD 平均分以下。然而，达到水平 6 的学生比例，美国有 1.5%，韩国只有 1.1%。

如果把水平 5 也列入高水平成绩，OECD 国家的高水平成绩学生比例就增加到 9.0%。芬兰位于水平 5 和水平 6 的学生占 20.9%。芬兰政府认为，芬兰拥有如此高比例高水平成绩的学生，部分地要归功于 1996—2002 年间实施的一项科学教育培养优秀生的重大发展项目（Luma）。该项目的其他产出包括：高等教育领域科学和技术专业在校生的增加，教师间合作的增加，以及进一步强调实验性学习和建立专门班级或在学校中进行专门侧重数学和科学的分流。

有较高比例的学生位于最高两个水平的其他国家还包括：新西兰（17.6%）、日本（15.1%）和澳大利亚（14.6%），以及地区中国香港（15.9%）和中华台北（14.6%）。这些国家（地区）将是最好的资优科学家人才库，当然，前提是这些国家（地区）的高等教育体系能够给学生提供进一步发展他们技能的机会,他们的劳动力市场能提供具有吸引力的科学相关工作。反过来说,在顶端两个水平上几乎没有学生的国家则可能会因此面临未来的挑战。

> **专栏 2.3 ■ 15 岁学生的科学成绩与国家研究强度**
>
> 我们无法预测今天 15 岁学生的科学成绩在多大程度上可以影响未来一个国家在研究和创新上的成绩。但是,下图显示,一个国家 15 岁学生中 PISA 科学成绩在水平 5 和水平 6 所占的比例与当前处于就业状态的、按全日制折算的研究人员数(千人)之间的关系很紧密。另外,15 岁学生中成绩在水平 5 和水平 6 的比例,与总人口数中三方专利族的数量和全国用于研发的总支出(国家创新能力的另外两个重要指标)之间的相关性都超过 0.5。同样,与 PISA 科学平均分的相关性也是类似的值。当然,这种相关性的存在不是简单的因果关系,因为这还涉及其他许多因素。
>
>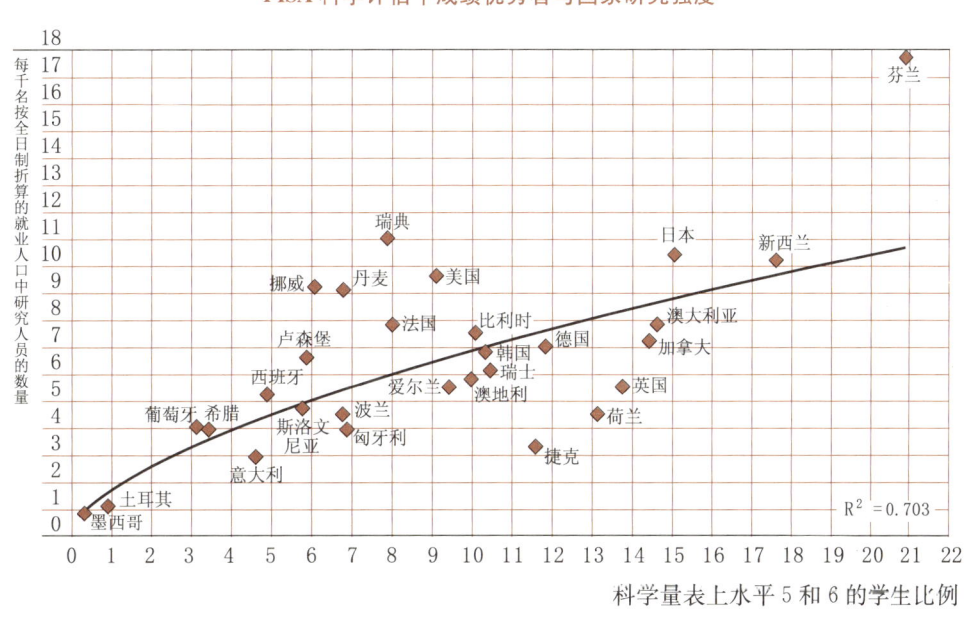
>
> **PISA 科学评估中成绩优秀者与国家研究强度**
>
> 资料来源:《OECD 科学与技术主要指标 2006》,OECD,Paris,表格 2.1a。

从整体上看,表 2.1a 显示,科学能力高的 15 岁学生库在各国间的分布很不均衡。57 个国家(地区)中,将近一半(25 个)国家(地区)中达到水平 5 或水平 6 的 15 岁学生比例为 5% 或不到 5%(基于四舍五入的百分比),而四个国家(地区)有至少 15%——也就是说,有前面这些国家(地区)的 3 倍——的学生达到高水平成绩。当然,全球科学能力合格的劳动力库也取决于国家的规模大小。人口众多的国家,如伙伴国俄罗斯可能有绝对数量较多的科学家数,即便是达到水平 5 和 6 的年轻人为数中等,而且其中只有相当有限比例的人会在未来选择以科学为职业。然而,各个国家中高科学能力学生比例的差异性表明,国家间在用本国培养人才来为未来知识导向行业提供劳动力的能力上是有差别的[12]。

能力水平最低处的学生成绩

能力非常低的学生数量也是一个重要的指标——不一定是指与科学人员的关系,但的确与公民全面参与科学和劳动力市场的能力有关。正如前面描述过的,水平 2 被确立为基准水平线,达到 PISA 量表的成绩水平 2,学生就开始显示能够积极参与科技相关生活情境的能力。

专栏 2.4 ■ 学生进行 PISA 测评的认真程度?

在比较不同国家的学生成绩时,学生的国际考试成绩在多大程度上受影响于不同国家学生投入测试的努力程度? 这一点也是需要考虑的。可以确定的是,根据学生在这个问题上的自我报告,学生对 PISA 投入的努力在不同国家间是相当稳定的。这个发现反驳了下面的观点,即学生投入精力的系统性文化差异会使国际比较失效。

PISA 2003 要求学生想象一个对他们个人来说非常重要的真实情境,以便他们可以竭尽全力、投入尽可能多的努力来将其做好。随后要求他们报告:他们将如何在下面的努力度温度计(Effort Thermometer)上标记自己的最高努力度;与他们刚刚想象过的情境相比,他们用于做 PISA 测试的努力度是多少;如果他们的 PISA 成绩会计算在学校成绩内,那么他们会投入的努力度是多少?

下面显示的努力度温度计提供了 PISA 2003 中 41 个参与国(地区)的三个 10 分量表:高度个人努力量表、PISA 努力量表和学校成绩努力量表。第一个量表表明学生报告的、他们投入于对个人非常重要情境的最大努力程度。第二个量表显示,与个人最高努力度量表相比,投入于 PISA 2003 的努力度。第三个量表显示,如果 PISA 评估对学校背景中的参与者有很高个人相关性时,学生预期投入的努力度。

学生一般都真实地回答,如果(PISA)测试的结果计算在学校成绩内,那么他们将会投入更大的努力。下面第一张柱状图显示了各个国家学生自我报告投入于 PISA 2003 的努力程度。第二个图表示各个国家中,相比于学校考试,学生投入于 PISA 的相对努力度。

努力度温度计 在这个情境中,在下面的"努力度温度计"上你会给出的最大值是多少?	与你刚刚想象的情境相比,你会对PISA测试投入多大的努力度?	如果你测试的分数会计算在你学校的成绩内,你会投入多少努力度?
☒ 10 □ 9 □ 8 □ 7 □ 6 □ 5 □ 4 □ 3 □ 2 □ 1	□ 10 □ 9 ☒ 8 □ 7 □ 6 □ 5 □ 4 □ 3 □ 2 □ 1	☒ 10 □ 9 □ 8 □ 7 □ 6 □ 5 □ 4 □ 3 □ 2 □ 1 ✓ = OECD average

分析显示,学生报告的努力程度在不同国家间相当稳定,这反驳了下面的观点,即学生投入努力度上的系统性文化差异会使国际比较无效。

分析同时显示,投入的努力是与学生成绩相关的,其影响值与单亲家庭结构、性别和社会经济背景等因素类似。

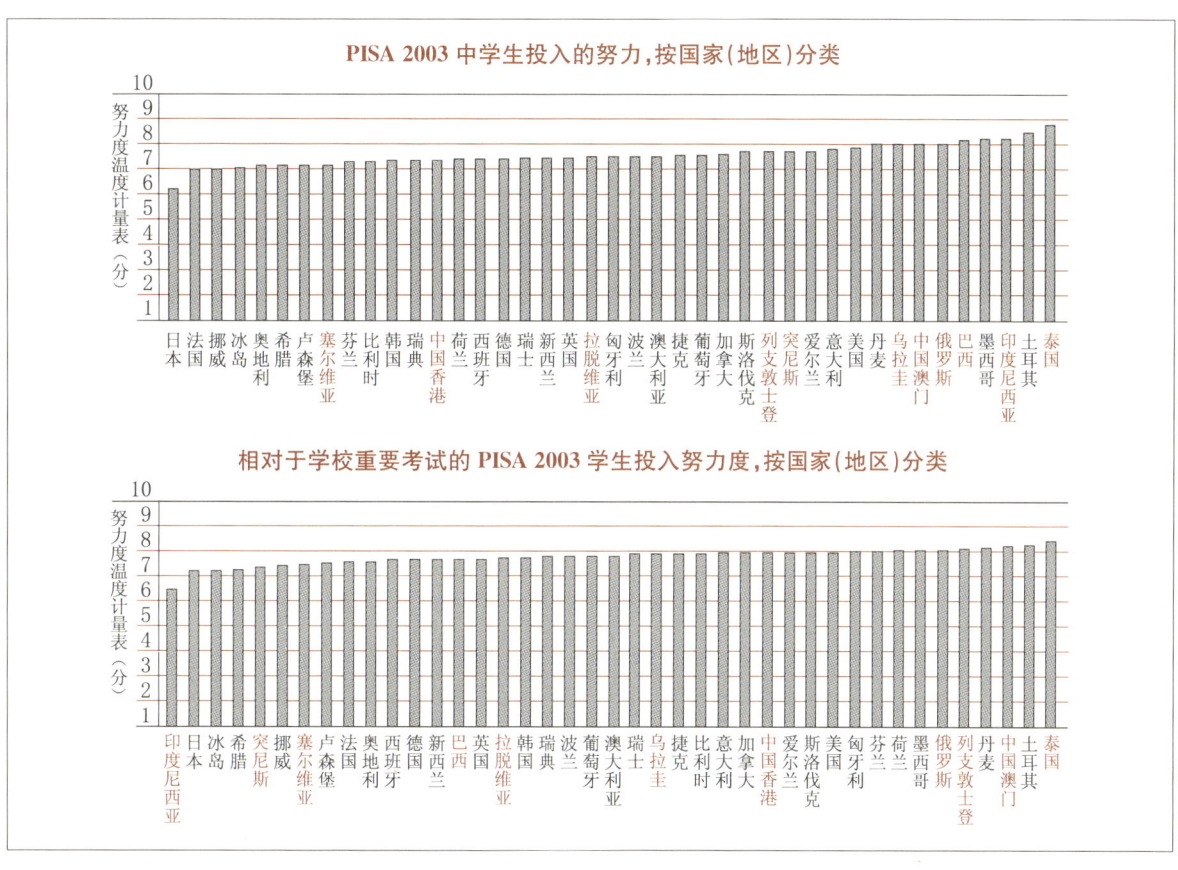

OECD平均而言有19.2%的学生归为水平2以下。然而,这里也有很大的差异性。有两个OECD国家大约有一半的学生没有达到水平2,这两个国家分别是墨西哥(50.9%)和土耳其(46.6%)。九个伙伴国(地区)中至少有50%的学生没有达到水平2,而另有五个国家该比例在40%到49%之间。在参加PISA 2006的南美洲和中美洲国家,该数据的范围从伙伴国智利的39.7%到伙伴国巴西的61.0%。相反,有五个国家(地区)中大约有10%或更少的学生成绩在水平2以下:加拿大(10.0%)和荷兰(4.1%),以及伙伴国(地区)中国澳门(10.3%)、中国香港(8.7%)和爱沙尼亚(7.7%)。

因此,有些国家大部分学生都能达到基本科学能力水平,OECD国家平均而言是十个学生中有八个达到了基本科学能力水平,但在许多其他国家没有达到这个比例。

科学平均成绩

图2.11b总结了不同国家(地区)在科学量表上的整体成绩,以各国学生的平均分表示(在本报告中也简称为科学分数)。国家(地区)间的差异只有在统计上具有显著性时才会被考虑在内(对结果更为具体的解释描述,可参见专栏2.2)。[13] 图2.11c通过比较估计的排名位置,显示了各国相对于其他国家的成绩。精确的排序是不可能的,但对于每个国家(地区)会有一个排位的范围,在这个范围内这个排序有95%的确定性。芬兰是个例外。芬兰学生的平均成绩远远高于其他任何一个国家(地区),因此可以明确地将其排在每一位。加拿大的平均分在OECD国家中列第二位,排名则在OECD的第二和第三位之间。日本平均分在OECD国家中列第三位,排名则在OECD的第2和第5位之间(图2.11c)。

图 2.11b[1/2] ■ 科学量表上平均分的多重比较

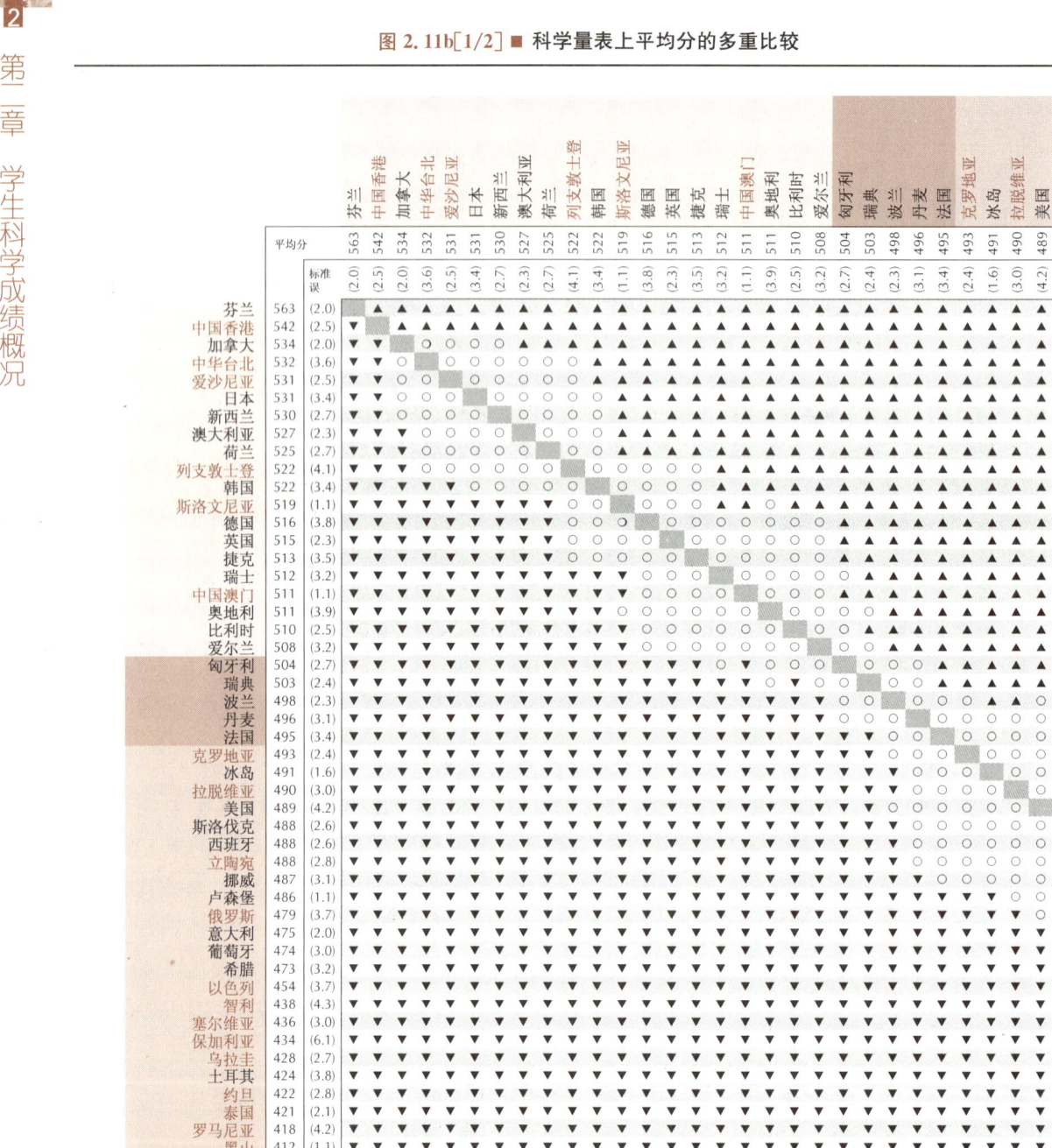

来源：OECD PISA 2006 数据库。
StatLink http://dx.doi.org/10.1787/141844475532

图 2.11b[2/2] ■ 科学量表上平均分的多重比较

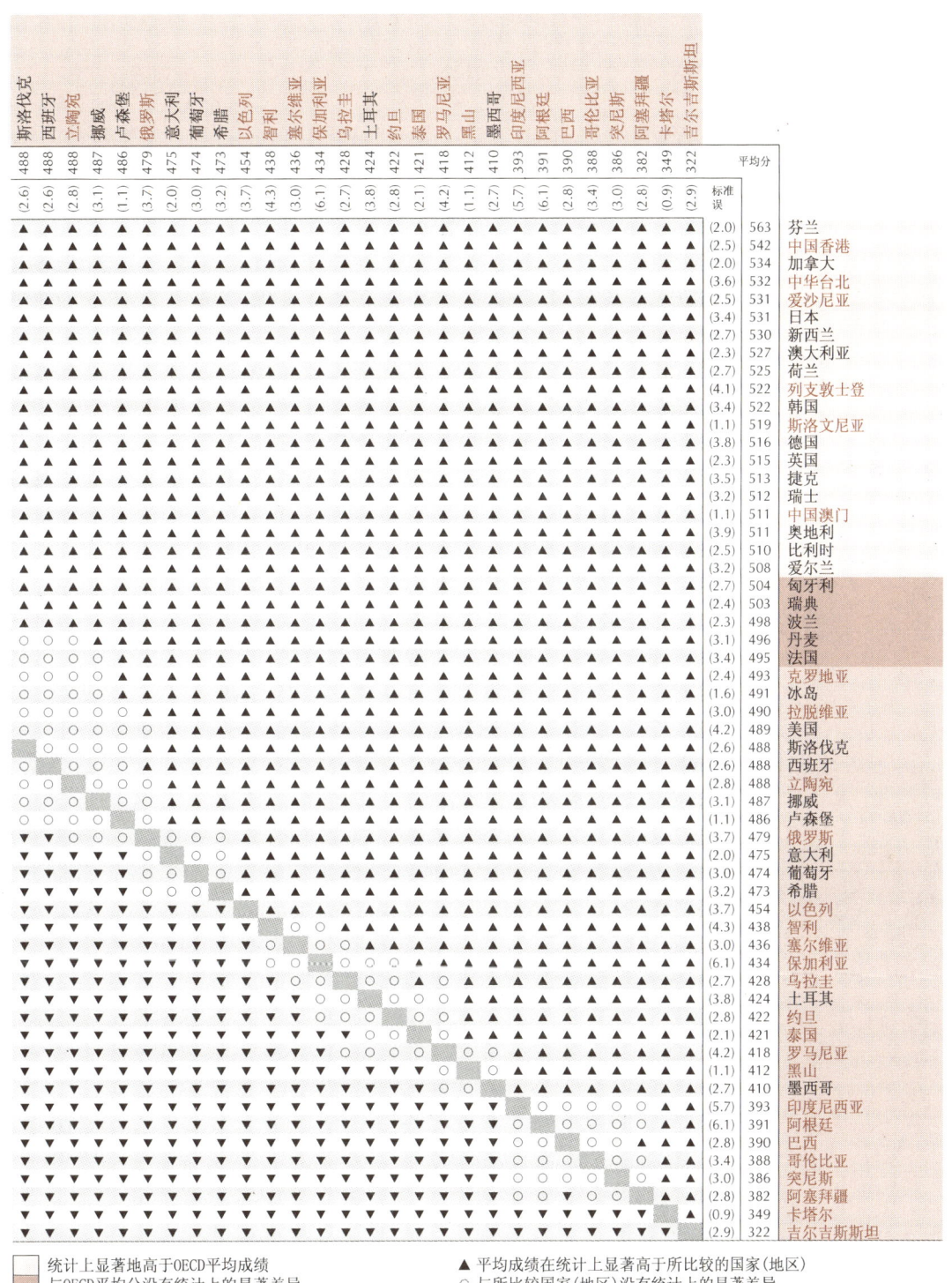

来源：OECD PISA 2006 数据库。
StatLink http://dx.doi.org/10.1787/141844475532

图 2.11c ■ 国家（地区）在科学量表上的排位范围

	统计上显著地高于OECD平均分
	与OECD平均分没有统计上的显著差异
	统计上显著地低于OECD平均分

			科学量表			
	科学分数	标准误	排位范围			
			OECD 国家		所有国家（地区）	
			排位上限	排位下限	排位上限	排位下限
芬兰	563	(2.0)	1	1	1	1
中国香港	542	(2.5)			2	2
加拿大	534	(2.0)	2	3	3	6
中华台北	532	(3.6)			3	8
爱沙尼亚	531	(2.5)			3	8
日本	531	(3.4)	2	5	3	9
新西兰	530	(2.7)	2	5	3	9
澳大利亚	527	(2.3)	4	7	5	10
荷兰	525	(2.7)	4	7	6	11
列支敦士登	522	(4.1)			6	14
韩国	522	(3.4)	5	9	7	13
斯洛文尼亚	519	(1.1)			10	13
德国	516	(3.8)	7	13	10	19
英国	515	(2.3)	8	12	12	18
捷克	513	(3.5)	8	14	12	20
瑞士	512	(3.2)	8	14	13	20
中国澳门	511	(1.1)			15	20
奥地利	511	(3.9)	8	15	12	21
比利时	510	(2.5)	9	14	14	20
爱尔兰	508	(3.2)	10	16	15	22
匈牙利	504	(2.7)	13	17	19	23
瑞典	503	(2.4)	14	17	20	23
波兰	498	(2.3)	16	19	22	26
丹麦	496	(3.1)	16	21	22	28
法国	495	(3.4)	16	21	22	29
克罗地亚	493	(2.4)			23	30
冰岛	491	(1.6)	19	23	25	31
拉脱维亚	490	(3.0)			25	34
美国	489	(4.2)	18	25	24	35
斯洛伐克	488	(2.6)	20	25	26	34
西班牙	488	(2.6)	20	25	26	34
立陶宛	488	(2.8)			26	34
挪威	487	(3.1)	20	25	27	35
卢森堡	486	(1.1)	22	25	30	34
俄罗斯	479	(3.7)			33	38
意大利	475	(2.0)	26	28	35	38
葡萄牙	474	(3.0)	26	28	35	38
希腊	473	(3.2)	26	28	35	38
以色列	454	(3.7)			39	39
智利	438	(4.3)			40	42
塞尔维亚	436	(3.0)			40	42
保加利亚	434	(6.1)			40	44
乌拉圭	428	(2.7)			42	45
土耳其	424	(3.8)	29	29	43	47
约旦	422	(2.8)			43	47
泰国	421	(2.1)			44	47
罗马尼亚	418	(4.2)			44	48
黑山	412	(1.1)			47	49
墨西哥	410	(2.7)	30	30	48	49
印度尼西亚	393	(5.7)			50	54
阿根廷	391	(6.1)			50	55
巴西	390	(2.8)			50	54
哥伦比亚	388	(3.4)			50	55
突尼斯	386	(3.0)			52	55
阿塞拜疆	382	(2.8)			53	55
卡塔尔	349	(0.9)			56	56
吉尔吉斯斯坦	322	(2.9)			57	57

StatLink http://dx.doi.org/10.1787/141844475532

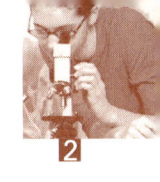

本报告的后面几章研究了学生科学成绩和国家、学校及学生特点间的关系。在解释图2.11b时,值得注意的是,"小国家成绩会更好"的假设在 PISA 2006 的数据中没有得到支持:国家的大小和 15 岁学生在 PISA 科学量表上的成绩之间没有关系。对 PISA 2003 结果的详细分析显示,外国出生的学生比例与国家平均成绩间也没有跨国家的关系(OECD,2006b)。最后同样重要的是,PISA 2003 评估背景下开展的分析显示,各国在学生考试动机上几乎没有差别(专栏 2.4)。

虽然平均分对各国的整体成绩是一个有用的标准,但它掩盖了各国成绩分布的重要信息。平均分相似国家的政策制订者可能会采取类似的政策干预,但实际上这些国家的学生成绩概况很不相同——一个国家的成绩可能集中在平均分周围,在极端值附近的学生比例相对较低,而另一个国家可能相对有更大比例的学生在量表较低和较高的两端。也存在另外一种情况,即国家间有差不多相同比例的学生分布在量表最高水平,但分布在低水平上的学生比例却不相同。例如,按学生成绩来看,韩国是 PISA 2006 中科学成绩最好的国家,平均分为 522,而美国的成绩则在 OECD 平均分以下,为 489。然而,位于水平 5 和水平 6 的学生比例,美国(9.1%)和韩国(10.3%)则差不多。两个国家平均分上的差异可以部分地由量表低水平(也就是低于水平 2)上学生比例差异来解释,美国的比例为 24.4%,而韩国是 11.2%。

平均分也掩盖了结果中的地区差异,而这可能会带来不同的政策干预。例如,比利时位于弗兰德语地区的学生平均分为 529 分,该成绩与荷兰和澳大利亚学生获得的成绩水平一样高,但比利时位于法语地区的学生成绩却在 OECD 平均分以下(参阅卷 2 中的分国家表格)。

在记住这些注意事项的情况下,可以得出下面的观察结论:

- 芬兰的学生很明显在所有国家中名列前茅。

专栏 2.5 ■ 解释 PISA 分数的差异:差距有多大?

两个不同学生群的分数相差 50 分,这代表什么意思?下面的比较有助于我们判断分数差异的大小。

74.7 分的差异代表 PISA 科学量表上一个能力水平。这可以被认为是学生成绩在实质上有较大差异。例如,上面 PISA 2006 评估框架部分所描述的技能中,水平 3 要求学生选择事实和知识来解释现象和应用简单模型或调查策略,而水平 2 则仅要求学生参与直接的推理,做出表面的诠释。

另一个标准是,国家间在科学量表上最高分和最低分的成绩差异是 241 分,而国家间第五个最高平均分和第五个最低平均分的成绩差距是 143 分。

最后,28 个 OECD 国家 PISA 样本中有相当数量的 15 岁学生就读于至少两个不同的年级,两个年级学生的差异表明,一个学年的差异平均相当于 PISA 科学量表上的 38 分(参阅表 A1.2,附录 A1)。[14]

- 成绩在芬兰之后、但仍取得了很高平均分的国家包括：加拿大、日本、新西兰、澳大利亚，以及伙伴国（地区）中国香港、中华台北和爱沙尼亚。这些国家（地区）的学生成绩在OECD平均分之上——每个国家（地区）量表上的平均分都在527到542之间。
- 30个OECD国家中，有20个国家的成绩与OECD平均分（500分）相差在25分之内——这是非常集中的一类国家，每个国家的平均分都与其他许多国家很类似。
- 在希腊的分数473分下有一个断层，下一个最高的国家分数为454分，只有两个OECD国家分数在473分以下。

国家成绩的背景

在比较任何学生群体间的成绩时将社会经济背景考虑在内是很重要的，同样重要的是，比较教育体制的结果需要将其放在国家经济环境和国家投入的教育资源的背景之中。下面的分析就是这样做的，在国家层面根据所选择的社会经济变量调整了国家的科学平均分。同时，类似的调整总是具有假设性，因此需要小心研究。在全球背景下，个人和国家的未来经济和社会前景仍取决于他们实际取得的结果，而不是如果他们处于平均的社会经济条件下可能获得的成绩。

有些国家相对比较富裕，可以有更多的资金用于教育，有些国家则发现教育投入受到相对较低国家收入的限制。图2.12a显示了国家收入（以人均GDP作为测量指标）与各国PISA测评中学生平均科学成绩间的关系。GDP的值代表了2005年的人均GDP（现价），并根据OECD国家购买力平价做了调整（表2.6）。该图同时显示了总结人均GDP与学生平均科学成绩之间关系的趋势线。然而，需要谨记的是，参与比较的国家数量少，因此这条趋势线受到所比较国家具体特点的很大影响。

图 2.12a ■ 科学能力量表上的学生成绩与国家收入

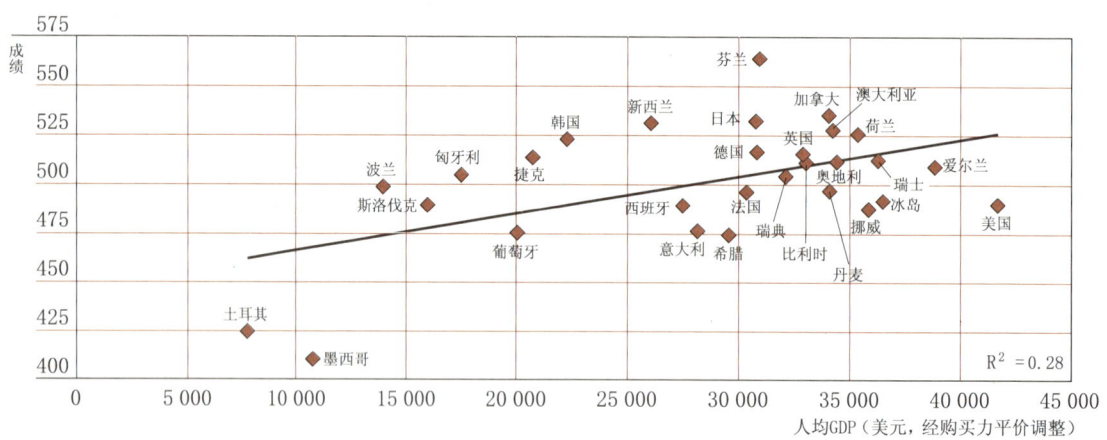

数据来源：OECD PISA 2006 数据库，表格 2.1c 和 2.6。
StatLink dx.doi.org/10.1787/141844475532

图中散点的分布表明收入较高的国家，学生的科学成绩也相对更好。实际上，这种关系表明国家间平均分差异的28%是能够基于国家的人均GDP来预测的[15]。

接近趋势线的国家根据人均GDP这个预测指标就可以指出学生平均分所在的位置，如斯洛伐克、冰岛、瑞典、英国、比利时、奥地利和瑞士。例如，根据冰岛和斯洛伐克两国的人均GDP差异，可以指出前者学生成绩超过后者的程度，具体可参见图2.12a。然而，有些国家却偏离趋势线，这个事实也表明，这两者的关系不具有决定性，不是线性的。芬兰、新西兰等位于趋势线上方的国家，其实际PISA科学平均成绩要比基于人均GDP（和基于用于估计这种关系的特定国家组的特点）预测的平均分要更高。意大利、美国等位于趋势线下方的国家，其实际成绩则要比根据人均GDP预测的成绩要低[16]。

两个变量间存在相关性并不一定意味着两者存在因果关系；实际上还可能涉及其他许多因素。然而，图2.12a的确表明，收入高的国家相对具有优势。在解释收入相对低的国家的学生成绩时，尤其要考虑这一点。对于某些国家来说，调整人均GDP可能使成绩有实质性的变化（表2.6）。调整人均GDP后分数有所提高的国家有：土耳其（从424提高到463），墨西哥（从410提高到443），波兰（从498提高到525），斯洛伐克（从488提高到512）。调整人均GDP后分数有所下降的国家有：挪威（从487降到472）、美国（从489降到464）、爱尔兰（从508降到489）、瑞士（从512降到497）、荷兰（从525降到512）、冰岛（从491降到475）、奥地利（从511降到499）。

我们可以继续扩大考虑的背景变量范围。根据第四章中所分析的学生成绩和家庭教育水平之间的紧密联系，一个明显的背景考虑因素就是OECD国家间成人教育水平的差异。表2.6显示了年龄35—44岁人口中已经受过高中和高等教育水平的人口比例。该年龄组大致对应于PISA评估的15岁学生家长的年龄。表2.6中的这些变量用于除了按GDP调整外的其他调整中。虽然比起单考虑GDP，将成人教育水平与GDP两个因素结合，能得出与学生成绩更为紧密的关系，但这种关系也远远不是调整背后的模型所假设的那样是决定性和线性的。有些国家做了相对较大的调整，如土耳其调整了59分，墨西哥调整了58分，葡萄牙调整了50分。

虽然人均GDP反映了各国可用于教育的潜在资源，但它不直接测量实际上投入于教育的财政资源。图2.12b比较了各国对6—15岁儿童的生均实际支出、各国学生平均科学成绩。生均支

图2.12b ■ 科学能力量表上的学生成绩与生均支出

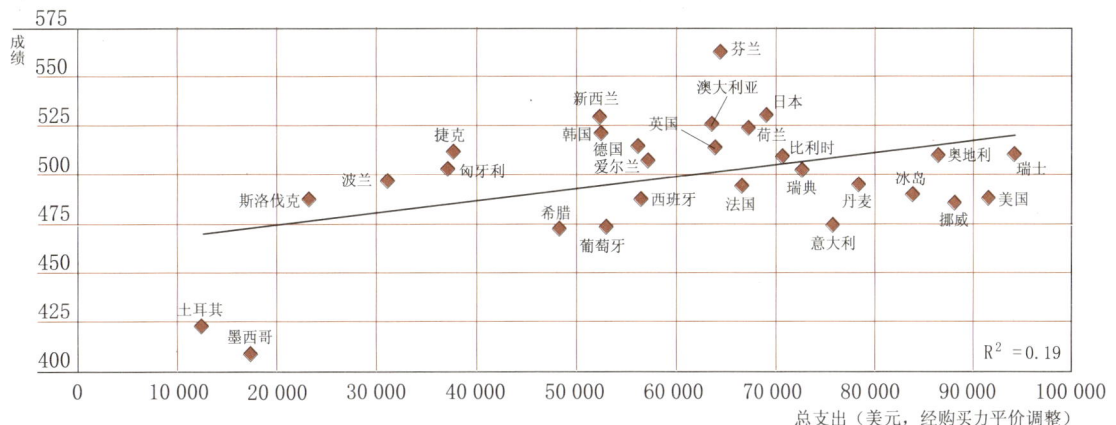

数据来源：OECD PISA 2006数据库，表格2.1c和2.6。
StatLink http://dx.doi.org/10.1787/141844475532

出是将下面两个因素相乘后得到：2004年各级教育机构的生均公共和私人支出、15岁以前各个教育阶段的理论教育年限[17]。计算结果以美元为单位，并经过购买力平价（PPP）调整（OECD，2007）。

图2.12b显示了生均支出与平均科学成绩间的正相关关系（也可参阅表2.6）。随着教育机构生均支出的增加，各国的平均科学成绩也在提高。然而，生均支出只解释了国家间平均科学成绩差异的19%。

从趋势线的偏离表明，生均支出中等并不一定是等同于教育系统的成绩差。捷克和新西兰15岁之前学生的生均支出分别是美国支出水平的41%、57%，但捷克和新西兰的PISA成绩都处于高端，而美国的成绩却在OECD平均分以下。根据生均支出预测的成绩显著高于实际成绩的国家包括：芬兰、新西兰、澳大利亚、韩国、捷克。总之，这些结果表明，虽然教育机构的开支是提供高质量教育的必要条件，但仅有支出不足以获取高水平的教育结果。

科学能力量表上成绩的性别差异

虽然近年来男生教育也越来越受到关注，尤其是在阅读素养领域，但政策制订者们仍给予了性别平等问题很大的优先权，尤其关注女生面对的弱势状况。15岁时，许多学生都会遇到从教育转换到工作或进一步接受教育的重大转变。他们在学校的成绩、他们对科学的动机和态度，这些都对他们将来的教育和职业发展道路有着重要的影响。同时，这不仅会影响到个人的职业和收入前景，同时也会使人力资源在OECD国家和社会中的发展和利用具有更广泛的有效性。

在OECD国家间，无论是绝对差异，还是与在阅读成绩上较大的性别差异（见第六章）比较，PISA 2006科学成绩的性别差异都很小[18]。只有英国、卢森堡、丹麦、荷兰、墨西哥和瑞士，男生的成绩略显优势（高6—10分），而在土耳其和希腊则显示女生占优势（高11—12分）。其他OECD国家男女生成绩在统计上都没有显著差异。在伙伴国中，智利和巴西显示男生有优势，而卡塔尔、约旦、保加利亚、泰国、阿根廷、立陶宛、斯洛文尼亚、阿塞拜疆、拉脱维亚、吉尔吉斯斯坦则显示女生有优势。与其他国家相比，卡塔尔和约旦女生的优势相对比较大，分别比男生高出32分和29分（表2.1c）。

因此，除小部分OECD国家显示有显著的性别差异外，整体上男女生的科学成绩很平均。关注男女生在阅读和数学科成绩上成绩差异的国家，可以看一下科学这个领域，15岁学生科学成绩的性别平等性很普遍。不过，在一些能力和知识量表领域仍旧存在着较大的性别差异，这将在本章后面部分讨论。而且，科学成绩较小的性别差异并没有反映在学习科学的平等机会上：平均而言，OECD国家中从科学学位毕业的男性人数是女性人数的将近两倍（参见表A3.5，OECD，2007）。

在诠释所发现的性别差异时，需要考虑的一个问题是，男性和女性在所就读的学校、学术分轨和教育课程时做出了不同的选择，至少在许多国家都是这样的。PISA 2006比较了下列两种情况下的性别差异：将可观察到的所有学生的性别差异与校内观察到的性别差异估计值相比较，将可观察到的所有学生的性别差异与考虑不同就读课程和学校特点后的性别差异估计值相比较。在大部分国家，学校内的性别差异比国家整体的性别差异要大得多（表2.5）。例如，法国整体上男性在科学成绩上没有优势，但学校内的平均性别差异是20分。类似的，德国和斯洛伐克整体

上男性也没有优势,但学校内性别差异有 17 分。比利时、捷克、意大利显示整体上没有成绩差异,但男生在校内的优势有 13—18 分。在大部分国家这反映了下面的事实:相比于男生,有更高比例的女生就读于成绩更好、更具学术导向的课程和学校。因此,即便是因为女生更倾向于就读成绩好的学校和学业课程而在某种程度上掩盖了男生在学校中相对于女生的优势,无论是从政策的视角,还是对课堂中的教师而言,都应该继续关注科学成绩的性别差异。

最后同样重要的是,性别差异不能机械地归咎于教育体制的特点。例如,冰岛女生在所有学科领域的成绩上都具有优势,特别是在农村地区,这归因于劳动力市场的刺激,农村地区的男性很早就有机会获得一份收入颇丰的工作(如渔业或旅游业),因而无法专心于学业学习,而女性则经常把学业成就看作社会流动和地区流动的杠杆(Lafsson et al., 2003)。

不同科学维度的学生成绩概述

不同科学能力上的学生成绩

PISA2006 的强项之一在于它可以研究学生各方面的科学能力和科学知识的各个领域。[19] 理解学生在不同科学能力和知识领域的相对优势,可以向政策制订者们提供信息,有助于策略的直接形成(图 2.13)。

各个国家显示出在识别科学议题、运用科学证据,或科学地解释现象上有更强能力的学生概况各不相同。有可能将在科学能力量表上具有类似强项和弱项的国家聚类成四个组,如下面的图 2.14a、2.14b、2.14c 和 2.14d 所示[20]。

图 2.14a、2.14b、2.14c 和 2.14d 显示了各个国家群组(根据综合科学量表的平均分进行排序)中,每个国家在每个量表上的平均分与科学整体平均分间的差异[21]。每一个量表中都有一些个案比较突出,即量表的分数比科学整体分数高或低 10—20 分。这些差异都用有色编码标出了。其中有些差异性个案也会在下面再强调突出。结果显示了各个国家需要加强科学教育的哪些方面。观察这些相对强项的一个简化办法就是按照解决科学问题的顺序:首先,指出问题,然后运用科学现象的知识,最后解释并运用结果。传统的科学教学可能经常强调中间的过程,即科学地解释现象,该过程要求熟悉关键的科学知识和理论。然而,如果学生没有能力先意识到一个科学问题,然后再用与现实世界相关联的方式解释发现,那么学生仍未完全具备科学素养。例如,如果一个学生掌握了一个科学理论却不能估量证据,那他在成人生活中只能有限地利用科学。在这种情境下,学生在识别科学议题或运用科学证据上相对弱势的国家就需要考虑要求更广泛的科学技能,而那些在科学地解释现象上处于弱势的国家则需要更多地强调学生对科学知识的掌握。

图 2.14a 至图 2.14d 中普遍出现的使人感兴趣之处是,学生总体科学成绩最高的十个国家(地区)在"运用科学证据"上尤其占优势,没有一个国家(地区)在这方面呈现较弱状况。这十个国家(地区)在运用科学证据上的平均分是 539 分,而他们的科学综合得分是 533 分。相反,十个最弱的国家在运用科学证据上不是低于科学综合得分,就是与科学综合得分相近,这十个国家在运用科学证据上比综合平均分低 14 分。这表明,诠释和运用科学证据的能力与一个国家(地区)内高层次的科学能力有更紧密的联系。然而,请注意这种关系并不是连续性的,也就是说,它只应用于总分为最高和最低的国家,而不是对所有高于平均分或所有低于平均分国家而言。

图 2.13 ■ 不同科学量表上成绩的比较

- 每个量表分数比综合科学量表高 0—9.99 分
- 每个量表分数比综合科学量表高 10—19.99 分
- 每个量表分数比综合科学量表高 20 或 20 分以上
- 每个量表分数比综合科学量表低 0—9.99 分
- 每个量表分数比综合科学量表低 10—19.99 分
- 每个量表分数比综合科学量表低 20 或 20 分以上

		科学成绩	综合科学量表与各个量表上的成绩差异						
			能力			关于科学的知识	科学的知识		
			识别科学议题	科学地解释现象	运用科学证据		"地球与宇宙"	"生命系统"	"物质系统"
OECD	澳大利亚	527	8.4	-6.6	4.4	6.6	3.4	-5.1	-11.8
	奥地利	511	-5.7	5.6	-6.1	-7.3	-8.3	11.3	6.9
	比利时	510	4.7	-7.7	5.6	8.3	-13.9	-7.9	-3.1
	加拿大	534	-2.6	-3.6	7.1	2.8	5.8	-4.0	-5.5
	捷克	513	-12.4	14.6	-12.3	-13.8	13.2	11.9	21.1
	丹麦	496	-2.6	5.4	-7.3	-3.2	-9.0	8.9	6.6
	芬兰	563	-8.4	2.8	4.1	-5.6	-9.0	10.5	-3.6
	法国	495	3.9	-14.1	15.8	12.2	-32.6	-5.3	-13.0
	德国	516	-5.9	3.4	-0.3	-3.9	-5.4	8.2	0.5
	希腊	473	-4.6	3.1	-7.9	-2.5	4.0	1.3	0.8
	匈牙利	504	-21.3	14.2	-6.9	-11.9	8.6	5.2	29.2
	冰岛	491	3.0	-2.7	0.2	1.7	12.1	-9.4	2.6
	爱尔兰	508	7.6	-2.8	-2.4	-1.4	-0.2	-2.8	-3.9
	意大利	475	-1.2	4.1	-8.4	-3.6	-1.5	12.2	-3.0
	日本	531	-9.3	-4.1	13.0	0.2	-1.1	-5.2	-1.0
	韩国	522	-3.1	-10.5	16.3	4.4	10.8	-23.9	7.6
	卢森堡	486	-3.5	-3.1	5.5	1.9	-15.6	12.2	-12.4
	墨西哥	410	11.7	-3.4	-7.4	3.3	1.9	-7.7	4.6
	荷兰	525	7.7	-3.1	0.7	5.4	-6.8	-15.4	6.2
	新西兰	530	5.8	-8.2	6.4	-8.7	-0.8	-2.2	-14.7
	挪威	487	2.6	8.7	-14.0	-6.5	10.5	9.6	4.8
	波兰	498	-14.7	8.2	-4.1	-7.2	3.5	11.3	-0.7
	葡萄牙	474	12.2	-5.0	-2.1	7.1	5.1	0.7	-12.0
	斯洛伐克	488	-13.5	12.6	-10.8	-10.2	14.9	11.4	15.1
	西班牙	488	0.4	1.9	-3.6	0.4	4.9	9.2	-11.6
	瑞典	503	-4.7	6.4	-7.2	-5.2	-5.5	8.4	13.7
	瑞士	512	3.4	-3.7	7.2	2.9	-9.3	0.9	-5.1
	土耳其	424	3.7	-1.4	-6.6	1.2	1.3	1.5	-7.7
	英国	515	-1.0	1.9	-1.2	1.8	-10.2	10.6	-6.4
	美国	489	3.2	-2.8	-0.4	3.3	15.1	-2.1	-3.7
伙伴国（地区）	阿根廷	391	4.1	-4.8	-5.8	5.9	-7.5	-0.2	-7.8
	阿塞拜疆	382	-29.6	29.6	-38.1	-27.2	17.9	15.2	50.5
	巴西	390	7.8	-0.1	-12.2	3.3	-15.4	12.6	-5.5
	保加利亚	434	-6.8	10.2	-17.4	-8.5	9.1	11.1	1.6
	智利	438	5.9	-6.1	1.4	4.5	-9.9	-3.8	-5.0
	哥伦比亚	388	14.4	-9.0	-4.9	8.4	-17.7	-4.5	-10.0
	克罗地亚	493	0.3	-0.8	-2.9	0.9	4.0	4.5	-0.4
	爱沙尼亚	531	-15.7	9.2	-0.4	-8.4	9.0	8.4	3.6
	中国香港	542	-14.4	7.0	0.2	-0.6	-17.1	15.4	3.3
	印度尼西亚	393	-0.4	1.1	-7.8	4.0	8.3	-2.5	-7.4
	以色列	454	3.1	-10.5	6.4	12.5	-36.9	4.5	-11.3
	约旦	422	-13.1	15.7	-17.4	-13.5	-1.3	28.1	10.9
	吉尔吉斯斯坦	322	0.7	11.7	-34.0	-13.5	-7.0	7.7	27.3
	拉脱维亚	490	-0.9	-3.2	1.1	1.6	4.3	-8.2	5.1
	列支敦士登	522	-9.4	1.4	12.7	4.2	-9.4	14.7	-7.1
	立陶宛	488	-11.9	6.5	-1.4	-5.6	-1.4	14.7	2.0
	中国澳门	511	-20.8	9.2	0.7	-5.9	-4.9	14.2	6.7
	黑山	412	-10.7	4.9	-5.2	-4.8	-0.4	18.2	-4.5
	卡塔尔	349	3.1	6.6	-25.5	-6.2	0.3	11.7	8.4
	罗马尼亚	418	-8.9	7.4	-10.9	-5.6	-11.5	7.8	10.3
	俄罗斯	479	-16.6	3.8	1.4	-4.5	2.0	10.5	-0.2
	塞尔维亚	436	-5.1	5.2	-10.8	-5.1	4.9	13.9	-0.3
	斯洛文尼亚	519	-1.8	4.0	-2.8	-8.7	14.7	-2.2	12.1
	中华台北	532	23.8	12.7	-0.6	-7.0	-3.2	16.9	13.0
	泰国	421	-7.8	-1.1	2.1	0.2	8.9	10.7	-13.7
	突尼斯	386	-1.7	-2.2	-3.6	3.8	-33.4	6.2	7.3
	乌拉圭	428	0.5	-5.2	0.9	3.4	-31.2	4.5	-6.7

数据来源：OECD PISA 数据库 2006，表格 2.1c、2c、2.3c、2.4c、2.7、2.8、2.9 和 2.10。
StatLink http://dx.doi.org/10.1787/141844475532

图 2.14a ■ 学生显示在科学地解释现象上相对较弱而在其他领域有相对优势的国家(地区)

	低水平相对优势(0—9.99)		低水平相对弱势(0——9.99)
	中等水平相对优势(10—19.99)		中等水平相对弱势(−10——19.99)
	高水平相对优势(≥20)		高水平相对弱势(≤−20)

强势或弱势是相对于某国在综合科学量表上的分数而言。

有些国家(地区)显示在运用科学证据上处于相对优势。这在法国和韩国最为明显。法国政府将法国更有优势的成绩归功于其课程对科学推理能力、数据分析能力和实践的重视。韩国也是类似的情况,他们也尤其强调表格、图表和实验结果的重要性。

	科学分数	标准误	识别科学议题	科学地解释现象	运用科学证据
新西兰	530	(2.7)	6	−8	6
澳大利亚	527	(2.3)	8	−7	4
列支敦士登	522	(4.1)	0	−6	13
韩国	522	(3.4)	−3	−11	16
瑞士	512	(3.2)	3	−4	7
比利时	510	(2.5)	5	−8	6
法国	495	(3.4)	4	−14	16
以色列	454	(3.7)	3	−10	6

该组中其他国家(地区)显示在**识别科学议题**上有相对优势

	科学分数	标准误	识别科学议题	科学地解释现象	运用科学证据
荷兰	525	(2.7)	8	−3	1
爱尔兰	508	(3.2)	8	−3	−2
冰岛	491	(1.6)	3	−3	0
美国	489	(4.2)	3	−3	0
葡萄牙	474	(3.0)	12	−5	−2
智利	438	(4.3)	6	−6	1
墨西哥	410	(2.7)	12	−3	−7
阿根廷	391	(6.1)	4	−5	−6
哥伦比亚	388	(3.4)	14	−9	−5

StatLink http://dx.doi.org/10.1787/141844475532

图 2.14b ■ 学生显示在科学地解释现象上相对较有优势而在其他领域有相对较弱的国家（地区）

	低水平相对强势(0—9.99) 中等水平相对强势(10—19.99) 高水平相对强势(≥20)		低水平相对弱势(0—−9.99) 中等水平相对弱势(−10—−19.99) 高水平相对弱势(≤−20)		

一些国家（地区）显示在**识别科学议题**上相对较弱

	科学分数	标准误	识别科学议题	科学地解释现象	运用科学证据
中国香港	542	(2.5)	−14	7	0
爱沙尼亚	531	(2.5)	−16	9	0
中国澳门	511	(1.1)	−21	9	1
波兰	498	(2.3)	−15	8	−4
立陶宛	488	(2.8)	−12	7	−1
俄罗斯	479	(3.7)	−17	4	1

该组中其他国家显示在**运用科学证据**和**识别科学议题**上相对较弱

	科学分数	标准误	识别科学议题	科学地解释现象	运用科学证据
捷克	513	(3.5)	−12	15	−12
匈牙利	504	(2.7)	−21	14	−7
斯洛伐克	488	(2.6)	−13	13	−11
约旦	422	(2.8)	−13	16	−17
阿塞拜疆	382	(2.8)	−30	30	−38

StatLink http://dx.doi.org/10.1787/141844475532

图 2.14c ■ 学生显示在运用科学证据上相对较弱的国家

	低水平相对强势(0—9.99) 中等水平相对强势(10—19.99) 高水平相对强势(≥20)		低水平相对弱势(0—−9.99) 中等水平相对弱势(−10—−19.99) 高水平相对弱势(≤−20)		

	科学分数	标准误	识别科学议题	科学地解释现象	运用科学证据
卡塔尔	349	(0.9)	3	7	−25
吉尔吉斯斯坦	322	(2.9)	−1	12	−34

StatLink http://dx.doi.org/10.1787/141844475532

图 2.14d ■ 学生显示在运用科学证据上相对更有优势的国家

	低水平相对强势(0—9.99) 中等水平相对强势(10—19.99) 高水平相对强势(≥20)		低水平相对弱势(0—−9.99) 中等水平相对弱势(−10—−19.99) 高水平相对弱势(≤−20)		

这在日本尤其明显。日本政府把这种相对优势归功于课程、教科书、观察和实验的教学方法。而日本在其他两个能力领域的相对弱势则归因于学生缺乏开展与科学相关的活动。

	科学分数	标准误	识别科学议题	科学地解释现象	运用科学证据
芬兰	563	(2.0)	−8	3	4
加拿大	534	(2.0)	−3	−4	7
日本	531	(3.4)	−9	−4	13
卢森堡	486	(1.1)	−3	−3	5
乌拉圭	428	(2.7)	1	−5	1
泰国	421	(2.1)	8	−1	2

StatLink http://dx.doi.org/10.1787/141844475532

图 2.14e[1/3] ■ 各国（地区）在不同科学量表上的排名范围

□ 统计上显著高于 OECD 平均水平
▨ 统计上与 OECD 平均水平没有显著差异
▨ 统计上显著低于 OECD 平均水平

	科学分数	标准误	排名范围			
			OECD 国家（地区）		所有国家（地区）	
			排名上限	排名下限	排名上限	排名下限
芬兰	555	(2.3)	1	1	1	1
新西兰	536	(2.9)	2	5	2	5
澳大利亚	535	(2.3)	2	5	2	5
荷兰	533	(3.3)	2	5	2	6
加拿大	532	(2.3)	2	5	3	6
中国香港	528	(3.2)			4	8
列支敦士登	522	(3.7)			6	12
日本	522	(4.0)	5	9	6	13
韩国	519	(3.7)	6	11	7	15
斯洛文尼亚	517	(1.4)			8	14
爱尔兰	516	(3.3)	6	12	8	16
爱沙尼亚	516	(2.6)			9	16
比利时	515	(2.7)	7	12	8	16
瑞士	515	(3.0)	7	12	9	17
英国	514	(2.3)	7	12	10	17
德国	510	(3.8)	9	14	12	19
中华台北	509	(3.7)			13	19
奥地利	505	(3.7)	11	15	16	21
捷克	500	(4.2)	12	18	17	24
法国	499	(3.5)	13	18	18	24
瑞典	499	(2.6)	13	17	18	23
冰岛	494	(1.7)	16	20	21	26
克罗地亚	494	(2.6)			20	28
丹麦	493	(3.0)	15	21	20	28
美国	492	(3.8)	15	22	20	30
中国澳门	490	(1.2)			24	29
挪威	489	(3.1)	17	23	22	31
西班牙	489	(2.4)	18	23	24	31
拉脱维亚	489	(3.3)			22	32
葡萄牙	486	(3.1)	19	25	25	33
波兰	483	(2.5)	21	25	29	34
卢森堡	483	(1.1)	22	25	30	33
匈牙利	483	(2.6)	21	25	29	34
立陶宛	476	(2.7)			33	36
斯洛伐克	475	(3.2)	25	28	33	37
意大利	474	(2.2)	26	28	34	37
希腊	469	(3.0)	27	28	36	38
俄罗斯	463	(4.2)			37	39
以色列	457	(3.9)			38	39
智利	444	(4.1)			40	40
塞尔维亚	431	(3.0)			41	44
乌拉圭	429	(3.0)			41	44
土耳其	427	(3.4)	29	30	41	45
保加利亚	427	(6.3)			41	45
墨西哥	421	(2.6)	29	30	43	45
泰国	413	(2.5)			46	48
罗马尼亚	409	(3.6)			46	49
约旦	409	(2.8)			46	49
哥伦比亚	402	(3.4)			48	52
黑山	401	(1.2)			49	52
巴西	398	(2.8)			49	53
阿根廷	395	(5.7)			49	54
印度尼西亚	393	(5.6)			50	54
突尼斯	384	(3.8)			53	54
阿塞拜疆	353	(3.1)			55	56
卡塔尔	352	(0.8)			55	56
吉尔吉斯斯坦	321	(3.2)			57	57

StatLink http://dx.doi.org/10.1787/141844475532

图 2.14e[2/3] ■ 各国(地区)在不同科学量表上的排名范围

□ 统计上显著高于 OECD 平均水平
▨ 统计上与 OECD 平均水平没有显著差异
▤ 统计上显著低于 OECD 平均水平

	科学分数	标准误	排名范围			
			OECD 国家(地区)		所有国家(地区)	
			排名上限	排名下限	排名上限	排名下限
芬兰	566	(2.0)	1	1	1	1
中国香港	549	(2.5)			2	3
中华台北	545	(3.7)			2	4
爱沙尼亚	541	(2.6)			3	4
加拿大	531	(2.1)	2	4	5	7
捷克	527	(3.5)	2	6	5	10
日本	527	(3.1)	2	6	5	10
斯洛文尼亚	523	(1.5)			7	12
新西兰	522	(2.8)	4	10	6	15
荷兰	522	(2.7)	4	10	7	15
澳大利亚	520	(2.3)	5	10	8	16
中国澳门	520	(1.2)			9	15
德国	519	(3.7)	4	12	7	18
匈牙利	518	(2.6)	6	12	9	18
英国	517	(2.3)	7	12	11	18
奥地利	516	(4.0)	5	13	8	19
列支敦士登	516	(4.1)			9	20
韩国	512	(3.3)	9	16	15	22
瑞典	510	(2.9)	11	16	16	22
瑞士	508	(3.3)	12	18	17	24
波兰	506	(2.5)	13	18	19	24
爱尔兰	505	(3.2)	13	19	19	25
比利时	503	(2.5)	14	19	20	25
丹麦	501	(3.3)	15	20	21	27
斯洛伐克	501	(2.7)	16	20	21	26
挪威	495	(3.0)	18	21	24	29
立陶宛	494	(3.0)			25	30
克罗地亚	492	(2.5)			26	30
西班牙	490	(2.4)	20	23	27	32
冰岛	488	(1.5)	21	23	28	32
拉脱维亚	486	(2.9)			28	35
美国	486	(4.3)	20	26	27	36
俄罗斯	483	(3.4)			30	37
卢森堡	483	(1.1)	23	25	32	35
法国	481	(3.2)	23	27	32	37
意大利	480	(2.0)	24	27	34	37
希腊	476	(3.0)	25	28	35	38
葡萄牙	469	(2.9)	28	28	38	38
保加利亚	444	(5.8)			39	42
以色列	443	(3.6)			39	42
塞尔维亚	441	(3.1)			39	42
约旦	438	(3.1)			40	43
智利	432	(4.1)			41	45
罗马尼亚	426	(4.0)			43	47
土耳其	423	(4.1)	29	29	43	48
乌拉圭	423	(2.9)			44	47
泰国	420	(2.1)			45	48
黑山	417	(1.1)			47	49
阿塞拜疆	412	(3.0)			48	50
墨西哥	406	(2.7)	30	30	49	50
印度尼西亚	395	(5.1)			51	53
巴西	390	(2.7)			51	53
阿根廷	386	(6.0)			51	55
突尼斯	383	(2.9)			53	55
哥伦比亚	379	(3.4)			54	55
卡塔尔	356	(1.0)			56	56
吉尔吉斯斯坦	334	(3.1)			57	57

StatLink http://dx.doi.org/10.1787/141844475532

图 2.14e[3/3] ■ 各国(地区)在不同科学量表上的排名范围

- 统计上显著高于OECD平均水平
- 统计上与OECD平均水平没有显著差异
- 统计上显著低于OECD平均水平

	科学分数	标准误	OECD国家(地区) 排名上限	OECD国家(地区) 排名下限	所有国家(地区) 排名上限	所有国家(地区) 排名下限
芬兰	567	(2.3)	1	1	1	1
日本	544	(4.2)	2	4	2	6
中国香港	542	(2.7)			2	6
加拿大	542	(2.2)	2	4	2	6
韩国	538	(3.7)	2	5	2	8
新西兰	537	(3.3)	3	6	3	9
列支敦士登	535	(4.3)			3	10
中华台北	532	(3.7)			6	11
澳大利亚	531	(2.4)	5	7	7	11
爱沙尼亚	531	(2.7)			7	11
荷兰	526	(3.3)	6	8	9	12
瑞士	519	(3.4)	7	11	11	16
斯洛文尼亚	516	(1.3)			12	16
比利时	516	(3.0)	8	12	12	18
德国	515	(4.6)	8	13	12	19
英国	514	(2.5)	9	13	13	18
中国澳门	512	(1.2)			15	19
法国	511	(3.9)	9	14	13	20
爱尔兰	506	(3.4)	11	15	17	21
奥地利	505	(4.7)	11	17	16	23
捷克	501	(4.1)	13	18	19	25
匈牙利	497	(3.4)	14	20	20	27
瑞典	496	(2.6)	15	20	21	27
波兰	494	(2.7)	15	21	21	29
卢森堡	492	(1.1)	17	21	24	29
冰岛	491	(1.7)	18	22	24	30
拉脱维亚	491	(3.4)			23	32
克罗地亚	490	(3.0)			23	32
丹麦	489	(3.6)	18	23	24	33
美国	489	(5.0)	17	24	22	33
立陶宛	487	(3.1)			26	33
西班牙	485	(3.0)	21	24	28	34
俄罗斯	481	(4.2)			30	36
斯洛伐克	478	(3.3)	23	26	32	36
挪威	473	(3.6)	24	27	34	38
葡萄牙	472	(3.6)	24	27	34	38
意大利	467	(2.3)	26	28	36	39
希腊	465	(4.0)	26	28	36	39
以色列	460	(4.7)			37	39
智利	440	(5.1)			40	41
乌拉圭	429	(3.1)			41	43
塞尔维亚	425	(3.7)			41	44
泰国	423	(2.6)			41	44
土耳其	417	(4.3)	29	29	42	46
保加利亚	417	(7.5)			41	48
罗马尼亚	407	(6.0)			44	49
黑山	407	(1.3)			45	48
约旦	405	(3.3)			46	49
墨西哥	402	(3.1)	30	30	46	49
印度尼西亚	386	(7.3)			50	54
阿根廷	385	(7.0)			50	54
哥伦比亚	383	(3.9)			50	54
突尼斯	382	(3.7)			50	54
巴西	378	(3.6)			51	54
阿塞拜疆	344	(4.0)			55	55
卡塔尔	324	(1.2)			56	56
吉尔吉斯斯坦	288	(3.8)			57	57

StatLink http://dx.doi.org/10.1787/141844475532

除了比较在各个能力上的平均分外,每个国家(地区)在每个能力上的排名位置指出了该国(地区)在某项能力上的相对优势和相对弱势。上面的图 2.14a 列出了每个国家(地区)在每个能力上的排名范围。与图 2.4d 中综合科学量表的排名类似,图 2.14e 的排名范围也是 95% 的置信区间。

性别差异

正如前面所显示的,科学量表上的性别差异在大部分国家(地区)都不大;然而,在这三个能力量表上,性别差异在各个国家(地区)内都是可见的,OECD 整体上在其中两个量表也存在性别差异。

图 2.15 和 2.2c 显示在识别科学议题量表上,OECD 国家(地区)平均而言女生超过男生 17 分。在许多国家,女生的优势很明显,例如,卡塔尔是女生高出 37 分,保加利亚 34 分,泰国 33 分,约旦 32 分,希腊和拉脱维亚都是 31 分。

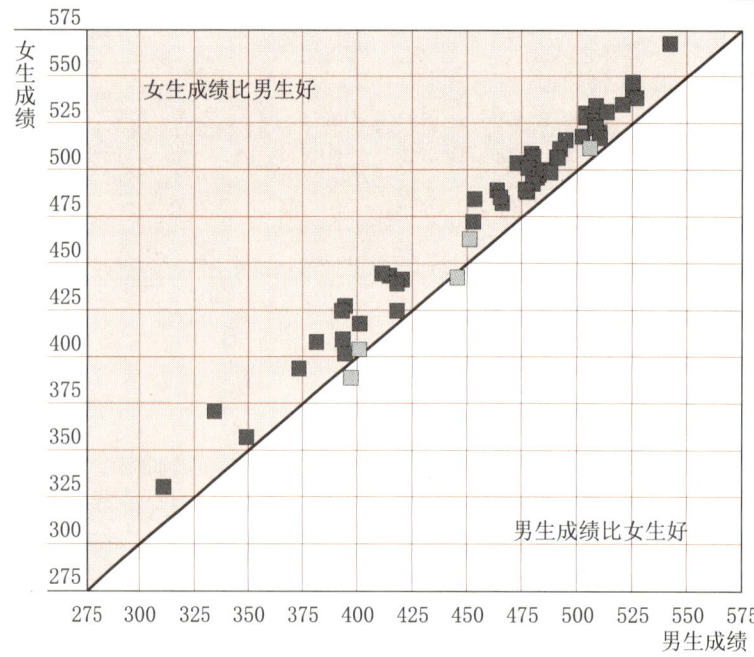

图 2.15 ■ 识别科学议题量表上男生和女生的成绩

注:统计上有显著性别差异的用更深的颜色表示(参阅附录 A3)。
资料来源:OECD PISA 2006 数据库,表格 2.2c。
StatLink http://dx.doi.org/10.1787/141844475532

相反,图 2.16 和表格 2.3c 显示,在科学地解释现象上,OECD 国家(地区)平均而言男生超过女生 15 分。同样,在某些国家和地区这种差异很大——例如,伙伴国智利是 34 分,OECD 国家中,卢森堡是 25 分,匈牙利和斯洛伐克是 22 分,英国、丹麦、捷克和德国是 21 分。这个量表上的性别差异在量表最高水平上尤其明显。OECD 国家中,在科学地解释现象量表最高水平(水平 5 和 6)上,男生的比例是 11.9%,女生的比例是 7.6%(表格 2.3b)。

图 2.16 ■ 科学地解释现象量表上男生和女生的成绩

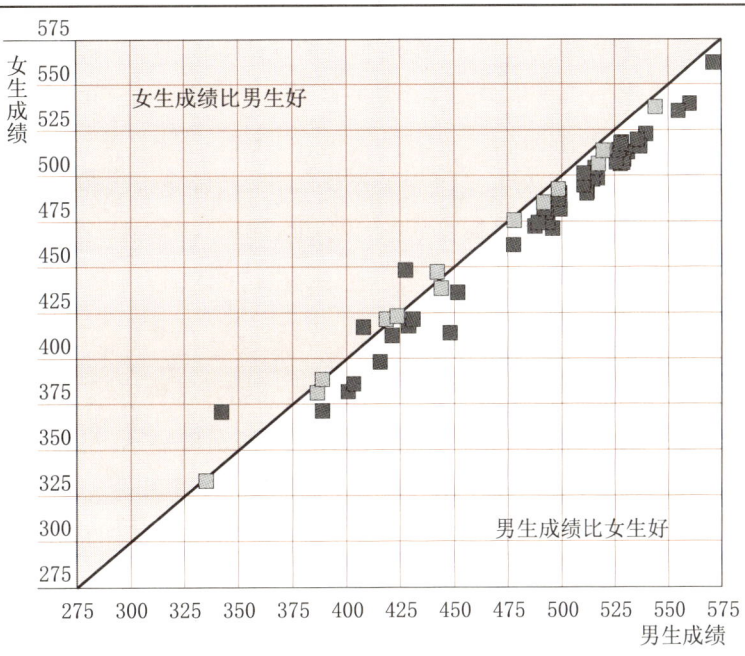

注:统计上有显著性别差异的用更深的颜色表示(参阅附录 A3)。
资料来源:OECD PISA 2006 数据库,表格 2.3c。
StatLink http://dx.doi.org/10.1787/141844475532

图 2.17 ■ 运用科学证据量表上男生和女生的成绩

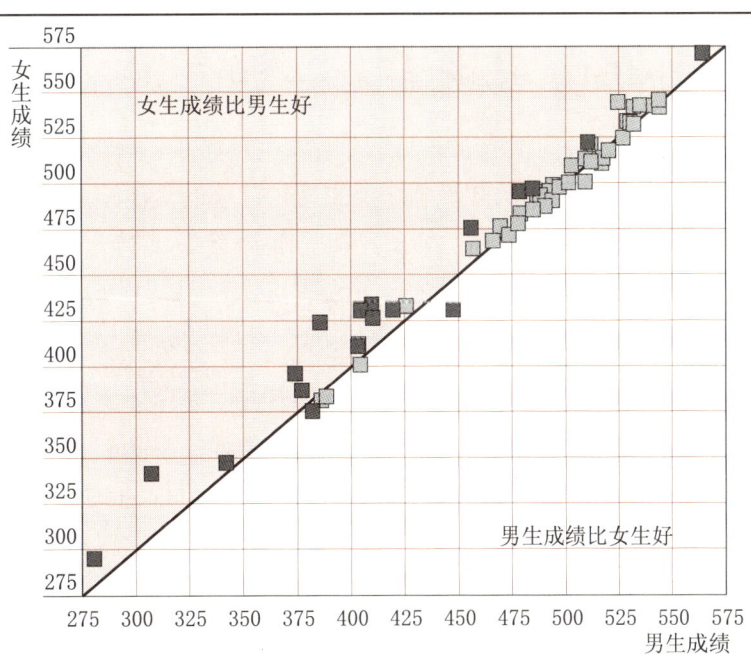

注:统计上有显著性别差异的用更深的颜色表示(参阅附录 A3)。
资料来源:OECD PISA 2006 数据库,表格 2.4c。
StatLink http://dx.doi.org/10.1787/141844475532

与识别科学议题和科学地解释现象不同,图 2.17 显示在运用科学证据能力上几乎没有显著

的性别差异。

当我们结合各个量表上国家的整体成绩对性别差异进行解释时,这些差异表明男生或女生有时在不同的科学领域有不同水平的成绩。例如,在捷克,只有7.2%的男生在识别科学议题上达到水平5和6,而在科学地解释现象上却有17.4%,男生在这两个量表上的分数分别为492分和537分[22]。另一个类似的相反例子是法国的女生,科学地解释现象量表上有25.2%的女生没有达到水平,而在识别科学议题上该比例是17.3%,而达到水平5和6的相应比例分别为4.0%和9.2%。女生在识别科学议题上的平均分为507分,超过OECD平均分,但她们在科学地解释现象上的平均成绩要低得多,为474分,等同于一些成绩最差的OECD国家。

女生在识别科学议题上更强而在科学地解释现象上更弱,这种一致性很明显,这表明学生在涉及科学与科学课程的方式上存在系统的性别差异。这种现象显示,男生一般更擅长掌握科学知识,而女生更擅长在既定情境中辨别出科学问题。但也应该强调的是,在许多国家性别间的这些差异比性别内部的差异小得多,如果能够指出并处理性别差异背后的因素,那么整体成绩可以显著提高。

不同知识领域的学生成绩

正如前面描述过的,PISA 2006科学框架覆盖了两个知识领域:关于科学的知识和科学的知识[23]。第二个领域可以进一步分为"物质系统"、"生命系统"和"地球与宇宙系统"三个内容领域。详细分析各个国家在这些不同类别上的优势与劣势,将对联系PISA 2006结果与国家课程尤其有着重要的价值,而国家课程一般是以学科内容形式界定。

图2.18a显示了关于科学的知识领域和科学的知识领域三个量表平均分之间的差异[24]。

法国对关于科学的知识的偏向性差异最大,法国学生在科学的知识和关于科学的知识上的平均分差异有29.2分。在关于科学的知识领域上成绩占优势的其他国家包括比利时(16.6分)、新西兰(14.6分)、澳大利亚(11.0分)、荷兰(10.7分)和葡萄牙(9.1分)。在伙伴国中对关于科学的知识偏向性差异最大的国家有:以色列(27.1分)、哥伦比亚(19.1分)、乌拉圭(14.5分)、阿根廷(11.0分)、智利(10.7分)、突尼斯(10.5分)、列支敦士登(9.1分)。

OECD国家中有的国家学生在科学的知识领域成绩较好,差异最大的是捷克(29.2分)、匈牙利(26.2分)、斯洛伐克(24.1分)。这三个国家都位于东欧而且彼此都相邻,在科学教育上有着类似的传统,即科学教学都强调科学学科中理论知识的积累和再现,而较少强调科学工作和科学思维的本质。在捷克,学生学习的是现象及其解释方法,而不是去发现科学现象本身的方法,这些特点都记录在一项广泛的视频研究《五个国家的科学教育:1999年国际数学素养研究趋势(TIMSS)视频研究结果》(Roth et al., 2006)中。在科学的知识上优势较大的其他OECD国家有挪威(14.8分)、波兰(11.9分)和瑞典(10.8分)。一些在科学的知识上成绩较好的伙伴国也来自东欧地区:斯洛文尼亚(16.9分的差异)、保加利亚(15.8分)、爱沙尼亚(15.4分)、塞尔维亚(11.2分)和立陶宛(10.7分)。除这些东欧国家外,在科学的知识上优势差异大的国家(地区)还包括阿塞拜疆、约旦、吉尔吉斯斯坦、中华台北、卡塔尔和中国澳门(图2.18a)。

图 2.18a ■ 关于科学的知识和科学的知识两个量表的平均分

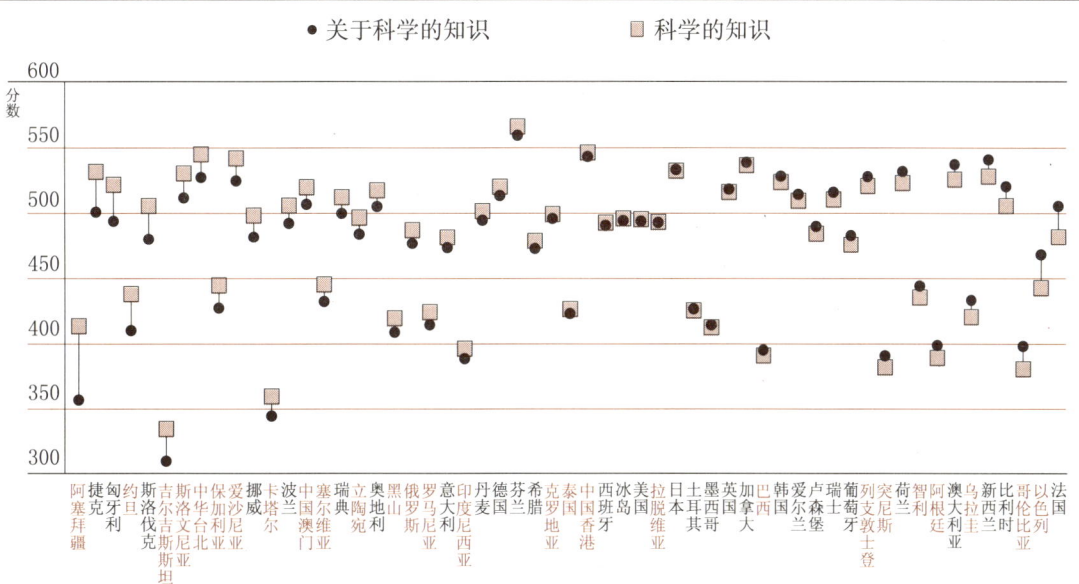

国家（地区）的排位按科学的知识和关于科学的知识两个量表之差的降序排列。
资料来源：OECD PISA 2006 数据库，表格 2.7、2.8、2.9 和 2.10。
StatLink http://dx.doi.org/10.1787/141844475532

　　两个科学知识领域间的巨大成绩差异与学生的整体科学成绩并不相关。在一些高成绩的国家和经济体，如芬兰和加拿大，以及伙伴地区中国香港，两个知识领域间没有较大的成绩差异，而在其他高成绩国家，如新西兰、澳大利亚和荷兰则显示两个知识领域间有较大的差异。

　　学生在科学的知识领域又可以进一步分化为下列内容领域："物质系统"、"生命系统"、"地球和宇宙系统"。这种分析显示各国内部存在成绩差异，这是了解各国课程模式的重要视角，例如，韩国在"物质系统"和"地球和宇宙系统"量表上的得分分别为 530 分和 533 分，但在"生命系统"量表上只得 498 分（图 2.19a）。

　　在科学能力上，有可能根据各国在科学内容领域上强项和弱项的相似性来确定国家群。

　　本章节代表三个内容领域各自的国家群，本群内与其他科学内容量表相比学生相对具有优势或处于弱势。因此，每个国家群可以包括高成绩、中等成绩和低成绩的国家。此处重点不是各国在每个科学知识量表上平均成绩间的排名，而是各个国家内部学生在每个量表上的相对成绩。本章其他地方还显示了三个内容领域上各自的绝对成绩差异。在本章节，如果国家在一个内容领域的平均分比其他两个内容领域的平均分要低至少 14 分，那么这些国家就表示出来。这种差异可以是正的（显示相对的强势），也可以是负的（显示相对弱势）。对于在图 2.19a、2.19b 和 2.19c 不包括的国家，它们在三个科学知识内容领域上的成绩差异就不那么显著。

　　图 2.19a 显示了在"物质系统"量表上处于相对优势或相对弱势的国家。匈牙利、韩国、荷兰，以及伙伴国阿塞拜疆、吉尔吉斯斯坦、突尼斯，这些国家在"物质系统"上的相对优势最为明显。在"物质系统"量表上处于相对弱势的国家有葡萄牙、西班牙，以及伙伴国泰国。一般而言，在"物

质系统"上显示相对弱势的国家也位于那些综合科学量表上的平均分低于OECD平均分的国家中,如葡萄牙(474分)、西班牙(488分),伙伴国泰国(421分)。

图 2.19a ■ 学生显示在"物质系统"量表上处于相对优势或弱势的国家

	"物质系统"	"地球与宇宙系统"	"生命系统"	相比于其他两个内容领域的"物质系统"平均分
	学生在"物质系统"内容领域处于相对优势		学生在"物质系统"内容领域处于相对弱势	
OECD	平均分	平均分	平均分	分数差异
匈牙利	533	512	509	22
韩国	530	533	498	14
荷兰	531	518	509	17
葡萄牙	462	479	475	−15
西班牙	477	493	498	−19
伙伴国				
阿塞拜疆	433	400	398	34
吉尔吉斯斯坦	349	315	330	27
泰国	407	430	432	−24
突尼斯	393	352	392	21

StatLink http://dx.doi.org/10.1787/141844475532

图 2.19b 给出了"地球和宇宙系统"量表上处于相对优势或弱势的国家。学生显示在"地球和宇宙系统"量表上有相对优势的国家有韩国、美国和冰岛。在"地球和宇宙系统"上处于相对弱势的国家有法国、奥地利、丹麦、瑞典和卢森堡。虽然法国在这个领域的得分是463分,成绩相对较低,但其整体平均分为495,与OECD平均分没有显著差异。出现这种情况是因为学生在关于科学的知识上的成绩(507分)尤其好。在伙伴国(地区)中,在"地球与宇宙系统"上显示最弱(相差25分或以上)的国家(地区)有突尼斯、以色列、乌拉圭、中国香港和吉尔吉斯斯坦。伙伴经济体中国香港的科学平均分为542分,排位在芬兰后,列第二名,这进一步突出了其在"地球和宇宙系统"上的相对弱势。

图 2.19c 显示了在科学的知识另一个内容领域——"生命系统"上处于相对强势或弱势的国家(地区)。学生在这个领域处于相对优势的国家有卢森堡、英国、芬兰和法国,以及伙伴国(地区)以色列、乌拉圭、约旦、巴西、中国香港、黑山和突尼斯。芬兰学生在这一领域尤其占优势,平均分为574。伙伴经济体中国香港排第二,558分。在"生命系统"内容领域处于相对弱势的国家有韩国、冰岛和荷兰,以及伙伴国阿塞拜疆和斯洛文尼亚。韩国在其他两个科学的知识内容领域上的分数高于OECD平均分,但在"生命系统"领域上其分数(498分)与OECD平均分没有显著差异。

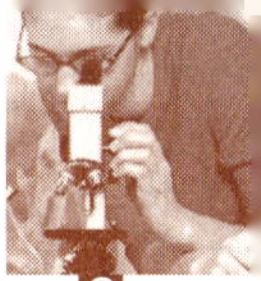

图 2.19b ■ 学生显示在“地球和宇宙系统”量表上处于相对优势或弱势的国家(地区)

□ 学生在“地球和宇宙系统”内容领域处于相对优势　　▒ 学生在“地球和宇宙系统”内容领域处于相对弱势

	“物质系统”	“地球与宇宙系统”	“生命系统”	相比于其他两个内容领域的“地球与宇宙系统”平均分
OECD	平均分	平均分	平均分	分数差异
奥地利	518	503	522	−17
丹麦	502	487	505	−17
法国	482	463	490	−23
冰岛	493	503	481	16
韩国	530	533	498	19
卢森堡	474	471	499	−16
瑞典	517	498	512	−17
美国	485	504	487	18
伙伴国(地区)				
巴西	385	375	403	−19
中国香港	546	525	558	−27
以色列	443	417	458	−34
约旦	433	421	450	−21
吉尔吉斯斯坦	349	315	330	−25
中国澳门	518	506	525	−15
罗马尼亚	429	407	426	−21
中华台北	545	529	549	−18
突尼斯	393	352	392	−40
乌拉圭	421	397	433	−30

StatLink http://dx.doi.org/10.1787/141844475532

对科学的知识内容领域的性别分析发现，参与国学生间存在一定的性别差异(参阅网址 http://dx.doi.org/10.1787/141844475532 上的图 2.19d)。

在除土耳其以外的所有 OECD 国家中，男生在“物质系统”内容领域上的成绩明显高于女生，“物质系统”是与物质的结构和特征、物质的变化以及能量转换相联系的。伙伴国家的模式也很类似，除了卡塔尔、约旦、阿塞拜疆、保加利亚、阿根廷、吉尔吉斯斯坦、泰国和列支敦士登等国以外，其他国家和地区都是男生成绩明显好于女生。

图 2.19c ■ 学生显示在"生命系统"量表上处于相对优势或弱势的国家(地区)

	"物质系统"	"地球与宇宙系统"	"生命系统"	相比于其他两个内容领域的"生命系统"平均分
OECD	平均分	平均分	平均分	分数差异
芬兰	560	554	574	17
法国	482	463	490	17
冰岛	493	503	481	-17
韩国	530	533	498	-33
卢森堡	474	471	499	26
荷兰	531	518	509	-15
英国	508	505	525	19
伙伴国(地区)				
阿塞拜疆	433	400	398	-19
巴西	385	375	403	23
中国香港	546	525	558	22
以色列	443	417	458	29
约旦	433	421	450	23
黑山	407	411	430	21
斯洛伐尼亚	531	534	517	-16
突尼斯	393	352	392	19
乌拉圭	421	397	433	24

StatLink http://dx.doi.org/10.1787/141844475532

在科学的知识内容领域"物质系统"中,OECD 国家中男女生成绩差异最大的是奥地利,男生比女生高出 45 分。对奥地利而言,这样的结果也反映在其他比较研究中,最有名的是 TIMSS 高中阶段的评估(Mullis *et al.*, 1998)。对这些数据的分析显示,这种性别差异是与男生和女生上的物理课总课时数紧密相关的,而这又主要是由就读课程和学习选择的不同而造成的(Stadler, 1999)。另外还有四个 OECD 国家的男生分数高出 35 分或以上,它们是:捷克、卢森堡、匈牙利、斯洛伐克。在伙伴国(地区),性别差异最大的是智利,差异是 40 分,中国香港,差异是 34 分。其他伙伴国中,男女生成绩差 30 分及以上的有克罗地亚、俄罗斯(都是差 30 分)和斯洛文尼亚(31 分)。

这些发现都支持较为流行的观点,即物理科学是男性的领域,而物理毕业生中男性占很大份额也同样反映了这个发现(OECD, 2007)。

科学的知识内容领域"生命系统"包括细胞结构、人类生物学、人口性质和生态系统。在这几个系统中,学生成绩的性别模式不太统一,基本没有显著的性别差异。OECD 国家中在这个类别上有显著性别差异且男生占优势的国家有:墨西哥,男女生成绩差 13 分,匈牙利(12 分),丹麦、卢森堡和斯洛伐克,差异都是 11 分。OECD 国家中成绩有显著性别差异且女生占优势的国家有:希腊,差异为 12 分,芬兰,差异为 10 分。在伙伴国(地区)中,有七个国家(地区)男生成绩更好,七个国家(地区)女生成绩更好。女生成绩比男生高出最多的是卡塔尔和约旦,分别是 37 分和 31 分。保加利亚的差异是 19 分,泰国和爱沙尼亚的差异分别是 13 分和 12 分。男生成绩比女生高出较多的国家(地区)是智利(27 分),中华台北(15 分),哥伦比亚(13 分),中国香港(12 分)。

内容领域"地球和宇宙系统"强调地球的能量结构及其系统、地球的历史及其在宇宙中的位置。在这个领域,男生倾向于比女生成绩好,但发现的差异不如物质系统领域发现的差异明显。在这个领域差异最大的是捷克(29 分),卢森堡(27 分),日本、瑞士和丹麦(26 分),荷兰(25 分),伙伴国智利(35 分),哥伦比亚(26 分),爱尔兰和乌拉圭(25 分)。

科学能力量表上学生成绩的详细分析

本章后面部分将具体描述学生在科学量表上的成绩。

学生在识别科学议题上的成绩

PISA 2006 给学生做的科学任务中大约有 22% 是与识别科学议题相关的。下图 2.20 显示了这个类别的六个样题,一个在水平 2,两个在水平 3,两个在水平 4,一个在水平 6。该图总结了达到各个水平所要求的知识和技能。

图 2.20[1/2] ■ 识别科学议题六个能力水平的概述

学生在每个水平上应该具备的一般能力水平	学生应该能够完成的任务	摘自公布的样题
水平 6　OECD 地区所有学生中有 1.3% 的学生能够完成识别科学议题量表水平 6 的任务。		
这个水平的学生有能力理解和清楚阐述在研究设计中隐含的复杂模型。	■ 清楚阐述指定的实验中哪些方面符合所涉及科学问题的意图; ■ 设计一个研究,能够充分满足特定科学问题的要求; ■ 识别出研究中需要加以控制的变量,并清楚阐述控制这些变量的方法。	酸雨 问题 5 图 2.32
水平 5　OECD 地区所有学生中有 8.4% 的学生能够完成识别科学议题量表至少水平 5 的任务。		
这个水平的学生理解科学研究中的关键因素,因而能够确定科学方法是否能够应用于一系列相当复杂且通常是抽象的情境中。另外,通过分析一个指定的实验,能够识别出正在研究的问题,并解释方法论如何与该问题相联系。	■ 在一项研究中识别出一系列不同情境下将发生变化的变量及需要测量的变量。 ■ 理解控制与研究无关但会在研究中出现的所有变量的必要性。 ■ 提出与指出与议题相关的一个科学问题。	
水平 4　OECD 地区所有学生中有 28.4% 的学生能够完成识别科学议题量表至少水平 4 的任务。		
这个水平的学生能够识别出研究中的变化和所测量的变量,意识到至少有一个变量是被控制的。他们能够提出控制该变量的适当方法。能够清楚阐述在简单研究中正在探究的问题。	■ 识别比较实验结果时所要做的控制因素。 ■ 设计因素关系简洁明了、没有可感知的抽象性的研究。 ■ 显示意识到未控制变量的影响,并在研究中考虑这些变量。	防晒品 问题 2 和问题 4 图 2.23 衣服 问题 1 图 2.26

图 2.20[2/2] ■ 识别科学议题六个能力水平的概述

学生在每个水平上应该具备的一般能力水平	学生应该能够完成的任务	摘自公布的样题
水平 3　OECD地区所有学生中有56.7%的学生能够完成识别科学议题量表至少水平3的任务。		
这个水平的学生能够判断出某议题是否可用来科学测量,并因而可以做科学探究。在给出研究的描述后,能够指出变化及测量的变量。	■ 识别出一项研究中能够科学测量的量。 ■ 区分简单实验中的变化和测量的变量。 ■ 意识到两个实验什么时候需要做比较(但不能清楚阐述控制的目的)。	酸雨 问题5 (部分) 图2.32 防晒品 问题3 图2.23
水平 2　OECD地区所有学生中有81.3%的学生能够完成识别科学议题量表至少水平2的任务。		
这个水平的学生能够确定科学测量能否运用于研究中指定的某个变量。他们能够识别出能被研究者操作(或改变)的变量。学生能够意识到一个简单模型与其所针对现象间的关系。在研究议题搜索资料时,学生能够选择恰当的关键词。	■ 识别出一项研究中已经建模的相关特征。 ■ 显示出理解科学工具所能测量的和无法测量的范围。 ■ 从既定选项中,选出某项实验表述最恰当的目标。 ■ 从给定的几组词中选出针对某个主题最恰当的网络搜索词。	转基因农作物 问题3 图2.22
水平 1　OECD地区所有学生中有94.9%的学生能够完成识别科学议题量表至少水平1的任务。		
这个水平的学生能够对科学主题提出恰当的信息来源。他们能够识别出一个实验中正在变化的量。在特定情境中,他们能够意识到这些变量能否用熟悉的测量工具来测量。	■ 针对一个科学主题,从指定数量的潜在信息来源中选择出一些恰当的来源。 ■ 根据一个特定的简单情境,识别出正在发生变化的量。 ■ 意识到什么时候能用工具来测量一个变量(在学生所熟悉的测量工具范围内)。	

StatLink http://dx.doi.org/10.1787/141844475532

图 2.21a ■ 识别科学议题量表每个能力水平上学生所占的百分比

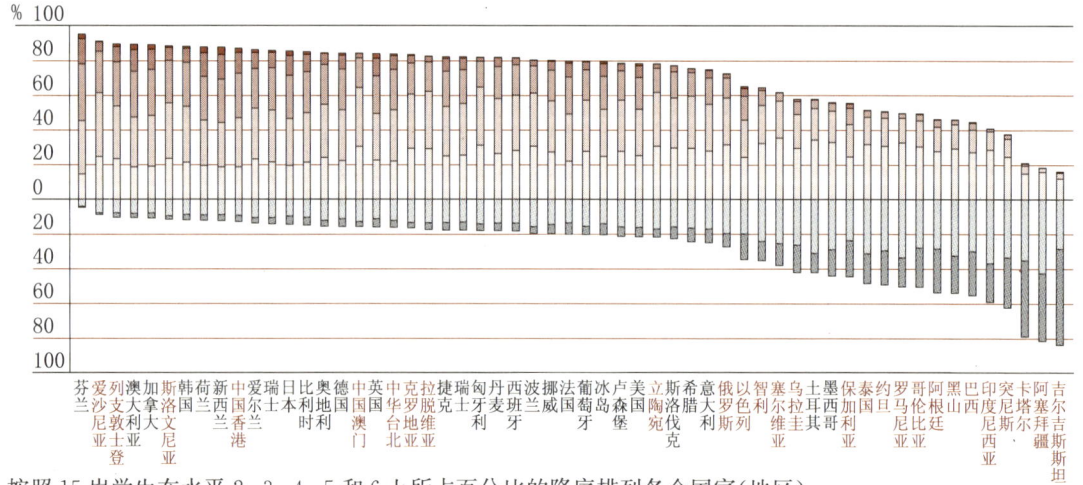

按照15岁学生在水平2、3、4、5和6上所占百分比的降序排列各个国家(地区)。
来源:OECD PISA 2006数据库,表格2.2a。
StatLink http://dx.doi.org/10.1787/141844475532

正如前面描述过的，识别科学议题中的主要兴趣领域是识别出有可能科学地进行探究的议题、指出搜索科学信息的关键词，并识别出科学探究的关键特征。最适用于识别科学议题能力的科学知识是与对科学过程的理解，以及对"物质系统"、"生命系统"和"地球和宇宙系统"的理解相联系的内容。

从图 2.21a 可以看到，各个国家（地区）中只有相对很小部分的学生能够完成识别科学议题最高两个水平的任务——OECD国家平均值为 8.4%，稍低于综合科学量表上的百分比（9.0%）。在综合科学量表上，学生在这两个水平上所占比例最高的国家是新西兰和芬兰，分别为 18.5%和17.2%。另外，荷兰有 17.0%的学生在识别科学议题上能力很高，而其综合科学上相应的学生比例是 13.1%，这表明这个领域是他们科学学科综合能力最强的学生最擅长的领域。伙伴国（地区）中国香港和列支敦士登在识别科学议题量表第 5 和第 6 水平上学生所占比例分别为 14.5%和 10.3%。OECD国家中学生在这两个水平上所占比例相对低的国家是墨西哥和土耳其（0.5%）。

对于综合科学量表而言，识别科学议题量表水平 2 是学生开始显示出具有未来进一步发展识别科学议题能力所必须达到的技能水平。OECD 中有 18.7%的学生被列在水平 1 及以下。

图 2.21b（参见网址 http://dx.doi.org/10.1787/141844475532）给出了识别科学议题量表上学生成绩的分布。图 2.21c（参见网址：http://dx.doi.org/10.1787/141844475532）总结了识别科学议题量表上不同国家（地区）的整体成绩，该成绩由各国（地区）学生的平均分表示。只有当国家（地区）间的差异在统计上具有显著性时才被考虑在内（专栏 2.2 和 2.5 更详细地描述了结果的解释）。

图 2.22 ■ 转基因农作物

GM 玉米应该被明令禁止

野生动植物保护团体要求明令禁止一种新的转基因（GM）玉米。

这种 GM 玉米被设计成不受一种杀死传统玉米植物的新强力除草剂的影响。这种新的除草剂会杀死生长在玉米田中的大部分野草。

环保人士说，因为杂草是一些小动物的食粮，尤其是昆虫的食粮，使用新除草剂与 GM 玉米将会对环境有害。支持使用 GM 玉米的人士则说，已有一项科学研究显示这种情况不会发生。

这是上述文章所提及的科学研究的细节：

- 玉米被种植在全国各地的 200 处田地。
- 每块田地被一分为二。其中一半种植转基因（GM）玉米并施用新强力除草剂，另一半则种植传统玉米并施用传统除草剂。
- 在施用新除草剂的 GM 玉米中所找到的昆虫数目，与施用传统除草剂的传统玉米中所找到的昆虫数目，大致相同。

转基因农作物—问题 3(S508Q03)

题型： 选择题

能力： 识别科学议题

知识类别： "科学探究"（关于科学的知识）

应用领域： "科学技术前沿"

情境： 社会的

难度： 421

(OECD 国家)正确答案的比例： 73.6%

玉米被种植在全国各地的 200 处田地。为什么科学家们使用了多于一处的田地？

A. 这样可让很多农民尝试新的 GM 玉米。

B. 为了察看他们能种植出多少 GM 玉米。

C. 为了尽可能用 GM 玉米来覆盖最多的土地。

D. 为了包含玉米的各种不同生长条件。

评分

满分：D. 为了包含玉米的各种不同生长条件。

评价：

《转基因农作物》单元中的问题 3(图 2.22)举例说明了位于识别科学议题能力量表下方水平 2 的典型题目，问题 3 是关于科学研究中条件变化的简单问题，要求学生展现有关设计科学实验的知识。

在没有提示的情况下正确回答这道题，学生需要意识到各种处理（不同的除草剂）对结果（昆虫数量）的影响取决于环境因素。因此，通过在 200 处田地重复测试，我们就能够考虑到特定系列的环境因素带来虚假结果的可能性。问题强调研究的方法论，因此它被归类为"科学探究"。转基因的应用领域使本题列为"科学和技术前沿"，如果局限于某一个国家则其情境可以认为是社会的。

没有任何提示，本题有水平 4 的特征，也就是说，学生表现出意识到需要考虑各种变化的环境因素，并能够指出处理这种议题的适当方式。然而，这个问题的成绩显示是在水平 2，因为答案中的三个干扰项给出了提示。这样，学生可能很容易地剔除这些干扰性选项，只留下正确的解释作为答案，其效果是减小了问题的难度。

转基因农作物—问题 10(S508Q10N)

对于下列资料，你感兴趣的程度有多少？

请在每一行仅选择一个方框打勾。

	兴趣高	兴趣中等	兴趣低	没有兴趣
a) 学习植物被转基因的过程	☐1	☐2	☐3	☐4
b) 学习为什么有些植物不会受到除草剂的影响	☐1	☐2	☐3	☐4
c) 更好地理解植物的杂交育种和转基因之间的差异	☐1	☐2	☐3	☐4

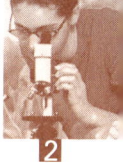

图 2.23 ■ 防晒品

美美和狄恩想知道哪种防晒产品能给他们的皮肤提供最佳的保护。防晒产品的*防晒指数*（SPF）显示每种产品吸收阳光的紫外线辐射成分的有效程度。相较于低防晒指数的防晒品，高防晒指数的防晒品保护皮肤的时间更长。

美美想出一个方法去比较一些不同的防晒产品。她和狄恩收集了下列东西：

- 两张不吸收阳光的透明塑胶片；
- 一张感光纸；
- 矿物油（M）和含有氧化锌（ZnO）的乳霜；以及
- 四种不同的防晒品，它们被称为 S1、S2、S3 和 S4。

美美和狄恩将矿物油包含在内是因为它能让大部分的阳光穿透，而氧化锌则是因为它几乎可以完全阻挡阳光。

狄恩将每种物质滴一滴在一张塑胶片上所标示的圆圈内，然后将第二张塑胶片覆盖在上面。它将一本大书放在两张胶片之上并且往下压。

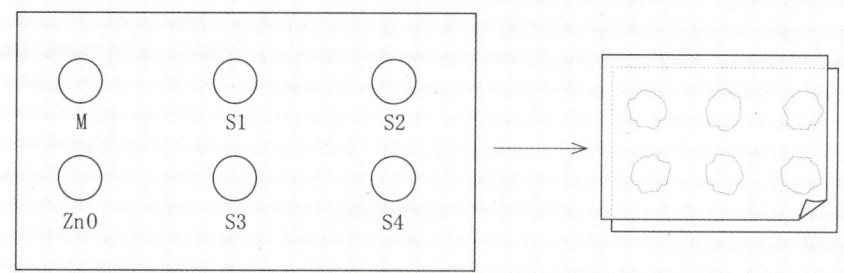

美美接着将胶片都放在一张感光纸上面。感光纸由深灰色转变为白色（或非常浅的灰色），取决于它暴露在阳光下的时间有多久。最后，狄恩将这些胶片放在阳光充足的地方。

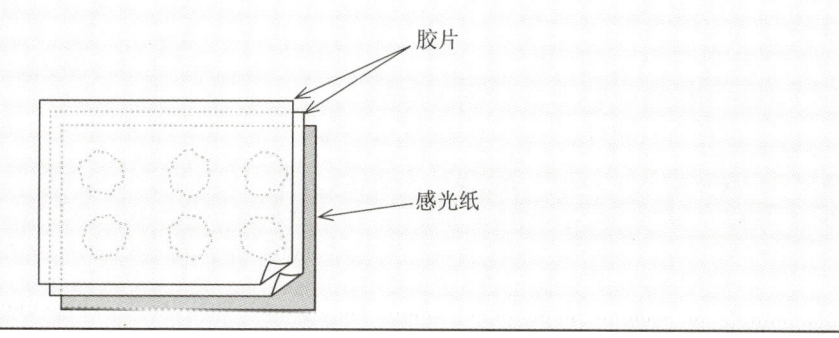

防晒品——问题 2（S447Q02）

题型：选择题

能力：识别科学议题

知识类别："科学探究"（关于科学的知识）

应用领域："健康"

情境：个人的

难度：588 ■

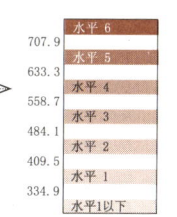

（OECD 国家）正确答案的比例：40.5%

在比较防晒品的效能时，下列哪一个是矿物油和氧化锌作用的科学性描述？

A 矿物油和氧化锌都是被试验的因素。

B 矿物油是被试验的因素，而氧化锌是对照物质。

C 矿物油是对照物质，而氧化锌是被试验的因素。

D 矿物油和氧化锌都是对照物质。

评分

满分:D 矿物油和氧化锌都是对照物质。

评论

这个问题要求学生理解一般情况下科学探究的本质,并指出,防晒品的有效性是如何通过两种物质来测量的,尤其是在测量效果处于极端的情况下。本题的应用是紫外线辐射的防护,本题情境是关注个人的。

得满分的学生要能够从实验描述中指出变化和测量的变量,并指出用来量化测量指标的方法。这使本题位于水平4。

防晒品——问题3(S447Q03)

*题型:*选择题

*能力:*识别科学议题

知识类别:"科学探究"(关于科学的知识)

应用领域:"健康"

*情境:*个人的

*难度:*499

*(OECD国家)正确答案的比例:*58.3%

下列哪一个问题是美美和狄恩尝试回答的?
A 与其他防晒品相比,每种防晒品的保护性如何?
B 防晒品如何保护你的皮肤免受紫外线辐射伤害?
C 有没有一种防晒品提供比矿物油更少的保护?
D 有没有一种防晒品提供比氧化锌更多的保护?

评分

满分:A 与其他防晒品相比,每种防晒品的保护性如何?

评论

这个问题要求学生正确识别出研究尝试要回答的问题,也就是说,学生需要指出从提供的实验描述中正在被测量的变量。问题主要关注的是科学方法论,因而被归类为"科学探究"。其应用是关于紫外线辐射的防护,因而情境是个人的。

因为问题要求学生识别出变化和测量的变量,因此本题位于水平3。

防晒品——问题4(S447Q04)

*题型:*选择题

*能力:*识别科学议题

知识类别:"科学探究"(关于科学的知识)

应用领域:"健康"

*情境:*个人的

*难度:*574

*(OECD国家)正确答案的比例:*43.0%

为什么要把第二张塑胶薄片往下压?
A 避免油滴变干。

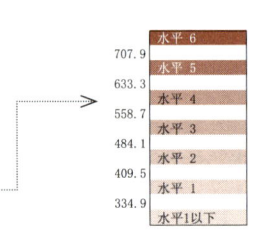

B 将油滴尽可能地向外扩展。
C 将油滴保留在标示的圆圈内。
D 使得油滴的厚度一样。

评分

满分:D 使得油滴的厚度一样。

评论

　　这个问题涉及科学探究中的控制变量法。学生必须意识到所描述技术的目的是确保防晒品的厚度一样。研究的方法论是问题的重点,因此本题归类为"科学探究"。其应用是紫外线辐射的防护,因而情境是个人的。

　　正确答案指出学生意识到防晒品的厚度会影响结果,因而在实验设计中要考虑到这些。因此,本题有水平 4 的特征。

防晒品——问题 5(S447Q05)

*题型:*开放式问答题

*能力:*运用科学证据

知识类别:"科学解释"(关于科学的知识)

应用领域:"健康"

*情境:*个人的

*难度:*满分 629,部分分数 616

*(OECD 国家)正确答案的比例:*27.1%

感光纸是深灰色,当它暴露在一些阳光下时会褪色成较浅的灰色,而当暴露在大量阳光下时会变成白色。

这些图示中哪一幅显示出可能会出现的图案?请解释为什么你选择它。

回答：..

解释：..

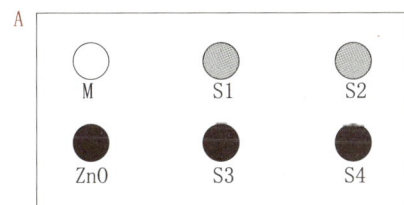

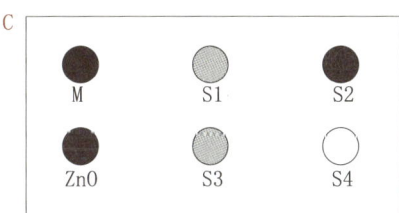

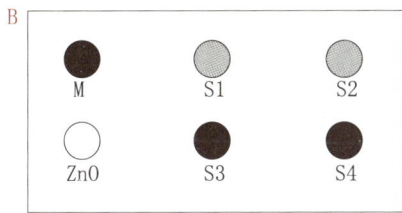

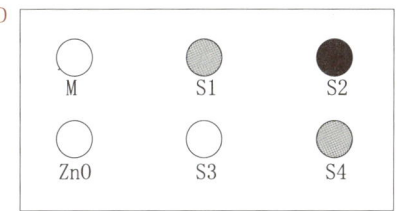

评分

满分:A 解释 ZnO 的圆点维持深灰色(因为它阻挡了阳光)和 M 的圆点变为白色(因为矿物油吸收极少阳光)。

[无需包括括号内所示的附加解释(虽然这样更充分)]

A　ZnO 阻挡了阳光而 M 让阳光通过。
　　我选 A。因为矿物油应该是最浅色,而氧化锌最深色。

部分分数：A 对 ZnO 圆点或 M 圆点其中一项给予正确的解释，但是没有同时给出两者正确解释。
A 矿物油对紫外线的抵抗最弱，所以当纸上有其他的物质时，纸不会是白色。
A 氧化锌实际上吸收了 UVL，而图示正反映这种情况。
  A 因为 ZnO 阻止光线，而 M 吸收了光线。

评论

　　本题是运用科学证据能力水平 4 的例子。这里，实验结果呈现给学生，要求他们解释结果模式，并解释他们得出的结论。这个问题要求学生表现出对所呈现图形的理解，继而做出正确的选择。正确回答问题要求学生将图形中的灰色阴影与问题和单元文本中给出的证据相匹配。学生必须将三个方面的证据放到一起，以便形成下面的结论：（1）矿物油使大部分阳光通过，而 ZnO 阻挡了大部分阳光；（2）感光纸暴露在太阳下时颜色变淡；（3）所有图形中只有一幅同时达到两个标准。这个问题要求得出与现有证据逻辑一致的结论，因而归类为"科学解释"。其应用是关于紫外线防护，因而情境是个人的。

　　学生必须将不同的证据结合到一起，并通过得出正确的结论，有效地解释其逻辑一致性。这使本问题处于水平 4。满分与部分分数的界线位于水平 4 内，因为选择正确图示所需要的技能是相似的，但满分回答比部分分数回答的解释更为完整。《温室效应》和《防晒品》单元（图 2.33 和图 2.23）很好地显示了同一能力水平 3 的例子。

学生在科学地解释现象上的成绩

　　科学地解释现象能力是与物理、生物等传统科学课程的目标相关联的。PISA 2006 中，它集中体现在类似图 2.4 中所描述的基本科学概念。对于实施传统科学课程国家的教师来说，这就意味着需要同时重视作为科学学科基础的主要概念，以及与这些基础概念相联系的事实和信息。

图 2.24[1/2] ■ 科学地解释现象六个能力水平的概述

学生在每个水平上应该 具备的一般能力	学生应该能够完成的任务	摘自公布的样题
水平 6　OECD 地区所有学生中有 1.8% 的学生能够完成科学地解释现象量表水平 6 的任务。		
这个水平的学生解释系统内的实施过程时，能够得出一系列抽象的科学知识和概念，并在这些知识和概念间建立联系。	■ 表现出对各种复杂抽象的物理、生物和环境系统的理解。 ■ 在解释实施过程时，清楚阐述许多具体因素或概念间的关系。	温室效应 问题 5 图 2.33
水平 5　OECD 地区所有学生中有 9.8% 的学生能够完成科学地解释现象量表至少水平 5 的任务。		
这个水平的学生对某一情境中的现象进行解释时，能够利用两三个科学概念的知识，并识别出它们之间的关系。	■ 找到一个维度，识别出其在概念上或实际的主要因素，并在解释现象时运用这些特征之间的关系。 ■ 在解释或预测结果时，综合既定情境中的两到三个核心科学观点。	
水平 4　OECD 地区所有学生中有 29.4% 的学生能够完成科学地解释现象量表至少水平 4 的任务。		
这个水平的学生能够理解具有较高层次抽象性的科学观点，包括科学模型。他们在解释现象时，能运用包含科学观点的一般化的科学概念。	■ 理解许多抽象的科学模型，在解释特定情境中的某一现象时，能够从中选出一个恰当的模型进行推断（如粒子模型，行星模型，生物系统模型）。 ■ 将两个或两个以上的特定知识点相结合，包括源自解释过程中某个抽象来源的知识（例如，加强锻炼可以促进肌肉分子新陈代谢的加快，这反过来又要求通过加快呼吸速度，加速血液供给中的气体交换。）	体育锻炼 问题 5 图 2.29

图 2.24[2/2] ■ 科学地解释现象六个能力水平的概述

学生在每个水平上应该具备的一般能力	学生应该能够完成的任务	摘自公布的样题
水平 3　OECD 地区所有学生中有 56.4% 的学生能够完成科学地解释现象量表至少水平 3 的任务。		
这个水平的学生能够在解释现象时运用一个或一个以上具体或抽象的科学观点/概念。当题目给出特定提示或可选项时,学生在这方面的表现会有所提高。在形成解释时,能够识别出因果关系,并可以利用简单、清楚的科学模型。	■ 理解某一科学系统的核心特征,具体来说,还能根据该系统的变化来预测结果(如人体免疫系统减弱的影响)。 ■ 在明确界定的简单情境中,回忆起一些相关的确凿事实,并在解释现象时运用它们。	玛丽·蒙塔古 问题 4 图 2.28 酸雨 问题 2 图 2.32 体育锻炼 问题 1 图 2.29
水平 2　OECD 地区所有学生中有 80.4% 的学生能够完成科学地解释现象量表至少水平 2 的任务。		
这个水平的学生能够回忆起直截了当的简单情境中一个恰当的确凿科学事实,并能在解释或预测结果时运用它。	■ 在给出简单情境中的特定结果,并有一些例子和恰当的提示时,能够指出导致这个结果的科学事实或实施过程(例如,当水结成冰时会膨胀并打开岩石中的缝隙,含有海洋生物化石的岩石曾经位于海洋底下。) ■ 回忆起公共领域中普遍接受的特定科学事实(如,真空可以形成保护,避免产生导致疾病的病毒)。	酸雨 问题 3 图 2.32 玛丽·蒙塔古 问题 2 和 3 图 2.28 大峡谷 问题 5 图 2.27
水平 1　OECD 地区所有学生中有 94.6% 的学生能够完成科学地解释现象量表至少水平 1 的任务。		
这个水平的学生在给出相关提示后,能够识别简单的因果关系。所利用的知识是单一的科学知识,这些科学知识或是来自实验,或已经被公众广泛接受。	■ 在简单情境中,从几个回答中选择一个恰当的回答,其中也涉及对单一科学事实的记忆(例如:用安培表来测量电流)。 ■ 在给出足够的提示后,识别简单的因果关系(例如,做运动时肌肉是不是会得到增加的血流量? 是或否)。	体育锻炼 问题 3 图 2.29 衣服 问题 2 图 2.26

StatLink http://dx.doi.org/10.1787/141844475532

正如前面所描述的,科学地解释现象的主要兴趣领域是:在既定情境中运用科学的知识,科学地描述或解释现象,预测变化,并识别恰当的描述、解释和预测。PISA2006 中约有 46% 的科学任务是与科学地解释现象有关的。图 2.24 给出了能力水平 1、2、3、4、5、6 上的任务。

从图 2.25a 可以发现,在科学地解释现象量表上,各个国家中能够完成两个最高水平任务的学生比例相对都比较少——OECD 国家平均为 9.8%,稍高于科学综合量表上的比例(9.0%)。除了芬兰和新西兰,以及伙伴地区中华台北和中国香港外,在这两个水平上学生比例相对较高的其他国家有捷克(15.5%),伙伴国爱沙尼亚和斯洛文尼亚,分别为 15.8% 和 15.4%。

最后三个国家在这个科学量表高水平上的学生比例比其他国家要高,其中爱沙尼亚是尤其明显的例子,有 15.8% 的学生在这个量表上达到水平 5 或 6,而他们在识别科学议题量表上的比例仅为 5.8%。在这两个水平上学生比例较低的国家如墨西哥(0.4%)、土耳其(1.5%)、葡萄牙(2.7%),以及伙伴国印度尼西亚(0.0%)、突尼斯(0.1%),以及泰国(0.4%)。

图 2.25a ■ 科学地解释现象量表每个能力水平上学生所占的百分比

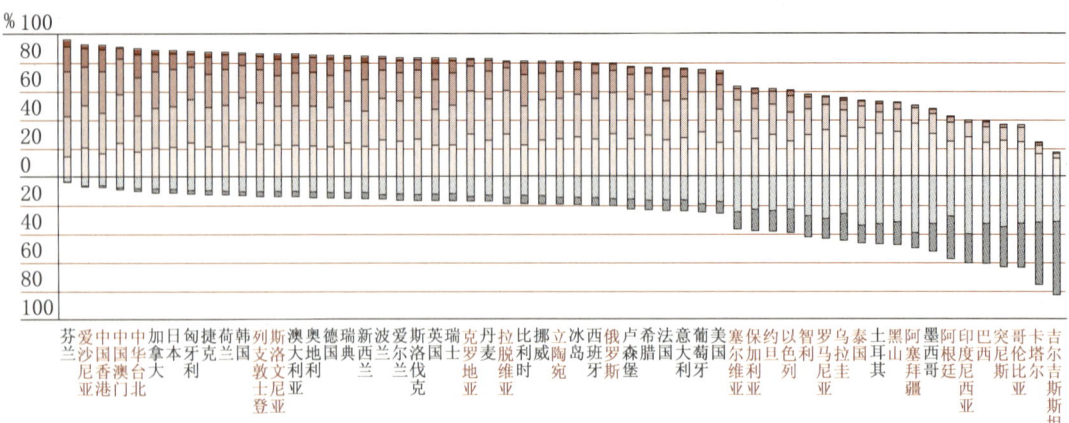

按照 15 岁学生在水平 2、3、4、5 和 6 上所占百分比的降序排列各个国家（地区）。
来源：OECD PISA 2006 数据库，表格 2.3a。
StatLink http://dx.doi.org/10.1787/141844475532

与综合科学量表一样，在科学地解释现象上，水平 2 也是学生开始展现出未来能够在这方面能力上有进一步发展所必须达到的技能水平。OECD 国家中，有 19.6% 的学生被归类在水平 2 或以下。在这些水平上学生比例较低的国家如芬兰（4.0%）、加拿大（11.7%）、日本（11.8%）、匈牙利（12.5%），伙伴国（地区）如爱沙尼亚（7.5%）、中国香港（7.8%）、中国澳门（9.5%）和中华台北（10.4%）。在这些低水平上学生人数比例过多的国家如墨西哥（52.8%）、土耳其（47.7%），以及伙伴国吉尔吉斯斯坦（83.1%）、卡塔尔（76.0%）、哥伦比亚（63.9%）、突尼斯（63.7%）。

图 2.25b（参阅网址：http://dx.doi.org/10.1787/141844475532）给出了在科学地解释现象量表上学生成绩的分布。图 2.25（参阅网址：http://dx.doi.org/10.1787/141844475532）是多重比较图，比较了科学地解释现象量表上的国家（地区）平均结果。

这些选择出来的科学单元中包括了一些询问学生态度的嵌入式问题的样题。《转基因农作物》、《酸雨》、《大峡谷》（图 2.22、2.23 和 2.27）都有嵌入式态度题（参阅第 3 章对态度问题结果的全面探讨）。《大峡谷》中的嵌入式问题集中在学生对有关化石、国家公园的保护、岩石的形成等关于科学探究的支持和兴趣方面。

图 2.26 ■ 衣服

阅读文章并回答以下问题

衣服

一组英国科学家正在研制"智能"衣服，以帮助残疾儿童"说话"。这些儿童穿上由特殊电子布料连接上语言合成器所制成的背心，只要轻拍接触感应器式的材料，就能让人明白他们的意思。

这种材料由普通布料和一种能导电的含碳纤维的灵巧网丝组成。当布料受压，通过导电材料的信号会被转化，电脑晶片能够找出导电来源，然后，启动相连的电子仪器。这个电子仪器只有两个火柴盒般大小。

其中一位科学家说："这项发明的聪明之处，在于如何编织布料，并怎样通过它传递信号。而且这种导电网丝可以编织在现成的布料上，别人并不会看到它的存在。"

这种材料可以用水清洗而不会损坏，可以包裹东西，或者揉成一团。该名科学家又说，这种材料可以廉价大量生产。

来源：史蒂夫·法勒，"互动布料制造美丽时装"，《澳大利亚日报》，1998 年 8 月 10 日。

衣服——问题1(S213Q01)

题型:复合式选择题
能力:识别科学议题
知识类别:"科学探究"(关于科学的知识)
应用领域:"科学技术前沿"
情境:社会的
难度:567

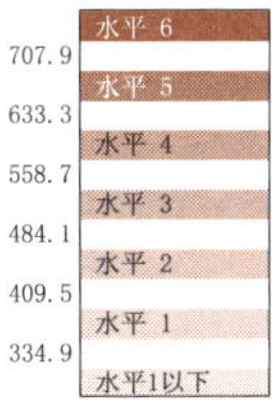

(OECD国家)正确答案的比例:47.9%

文章中所说的情况,哪一样可以在实验室里通过科学探究来测试?
请就每项圈出"是"或者"否"。

这种材料……	是否可以在实验室通过科学探究来测试?
可以用水清洗而不会损坏。	是/否
可以包裹物件而不会损坏。	是/否
可以揉成一团而不会损坏。	是/否
可以廉价大量生产。	是/否

评分

满分:依次为:是,是,是,否。

评论

本题要求学生识别和检验与某种有关衣服的说法相联系的变化及测量的变量。它还涉及评价是否存在一种技术可以量化所测量的变量,以及是否能够控制其他变量。这个过程需要准确地用于上述四种情况。"智能衣服"议题属于"科学技术前沿"类别,并且是一个公共议题,指出是残疾儿童的需要,因而情境是社会的。应用的科学技能关注研究的本质,因而本题位于"科学探究"类别。

本题需要识别变化和测量的变量,并正确评价实施测量和控制变量中涉及什么内容,因而本题位于水平4。

衣服——问题2(S213Q02)

题型:选择题
能力:科学地解释现象
知识类别:"技术系统"(科学的知识)
应用领域:"科学技术前沿"
情境:个人的
难度:399

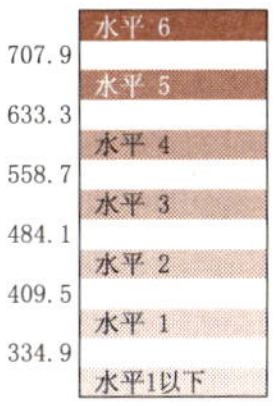

(OECD国家)正确答案的比例:79.4%

若要测试布料是否导电,你需要用以下哪一种实验室仪器?

A 伏特表
B 光箱
C 千分尺
D 音量计

评分

满分：A 伏特表

评论

《衣服》问题2中，学生只要能够回忆起哪件实验室仪器可以用来检测布料的导电性。该问题只要求学生将电流与电流圈所用的设备相联系，即回忆起一个简单的科学事实。因此，本题位于水平1。

因为本题强调的是技术设备，因此属于"技术系统"类别。《体育锻炼》、《衣服》和《大峡谷》（图2.29，图2.26和图2.27）都是水平1的问题（在临界水平以下），位于科学地解释现象能力量表的最下方。

图 2.27 ■ 大峡谷

大峡谷位于美国的一个沙漠中。它是一个十分大且深的峡谷，包含许多岩石的地层。从前一次地壳运动提升了这些地层。目前大峡谷的部分深度为 1.6 km。科罗拉多河则在峡谷的底部流过。

参看以下从它的南麓所拍摄的大峡谷照片，可从峡谷的岩壁上看到一些不同岩石的地层。

大峡谷——问题7(S426Q07)

题型：复合式选择题

能力：识别科学议题

知识类别："科学探究"（关于科学的知识）

应用领域："环境"

情境：社会的

难度：485

(OECD国家)正确答案的比例：61.3%

每年大约有五百万人游览大峡谷国家公园。这么多的游客对公园所造成的破坏受到关注。下列问题能否通过科学探究来回答？请就各项问题，圈出"是"或"否"。

这个问题能否通过科学探究来回答	是或否？
步行小径的使用会造成多少侵蚀？	是/否
公园地区是否像它100年前一样的美丽？	是/否

评分

满分：两个回答都正确的次序是：是，否。

评论

这是一道复合式选择题，学生必须对所呈现的两个选项做出"是"或者"否"的选择。为获得满分，学生必须正确地回答这两个选项,依次为"是"、"否"。学生必须对科学研究的能力和局限性有一定的概念,因此问题是评估识别科学议题能力。问题的情境不在学生直接接触的个人生活经验之内,因此情境是社会的。问题的难度水平为485,正好位于平均难度下,因而位于水平3的下面部分。在这个水平,学生能够在一系列情境中清楚识别所描述的科学议题。

大峡谷——问题3(S426Q03)

题型:选择题

能力:科学地解释现象

知识类别:"地球与宇宙系统"(科学的知识)

应用领域:"环境"

情境:社会的

难度:451

(OECD国家)正确答案的比例:67.6%

大峡谷的气温范围从低于0℃一直到超过40℃。虽然它是在沙漠地区,但岩石的缝隙中有时会含有水。这些气温的变化和岩石缝隙内的水如何促使岩石的破裂加速?

A 凝固的水溶解温暖的岩石。

B 水把岩石凝固在一起。

C 冰让岩石的表面光滑。

D 凝固的水在岩石缝隙中膨胀。

评分

满分:D 凝固的水在岩石缝隙中膨胀。

评论

　　这是一道选择题,选择正确解释岩石侵蚀的选项,要求学生知道气温下降到0℃以下时水会结冰,而变成固体冰时水会膨胀。这个问题的文字表述给了学生提示,告诉他们一些可以剔除的内容,因此难度下降了。

　　学生需要回忆起两个确凿的科学事实,并将其运用于所描述的沙漠情境中。这使本问题位于水平2。

大峡谷——问题5(S426Q05)

题型:选择题

能力:科学地解释现象

知识类别:"地球与宇宙系统"(科学的知识)

应用领域:"自然资源"

情境:社会的

难度:411

(OECD国家)正确答案的比例:75.8%

在大峡谷的石灰岩A地层里有许多海洋动物的化石,如蛤、鱼和珊瑚。数百万年前发生了什么事情,以致这些化石在那里被发现?

A 在古老的年代,人们把海产从海洋带到这个地区。

B 海洋过去曾经更加波涛汹涌,海中生物被巨浪冲到内陆。

C 在那段时间曾有个海洋覆盖着这个地区,后来退下去了。

D 一些海洋动物在移居大海前,曾经居住在陆地上。

评分

满分:C 在那段时间曾有个海洋覆盖着这个地区,后来退下去了。

评论

本题要求学生回忆起下面的事实:化石是在水中形成的,并且当海水退下去时,在更古老时代堆积的有机体的化石就开始显露出来,这样学生才会选择正确的解释。具有可信度的干扰项意味着,所回忆的知识必须应用到所提供的情境中去。本题位于水平2,接近水平1的边界线。

大峡谷——*问题 10S(S426Q10S)*

你在多大程度上同意下列陈述?

请在每一行仅选择一个框打勾。

	非常同意	同意	不同意	非常不同意
d) 化石的系统化研究是重要的。	☐1	☐2	☐3	☐4
e) 保护国家公园免受破坏的行动须建立在科学证据上。	☐1	☐2	☐3	☐4
f) 地质层的科学探究是重要的。	☐1	☐2	☐3	☐4

图 2.28 ■ 玛丽·蒙塔古

阅读下面的报纸文章,并回答后面的问题。

> **接种疫苗的历史**
>
> 玛丽·蒙塔古是一位漂亮的女士。1715 年她从天花病中活下来,身上却留下了疤痕。1717 年她在土耳其生活时,发现有一种称为接种的方法在当地普遍使用。这种治疗方法是将一种较弱的天花病毒涂抹在身体健康的年轻人皮肤上,随后这些年轻人就会生病,但大部分情况下只是得症状很轻微的疾病。
>
> 玛丽对这些接种的安全性深信不疑,因而允许她的儿子和女儿接受接种。
>
> 1796 年,爱德华·琴纳运用一种相关疾病的接种——牛痘,产生出一种对抗天花的抗体。相比与天花的接种,这种治疗的副作用更小,而且人们在治疗后就不会再感染其他人。这种治疗方式就是后来所知道的接种疫苗。

玛丽·蒙塔古——*问题 2(S477Q02)*

题型:选择题

能力:科学地解释现象

知识类别:"生命系统"(科学的知识)

应用领域:"健康"

情境:社会的

难度:436

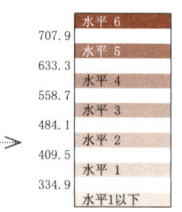

(OECD 国家)正确答案的比例:74.9%

接种过疫苗的人可以预防哪几种疾病?

A 遗传疾病,如血友病。

B 由病毒引起的疾病,如小儿麻痹症。

C 身体功能错乱导致的病症,如糖尿病。

D 任何无法治愈的疾病。

评分

满分：B 由病毒引起的疾病，如小儿麻痹症。

评论

学生要得分，就必须能够回忆起一个特定知识点，即接种疫苗有助于防止疾病，是外在于正常身体构成因素的起因。随后学生应用这个知识点，选择正确的解释，排除其他解释。"病毒"这个词在刺激文本中出现，给了学生一个提示。这降低了试题的难度。本题要求学生回忆确凿而合适的科学事实，并将其运用于相对简单的情境中，因而本题位于水平2。

玛丽·蒙塔古——问题3(S447Q03)

题型：选择题

能力：科学地解释现象

知识类别："生命系统"（科学的知识）

应用领域："健康"

情境：社会的

难度：431

(OECD国家)正确答案的比例：75.1%

如果动物或人类因感染细菌的疾病而生病，随后康复，这类导致疾病的细菌通常不会使他们再生病。这其中的原因是什么？

A 身体已经杀掉所有可能导致同类疾病的细菌。
B 身体已经产生抗体，能够在这类细菌繁殖前杀掉它们。
C 血红细胞杀掉了所有可能导致同类疾病的细菌。
D 血红细胞从身体内抓住并除掉这类细菌。

评分

满分：B 身体已经产生抗体，能够在这类细菌繁殖前杀掉它们。

评论

要正确回答本题，学生必须回忆起身体产生抵抗外来细菌的抗体和细菌疾病的起因。其应用涉及进一步深入的知识，即这些抗体可以阻止随后再感染同样的细菌。这个议题是关于社会对疾病的控制，因而情境是社会的。

要选择正确的解释，学生要回忆起确凿的科学事实，并将其在一个相对简单的情境中运用。这个问题位于水平2。

玛丽·蒙塔古——问题4(S477Q04)

题型：开放式问答题

能力：科学地解释现象

知识类别："生命系统"（科学的知识）

应用领域："健康"

情境：社会的

难度：507

(OECD国家)正确答案的比例：61.7%

请给出一个理由，说明为什么尤其要建议幼儿和老年人应该接受流感疫苗接种。

评分

满分: 回答指出幼儿和/或老年人的免疫系统比其他人弱,或类似的回答。例如:

这些人对疾病的抵抗力差。

幼儿和老年人不能像其他人那样很容易躲避疾病。

他们更容易得流感。

如果他们得了流感,结果会比其他人更糟糕。

因为幼儿和老年人的机体更弱。

老年人更容易生病。

评论

这个问题要求学生指出,为什么幼儿和老年人比人群中其他人更易受流感的影响。直接得出,或根据推断,其原因是幼儿和老年人的免疫系统更弱。这个议题是关于社会对疾病的控制,因此情境是社会的。

正确的解释涉及应用社会上已经广为人知的几个知识点。题干也提供了提示,指出对疾病有不同抵抗力的人群。这使本题位于水平 3。

玛丽·蒙塔古——*问题 10S(S477Q10S)*

你在多大程度上同意下列陈述?

请在每一行仅选择一个框打勾。

	非常同意	同意	不同意	非常不同意
a) 我喜欢培育新流感疫苗株的研究。	☐₁	☐₂	☐₃	☐₄
b) 疾病的起因只能通过科学研究才能识别出来。	☐₁	☐₂	☐₃	☐₄
c) 疾病非传统治疗方法的有效性要经过科学研究。	☐₁	☐₂	☐₃	☐₄

图 2.29 ■ 体育锻炼

定期适度的体育锻炼有益于我们的健康。

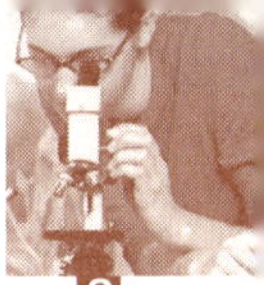

体育锻炼——问题1(S493Q01)

题型: 复合式选择题

能力: 科学地解释现象

知识类别: "生命系统"(科学的知识)

应用领域: "健康"

情境: 个人的

难度: 545

(OECD国家)正确答案的比例: 56.6%

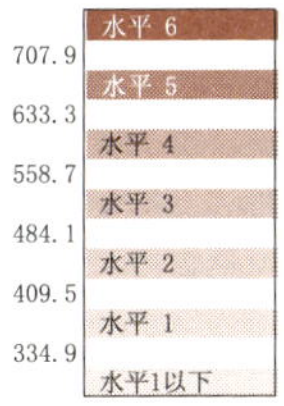

定期体育锻炼的好处是什么?请在每条陈述后圈出"是"或"否"。

这是定期体育锻炼的好处吗?	是或者否?
体育锻炼有助于预防心脏病和循环疾病。	是/否
体育锻炼可以带来健康的饮食。	是/否
体育锻炼有助于避免身体超重。	是/否

评分

满分:三个都为正确的答案依次为:是、否、是。

评论

　　本题是一道复合式选择题,学生必须对所给出的三条陈述选出"是"或者"否"。要获得分数,学生必须正确回答所给出的三个选项,依次选出"是"、"否"、"是"。学生必须对体育锻炼的好处有一定的认识,因此问题是评估科学地解释现象能力。本题与15岁学生自己的个人健康有联系,因此与他们高度相关。问题的难度水平是545,高于平均难度,因而位于水平3的上面部分。这个水平上的学生能够选择解释现象的事实和知识,并能从不同的学科角度诠释和运用科学概念,并且直接应用这些概念。

体育锻炼——问题3(S493Q03)

题型: 复合式选择题

能力: 科学地解释现象

知识类别: "生命系统"(科学的知识)

应用领域: "健康"

情境: 个人的

难度: 386

(OECD国家)正确答案的比例: 82.4%

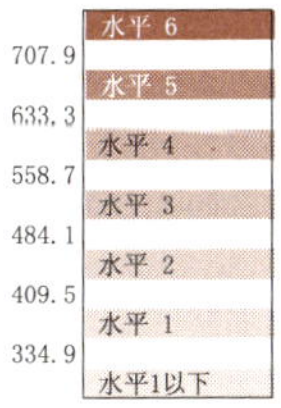

当肌肉运动时会发生什么?请在每条陈述后圈出"是"或"否"。

肌肉运动时会发生下面情况吗?	是或者否?
肌肉获得增加的血流量。	是/否
脂肪在肌肉中形成。	是/否

评分

满分:两个都正确的答案依次为:是、否。

评论

本题要能得分,学生必须正确回忆起有关肌肉运动和脂肪在人体中形成的知识,也就是,学生必须有下面科学事实的知识,即活动的肌肉会使血量增加,肌肉活动时不会形成脂肪。这使学生能够接受这道复合式选择题中的第一个解释,拒绝接受第二个解释。

这道题中两条简单的事实解释之间并无关联。接受或拒绝是基于肌肉运动的作用,并且这些知识都是广为人知的。因此,本题位于水平1。《体育锻炼》、《衣服》和《大峡谷》(图2.29、图2.26和图2.27)都在水平1(在临界线下方),位于科学地解释现象量表的最下方。

体育锻炼——问题5(S493Q05)

题型: 开放式问答题

能力: 科学地解释现象

知识类别: "生命系统"(科学的知识)

应用领域: "健康"

情境: 个人的

难度: 583

(OECD国家)正确答案的比例: 45.2%

我们在体育锻炼时,呼吸为什么会比我们身体休息时更急促?

....
....
....

评分

满分: 为了排出增加的二氧化碳量,并向你的身体供应更多的氧气。[不可以接受在答案中用"空气"来取代"二氧化碳"或"氧气"。]

- 当你做运动时,你的身体需要更多的氧气,并会产生更多的二氧化碳。呼吸就是做这些事。
- 呼吸加快可以使更多的氧气进入血液,并呼出更多的二氧化碳。

为了从你身体中排出增加的二氧化碳量或为了向你的身体供应更多的氧气,但没有同时指出两者。[不可以接受用"空气"来取代"二氧化碳"或"氧气"。]

- 因为我们必须排出产生的二氧化碳。
- 因为肌肉需要氧气。[这表明,当你做运动(用你的肌肉)时,你的身体需要更多的氧气。]
- 因为体育锻炼耗尽了氧气。
- 你的呼吸会更急促,因为你的肺吸入了更多的氧气。[表达得不太好,但意识到你需要更多的氧气供应。]
- 你正在用如此多的精力,因而你的身体需要吸入两倍或三倍的空气。同时,身体也需要排出二氧化碳。[代码12中的第二个句子——这表明,需要从你的身体排出比通常状况更多的二氧化碳;第一个句子虽然本身得分可按代码01算,但并不与第二句矛盾。]

评论

本题中,学生必须解释呼吸更急促(意味是指呼吸更深而且更快)是与锻炼活动的增加有关系。学生的解释中只要指出,与不做运动相比,活动肌肉要求更多的氧气和/或必须释放出更多的二氧化碳,就可以得分。因为学生要形成解释必须回忆起这些知识,因此,本题属于科学的知识类别。相关知识与人体的生理学有关,因此应用领域是"健康",而情境是个人的。

学生需要利用人体系统的知识,以便将肺中发生的气体交换与运动的增加联系起来。因此,学生需要相关几个特定知识点,才能得出对现象的解释,这使本题位于水平4。

学生在运用科学证据上的成绩

PISA要求学生回答的科学试题中大约32%是关于运用科学证据的。《酸雨》(图2.32)、《温室效应》(图2.33)和《防晒品》(图2.23)中有这个能力的样题。图中还描述了水平2、3、4和5上的样题。图2.30则描述了不同能力水平成绩上所要求的精确能力。

这个能力要求,学生在将科学的知识和关于科学的知识运用于生活情境或当前社会问题时,能够综合这方面的知识。

运用科学证据能力的主要特征是:诠释科学证据,得出结论并进行交流;识别出结论背后的假设、证据和推理;反思科学技术发展的社会意义。

OECD平均而言,能够完成运用科学证据量表最高两个水平任务的学生比例是11.8%——高于综合科学量表上的9.0%。芬兰在这两个能力水平上学生的比例尤其高(25.0%)。在这两个水平上学生比例较高的其他国家(地区)还有:日本(22.9%)、新西兰(22.4%)、加拿大(17.8%)、韩国(17.8%)、澳大利亚(17.2%),以及伙伴国(地区)列支敦士登(20.7%)、中国香港(17.9%)、中华台北(15.7%)、爱沙尼亚(13.9%)、斯洛文尼亚(12.4%)。其中,日本和韩国尤其突出,这两个国家的学生在运用科学证据量表水平5和6上所占的比例是其他两个能力对应水平上学生比例的大约两倍。

专栏2.6 ■ 计算机化科学测试

PISA 2006中,各个国家可以选择是否参与科学领域的计算机测试。计算机测试最初是在澳大利亚、奥地利、丹麦、冰岛、爱尔兰、日本、韩国、挪威、葡萄牙、苏格兰、斯洛伐克,以及伙伴地区中华台北中做了试测,随后丹麦、冰岛和韩国做了更深入的测试,其科学领域计算机测试的平均分分别为463、472和504。而同一批学生在标准PISA测试中的平均分则分别为481、471和502(不过,请注意,这些分数是另外分开计算的,因而不可以直接与一般的PISA平均分进行比较)。

科学领域计算机测试的目标之一是为了在减少试题阅读量的同时保持科学领域的内容。研究发现,科学领域的计算机测试与PISA阅读之间的相关性为0.73,低于标准PISA科学与PISA阅读的相关性(0.83),因此,通过这种方法,减少阅读量的目标是达到了。

科学领域计算机测试中,有三个国家的比较显示有显著性别差异且男生占优势,他们是:丹麦男生高出45分,冰岛25分,韩国26分。

PISA将继续发展计算机化测试,在PISA 2009将实施阅读领域的电子测试。

图 2.30 ■ 运用科学证据六个能力水平的概述

学生在每个水平上应该具备的一般能力	学生应该能够完成的任务	摘自公布的样题
水平 6　OECD 地区所有学生中有 2.4% 的学生能够完成运用科学证据量表水平 6 的任务。		
这个水平的学生显示出通过研究支持性证据，能够比较并区分各种互相竞争的解释。他们能够综合各种来源的证据形成论点。	■ 意识到可以根据同一系列证据形成各种不同的假设。 ■ 根据已有的证据检验相互竞争的假设。 ■ 运用各种来源的数据为假设建构一个逻辑论证。	
水平 5　OECD 地区所有学生中有 11.8% 的学生能够完成运用科学证据量表至少水平 5 的任务。		
这个水平的学生能够解释集合各种类型的数据。他们能够识别并解释数据集中的异同，并基于这些数据集中的综合证据得出结论。	■ 比较并讨论在同一坐标轴上显示的统计图中不同数据集的特征。 ■ 识别并讨论（以统计图等形式呈现的）数据集间的关系，其中测量的变量有所不同。 ■ 基于对数据充分性的分析，对结论的有效性做出判断。	温室效应 问题 4 图 2.33
水平 4　OECD 地区所有学生中有 31.6% 的学生能够完成运用科学证据量表至少水平 4 的任务。		
这个水平的学生能够通过总结数据和解释相关模式，诠释用列表、统计图、图示等形式显示的数据。他们能够运用数据得出相关结论。学生也能够确定数据是否支持有关某一现象的主张。	■ 针对特定问题找出统计图中的相关部分并进行比较。 ■ 理解如何在分析调查结果和得出结论时运用控制的方法。 ■ 诠释包括两个测量变量的表格，并提出这两个变量间的可信关系。 ■ 参照说明性图示和一般科学概念，识别出一个简单技术设备的特点，并由此得出关于其操作方法的结论。	防晒霜 问题 5 图 2.23 温室效应 问题 4 （部分分数） 图 2.33
水平 3　OECD 地区所有学生中有 56.3% 的学生能够完成运用科学证据量表至少水平 3 的任务。		
这个水平的学生能够从数据中选出一条相关信息，来回答问题，或支持或反对一个设定的结论。他们能够从一个数据集中的不复杂或简单模式中得出结论。学生也能够用简单的个案确定是否呈现了足够的信息来支持一个设定的结论。	■ 针对一个特定问题，在一个文本中找出相关的科学信息。 ■ 针对具体证据/数据，在恰当和不恰当的结论中做出选择。 ■ 运用设定的情境中的一系列简单标准，以便得出结论，或预测结果。 ■ 针对一系列功能，确定是否适用于一个特定的仪器。	温室效应 问题 3 图 2.33
水平 2　OECD 地区所有学生中有 78.1% 的学生能够完成运用科学证据量表至少水平 2 的任务。		
如果给予适当的提示，这个水平的学生能够识别出一张统计图的一般特征，并能够为了支持某个给出的陈述，指出一张统计图或简单表格中明显的特征。他们能够识别出，一组设定的特征是否适用于日常用具的功能，并据此选择它们的用途。	■ 比较一张简单测量表格中的两列，并指出差异。 ■ 在一系列测量指标、简单线型图或柱状图中，指出趋势。 ■ 针对一个日常用具，能够在所列的各项特性中，确定与这个用具有关的一些特征和特质。	酸雨 问题 3 图 2.32
水平 1　OECD 地区所有学生中有 92.1% 的学生能够完成运用科学证据量表至少水平 1 的任务。		
这个水平的学生在答题时，能够从针对同一情境的情况说明书或示意图中提取信息。如果要求是简单比较柱状图中的柱形高度，他们能够从柱状图中提取信息。在常见的经历过的情境中，这个水平的学生会将影响归到某个原因上。	■ 在回答与柱状图有关的具体问题时，比较各柱形的高度，并赋予所发现的差异以意义。 ■ 在一些情况下，针对自然现象中的变化，能够指出恰当的原因（如，风力发电机产出的电波可能是因为风力强度的变化。）	

StatLink http://dx.doi.org/10.1787/141844475532

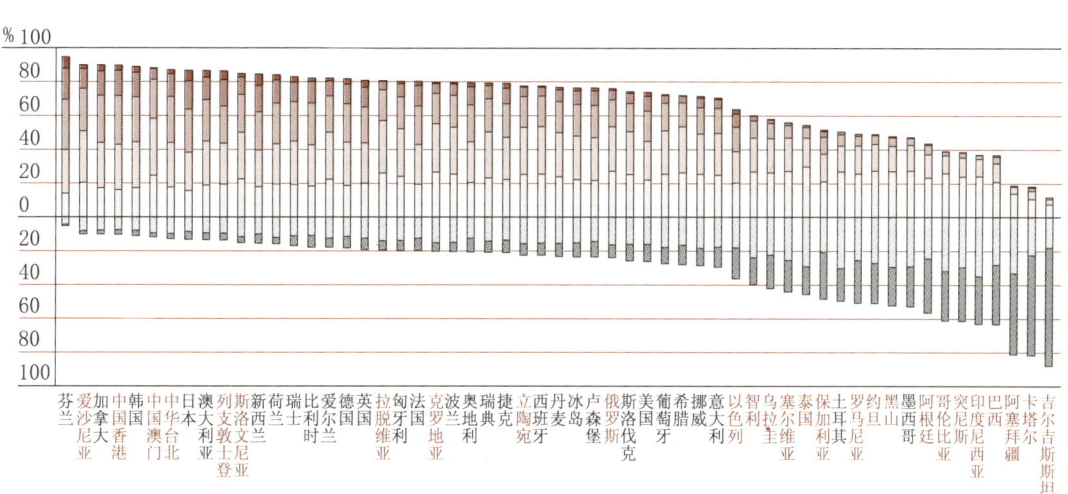

图 2.31a ■ 运用科学证据量表每个能力水平上学生所占的百分比

按照 15 岁学生在水平 2、3、4、5 和 6 上所占百分比的降序排列各个国家(地区)。
来源：OECD PISA 2006 数据库，表格 2.4a。
StatLink http://dx.doi.org/10.1787/141844475532

与其他量表一样，运用科学证据量表中水平 2 表示，学生开始显示出具备在该能力上继续发展所必需的技能水平。这个量表上，OECD 国家中有 21.9% 的学生被归为水平 2 或以下。在这些水平上学生所占比例较大的国家有墨西哥(52.8%)、土耳其(49.4%)、意大利(29.6%)，以及伙伴国吉尔吉斯斯坦(87.9%)、卡塔尔(81.7%)、阿塞拜疆(81.2%)、巴西(63.9%)。在这些水平上学生比例较小的国家(地区)有芬兰(5.4%)、加拿大(10.2%)、韩国(11.1%)、日本(13.3%)、澳大利亚(13.4%)，以及伙伴国(地区)爱沙尼亚(10.1%)、中国香港(10.3%)、中国澳门(11.8%)、中华台北(13.0%)、列支敦士登(13.6%)和斯洛文尼亚(15.1%)。

图 2.31b(可以在下面网址下载：http://dx.doi.org/10.1787/141844475532)给出了学生在运用科学证据量表上学生成绩的分布。图 2.31c(可以在下面网址下载：http://dx.doi.org/10.1787/141844475532)呈现了在运用科学证据量表上的多重比较表。这张表中可以观察到的一个不同之处是，日本和韩国的相对排位比在其他量表中要高很多。这很有可能是这两个国家在这个量表上有更多高能力水平的学生，这已在前面指出过了。

所选的科学单元包括了一些询问学生态度的嵌入式问题的样题。《转基因农作物》、《酸雨》、《大峡谷》(图 2.22，图 2.23 和图 2.27)都有嵌入式问题(见第三章对态度问题分析结果的详细讨论)。《酸雨》中的问题 10N 探讨了学生对酸雨话题的兴趣程度，问题 10S 则询问学生在多大程度上同意有关支持进一步研究的陈述。

图 2.32 ■ 酸雨

下面是一幅女像柱雕像图,这些雕像建于 2 500 多年前的雅典卫城。这些雕像是用一种称为大理石的岩石雕刻而成的,大理石的成分是碳酸钙。

1980 年原来的雕像被转移到卫城博物馆内,并以复制品替代。雕像原作正逐渐被酸雨所侵蚀。

酸雨——问题 2(S485Q02)

题型: 开放式问答题

能力: 科学地解释现象

知识类别: "物质系统"(科学的知识)

应用领域: "灾难"

情境: 社会的

难度: 506

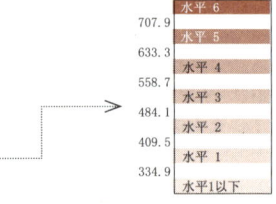

(OECD 国家)正确答案的比例: 57.7%

正常的雨水略带酸性,因为它已经从空气中吸收了一些二氧化碳。酸雨比正常的雨水更酸,因为它已经同时吸收了如氧化物和氮氧化物之类的气体。

空气中的硫氧化物和氮氧化物是从哪里来的?

....

....

评分

满分:

下列中的任意一项:汽车废气、工厂排放、燃烧石油和煤等化石燃料、火山的气体或其他类似的东西。

- 燃烧煤和天然气。
- 空气中的氧化物是从工业和工厂的污染而来的。
- 火山。
- 发电厂排放的废气。["发电厂"一词视为包括了以化石燃料发电的发电厂。]
- 它们来自燃烧含硫和氮的材料。

部分分数:
答案包括一个正确和一个不正确的污染源。
- 化石燃烧和核电厂[*核电厂不是酸雨的来源*]。
- 来自臭氧、大气层和冲向地球的流星等的氧化物,还有化石燃料的燃烧。

答案指出"污染",但没有说出一个重要的酸雨污染来源。
- 污染。
- 普遍的环境,我们生活在内的大气,例如污染。
- 气化、污染、火、香烟。[*"气化"和"火"的意思不明确,香烟的烟雾不是导致酸雨的主要原因。*]
- 例如来自核电厂等的污染。

评分说明: 单指出"污染"就足以得代码1。

评论

位于量表中间的一个样题可以在《酸雨》的问题2(图2.32)中找到。这个问题要求学生解释空气中硫黄和氮氧化物的来源。正确的回答要求学生表现出对来自汽车废气、工厂排放和燃烧化石燃料的化学物的理解。学生必须知道硫黄和氮氧化物是大部分化石燃料氧化的产物,或来自于火山爆发活动的产物。

得分的学生显示出有能力回忆起相关的事实,因而能够解释导致酸雨的气体来源是空气污染。这使本题位于水平3。意识到这些气体产生氧化结果,使本题位于"物质系统"内容领域。因为酸雨是相对地方化的灾难,因而情境是社会的。

将这些气体的成因归于不具体的污染,这也是可以接受的答案。对学生回答的分析显示,给出类似答案的学生与给出更为具体答案的学生在能力上基本没有差异。对于部分分数的答案,被认为是位于水平3,这些答案只要陈述出这是一种比较,而如果学生答出酸(醋)是产生反应所必需的,那么其答案就是第6水平。两种答案都与识别科学议题能力有关。《酸雨》(图2.32)也与科学地解释现象能力有关。

酸雨对大理石的影响可以通过将大理石片放入醋液中过夜来模拟。醋和酸雨的酸度基本相同。大理石片放入醋液中就会出现气泡。实验前后能发现结成团的干燥大理石片。

酸雨——问题3(S485Q03)

题型: 选择题
能力: 运用科学证据
知识类别: "物质系统"(科学的知识)
应用领域: "灾难"
情境: 社会的
难度: 460

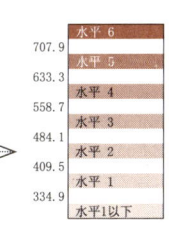

(OECD国家)正确答案的比例: 66.7%

一片大理石片在醋液中浸泡了一整夜之前的质量是2.0克。隔天取出大理石片,并将其干燥。干燥后大理石片的质量将会是多少?

A 少于2.0克。
B 正好2.0克。
C 在2.0克至2.4克之间。
D 多于2.4克。

评分

满分: A 少于2.0克。

评论

对于运用科学证据能力,《酸雨》单元的问题3(图2.32)是水平2很好的例子。该问题要求学生运用提供的信息得出有关醋对大理石作用的结论,以及得出酸雨对大理石影响的简单模型。这个问题中包含有学生能够得出结论所用的几条信息。除了提供的陈述性证据外,学生同时必须能得出相关知识,如化学反应是气泡产生的来源,以及反应的产生部分是由于大理石片中的化学物质。其结果是,大理石片重量将会减轻。因为意识到化学过程是得出正确结论的必要条件,因此本题属于"物质系统"内容领域。其应用虽是关于酸雨造成的灾难,但实验是与个人相关的,因此情境是个人的。

能够正确回答水平2试题的学生,能够从一个简单结论所需的概要性逻辑路径中识别出相关的明显提示。

酸雨——问题5(S485Q05)
题型: 开放式问答题
能力: 识别科学议题
知识类别: "科学质疑"(关于科学的知识)
应用领域: "灾难"
情境: 个人的
难度: 满分717;部分分数513
(OECD国家)正确答案的比例: 35.6%

做这个实验的学生同时也将大理石片放在纯净(蒸馏)水中过夜。
解释为什么要将这一步骤包括在他们的实验中。

_____

_____

评分

满分: 为了显示酸(醋)是产生反应所必要的。例如:
- 为了确保雨水必须是像酸雨一样有酸性才能产生反应。
- 为了了解是否有其他原因导致大理石片上出现洞。
- 因为它显示,水是中性的,因此大理石不是与任何液体都会发生反应。

部分分数: 为了比较醋和大理石的试验,但没有清楚地说明这样做是为了显示酸(醋)是产生反应所必要的。例如:
- 为了与另一种试管做比较。
- 为了了解大理石片在纯净水中会不会发生变化。
- 学生在实验中包括这个步骤,是为了显示正常状况下雨水滴在大理石上会发生什么。
- 因为蒸馏水不是酸性的。
- 为了作为一种控制。
- 为了了解正常水和酸水(醋)之间的差别。

评论

这道题得满分的学生理解,有必要表达出"反应不会在水中发生"的意思。醋是必需的反应物。将大理石片放在蒸馏水中显示出对科学实验中控制因素的理解。

这道题得部分分数的学生表现出,他们意识到实验涉及比较,但在他们的表述中没有证明他们知道这样做的目的是为了显示醋是实验必需的反应物。

这道题要求学生展示关于实验结构的知识,因此它属于"科学探究"类别。其应用涉及酸雨的灾害,但实验跟个人相关,因此其情境是个人的。

这个问题满分属于水平6,在这个问题上得分的学生能够同时理解其中所用的实验建模,并能够阐述控制一个主要变量所用的方法。答出水平3(部分分数)的学生只能够意识到所运用的比较,但没有领会做比较的目的。

酸雨——问题 10N(S485Q10N)
对于下列资料,你感兴趣的程度有多少?
请在每一行仅选择一个方框打勾。

	兴趣高	兴趣中等	兴趣低	没有兴趣
d) 了解哪些人类活动最会导致酸雨。	□₁	□₂	□₃	□₄
e) 学习可以使酸雨产生的气体扩散量最小化的技术。	□₁	□₂	□₃	□₄
f) 理解用于修复被酸雨损坏的建筑物的方法。	□₁	□₂	□₃	□₄

酸雨——问题 10S(S485Q10S)
你在多大程度上同意下列陈述?
请在每一行仅选择一个方框打勾。

	非常同意	同意	不同意	非常不同意
g) 古代遗址的保存应该基于与造成损坏的原因相关的科学证据。	□₁	□₂	□₃	□₄
h) 关于酸雨起因的陈述应该基于科学研究。	□₁	□₂	□₃	□₄

图 2.33 ■ 温室效应

阅读文章并回答问题。

温室效应:事实还是幻想?

生物需要能量才能生存,而维持地球生命的能量是来自太阳。由于太阳非常炽热,因此将能量辐射到太空中。只有一小部分的能量会到达地球。

地球表面的大气层,就像包裹着我们的星球表面的毯子一样,保护着地球,使她不会像真空的世界那样,有极端的温差变化。

大部分来自太阳的辐射能量,会透过大气层进入地球。地球吸收了部分能量,其他则由地球表面反射回去。部分反射回去的能量,会被大气层吸收。

由于这个效应,地球表面的平均温度比没有大气层时的温度高。大气层的作用就像温室一样,因此有"温室效应"一词。

温室效应在20世纪越来越显著。

事实表明,地球大气层的平均温度不断上升。报章杂志常说,二氧化碳排放量增加,是二十世纪气温上升的主要原因。

一位名为小德的学生有兴趣研究地球大气层的平均温度和地球上二氧化碳排放量之间的关系。

他在图书馆找到下面两幅曲线图。

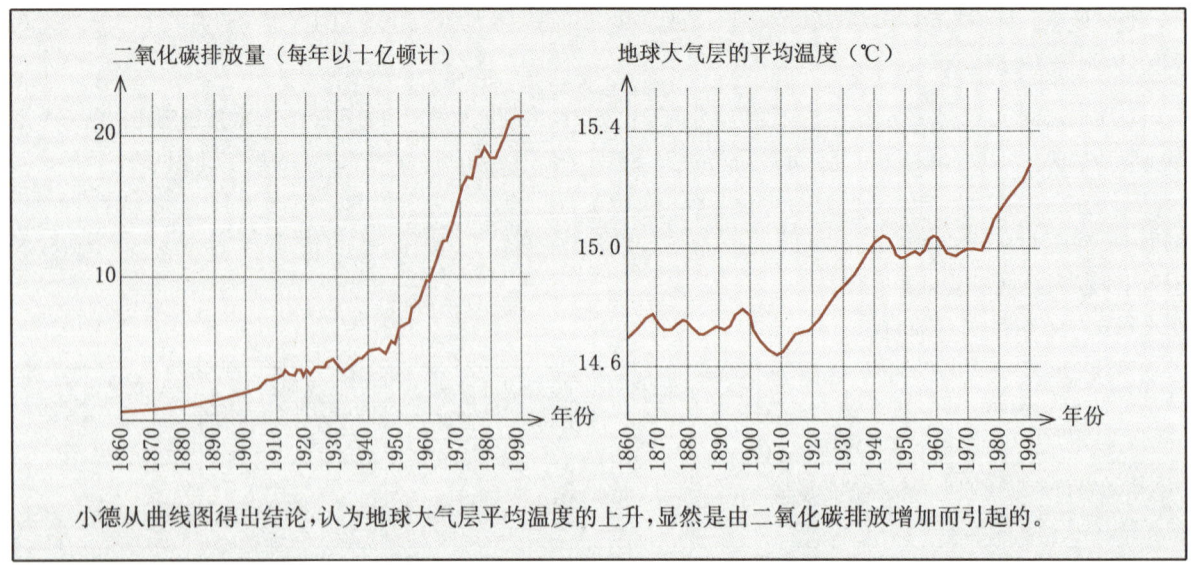

小德从曲线图得出结论,认为地球大气层平均温度的上升,显然是由二氧化碳排放增加而引起的。

温室效应——问题3(S114Q03)

题型:开放式问答题

能力:运用科学证据

知识类别:"科学解释"(关于科学的知识)

应用领域:"环境"

情境:全球的

难度:529

(OECD国家)正确答案的比例:54.0%

曲线图中有什么资料支持小德的结论?

....

....

评分

满分:

指出(平均)温度与二氧化碳排放量均上升。例如:

- 当排放量增加,温度增加。
- 两条曲线都上升。
- 从两幅图所见,自1910年开始,温度与二氧化碳的排放量均开始上升。
- 当二氧化碳排放时,温度便会上升。
- 两幅图均显示了上升的趋势。
- 所有东西都在上升。
- 二氧化碳排放量越高,温度越高。

指出一般而言,气温与二氧化碳的排放量有正相关。

[注:这个评分代码旨在反映学生是否懂得运用以下的专有术语。例如,"正相关"、"形状相似"及"成正相关"——显然,严格来讲,下列例子并不完全正确,但它反映了学生对题目有足够的了解,所以可以给予分数。]例如:

- 二氧化碳的含量与地球的平均温度成正比。

- 线形形状相似,表示两者之间有关系。

评论

对于运用科学证据的能力,单元《温室效应》和《防晒品》(图2.33和图2.23)都是很好的水平3的例子。在《温室效应》的问题3,学生必须诠释以曲线图形式呈现的证据,并推论出两张曲线图结合起来可以支持下列结论,即平均气温和二氧化碳排放量都在上升。要求学生通过比较表示同一个时间段的两张曲线图,判断与地球大气层气温和二氧化碳排放量相关的结论的有效性。学生必须首先通过阅读文本中的描述性文字,获得对内容的领会。意识到两张图中的线条都随时间在上升,或者在两张图之间存在正相关性,并以此支持所陈述的结论,这样就可以得分。这种环境问题的影响是全球性的,因此该题的情境就是全球性的。本题要求学生具有诠释所提供图形数据的技能,因此属于"科学解释"类别。

获得水平3分数的学生能够意识到两张图中数据所呈现的简单模式,并能运用这种模式来支持结论。

温室效应——问题4(S114Q04)

题型:开放式问答题

能力:运用科学证据

知识类别:"科学解释"(关于科学的知识)

应用领域:"环境"

情境:全球的

难度:满分659;部分分数568

(OECD国家)正确答案的比例:34.5%

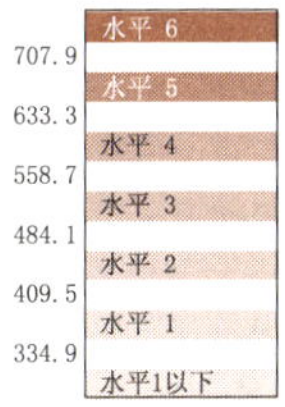

小德的同学小妮不同意他的结论。她比较两幅曲线图,指出其中有些资料并不符合小德的结论?
请从曲线图中举出一项不符合小德结论的资料,并解释答案。

....

....

....

评分

满分:

能够指出两幅图中,有哪一部分的曲线不是同时上升或下降,并作解释。例如:

- (约)在1900—1910年这段时期,二氧化碳增加,但温度则下降。
- 1980—1983年这段期间,二氧化碳下降而温度则上升。
- 1800—1900年这段期间,温度的变化不大,但第一幅图则持续增加。
- 1950—1980年这段期间,温度没有上升,而二氧化碳却不断上升。
- 由1940年开始,至1975年间,温度的变化不大,但二氧化碳则大幅增加。
- 1940年的气温比1920年的高得多,但二氧化碳的排放量则变化不大。

部分分数:

指出了正确的时期,但没有给予解释。例如:

- 1930—1933
- 1910年之前

指出一个年份(而不是时期),并提供合理解释。例如:

- 在1980年,排放量下降,温度则仍然上升。

举出了证据,证明小德的结论是不正确的,但写错了时期。例如:
[注:这错误必须有证据支持一例:在图中有一处清楚表示出一个正确答案,但在转述资料时有错。]例如:
- 在 1950 年至 1960 年期间,温度下降,二氧化碳排放量却上升。

指出两条曲线的不同之处,但没有提及任何特定的时期。例如:
- 在某些地方可以见到排放量下降,温度上升。
- 开始的时候,二氧化碳的排放量少,但温度却高。
- 在图一,可以见到有稳定的上升,但在图二却见不到上升,而是维持不变。[注:"整体上"维持不变。]
- 因为开始时温度仍高,但二氧化碳则很低。

指出其中一幅图的趋势转变。例如:
- 大约在 1910 年,可以见到温度下降,然后开始上升,并维持一段时间。
- 在图二,可以见到就在 1910 年之前,地球温度下降。

指出两幅图的区别,但未能清楚解释。
- 在 1940 年至 1950 年期间,温度很高,但二氧化碳却非常低。[注:这个解释虽然差,但清楚地点出了两者的区别。]

评论

这是《温室效应》中集中体现运用科学证据能力的又一个样题,它要求学生识别出曲线图中没有提供结论所需证据的部分。这个问题要求学生找出细节的差异,这些差异不同于这两张图中数据所呈现的正相关的一般趋势。学生必须指出曲线中既不是上升也不是下降的部分,并把这个发现作为证明结论正确的部分。其结果是,这道题比问题 3 需要更为深入的洞察力和分析技能。这道题不要求学生具有总结图形关系的能力,而是要求学生除指出差异的对应时间段外,还要求他们对这种差异做出解释,这样才能得满分。

有效地比较两个数据集细节的能力,以及批评所给出结论的能力,使这道题的满分得分位于科学素养量表的水平 5。如果学生理解问题对他们的要求,并正确识别出两张图的差异,但没能够解释这种差异,那么学生在这题上只得部分分数,因而位于科学素养量表的水平 4。

这种环境问题是全球性的,因而该题的情境是全球的。要求学生具有的技能是能够诠释用图表呈现的数据,因此问题属于"科学解释"类别。

温室效应——问题 5(S114Q05)

题型: 开放式问答题

能力: 科学地解释现象

知识类别: "地球与宇宙系统"(关于科学的知识)

应用领域: "环境"

情境: 全球的

难度: 709

(OECD 国家)正确答案的比例: 18.9%

分数	水平
707.9	水平 6
633.3	水平 5
558.7	水平 4
484.1	水平 3
409.5	水平 2
334.9	水平 1
	水平1以下

小德坚持自己的结论,即地球平均温度的升高,是由于二氧化碳排放的增加而引起的,但小妮则认为他的结论太草率。她说:"在接受这个结论之前,你必须确定在大气层内其他会影响温室效应的因素维持不变。"

请写出小妮所指的其中一个因素。

评分

满分：

能够写出一个因素，该因素与太阳发出的能量或辐射有关。例如：

- 太阳发热，还可能地球改变位置。
- 由地球反射回来的能量。[*假设"地球"是指"地面"。*]

写出一种自然成分，或污染物。

- 空气中的水蒸气。
- 云。
- 火山喷发之类的事情。
- 大气污染（气体、燃料）。
- 废气的数量。
- 含气氟烃（CFC）。
- 汽车数量。
- 臭氧（作为空气的一个成分）。[*注：如学生填上臭氧层受破坏，请用代码03。*]

评论

《温室效应》的问题5(图2.33)是水平6的例子，而且是考察科学地解释现象能力。这个问题中，学生必须分析得出考虑影响温室效应其他因素之后的结论。这个问题考察了综合识别科学议题和科学地解释现象两个方面的能力。学生需要理解变化及可测量变量之外的控制因素的必要性，并能指出这些变量。学生必须具备足够的"地球系统"的知识，以便能够识别出至少其中一个必须控制的因素。后一个标准被认为是本题所涉及的关键科学技能，因此本题被归为科学地解释现象能力。环境议题的影响是全球性的，因此本题的情境是全球性的。

这道题要得分，第一步是学生必须能够识别出变化和测量的变量，并对调查方法有足够的理解，以便指出其他因素的影响。另外，学生也必须指出背景模式，并识别出其主要构成。这不仅涉及许多抽象的概念，还涉及在确定哪些"其他"变量可能会影响地球气温与进入大气层的二氧化碳排放量之间联系的过程中，这些抽象概念之间的关系。这使得本题在科学地解释现象类别中处于水平5和水平6之间的边界线上。

政策启示

满足对优秀科学人才的需求

满足社会不断增长的对科学相关学历人员的需求，这已经成为一个重要的挑战：比较年轻组群与老年组群的比例可以发现，OECD国家平均而言，总人口中拥有大学学历的人数比例在过去30年间大约翻了一倍，而科学相关毕业生的比例则在同一时期增长了三倍（OECD, 2007）。尤其是对于位于技术前沿的国家，其受过高层次教育的科学家在劳动力中的构成已经是经济增长和社会发展的重要决定力量。

虽然OECD国家中15岁学生一般都报告对科学有着积极的取向——OECD国家平均而言有37%的学生报告他们喜欢从事与科学有关的职业，21%的学生报告他们会立志从事先进科学领域的工作，但政策制订者们仍需要给予应有的关注，以确保本国做好充分准备能够在未来获得科学优秀人才中处于最佳位置。PISA 2006显示，OECD国家平均而言，15岁学生中只有9.0%的学生科学成绩位于PISA能力水平中两个最高水平，这些学生能够一贯地在一系列复杂的生活

情境中识别、解释并应用科学知识和关于科学的知识,结合不同的信息来源和解释,并运用来自这些来源的证据以证明决定的合理性,而且,在支持不熟悉科技情境中的解决方案时,他们能够始终如一地显示出高层次的科学思维和推理能力,以及运用他们科学理解的能力。而且,这个比例在国家间差异很大。最后同样重要的是,虽然科学领域的好成绩是与学生未来导向的科学动机有联系,但第三章的结果显示,仅有好的科学成绩本身并不能保证个人对科学的成功参与。

确保坚实的科学能力基准

20世纪的大部分时间中,学校科学课程,尤其是较后阶段的中学教育,倾向于强调为专业培训一小部分科学家和工程师打好基础。大部分科学呈现的形式是强调科学学科的知识,而很少关注有关科学的知识及其与公民生活和生存相关的应用性。然而,科技进步对今天经济的影响、信息技术在就业中的核心位置,以及越来越多科技相关议题的出现,这些都要求所有的公民——而不仅仅是未来的科学家和工程师们——都要具有坚实的科学能力。因此,在最低能力水平上学生的比例也是公民全面参与社会和劳动力市场的重要指标。正如前面所描述的,科学能力水平2被确认为是基准水平,在科学量表的这个成绩水平上,学生开始显示出能够使他们积极参与科技相关生活情境的科学能力。OECD国家平均而言,有19.2%的15岁学生没有达到这个能力水平,而有些国家的比例甚至是这个数据的两倍多。例如,他们经常混淆调查研究的关键特征,应用不正确的科学信息,并在支持一个决定时将个人信念与科学事实混为一谈。因此,OECD参与国中多数学生所掌握的基本科学能力水平是这些国家的政策制订者应该非常重视的关注点。

从更普遍意义上讲,本章显示的不仅仅是平均成绩,还包括成绩模式,这些模式在各个国家(地区)间差异很大,这要求政策制订者有不同的回应。例如,韩国是PISA 2006学生科学成绩最好的国家之一,平均分为522分,而美国学生的成绩在OECD平均以下,为489分。然而,在水平5和水平6上,美国学生的百分比(9.1%)与韩国的(10.3%)很类似。这两个国家平均分上的差异,部分是因为在低能力水平(即,低于水平2)上,美国有24.4%的学生,而韩国只有11.2%。

科学领域不同方面的强项与弱项

在有些国家,不同科学能力领域和科学内容上的成绩存在多方面的重大差异。这些差异可能是与课程重点的不同有关,但它也可以是课程传递有效性的指标。虽然各个国家是在其国情和发展重点下做出课程选择,但根据其他国家的成绩来研究这些选择,能够为教育政策发展提供更为广泛的参照框架。有些国家尤其需要在提高学生科学地解释现象能力的科学知识方面提供更好的基础,还有些国家则需要考虑学生如何获得解释证据等更广泛的科学能力。同样,如在法国,学生在有关科学的知识上的成绩强于科学的知识,然而,捷克很特别,显示的结果却是正好相反。这反映了这两个国家课程的不同侧重点,其中一个强调学习科学的推理和分析能力,另一个则强调掌握科学信息和学习科学现象。实际上,科学知识的这两个方面都是重要的。另外,在学生最擅长的科学的知识中,PISA也识别出内容领域的重要差异。韩国就是这样的一个例子,韩国的学生在三个知识领域中的两个方面在OECD国家中都是成绩最好的,但在生命系统的问题上仅位于平均水平。进一步发现在许多国家似乎都有一种模式,即在"地球与宇宙"内容上的分数低于"物质系统"和"生命系统"内容领域上的分数。如果公民碰到的许多当代情境是基于"地球系统",那么研究他们的课程可以发现,学生有足够的机会学习与"地球系统"结构相关的概念

和过程、"地球系统"中的能量,以及"地球系统"的变化,这看起来也是合理的。

对于未来的研究,一个重要的目标将是,将观察到的成绩模式与能够用来帮助学生提高科学能力的教学策略相结合。有些能力能够在实验室通过演示得到发展,例如,用科学证据形成解释。而例如识别科学议题等其他能力,则可以要求学生分析曾经做过的科学实验,或描述当前的议题。

性别差异

在PISA的三个主要领域中,科学成绩的整体性别差异最小。在绝大部分国家,男生和女生的平均分没有显著差异。这是一个好消息,表明科学是一门比数学和阅读更接近性别平等的学科。

然而,科学整体平均分相近,掩盖了在科学三个核心能力和科学知识领域两个类别上男女生相对优势的重要差异。例如,各国女生在识别科学议题上更有优势,而男生在科学地解释现象上更有优势。相反,在科学内容领域,男生在"物质系统"上普遍超过女生,差异范围从希腊、冰岛和韩国的15分到奥地利的45分不等(OECD平均差26分)。虽然这些差异可以归因于包括父母对科学的支持或文化等许多因素,但他们也可以显示出不同的科学教育经历,而对于后者,决策者是能够补救的。例如,给予男生更多有关识别科学议题(以及科学地解释现象和运用科学证据)的经历可以强化他们在这方面的能力水平。而对女生而言,增加在"物质系统"(也就是物理和化学)内容领域的实验和调查研究等教育经历,也同样可以补救她们在这个内容领域较低的成绩。

另外,至少在许多国家,学生在所就读的学校、学术或职业导向,以及教育课程间做出不同的选择。在大部分国家,相比于男生,更高比例的女生就读于成绩更好的学术性学校。其结果是,许多国家中,即使科学的性别差异整体上很小,但校内差异或课程类别内差异却很大。因此,从政策的视角——以及对教师而言课堂的视角,科学成绩的性别差异应该得到持续的关注。的确是这样的,虽然男生在校内和教育课程内相对于女生的优势,在某种程度上会被女生倾向于在成绩更好的学校课程和学校类型中就读所掩盖。

最后,同样重要的是,正如第3章所显示的,男生和女生在其科学学术能力的感受上仍存在差异。这也可以有助于解释,为什么男女生在随后高等教育阶段的学习中所选的学科仍存在不平衡,而这又反过来会贯穿作用于他们对未来职业的选择。

我们需要谨记于心的是,性别差异不能自动地归因于教育体系的特征。冰岛的女生在所有学科领域的成绩都具有相对较大的优势,这在农村地区最为明显,这是由于劳动力市场的激励,在生活早期冰岛男性就有更好的机会在渔业和旅游业获得收入颇丰的工作,而学业成绩则经常被女性看作社会流动和地区流动的杠杆。

结果重要吗?

在分析各国结果时,必须时刻铭记于心的是,学生成绩的国内差异要比国家间的差异大很多倍。然而,即使是各国学生成绩平均分差异相对较小,但也存在显著差异,这些都不应该被忽视。

并不是各国科学成绩的所有差异都可以用教育支出来解释。虽然分析显示这两者之间存在

正相关,但分析也表明,虽然教育机构的支出是提供高质量教育的必要条件,但仅靠支出不足以获得高水平的结果。资源投入有效性等其他因素也起着重要的作用。

PISA 评估中的科学成绩对未来重要吗?很难评估学校中的成绩和成功能够在多大程度上预测未来的成功。虽然没有纵向的 PISA 科学研究,但加拿大对参加 PISA 2000 阅读评估学生的跟踪研究显示,学生在 15 岁时的 PISA 成绩是其在 19 岁时成功转型到高等教育的一个非常强有力的预测指标(参见第六章专栏 6.1)。OECD 数据同样显示,没有完成高中学历的个体(OECD 国家仍有约五分之一的比例,尽管在过去一代情况已有很大的改善)会面临明显更糟的劳动力市场前景。例如,在大部分 OECD 国家,劳动力参与率随教育程度提高而急剧上升(OECD,2007)。几乎没有例外,第三等级教育毕业生的参与率明显高于高中毕业生的参与率,而后者又明显高于没有获得高中学历的个体。男性参与率差异在高中毕业生和没有获得高中学历的个体间尤其大,而低于高中教育程度的女性的劳动力市场参与率是尤其低的。同样的,教育和收入呈现正相关,在许多国家,高中教育代表一个门槛,超过这个阶段,更多的教育会吸引尤其高的报酬(OECD,2007)。最后,同样重要的是,国际比较显示,教育在培养劳动者生产力及其所带来的经济增长方面具有关键作用,其中,教育不仅仅是作为联系累积产出与生产投入存量间的投入,同时也作为与技术进步紧密联系的一个因素。在 OECD 所有领域,估算每增加一年教育对经济产出的长期影响大约在 3％—6％之间(OECD,2006b)。

很明显,学习并不随义务教育的终止而结束,现代社会为个人提供了各种机会,使他们能够终身提升他们的知识和技能。然而,至少当涉及工作相关的继续教育培训时,OECD 国家平均而言,拥有高等教育学历的雇员投入培训的时间是没有高中学历雇员的三倍(OECD,2007)。因此,最初的学校教育与其他因素共同起作用,使离开学校后的工作相关培训对那些最需要类似培训的人来说反而是最少的。

这就指出了,为什么学校中打下坚实的知识和技能基础是个人和社会在未来获得成功的基础。PISA 的结果显示,对许多国家而言,在核心学科领域有好的教育成绩仍旧是一个遥远的目标。同时,结果也显示,有些国家在整体成绩上很成功,而且在其成绩较好的学生和成绩较弱的学生间的差异也是适中的。这些国家的结果对其他国家来说是一种挑战,因为它们表明了所能达到的结果目标。

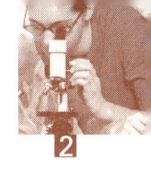

注　释

[1] 有一项初步分析显示,如果比较学生在完成 PISA 2006 测评和 PISA 2003 测评中共有的科学连接题(这些连接题无法代表 PISA 2006 测试)的成绩,只在墨西哥、希腊、法国,以及伙伴国乌拉圭、巴西、突尼斯的学生成绩有显著的差异。参阅附录 A7 中的表格 A7.2。

[2] 分析 PISA 数据的模型是通过迭代过程来完成的,这个过程同时估计特定个人正确回答特定系列试题的概率,以及特定试题被特定系列学生正确回答的概率。关于估计学生能力和试题难度的方法、形成量表的进一步技术详情,可参阅《PISA 2006 技术报告》(OECD, forthcoming)。

[3] 这并不是意味着学生总是能够完成相对于他们所处量表位置的难度水平或该难度以下的试题,但这些学生肯定回答不了在这个难度水平以上的试题。这个等级排位是基于概率的:在量表上处于某特定分数的学生很可能答对具有同样分数的试题。

[4] 应该注意的是,可以用两种方法对同样的试题进行分类:所有关于科学的知识类别的试题都是识别科学议题的试题,所有科学地解释现象的试题都是科学的知识的试题。

[5] 从技术上讲,OECD 国家学生科学成绩平均分设为 500 分,标准差为 100 分,数据经过加权后使得每个 OECD 国家的分布很平均。注意,对量表分数的类似设定只是针对综合科学量表。因此,单个科学量表的平均分可以不等于 500,标准差也可以不等于 100。在第二章的表格中,OECD 平均标准差低于 100,因为它是各个国家内部标准差的算术平均分;国家内部差异平均要小于 OECD 合并样本的差异,因为国家内部差异不包括标准差为 100 的跨国成绩差异。

[6] 包括:奥地利、比利时、保加利亚、捷克、丹麦、爱沙尼亚、芬兰、法国、德国、希腊、匈牙利、爱尔兰、意大利、拉脱维亚、立陶宛、卢森堡、荷兰、波兰、葡萄牙、罗马尼亚、斯洛伐克、斯洛文尼亚、西班牙、瑞典和英国。

[7] 要使实际情况如此,某一水平底端的学生有 0.62 的几率答对该水平底端的试题,有 0.42 的几率答对该水平顶端的试题。而在该水平顶端的学生有 0.62 的几率答对该水平中最难的试题,有 0.78 的几率答对最简单的试题。

[8] PISA 科学专家组基于当前的实践和研究,选择了科学的知识中的四个内容领域。第四个领域"技术系统"包括的问题很少,因而没有单独分析。

[9] 在宏观经济层面,技能可以通过研发活动来达到积极的外部效果。研发创造出新的知识,但知识的生产者往往很难独占这些知识。这是因为新的知识至少是部分地具有非排他性和非竞争性。一旦新的知识产生后,社会中的其他个体可以无须支付成本就至少可以获得其中的一部分。因此,新知识的社会回报比知识生产者获得的私人回报要更高。

[10] 汉纳谢克和沃斯曼(Hanushek & Woessmann, 2007)将国际成人读写能力调查(IALS)量表上成绩高于平均分一个标准差(600 分)的个体和低于平均分一个标准差(400 分)的个体一起放入增长回归模型中。IALS 得 400 分是基本的读写能力和计算能力,而 600 分则是针对成绩顶端的个体。他们发现,高成绩水平(对经济增长)的影响比低水平成绩(对经济增长)的影响要多大约六倍(而且在加入控制变量后,这种关系仍然在本质上没有变化)。

[11] 美国的试题本中有一处打印错误,因此数学和科学的平均成绩可能会误估计大约 1 分。影响低于一个标准误。具体可参阅附录 A3。

[12] 1990 年到 2000 年间,美国从事科学和工程职业、在国外出生的、接受过高等教育的从业者比例从 14% 增加到了 22%,而如果仅考虑具有博士学位的科学和工程从业者,该比例则从 24% 增加到了 38%(US National Science Board, 2003)。在欧盟,单要达到 2010 年《里斯本目标》对研究的要求,就要增加 70 万名研究人员。大部分欧洲经济体在确认需要越来越多的高技能从业者后,都开始反思他们的移民法规,鼓励受过高等教育的个人来移民定居,有些国家则开始招收大量国际学生,并在这些国际学生结束学习后给予他们居住身份。

[13] 当进行多重比较时,情况就变得更为复杂,因为多重比较表格能被用于不同类型的比较。当在 95% 置信区间上只比较两个国家时,我们可以肯定地认为,如果指出有显著差异,那么它出现的可能性是 95%。虽然单独比较中

错误地宣布某个差异具有统计显著性的概率很低(5%),但当几个比较同时进行时,犯类似错误的可能性就会增加。因此,在对 20 个国家进行多维比较时,有可能对某个单一显著性差异得出错误结论。当 PISA 国家数量增加时,这种可能性就会增加。有可能对此做一些调整,使得所有比较中至少有一次,错误宣布有显著性差异的概率降低到不超过 5%。除双向比较的置信区间一样外,类似基于 Bonferroni 方法的调整已融入之前 PISA 报告的比较图表中。如果读者的兴趣是比较一个国家相对于其他所有国家的成绩,那么可以运用调整后的显著性检验。当国家数量增加时,与 Bonferroni 调整后的多重比较相关的临界值也会增加。PISA 2000 中,同时有 31 个比较,更有需要将 α = 0.05 的显著性水平调整到 α = 0.001 67。PISA 2006 中,同时比较的数量增加,因此调整后显著性水平 α = 0.000 091。这就意味着,各轮 PISA 间应用了不同的临界值。当有些国家的成绩与其他结果类似的国家相比较时,这一点就尤其重要了。有可能出现下面情况:有些国家虽然在两轮 PISA 中的结果基本相同,但在某一轮 PISA 的结果间有微小却显著的差异,而在下一轮 PISA 中却显示没有显著差异,导致这种差异的原因仅仅是因为参加人数的增加。因此,PISA 2006 的比较时决定不采用 Bonferroni 方法。

[14] 表 A1.2 中列 1 估计了一个学年相关的分数点差异。这种差异可以在 28 个 OECD 国家中估计,这些国家 PISA 样本中有相当规模的 15 岁学生数量就读于至少两个不同的年级。由于无法假定 15 岁学生在不同年级间是否是随机分布,因此必须对与学生分配在不同年级水平相关的背景因素进行调整。表格 2-7 栏记录了这些调整。虽然有可能在除去筛选和背景因素效应后估计两个相邻年级间学生的典型成绩差异,但这种差异无法自动等于学生在过去一学年中获得的进步,而是应该解释成所取得进步的下限。这不仅是因为所评估的学生不同,还因为 PISA 评估内容的设计不是与学生在上一个学年所学的内容相匹配,而是更广泛地评估学生到 15 岁时在学校学习的积累性结果。例如,如果 15 岁学生主要就读年级的课程覆盖材料不是 PISA 所评估的(同样,评估的内容也可能会包括在更早的学年中),那么观察到的成绩差异会低估学生的进步。学生进步的精确测量只能够通过以内容为焦点的跟踪评估设计才能获得。

[15] 所比较的 29 个 OECD 国家,学生科学平均分与人均 GDP 的相关性为 0.53。相关系数的平方即是所解释的方差。

[16] 此国家间比较中没有包括卢森堡。卢森堡的经费支出模式不太常规,这可能部分是源于其国民中外国人所占比例异常得高和多语的教学环境。

[17] 某国教育总开支的估算方法如下:$n(0)$、$n(1)$ 和 $n(2)$ 分别指从 6 岁到 15 岁间的学生在小学、初中、高中就读的平均年数;$E(0)$、$E(1)$ 和 $E(2)$ 分别指小学、初中、高中的生均年支出(单位:美元,经 PPP 调整)。当前年均开支 E 与每个教育阶段 i 的就读年限 n 相乘,便可得到总教育开支,计算公式如下:

$$CE = \sum_{i=0}^{2} n(i) * E(i)$$

$n(i)$ 的估计是基于国际教育标准分类(ISCED)(OECD, 1997)。

[18] OECD 国家平均而言学生成绩的性别差异,科学领域男生高 2 分,阅读领域女生高 38 分(参阅表 6.1c),数学领域男生高 11 分(参阅表 6.2c)。

[19] 本报告没有比较学生的科学能力成绩与学生在不同知识领域的成绩。原因是,PISA 2006 的能力量表和知识领域不是两个独立的量表系列:1)每个试题都可以用两种方式归类,因此每个试题对两个量表都有贡献;2)它是根据"科学地解释现象"界定得出,即所有主要旨在评估该种能力的试题都自动地归类为"科学的知识";3)归类为"识别科学议题"的所有试题都是"关于科学的知识",这是试题设计时做出的决定,目的是为了尽量减少类似试题的科学知识内容,使它们可以清楚地评估"识别科学议题"能力,而不是"科学地解释现象"能力。图 2.10 显示了所发布试题的两种归类法,说明了能力与知识归类间的这种相互关系。虽然运用科学证据的试题同时分布在科学的知识和关于科学的知识中(大概比例是 1∶2),但识别科学议题和科学地解释现象中的成绩概况(包括性别差异)将很大程度上反映在相关的"关于科学的知识"和"科学的知识"的概况中。

[20] 以各科学量表上的平均分与科学整体平均分间的差异作为判别的标准变量,聚类分析可以用来确定各个国家间

是否有足够的相似性可以聚成一个组别。采用 Ward 方法，运用方差法分析来估计各个组群间的距离。这种方法旨在使每个阶段形成的两个假设组群间的平方总和最小化。聚类分析的计算也可以用其他四种主要的聚类法：单一联系（最短距离法）；复杂联系（最远距离法）；类平均联系；重心法。用 Ward 法得到的结果是最有意义的。

[21] 实施这个过程是为了产生每个学生的合理值，这样，OECD 国家间就产生标准平均分 500 分。该平均分是基于所有量表上的全部试题。如果把组成综合量表的各个量表分离出来，那么他们各自的平均可能会不同于 500 分。

[22] 捷克的教育者们解释认为，这是男生比女生更熟悉理论导向的教材和技术说明的结果。

[23] PISA 2006 主要强调的是评估学生具有的能力。另外，PISA 2006 也运用了一个简化的量化模型，得出各国在不同科学内容领域的平均分（除"技术系统"外，因题目太少）。

[24] 三个量表算术平均分给出了对科学的知识的估计。科学试题的设计可以充分估算基于能力——而不是基于内容领域的结果。第四个内容领域"技术系统"因为题目太少无法估算，因而不包括在平均分中。因此，科学的知识领域的平均分可以看作是估计值。两个知识领域的显著差异无法精确地估算。

第三章
学生参与科学概况

引言	96
PISA 对态度和参与度的测量	96
■ 测量指标解释说明	99
学生支持科学探究吗？	101
■ 普遍科学价值观	101
■ 对科学探究的支持	104
■ 个人科学价值观	104
学生是否相信自己能在科学上成功？	107
■ 学生对克服科学困难的信心	107
■ 学生对科学的自我概念	110
学生对科学感兴趣吗？	113
■ 学习科学学科的兴趣	113
■ 学好科学的重要性	118
■ 因有用而学习科学的动机	119
■ 科学相关活动	126
学生是否感到对资源和环境有责任感？	128
■ 对环境问题的意识	128
■ 学生对环境问题的关注度	130
■ 对环境问题的乐观度	132
■ 对可持续发展的责任感	134
■ 在对资源和环境责任感上的性别差异	134
科学成绩和对科学态度的性别差异概述	136
政策启示	136

第三章 学生参与科学概况

引言

大部分学生到学校是准备学习，也是愿意学习的。对初等教育学龄儿童的国际调查一般显示，儿童对科学等学科的兴趣很高，态度也很积极[1]。那么，学校如何培养并强化这种倾向，确保青少年在离校时能具备终身学习的动机和能力呢？

动机和态度的议题在科学中尤其具有相关性。随着科学技术的发展，过去100年间获得了卓越的成就——把人们带上月球并返回；根除天花等疾病；发明计算机等工具，使个人可用这些工具完成从计算一项投资的财政回报到控制飞机高度等各种各样的功能；提供通讯工具，使人们即使远隔千里也能保持联系。然而，仍存在许多科学挑战，例如技术发展、全球变暖、化石燃料资源的损耗、核能源的安全使用、安全水资源的获得、艾滋病、癌症。要成功地解决这些挑战，要求各国对科学基础设施进行重大投入，吸引合格人才进入科学相关专业领域，同时还要确保拥有公众对科学努力的广泛支持，以及所有公民都有能力运用与其生活相关的科学。人们的态度在他们对科技的兴趣、关注度和责任感方面都起着重要的作用。

PISA 2006 评估了学生所掌握的科技知识，以及什么样的科技知识能够应用于对个人、社会和全球有益的事，除此之外，PISA 2006 还非常关注有关学生对科学的态度和参与度，这些数据一部分来自 PISA 2006 科学认知测试中的内容，同时也通过单独的问卷调查获得。在 PISA 中，态度被作为个人科学能力的关键因素，包括个人的信念、动机导向和自我效能感[2]。

PISA 对态度和参与度的测量

PISA 2006 在下列四个领域收集了学生对科学的态度和参与度的数据：对科学探究的支持（support for scientific enquiry）、作为科学学习者的自我信念（self-belief as science learners）、对科学的兴趣（interest in science）、对资源和环境的责任感（responsible towards resources and environment）（见图3.1）。这样分类，是因为这些领域能概括学生对科学的普遍性正面评价、学生作为科学学习者的个人信念、学生特定的科学态度和价值观、学生对选取的具有全国性和国际性后果的科学相关议题的责任感。总的来说，这些测量指标显示了所有学生——包括那些并不希望成为科学家的学生——对科学的参与度水平，即，对科学的兴趣可能是与未来从事科学职业最具有相关性的因素。

对科学探究的支持经常被作为科学教育的重要目标。对科学探究的正确评价和支持要求学生在碰到科学相关的生活情境时，会重视科学的方法，包括证据的收集、理性的推理、批判性的回应，以及结论的表达沟通。PISA 2006 的这些领域包括很多方面，如得出结论时对证据的运用，在形成结论时运用逻辑性和理性的正面评价。其中，作为科学学习者的自我信念也包括在内，因为学生对其自身所具有科学能力的评价是科学参与度的重要组成部分。而且，以往的研究也指出，与科学相关的自我评价可能与性别相关，可以部分地解释科学动机和成绩中的性别差异（Reiss and Park, 2001）。PISA 还将学生对科学的兴趣包括在内，因为有研究显示，早期对科学的兴趣是未来学习科学和/或选择某个科技领域作为职业的一个指标（OECD, 2006a）。PISA 2006 收集了下列数据：学生对科学相关社会议题的参与度，他们掌握科学知识和技能的意愿，以及他们对科

学相关职业的考虑。对资源和环境的责任感也越来越成为全球的关注点。PISA 2006 中对该问题的研究包括下面几个方面：学生对可持续性发展的责任感，他们对环境问题的关注程度。

图 3.1 ■ PISA 2006 科学态度测评

对科学探究的支持

支持科学探究的学生：
- 承认考虑不同科学观点和论据的重要性。
- 支持事实信息和合理解释的运用。
- 表达在得出结论时对逻辑与严谨的推导过程的需要。

测量指标包括：有关支持科学探究的问题（嵌入在科学测评中）；普遍科学价值观；个人科学价值观

作为科学学习者的自我信念

作为科学学习者并具有自我信念的学生相信他们能够：
- 有效地处理科学任务。
- 克服在解决科学问题中的困难。
- 表现出很强的科学能力。

测量指标包括：有关科学自我效能的问题；科学的自我概念

对科学的兴趣

对科学有兴趣的学生：
- 表现出对科学、科学相关议题的好奇心和努力
- 表现出利用大量资源和方法探究其他科学知识和技能的意愿
- 表现出有寻找信息的意愿，对科学具有持续的兴趣，包括考虑从事与科学相关的职业

测量指标包括：对学习科学议题的兴趣问题（嵌入在科学测评中）；对科学的普遍兴趣；喜爱科学；学习科学的重要性；学习科学的工具性动机；学习科学的未来导向动机；对 30 岁时从事科学相关职业的预期；参与科学相关的活动。

对资源和环境的责任感

对资源和环境有责任的学生：
- 表现出对维持可持续发展环境的个人责任感
- 表现出具有个人行为会产生环境影响的意识
- 表现出为维护自然资源而采取行动的意愿

测量指标包括：有关环境问题意识的问题；对环境问题的关注程度；对选取的环境问题发展的乐观度；对可持续性发展的责任感。

　　PISA 2006 有关学生科学态度的数据，不仅通过学生问卷，还通过在学生认知测试中嵌入有关学生科学态度的问题来收集。科学测试将这些问题包括在内，使 PISA 能够在特定科学任务背景中发掘学生的态度，相比于在单独的问卷中询问学生一般性态度问题，这种方式能够更为具体。此外，这也使 PISA 能够确定学生的态度是否会随情境变化而变化，以及态度是否与在单个问题或问题组层面上与学生成绩有相关性。

　　学生对科学探究的支持和学生对学习科学议题的兴趣，在测试中是运用以个人的、社会的和全球的三个背景为指向的嵌入式问题直接测评的。在学生对学习科学议题的兴趣中，学生能够从下列各种选项中报告其中的一种："兴趣高"、"兴趣中等"、"兴趣低"，或者"没有兴趣"。报告兴趣高或兴趣中等的学生被认为对科学议题有兴趣。测量学生对科学探究支持的态度问题，要求学生用下列回答中的一种来表达他们的同意程度："非常同意"、"同意"、"不同意"、"非常不同

意"。我们认为报告他们非常同意或同意的学生是支持科学探究的。

学生另外填写的 PISA 2006 学生问卷以非情境化的方式收集了学生在以下四个领域的态度。

专栏 3.1 ■ 15 岁学生科学态度的概况

学生报告了整体上对科学的正面评价和对科学探究的支持。

在 OECD 国家中,参与 PISA 2006 学生报告了整体上对科学的正面评价和对科学探究的支持:

- 93% 的学生同意,科学对理解自然世界是重要的。
- 92% 的学生同意,科技的进步通常会改善人们的生活条件。

PISA 2006 科学测评在特定任务情境下询问学生有关科学探究的问题时,学生的报告显示对科学探究的支持程度很高。然而,整体上对科学的支持需要与科学的个人价值观相区别:

- 75% 的学生同意,科学有助于他们理解周围的事情。
- 但只有 57% 的学生同意,科学与他们个人有很强的相关性。

学生报告了作为科学学习者的自信,但这种自信随任务而异。

整体上,OECD 国家中,学生自我报告认为很有自信,他们能够克服困难解决科学问题,但在面对不同类型的困难时这种自信有明显的差异。

- 76% 的学生报告,他们能够解释为什么有些地区的地震比其他地区更为频繁。
- 64% 的学生报告,他们能够预测环境的变化会如何影响某些物种的生存。
- 51% 的学生报告,他们能够讨论新的证据如何导致对火星存在生命可能性的理解上的变化。

更普遍而言,65% 的学生报告,他们通常能够较好地回答有关学校科学议题的考试问题,但只有 47% 的学生报告他们能够很容易地找到学校科学议题。

学生报告对学习科学有兴趣,但只有小部分学生认为自己会在未来运用科学。

就 OECD 国家平均而言,大部分参与 PISA 2006 的学生报告,他们有学习科学的动机:

- 72% 的学生报告,对他们而言学好科学是重要的。
- 67% 的学生报告,他们喜欢掌握科学中的新知识。
- 67% 的学生报告,科学对他们而言是有用的。

PISA 2006 科学测试中询问学生是否对特定科学议题感兴趣时,学生报告显示他们的兴趣程度很高。然而,只有 56% 的学生同意,科学对未来学习是有用的,只有一小部分学生认为自己会在未来从事科学事业:

- 21% 的学生说他们喜欢终身从事先进科学事业。
- 37% 的学生说他们喜欢从事涉及科学的职业。

小部分学生报告会定期参与科学相关的活动。只有：

- 21%的学生会定期观看有关科学的电视节目。
- 20%的学生会定期阅读科学杂志，或阅读报纸上的科学文章。
- 13%的学生定期浏览科学网站。
- 8%的学生定期借阅科学书籍。
- 7%的学生定期听有关科学的广播节目。
- 4%的学生定期参加科学兴趣小组。

学生报告对环境问题有很强的责任感

PISA 2006 学生问卷询问学生对选取的环境问题的感受。OECD 国家平均而言，少于 5%的学生报告这些议题与他们无关。然而当询问学生这些环境问题与他们自己和本国其他人是否有直接关系时，学生报告的关注程度存在国家差异。很明显，有些环境问题在某些国家更具直接联系。

学生对环境问题的意识在不同议题上有很大的差异：

- 73%的学生报告对砍伐森林把土地做其他用途的后果有所意识。
- 60%的学生报告对酸雨有所意识。
- 35%的学生报告对转基因生物（GMOs）的使用有所意识。

学生强烈支持推动可持续发展的政策，超过 90%的学生同意：必须要求工业界证明他们安全地处理了有危险的废弃材料；应该有法律保护濒临灭绝物种的栖息地，必须定期检查汽车排放的尾气并将其作为使用汽车的条件。

大部分学生报告他们相信，选取的环境问题会在未来 20 年间维持现状或变得更糟糕；例如，只有 21%的学生对未来能源短缺问题表示乐观，而只有 13%的学生相信为砍伐森林把土地做其他用途的问题会得到改善。

测量指标解释说明

许多因素可以有助于形成学生对科学的态度。态度受到下列因素的强烈影响：班级中的同学同伴，学校文化，家庭文化，以及更普遍意义上的国家文化。更重要的是，本章中报告的所有态度结果都是基于学生的自我报告。文化因素也会影响给出回答的方式（例如，Heine et al.，1999；van de Vijver and Leung，1997；Bempechat et al.，2002）。因此对学生态度的测量需要谨慎地加以建构和解读。

本章呈现的测量指标总结了学生对一系列相关问题的回答。这些问题是选自基于理论考虑和先前研究的更大的概念。采用验证性因素分析来确定量表中的理论预期行为，并确认不同国家间的可比性[3]（参见附录 A10）。每个测量指标都提供了一套学生"分数"——例如，每个学生

对科学的兴趣都在一个统一的国际量表上有分数。然而,对这些来自不同国家学生的分数值进行比较时必须要有十分谨慎,因为不同国家的学生在回答类似对科学的兴趣等问题时,同样的回答不一定总是代表着同一件事。

本章强调那些测量指标,是因为分析验证了不同国家间具有类似的结构,也因为学生成绩间的关系在国家内也具有一致性[4]。然而,这并不自动地表明这些测量指标与学生成绩的关系在各国间总是具有一致性的。基于用于 PISA 2006 学生态度的测量指标与成绩的跨国一致性程度,可以把这些指标分成两组。

对于一组测量指标——学生的自我效能、对环境问题的意识和普遍科学价值观——而言,测量指标和学生成绩之间的关系,在 OECD 国家内部和合并的 OECD 样本间都具有内在一致性(相关性至少为 0.2)。对于这些测量指标,我们可以确信地比较 OECD 国家的平均分——例如,可以说 A 国学生对科学的自我效能感强于 B 国。

对于另一组测量指标——对科学的自我概念、个人科学价值观、对科学的普遍兴趣、对科学的喜爱、学习科学的工具性动机、学习科学的未来导向动机、科学相关的活动、对环境问题的乐观度、对可持续性发展的责任感——与学生成绩间的关系在国家内部是一致的,但在不同国家间则有不同(在所有情况下,合并的 OECD 国家的相关性低于 0.2)[5]。对于这些测量指标,本章不比较国家之间的平均分(也就是说,我们不一定能够得出 A 国的学生是否比 B 国的学生在整体上对科学更感兴趣的结论),但有时的确会强调可能对某些国家有用的结果。

> **专栏 3.2 ■ 解读 PISA 指标**
>
> 比较每个态度指标上位于 OECD 平均分之上或之下的国家(地区)
>
> 在以各个特征(例如普遍科学价值观)来描述学生时,PISA 建构了各个指标值,并将 OECD 学生平均程度(例如具有平均兴趣水平的学生)的指标值设为零,三分之二的 OECD 学生群体都在 -1 到 1 之间(也就是说,该指标的标准差为 1)。因此,如果有些国家得到负的平均指数值,这并不一定表明学生对所涉及的问题是负面的回答。而是说,在这些国家,平均来说,学生的回答不如 OECD 国家学生积极。同样,在平均指数值为正值的国家,学生的回答比 OECD 国家更为积极。一个很好的例子是图 3.2 所显示的普遍科学价值观指数,图 3.2 中低于 OECD 平均分的国家,其学生所报告的普遍科学价值观仍旧很高。
>
> 对于每个态度指数,都有一个相应的图显示每个问题上学生的比例,这些比例都包含在指数内,并构成平均指数值。在所有情况下,分析仅针对学生的百分比,而不针对平均指数值。

对于两组测量指标来说,都有可能发现国家间的某种模式,如,在各个国家内一种特定特征如何与成绩相联系(也就是说,在多大程度上可以得出结论,例如,A 国成绩更好的学生报告对科学更有普遍兴趣的程度是否高于 B 国)。本章也显示了两组测量指标在国家内部亚群体间的差异结果,分析了学生的性别、他们的社会经济背景和移民背景与自我报告科学态度间的联系。

还要注意的是,在有些参与国中,报告重视科学并有学习科学动机的学生百分比相对很高,而这些国家的 15 岁学生中有很大一部分并没有就读于正规教育体系。在这些国家,这种相对更高的百分比可能是失真的,因为他们只代表就读于教育体系中的 15 岁学生(参阅附录 A10)。适用于此结论的还包括几个伙伴国,本章中在比较 OECD 国家和这几个伙伴国学生的科学态度时应该谨慎。

学生支持科学探究吗?

学生对科学的态度其中一个方面是关于他们对科学和科学探究的普遍正面评价,以及他们从个人角度对科学重要性的主观判断。对科学和科学探究的普遍正面评价已显示是与他们对科学的认识论信仰密切相关(Fleener,1996;Hofer and Pintrich,2002)。因此,对科学的普遍正面评价需要与科学的个人价值观分别考虑。学生可能不希望在未来做进一步的科学研究或从事科学职业,但他们可能会普遍支持或重视科学,指出相信科学的进步和科学知识会给社会带来益处。相反,缺少对科学探究的支持可能表明学生不相信科学,并且甚至会害怕科学进步不支持人类发展。

PISA 2006 产生了学生对科学重视的三个测量指标。其中两个指标的建构是源于学生问卷的回答(普遍科学价值观指数和个人科学价值观指数)(the index of general value of science and the index of personal value of science),另一个指标(对科学探究的支持量表)(support for scientific enquiry scale)的建构是源于学生对嵌在科学测试中问题的回答,因而通过这些问题可以了解学生在特定议题上如何评价科学(见图 3.3 中的样例)[6]。

普遍科学价值观

学生在多大程度上认为,科技能够有助于理解自然界和建构世界,能够改善生活的自然条件、技术条件和社会条件? 普遍科学价值观强烈地反映了所有这些事情(Carstensen et al.,2003)。大部分参与 PISA 2006 的学生报告他们重视科学(图 3.2)。就 OECD 国家平均而言,学生基本上全都报告:他们相信,科学对理解自然界是重要的,科技的进步通常会改善人们的生活条件(学生比例分别为 93% 和 92%),而且 87% 的学生表示相信科学对社会是有价值的。这是一个重要的发现。然而,很大一部分学生并不同意科技的进步通常会带来社会收益或经济改善(平均而言分别为 25% 和 20%)。这表明,很大一部分学生区分了有助于技术理解和生产力的科学与带来经济和社会收益的更广泛科学概念。

整体上,所有参与国的大部分学生都报告,他们在整体上重视科学。然而跨国分析则显示,在 OECD 国家间比较学生所报告的普遍科学价值观是有效的,但在所有参与国(地区)学生间比较学生所报告的普遍科学价值观则应该谨慎地加以诠释,因为不同国家(地区)的学生可能不一定用完全一样的方式解读这些议题上的问题(参阅附录 A10)。在一些 OECD 国家,报告说普遍重视科学的学生相对较少。冰岛和丹麦有超过 40% 的学生不同意科技的进步通常会带来社会收益,同样,该比例在 32% 到 39% 之间的国家有:法国、英国、瑞士、比利时、新西兰、爱尔兰、瑞典、德国、奥地利、澳大利亚,以及伙伴国列支敦士登(图 3.2)。因此,虽然这些国家中大部分学生同意,科学有助于科技理解和生产力提高,但仍有很大比例的学生不同意带来经济收益和

图 3.2 ■ 普遍科学价值观指数

A 科学对帮助我们理解自然界是重要的。
B 科技的进步通常能改善人们的生活条件。
C 科学对社会是有价值的。
D 科技进步通常会有助于改善经济。
E 科技进步通常会带来社会收益。

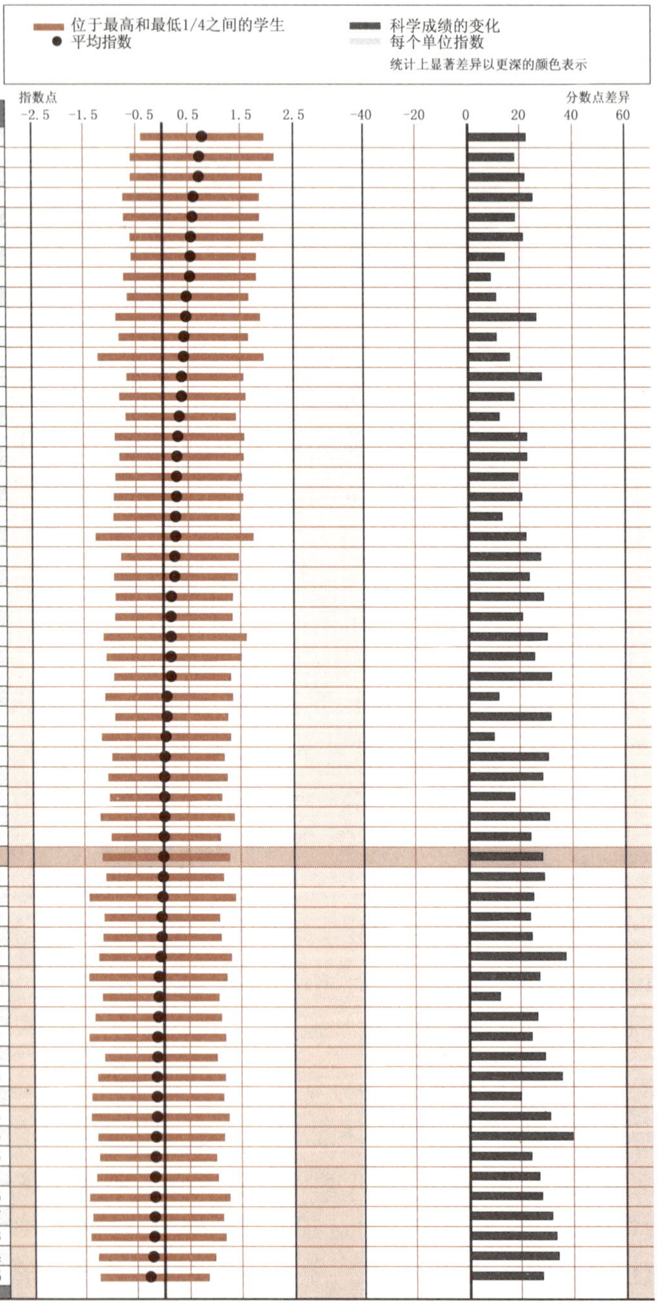

来源：OCED PISA 数据库，表 3.5。
StatLink http://dx.doi.org/10.1787/141846760512.

社会收益的、更全面意义上的科学概念。然而,这不一定就意味着这几个国家的学生不重视科学。实际上,在大部分 OECD 国家,绝大部分学生的确报告他们整体上重视科学,但相比于许多伙伴国(地区)中几乎所有的学生都表示对科学的支持,OECD 国家的这些比例就显得相对低了。有几个 OECD 国家在 PISA 2006 科学评测中成绩高于平均分,但在图 3.2 中则位于底部。不过,OECD 国家中成绩最高的三个国家——加拿大、荷兰、韩国中,学生报告的普遍科学价值观的确高于平均分。

我们可以用一个指数来总结学生对于有关普遍科学价值问题的回答,将 OECD 学生的平均值(也就是说,在普遍科学价值观上处于平均水平的学生)设定为指数 0,大约三分之二的 OECD 学生总体在 -1 和 1 之间(也就是说,该指数的标准差为 1)。将该指数与学生成绩相联系显示,在每一个参与国中,更高的普遍科学价值观是与更好的科学成绩联系在一起的——平均而言,普遍科学价值观指数平均上升一个单位,科学成绩就上升 28 分。这种联系最强烈的是在下列国家:英国、澳大利亚、新西兰、荷兰、冰岛、芬兰、瑞典、爱尔兰、挪威,以及伙伴国爱沙尼亚(增长超过 30 分)。这些成绩差异是巨大的,因为 28 个 OECD 国家的 PISA 样本中有相当数量 15 岁学生至少就读于两个不同的年级(参阅表 A1.2,附录 A1),PISA 科学量表上 38 分的差异相当于 28 个 OECD 国家中两个不同年级学生的成绩差异。

> **专栏 3.3** ■ 按性别、社会经济背景和移民背景分类,比较学生科学态度的差异
>
> 比较不同类型学生在每个态度指数上的差异是有用的。本章分析男生和女生、来自社会经济背景相对较好的学生和社会经济背景相对较差的学生、本国学生和有移民背景学生之间的差异。在类似比较中可能会出现的一个问题是,不同国家间的指数分布存在差异。这个问题的解决办法之一是计算解释分布差异的效应值。效应值测量是,例如,某个国家内男生和女生所认为普遍科学价值观间的差异,相对于该国男女生对普遍科学价值观分数间的平均差异。
>
> 效应值也可以比较在度量上存在差异的测量指标间的不同。例如,有可能比较 PISA 2006 态度指标和 PISA 2006 科学测评分数间的效应值。
>
> 根据通常实践经验,效应值为 0.20 被认为是小的,效应值为 0.50 是中等,超过 0.80 的效应值就被认为是大的。在本章的比较中,只有当效应值等于或大于 0.20 时才列出相关国家,比 0.20 更小的值即使在统计上存在显著性也不予以列出。

学生所认为的普遍科学价值观在多大程度上是与他们的社会经济背景相联系的?为了测量社会经济背景与学生所认为的普遍科学价值观以及本章呈现的其他测量指标之间的联系,我们计算了效应值,显示包括 PISA 经济社会文化地位指数位于最高和最低 1/4 学生之间的指数差异(专栏 3.3)。这种分析仅讨论了效应值大于等于 0.20(或小于等于 -0.20)的结果,0.20 被看作可引起政策制订者关注的临界值。在所有参与国中,学生认为的普遍科学价值观是与他们的社会经济背景存在正相关的(虽然在伙伴国塞尔维亚、乌拉圭、吉尔吉斯斯坦,其效应值小于 0.20)。这种关系在下列国家很明显:爱尔兰、美国、澳大利亚、新西兰、瑞典、芬兰、英国、卢森堡、荷兰,以

及伙伴国列支敦士登,这些国家的效应值都在0.50以上(表3.22)。

33个国家(地区)(包括20个OECD国家)中,至少有3%的学生有移民背景,18个国家中有移民背景的学生所报告的普遍科学价值观类似于本国学生所报告的结果。10个国家中,有移民背景学生所报告的普遍科学价值观高于本国学生,这在新西兰、英国、加拿大、澳大利亚,以及伙伴国卡塔尔尤其明显。相反,在五个国家中,有移民背景的学生所报告的普遍科学价值观低于本国学生;这在伙伴国爱沙尼亚和斯洛文尼亚最为明显(表3.23)。

总的来说,15岁男生和女生报告对科学普遍有同等的重视程度(表3.21)。虽然OECD国家中有略多的男生更倾向于报告对普遍科学价值观评价很高,但这些差异只在小部分国家有显著性(在爱尔兰、法国、英国、丹麦、瑞典至少有-0.20的效应值)。

对科学探究的支持

在PISA 2006科学测试的具体任务情境中询问学生时,学生更可能报告对科学探究有很高的支持度。图3.3显示了学生同意或者非常同意分别列在PISA 2006测评中公布的三个样题单元中,这三个科学样题单元是:《酸雨》、《大峡谷》、《玛丽·蒙塔古》。第二章呈现了这些单元,而图3.3则呈现了用来测量学生对科学探究支持程度的陈述。在这些科学测评单元中,平均而言,学生报告的对科学探究的支持程度都很高,至少有70%的学生同意所有的陈述。然而,基于同样的引导文本,对特定科学探究的支持程度出现了一些很有意思的差异。例如,在《玛丽·蒙塔古》这个单元,几乎所有学生(平均有94%)都支持发展新型流感疫苗研究,34个伙伴国中至少有95%的学生支持这个陈述。相反,关于疾病的原因只有通过科学研究才能被识别的陈述却没有得到同样多的支持——平均大概有30%的学生不同意这一点。学生也报告强烈支持对疾病非传统治疗方法有效性的科学研究(平均有87%的学生同意这个陈述)。这些结果表明,学生在以下两个方面是有区分的,一是普遍意义上对科学证据的支持,二是对完全相信科学是推进知识的唯一途径。学生也报告强烈支持对化石的系统研究和对地质层的科学研究,以及基于科学研究陈述酸雨起因的重要性(平均有86%和85%的学生)。

与学生所报告的普遍科学价值观结果相类似,科学探究支持量表上的结果显示,所有国家中更强的科学探究支持是与科学成绩呈正相关的(见附录A10)。

科学测试中收集的有关学生对科学探究支持的信息,进一步为以下结论提供了证据,即总的来说,学生重视科学。

个人科学价值观

虽然大部分学生报告他们普遍重视科学,但这在多大程度上能够转变成他们对科学的个人价值观的认识?PISA 2006结果显示,个人科学价值观和基于科学的推理不同于对科学的普遍正面评价(图3.4)。学生可能会确信科学在整体上是重要的,但他们不一定会将其与自己的生活和行为结合起来。这对政策制订者而言是一个重要的发现。平均而言,75%的学生报告,科学有助于他们理解周围的事物。然而,报告他们在离开学校或成年后会使用科学的学生比例则更低(分别为59%和64%),另外,学生报告科学概念有助于他们了解与他人关系的比例也较低(为61%),同意科学对他们十分有用的学生只有57%。跨国的比较应该小心谨慎,因为不同国家

图 3.3 ■ 学生支持科学探究的样例

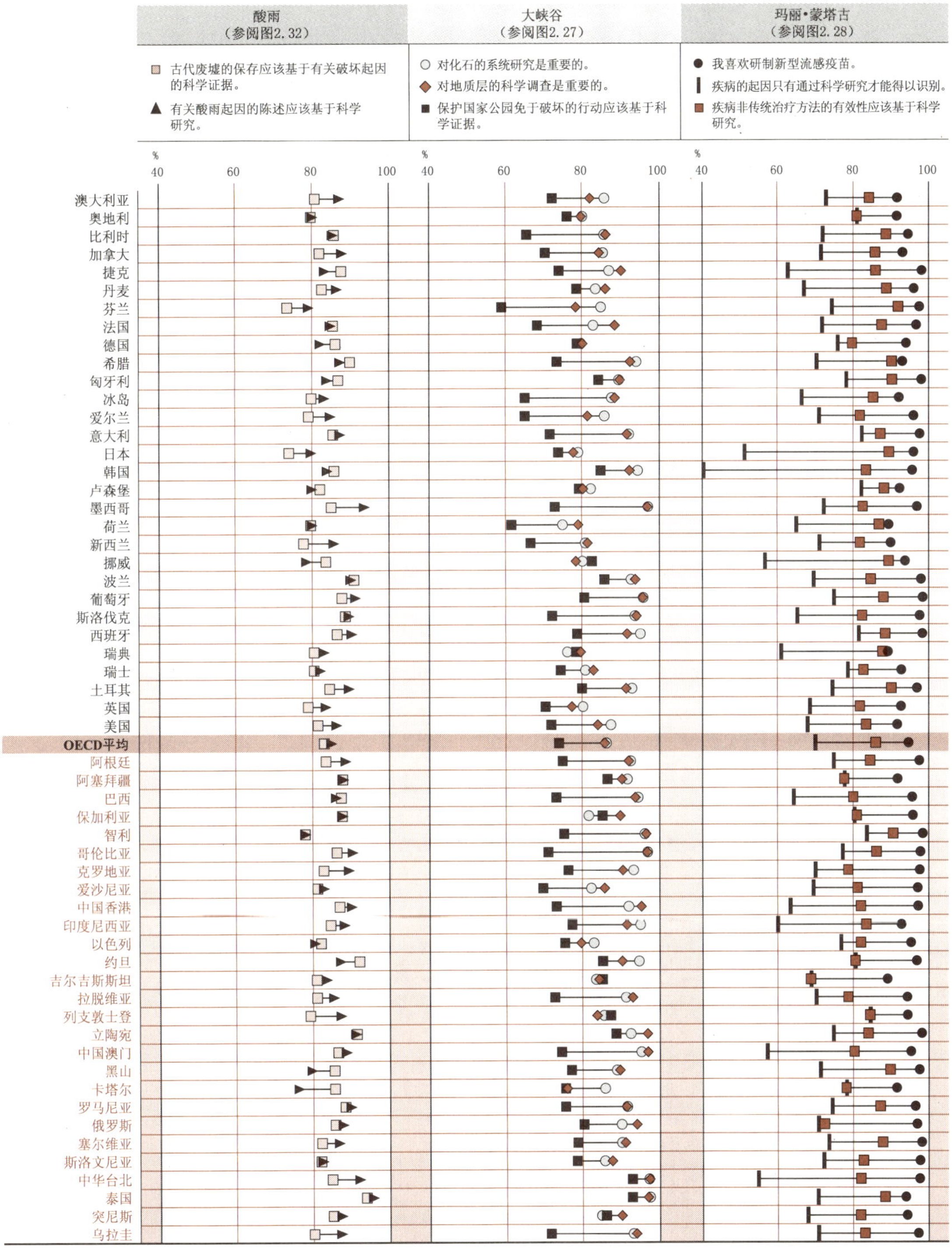

注：百分比的跨国比较需要十分谨慎，因此本图中国家（地区）按英文字母先后顺序排列。
来源：OECD PISA 2006 数据库。
StatLink http://dx.doi.org/10.1787/141846760512

面向明日世界的科学能力——国际学生评估项目（PISA）2006 报告

图 3.4 ■ 个人科学价值观指数

- A 我发现科学有助于我理解周围的事情。
- B 我成年后会通过许多途径运用科学。
- C 科学中的一些概念有助于了解我如何与他人有关。
- D 离开学校后,我会有许多运用科学的机会。
- E 科学对我十分有用。

同意或非常同意下列陈述的学生比例

	A	B	C	D	E
澳大利亚	74	63	62	60	55
奥地利	64	47	52	39	44
比利时	73	62	49	58	53
加拿大	78	69	61	70	64
捷克	69	61	57	53	52
丹麦	68	49	62	53	51
芬兰	76	57	66	59	48
法国	74	59	45	59	54
德国	70	52	54	44	48
希腊	79	58	67	52	44
匈牙利	76	70	61	54	59
冰岛	68	62	59	51	48
爱尔兰	75	61	56	63	56
意大利	87	71	54	64	76
日本	67	44	54	48	61
韩国	73	76	53	56	50
卢森堡	72	58	58	50	53
墨西哥	91	84	80	86	87
荷兰	66	65	47	58	46
新西兰	77	65	61	65	56
挪威	68	58	61	59	53
波兰	82	84	71	72	71
葡萄牙	92	81	78	75	80
斯洛伐克	70	61	61	57	64
西班牙	78	67	62	60	59
瑞典	69	59	67	61	45
瑞士	71	56	51	47	49
土耳其	81	80	78	57	65
英国	78	63	63	62	55
美国	80	72	72	72	66
OECD平均	**75**	**64**	**61**	**59**	**57**
阿根廷	83	78	69	78	72
阿塞拜疆	86	89	83	75	90
巴西	89	76	74	75	78
保加利亚	88	76	72	71	77
智利	87	77	80	79	73
哥伦比亚	96	88	78	83	96
克罗地亚	84	71	72	68	66
爱沙尼亚	82	65	77	60	58
中国香港	89	75	78	65	93
印度尼西亚	92	76	83	85	80
以色列	80	68	61	64	67
约旦	92	87	85	82	78
吉尔吉斯斯坦	86	85	79	84	87
拉脱维亚	86	71	60	63	72
列支敦士登	70	52	49	41	45
立陶宛	87	63	87	67	65
中国澳门	90	73	64	63	91
黑山	83	80	78	81	77
卡塔尔	85	76	77	73	69
罗马尼亚	90	76	80	82	76
俄罗斯	82	60	74	65	69
塞尔维亚	85	83	56	71	68
斯洛文尼亚	80	73	70	63	61
中华台北	90	82	69	73	90
泰国	96	93	92	90	88
突尼斯	90	71	78	80	89
乌拉圭	84	70	73	65	68

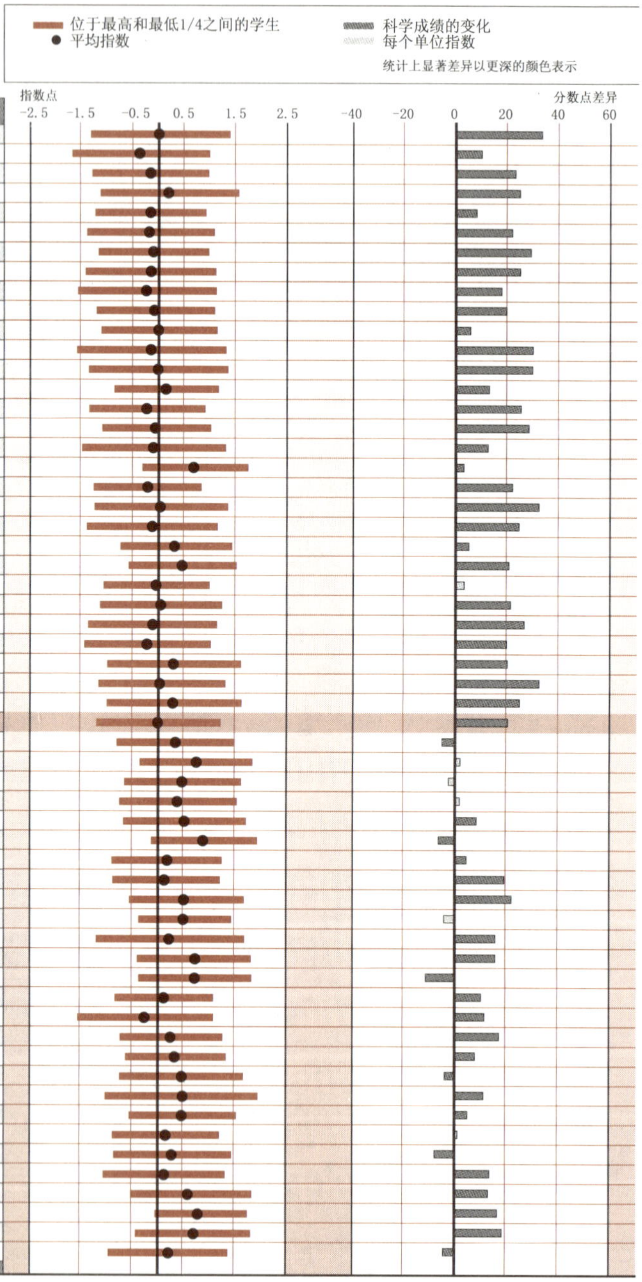

注:百分比的跨国比较需要十分谨慎,因此本图中国家(地区)按英文字母先后顺序排列。
来源:OECD PISA 2006 数据库,表 3.6。
StatLink http://dx.doi.org/10.1787/141946760512

的学生可能会用不同的方式回答这些问题。然而,对于其中的各个国家,考虑认为科学对他们来说十分有用的学生的绝对百分比还是有用的:例如,下列国家中报告科学对他们十分有用的学生比例低于50%:奥地利、希腊、瑞典、荷兰、芬兰、冰岛、德国、瑞士,以及伙伴国列支敦士登。另外,奥地利和伙伴国列支敦士登仅有40%的学生同意,他们离开学校后有许多运用科学的机会。

在大部分国家,社会经济背景更有利的学生所报告的个人科学价值观更高(表3.22)。

在各参与国中,与本国学生相比,具有移民背景的学生所报告的个人科学价值观与本国学生类似(14个国家中)或更高(16个国家中)。下列国家中,具有移民背景学生报告个人科学价值观明显高于本国学生:英国、新西兰、丹麦、瑞典、加拿大、爱尔兰、澳大利亚,以及伙伴国列支敦士登、拉脱维亚和卡塔尔(表3.23)。不过,三个国家中具有移民背景学生所报告的个人科学价值观低于本国学生,其中以伙伴国斯洛文尼亚最为明显。

有45个参与国(地区)中,学生所报告的个人科学价值观越高,他们在PISA 2006中的测试成绩也更高。平均而言,个人科学价值观指数增长一个单位,科学成绩就有20分的差异(图3.4)。

学生是否相信自己能在科学上成功?

自主学习要求人们能够判断任务难度并具备批判性和现实性,并有能力投入足够的精力来完成任务。学习者形成对他们自身的能力和学习特征的看法。研究显示这些看法对学生确定目标的方式、他们所用的学习策略,以及他们的成绩有重要的影响。确定这些信念有两种方法:学生在多大程度相信自己具有有效处理任务和克服困难的能力(自我效能),学生对自我学业能力的信念(自我概念)。

PISA 2006包括下列测量指标:学生多大程度上相信自己具有有效处理任务和克服困难的能力(对科学的自我效能指数)(the index of self-efficacy in science),以及学生对自己科学学业能力的信念(对科学的自我概念指数)(the index of self-concept in science)[7]。学生自我信念的这两个指标就其本身而言经常被当作是学校教育的重要结果。在各个学科中对自身能力的信任能够渗透于学生的动机、学习行为和对未来的整体期望中。

学生对克服科学困难的信心

成功的学习者不仅对自身能力有自信心。他们也相信,投入学习会带来不同,并有助于他们克服困难——也就是说,他们具有很强的自我效能感。相反,如果学生对学习他们认为重要的东西以及克服困难缺乏自信心,那么他们可能在学校和在成人生活中都无法获得成功。自我效能不仅仅指学生认为自己在诸如科学等学科中能学得多好,它更关注的是一种他们成功掌握特定学习任务的自信心,从而不仅仅是学生能力和成绩的反映。学生的自我效能和学生成绩间的关系可能是互相的,具有更高学业能力的学生自信心更强,反过来,更强的自信心也能够提高学生的学业能力。

具有强烈自我效能感能够影响学生从事具有挑战性任务、投入努力并坚持解决这些任务的意愿:因而它可以对动机有关键性的影响(Bandura, 1994)。PISA 2003结果显示,学生对数学的

图 3.5 ■ 对科学的自我效能指数

- A 解释为什么某些地方地震发生的频率高于其他地方。
- B 从一篇关于健康议题的报纸报道中识别出背后的科学问题。
- C 解释食品标签内容提供的科学信息。
- D 预测环境的变化会如何影响特定物种的生存。
- E 识别与垃圾处理相关的科学问题。
- F 描述治疗疾病中抗生素的作用。
- G 在对酸雨形成的两种解释中指出更好的一种。
- H 讨论新的证据如何能够导致对火星存在生命可能性理解的变化。

相信自己可以轻松或者付出一点点努力就能够完成下列任务的学生比例

■ 位于最高和最低1/4之间的学生　■ 科学成绩的变化 每个单位指数
● 平均指数　　　　　　　　　　　统计上显著差异以更深的颜色表示

国家	A	B	C	D	E	F	G	H
波兰	76	76	82	71	62	72	71	59
美国	76	79	71	77	64	63	58	59
加拿大	76	78	72	78	64	59	62	57
约旦	73	74	76	61	70	63	50	
葡萄牙	75	75	72	71	76	61	66	57
英国	75	79	69	77	67	60	61	52
中华台北	75	74	75	68	75	57	67	52
捷克	81	81	61	67	60	71	57	57
克罗地亚	73	78	58	65	75	74	71	52
冰岛	79	72	74	72	58	63	55	59
乌拉圭	71	81	72	67	64	57	66	58
挪威	78	65	66	66	68	77	76	61
澳大利亚	78	78	68	75	61	59	54	55
斯洛伐克	76	83	77	54	61	63	67	60
墨西哥	74	78	62	67	77	57	62	55
哥伦比亚	66	69	69	70	75	60	59	49
泰国	74	87	73	73	86	61	63	55
中国香港	70	80	65	69	72	56	75	44
智利	75	67	71	66	60	56	65	54
德国	83	78	61	69	62	64	64	44
塞尔维亚	64	75	67	63	71	58	59	51
荷兰	82	78	60	62	60	66	65	53
爱沙尼亚	71	79	71	57	69	59	54	45
以色列	66	80	67	63	65	58	49	54
芬兰	83	77	68	56	63	53	48	64
土耳其	73	76	72	65	64	71	57	51
爱尔兰	81	68	64	63	69	55	64	41
立陶宛	80	81	68	62	68	67	53	52
OECD平均	**76**	**73**	**64**	**64**	**62**	**59**	**58**	**51**
俄罗斯	68	69	75	51	70	60	49	45
拉脱维亚	77	76	67	62	66	51	52	49
新西兰	78	73	64	68	58	58	48	50
黑山	67	68	68	57	66	63	61	47
保加利亚	66	71	68	62	72	57	45	46
阿根廷	66	73	67	65	62	49	58	52
巴西	62	76	65	67	76	54	50	42
法国	79	65	67	59	52	70	43	54
匈牙利	70	72	66	49	74	63	62	35
瑞典	80	67	65	67	58	53	58	54
西班牙	73	61	62	59	55	54	41	56
比利时	67	73	67	64	51	58	57	52
丹麦	78	77	70	59	54	42	49	62
卡塔尔	66	73	61	62	63	55	53	52
斯洛文尼亚	74	74	60	51	60	49	63	49
中国澳门	70	70	59	58	58	49	63	37
突尼斯	53	72	76	59	67	47	41	39
奥地利	78	73	53	61	63	55	58	36
列支敦士登	74	65	51	64	58	58	54	37
希腊	67	67	52	56	61	57	59	42
卢森堡	78	71	57	57	58	49	44	
吉尔吉斯斯坦	61	81	68	63	62	53	48	46
瑞士	77	69	55	62	54	52	45	41
意大利	77	70	63	64	57	46	56	46
韩国	72	68	47	53	65	55	56	39
罗马尼亚	57	68	66	52	50	46	51	37
阿塞拜疆	52	65	59	53	54	45	39	37
日本	62	64	44	58	61	33	43	26
印度尼西亚	43	60	43	40	61	47	28	26

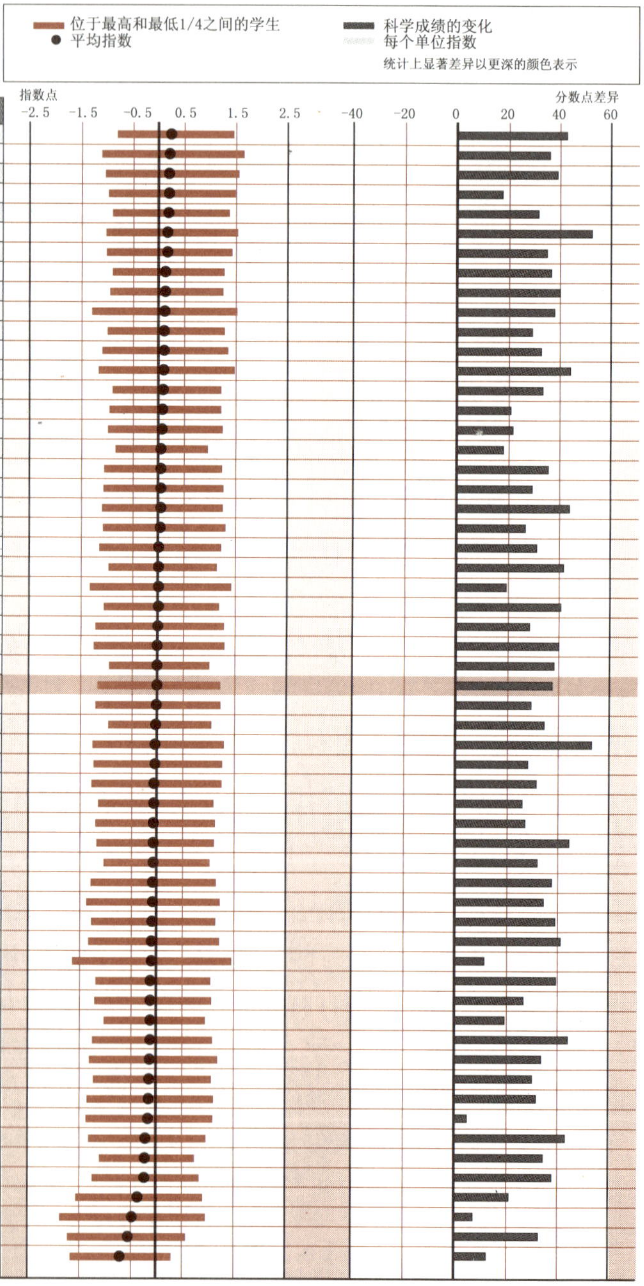

来源: OECD 的 PISA 2006 数据库,表 3.3。
StatLink http://dx.doi.org/10.1787/1418846760512

图 3.6 ■ 科学成绩与对科学的自我效能

报告对科学具有自我效能的学生相信他能够
轻松地完成或投入一点点努力就完成下列任务

解释为什么某些地方地震发生的频率高于其他地方;从一篇关于健康议题的报纸报道中识别出背后的科学问题;解释食品标签内容提供的科学信息;预测环境的变化会如何影响特定物种的生存;识别与垃圾处理相关的科学问题;描述治疗疾病中抗生素的作用;在对酸雨形成的两种解释中指出更好的一种;讨论新的证据如何能够导致对火星存在生命可能性理解的变化。

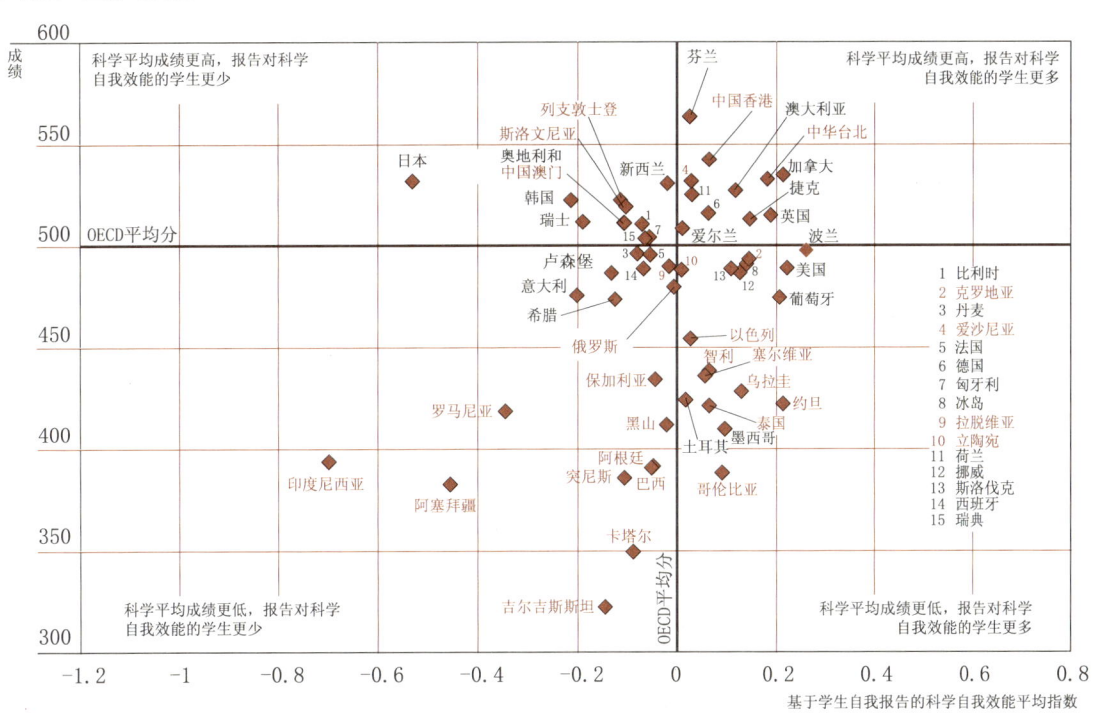

来源:OECD PISA 2006 数据库,表 3.3 和 2.1c。
StatLink http://dx.doi.org/10.1787/141846760512

自我效能和数学测试成绩间有很强的正相关性。就 OECD 国家平均而言,对数学的自我效能指数增长一个单位,相应的数学成绩提高 47 分。

PISA 2006 为了评估自我效能,要求学生评估他们相信自己能够做好所列八项科学任务的轻松程度。对于这八项科学任务,学生报告他们能够轻松完成或投入一点点努力就能完成的平均百分比差异很大(图 3.5)。跨国分析指出,学生对科学自我效能的下列比较在不同国家间是有效的(参阅附录 A10)。平均有 76%的学生报告,他们感到有自信解释为什么地震在某些地区的发生频率多于其他地区,学生比例超过 80%的国家有芬兰、德国、荷兰、捷克和爱尔兰,这些国家学生的科学成绩也都在平均分以上。同样,有 73%的学生报告,他们能够从一篇关于健康议题的报纸报道中识别出背后的科学问题。在斯洛伐克和捷克,以及伙伴国泰国、吉尔吉斯斯坦、立陶宛和乌拉圭,学生所报告的对此类事情的自信心相对更高。平均有 62%到 64%的学生报告,他们能够完成下列任务:解释食品标签内容提供的科学信息;预测环境的变化会如何影响特定物种的生存;识别与垃圾处理相关的科学问题。少于 60%的学生报告他们能够描述治疗疾病中抗生素的作用,或者能够在对酸雨形成的两种解释中指出更好的一种。在讨论新的证据如何能够导致对火星存在生命可能性的理解变化上,学生的自信度最低,平均只有51%的学生报告他们能够轻松完成或投入一点点努力就能完成相关任务。在日本和伙伴国印度尼西亚,只有26%的学生报告说他们对做这项任务有自信心。

大部分国家学生对科学的自我效能指数没有性别差异。在PISA 2003数学测试中,男生报告在数学上比女生有更高水平的自我效能(在40个参与国中有35个国家的效应值至少为0.20),而在PISA 2006测试中,男生报告对科学有更高自我效能的国家只有日本、荷兰、冰岛、韩国,以及伙伴地区中华台北(表3.21)。

在每个参与国(地区)内部,学生对科学的自我效能显示与科学成绩是正相关关系。正如前面已经提到的,这种关系可能是相互的。57个参与国(地区)中有49个国家(地区)(包括所有OECD国家),学生对科学自我效能增长一个单位,代表至少有20分的成绩差异。这种更高的自我效能和更好的成绩之间的关系在下列国家尤其紧密:新西兰、英国、法国、澳大利亚、奥地利、德国、瑞士、波兰、丹麦、芬兰、冰岛,以及伙伴国爱沙尼亚和克罗地亚。这些国家中,对科学自我效能增长一个单位,相应的成绩差异至少为40分(图3.5)。在一些科学测试成绩超过平均水平的国家,报告对科学有自我效能的学生比例相对更高。这些国家包括芬兰、加拿大、澳大利亚、荷兰、德国、英国、捷克、爱尔兰,以及伙伴国(地区)中国香港、爱沙尼亚和中华台北(图3.6)。然而,在另外一些PISA测试成绩在平均分以上的国家,也有相反的结果存在,在日本、韩国和瑞士,报告具有自我效能的学生比例非常低。

学生对科学的自我概念

学生的学业自我概念既是教育的一个重要结果,同时也是与学生成功有很强相关性的特征。对自我能力的信念与成功的学习高度相关(Marsh, 1986)。学生的学业自我效能也能影响如幸福感(well-being)和个性发展等其他因素,这些因素对来自不利背景的学生尤其重要。自我效能是询问学生他们对处理特定科学任务的自信程度,而自我概念则是测量学生对其学业能力信念的一般水平。PISA评估15岁学生在多大程度上相信自己的科学能力?平均而言,65%的学生报告他们通常能在科学考试中给出好的回答。然而,整体而言,很大比例的学生(平均有41%到45%)说他们对学习科学没有自信,并报告他们不同意他们能很快地学习学校科学议题,不同意他们能很好地理解概念或新观点。此外,47%的学生同意,学科科学议题和学习先进科学都是容易的(图3.7)。

PISA显示学生对科学的自我概念上存在性别差异,但这种差异在很小到中等之间(表3.21)。例如,22个OECD国家和8个伙伴国(地区)中,男生比女生更可能同意:例如,学习学科科学议题是容易的,或者,他们能够对有关科学议题的考试题给出好的答案。平均而言,对科学的自我概念的性别差异要稍低于PISA 2003报告所发现的数学成绩性别差异。在卢森堡、斯洛伐克、捷克、葡萄牙、爱尔兰,以及在伙伴国突尼斯、泰国和乌拉圭,学生对科学的自我概念没有性别差异,不过,2003年这些国家学生对数学的自我概念是存在性别差异的(效应值为0.20或以上)。在有些国家(地区),男生在PISA 2003中对数学的自我概念和PISA 2006中对科学的自我概念更具有优势是一致的(加拿大、丹麦、法国、韩国、挪威、西班牙、瑞典、英国、美国,伙伴地区中国澳门)。在冰岛、意大利和日本,学生对科学自我信念的性别差异比对数学自我信念的性别差异更

为明显。

与报告对科学的自我效能强的学生不同,学生对科学的自我概念强与更好的科学成绩之间不存在类似的一致或明显的联系。48个参与国(地区)(包括所有OECD国家)中,学生对科学的自我概念和学生的科学成绩间存在正相关,对科学的自我概念增长一个单位,学生成绩变化在6分到43分之间不等。有28个参与国(地区)中相应的成绩差异至少为20分(图3.7)。

PISA中成绩好的学生也更有可能对其能力有高的评价,这一点是不足为奇的。然而,正如专栏3.4所解释的,自我概念不仅仅是学生成绩的反映,而且是能够影响学习过程的因素。学生是否选择追求某个学习目标,取决于他们对自己在某个学科领域上的能力和潜力的正确评价,取决于他们即使面对困难也能够实现目标的信心。

专栏3.4 ■ 学生对其能力的信念是否只是反映了他们的成绩?

当我们询问学生他们对其自身的能力有何看法时,尤其是问他们能否完成科学任务时,引出的另一个问题是:这能否为根据测试所了解的学生能力增加些重要的内容。实际上,先前的研究和PISA结果都强有力地支持下列假设,即自信心有助于推动学习成功,而不仅仅是学习成功的反映。尤其是:

- 有关学习过程的研究显示,在学生对有助于他们获得更好成绩的学习策略进行必要投入时,他们需要相信自己的能力(Zimmerman,1999)。这个发现在PISA 2000和PISA 2003中都得到了支持:数据表明,对个人自我效能的信念是学生能否控制其学习的一个特别有力的预测指标。

- 相比于仅把自我信心当作成绩反映而发现的学生间差异,实际在国家内部、学校内部、班级内部观察到的学生间自我相关信念水平的差异要大得多。这就是说,对于任何一个同伴群体,甚至是那些科学成绩水平很低的伙伴群体中,科学成绩更好的学生更可能具有更高的自我信心,这表明,他们获得这种信心是基于他们根据周围情况发现的标准。这显示了在培养自我信心——这是学生发展成为有效学习者所需要的——的过程中,直接接触的周围环境的重要性。

- PISA 2000显示,自我报告擅长完成语言任务的学生不一定相信他们擅长数学任务,虽然PISA 2000显示这两个量表的成绩表现有很强的相关性。实际上,在大部分国家,对语言的自我概念和对数学的自我概念间的关系最多也就是弱相关,有些国家甚至是负相关(OECD,2003b)。这再一次可以由下面这一论断来解释,即,学生的能力判断是与主观标准相联系的,而这种主观标准反过来又基于他们所处于的情境。因此,有些对阅读有自信心的学生却对数学不太自信,这有可能是因为数学在这些学生的自身整体能力中是相对的弱项,也有可能是因为相对于阅读能力弱的学生,这些学生更可能拥有数学好的同伴。

图 3.7 ■ 对科学的自我概念指数

- A 我通常能够答好学校科学议题的试题。
- B 我在学校学习科学课时，能够非常好地理解概念。
- C 我能很快地学习科学议题。
- D 我能轻松地理解学校科学中的新观点。
- E 学习先进学校科学议题对我来说是容易的。
- F 学校科学议题对我来说是容易的。

国家/地区	A	B	C	D	E	F
澳大利亚	67	60	55	59	39	47
奥地利	69	62	61	52	47	46
比利时	64	57	54	51	40	38
加拿大	74	68	66	67	55	61
捷克	66	60	56	59	36	44
丹麦	65	60	56	53	36	43
芬兰	69	52	61	61	50	53
法国	61	56	51	51	43	40
德国	66	61	64	62	67	51
希腊	63	55	56	55	56	42
匈牙利	55	49	48	47	32	37
冰岛	67	59	59	60	50	60
爱尔兰	62	56	49	51	37	42
意大利	79	64	59	57	54	50
日本	29	38	25	18	11	13
韩国	34	29	31	30	15	20
卢森堡	70	60	62	61	65	55
墨西哥	78	75	75	74	83	73
荷兰	49	56	43	47	30	35
新西兰	68	59	53	57	40	44
挪威	75	57	59	55	43	49
波兰	70	64	56	55	60	44
葡萄牙	82	71	74	70	54	67
斯洛伐克	65	76	60	66	52	51
西班牙	62	54	51	50	56	52
瑞典	71	57	57	52	44	50
瑞士	66	58	59	58	55	51
土耳其	61	62	64	67	57	53
英国	71	63	54	63	44	43
美国	66	72	64	60	58	53
OECD平均	**65**	**59**	**56**	**55**	**47**	**47**
阿根廷	72	67	66	69	66	57
阿塞拜疆	76	79	76	76	84	72
巴西	81	69	64	62	69	62
保加利亚	80	69	70	64	67	63
智利	60	65	61	65	61	50
哥伦比亚	83	85	84	85	86	78
克罗地亚	66	58	56	58	50	35
爱沙尼亚	64	63	69	64	39	56
中国香港	38	56	48	52	35	37
印度尼西亚	68	71	49	63	65	42
以色列	73	70	60	65	60	56
约旦	87	83	79	80	87	72
吉尔吉斯斯坦	84	80	77	76	85	78
拉脱维亚	68	53	58	55	53	44
列支敦士登	66	58	58	54	55	49
立陶宛	53	41	48	43	32	28
中国澳门	60	54	49	49	44	39
黑山	78	77	79	72	79	59
卡塔尔	81	77	71	73	80	65
罗马尼亚	80	68	67	67	73	60
俄罗斯	68	66	65	58	48	57
塞尔维亚	69	73	62	63	65	58
斯洛文尼亚	75	65	64	55	72	52
中华台北	36	48	38	46	27	28
泰国	81	84	81	85	90	77
突尼斯	70	81	75	74	83	69
乌拉圭	77	71	69	65	70	64

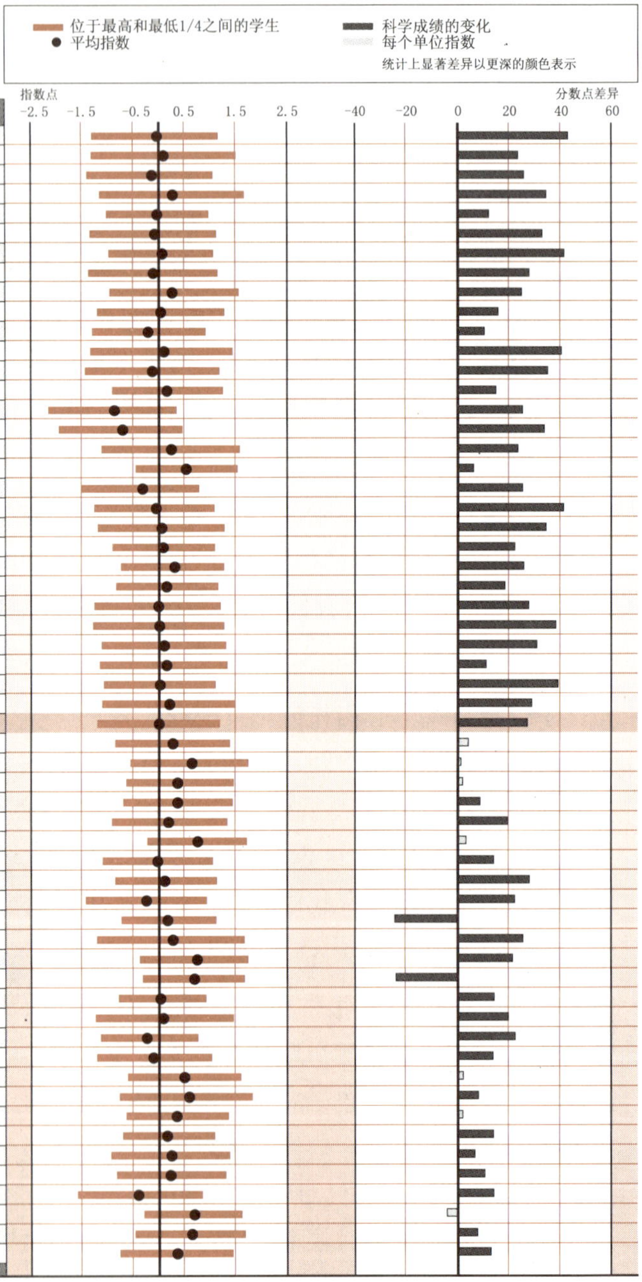

注：百分比的跨国比较需要十分谨慎，因此本图中国家（地区）按英文字母先后顺序排列。
来源：OECD PISA 2006 数据库，表 3.4。
StatLink http://dx.doi.org/10.1787/141946760512

学生对科学感兴趣吗？

动机和参与经常被当作重要的学习动力。它们能影响学生在青少年时期的生活质量，影响学生能否成功地获得进一步受教育的机会或劳动力市场的机会。尤其是当科学对学生未来生活具有重要性时，教育体系需要确保学生具有在离开学校后继续在该领域学习的兴趣和动机。对特定学科的兴趣并从中获得的乐趣，或者说是内在的动机，会影响参与学习的程度和持续性，以及所达到的理解深度。研究已显示，这种影响所起的作用很大程度上独立于学生对学习的普遍动机。例如，一个对科学感兴趣并有可能勤奋学习的学生，他可能显示、也可能不显示出高层次的普遍学习动机，反之亦然。因此，分析学生的科学兴趣模式是重要的。类似的研究可以显示出：教育体系在增强不同学生亚群体间对不同学科学习动机上所做努力的优势与不足。而且，动机可能与学生对其未来职业的正确评价有紧密的联系。例如，未来科学动机是测量有可能继续进一步的科学学习或从事科学职业的学生比例的重要指标。

学习科学学科的兴趣

研究显示，早期对科学的兴趣是终身科学学习和/或从事科学或技术领域职业的强有力预测指标（OECD，2006a）。PISA 2006提供了测量学生对学习科学内在动机的三个指标[8]。高水平的内在动机显示，学生有动机学习是因为他们对科学感兴趣，并喜欢学习科学。两个指标（对科学的普遍兴趣指数和对科学的喜爱指数）（the index of general interest in science and index of enjoyment of science）是根据学生对学生问卷问题的回答测算获得的。虽然这两个指标所测的是不同的东西，但它们之间存在很高度的相关性（相关系数为0.88）。第三个指标（对学习科学议题的兴趣量表）（interest in learning science topics scale）是根据学生对科学测试中嵌入问题的回答构建的，这个指标是与学生针对测试中实际用到议题所表达出的兴趣程度有关。

PISA 2000和PISA 2003测评显示了学生对阅读和数学的兴趣和喜爱上的差异。PISA 2000结果显示一般而言学生对阅读有兴趣，不过，女生报告的对阅读的参与程度更高，例如，OECD国家平均而言，45%的女生报告阅读是她们最喜欢的爱好之一，相比而言男生的相应比例只有25%（OECD，2001）。相反，PISA 2003结果显示平均只有38%的学生学习数学是因为他们喜欢数学，不过，有53%的学生表示对他们在数学中学习的东西感兴趣（OECD，2004a）。PISA 2006的结果显示，学生一般喜欢学习科学，例如，平均有63%的学生报告他们既对学习科学感兴趣，又从中获得了乐趣（图3.10）。

对科学的普遍兴趣

对一个学科的兴趣能够影响学生参与学习情境的强度和持续性。反之，对一个学科的积极参与会深化学生对该学科的理解。在不同的国家、不同的学校和不同的课堂中，教授科学的方式可以有多方面的不同（参阅第5章）。因此，为了测量学生对科学学科的普遍兴趣，PISA 2006向学生询问了一系列的问题，涉及以下内容：学生对不同学科的兴趣水平，包括人类生物学、天文学、化学、物理学、植物学和地质学；学生对科学家设计实验方式的兴趣；学生对科学解释要求的理解。图3.8显示，在不同的问题上，报告对科学具有中等或高水平兴趣的学生平均比例差别非常明显。虽然大部分（平均有68%）学生报告对人类生物学感兴趣，但学生报告他们对天文学、化

图 3.8 ■ 对科学的普遍兴趣指数

- A 人类生物学
- B 天文学议题
- C 化学议题
- D 物理议题
- E 植物学
- F 科学家设计实验的方法
- G 地质学议题
- H 科学解释的要求

报告对下列各项有高或中等兴趣的学生比例

	A	B	C	D	E	F	G	H
澳大利亚	62	46	48	44	40	36	32	29
奥地利	76	51	47	49	55	43	43	34
比利时	73	53	52	52	49	50	42	36
加拿大	70	58	64	56	51	45	42	33
捷克	69	57	40	47	40	54	37	35
丹麦	59	39	53	52	37	37	30	36
芬兰	66	48	45	41	33	24	31	26
法国	75	57	60	65	51	50	48	38
德国	77	52	59	56	57	54	49	42
希腊	78	55	53	53	57	48	40	47
匈牙利	72	59	36	41	44	43	40	37
冰岛	62	60	47	50	36	38	42	31
爱尔兰	77	47	44	41	55	40	34	33
意大利	74	65	46	44	48	62	49	42
日本	65	45	48	40	58	34	33	25
韩国	62	52	42	31	45	24	42	28
卢森堡	75	49	58	55	49	61	45	41
墨西哥	84	72	74	75	76	74	65	66
荷兰	63	36	38	40	39	30	28	27
新西兰	66	50	55	49	44	38	36	30
挪威	47	52	58	56	36	59	43	43
波兰	77	53	42	36	58	52	43	35
葡萄牙	61	53	56	58	41	61	47	51
斯洛伐克	69	55	41	46	47	46	44	30
西班牙	59	43	36	35	41	43	34	29
瑞典	61	53	50	48	37	44	35	35
瑞士	51	52	59	55	41	52	47	39
土耳其	78	56	50	47	63	53	42	46
英国	75	49	55	51	47	41	35	35
美国	68	58	56	52	45	45	42	34
OECD平均	**68**	**53**	**50**	**49**	**47**	**46**	**41**	**36**
阿根廷	73	53	55	55	61	56	46	48
阿塞拜疆	68	67	64	70	73	65	62	59
巴西	78	55	61	58	70	71	48	63
保加利亚	73	61	52	53	49	62	50	47
智利	76	62	65	62	63	53	52	47
哥伦比亚	92	79	83	80	86	79	73	75
克罗地亚	78	62	41	38	55	61	51	51
爱沙尼亚	69	64	49	53	49	61	45	43
中国香港	75	62	55	56	56	53	43	44
印度尼西亚	90	65	55	59	89	82	52	60
以色列	66	47	45	44	41	44	33	34
约旦	86	61	73	69	82	68	58	60
吉尔吉斯斯坦	94	74	75	77	90	70	68	62
拉脱维亚	72	69	48	58	42	62	46	35
列支敦士登	47	51	53	43	42	58	54	40
立陶宛	79	64	48	54	58	74	53	49
中国澳门	73	58	47	49	55	53	35	37
黑山	81	64	51	54	67	55	55	57
卡塔尔	71	57	53	55	63	59	48	52
罗马尼亚	80	62	48	57	56	56	51	51
俄罗斯	79	65	47	51	61	67	44	52
塞尔维亚	82	63	47	46	62	60	46	49
斯洛文尼亚	64	62	41	36	46	62	57	42
中华台北	68	64	46	52	54	51	47	42
泰国	87	79	75	70	83	81	75	73
突尼斯	86	62	67	79	73	72	63	64
乌拉圭	77	57	64	59	56	54	46	49

注：百分比的跨国比较需要十分谨慎，因此本图中国家（地区）按英文字母先后顺序排列。
来源：OECD PISA 2006 数据库，表 3.8。
StatLink http://dx.doi.org/10.1787/141946760512

学、物理、植物学和科学家设计实验的方式不太感兴趣(平均在46%到50%之间)。报告表示对科学解释所要达到的要求和地质学感兴趣的学生比例则更少(分别为36%和41%)。

类似于发现学生重视科学的结论,在OECD国家中,来自更高社会经济背景的学生更倾向于报告对科学有普遍兴趣,这在爱尔兰、法国、比利时和瑞士这些国家最为明显(其效应值至少为0.50,参阅表3.22)。

20个OECD国家的15岁学生中至少有3%具有移民背景,这些具有移民背景的学生所报告的对科学普遍兴趣程度类似于或者高于本国学生,13个伙伴国(地区)中有12个也呈现类似情况。下列国家中具有移民背景的学生在对科学的普遍兴趣上所具有的优势最明显,如新西兰、英国、瑞典、澳大利亚、丹麦、西班牙、加拿大,以及伙伴国卡塔尔(表3.23)。这些结果反映了那些在PISA 2003测评针对数学情境得到的部分结论(OECD,2005c)。

在大部分国家,男生和女生报告了类似的对学习科学的普遍兴趣水平(表3.21)。只有四个伙伴国(地区)在对科学的普遍兴趣上存在性别差异:泰国是女生兴趣更高,中华台北、中国香港和中国澳门则是男生更高。

52个参与国(地区)(包括所有OECD国家)中,对科学的普遍兴趣更高的学生在科学测试中的成绩也更好。各国平均而言,学生对科学的普遍兴趣指数增长一个单位,相关的科学成绩就变化25分(图3.8)。31个参与国中,学生对科学的普遍兴趣增长一个单位,相应的科学成绩差异至少为20分。学生对科学的普遍兴趣与科学成绩的相互联系在下列国家发现是最强的:法国、日本、韩国、瑞士和芬兰(31—35分)。

这种关系的因果性质可能是非常复杂的,因而也很难辨别清楚。对学科的兴趣和科学成绩可能是相互强化的,因此也受其他因素影响,如学生的社会经济背景、就读的学校。然而,不管这种关系的本质如何,对科学的积极特性本身就仍旧是一个重要的教育目标。

学习科学议题的兴趣

PISA 2006收集了关于学生对学习特定科学议题兴趣的详细信息,尤其是包括在科学测评中的特定科学议题,如对转基因农作物的学习和酸雨。第二章所呈现的各个单元中的引导文本(参阅图2.22和2.32),其中包括一系列的问题,测量学生对学习和理解这些科学议题中特定方面的兴趣程度。图3.9显示了学生在这些议题上表达了不同程度的兴趣。一般而言,更多的学生显示在酸雨议题上有兴趣,平均有62%的学生报告对了解哪些人类活动最可能导致酸雨有高水平或中等水平的兴趣,59%的学生报告对学习使酸雨产生的气体排放量最小化技术有高或中等的兴趣,而49%的学生对理解用来维修被酸雨损坏的建筑物有高水平或中等水平的兴趣。相反,平均有46%到47%的学生报告他们对学习更多关于转基因农作物议题有高水平或中等水平的兴趣。

对科学的喜爱

喜欢学习科学的学生更有可能在情感上依恋学习并将学习科学作为一种有意义的活动(Glaser-Zikuda et al.,2003)。因而这些学生更有可能管理他们的学习,并有创意地解决问题(Pekrun et al.,2002)。PISA 2006的研究发现一贯认为,学生一般是喜爱学习科学的。平均而言,67%的学生报告,他们在学习科学时喜欢获得新的知识,63%的学生从中获得乐趣,并对学习感兴趣。

图 3.9 ■ 学生对学习科学议题兴趣的样题

报告对下列各项有高水平或中等水平兴趣的学生比例

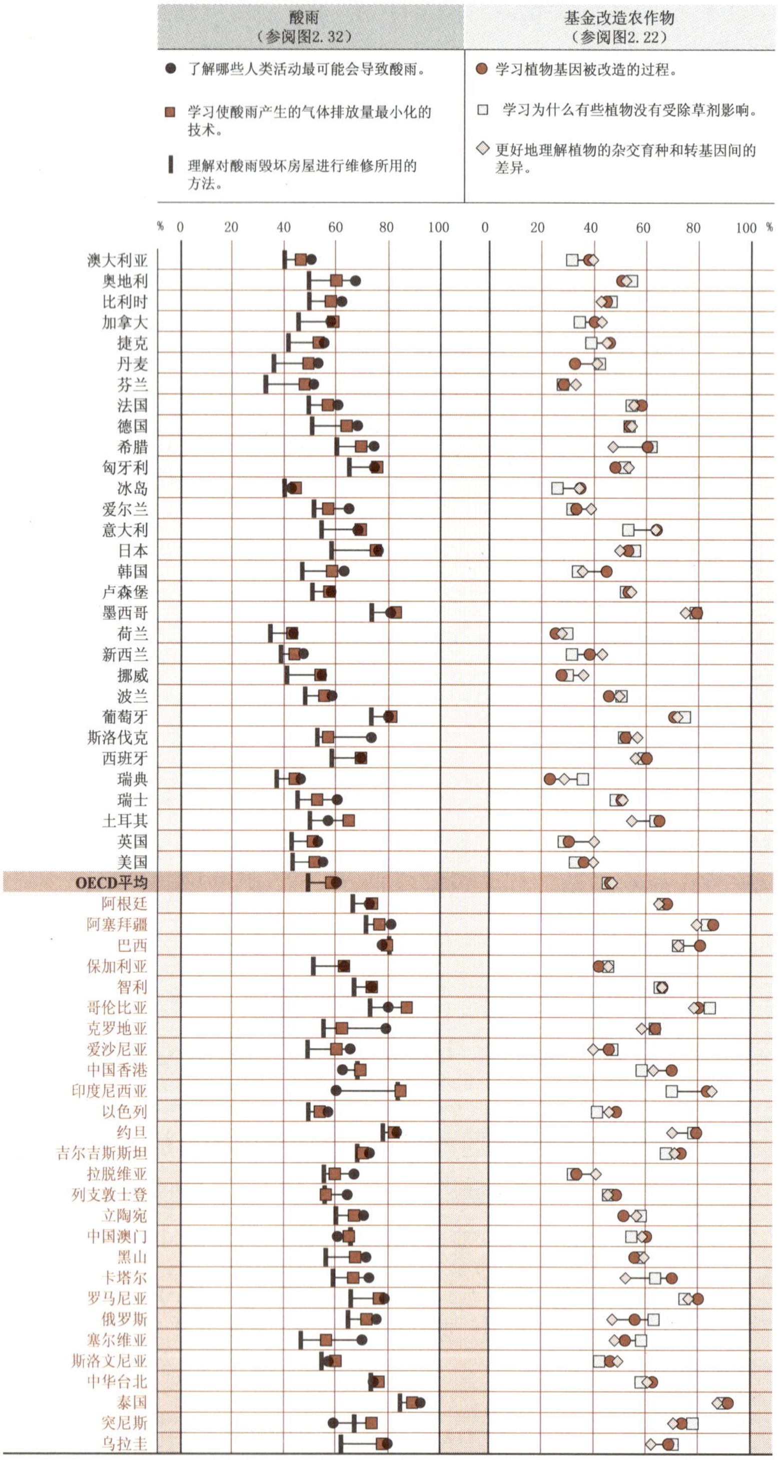

酸雨（参阅图2.32）	基金改造农作物（参阅图2.22）
● 了解哪些人类活动最可能会导致酸雨。	● 学习植物基因被改造的过程。
■ 学习使酸雨产生的气体排放量最小化的技术。	□ 学习为什么有些植物没有受除草剂影响。
┃ 理解对酸雨毁坏房屋进行维修所用的方法。	◇ 更好地理解植物的杂交育种和转基因间的差异。

注：百分比的跨国比较需要十分谨慎，因此本图中国家（地区）按英文字母先后顺序排列。
来源：OECD PISA 2006 数据库，表 3.1。
StatLink http://dx.doi.org/10.1787/141846760512

图 3.10 ■ 对科学的喜爱指数

- A 我喜欢获得科学中的新知识。
- B 我在学习科学议题时一般都会有乐趣。
- C 我对学习科学有兴趣。
- D 我喜欢阅读有关科学的内容。
- E 我在做科学问题时感到幸福。

国家/地区	A	B	C	D	E
澳大利亚	67	58	61	43	49
奥地利	51	58	44	42	39
比利时	64	61	68	45	53
加拿大	73	73	72	54	49
捷克	70	59	62	47	36
丹麦	55	63	63	48	37
芬兰	74	68	68	60	51
法国	75	73	77	48	43
德国	52	63	60	42	38
希腊	71	62	69	59	40
匈牙利	71	75	72	61	46
冰岛	66	60	56	53	45
爱尔兰	68	48	64	45	39
意大利	73	61	73	59	57
日本	58	51	50	36	29
韩国	70	56	47	45	27
卢森堡	59	67	55	48	42
墨西哥	92	94	85	82	60
荷兰	56	46	46	41	33
新西兰	71	62	65	43	55
挪威	69	64	62	48	47
波兰	60	44	44	47	37
葡萄牙	87	73	84	66	52
斯洛伐克	71	70	57	51	34
西班牙	63	59	69	45	27
瑞典	61	62	57	49	34
瑞士	60	67	55	45	42
土耳其	78	79	79	75	53
英国	69	55	67	38	53
美国	67	62	65	47	41
OECD平均	67	63	63	50	43
阿根廷	72	52	79	58	35
阿塞拜疆	86	86	89	83	68
巴西	86	72	86	67	47
保加利亚	86	80	88	75	47
智利	75	77	74	56	46
哥伦比亚	90	89	94	85	71
克罗地亚	78	63	63	68	39
爱沙尼亚	78	63	57	50	40
中国香港	85	81	77	65	54
印度尼西亚	96	90	89	90	77
以色列	67	58	57	51	42
约旦	88	89	84	81	79
吉尔吉斯斯坦	92	91	91	88	76
拉脱维亚	81	72	65	56	26
列支敦士登	48	58	47	37	38
立陶宛	86	72	73	60	39
中国澳门	86	81	79	72	56
黑山	80	60	79	68	53
卡塔尔	77	76	75	69	57
罗马尼亚	86	86	79	80	53
俄罗斯	83	68	60	52	51
塞尔维亚	70	64	76	55	41
斯洛文尼亚	58	57	52	52	44
中华台北	79	65	64	62	43
泰国	94	91	93	85	75
突尼斯	95	87	91	85	76
乌拉圭	74	61	76	61	37

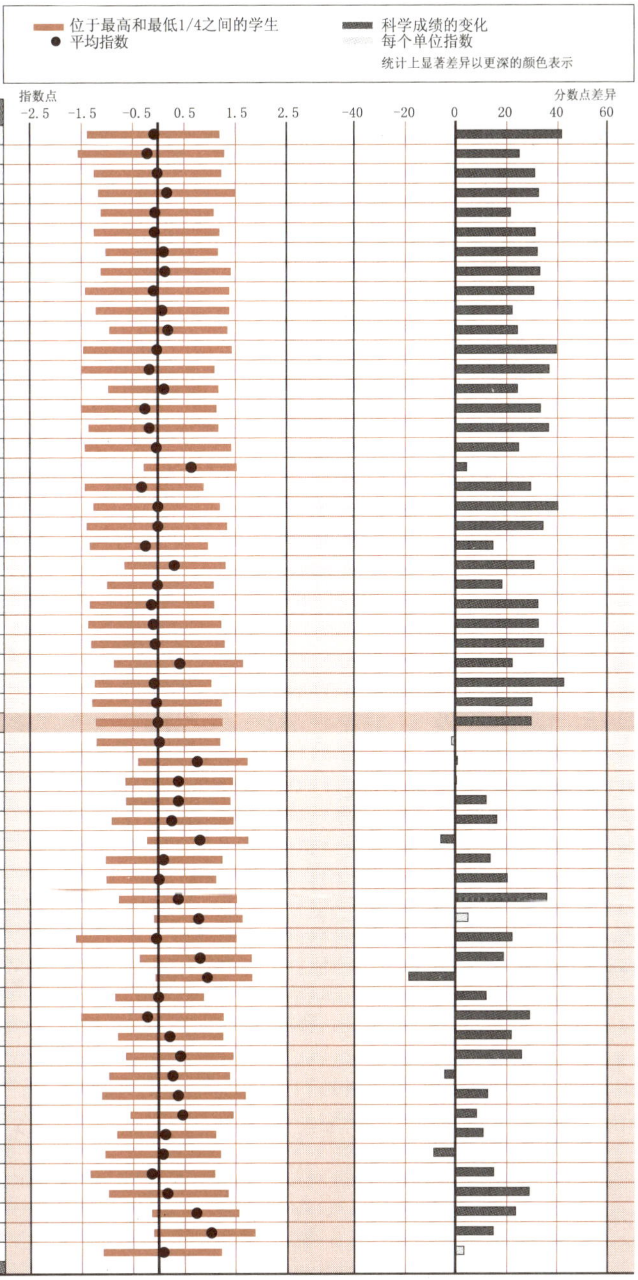

注：百分比的跨国比较需要十分谨慎，因此本图中国家（地区）按英文字母先后顺序排列。
来源：OECD PISA 2006 数据库，表 3.9。
StatLink http://dx.doi.org/10.1787/141846760512

也有50%之多的学生报告喜欢阅读有关科学的内容,不过,只有43%的学生认为他们乐于解决科学问题(图3.10)。不同国家间的比较应该要小心谨慎,因为不同国家的学生可能会用不同的方式回答这些问题。然而,考虑报告喜欢学习科学学生的绝对百分比还是有用的。例如,在荷兰、日本、波兰、奥地利,以及伙伴国列支敦士登,相对而言几乎没有学生报告喜欢科学,而在波兰、荷兰和爱尔兰,报告从学习科学中获得乐趣的学生比例少于50%。

37个国家中,来自社会经济背景更有利的学生比社会经济背景更为不利的学生更易于报告他们更喜爱学习科学(表3.22)。这种关系在冰岛、爱尔兰、丹麦、澳大利亚、德国、法国,以及伙伴国列支敦士登最为明显。在墨西哥、伙伴国吉尔吉斯斯坦和塞尔维亚,情况则是相反,在这些国家中,来自社会经济背景更为不利的学生所报告的对科学的喜爱程度更高。

与对科学的普遍兴趣的研究发现类似,具有移民背景的学生所报告的对科学的喜爱程度类似于本国学生,或者高于后者(表3.23)。在新西兰、英国、瑞典、荷兰、澳大利亚、西班牙、爱尔兰、加拿大、丹麦、法国、伙伴国卡塔尔,具有移民背景的学生在报告对科学的喜爱上具有最为明显的优势。

(除了法国和荷兰外,所列的所有国家(地区)在对科学的普遍兴趣上都存在类似的情况。)只有在德国、伙伴国塞尔维亚和斯洛文尼亚,本国学生所报告对科学的喜爱程度高于移民背景的学生,但差异并不太明显(效应值小于0.20)。

大部分国家在对科学的喜爱指数上没有发现性别差异(表3.21)。然而,下列国家(地区)中男生稍具优势:日本、荷兰、韩国、英国、挪威,以及伙伴国(地区)中华台北、中国香港、中国澳门,女生稍有优势的国家有:捷克、芬兰、伙伴国乌拉圭和立陶宛。

同时,PISA 2006结果表明,在48个参与国(地区)(包括所有OECD国家)中,学生报告的对学习科学的喜爱程度与学生的科学成绩呈正相关。35个参与国中,对科学的喜爱指数增长一个单位,相应的成绩差异至少为20分(表3.9)。在英国、澳大利亚和新西兰,学生对科学的喜爱与他们科学成绩间的关系尤为密切,对科学的喜爱指数增长一个单位,相应的科学成绩变化在40分到43分之间。PISA 2006科学成绩中这些国家学生的平均成绩都在OECD平均分以上。相反,在伙伴国吉尔吉斯斯坦、塞尔维亚、哥伦比亚、黑山,对科学的喜爱程度与科学成绩之间呈现负相关关系,不过,所有这些国家中其影响作用都小于−20分。

学好科学的重要性

学生是否重视他们在学校科学学习中的学业成功?对他们来说,学好科学是否与学好数学和阅读同等重要?在PISA 2006中,要求所有仍在学校学习科学课程的学生报告对他们来说学好学校科学、数学和阅读的重要性(关于仍在学校学习科学的学生比例,参阅第5章图5.16)。学生可以回答"非常重要"、"重要"、"不太重要"或"根本不重要"。图3.11显示了报告学好每门学校学科对他们来说是重要或非常重要的学生比例。除六个国家外,其余所有国家中学习科学的学生中至少有80%报告,学好阅读和数学对他们来说是重要的,其中有25个国家的这个比例至少为90%。

然而,相比于阅读和数学,仍在学校中学习科学课程的学生更可能认为学好科学相对不太重要,仅 20 个国家中就至少有 80% 的学生报告了这一点,19 个国家中该比例为 70% 到 80%,15 个国家中该比例为 60% 到 70%。在捷克,只有 54% 的学生报告学好科学对他们来说是重要的或者是非常重要的。

因有用而学习科学的动机

有多少比例的学生在 15 岁时就有意愿在高等教育阶段学习科学并希望最终从事科学职业? PISA 2006 提供了两个测量学生学习科学外在动机的指标,即,学生学习的动机是否是因为他们认为科学对他们未来的学习或未来的职业会有用。运用学生问卷回答所提供的信息,我们构建了这两个指标(学习科学的工具性动机指数和学习科学的未来导向动机指数)(the index of instrumental motivation to learn science and the index of future-oriented motivation to learn science)[9]。

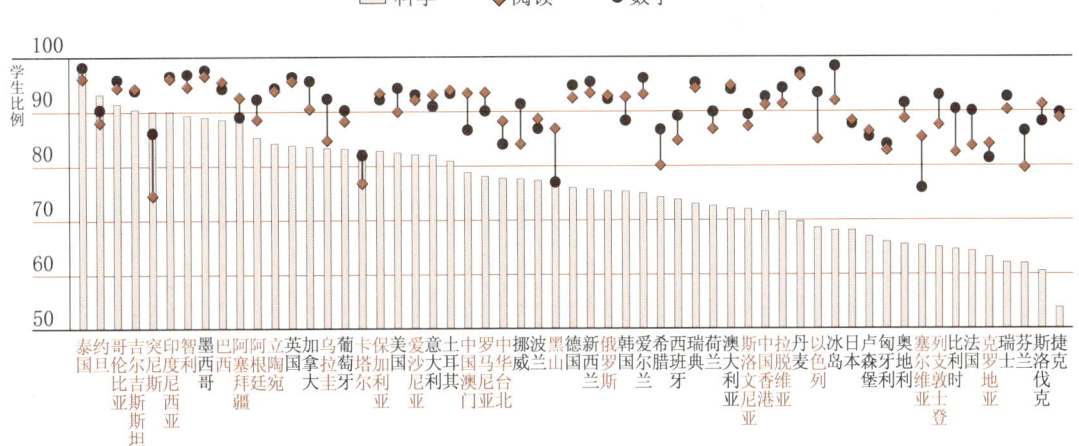

图 3.11 ■ 认为学好科学、阅读和数学重要的学生比例

来源:OECD PISA 2006 数据库,表 3.7。
StatLink http://dx.doi.org/10.1787/141846760512。

学习科学的工具性动机

除前面所报告的对科学的普遍兴趣之外,15 岁学生如何评价科学与自己生活的相关性,类似的外在动机在他们的科学成绩中起什么样的作用? 我们经常能发现,许多国家缺少在高等教育阶段仍继续学习科学的学生,因而重要的是,政策制订者要了解并洞察这种趋势是否会继续。研究发现,学习科学的工具性动机是课程选择、职业选择和成绩的重要预测指标(Eccles,1994;Eccles and Wigfield,1995;Wigfield et al.,1998)。PISA 2006 通过五个问题测量学生对学习科学的工具性动机,询问学生关于学习科学对未来学习或者工作前景的重要性(参阅图 3.12)。这些问题是针对学生对学习学校科学课程的看法,在有些国家有相当高比例的 15 岁学生已经不再学习学校科学课程,因而不是所有的学生都要回答这些问题(参阅第 5 章图 5.16)。一般而言,学生认为科学对他们来说是有用的(OECD 国家平均为 67%),并且有助于他们的职业前景和未来的工作(平均有 61% 到 63%),不过,感觉他们在科学中学到的东西会真正有助于他们找到一份工作

图 3.12 ■ 学习科学的工具性动机指数

A 我学习学校科学因为我知道它对我有用。
B 努力学习学校科学课是值得的,因为这会对我今后想要做的工作有帮助。
C 学习我的学校学科课程是值得的,因为我所学的会使我的职业前途更好。
D 学校科学课有助于我找到工作,我在这些课上能学到很多东西。
E 我在学校科学课上学到的东西对我来说是重要的,我未来的学习需要这些内容。

国家	A	B	C	D	E
澳大利亚	69	66	64	62	55
奥地利	55	44	47	38	36
比利时	57	56	55	48	48
加拿大	75	73	72	69	63
捷克	62	50	49	47	52
丹麦	67	64	61	54	60
芬兰	63	53	51	48	43
法国	67	59	61	48	52
德国	66	58	55	50	48
希腊	70	65	63	58	61
匈牙利	66	69	53	53	55
冰岛	65	62	60	57	64
爱尔兰	73	67	68	67	53
意大利	76	66	72	63	64
日本	42	47	41	39	42
韩国	55	57	52	46	45
卢森堡	61	57	54	49	48
墨西哥	86	86	85	79	82
荷兰	62	54	56	44	46
新西兰	71	69	68	66	56
挪威	60	56	59	48	53
波兰	73	68	73	66	71
葡萄牙	84	75	81	76	78
斯洛伐克	62	55	56	52	43
西班牙	66	66	63	62	54
瑞典	62	62	63	52	55
瑞士	60	54	49	41	44
土耳其	73	80	73	69	79
英国	75	71	71	65	54
美国	77	78	70	70	68
OECD平均	**67**	**63**	**61**	**56**	**56**
阿根廷	80	82	79	78	75
阿塞拜疆	85	84	81	76	78
巴西	87	79	82	78	75
保加利亚	86	74	77	74	75
智利	80	82	78	75	72
哥伦比亚	90	87	84	79	81
克罗地亚	71	62	62	63	70
爱沙尼亚	76	70	64	52	62
中国香港	72	73	72	64	63
印度尼西亚	95	95	88	87	94
以色列	39	46	38	45	44
约旦	88	94	87	86	87
吉尔吉斯斯坦	90	93	86	87	91
拉脱维亚	77	64	50	56	70
列支敦士登	56	50	44	43	40
立陶宛	86	82	69	68	79
中国澳门	85	82	79	70	80
黑山	85	82	73	74	76
卡塔尔	79	83	75	76	79
罗马尼亚	78	82	81	79	81
俄罗斯	75	74	64	65	75
塞尔维亚	77	69	67	63	57
斯洛文尼亚	73	70	64	63	63
中华台北	83	76	76	73	65
泰国	95	94	93	91	92
突尼斯	89	89	85	84	86
乌拉圭	75	75	65	65	63

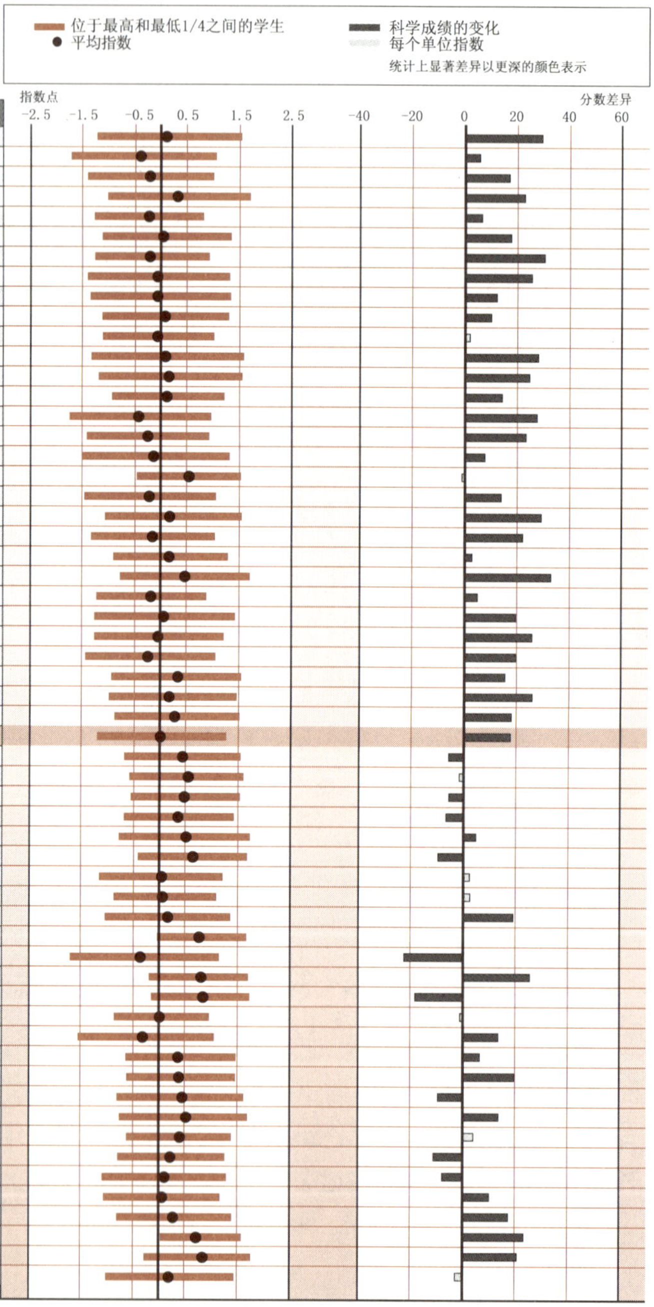

注:百分比的跨国比较需要十分谨慎,因此本图中国家(地区)按英文字母先后顺序排列。
来源:OECD PISA 2006 数据库,表 3.10。
StatLink http://dx.doi.org/10.1787/141846760512

或对未来学习有用的学生比例则相对更少一些(平均为56%)。

30个国家中,来自社会经济背景更有利的学生比社会经济背景相对不利的学生报告更高的学习科学的工具性动机,其中22个国家的效应值至少为0.20(表3.22)。在葡萄牙、冰岛和芬兰,社会经济背景和学习科学的工具性动机之间的相关性最明显(效应值至少为0.50)。在墨西哥和三个伙伴国,来自社会经济背景不利的学生更可能报告对学习科学更高的工具性动机,不过,这种相关性只在吉尔吉斯斯坦是明显的。

大部分国家(地区)中男生和女生报告了类似的对学习科学的工具性动机的程度。只有下列国家(地区)学生对学习科学的工具性动机指数有微小的性别差异,如希腊、奥地利,以及伙伴国(地区)中华台北、列支敦士登、中国香港,男生比女生更有动力学习科学。在冰岛、伙伴国泰国和约旦中,情况则正好相反(表3.21)。

不同于内在动机的测量指标(对科学的普遍兴趣和对科学的喜爱),PISA中学习科学的工具性动机与科学成绩间的关系不是很清楚。在39个参与国(地区)(包括28个OECD国家)中,其关系是正向的,在16个国家中,学生对学习科学的工具性动机指数增长一个单位,相应的科学成绩差异就超过20分(图3.12)。

学生学习科学的未来导向动机

很明显,PISA 2006所测评的15岁学生对未来的选择仍旧是未知的。然而,PISA向学生询问了一系列关于他们学习科学未来导向动机的问题,旨在评测有多少学生真正希望通过追求进一步的科学学习,或者从事科学相关领域的工作,来继续他们对科学的兴趣。PISA要求学生回答关于未来在科学领域的学习和工作相关的意图。这些背后的动机是希望洞察会在将来运用科学的学生比例。根据学生对未来使用科学动机的自我报告,平均而言,有37%的学生愿意从事与科学相关的职业,有31%的学生愿意在中学毕业后继续学习科学,有27%的学生愿意在成年后从事科学项目,有21%愿意终身从事先进科学事业(图3.13)。跨国的比较需要小心谨慎,因为不同国家的学生可能会用不同的方式回答这些问题。然而,对于各个国家来说,考虑报告有动机在未来运用科学的学生的绝对比例还是有用的。OECD国家中,只有墨西哥和土耳其中报告会出于某种未来导向动机学习科学的学生比例超过了50%,在本章各个测量指标上,这两个国家都有更高比例的学生倾向于报告更积极的态度。报告学习科学的未来导向动机的学生比例最少的国家是:奥地利、韩国、日本、荷兰、挪威、瑞士、瑞典,以及伙伴国列支敦士登。

有20个OECD国家的15岁学生中至少有3%的学生有移民背景,其中15个国家中具有移民背景的学生报告对学习科学的未来导向动机要高于本国学生。在新西兰、挪威、瑞典、英国、丹麦、爱尔兰、澳大利亚、加拿大、西班牙,以及伙伴国爱沙尼亚、拉脱维亚和卡塔尔这些国家,具有移民背景的学生在对学习科学未来导向动机上高出本国学生的差异值最为明显(表3.23)。

OECD数据显示,虽然如今大部分国家中其他大部分学科领域是女生占优势,但在某些科学领域女生的比例仍旧很少(OECD,2007a)。例如,OECD国家平均而言,工程、制造、建筑领域的大学本科学位只有26%是授予女性的,在数学和计算机领域相应的女生比例是29%,而生命科学、物理学和农业领域,比例是52%。相反,在健康和福利,或者人文学科和教育领域,获得本科

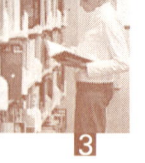

图 3.13 ■ 学习科学的未来导向动机指数

A 我喜欢从事与科学有关的职业。
B 我喜欢在中学毕业后学习科学。
C 我喜欢在成年后从事科学项目。
D 我喜欢终身从事先进科学事业。

同意或非常同意下列陈述的学生比例

	A	B	C	D
澳大利亚	39	34	22	15
奥地利	27	18	22	17
比利时	38	27	26	20
加拿大	48	46	30	26
捷克	25	17	21	19
丹麦	29	21	22	16
芬兰	26	23	21	12
法国	43	34	27	16
德国	34	24	25	21
希腊	41	33	30	31
匈牙利	38	28	26	19
冰岛	38	35	29	18
爱尔兰	41	36	22	15
意大利	47	34	31	25
日本	23	20	17	23
韩国	27	23	17	12
卢森堡	36	30	28	23
墨西哥	64	49	53	42
荷兰	24	20	18	14
新西兰	42	35	23	17
挪威	30	22	23	14
波兰	35	33	34	27
葡萄牙	50	39	31	29
斯洛伐克	30	25	26	28
西班牙	41	39	26	23
瑞典	30	26	20	13
瑞士	33	21	22	17
土耳其	62	55	58	49
英国	34	33	19	13
美国	45	45	30	24
OECD平均	**37**	**31**	**27**	**21**
阿根廷	50	42	45	30
阿塞拜疆	59	56	58	50
巴西	51	52	46	31
保加利亚	46	47	45	33
智利	46	38	33	28
哥伦比亚	66	52	63	42
克罗地亚	41	26	37	28
爱沙尼亚	26	22	34	14
中国香港	46	41	37	25
印度尼西亚	73	62	62	56
以色列	47	45	38	41
约旦	78	73	78	64
吉尔吉斯斯坦	78	74	70	65
拉脱维亚	23	22	24	14
列支敦士登	25	17	19	17
立陶宛	35	27	28	21
中国澳门	42	33	24	18
黑山	47	41	41	35
卡塔尔	64	54	52	49
罗马尼亚	57	53	50	41
俄罗斯	41	44	35	28
塞尔维亚	51	32	36	34
斯洛文尼亚	39	22	26	26
中华台北	38	34	29	22
泰国	71	71	66	64
突尼斯	83	78	65	61
乌拉圭	45	34	33	27

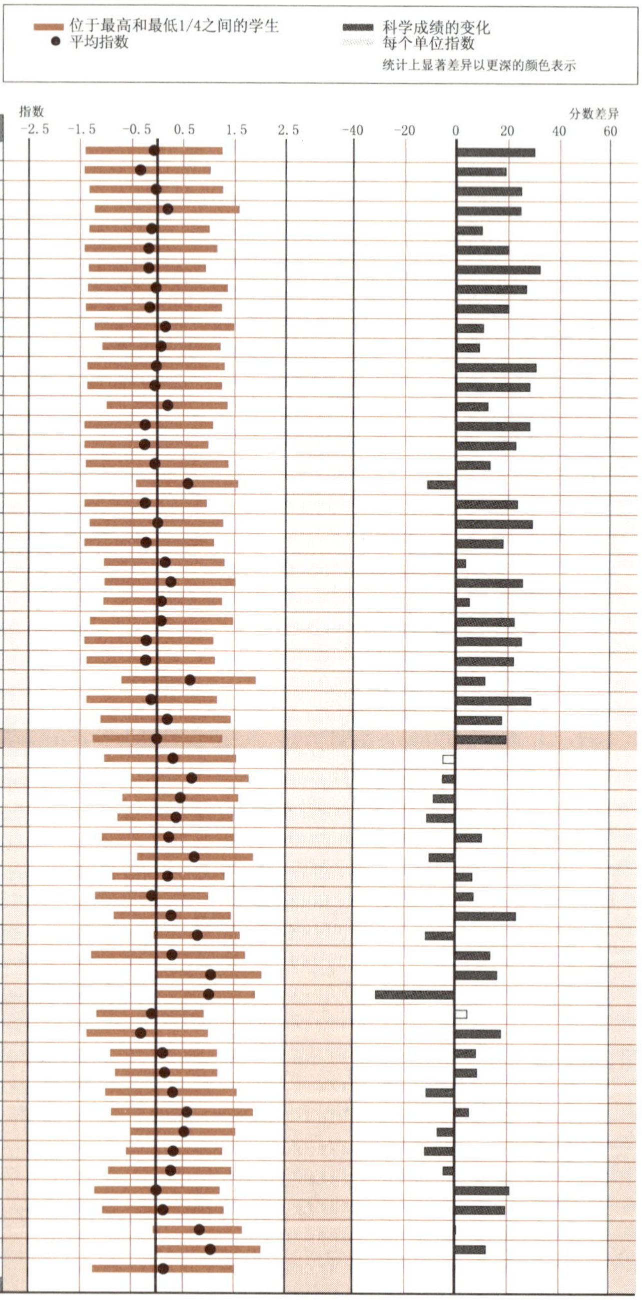
位于最高和最低1/4之间的学生
平均指数
科学成绩的变化
每个单位指数
统计上显著差异以更深的颜色表示
指数
-2.5
-1.5
-0.5
0.5
1.5
2.5
分数差异
-40
-20
0
20
40
60

注：百分比的跨国比较需要十分谨慎，因此本图中国家（地区）按英文字母先后顺序排列。
来源：OECD PISA2006 数据库，表 3.11。
StatLink http://dx.doi.org/10.1787/141846760512

学位的学生中女性的比例是72%,在社会科学、商业、法律和服务,女生比例则是56%。这些性别差异在多大程度上能够反映15岁学生的态度?根据PISA2006的研究,15岁学生中报告他们会从事与科学相关的工作、在中学毕业后继续学习科学、在成年后继续从事科学项目或终身从事先进科学的男女学生比例基本相同。

然而,在有些国家(地区)仍存在微小的性别差异,其中男生比女生更多地报告他们有学习科学的动力是因为他们想在未来运用它。这些国家包括日本、希腊、韩国、冰岛、荷兰、意大利、德国,以及伙伴国(地区)中国香港、卡塔尔、中国澳门。在伙伴地区中华台北,男生所具有的优势很明显。所有参与国(地区)中,只有捷克的女生比男生报告对学习科学有更高的未来导向动机(表3.21)。

未来继续从事科学的动机与科学测试中学生的科学成绩有什么联系呢?42个国家(地区)中,学习科学的未来导向动机是与科学成绩呈正相关关系,其中包括除墨西哥以外的所有OECD国家(图3.13)。20个参与国(包括18个OECD国家)中,学习科学的未来导向动机指数增长一个单位,相应的成绩差异超过20分。在芬兰、冰岛、澳大利亚,学生在未来从事科学的动机和科学成绩间的相关性最强,学习科学的未来导向动机指数增长一个单位,相应的科学成绩差异为30—32分。在新西兰、英国、爱尔兰、日本、法国、葡萄牙、瑞典、比利时、加拿大,该指数与科学成绩的相关性也很高(在25到29分之间)。值得注意的是,该指数与科学成绩的相关性最强的20个国家中(成绩差异都至少在20分以上),有15个国家的科学成绩都高于PISA2006的OECD平均分。也就是说,在许多科学成绩好的国家中,学习科学的未来导向动机是与好的科学成绩紧密相关的。

学生希望在未来从事科学职业吗?

PISA2006中学生同时报告了他们在30岁时希望从事的职业。从这些回答中有可能识别出希望在未来从事科学相关职业的学生群体。根据国际职业标准分类(ISCO-88)[10][参阅附录A10],将学生的回答进行分类。根据国际职业标准分类的定义,科学相关的职业包括涉及相当数量的科学职业,也包括那些传统上所认为的科学家以外的职业,如在实验室或学术环境中工作的人。据此,任何职业只要涉及高等教育中的科学领域,也被看作是科学相关的职业。因此,下列职业都是科学相关的职业,如工程师(涉及物理学)、天气预测员(涉及地球科学)、眼科医生(涉及生物学和物理学)、医师(涉及医学)。

期望从事科学相关职业的学生百分比是教育重要产出的一个指标。在有些国家,政策制订者们担心劳动力市场中科学专业人员短缺,因此对这些国家期望从事科学相关职业的学生进行分析,并结合学生的社会经济背景、学习课程类型、性别等其他背景因素,就可以有助于识别出,科学导向对哪些学生群体有作用、在多大程度上可能不是很明显。OECD国家平均而言,有25%的学生报告他们希望在30岁时从事科学相关的职业(表3.12)。日本比较突出,只有8%的学生希望从事科学相关职业。这与日本当前的科学毕业生实际产出——大约是OECD国家的平均值(OECD,2007)——产生很大的反差。相反,在葡萄牙、美国、加拿大,以及伙伴国智利、约旦、巴西,有35%到40%的学生报告他们希望从事科学相关的职业。在伙伴国哥伦比亚,该比例是48%。

不同于学生所报告的他们未来运用科学的动机,PISA2006 显示,男生和女生对在 30 岁时希望从事的工作类型差异非常小:平均而言,有 27％的女生报告她们希望在 30 岁时从事科学相关的职业,而男生相应的比例是 23.5％(表 3.12)。话虽如此,但男生和女生所期望的科学相关职业的本质可能会有很大的差异,而 PISA 没有在这方面做更为细致的挖掘。

图 3.14 ■ 学生希望从事科学相关的职业和科学成绩

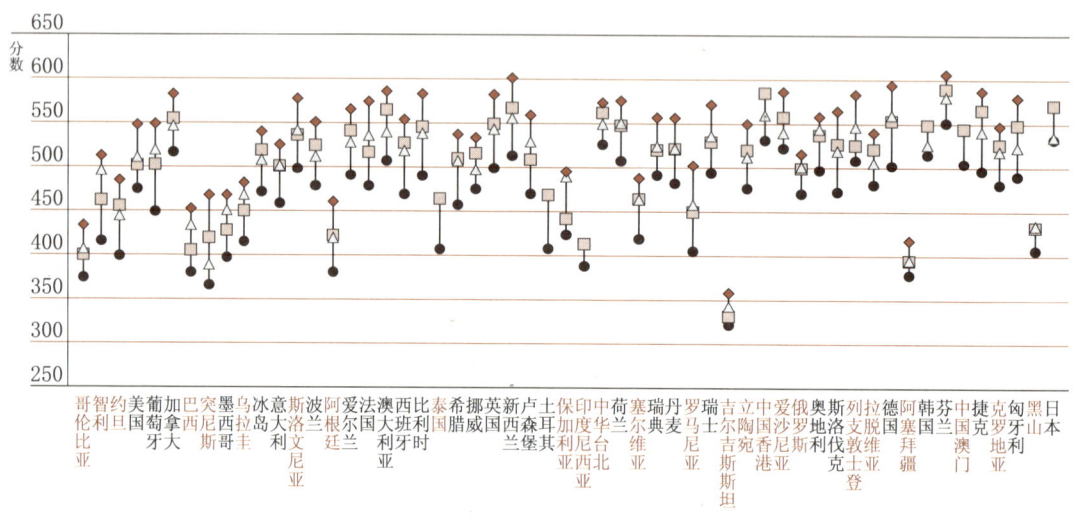

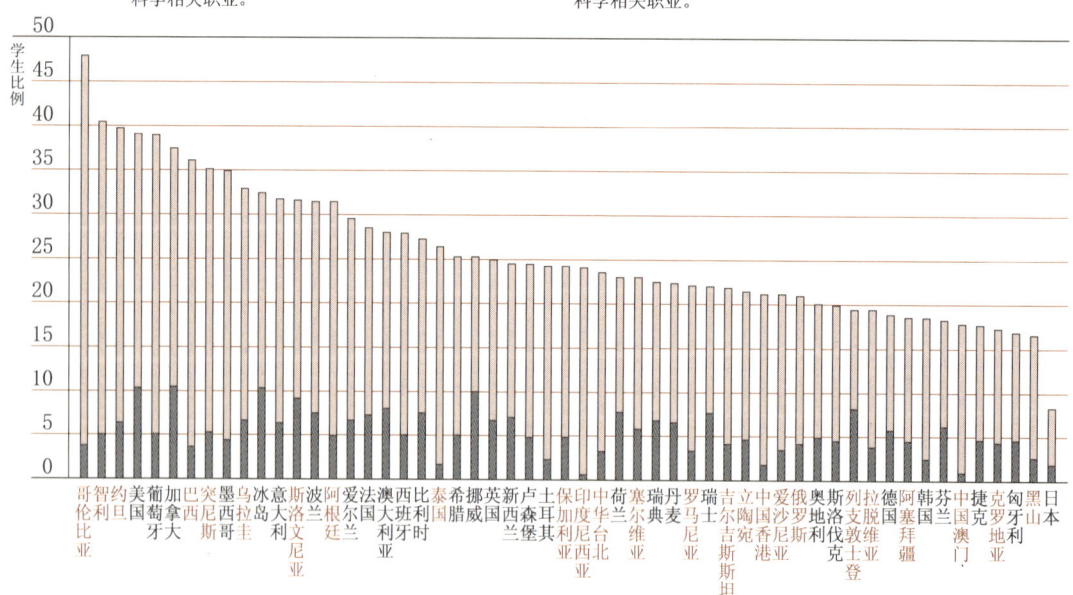

注:本图中,只有学生比例超过 3％的群体才显示其科学成绩分数。
来源:OECD PISA2006 数据库,表 3.14。
StatLink http://dx.doi.org/10.1787/141846760512

学生的职业预期在多大程度上受其父母职业的影响？图 3.14 显示期望从事科学相关职业的学生比例，以及这些学生的父母中是否有人从事科学相关的职业。这张图表示，在参与国（地区）报告期望在 30 岁时从事科学相关职业的学生中，只有很小一部分学生报告家长中至少有一人从事科学相关职业。同样的，除了四个国家外，其他所有国家中有父母从事科学相关职业的学生中，大部分都报告他们自己不希望在未来从事科学相关职业（表 3.14）。因此，学生对科学相关领域职业的职业预期，很大程度上不受其父母是否从事科学职业的影响。

图 3.15 ■ 科学成绩与期望在 30 岁时希望从事科学相关职业的学生比例

希望在 30 岁时从事科学相关职业学生报告下列职业中的一种：
物理、化学和相关专业人士；建筑师和工程师；物理和工程科学技术员；生命科学和卫生专业人士（包括护士和助产士），辅助专业人员和辅助技术人员；安全和质量检查员；计算机专业人员。

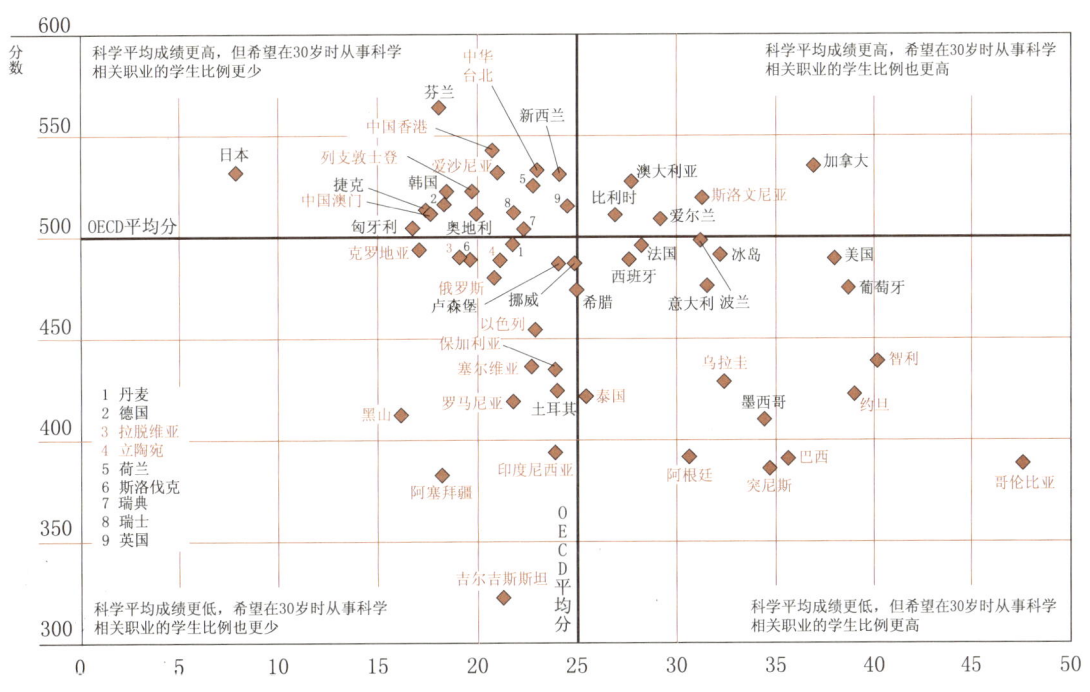

来源：OECD PISA2006 数据库，表 3.12 和 2.1c。
StatLink http://dx.doi.org/10.1787/141846760512

PISA2006 科学测评中，报告家长中至少有一人从事科学相关职业的学生的成绩更好。除了日本，其他国家（地区）都是这种情况。在土耳其、葡萄牙、法国、卢森堡，以及伙伴国泰国、智利、保加利亚、罗马尼亚，成绩差异至少为 60 分（表 3.13）。图 3.14 显示了四组学生的科学成绩：希望在 30 岁时从事科学相关职业、父母中至少有一人从事科学相关职业的学生；希望在 30 岁时从事科学相关职业、父母中没有人从事科学相关职业的学生；不希望在 30 岁时从事科学相关职业、父母中至少有一人从事科学相关职业的学生；不希望有 30 岁时从事科学相关职业、父母中没有人从事科学相关职业的学生。各个国家中，这四组学生中成绩最好的是自己希望从事科学工作，并且父母中至少有一人从事科学职业的学生。相反，四组学生中成绩最差的是自己不希望从事科学工作，并且父母中没有人从事科学相关职业的学生。然而，在大部分国家（地区）中，另外两组学生——希望在30岁时从事科学相关职业，但父母中没有人从事科学相关工作的学生，和父母中至少有一人从事科学相关职业而自己不希望从事科学工作的学生——的科学成绩或者相同，或者前者比后者更好些。

科学测试成绩在平均分以上的国家（地区）中，大部分国家（地区）报告希望在30岁从事科学相关职业的学生比例都少于25%（图3.15）。在芬兰、日本、韩国、德国、捷克，以及伙伴地区中国澳门，报告希望在30岁时从事科学相关职业的学生比例少于20%。相反，在其他科学测试成绩高于OECD平均分的国家，报告希望在30岁时从事科学相关职业的学生比例相对较高，包括加拿大、澳大利亚、比利时、爱尔兰、伙伴国斯洛文尼亚。

科学相关活动

测量学生对科学兴趣的另一个指标是学生在空闲时间从事科学相关活动的程度[11]。各国只有一小部分学生报告他们会定期参与科学相关的活动（图3.16）。平均而言，学生报告他们定期浏览科学网、借阅科学书籍、聆听广播里科学节目的比例相对较低（分别为13%、8%和7%），有相对较多的学生报告他们会定期看电视上的科学节目，或者阅读科学杂志或报纸上有关科学的文章（分别为21%和20%）。大部分学生（96%）报告他们不会定期参加科学兴趣小组，有9个OECD国家中几乎所有的学生都是这种情况。因此，看起来在课堂以外传播科学相关信息的渠道上，平面媒体和电视媒体对学生最具影响力。另外，在大部分OECD国家中，相比于借阅或购买有关科学议题的书籍，有更多比例的学生报告他们会定期浏览科学议题的网页，最显著的国家有：挪威、瑞典、英国、澳大利亚、瑞士、德国、荷兰、西班牙、丹麦、意大利、加拿大、美国、奥地利。

在大部分国家（地区）学生的社会经济背景与他们对科学相关活动的参与之间有很强的相关性（表3.22）。38个国家（地区）中，效应值至少为0.20，相关性最强的国家（地区）有：法国、德国、韩国、瑞典、英国，以及伙伴国（地区）印度尼西亚和中华台北（效应值至少为0.50）。在所有这些国家（地区）中，来自社会经济背景更为不利的学生更不太可能报告：他们会定期参与阅读科学杂志或报纸上相关科学文章之类的活动。

具有移民背景的学生与本国学生相比，他们所报告参与科学相关活动的频率或者差不多，或者是更频繁。具有移民背景学生在参与科学相关活动上占优势，并且与本国学生相差最多的国家有：英国、西班牙、新西兰、爱尔兰、瑞典、澳大利亚、挪威、加拿大、美国、荷兰、法国，以及伙伴国列支敦士登和拉脱维亚（表3.23）。

有13个国家（地区），参与科学相关活动指数上发现的性别差异很小（表3.21）。冰岛、日本、荷兰、挪威、韩国、美国、瑞典、意大利、英国，以及伙伴国（地区）卡塔尔、中华台北、中国香港、中国澳门中，男生比女生更可能报告他们参与科学相关的活动，例如阅读科学杂志或报纸上的科学文章。

在29个OECD国家和九个伙伴国中，参与科学相关活动与科学成绩之间存在正相关关系（科学相关活动指数增长一个单位，相应的平均成绩差异有19分），在18个参与国中则至少差20分（图3.16）。

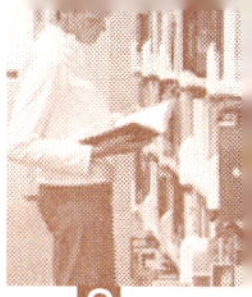

图 3.16 ■ 科学相关活动指数

A 观看电视上的科学节目
B 阅读科学杂志或报纸上的科学文章
C 浏览科学议题相关网址
D 借阅或购买科学议题的书籍
E 聆听广播上关于科学发展的节目
F 参加科学俱乐部

定期或经常做下列事情的学生比例

	A	B	C	D	E	F
澳大利亚	16	10	11	5	4	1
奥地利	17	23	13	7	8	2
比利时	24	20	14	8	8	1
加拿大	19	15	12	6	5	1
捷克	12	15	7	6	4	4
丹麦	21	19	10	5	5	2
芬兰	16	17	5	3	3	1
法国	20	22	13	8	7	1
德国	18	22	14	7	7	4
希腊	24	34	16	15	10	18
匈牙利	32	24	14	9	7	9
冰岛	18	29	12	7	3	1
爱尔兰	18	11	9	5	5	1
意大利	25	31	17	9	8	5
日本	8	8	5	4	1	2
韩国	9	16	6	8	2	5
卢森堡	22	22	14	9	8	3
墨西哥	43	43	31	27	24	9
荷兰	24	15	11	5	5	3
新西兰	16	10	10	7	3	1
挪威	22	17	15	5	6	5
波兰	47	31	20	14	16	11
葡萄牙	41	30	21	15	10	5
斯洛伐克	19	20	8	7	7	4
西班牙	12	17	10	5	5	5
瑞典	11	12	5	2	3	1
瑞士	17	21	11	6	7	5
土耳其	28	33	22	21	15	10
英国	13	8	12	5	3	3
美国	20	16	13	7	5	4
OECD平均	**21**	**20**	**13**	**8**	**7**	**4**
阿根廷	35	35	22	25	16	9
阿塞拜疆	58	45	25	40	40	34
巴西	39	39	21	25	20	14
保加利亚	39	33	32	16	17	10
智利	42	30	29	20	14	9
哥伦比亚	60	54	35	40	33	15
克罗地亚	30	32	12	10	8	3
爱沙尼亚	26	22	19	6	10	7
中国香港	19	18	12	13	8	8
印度尼西亚	17	19	6	9	15	9
以色列	25	26	20	14	15	12
约旦	42	46	31	26	38	22
吉尔吉斯斯坦	66	62	28	42	59	33
拉脱维亚	19	20	11	5	10	3
列支敦士登	14	17	8	4	6	3
立陶宛	26	18	15	7	9	4
中国澳门	21	20	11	9	9	4
黑山	39	40	20	16	27	8
卡塔尔	32	36	30	24	20	15
罗马尼亚	32	34	20	14	16	8
俄罗斯	36	32	15	19	21	9
塞尔维亚	37	27	12	10	19	7
斯洛文尼亚	33	25	16	11	10	9
中华台北	18	21	13	12	7	7
泰国	51	41	23	27	24	36
突尼斯	44	49	26	33	40	25
乌拉圭	29	22	14	18	8	5

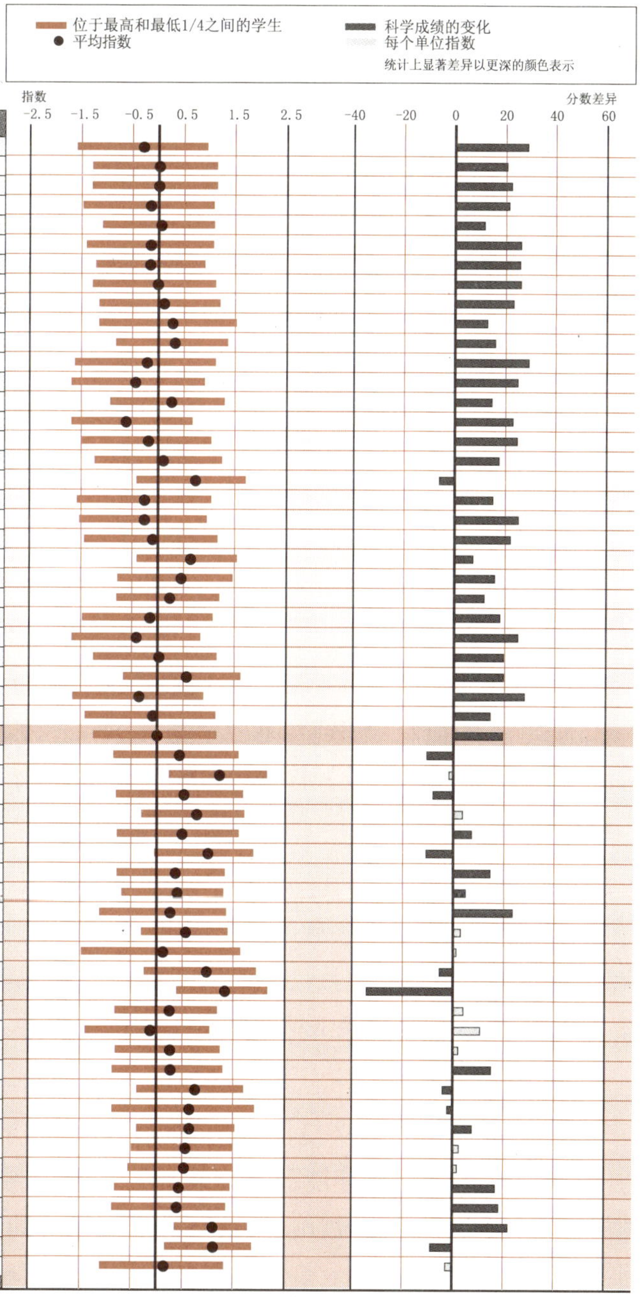
位于最高和最低1/4之间的学生
平均指数
科学成绩的变化
每个单位指数
统计上显著差异以更深的颜色表示
指数
-2.5 -1.5 -0.5 0.5 1.5 2.5
分数差异
-40 -20 0 20 40 60

注：百分比的跨国比较需要十分谨慎，因此本图中国家（地区）按英文字母先后顺序排列。
来源：OECD PISA2006 数据库，表 3.15。
StatLink http://dx.doi.org/10.1787/141846760512

学生是否感到对资源和环境有责任感?

科学素养包括一种理解和能力,使个体能够做出个人决策,并能够适当地参与形成影响他们生活的公共政策。例如,涉及个人健康、自然灾害和环境的公共政策。PISA2006 强调个人对环境问题的了解和他们对环境的态度,以便进一步理解学生科学素养的这个方面。

对环境问题的意识

个人针对环境的态度和行为很可能是多种因素共同作用的结果,包括知识、意识、态度和社会预期(Bybee, 2005)。PISA 2006 收集了学生对选取的环境问题意识的信息[12]。在不同议题之间学生的意识程度有很大的差异(图 3.17)。跨国分析表明,各国(地区)之间是可以在下列各方面比较学生如何意识到选取的环境问题。大部分学生(平均为 73%)报告意识到砍伐森林把土地做其他用途的后果,而在波兰、土耳其、爱尔兰、加拿大、澳大利亚、荷兰、奥地利、德国,以及伙伴国(地区)中国香港、中华台北、中国澳门、拉脱维亚、俄罗斯爱沙尼亚、立陶宛和列支敦士登,相应的学生比例为 80% 及以上。相反,在韩国、瑞典、希腊,报告意识到这种后果的学生比例只有 42% 到 50%。平均而言,大约有 60% 的学生报告意识到酸雨和大气中温室气体的增加,但有些国家的学生报告对这些问题不太有意识,最明显的是法国、冰岛、墨西哥、瑞士、土耳其,以及伙伴国阿根廷、阿塞拜疆、智利、印度尼西亚、以色列、吉尔吉斯斯坦、卡塔尔、罗马尼亚、突尼斯,这些国家报告意识到其中一个或两个问题的学生比例都少于 40%。相反,在希腊、爱尔兰、波兰,以及伙伴国(地区)中国香港、克罗地亚、中华台北、斯洛文尼亚,至少有 80% 的学生报告意识到酸雨的问题。各国(地区)报告意识到核废弃物是一个环境问题的学生相对更少,平均只有 53% 的学生报告他们熟悉这个问题,或者对此有所了解。报告对核废弃物意识程度最高的国家有土耳其、捷克、奥地利,以及伙伴国克罗地亚和斯洛文尼亚,这些国家中至少有 65% 的学生意识到这个议题。很小一部分学生报告他们意识到转基因生物(GMOs);平均只有 35% 的学生报告意识到转基因生物,而在意大利和法国,以及伙伴国(地区)克罗地亚、泰国、中华台北和斯洛文尼亚,这个比例超过了 50%(图 3.17)。

所有国家(地区)中,来自社会经济背景更有利的学生报告对环境问题有更高的意识。实际上,在 46 个国家(地区)中这种差异很明显,效应值至少为 0.50(表 3.22)。在法国、卢森堡、葡萄牙、比利时,以及智利,与社会经济背景的这种关系尤其明显(效应值至少为 0.80)。PISA 2006 结果强烈地表明,社会经济背景更为不利的学生会对类似酸雨和核废弃物等环境问题不太有意识。

PISA 数据同时显示,对环境问题的意识程度与学生的科学知识之间有隐性的关联。所有参与国(地区)中,学生对环境的意识程度和科学成绩之间都有很强的联系。本章所呈现的态度指标中,对环境问题的意识指数与科学成绩之间的联系是最强的。平均而言,学生对环境问题的意识指数增长一个单位,PISA 科学量表上相关的成绩差异为 44 分,54 个参与国(地区)(包括所有 OECD 国家)中成绩差异至少为 20 个分点。在挪威、日本、新西兰、比利时,以及伙伴地区中国香港,这种关系尤其强。值得注意的是,所有这些国家(地区)在 PISA 2006 测试中成绩都高于平均分(图 3.18)。这表明,对科学有很强理解力的学生更可能报

图 3.17 ■ 学生对环境问题的意识指数

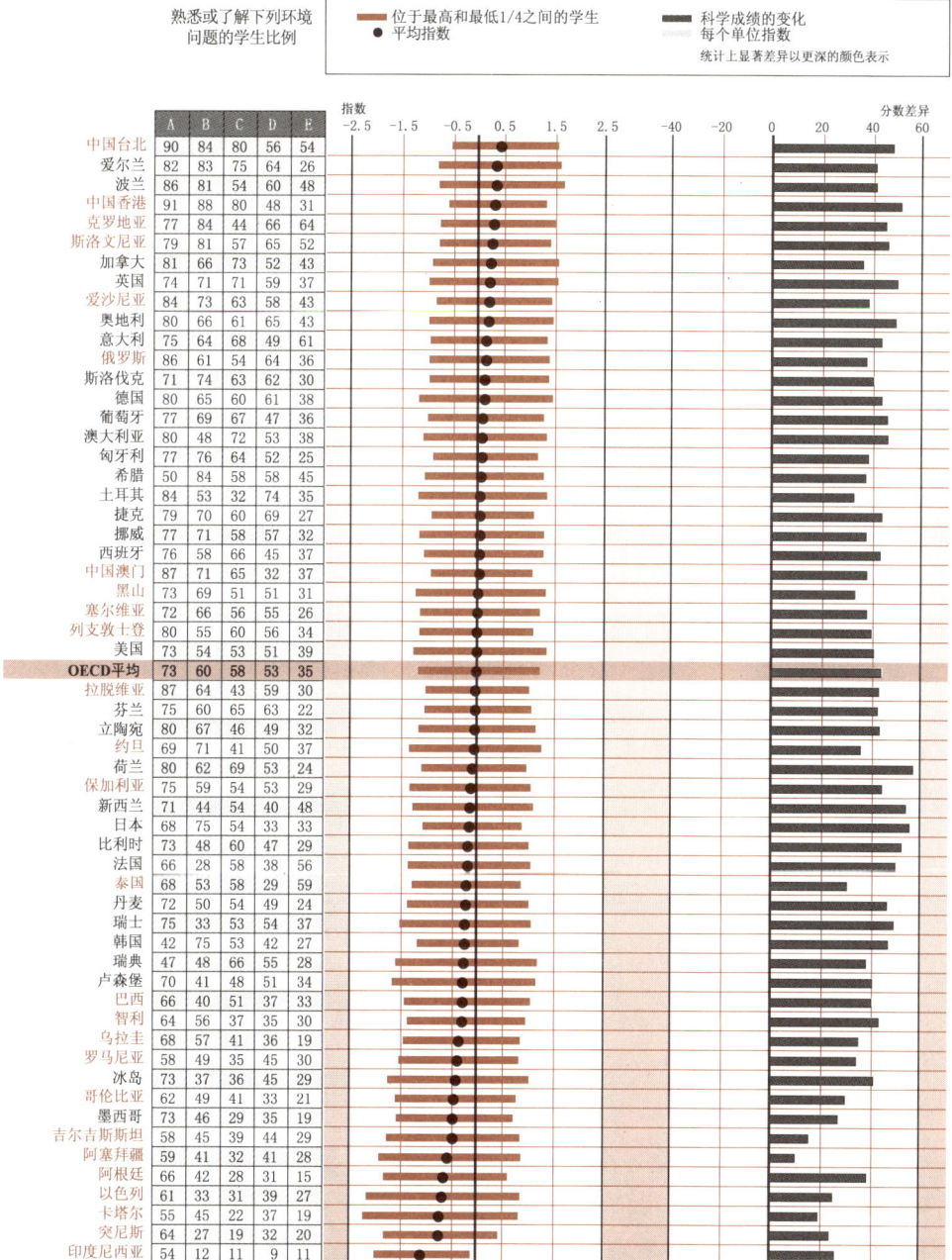

来源：OECD PISA2006 数据库，表 3.16。
StatLink http://dx.doi.org/10.1787/141846760512

面向明日世界的科学能力——国际学生评估项目(PISA)2006 报告

告对环境威胁有所意识,而对科学的相对无知则可能会使许多公民不去关注这些议题。在大部分科学平均分低于 450 分的国家,学生报告他们对环境问题不太有意识,这也是事实(图 3.18)。

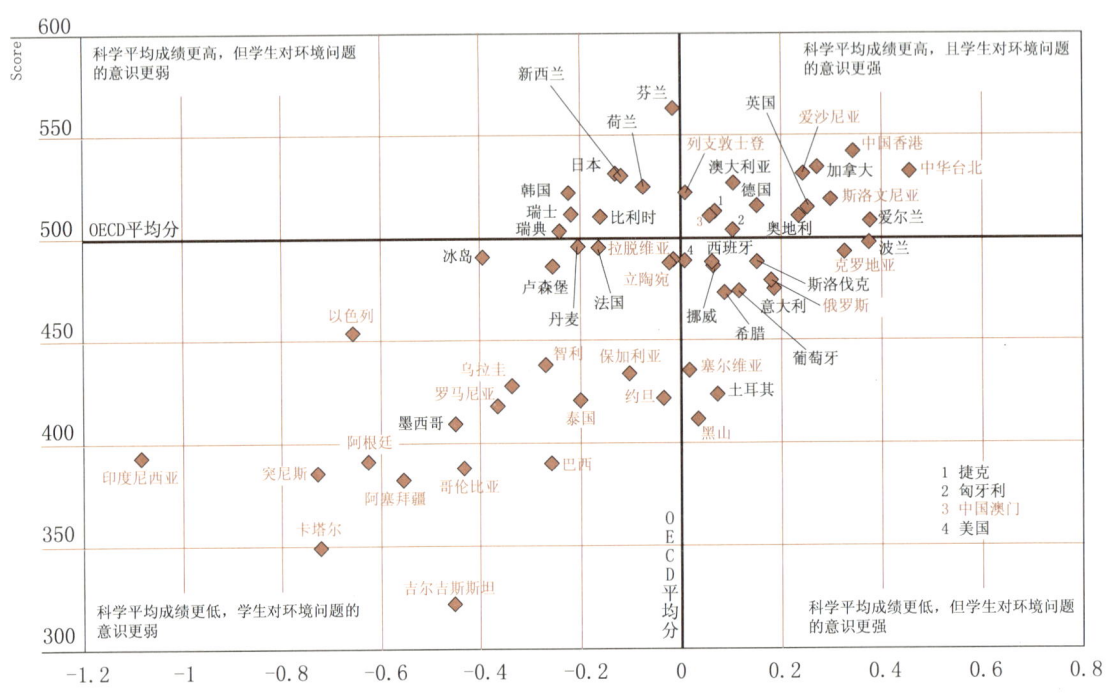

图 3.18 ■ 科学成绩和对环境问题的意识

来源:OECD PISA2006 数据库,表 3.16 和 2.1c。
StatLink http://dx.doi.org/10.1787/141846760512。

学生对环境问题的关注度

学生对环境问题的关注程度如何呢?PISA 要求学生报告,在他们国家他们和/或其他人是否认真严肃地关心测评中选取的一系列环境问题[13]。学生所报告对环境问题的关注程度在国家间的比较需要小心谨慎地解释,因为不同国家的学生可能会用不太相同的方式回答这些问题。而且,在诠释图 3.19 的结果时需要注意,有些学生虽然没有报告他们所在国家已经关注某一所选环境问题,但他们自己可能已经在关注这些问题了。实际上,结果显示,学生对这些环境问题的关注是全球性的:对于所选的 6 个议题,OECD 国家中报告任何人都对此不关注的学生平均不到 5%(参阅 PISA 2006 数据库)。平均而言,92% 的学生报告,空气污染对他们个人或对他们国家中的其他人来说都是一个重要的关注点;在 46 个参与国(地区)中至少 90% 的学生这样回答。平均有 82% 到 84% 的学生报告他们相信动植物的灭绝、砍伐森林把土地做其他用途、

图 3.19 ■ 学生对环境问题的关注度指数

	说明
A	空气污染
B	动植物的灭绝
C	砍伐森林把土地做其他用途
D	能源短缺
E	核废弃物
F	水资源短缺

相信下列环境问题对他们自己或本国其他人来说都是严重关注点的学生比例

国家/地区	A	B	C	D	E	F
澳大利亚	88	85	87	81	75	92
奥地利	95	87	82	78	71	68
比利时	95	82	76	80	83	68
加拿大	93	85	89	80	79	76
捷克	98	84	85	77	85	66
丹麦	86	78	78	75	73	67
芬兰	88	74	76	67	74	45
法国	95	82	81	80	84	78
德国	94	87	84	86	85	74
希腊	96	86	84	88	80	87
匈牙利	97	94	91	93	84	87
冰岛	84	69	67	62	52	49
爱尔兰	89	74	75	79	74	67
意大利	97	79	78	86	72	80
日本	95	92	92	92	88	86
韩国	98	93	93	97	89	97
卢森堡	92	81	78	78	74	73
墨西哥	97	95	94	89	84	96
荷兰	93	85	75	83	82	66
新西兰	82	82	81	84	60	80
挪威	83	78	74	64	66	55
波兰	93	83	88	89	72	87
葡萄牙	97	94	95	94	83	96
斯洛伐克	97	90	83	86	80	83
西班牙	97	95	93	94	88	95
瑞典	83	76	74	67	74	52
瑞士	93	84	80	75	78	66
土耳其	97	94	95	94	92	92
英国	89	77	74	84	79	76
美国	91	85	87	84	83	81
OECD平均	**92**	**84**	**83**	**82**	**78**	**76**
阿根廷	97	91	90	91	84	92
阿塞拜疆	95	86	84	89	79	88
巴西	97	93	93	91	87	92
保加利亚	97	91	92	91	86	91
智利	98	95	94	96	85	95
哥伦比亚	94	93	94	95	85	95
克罗地亚	96	93	91	92	87	90
爱沙尼亚	96	88	91	86	69	75
中国香港	95	81	75	86	61	78
印度尼西亚	95	90	91	93	75	92
以色列	92	86	80	83	73	91
约旦	94	84	83	90	70	92
吉尔吉斯斯坦	87	82	80	83	75	81
拉脱维亚	94	77	87	82	75	75
列支敦士登	93	86	79	72	69	60
立陶宛	96	91	91	87	83	80
中国澳门	93	81	81	87	63	88
黑山	95	88	86	89	77	89
卡塔尔	91	77	70	82	69	83
罗马尼亚	88	83	84	81	75	82
俄罗斯	95	92	93	91	89	90
塞尔维亚	95	88	89	91	81	92
斯洛文尼亚	94	89	86	86	84	86
中华台北	95	91	92	94	91	94
泰国	93	88	86	91	73	91
突尼斯	92	75	76	83	56	87
乌拉圭	96	91	91	93	75	91

注：百分比的跨国比较需要十分谨慎，因此本图中国家（地区）按英文字母先后顺序排列。
来源：OECD PISA2006 数据库，表 3.17。

StatLink http://dx.doi.org/10.1787/141846760512

面向明日世界的科学能力——国际学生评估项目（PISA）2006 报告

能源短缺是重要的环境关注点，而在匈牙利、日本、韩国、葡萄牙、西班牙、土耳其，以及伙伴国（地区）阿根廷、巴西、保加利亚、智利、中华台北、哥伦比亚、克罗地亚、印度尼西亚、俄罗斯、乌拉圭，这个比例超过90%。平均来说，核废弃物和水短缺对学生来说也是重要的关注点（分别有78%和76%的学生报告了这一点），不过，在韩国、墨西哥、葡萄牙、西班牙、澳大利亚、土耳其，以及伙伴国（地区）智利、哥伦比亚、中华台北、印度尼西亚、阿根廷、巴西、约旦、塞尔维亚、泰国、乌拉圭、保加利亚、以色列、克罗地亚、俄罗斯，至少有90%的学生报告水资源是重要的关注点（图3.19）。

与学生对环境问题的意识截然不同的是，学生对环境问题关注度与社会经济背景之间的相关性不强（效应值仅在法国、希腊，以及伙伴地区中华台北中超过了0.20）。在捷克，来自社会经济背景不太有利的学生报告了对环境问题有更多的关注（表3.22）。因而，PISA 2006显示，虽然社会经济背景相对更不利的学生在解释环境问题上不太自信，而且在相关的任务上成绩也更低，但是他们通常同样在关注这些环境问题，而且有时还更为关注。

学生对环境问题的关注程度与科学成绩没有很强的相关。在35个国家（地区）中，这种关系是正向的（学生对环境问题的关注程度增长一个单位，科学量表上成绩变化在3分到24分之间），在四个国家中，这种关系是负向的（在−4到−10分之间）。在法国、墨西哥、希腊，以及伙伴国巴西、阿根廷和泰国，对环境问题关注度的增长与科学成绩之间的关系最强（在PISA量表上成绩差异至少为20分）（图3.19）。

对环境问题的乐观度

PISA 2006还用同一组环境问题，问学生他们是否认为与这些议题相关的问题在未来20年是会得到改善还是会恶化[14]。与学生对环境问题关注程度指数类似，对于学生所报告的他们对所选环境问题进展的乐观程度的跨国比较，其解释需要小心谨慎，因为不同国家的学生可能会用不完全相同的方式回答这些问题。在各个国家（地区）间，只有很小一部分学生报告他们相信，环境问题会得到改善（平均有13%到21%的学生），对砍伐森林把土地做其他用途（62%）和空气污染（64%）表示悲观的学生最多（图3.20，也可参阅PISA 2006数据库）。

所有OECD国家中，对环境问题的乐观度和科学成绩之间存在微弱或中等的负相关（该指数增长一个单位，科学成绩平均变化−18分，变化范围在−2到−36分之间），也就是说，学生对科学了解地越多，他们对成功解决环境问题的态度就更不乐观。25个参与国中，这种负面相关性至少在−20分，而在法国、意大利，以及伙伴国智利、突尼斯、阿根廷，负相关性最强（在−31分到−36分之间）。这表明，PISA科学测评成绩越低，学生就可能对环境问题越满意。

在许多国家（地区）中，对于所选环境问题在未来20年如何发展的问题，来自社会经济背景不太有利的学生更为乐观。这在法国最为明显（效应值为−0.52），同时另有26个国家（地区）中该效应值至少为−0.20（表3.22）。

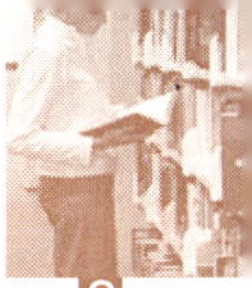

图 3.20 ■ 学生对环境问题的乐观度指数

A 空气污染
B 动植物的灭绝
C 砍伐森林把土地做其他用途
D 能源短缺
E 核废弃物
F 水资源短缺

相信与下列环境问题相关的问题会在未来20年有所改善的学生比例

■ 位于最高和最低1/4之间的学生
● 平均指数
■ 科学成绩的变化 每个单位指数
统计上显著差异以更深的颜色表示

	A	B	C	D	E	F
澳大利亚	21	18	14	12	12	11
奥地利	16	10	10	8	7	5
比利时	14	13	12	14	10	11
加拿大	17	12	13	13	10	10
捷克	33	20	17	14	13	11
丹麦	19	16	13	15	10	10
芬兰	14	16	9	8	11	6
法国	14	13	11	14	12	12
德国	16	13	14	13	8	7
希腊	26	21	19	15	14	14
匈牙利	13	18	13	13	12	12
冰岛	21	18	13	20	13	11
爱尔兰	26	27	20	17	16	15
意大利	18	17	14	16	14	12
日本	22	20	20	17	16	16
韩国	49	23	29	32	22	29
卢森堡	15	11	13	10	10	8
墨西哥	12	16	17	10	20	17
荷兰	19	23	18	17	13	15
新西兰	20	14	10	10	12	8
挪威	33	28	30	25	19	15
波兰	18	18	22	23	20	17
葡萄牙	18	14	18	15	16	15
斯洛伐克	25	19	11	11	12	9
西班牙	28	24	17	15	19	15
瑞典	25	25	19	23	14	12
瑞士	17	13	12	11	10	8
土耳其	23	22	23	16	18	18
英国	18	22	17	13	13	13
美国	26	22	21	17	18	15
OECD平均	**21**	**18**	**16**	**15**	**14**	**13**
阿根廷	28	24	22	16	22	18
阿塞拜疆	42	43	37	26	32	43
巴西	23	20	21	18	22	18
保加利亚	41	43	39	32	30	32
智利	33	31	22	14	22	19
哥伦比亚	38	30	28	19	28	23
克罗地亚	21	12	13	12	13	12
爱沙尼亚	21	20	12	17	13	11
中国香港	24	27	23	20	23	18
印度尼西亚	30	27	24	16	20	16
以色列	33	40	30	21	27	23
约旦	31	32	36	21	26	25
吉尔吉斯斯坦	44	45	36	31	37	40
拉脱维亚	34	24	15	16	14	14
列支敦士登	16	8	12	7	7	6
立陶宛	32	26	19	17	17	16
中国澳门	26	27	28	21	26	25
黑山	37	41	30	23	30	28
卡塔尔	41	45	44	30	36	36
罗马尼亚	33	35	33	23	22	24
俄罗斯	45	37	26	25	25	20
塞尔维亚	32	31	24	18	23	21
斯洛文尼亚	20	12	12	12	11	10
中华台北	18	19	19	16	21	21
泰国	36	41	32	25	28	34
突尼斯	29	32	31	20	30	28
乌拉圭	18	21	21	12	20	17

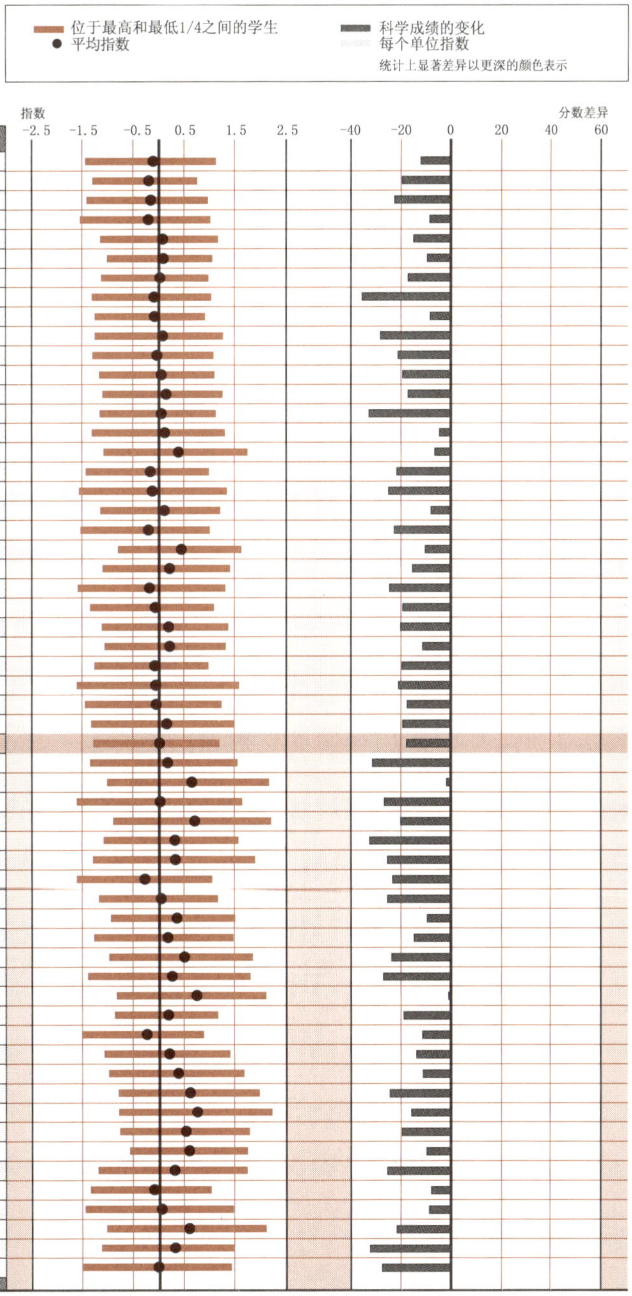

注：百分比的跨国比较需要十分谨慎，因此本图中国家（地区）按英文字母先后顺序排列。
来源：OECD PISA2006 数据库，表 3.18。
StatLink http://dx.doi.org/10.1787/141846760512

对可持续发展的责任感

PISA 2006 结果显示，15 岁学生倾向于对环境问题有强烈的关注，并且对于相关问题随时间推移将如何发展都或多或少有些悲观。那么，学生在多大程度上会将社会行为与这些环境问题相联系，并体现出对这些问题的责任感呢？为了了解学生对可持续发展的责任感，PISA 要求学生回答他们是否同意针对所列七项可能的可持续发展政策。学生如果回答同意或非常同意，则认为他们表示对可持续发展具有责任感[15]。对于学生所报告对可持续发展责任感的跨国比较，在解释中要小心谨慎，因为不同国家的学生可能会用不太相同的方式诠释这些问题。平均有超过 90% 的学生报告他们支持下列政策：对于有毒废弃材料的安全处理、对濒临灭绝物种栖息地的保护、汽车的使用要视其排放废气的定期检查结果而定，有 82% 的学生报告支持减少使用塑料包装的政策（图 3.21）。略低于 80% 的学生支持下列政策：即便会增加成本，也应该从可更新来源中生产能源；实际上，在葡萄牙和韩国，以及伙伴地区中国澳门、中华台北和中国香港，超过 90% 的学生报告支持这一政策。报告下列情况的学生相对少一些（平均有 69%）：为电气设备的不必要使用而感到不安；赞同即便会提高产品的价格也应该有法律限制工厂废气的排放。

所有 OECD 国家中，对可持续发展更强的责任感都是与更好的科学成绩相联系的（平均而言，该指数增长一个单位代表科学成绩相差 27 分）。也就是说，PISA 中展示更高科学能力的学生，他们所报告的对可持续发展的责任感也更强。在 41 个国家（地区）中这种联系至少为 20 分，并且在英国、希腊、法国、爱尔兰、澳大利亚、新西兰和冰岛中，这种联系最强（至少为 30 分）（图 3.21）。

与学生对环境问题的意识相类似，来自更有利社会经济背景的学生，他们倾向于报告对可持续发展更强的责任感，不过，这种联系在所有国家（地区）中不都是正向的，而且比较微弱。在法国、英国和伙伴国罗马尼亚，这种联系最强（表 3.22）。

因此，PISA 2006 结果表明，那些显示对科学有更深理解的学生，对环境问题更有意识，并且对可持续发展也有更强的责任感。然而，成绩较好的学生对所选环境问题在未来 20 年的发展表示更为悲观。

在对资源和环境责任感上的性别差异

男生和女生所报告的对环境的态度基本相同，不过，参与国（地区）间仍有一些性别差异（表 3.21）。总的来说，结果显示，有 12 个 OECD 国家中男生报告对环境问题更有意识，并且与女生存在显著差异，不过，在伙伴国约旦、泰国、吉尔吉斯斯坦，女生则报告更有环境意识。在 PISA 2006 的态度测量指标中，对环境问题意识指数与科学成绩间的相关性最强，并且在所有参与国（地区）中都与更好的成绩相关。

关于未来 20 年所选环境问题会如何发展的看法，12 个 OECD 国家和 3 个伙伴国中，男生比女生报告的态度更为乐观，不过其中的性别差异很微小。相反，16 个 OECD 国家和 8 个伙伴国中，女生报告的对环境问题的关注程度要比男生更高。环境问题乐观度指数高是与学生科学成绩联系在一起的。在芬兰、挪威、英国和德国，男生报告的对环境问题更有意识，而且也更为乐观。

图 3.21 ■ 学生对可持续发展的责任感指数

A 应该要求工业界证明，他们安全地处理了危险废弃材料。
B 我赞成有法律来保护濒临灭绝物种的栖息地。
C 实施对汽车排放废气的定期检查并以此作为其使用的条件是重要的。
D 为了减少浪费，应该尽可能地减少使用塑料包装。
E 即便会增加成本，也应该尽可能地运用可更新来源来发电。
F 看到因电气设备的不必要使用而造成能源浪费时，我会感到不安。
G 我赞成有法律限制工厂废气的排放，即便这会提高产品的价格。

	A	B	C	D	E	F	G
澳大利亚	92	93	90	88	78	62	52
奥地利	92	91	87	81	69	63	69
比利时	94	91	94	86	74	76	68
加拿大	93	93	93	86	82	69	66
捷克	93	93	93	64	71	52	63
丹麦	92	92	81	82	79	54	75
芬兰	91	91	93	81	79	59	71
法国	94	95	95	85	77	87	77
德国	91	91	89	80	66	64	53
希腊	91	90	97	85	79	82	76
匈牙利	94	94	95	86	82	77	85
冰岛	89	91	86	73	77	45	65
爱尔兰	94	93	92	92	84	60	61
意大利	95	96	96	80	81	84	68
日本	88	92	89	90	88	73	71
韩国	97	96	97	94	92	85	86
卢森堡	89	91	91	85	75	72	63
墨西哥	94	96	92	91	80	89	83
荷兰	92	90	88	75	65	51	53
新西兰	90	92	90	83	75	58	49
挪威	88	88	83	74	72	53	73
波兰	93	95	90	88	89	79	85
葡萄牙	98	98	98	92	93	90	90
斯洛伐克	94	83	91	73	81	72	56
西班牙	96	97	94	84	88	88	81
瑞典	92	86	86	63	72	52	60
瑞士	92	92	93	82	74	69	62
土耳其	93	95	96	90	89	92	94
英国	90	89	92	82	58	56	
美国	88	90	89	77	75	63	56
OECD平均	**92**	**92**	**91**	**82**	**79**	**69**	**69**
阿根廷	93	95	93	78	71	83	67
阿塞拜疆	88	87	93	78	84	85	78
巴西	93	95	90	82	77	89	70
保加利亚	93	94	95	76	85	57	88
智利	94	96	96	83	85	84	82
哥伦比亚	93	96	95	84	72	85	66
克罗地亚	96	97	94	88	81	74	59
爱沙尼亚	90	93	83	80	73	63	70
中国香港	97	98	98	96	91	79	80
印度尼西亚	91	96	91	85	64	84	76
约旦	89	90	93	84	84	86	82
吉尔吉斯斯坦	88	90	89	81	79	82	79
拉脱维亚	90	93	89	70	65	50	58
列支敦士登	92	92	93	82	76	67	58
立陶宛	94	95	93	79	69	62	81
中国澳门	98	88	98	97	97	81	82
黑山	94	95	94	79	77	83	91
卡塔尔	87	87	92	77	83	83	79
罗马尼亚	89	90	92	72	80	70	68
俄罗斯	92	95	91	80	75	71	86
塞尔维亚	95	92	93	84	78	80	80
斯洛文尼亚	93	94	88	83	84	77	86
中华台北	99	98	99	97	92	91	90
泰国	93	97	93	83	91	89	
突尼斯	90	89	88	85	74	88	73
乌拉圭	93	95	91	84	81	77	76

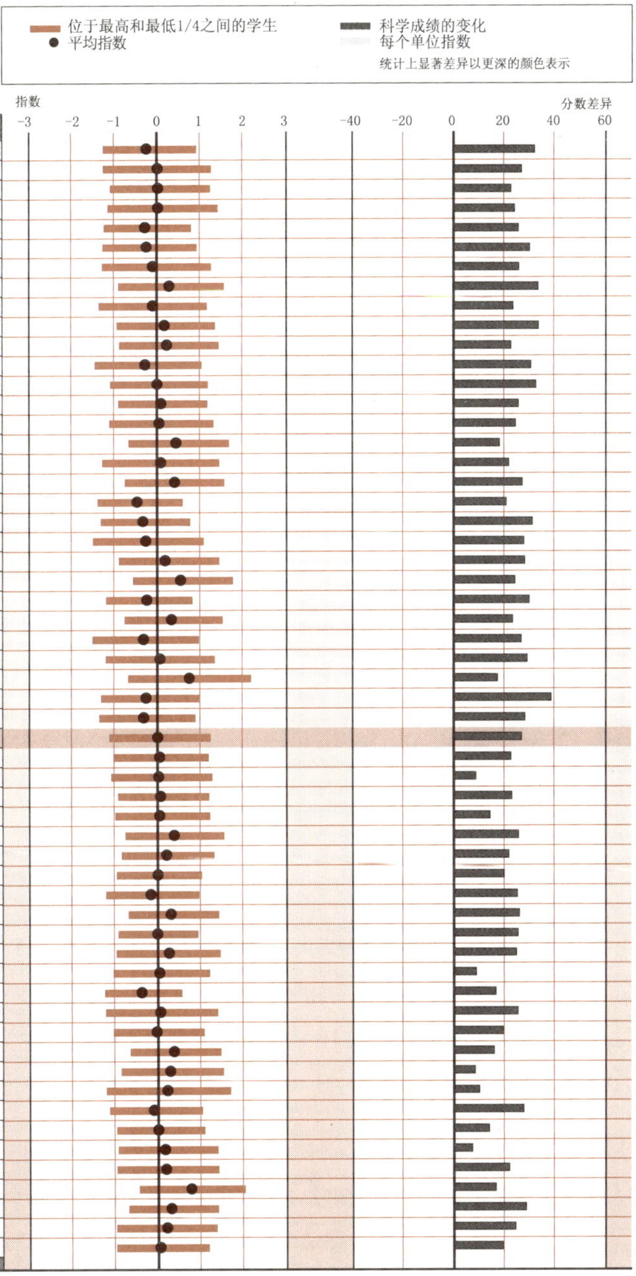

注：百分比的跨国比较需要十分谨慎，因此本图中国家(地区)按英文字母先后顺序排列。
来源：OECD PISA 2006 数据库，表 3.19。
StatLink http://dx.doi.org/10.1787/141846760512

同样,在九个国家中,学生对可持续发展的责任感存在微小的性别差异,并且都是女生报告更高的责任感(芬兰、冰岛、丹麦、挪威、瑞典、加拿大、澳大利亚、新西兰,以及伙伴国泰国)。

科学成绩和对科学态度的性别差异概述

PISA 2006 数据表明,如果学生表现出很强的科学技能,并具有从事更先进科学研究所要求的能力,那么他/她就倾向于不会报告将立志于从事科学职业,除非他们同时也重视或喜欢科学。因此,男生和女生都是积极地评价科学,并表示喜欢科学,是很重要的。对于许多参与国(地区)而言,结果表明,无论在科学成绩还是对科学的态度上,都没有确定的性别差异模式(表 3.21 呈现了性别差异的效应值)。在葡萄牙和伙伴国阿塞拜疆、以色列和黑山,根本没有明显的性别差异。在爱尔兰、墨西哥、波兰、斯洛伐克、西班牙,以及伙伴国阿根廷、巴西、哥伦比亚、克罗地亚、爱沙尼亚、印度尼西亚、罗马尼亚、俄罗斯、塞尔维亚、突尼斯、乌拉圭这些国家,无论在成绩还是在态度上,最多是在两个测量指标上有中等的性别差异。

然而还有几个国家,数据清楚地显示,虽然男生和女生在科学测评上没有成绩差异,但 15 岁男生和女生在态度上有重要的差异。当学生在一系列学科中选择他们在高等教育阶段所要继续学习的科目时,学生可能会有各种不同的动机。学科可能是有用的,因为它们打开了学生感兴趣领域的职业机会;或者,学生可能仅仅偏好他们喜欢学习的学科。在这种情况下,即便是中等的差异就足以阻止学生选择继续学习这个学科。在德国、冰岛、日本、韩国、荷兰、英国,以及伙伴地区中华台北、中国香港、中国澳门,性别差异是最为明显的,男生至少在五个态度测量指标上报告的值更高(虽然在冰岛、德国、荷兰,女生报告对环境问题有更高的关注度,或者对可持续发展有更强的责任感)。同时,法国、意大利、美国也存在同样的情况,只是程度低一些。在奥地利、希腊、冰岛、韩国、挪威,女生至少在三个态度测量指标上显示更为负面的态度,即使他们在识别科学议题量表上成绩更好。同时,值得注意的是,这其中大部分国家在科学测试中的成绩都在平均分以上。相反,在伙伴国约旦和泰国,女生在科学测试上成绩更好,所报告的科学态度也更为积极(表 3.21)。

政策启示

PISA 测评学生在多大程度上掌握了科学和技术知识,并能为个人的、社会的和全球的利益而运用这些知识,另外,PISA 也通过 PISA 2006 测评的部分试题和单独的学生问卷,对获得有关学生对科学的态度和对科学的参与情况给予了足够的关注。在 PISA 测评中,态度被看作个人科学能力的关键构成因素,包括个人的价值、动机导向和自我效能。

在解释这些结果时,政策制订者们首先要注意,学生一般报告对科学有非常积极的态度,这个研究结果是学校中的教学和学习都可以运用的。大部分 15 岁学生报告他们认识到科学在世界上所起的重要作用,因此科学对解释他们周围发生的事情是至关重要的。大部分学生表示,他们对科学有广泛的兴趣,科学在某种程度上与他们的生活相关,而且他们一般能够掌握学校中遇到的科学问题。另外,在某些更为具体的方面,学生对科学的态度则相对比较消极。只有大约一半的学生对他们诠释某类科学证据的能力有自信心,一小部分学生将科学看作他们会在未来继

续从事的职业。大部分学生虽然关注类似保护环境等科学议题，并支持采用测量指标来解决这类问题，但他们对这些领域的前景表示悲观，而且学生掌握的科学知识越多，他们所报告的态度就越悲观。相比于相信科学能带来技术进步的学生，相信科学能解释社会问题的学生要明显少得多。

回应这些研究发现，有几个原因可以说明政府为什么希望改善年轻人对科学的积极态度。其一，使各个国家（地区）加强本国（地区）科学人员的基础：对科学态度积极的学生更可能有动力继续从事科学职业，或者加强这个学科的技能发展。对科学感兴趣、喜欢科学、对科学有强烈的自我效能，这些都与科学成绩有正向联系，虽然联系程度只是中等。同样重要的是，使那些最终不会从事科学相关职业的学生能够在生活中参与科学，因为学生所处的世界里，科学构成了人们生活的重要组成部分，科学能力有助于人们实现他们的目标。与此相关的是，需要确保作为公民的成人在社会中对科学有责任感的态度，支持那些有助于实现社会和经济目标的科学事业，并运用科学来回答环境危机等公共议题。

上面总结的研究结果表明，虽然学生所报告的对科学的积极态度程度相当一般，但仍旧可以做很多事情，鼓励他们对科学有更密切的兴趣，并加强他们在这些态度中较弱的方面。PISA2006结果有助于指出这些弱项在哪里。而且，这些研究结果也显示，在不同国家（地区）间，在某些指标上，哪些态度所展示的不同群体学生间的差异最大，如较强的学生和较弱的学生之间的差异，社会经济背景较有利和较不利的学生之间的差异，以及男生和女生之间的差异。在态度上最消极的方面，学生的自我报告表明：

- 相比于科学带来社会改善的能力，学生倾向于报告更相信科学的技术潜力。这表明，学生进行了批判性思考，并且在某些情况下仍旧可以做更多的事情，来展示潜在的科学收益，用学校课程来显示更为广泛的科学发展潜力。
- 虽然学生在回答对科学整体喜爱问题时态度是积极的，但平均只有43%的学生认为他们喜欢解决科学问题。并且问题越具体，学生所报告的兴趣和喜爱程度就越低。这表明，虽然学生一般对科学有正面的感受并意识到科学的重要性，但这并不总能反映在他们做科学的经验中。这也给学校提出了挑战，要使科学本身更具有参与性。
- 只有一小部分学生报告有兴趣学习科学或从事科学。这表明，学校需要更有效地推动科学职业，并创造路径鼓励更多的学生继续学习该学科。
- 定期的校外科学活动只吸引了一小部分学生。根据学生的报告，哪怕是他们最常进行的活动——定期观看科学电视节目，也只吸引了五分之一的学生。这表明，只有鼓励学生用更广泛的视角看待科学，而不仅仅是学校中学习的科学，这样才有可能推动对科学的参与。
- 学生报告很关注科学议题，并且有强烈的欲望处理这些议题，但他们又普遍报告对这些领域的改善表示悲观。虽然学生对这些议题有普遍的兴趣，他们也最了解某些人们普遍关注的领域，但只有一半的学生表示意识到与转基因农作物相关的议题，以及与采伐森林相关的议题。学校有一项重要的任务，要给予学生关于科学议题的全面知识，而不仅仅是那些媒体最为关注的议题。

上面的研究发现都与所有学生对科学态度的国际平均值相关。然而，为了对态度较消极的

学生进行有目的的必要干预,我们需要了解:在哪些领域,有些学生对科学的参与不如其他学生?

实际上,本章上面所讨论的所有态度在某种程度上都与学生的科学成绩有关联:

- 典型的结论是,对于所测量各个因素上的积极态度每高出一个单位,相关联的 PISA 测评成绩差异要多出大约 20 到 30 分。这个方面的最大差异是对环境问题的意识,其差异为 44 分,其次为自我效能,差异为 38 分。

- 平均而言,报告对环境问题的意识感最弱的 1/4 学生中,他们的科学成绩位于该国最低 1/4 的可能性是其他学生的三倍。相反,在对环境的关注程度和科学成绩之间的联系则相对要小得多:这种关系只在大约一半的国家中有显著性。这表明,虽然学生所感受的对环境的关注程度不大是一个问题,但是仍需要专门针对意识较弱的学生采取措施,以便加强他们对特定科学议题的意识。

- 平均而言,报告对处理环境问题的自我效能感最弱的 1/4 学生中,他们的科学成绩位于该国最低 1/4 的可能性是其他学生的两倍多。PISA 无法显示缺少自我效能在多大程度上是科学素养中弱项的原因或结果,但这种强关系表明,培养学生对其处理科学问题能力的自信心,是提高科学成绩的重要组成部分。

学生的社会经济背景在这种关系中也起了重要的作用。这种结果显示,例如,来自社会经济背景更有利的孩子很明显更有可能报告,他们重视科学。这种效应在各个国家之间相对较小。然而,在有些国家(爱尔兰、美国、澳大利亚、新西兰、瑞典、芬兰、英国、卢森堡、荷兰,以及伙伴国列支敦士登),该效应要大得多。

性别差异在多大程度上是重要的?虽然大部分国家中女生的科学成绩和男生一样好,但女生在自我概念上更可能弱于男生。不过,这种差异仍旧是中等的,而且各国(地区)之间,在有些国家(地区)有强烈影响,在有些国家(地区)则没有差异。也许更为重要的是,在很多其他方面,各国间学生在自我报告的科学态度上没有统一的性别差异模式。在未来学习和工作中运用科学上,男生和女生不存在整体的差异。当前在科学人员存在偏向男性的前提下,这表明了重要的积极社会变化的基础。然而,一些国家中在一系列测量指标上男女生的态度仍存在明显差异。在德国、冰岛、日本、韩国、荷兰、英国,以及伙伴地区中华台北、中国香港、中国澳门,至少在五个态度指标上男生报告的值比女生更高。在法国、意大利和美国也可以发现这些差异,只是差异更小一些。这些国家(地区)——尤其是第一组国家(地区)——需要继续追问:学生对科学态度的性别差异能否减小,在其他国家(地区)都或多或少地消除了这些差异,这一点是令人鼓舞的。

最后,仍然有某些议题对一些国家尤其重要。例如,PISA 显示,在日本、韩国、意大利,以及伙伴国印度尼西亚、阿塞拜疆、罗马尼亚,学生对科学的自我效能远远低于国际平均值(至少低于国家平均数 0.2 个标准差)。这表明,这些国家需要帮助建立这些学生对自己处理科学问题的自信心。PISA 同时显示,有些国家中学生对科学议题的意识非常低——这包括许多伙伴国,以及 OECD 国家,包括墨西哥、冰岛、卢森堡、瑞典、韩国、瑞士、丹麦(至少低于国家平均数 0.2 个标准差)。这些国家可以在课程中增加科学素养这个专门领域的覆盖面。

注 释

[1] 参见 Martin *et. al*(2004)。

[2] PISA 2006 将学生态度包括在内,及其所选定的具体态度领域的依据,是基于 Klopfer' 提出的科学教育情感领域结构和对态度研究的回顾(OECD,2006a)。

[3] 出于这个目的,对每个国家都单独用一个模型进行估算,并对所有国家进行整体估算(详细说明,请参阅附录10)。

[4] 唯一例外的是学生对环境问题关注程度的测量指标,因为30个国家中只有18个国家的学生成绩间关系具有一致性。

[5] 在30个OECD国家中,至少有28个国家显示这些测量指标与成绩有一致的相关性。

[6] 在合并的 OECD 国家样本中这三个指标都与成绩都呈正相关关系;对科学探究的支持与科学成绩的相关性是0.25,普遍科学价值观指数与学生成绩的相关性是0.22,个人科学价值观指数与学生成绩的相关性是0.12。而且在每一个OECD国家内每个指标与成绩之间都呈正相关的关系。除墨西哥(0.66)、希腊(0.66)、匈牙利(0.66)和法国(0.66)外,两个指标显示中等的信度(Cronbach's Alpha 值为0.75)。

[7] 这两个测量指标的信度都很高(对科学的自我效能 Cronbach's Alpha 值为0.83,对科学自我概念的值为0.92)。对于合并的OECD样本,两个指标都与科学成绩呈正相关(对科学的自我效能和科学成绩间的相关性为0.33;对科学的自我概念与学生成绩的相关性为0.15),在各个OECD国家内部,这两个指标与科学成绩之间的联系也呈正相关。

[8] 其中两个指标是基于学生问卷中的问题,这两个指标都显示有很高的信度(对科学的普遍兴趣的 Cronbach's Alpha 值为0.85,对科学的喜爱为0.88)。在合并的OECD样本中,这两个指标显示与科学成绩有较弱的正相关(对科学的普遍兴趣与科学成绩的相关系数为0.13,对科学的喜爱与科学成绩的相关系数为0.19),各OECD国家中这两个指标都与科学成绩成正相关。第三个指标(对科学议题的兴趣量表)源自包括在科学测试中的问题,在合并的OECD样本中,该指标与科学成绩呈现非常弱的负相关性(—0.06)。

[9] 两个测量指标都显示有很高的信度(Cronbach's Alpha 值为0.92)。在合并的OECD样本中,这两个指标与科学成绩间都有较弱的正相关性(学习科学的工具性动机与科学成绩间的相关性为0.09,学习科学的未来导向性动机和学生成绩间的相关性为0.08)。28个OECD国家中,国家内部对于学习科学的工具性动机指数与科学成绩具有正相关关系,29个OECD国家中学习科学的未来导向性动机与科学成绩是正相关关系,在墨西哥为负相关。

[10] 注意,ISCO-88 职业分类得出的科学相关职业不同于 OECD/Eurostat《投入科学技术的人类资源》中的分类,差异主要体现在以下两个方面。首先,这种分类专门与科学相关。其次,重点是放在所涉及职业的工作过程中所利用的科学能力。因此,例如,OECD/Eurostat 的界定中科学相关职业包括了数学专业人士,而根据 PISA 的界定则不包括。

[11] 这个测量指标具有很高的信度(Cronbach's Alpha 值为0.80),在OECD样本中,这个指标与科学成绩呈现十分微弱的正相关(0.04)。29个OECD国家中,各个国家内部该指标与科学成绩间呈正相关关系,在墨西哥则为负相关。

[12] 这个测量指标的信度中等(Cronbach's Alpha 值为0.76),但在两个OECD国家中这个指标的信度都稍微更低些(希腊[0.66]和匈牙利[0.69])。在合并的OECD样本和每个OECD国家内部,该指标与科学成绩间呈现正相关(0.43)。

[13] 对环境问题关注度指数有很高的信度(Cronbach's Alpha 值为0.81),不过在意大利这个指数信度相对更低些(0.69)。合并的OECD样本中,这个指标和科学成绩没有相关性(0.01)。18个OECD国家中,该指标的国家内指数值与科学成绩存在正相关,在捷克和冰岛则呈现负相关。

[14] 对环境问题的乐观指数的信度中等(Cronbach's Alpha 值为0.79),不过,奥地利(0.68)和德国(0.69),这个指数的信度相对稍低。在合并的OECD样本中,这个指标显示与科学成绩呈负相关(—0.17),在所有OECD国家中,国家内部该指标与科学成绩呈现负相关。

[15] 对可持续发展责任感指数的信度中等(Cronbach's Alpha 值为0.79),在合并的OECD样本中,该指标与科学成绩间呈现弱正相关性(0.18)。在所有OECD国家中,国家内部该指标与科学成绩也呈正相关性。

第四章
学校和学生的成绩表现和公平

引言	142
保证学校达到一致的标准:学生成绩的校间差异与校内差异	142
学习结果的质量与学习机会分配的公平性	145
■ 移民背景与学生成绩	146
■ 社会经济背景与学生和学校的成绩	151
社会经济差异和教育政策在减少社会经济不利因素影响中的作用	162
社会经济背景和家长的作用	165
政策启示	167
低分学生集中	168
不同的斜率和社会经济梯度解释力	169
不同的社会经济状况	170
不同的校间梯度	171
不同的校内梯度	172

引言

第二章考察了不同国家(地区)15岁学生的成绩表现。分析表明,在学生把科学知识和技能应用于实际生活的能力方面,国家(地区)间的排位出现了较大的变化。国家(地区)间的差异占PISA 2006所有参与国(地区)学生成绩差异的28%,在OECD成员国间,该差异占到9%。其余的成绩差异存在于学校间和学生间,因此,解释国家(地区)的成绩差异时,需要同时考虑学校和学生间的成绩差异,这一点非常重要[1]。

国家(地区)间的学生成绩差异可能有多种不同的原因,比如:学生和学校的社会经济背景;课堂教学的组织方式和呈现方式;学校的人力和财力;教育系统层面的因素,诸如课程的差异、组织管理的政策和具体实施。找出那些在不利的社会经济条件下表现良好的学生、学校和教育体制的特征,有助于政策制订者设计高效的政策杠杆,解决教育机会分配不均的问题。

本章首先更详细地分析了第二章所提到的成绩差异。这部分会特别考虑学生成绩的总变异在多大程度上与不同学校间的成绩差异相联系。接着,我们会考察学生和学校的社会经济背景在解释学生和学校成绩差异方面的作用,它是衡量不同教育制度中学习机会分配公平性的一个指标。这是除平均教育水平之外的另一个重要问题:教育失败导致的社会和经济成本很高,因为那些社会参与能力不足的人可能没法实现自己的潜能,而且他们可能会提高卫生保健、收入保障、儿童福利和安全保障方面的成本(OECD, 2007)。

先前的PISA测试分析工作(OECD, 2001;OECD, 2004;Willms, 2006)是本章分析的基础。

PISA 2006中,家庭背景对学生成绩的总体影响在科学、数学和阅读方面比较类似。因此,为了表述简练、避免重复,本章缩减了对学生科学成绩(这是PISA 2006关注的领域)的分析,仅包括了科学总量表,而没有单独分析各个能力和知识领域的分量表。

保证学校达到一致的标准:学生成绩的校间差异与校内差异

既要满足各类学生的需要,又要缩小学生之间的成绩差异,这对所有国家(地区)来说都是巨大的挑战。各国(地区)在应对这些挑战时所采取的方法也各不相同。

有些国家(地区)采取综合性的教育体制,学校之间没有差异,或差异很小。它们要求学校和教师为所有能力、兴趣和家庭背景各异的学生提供相似的学习机会。其他一些国家(地区)则区别对待,或在学校间,或在学校内,按照学生能力进行分轨或分流,目的是按学生的学术潜力和对具体课程的特殊兴趣为他们提供不同的教育。在很多国家(地区),这两种方法是配合使用的。即使是在综合性的教育体制下,由于社区经济水平和文化特征的不同,或由于地理位置的不同(如,地区之间,联邦体制下的各州、各省之间,或者城乡之间),不同学校学生的成绩水平也存在显著差异。最后,各个学校间的有些差异更难以量化或描述清楚,这部分地源于学校教学质量或有效性上的差异。因此,即使是综合性的教育体制,学生的成绩水平在各校间仍存在差异。

图 4.1 ■ 科学量表上学生成绩在学校间和学校内的方差

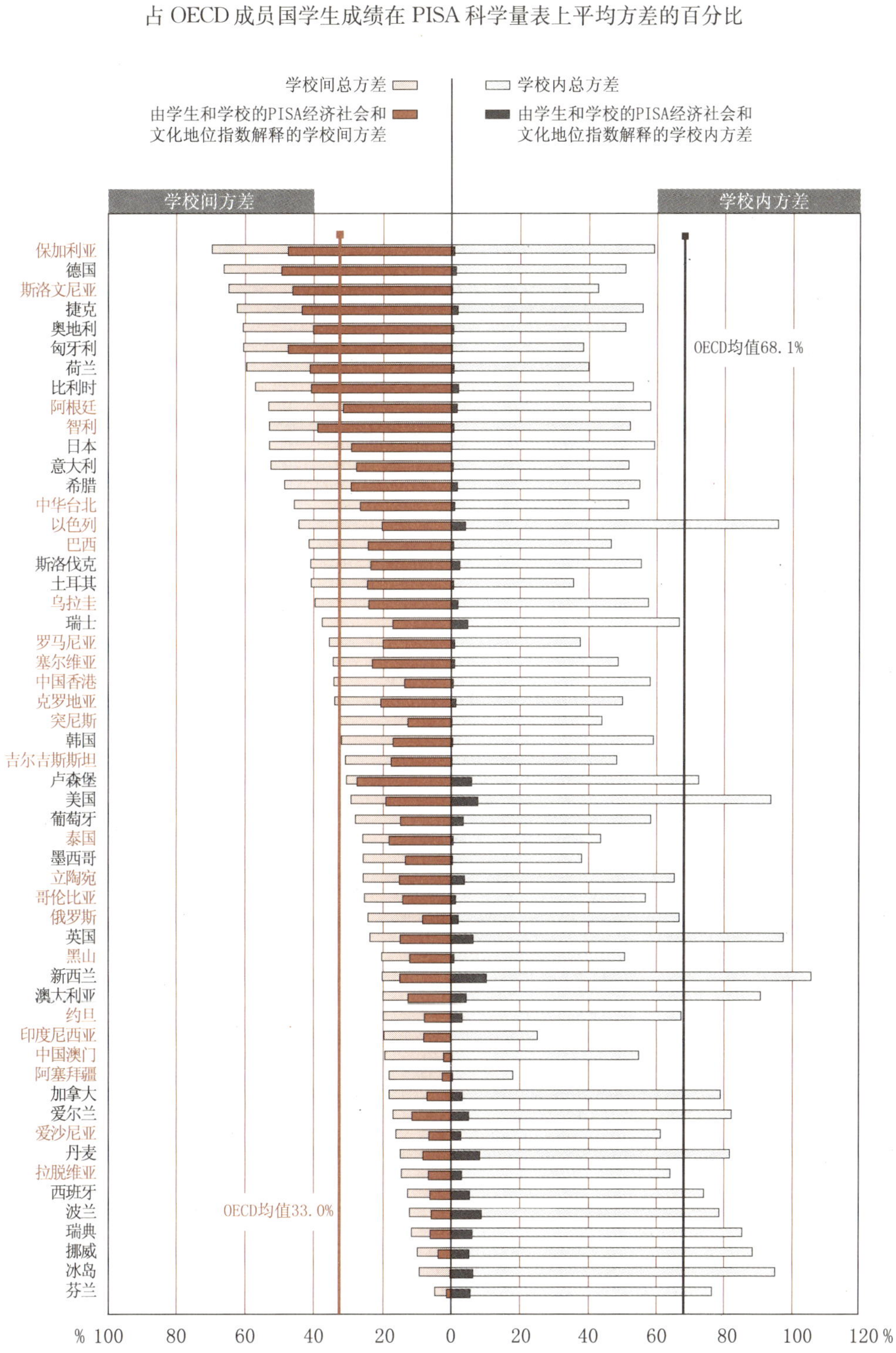

占 OECD 成员国学生成绩在 PISA 科学量表上平均方差的百分比

资料来源：OECD PISA 2006 数据库，表 4.1a。
StatLink http://dx.doi.org/10.1787/141848881750

教育政策和塑造各国(地区)学校教育体系的传统模式如何影响并造成学校间、学校内学生成绩的差异？相比那些采取非选拔性教育体制的国家(地区)，明确实行按能力分轨或分流政策的国家(地区)学生成绩的总体差异是否更大呢？对科学成绩差异很大的国家(地区)而言，这些问题尤为重要。

图4.1显示了各个国家(地区)内15岁学生科学能力的巨大差异(表4.1a)。横条的总长度代表了学生成绩在PISA科学量表上的方差。注意图4.1中的数值表示占OECD成员国学生成绩在PISA科学量表上平均方差的百分比，其值等于8 971个单位[2]。若值大于100，则表明这个国家(地区)学生成绩的方差大于OECD成员国的平均方差。类似的，若值小于100，表明学生成绩差异低于平均方差。例如，芬兰不仅总成绩最高，而且学生成绩的变异水平也最低[3]。相反，在新西兰、美国、英国、澳大利亚、德国和伙伴国以色列、保加利亚和阿根廷，学生成绩的方差要比OECD平均值高10%到37.1%[4]。

对每个参与国(地区)来说，学生成绩的差异是由不同学校学生的成绩差异(校间差异)和学校内不同学生的成绩差异(校内差异)造成的。同时，这一结果还受到国家(地区)对学校如何界定和组织的影响，受到所选抽样单位的影响[5]。在图4.1中，中心线左侧的横条长度表明校间方差，图中国家(地区)也按此排序。中心线右侧的横条表明校内方差。因此，中心线左侧越长，则不同学校间的平均成绩差异越大，而中心线右侧越长，则校内不同学生间的差异越大。

如图4.1所示，所有国家(地区)都有相当大的校内差异，同时大多数国家(地区)校间差异也相当大。OECD成员国平均而言，15岁学生成绩的校间差异能解释OECD学生成绩方差平均值的33.0%。

在德国和伙伴国保加利亚，15岁学生成绩的校间差异特别大，是OECD平均校间方差的两倍。在捷克、奥地利、匈牙利、荷兰、比利时、日本、意大利以及伙伴国斯洛文尼亚、阿根廷和智利，校间方差的比例都超过OECD平均水平的1.5倍(参阅表4.1a的第3栏)。有些国家(地区)学生成绩的校间差异较大而校内差异较小，这些国家(地区)的学生们往往与和他们成绩相近的学生分在一所学校。这可能反映了家庭对学校的选择或按照居住地派位的情况，学校的录取政策或分配学生学习不同课程的分轨或分流方式。

芬兰的校间差异仅占OECD平均水平约14%[6]，冰岛和挪威分别占约27%和29%。不同的是，在芬兰，校间变异占学生成绩总变异不到5%，而在冰岛和挪威，该比例小于10%。学生成绩与所在学校关系不大的国家还有爱尔兰、丹麦、西班牙、波兰、瑞典以及伙伴国爱沙尼亚和拉脱维亚(表4.1a)。

值得一提的是，芬兰、爱尔兰以及伙伴国爱沙尼亚在PISA 2006中的成绩都很好，或至少高于OECD的平均水平。在这些国家，家长们可以信赖整个教育系统内统一适用于所有学校的高水平成绩标准，因此，相比那些校间差异较大国家(地区)的家长，他们对于通过择校使孩子获得好成绩并不热心。这同时也表明，确保学校间学生成绩相似，这一政策目标与高水平的总成绩标准是可以相容的。

在有些国家(地区)，不同地区在学生成绩、教育系统的社会经济背景或体系背景上的差异也

非常大。为了掌握国家内部不同教育系统间和不同地区间的差异,一些国家在地区水平上实行了 PISA 测试(例如,澳大利亚、比利时、加拿大、德国、意大利、墨西哥、西班牙、瑞士和英国),并且,本报告的第 2 卷中也包括了其中一些国家各地区水平上的结果。在西班牙,学生成绩的地区差异不大。但在比利时,佛兰德地区的学生成绩(529 分)处于高水平(与荷兰和日本学生的成绩相类似),德语地区的成绩是 512 分,法语地区的成绩是 496 分。因此,比利时学生成绩的校间差异很大部分源于不同地区间的差异。

有些成绩的校间差异是由生源的社会经济背景造成的,有些校间差异也反映了学校和学校教育体系的某种结构特征,特别是那些按能力分轨的学校教育体系。有些校间成绩差异是由学校管理者和教师对政策的实施造成的。换句话说,进入一所特定的学校会带来增值或是降值。第 5 章分析了这些议题。

对大多数国家(地区)而言,这些结果与之前的 PISA 测评结果类似,但也存在一些值得注意的例外情况。例如波兰,校间差异在 2000 至 2003 年间出现了大幅度下降,从占 OECD 学生成绩总变异平均值的 50.7%(不同学校的分轨可以解释其中的大部分比例)降到了 14.9%,在 PISA 2006 中,波兰的校间差异占 OECD 学生总变异平均值的 12.2%。研究人员将这一结果归功于波兰在 1999 年推行的教育体系结构改革,该项改革的方向是一种更加综合、更为分权化的教育体系(参阅第 5 章)[7]。

在 2000 和 2006 年间,校间差异同样出现下降的还有瑞士(从 45.8% 到 37.5%)、比利时(从 65.0% 到 57.0%)和伙伴国拉脱维亚(从 31.7% 到 14.5%)、俄罗斯(从 34.4% 到 24.1%),可参阅表 4.1a、表 4.1b、表 4.1c[8]。

学习结果的质量与学习机会分配的公平性

随着最近 20 多年来教育的发展,教育结果的不公平以及教育和社会流动的不公平在许多国家(地区)持续存在(OECD,2007)。考虑到教育是人生机遇的强有力决定因素,教育的公平性可以支持人生机遇的平等。比如,教育对于代际间经济优势地位的继承和社会阶层划分起着主要作用,但同样,它也是一种促进代际间收入流动的具有可行性的政策工具(OECD,2006b)。然而,教育不公平带来的长期的社会和财富消耗相当高,因为那些在社会和经济参与方面能力不足的人不仅无法发挥他们的潜力,反而会提高卫生保健、收入保障、儿童福利和安全保障方面的成本。

因此,能较成功地为不同学生群体提供适当、公平的机会,这是评价教育系统绩效的一个重要标准,并且,PISA 特别关注公平方面的问题。为此,PISA 将学生和学校成绩与社会经济背景之间的关系紧密程度作为一个标准,用以评价教育机会分配的公平性[9]。在那些无论社会经济背景如何,学生和学校成绩都非常好的地方,教育机会的分配可被视为更趋公平。相反,那些学生和学校成绩非常依赖社会经济背景的地方,教育机会分配仍存在很大的不公平,并且学生的潜能也仍未得到完全开发。

PISA 2006 的结果显示低分并不总是与家庭背景不利联系在一起。但是,家庭背景仍旧是影响学生成绩最强有力的因素之一,在 OECD 地区,它平均能解释 14.4% 的学生科学成绩差异(表

4.4a）。为了评价社会经济背景对学生成绩的影响作用，PISA 从多方面收集了有关学生家庭的经济社会文化地位资料。它们包括：父母的职业地位（表 4.8a）；父母的教育水平（表 4.7a）；家庭获得教育和文化资源的程度（表 4.9a）以及学生与父母的出生地（表 4.2c）。附录 A1 说明了建构这些测量指标的具体方式。

尽管上面提到的数据表提供了这些指标各自相应的数据，但由于这些社会经济背景各个方面的指标相互紧密相关，所以本报告剩余的大部分内容把他们综合为一个单一的指标，即学生的 PISA 经济社会文化地位指数[10]。该指数的建构，使 OECD 成员国学生群体中有三分之二的值在 −1 至 1 之间，且平均值为 0（就是说 OECD 成员国学生群体的总体平均值被设为 0，标准差设为 1）。

但是，社会经济背景的来源之一，学生的移民背景及其与学习成绩的关系，在政策方面中获得了非常多的关注，因此本章对学生的移民背景进行单独探讨。

移民背景与学生成绩

在大多数 OECD 成员国，政策制订者与普通大众对国际移民问题越来越关注。部分原因是最近几十年间，许多 OECD 成员国涌入了大量移民，无论是由于经济活动全球化，还是 20 世纪 60、70 年代劳动移民潮之后的家庭团聚、东欧阵营瓦解或者政局动荡。仅 1990 至 2000 年间，全球不在出生国生活的人数就翻了一番，达到 1.75 亿（OECD，2006c）。在德国、比利时、奥地利、法国、荷兰、瑞士，以及伙伴国克罗地亚、爱沙尼亚和斯洛文尼亚，15 岁的学生中生于国外或父母生于国外的比例已超过了 10%，美国是 15%，约旦是 17%，瑞士、澳大利亚、新西兰、加拿大和伙伴国以色列在 21% 至 23% 之间，卢森堡为 36%，列支敦士登为 37%，在伙伴国（地区）中国澳门、中国香港和卡塔尔，该比例超过了 40%（表 4.2c）。需要注意的是，这些移民学生是一个差异性极大的群体，他们的技能、背景和动机都非常不同。

考虑到可预期的人口老龄化，对熟练劳动力的不断需求，以及家庭团聚的需要，移民仍将在 OECD 成员国政策制定中获得很高关注。尽管移民中很重要的一部分人技术熟练，但也有许多人技术水平低，社会地位不利（OECD，2006c）。这些劣势，以及同时伴随的文化和种族差异，可能会在新来者和接纳社会之间造成许多潜在的分化和不平等。

这些问题已大大超越了如何疏导和控制移民潮的议题，而与如何有效解决融合问题的关系越来越紧密，这对移民本身如此，对移民接受国的人民也是如此。鉴于教育在职业成功中的关键作用，教育和培训为移民融入劳动力市场创造了条件。它还有利于攻克语言障碍，推动社会规范和价值的传播，而这正是社会融合的基础。

通过评价学校中有移民背景的 15 岁学生的成绩，PISA 对上述问题的探讨增加了一个重要的视角。这里所描述的移民学生成绩处于劣弱的情况，对教育系统提出了重大的挑战。教育系统本身似乎没法单独解决这些问题，就像事实上所显示的那样，在一些国家（地区），第二代移民和第一代移民成绩劣势一样大，甚至更大。这部分会把一个国家（地区）移民学生的成绩与该国本土学生成绩以及其他国家（地区）移民学生成绩进行比较。同时，这部分还会考察第一代和第二代移民学生的成绩差异。接下来还要考察这些成绩差异在多大程度上可以归因于社会经

济和语言因素,结尾部分分析相对本土学生,移民学生在多大程度上面临着较差或较好的学校教育条件。

在有移民背景的15岁学生占较大比例的国家(地区),[11]平均而言,第一代学生——就是说学生本人在国外出生,父母也是国外出生——比本土同龄学生落后58分,这是一个相当大的差异,38分大致等于OECD平均一个学年的差异(参阅专栏2.5)。即使考虑了其他社会经济因素,这种差异的一大部分仍然存在,本章后面将会描述。

这说明,在充分实现移民所带来的人力潜能方面,学校和社会面临着重要的挑战。同时,表4.2c表明,第一代移民学生的成绩劣势达到了统计上的显著性水平,分差从加拿大和伙伴国克罗地亚的22分到德国、瑞典、丹麦、奥地利、比利时和瑞士的77至95分不等。相反,在澳大利亚、新西兰、爱尔兰以及伙伴国(地区)塞尔维亚、以色列、中国澳门和俄罗斯,第一代移民的成绩与其本土同龄人不相上下。这一部分后面将会说明,虽然这些差异中的一部分可以归因于社会经济因素,但国家(地区)之间差异仍然非常大。

值得一提的是,在所有OECD成员国中,移民学生人口数与移民同本地学生之间的成绩差异值之间并不存在正相关。[12]这一发现推翻了大量移民不可避免会损害国家融合这一常见推测。

由于缺乏纵向数据,所以不可能直接评估移民背景学生成绩的落后状况在代际间逐步减少的程度。然而,我们可以比较第二代移民和第一代移民学生的成绩,第二代移民出生在参加测试的国家(地区),他们与本土同龄人接受了同样年限、同一种正式教育,而第一代移民学生则是在别国开始受教育的。尽管在瑞典和瑞士,第二代移民学生成绩仍低于所在国的平均值,但出生后就一直处于某种教育和社会系统的人相对而言会占优势,就像瑞典、瑞士、加拿大以及伙伴地区中国香港和中国澳门,第二代移民学生成绩相对第一代更好(图4.2a、图4.2c)[13]。然而,在新西兰和伙伴国以色列、卡塔尔,情况恰好相反,第二代移民学生的成绩比同龄的第一代移民差。并且,比较第二代移民学生同本土学生会发现,在一些国家(地区),第二代移民学生的成绩劣势非常大,尤其是德国、奥地利、丹麦、比利时和荷兰,这些学生比同龄本土学生的成绩低79到93分。

虽然对平均成绩的分析有助于描述有移民背景学生的总体状况,但对成绩分布进行更细致的分析也同样有所启发,分析表明,在科学成绩高端,移民背景学生的成绩在各国(地区)之间差异非常小,而在低端,他们的成绩差异则相对较大。

在加拿大、新西兰、澳大利亚和伙伴地区中国香港,第二代移民学生成绩在5级和6级的比例分别是13%、14%、15%和18%。这与这些国家(地区)本土学生中成绩最高的学生比例相似(OECD平均而言,第二代移民学生是6%,本土学生10%)。在英国,9%的第二代移民学生达到了PISA科学量表最高的两级,本土学生的相应比例是14%。在美国,两者的比例分别是5%和10%。相反,丹麦仅有1%的第二代移民学生达到成绩高端,而本土学生是7%(表4.2b)。

在量表底部,第二代移民学生有31%没有达到科学成绩2级的基线。只有达到这一水平,学生才能表现出科学方面的能力,才能有效地参与到科技相关的生活情境中。即使在一些科学总成绩相当好的国家(地区),成绩差的移民学生仍然占相当高的比例。例如,在卢森堡、丹麦、荷兰、瑞士、奥地利和德国,第二代学生达不到2级的比例至少是本土学生的三倍(图4.2b、表4.2b)。

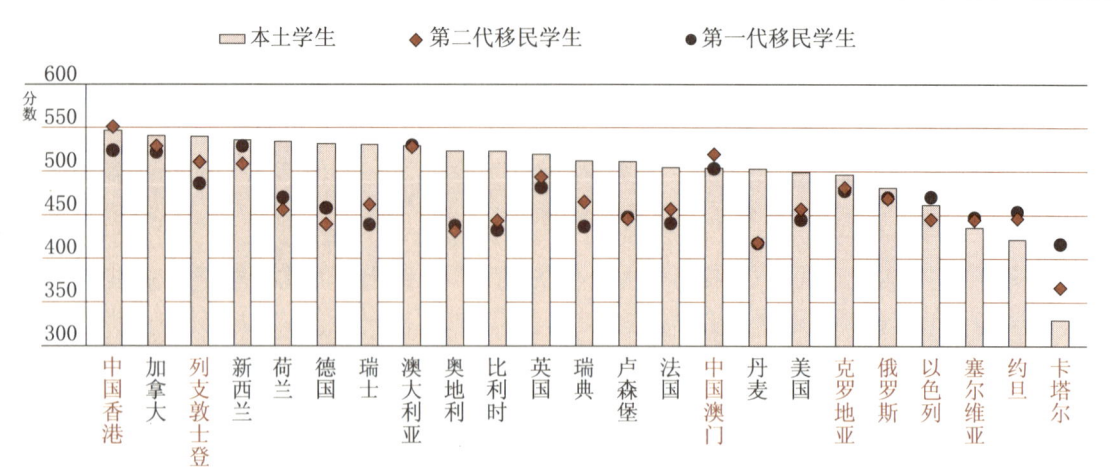

图 4.2a ■ 不同移民背景学生的科学量表成绩

注：该图仅包括第一代和第二代移民学生至少占3%的国家(地区)。
国家(地区)按本土学生成绩降序排列。
资料来源：OECD PISA 2006 数据库，表 4.2a。
StatLink http://dx.doi.org/10.1787/141848881750

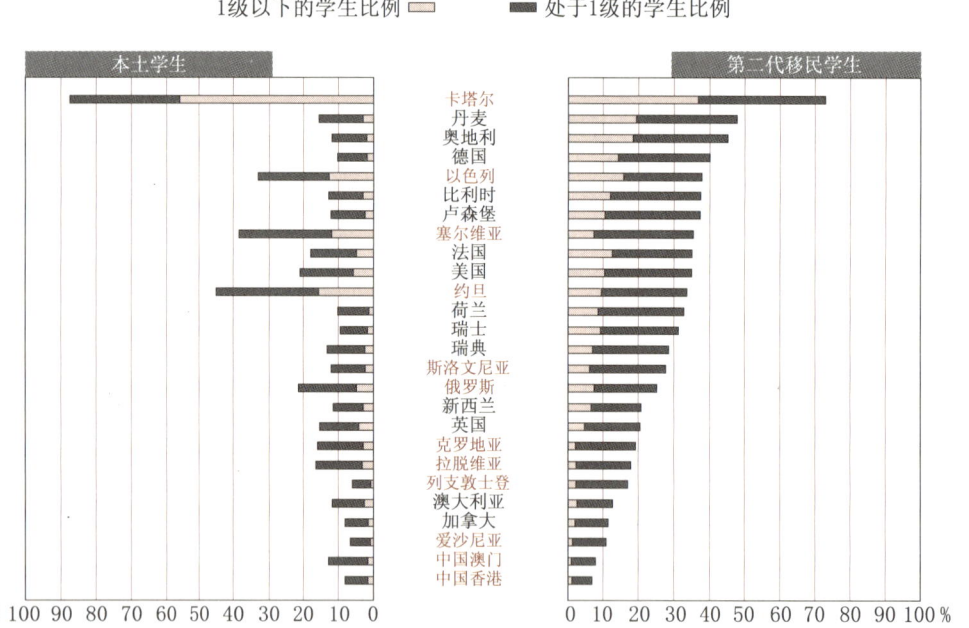

图 4.2b ■ 第二代移民学生与本土学生处于科学量表 2 级以下的比例

国家(地区)按处于 2 级以下的二代移民学生成绩降序排列。
资料来源：OECD PISA 2006 数据库，表 4.2b。
StatLink http://dx.doi.org/10.1787/141848881750

出生于别的国家(地区)并不是移民学生的唯一特征；在许多国家(地区)，家庭语言和科学成绩之间的联系与生于外国和科学成绩之间的相关一样强（表 4.3a）。在比利时、奥地利、丹麦、卢森堡、德国、瑞士、荷兰，以及伙伴国列支敦士登和保加利亚，在家里不讲测试语言、讲其他国家语言或其他官方语言的学生在 PISA 科学量表上的成绩要落后 82 到 102 分,并且这些学生至少有 2.4 倍的可能位于科学成绩最低的四分之一处(表 4.3a)。相反,在澳大利亚和加拿大,该成绩差距仅为 19 分和 23 分,同时,在伙伴国以色列和突尼斯,该差异在统计上不显著,在卡塔尔,家中讲其他语言的学生的成绩超过了在家中讲测试语言的学生。

少数民族学生和/或移民学生在教育上的不利情况,很大程度上受影响于他们来源国(地区)状况,这明显不能完全归罪于移居国的教育系统。即使从绝对意义上讲他们成绩可能已经提高了,但来源国(地区)教育上的落后在移居国(地区)仍会被放大。这些学生学业上的不利地位可能是由于他们是进入了一个新教育系统的移民,还可能是因为他们要学习新的语言,而家庭语言环境又不能推动这种学习。

此外,当我们解释本土学生与有移民背景的学生之间的成绩差异时,需要着重考虑各国(地区)之间的差异性,比如移民的来源国(地区),移民的社会经济背景、教育背景和语言背景。移民人口的构成是由移民政策及其实施情况决定的,不同的国家(地区)接受移民的标准差异很大。有些国家(地区)每年接受大量移民,通常它们选择要求低,而有些国家(地区)移民人数很少,或者它们对移民的要求很高。此外,从移民和归化政策来讲,多大程度上考虑到了潜在移民人口在社会、教育和职业方面的地位,各国(地区)之间的情况也不一样。其结果是,有些国家(地区)移民人口的背景相比其他国家(地区)的更具优势。在 OECD 成员国中:

- 澳大利亚、加拿大、新西兰和美国是移民国家,其移民政策倾向于更具资质的移民(OECD,2005b)

- 在 20 世纪 60、70 年代,像奥地利、丹麦、德国、卢森堡、挪威、瑞典和瑞士等欧洲国家吸纳临时的移民工人,他们最终永久居住下来。在过去十年间,除丹麦和德国外,移民再次增加。在奥地利、德国和瑞士,移民大都拥有高等教育文凭,很少仅接受过高中教育,瑞典的情况则稍差(OECD, 2005c)。这反映了两种非常不同的移民类型——低技术人员和高资质人员。

- 法国、荷兰和英国从前殖民地吸收了很多移民,他们已经掌握了移居国的语言。

- 在其他国家如芬兰、希腊、爱尔兰、意大利、葡萄牙和西班牙,最近的移民流入急速增加。从 1998 年到 2004 年,西班牙移民的增速提高了十多倍(OECD, 2006c)。

为了测量有移民背景的学生在国家(地区)之间的差异在多大程度上可归因于移民人口的构成,我们可以对学生的社会经济背景进行调整。表 4.3c 考察了移民学生成绩的落后在多大程度上受影响于下列因素:学生的经济、社会和文化地位,他们的家庭语言。例如,在德国和丹麦,考虑了学生的社会经济背景后,移民学生的成绩劣势分别从 85 分和 87 分缩减到 46 分和 49 分,在 OECD 各国,差异平均缩减量从 54 分到 34 分不等。但是,这种缩减在各国间比较近似,而且无论是否考虑社会经济背景因素,根据移民学生与本土学生成绩差异量排列的各国名次基本维持稳定。[14] 这些结果说明,移民学生的成绩水平不能仅仅归因于移民人口在教育和社会经济背景方面的构成。同样,也不能仅仅把它们归因于来源国(地区):例如,进一步详细分析 PISA 2003 评估的结果表明,移民自土耳其的学生在瑞士的成绩比在邻国德国的成绩高出 31 分(OECD, 2005c)。

图 4.3 ■ 本土和移民学生就读学校的特征

移民学生就读学校的特征落后：		移民学生就读学校的特征领先：
<<<	至少 0.50 个指数分值	>>>
<<	0.20 和 0.49 个指数分值	>>
<	超过 0.19 个指数分值	>

		移民学生比例[1]	经济社会文化地位指数[1]	教育资源的质量[1]	生师比[1]	教师短缺[1]
OECD	澳大利亚	22				
	奥地利	13	<<<		>	
	比利时	13	<<<		>>	<<
	加拿大	21				
	丹麦	8	<<<			
	法国	13	<<<	w	w	w
	德国	14	<<<			
	希腊	8	<<	<<		
	爱尔兰	6				
	意大利	4	<<		>	
	卢森堡	36	<<<	>		>
	荷兰	11	<<<			
	新西兰	21			<<	
	挪威	6	<<<			
	葡萄牙	6				
	西班牙	7	<<		>>	
	瑞典	11	<<		>>	
	瑞士	22	<<<			
	英国	9	<<		>>	
	美国	15	<<<		<<	
伙伴国（地区）	克罗地亚	12	<<			
	爱沙尼亚	12				>>
	中国香港	44	<<<			
	以色列	23	<<			
	约旦	17	>>	>>	<<	
	拉脱维亚	7		>>		
	中国澳门	74	<<<	>		>
	黑山	7	>>		<	<
	卡塔尔	40	>	>	<<	>
	俄罗斯	9				
	塞尔维亚	9				
	斯洛文尼亚	10	<<<	<		
	有类似特征的学校	9	24	20	24	
	移民学生就读且特征占优的学校	3	5	6	4	
	移民学生就读且特征不利的学校	20	2	5	3	

1. 根据每个国家（地区）的样本对分数进行标准化，指数的国家（地区）均值定位 0，标准差为 1。

资料来源：OECD PISA 2006 数据库，表 4.3d。

StatLink http://dx.doi.org/10.1787/141848881750

为了探究移居国（地区）学校教育条件的差异在多大程度上促成了上述这些结果，图4.3和表4.3d考察了移民学生和本土学生所在学校的差异。最一致的特征是，移民学生就读学校的总体社会经济背景较差。在丹麦、荷兰、卢森堡、德国、挪威、奥地利、美国、比利时、法国、瑞士以及伙伴国（地区）斯洛文尼亚和中国香港，这些差异非常明显。只有在澳大利亚、新西兰、葡萄牙、加拿大、爱尔兰，以及伙伴国俄罗斯、塞尔维亚、爱沙尼亚和拉脱维亚，移民学生和本土学生就读的学校在社会经济背景很相似。

在诸如教学材料、计算机和科学实验配备等教育资源的质量方面，移民和本土学生就读学校间的差异很小（图4.3）。然而，在希腊、葡萄牙、丹麦和荷兰，移民学生就读学校的校长更多地报告教育资源的质量阻碍了学习。

就人力资源而言，移民和本土学生就读学校在大部分国家（地区）不相上下，差异即使存在，也很小，而且通常有利于移民学生，特别是在西班牙、瑞典、荷兰、比利时和英国（图4.3）。尽管如此，在比利时和德国，移民学生比本土同龄人更可能进入那些校长更多报告教师短缺的学校（表4.3d）。在美国、新西兰以及伙伴国约旦、卡塔尔和黑山，与本土同龄人相比，移民学生更可能进入有更高生师比的学校。新西兰和伙伴国约旦的情况是，移民学生相对本土学生更倾向于就读那些教育资源较好、不存在合格教师短缺问题的学校。

在鼓励并增强移民学生发展出利于学习的性格特征，为日后的终身学习意愿和能力打下基础方面，学校和家庭做得怎么样呢？PISA的数据表明，移民学生的报告中没有迹象说明他们科学学习参与程度低。有移民背景的学生总体成绩不如本土学生，原因主要是较差的家庭环境。而且，在OECD地区，就指向未来的科学动机、对科学的喜爱和个人的科学价值感而言，移民学生比本土学生报告的水平更高或不相上下（图4.4）。实际上，只有在德国和伙伴国塞尔维亚、斯洛文尼亚，有移民背景的学生报告的科学参与程度更低。如果考虑到不同国家（地区）之间在移民历史、移民人口、移民和归化政策以及PISA中移民学生成绩等方面的巨大差异，这种发现的一致性是惊人的。学校和政策制订者可以寻求利用移民学生强烈的参与意愿，这不仅能增强他们终生学习的潜力，还能帮助他们提高成绩。

总而言之，结果表明，有些国家（地区）比其他国家（地区）在缩小移民学生的成绩差距方面做得更好。最明显的是中国香港。在香港，有25%的学生父母并非出生在香港，还有19%的学生并非出生在香港（许多人来自中国内地）。但是，所有三类学生——本土学生、第一代移民学生、家庭语言与测试语言不同的学生——的成绩均远高于OECD平均值。

社会经济背景与学生和学校的成绩

在获得公平学习结果的同时保持高标准，这是所有国家（地区）面临的重大挑战。国家（地区）层面的分析有时是令人失望的。例如，用纵向研究的方法，研究者们跟踪观察儿童的词汇发展，发现不同社会经济背景的孩子的发展轨迹从一开始就不同，到孩子上学时，社会经济背景对认知能力和行为的影响已经基本定型了（Willms，2002）。而且在小学和中学阶段，相比那些社会经济条件较好的孩子，如果父母收入较低、受教育程度较低、失业、或者从事声望低的职业，孩子通常对学业追求也不高。而且，与社会经济条件好的同龄人相比，这些孩子也不太可能参与学校的课内和课外活动（Datcher，1982；Finn和Rock，1997；Johnson等，2001；Voelkl，1995）。

图 4.4 ■ 本土学生和移民学生在个人的科学价值观、对科学的喜爱和学习科学的未来导向动机方面的差异

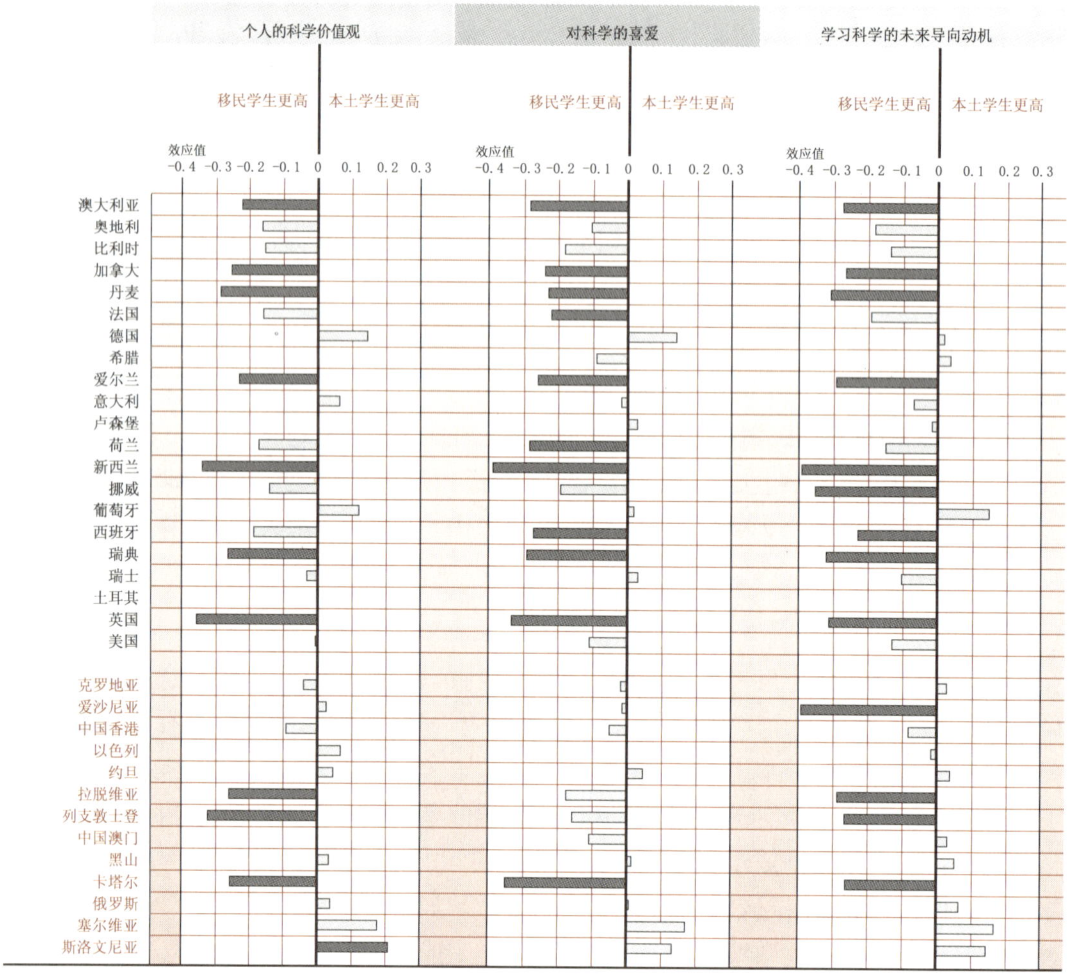

差异达到统计显著性和绝对效应值超过 0.2 的标为黑色。
资料来源：OECD PISA 2006 数据库，表 3.23。
StatLink http://dx.doi.org/10.1787/141848881750

在这一方面，PISA 国际层面的证据更加鼓舞人心。在所有国家（地区），家庭背景优越的学生可能会有更高的 PISA 分数（表 4.4a）。然而，将学生成绩与不同社会经济背景结合起来的比较研究发现，有些国家（地区）不仅平均分数高，同时不同社会经济背景的学生都取得了相似的成绩，这一发现在 PISA 2003 的数据中已有显示（OECD，2004a）。对于学习结果的质量和公平究竟能达到何种程度，这些国家（地区）树立了重要的标杆。

图 4.5 显示了学生成绩与 PISA 经济社会文化地位指数的关系，该指数综合了社会经济背景的不同方面，其中包括学生父母的职业地位、教育水平和学生在家中拥有教育和文化资源的程度（参阅附录 A1）。该图描述了作为整体的 OECD 地区中两者的关系，是对图 4.6 中各国（地区）数据的综合。该图描述了具有不同社会经济背景的学生在 PISA 科学量表上的成绩状况。

成绩与社会经济背景之间的关系受到两个因素的影响，一是教育系统绩效，二是构成指数的经济、社会和文化因素的离散程度（专栏 4.1）。

理解这一关系对分析教育机会的分配问题是一个有用的开端。从学校政策的角度来看,理解这一关系也很重要,因为它意味着,来自不同社会经济背景的学生在多大程度上能够公平地分享学校教育的益处,至少是从学生成绩上来看的公平。

> **专栏 4.1 ■ 怎样读解图 4.5**
>
> 图中每个点代表从 OECD 地区抽取的 497 名 15 岁学生(占到样本学生的 10%)。图 4.5 将他们的科学成绩与经济社会文化地位用散点图表示出来。
>
> 纵坐标表示学生的科学成绩,成绩平均值是 500。需要注意的是,由于 PISA 量表在构建时已经确定了标准差为 100,因此约三分之二的点落在了 400 与 600 之间。深浅不同的阴影表示数学科学能力的六个等级水平。
>
> 横坐标表示 PISA 的经济社会文化地位指数的值。在构建该指数时规定平均值为 0,标准差为 1,这样就有约三分之二的学生位于 +1 与 -1 之间。
>
> 黑线代表国际的社会经济梯度线,是 OECD 各国科学成绩与社会经济地位关系的最佳拟合线。
>
> 由于图的重点不是比较教育系统,而是强调整个 OECD 地区存在的一种关系,所以在整个 OECD 地区内每个学生的贡献值是相等的——也就是说,PISA 对应的学生总体人口多的大国,例如日本,墨西哥和美国,对于国际梯度线的影响比冰岛和卢森堡这样的小国要大。

图 4.5 ■ OECD 整体上学生科学成绩与社会经济背景之间的关系

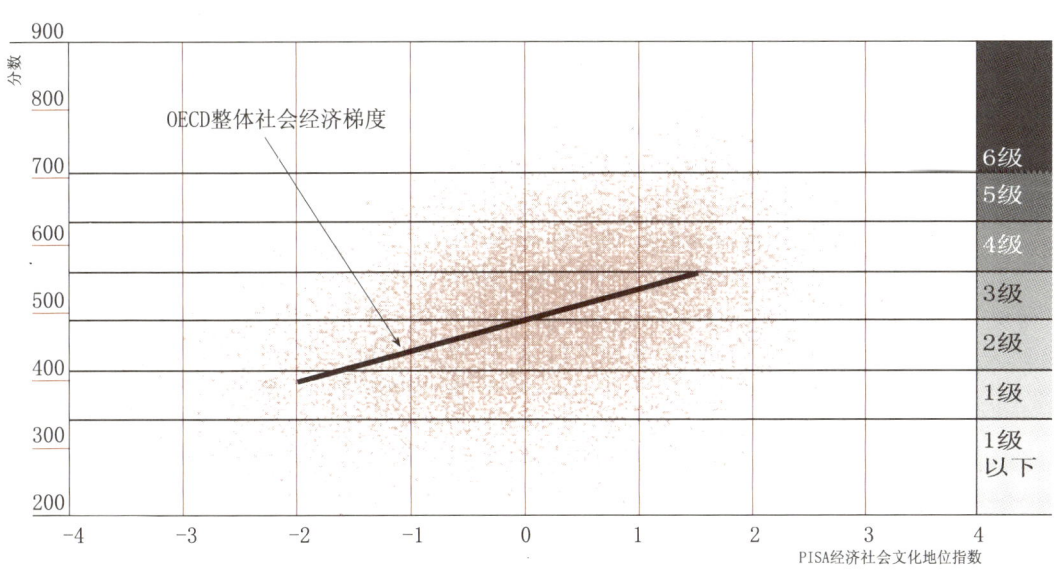

注:每个点代表从 OECD 地区随机抽取的 497 名学生。
资料来源:OECD PISA 2006 数据库。
StatLink http://dx.doi.org/10.1787/141848881750

图 4.5 指出了以下几项发现：

- 社会经济背景优越的学生一般成绩也较好。这一发现早已在前面提到过，可以从斜率上升的趋势看出来。在 OECD 成员国中，社会经济背景每增加一个标准差，科学成绩优势平均增大 40 分。

- 在整个分布范围内，一定的社会经济背景差异与学生科学成绩的变化之间的联系大致相当，也就是说，随着成绩优势的增加，额外的社会经济优势所带来的边际效益既不会消失也不会大量增加。这从几乎呈直线的社会经济斜率线可以看出。

- 学生成绩与 PISA 经济社会文化地位指数之间的关系并不是决定性的，如图左半部分所示，许多处境不利的学生成绩远高于国际梯度线预测的分数，而在家庭条件优越的学生中，有相当比例的成绩低于根据他们的家庭背景所估计出来的分数。对背景相似的任何学生群体而言，分数的变动范围都相当广。

那么，这种关系在多大程度上是社会经济差异的必然结果，而不受公共政策的影响？要回答这个问题，可以分析不同国家（地区）能在多大程度上成功地削弱这两者之间的联系。

在考察图 4.5 和 4.6 时，需要注意梯度线的几个方面，包括社会经济背景对成绩预测作用的强度，社会经济背景处于平均水平的学生成绩如何，社会经济背景优劣所造成的成绩差异有多大，学生中社会经济背景差异有多大。具体而言，可从以下这些方面对社会经济背景和成绩之间的关系进行描述：

- 科学成绩与社会经济背景之间联系的紧密程度。这指的是学生个体的成绩在多大程度上高于或低于梯度线。对整个 OECD 地区而言，这可以从图 4.5 中斜率线上下点的分布看出来。对每个国家（地区）而言，图 4.6 第 3 栏（表 4.4a 第 3 栏）给出了可以解释的方差，这个统计值可以概括关系的紧密程度，表示学生成绩差异中能用梯度线所代表的关系解释的比例。如果这一数值比较低，说明学生成绩的方差中与学生社会经济背景相联系的部分相对较少；反之亦然。OECD 各国平均来看，各国学生科学成绩的方差中，有 14.4% 与 PISA 经济社会文化地位指数相联系。在卢森堡、匈牙利、法国、比利时、斯洛伐克、德国、美国、新西兰以及伙伴国保加利亚、智利、阿根廷和匈牙利，这个比例非常高。

- 梯度线斜率表示由社会经济因素（参阅图 4.6 第 4 栏和表 4.4a 第 4 栏）造成的科学成绩不均等的程度，可以用社会经济背景量表中一个单位的变化可能造成多大的学生成绩差异来测量。梯度线比较陡表示经济社会文化地位对学生成绩的影响比较大，即更不公平。梯度线比较平表示社会经济背景对学生成绩的影响比较小，即更公平。OECD 成员国中梯度线最陡的是法国、新西兰、捷克、美国、英国、比利时、德国、奥地利和斯洛伐克；伙伴国中是保加利亚、列支敦士登、斯洛文尼亚。在这些国家中，一个单位的 PISA 经济社会文化地位指数与 45 至 54 分的科学成绩相联系。重要的是，要区分以方差解释量所表示的联系紧密程度与斜率之间的差别。例如，德国和英国的斜率相似，平均来看，一个单位的 PISA 经济社会文化地位指数分别对应 46 和 48 分科学成绩。但在英国，这一趋势存在更多的例外情况；换句话说，有许多社会经济背景差的学生依然取得高分，同时，一些社会经济背景好的学生分数比预期的要低，因

图 4.6 ■ 社会经济背景与学生科学成绩之间相关

		平均分	所有 OECD 成员国 ESCS[1] 平均值都相等时的平均分	可解释学生成绩变异的百分比	与 ESCS[2] 一个单位相对应的分数差异（梯度线）	位于 ESCS 国际分布最低 15% 的学生百分比[1]
OECD	澳大利亚	**527**	**519**	**11.3**	**43**	6.1
	奥地利	**511**	502	15.4	**46**	6.0
	比利时	**510**	503	**19.4**	**48**	8.6
	加拿大	**534**	**524**	**8.2**	**33**	4.7
	捷克	**513**	**512**	15.6	**51**	7.8
	丹麦	496	485	14.1	**39**	6.5
	芬兰	**563**	**556**	**8.3**	**31**	5.6
	法国	495	502	**21.2**	**54**	14.1
	德国	**516**	505	**19.0**	**46**	6.8
	希腊	473	479	15.0	37	20.2
	匈牙利	504	**508**	**21.4**	**44**	15.4
	冰岛	**491**	**470**	**6.7**	**29**	2.4
	爱尔兰	**508**	**510**	**12.7**	**39**	12.0
	意大利	475	**478**	**10.0**	**31**	18.7
	日本	**531**	**533**	**7.4**	**39**	6.9
	韩国	**522**	**522**	**8.1**	**32**	10.7
	卢森堡	**486**	**483**	**21.7**	**41**	17.6
	墨西哥	**410**	**435**	16.8	**25**	52.5
	荷兰	**525**	**515**	16.7	**44**	7.5
	新西兰	**530**	**528**	16.4	**52**	9.0
	挪威	**487**	**474**	**8.3**	**36**	2.3
	波兰	498	**510**	14.5	**39**	20.8
	葡萄牙	**474**	**492**	16.6	**28**	43.5
	斯洛伐克	**488**	**495**	**19.2**	**45**	13.5
	西班牙	**488**	499	13.9	**31**	29.1
	瑞典	503	**496**	**10.6**	38	5.6
	瑞士	**512**	**508**	15.7	**44**	11.7
	突尼斯	**424**	**463**	16.5	**31**	62.7
	英国	**515**	**508**	13.9	**48**	6.6
	美国	**489**	**483**	17.9	**49**	11.0
OECD 总体		491	496	20.2	45	17.9
OECD 平均		500	500	14.4	40	14.9
伙伴国（地区）	阿根廷	**391**	**416**	19.5	38	37.9
	阿塞拜疆	**382**	**388**	**4.7**	**11**	33.7
	巴西	**390**	**424**	17.1	30	52.9
	保加利亚	**434**	**446**	**24.1**	**52**	21.1
	智利	**438**	**465**	**23.3**	38	42.3
	哥伦比亚	**388**	**411**	11.4	23	49.9
	克罗地亚	493	**497**	12.3	34	13.5
	爱沙尼亚	**531**	**527**	**9.3**	**31**	7.3
	中国香港	**542**	**560**	**6.9**	**26**	37.6
	印度尼西亚	**393**	**425**	10.2	21	68.6
	以色列	**454**	**448**	**10.9**	43	8.3
	约旦	**422**	**438**	11.2	27	34.0
	吉尔吉斯斯坦	**322**	**340**	**8.2**	**27**	35.0
	拉脱维亚	**490**	**491**	**9.7**	**29**	14.7
	立陶宛	**488**	**487**	15.2	38	14.6
	中国澳门	**511**	**523**	**2.2**	**13**	48.6
	黑山	**412**	**412**	7.5	24	14.4
	罗马尼亚	**418**	**431**	16.6	35	24.1
	俄罗斯	**479**	**483**	**8.1**	**32**	12.6
	塞尔维亚	**436**	**440**	13.2	33	16.9
	斯洛文尼亚	**519**	**513**	16.7	**46**	8.7
	中华台北	**532**	**546**	12.5	**42**	20.3
	泰国	**421**	**461**	15.9	28	69.4
	突尼斯	**386**	**408**	**9.5**	19	56.9
	乌拉圭	**428**	**446**	18.3	34	34.7

注：黑体字表示该值达到了统计上的显著性差异（参见附录A3）。
1. ESCS：PISA 经济社会文化地位指数。
2. 科学成绩在 ESCS 上的单层双因素回归，斜率是 ESCS 的回归系数。
资料来源：OECD PISA 2006 数据库，Table 4.4a。
StatLink http://dx.doi.org/10.1787/141848881750

此这一关系仅能解释成绩变异中的 13.9%。与此相应,在德国,学生成绩与根据社会经济背景预测的水平更为接近,成绩差异中的 19.0% 可用社会经济背景解释。OECD 地区平均而言,梯度线的斜率为 40 分[15]。这意味着 OECD 平均来看,PISA 经济社会文化地位指数每增加一个单位,科学量表上的成绩增加 40 分。

- 梯度线所处水平或者说平均高度在图 4.6 第 1 栏中表示。这表示各个国家(地区)中那些经济、社会和文化背景等于 OECD 各国平均水平的学生所达到的科学平均分数。一个国家(地区)的梯度线高度可以看做学生总体的社会经济和文化背景与 OECD 平均水平相同时,教育系统的总体水平。

- 梯度线的长度取决于各国(地区)(表 4.4a 中第 5 栏)中间 90%(第 5 个百分位数和第 95 个百分位数之间)的学生的社会经济背景分数的范围。表 4.4a 的 5a 栏和 5b 栏表明 PISA 经济社会文化指数中第 5 和第 95 个百分位数在梯度线上的跨度。梯度线的长度表示学生总体社会经济背景差异的离散程度。较长的梯度线表示该国学生社会经济背景离散范围比较大,比如葡萄牙、墨西哥以及伙伴国突尼斯。而梯度线较短说明人口的社会经济背景更趋一致,比如日本或挪威。

从图 4.6 的分析可以得出以下几个发现。首先,各国(地区)社会经济背景和学生成绩之间关系的强度和斜率不同。该图不仅显示了各国(地区)在科学量表上的成绩水平高低,还显示了各国(地区)不同社会经济背景的学生在科学成绩上不公平的程度高低。值得着重强调的是这种差异相当大。例如有两个学生,一个来自背景较差的家庭,假定比 OECD 平均的 PISA 经济社会文化地位指数低 1 个标准差,另一个来自背景较好的学校,假定比 OECD 平均的 PISA 经济社会文化地位指数高 1 个标准差。由于上面两个因素的作用,这两个学生的预测成绩差异是因国家(地区)而异的。图 4.6 第 4 栏可以用来计算这一差异。这一栏中科学成绩的差异对应 PISA 经济社会文化地位指数的一个标准差变异,这个例子中两个学生相差两个标准差,这意味着在葡萄牙,他们的分差达到 56 分,但在法国,分差是 108 分(均是梯度线斜率的两倍,即,比较相差两个标准差的学生成绩),该图还清楚地表明成绩高并不必然以牺牲公平为代价,有些成绩最高的国家(地区)梯度线相对比较平缓,特别突出的是芬兰、加拿大、韩国,还有伙伴国(地区)中国香港和爱沙尼亚。同时,结果显示,OECD 成员国的总成绩与梯度线之间紧密相关,这意味着当总体成绩标准提高时,获得教育机会公平的挑战就更大。

第二,各个国家(地区)之间梯度线所表示的 PISA 经济社会文化指数的分布范围差异很大。该范围以指数值第 5 个百分位数到第 95 个百分位数之间线的长短表示——即每个国家(地区)指数值中间 90% 部分在线上的跨度。在一些国家,分布范围很窄——比如,在日本、挪威、捷克、澳大利亚以及伙伴国俄罗斯,中间 90% 学生人群的背景跨度小于 2.5 个指数分——这些国家需要解决的社会经济背景分布范围很窄。与此相对照,在葡萄牙、墨西哥和伙伴国突尼斯和哥伦比亚,这一范围超过 4 个指数分。这些数据表明,相比其他国家(地区),有些国家(地区)的教育体系必须面对社会经济背景范围更广的学生(参阅表 4.4a 第 5 栏)。在那些家庭社会经济背景差异巨大的国家(地区),即使梯度线不陡,也会带来较大的社会经济差异。

第三，许多国家(地区)的梯度线基本是线性的，PISA 经济社会文化地位指数的每个增量所对应的科学成绩增量基本相等。有人可能会预期，经济社会文化地位水平低的时候梯度线会比较陡，然后到比较高的水平后就变得平缓，这表明超过某个水平后学生成绩增加就不多了。实际上，有些国家(地区)的梯度线确实符合这一走势(表4.4a 第 8 栏显示曲线指数为达到显著性的负值)，特别是在日本、奥地利，还有意大利、挪威、希腊、德国、匈牙利、加拿大和西班牙，以及伙伴国家(地区)列支敦士登和中国澳门。但是在另一组国家(地区)中，梯度线在社会经济地位处于低水平时相对平缓，而到高水平时变得比较陡，尤其是在土耳其、美国和伙伴国巴西，程度较低的有伙伴国以色列、爱沙尼亚、泰国、吉尔吉斯斯坦、突尼斯、智利、哥伦比亚、印度尼西亚、阿塞拜疆、乌拉圭和约旦(表4.4a 第 8 栏显示在统计上具有显著性的正值)。在这些国家(地区)，背景较为优越的学生中，家庭背景造成了更大的学生科学成绩差异。换句话说，社会经济背景越好，它给学生成绩带来的优势就越大。其余的国家(地区)中，这些效应比较小，并且没有达到统计上的显著性。所有国家(地区)的梯度线变化都呈线性趋势，或在社会经济和文化地位分布范围内只有适度的弯曲，这一发现对政策有重要启示。许多社会经济政策的目的是为背景最不利学生的增加资源，或者通过税收减免，或者把某个特定群体作为受益目标或社会经济项目的目标。PISA 2006 的结果表明，要确定一个社会经济文化地位的基准线——地位低于该基准线时成绩就急剧下降——并不容易。而且，如果把经济社会文化地位视为一个标志，代表父母希望为孩子提供更好环境的决策和行动，例如关心他们在学校的学习，那么这些发现表明，在社会经济地位各水平上都有改进的空间。然而，虽然基准线难以确定，但这并不意味着对学生提供有区别的支持是不合理的。

图 4.7 ■ OECD 所有成员国(地区)平均社会经济文化地位指数都相同时科学量表上的平均分与未做调整的科学平均分之间的差异

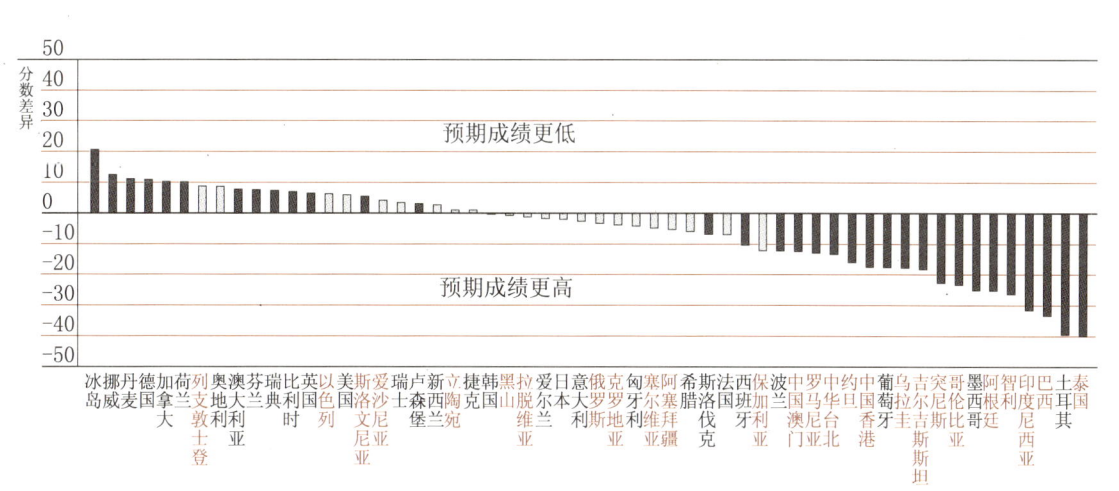

依据 OECD 所有成员国地区的平均社会经济文化地位指数都相同时的科学量表平均分与未做调整的科学平均分之间的差异，国家(地区)按降序排列。
注：深黑色表示差异达到统计上的显著性。
资料来源：OECD PISA 2006 数据库，表 4.4a。
StatLink http://dx.doi.org/10.1787/141848881750

图 4.8 ■ 学生在 PISA 经济社会文化地位(ESCS)指数分布上的变动范围

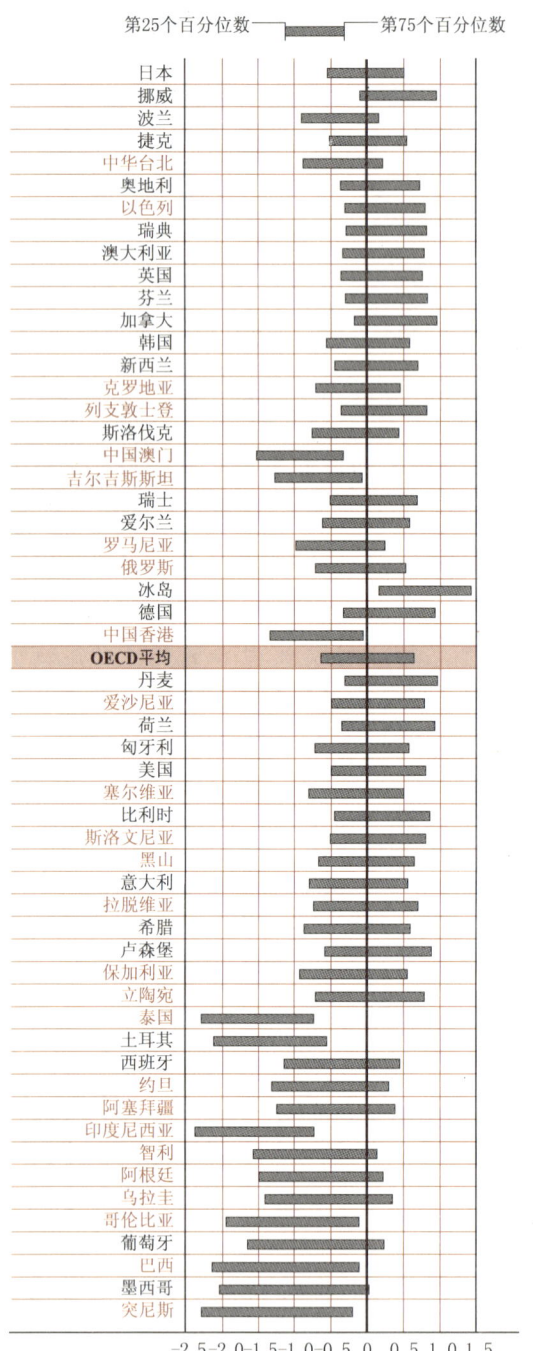

国家(地区)按学生层面两个百分位数间 ESCS 的分布范围升序排列。
资料来源：OECD PISA 2006 数据库，表 4.4b。
StatLink http://dx.doi.org/10.1787/141848881750

图 4.9 ■ 学校在 PISA 经济社会文化地位(ESCS)指数分布上的变动范围

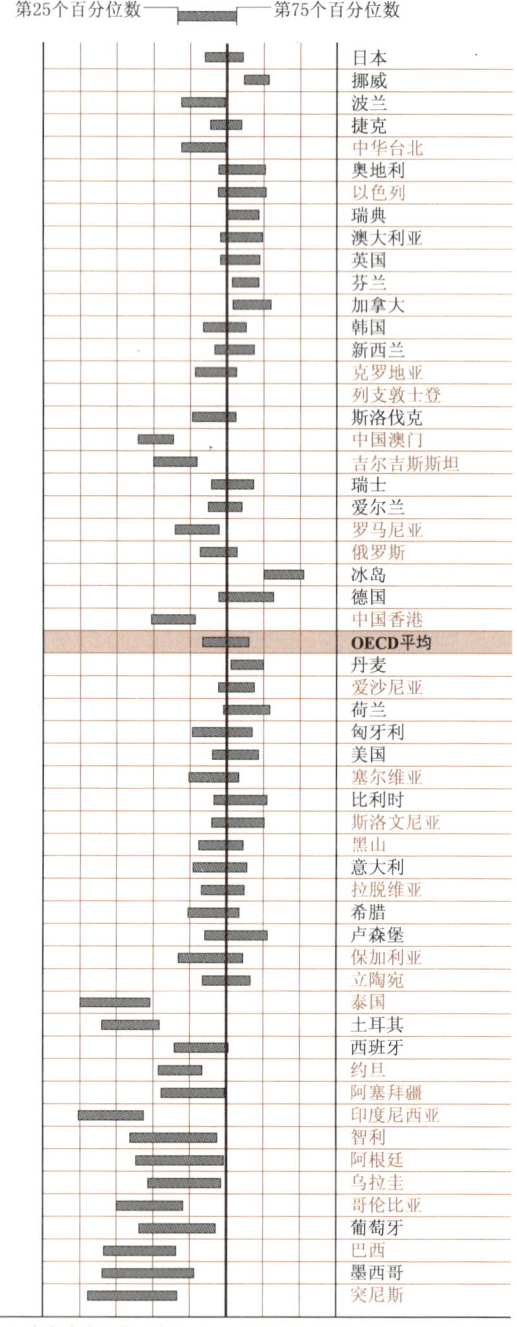

国家(地区)按学生层面两个百分位数间的 ESCS 的分布范围升序排列。
资料来源：OECD PISA 2006 数据库，表 4.4b。
StatLink http://dx.doi.org/10.1787/141848881750

本报告中所描述的许多因素在学校内的变异远大于学校间。比如,学校内的成绩变异远大于学校平均成绩的变异。在学生的社会经济背景方面也是如此。在对第 25 和第 75 个百分位数之间的差异进行比较时发现,OECD 成员国平均而言,该差异达到学生层面 PISA 经济社会文化地位指数 1.28 个单位。而学校间的同一数值平均在该值的一半左右(0.63 个单位)。这可以从图 4.9 中看出来。

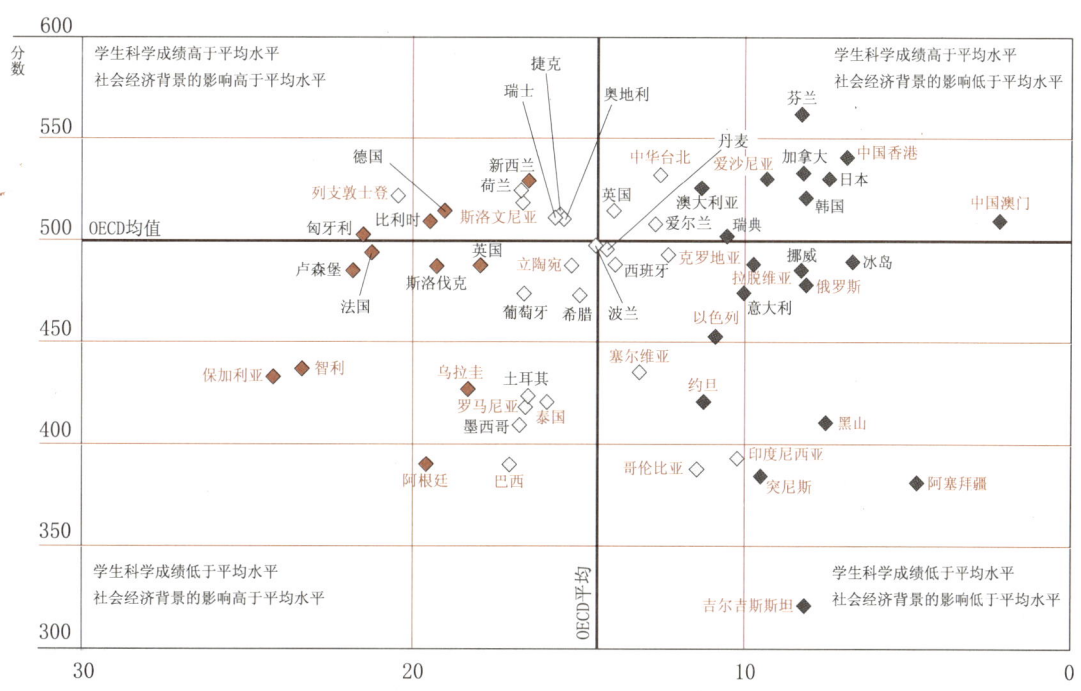

图 4.10 ■ 科学成绩与社会经济背景的影响

注:本表中的 OECD 平均是所有 OECD 成员国的算术平均值。
资料来源:OECD PISA 2006 数据库,表 4.4a。
StatLink http://dx.doi.org/10.1787/141848881750

上图 4.10 通过对照科学平均成绩(以纵坐标表示)与经济社会背景和科学成绩之间关系的紧密程度(以横坐标表示),概括了这些发现。如前面所解释,关系紧密程度可以指代学习机会分配的公平性。表格右上象限标出的国家(地区),澳大利亚、加拿大、芬兰、日本、韩国以及伙伴国(地区)中国香港、爱沙尼亚、中国澳门,都是成绩受社会经济背景影响低于平均水平的国家(地区)。与此相对照的是,位于左下象限的美国、斯洛伐克、卢森堡以及伙伴国保加利亚、智利、阿根廷和乌拉圭,则是学生科学成绩低于平均值且经济社会背景对成绩影响高于平均值的例子。新西兰、德国、比利时是成绩高于平均值但成绩与社会经济背景高度相关的例子。最后,冰岛、意大利、挪威以及伙伴国阿塞拜疆、以色列、约旦、吉尔吉斯斯坦、拉脱维亚、黑山、俄罗斯和突尼斯属于科学平局成绩低于OECD平均值,但成绩与学生背景联系不紧密的例子。尽管墨西哥和土耳其的科学成绩低于平均值,且经济社会背景影响相当于平均水平,但是应该指出的是,因为这两个国家只有一半的15岁青少年在校(在所有参与国(地区)中比例最低,参阅表A3.1)并作为PISA目标人群,所以很可能这两个国家中经济社会背景对15岁学生科学成绩的影响被低估了。

图4.10表明,不同国家(地区)的学生不仅总体学习成绩不同,并且在减弱社会经济背景和学习成绩的联系方面也不相同。PISA提出,尽可能提高总体成绩,并保证来自不同经济社会背景的学生学习成绩比较接近,这两者可以同时实现。这些结果表明,不必把质量与公平视为两个互相竞争的政策目标。

在所有OECD成员国中,社会经济背景与学生成绩之间的相关从PISA 2000到PISA 2003有所减弱,从PISA 2003到PISA 2006也有所减弱,这在阅读领域最突出,而数学和科学领域程度较轻(表4.4c、d和e)。在捷克和瑞士,该相关关系曾非常强,自PISA 2000至PISA 2006,可以用社会经济背景解释的科学成绩变异比例减少了5到8个百分点,挪威减少了4.9个百分点,加拿大减少了2.4个百分点。在PISA 2000到PISA 2006间,没有一个OECD成员国的经济社会背景与科学成绩之间的相关变强。但OECD成员国中仍存在相当大的不公平,特别是在那些这一问题本来就非常严峻的国家。在伙伴国(地区)中,情况更加复杂,显著的变化趋势表现为不公平的增加[16]。

正如前面曾指出的,在比较学生社会经济背景与其成绩之间的关系时,重要的是要考虑不同国家(地区)之间社会经济特点分布的明显差异。上面图4.8和表4.4a表示了PISA经济社会文化地位指数分布的主要特点。PISA经济社会文化地位指数平均值为负数的国家(地区)中,最明显的如土耳其、墨西哥、葡萄牙以及伙伴国(地区)印度尼西亚、泰国、突尼斯、巴西、哥伦比亚、中国澳门、智利、中国香港、吉尔吉斯斯坦和阿根廷,这些国家(地区)经济社会背景低于平均水平,在减弱经济社会背景对学生成绩影响方面总体上面临更巨大的挑战。

这使人对中国香港学生取得的好成绩有更深刻的印象。然而,这也让我们对上面提到的其他国家(地区)学生成绩低于平均水平有了不同的看法。事实上,假设把所有OECD成员国的经济社会文化地位指数调整到平均水平,那么土耳其的科学成绩将从421分提到高463分,葡萄牙的平均成绩将从474分提高到492分,这一分数与冰岛的成绩处于同一水平。

这些调整后的分数参阅上图4.7。成绩显著地提高20分的国家(地区)有(按降序排列)土耳其、墨西哥和伙伴国泰国、巴西、印度尼西亚、智利、阿根廷、哥伦比亚和突尼斯。相反,在社会经济背景高于平均值的国家(地区)中,这一调整是负向的,这表明这些国家(地区)的部分成绩是由他们较高的社会经济条件造成的,例如冰岛和挪威(考虑社会经济条件之后,这些国家的学生成绩将和未做调整的希腊处于同一水平)。这种现象也出现在其他一些国家只是程度较低,它们是(按降序排列)丹麦、德国、加拿大、荷兰、奥地利、澳大利亚、芬兰、瑞典、比利时、英国以及伙伴国列支敦士登、以色列和斯洛伐克,这些国家的社会经济水平比OECD平均水平高——对这一优势的调整将会降低他们的成绩。很显然,这种调整只是一个假设——国家(地区)作为全

图 4.11 ■ 学校内和学校间的社会经济效应[1]

		PISA 经济社会文化地位（ESCS）的效应			全纳指数[5]
		ESCS 的总效应[2]	ESCS 在学校内的效应[3]	ESCS 在学校间的效应[4]	
		ESCS 变化一个单位对应的学生分差	学生水平上 ESCS 变化一个单位对应的学生分差	学校水平上 ESCS 变化一个单位对应的学校分差	校内部分占 ESCS 方差的比例
OECD	澳大利亚	43	29	56	0.77
	奥地利	46	10	110	0.71
	比利时	48	17	102	0.73
	加拿大	33	23	44	0.81
	捷克	51	19	120	0.73
	丹麦	39	32	41	0.87
	芬兰	31	30	10	0.91
	法国	w	w	w	w
	德国	46	14	114	0.75
	希腊	37	16	66	0.66
	匈牙利	44	7	85	0.54
	冰岛	29	29	—5	0.85
	爱尔兰	39	28	48	0.79
	意大利	31	7	87	0.76
	日本	39	5	133	0.76
	韩国	32	9	80	0.74
	卢森堡	41	24	69	0.77
	墨西哥	25	6	37	0.60
	荷兰	44	11	123	0.78
	新西兰	52	41	55	0.82
	挪威	36	31	29	0.88
	波兰	39	35	21	0.76
	葡萄牙	28	17	32	0.69
	斯洛伐克	45	21	56	0.63
	西班牙	31	24	21	0.76
	瑞典	38	32	34	0.87
	瑞士	44	26	70	0.82
	突尼斯	31	9	65	0.69
	英国	48	32	71	0.83
	美国	49	34	51	0.74
OECD总体		45			
OECD平均		40	21	64	0.76
伙伴国（地区）	阿根廷	38	13	57	0.61
	阿塞拜疆	11	7	15	0.63
	巴西	30	8	48	0.61
	保加利亚	52	13	68	0.49
	智利	38	11	54	0.47
	中国台北	42	14	107	0.77
	哥伦比亚	23	11	31	0.60
	克罗地亚	34	14	83	0.78
	爱沙尼亚	31	22	42	0.81
	中国香港	26	9	64	0.76
	印度尼西亚	21	1	42	0.67
	以色列	43	26	69	0.76
	约旦	27	18	28	0.75
	吉尔吉斯斯坦	27	6	75	0.74
	拉脱维亚	29	21	35	0.80
	列士敦士登	49	c	c	c
	立陶宛	38	24	47	0.73
	中国澳门	13	7	15	0.67
	黑山	24	11	65	0.80
	卡塔尔	m	m	m	m
	罗马尼亚	35	12	60	0.66
	俄罗斯	32	20	39	0.76
	塞尼法亚	33	12	75	0.74
	斯洛文尼亚	46	7	121	0.74
	泰国	28	8	42	0.50
	突尼斯	19	4	36	0.64
	乌拉圭	34	14	45	0.61

1. 在一些国家(地区)，抽取的是学校内的亚单位而非作为管理单位的学校，这可能会影响学校层面影响力的估算。
2. ESCS 对科学成绩的单水平二元回归，斜率是 ESCS 的回归系数。
3. 学生 ESCS 和学校平均 ESCS 对科学成绩的两水平回归：ESCS 校内斜率和该模型学生层面的方差解释量。
4. 学生 ESCS 和学校平均 ESCS 对科学成绩的两水平回归：ESCS 校间斜率和该模型学生层面的方差解释量。
5. 全纳指数根据 ESCS 的班级内相关系数计算，等于 1-班级内相关系数。

资料来源：OECD PISA 2006 数据库，表 4.4b。

StatLink http://dx.doi.org/10.1787/14848881750

球市场的一分子,学生的实际成绩才是最重要的,而不是调整后的成绩。另外,上述假设没有考虑各国(地区)复杂的文化背景。同样,比较学校教育质量的正确方法是关注学校能提供的增加值(在解释结果时要考虑学校生源的经济社会背景);使用跨国比较的人必须牢记不同国家(地区)之间在经济、社会和教育环境方面的差异。

教育系统面临的挑战不仅仅取决于一个国家(地区)平均的社会经济背景,还取决于国内社会经济特征分布。这种社会经济特征分布的一致性可以用一个国家(地区)内学生的PISA经济社会文化地位指数值的标准差来测量(表4.4a第7栏)。15岁学生家庭背景的社会经济地位差异越大,教师、学校和整个教育系统面临的挑战就越大。实际上,许多社会经济地位低于平均水平的国家(地区),特别在是墨西哥、葡萄牙以及伙伴国突尼斯、巴西、哥伦比亚、乌拉圭和智利,都遇到了15岁学生社会经济背景差异巨大的问题。

一些国家(地区)的社会经济平均水平相当,但人口的社会经济背景差异状况却很不相同。例如,意大利和日本的PISA经济社会文化地位指数都接近OECD平均水平,然而,日本的社会经济分布在OECD成员国中是最平均的,意大利的变异就比较大。在那些学生群体差异性非常大的国家(地区),同样的社会经济梯度造成的成绩差异要远高于那些学生群体社会经济水平更为一致的国家(地区)。例如,芬兰和西班牙的社会经济梯度线斜率比较接近,即,在这两个国家,一定的社会经济差异所对应的成绩差异也相同。但是由于西班牙在社会经济背景特征分布上的差异程度比芬兰高,因此,PISA经济社会文化地位指数最高与最低1/4的学生之间的成绩差异,西班牙要比芬兰大的多。

有些国家(地区)的社会经济背景低于平均水平,并且社会经济特征分布差异较大,它们在满足处于劣势地位的学生需要方面面临特别的挑战。在社会经济背景特征偏向劣势一端呈偏态分布时,情况更是如此,参阅表4.4a(第9栏)中偏态指数为正值时的情况。例如,在土耳其和墨西哥以及伙伴国泰国、印度尼西亚、突尼斯和巴西,有一半以上的学生社会经济背景地位不及OECD成员国社会经济地位最低的15%学生(表4.4a第10栏)。相反,挪威、冰岛、加拿大,只有不到5%学生的社会经济背景不及OECD成员国社会经济地位最低的15%学生。

社会经济差异和教育政策在减少社会经济不利因素影响中的作用

许多社会经济不利因素不会直接受教育政策的影响,至少短期内不会。例如父母的文化程度只能逐步改变,家庭平均财富有赖于国家(地区)长期的经济发展以及一种鼓励个人储蓄的文化发展。社会经济地位的重要性,以及意识到这种不利的方面只能经过很长时期才能改变,这给政策制订者提出了一个至关重要的问题:学校和学校政策在多大程度上能减少社会经济不利地位对学生成绩的影响?社会经济背景和学生成绩之间的关系为评价教育系统在提供平等学习机会能力方面提供了一个重要指标。然而,从政策角度来看,社会经济背景和学校成绩的关系甚至更加重要,因为该指标指出了公平如何与教育的系统特征之间相互联系。

图4.1显示了国家(地区)在学校间成绩变异程度上的巨大差异。校内变异和校间变异该如何归因于社会经济背景?这种分析非常利于描述哪种政策既能提高学生总体成绩,又能调节社会经济背景因素的影响作用(即,让社会经济梯度线变得更高更平)。以下考察的是社会经济差

异对学生成绩的影响作用,该差异用社会经济梯度来表示。为了这一目的,可将一个国家(地区)的梯度分为两个部分:一条校内梯度,一条校间梯度。校内梯度表示在通常的学校环境中,学生的社会经济背景与他们成绩之间有怎样的关系;校间梯度描述了学校平均成绩与生源的平均经济、社会和文化地位有怎样的关系。[17]

本章最后的图4.14a至4.14f显示了PISA样本中各个学校的平均成绩以及学校生源的社会经济构成,社会经济构成是用学校平均的PISA经济社会文化地位指数来测量的。图4.14a至4.14f中每个点代表一所学校,点的大小代表了学校中15岁在校生人数。这表明,首先,在有些国家(地区)学生在社会经济上高度隔离,这可能是由于居住地的隔离、经济因素,或者学校系统内的选拔。图中还显示了社会经济背景和学生成绩(图4.14a至4.14f中的黑线)的总梯度。最后,图中还显示了校间梯度(图4.14a至4.14f中粗的黑色虚线)和平均校内梯度(图4.14a至4.14f中的蓝线)。高于校间梯度线(粗的黑色虚线)的学校,成绩比根据生源社会经济水平预测的要高,低于校间梯度线的学校,成绩比预测值低。

图4.12比较了各国(地区)校内和校间梯度线的斜率。校内斜率代表当两个学生就读同一所学校,且两人社会经济背景存在一定量的差异时,他们预测分数之间的差距;校间斜率代表当两个学生社会经济背景相同,但就读不同学校,且两所学校平均社会经济背景存在与上述同样大小的差异时,他们预测分数之间的差距。斜率是用一个包括了学生层面和学校层面的PISA经济社会文化地位指数的多层模型来估算的。图4.12中条的长度表示PISA经济社会文化地位指数的半个国际标准差所对应的PISA科学分数差异,学生个体差异用灰色的条表示,学生所在学校平均差异用蓝色的条表示。学生层面标准差的一半被选择作为衡量学生成绩差距的基准,因为这个值描述了社会经济构成在学校间的实际差异:OECD成员国平均来说,学校平均的经济社会文化地位指数分布在第75和第25个百分位间的变异相当于0.63个学生层面的标准差。这个值在各国(地区)之间是不同的,值的大小范围从挪威、芬兰、捷克、丹麦和瑞士的不到0.45个标准差,到墨西哥、葡萄牙以及伙伴国突尼斯、阿根廷、智利、乌拉圭、巴西、泰国和哥伦比亚的超过0.90个标准差(表4.4b第11栏)。

基本上在所有国家(地区)中,对所有学生来说,图4.12中相对长的蓝条表明,就读于一所学生普遍社会经济背景较好的学校获得的优势是很明显的。不管学生自身的社会经济背景怎样,到平均社会经济背景高的学校就读,其成绩往往高于那些就读学校生源社会经济背景差的学生。对大多数OECD成员国来说,一所学校内的学生平均经济社会文化地位的影响作用(指学生间的成绩差异)远远超过学生个体社会经济背景的影响作用。

所有这些可能并不让人吃惊,但是成绩差距之大却着实惊人。在日本、荷兰、捷克、德国、奥地利、比利时、意大利、匈牙利和韩国,以及伙伴国(地区)斯洛文尼亚、中华台北和克罗地亚,学生平均的经济社会文化地位对学生成绩的影响非常大。在这些国家(地区),学校层面上半个单位的社会文化地位指数对应了40—67分的差距(表4.4b第7栏的值的一半)。设想一下,假定有两个来自这些国家(地区)的学生,依据经济社会文化地位指数,他们的家庭社会经济背景处于平均水平。其中一个学生进入了一所社会经济条件较好地区的学校,该学校生源的经济社会文化水平高于OECD平均水平四分之一个标准差(学生层面)。这样一来,该学生的大部分同学

图 4.12 ■ 学生和学校的社会经济背景对学生科学成绩的影响作用

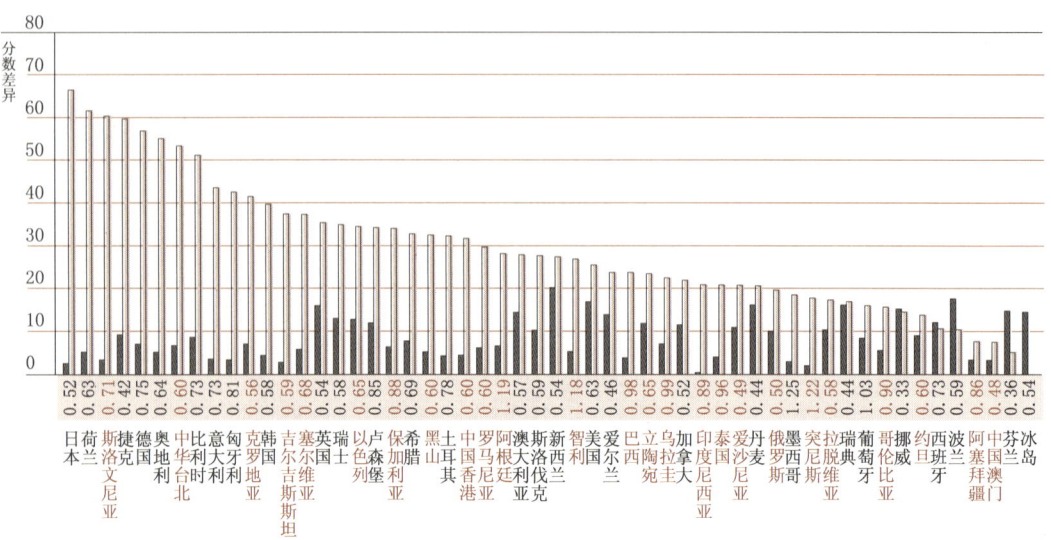

注：蓝色背景上的值为学校水平 PISA 经济社会文化地位指数均值的四分位数间距。
资料来源：OECD PISA 2006 数据库，表 4.4b。
StatLink http://dx.doi.org/10.1787/141848881750

均来自于比他或她更富裕的家庭。另一名学生进入了一所位于社会经济条件较差地区的学校：该学校的经济社会文化水平比 OECD 平均水平低四分之一个标准差。因此，该学生的家庭比他或她的同学家庭要富裕。结果表明，前一位学生的科学成绩可能好于后一位学生，分数差异会因各国（地区）情况不同在 40 到 67 之间变化。

学生层面的社会经济差异对学生成绩的预测性大大小于学校社会经济背景的预测作用。设想在同一国家的两个学生，他们两个的家庭经济社会文化地位指数，其中一人比平均水平高四分之一个标准差，另一人则要低四分之一个标准差。如果这两个学生进入了同样一所学校，这所学校社会经济特征处于平均水平，那么，他们成绩预测值的差异就会非常小，在日本、墨西哥和匈牙利大约是 3 分，在意大利、土耳其、韩国以及伙伴国（地区）中国澳门和阿塞拜疆是 4 分（表 4.4b 第 2 栏所显示的值的一半）。

需要记住的是，由于每所学校总体社会经济水平都是由社会经济变量组合起来计算的，所以，学校平均的社会经济背景差异自然小于学生个体之间的差异。为了方便解释，图 4.12 中增加了学校平均社会经济水平的基本范围。

背景因素的影响作用并非全都源于同伴团体，但是社会经济背景好的学生以及他们的家庭通常处于一种较好的学习环境中，并且会获得学校较好的教育资源。而且，一个学区或地区内安排学生就读学校的方式，以及校内安排学生就读班级和课程的方式，这些均会影响学生学习环境，包括与教育成果相联系的学校教学和学习条件。一些研究发现（例如，Baker et al., 2002）学生总体社会经济平均水平较高的学校通常具有以下一些优势：他们的纪律问题较少，师生关系融

洽，教师积极性高，而且总体校风以取得更好的成绩为导向。通常，这些学校的课程进度比较快。能干且有积极性的教师更容易被社会经济地位较高的学校所吸引，不太可能跳槽到其他学校或其他行业。一些与社会经济水平相关的环境作用还可能源于有才能学生之间的共同合作。第5章会进一步探讨这种课堂和学校因素的潜在影响作用。

一些作用于学习环境的因素可能是 PISA 所不能解释的。比如，平均来看，如果学生父母曾就读社会经济水平更高的学校，他们在家中会更多参与学生的学习。即使他们的社会经济状况类似于那些孩子就读较差学校的父母，情况也是如此。另一个要注意的地方与我们之前提到的例子有关，即两个能力相当的学生进入了不同社会经济背景学校的情况。这是因为，PISA 中没有关于学生之前学习成绩的数据，不可能推测学生的能力和动机。因此，我们也无法确定学校背景能否直接或间接地决定学生成绩（例如，间接地通过学校选拔学生或者学生自己的选择），以及这种决定作用有多大。

这里出现了两条与提高教育的质量和公平的途径相关的不同信息。一方面，社会经济隔离可能对优势群体有利，能够使精英学生成绩更好，进而可能提高整个社会的平均成绩。另一方面，学校的隔离容易造成不公平。但是，如同在那些教育质量又高又公平的国家（地区）所看到的，强有力的证据表明，这个两难问题可以解决。这样一来，其他国家（地区）怎样达到这种高质量和公平就成了关键问题。把所有学生都转移到社会经济水平高的学校的想法在逻辑上是不可能的，而且，图4.12中的结果并不能得出这样的结论，即，将社会中低社会经济水平学校的学生转移到高社会经济水平学校，就能自动得到图4.12中的成绩增长。也就是说，图4.12中预测的环境作用只是对学校成绩分布的描述，不一定能进行因果解释。

如果希望根据以上发现制定教育政策，那就需要了解一些正式和非正式的学生选拔机制对学校间社会经济隔离的作用，以及这种隔离对学生成绩的影响作用。有些国家（地区），由于主要城市内的住宅区隔离或者城乡间的巨大差异，社会经济隔离相当稳固，在另一些国家（地区），教育体制本身从结构上就带有倾向，那些来自不同社会经济背景的学生往往被分流到内容不同、教学方式不同的课程体系中去。因此，教育政策可以致力于缩小社会经济隔离，或者致力于减少其影响作用（参阅第5章）。

社会经济背景和家长的作用

作为 PISA 2006 测试的一部分，有16个国家（地区）收集了家长的数据，用以补充学生和校长的看法。[18] 在考察家长对提高学生成绩和调节社会经济背景影响的作用上，这些数据提供了很重要的启发。

例如，家长的回答表明，孩子10岁时对科学活动的参与和他们15岁时的科学成绩之间有紧密的关系。

在 PISA 2006 中，相比那些家长报告孩子在10岁时"从不"或"偶尔"阅读科学发现类书籍的学生，那些家长报告"频繁"或"定期"阅读科学发现类书籍的学生成绩要高39分（16个采用家长问卷国家（地区）的均值）。这一成绩领先优势大致与一个学年的成绩差异相当（参阅专栏2.5）。新西兰、卢森堡和冰岛的成绩领先优势最大，介于科学量表分53至60之间（表4.14）。

位于社会经济分布底端四分之一的家长,不大会报告其孩子"经常"或"频繁"阅读科学发现类书籍。事实上,在社会经济分布顶端四分之一,这一比例在 16 个国家(地区)平均为 18%,几乎是分布底端四分之一该比例(10%)的两倍。然而,值得一提的是,在绝大多数国家(地区),根据家长报告的数据,那些在社会经济分布底端四分之一的学生,如果在 10 岁时频繁或经常阅读科学发现类书籍,那么他们的成绩优势依旧相当大。比如在丹麦,即使社会经济状况处于最不利的四分之一,成绩优势也达到 64 分,在冰岛、卢森堡和德国,该优势也达到 35 分或更高(具体数据参阅 www.pisa.oecd.org)。这表明,儿童时代的教育活动能够弥补相当部分的社会经济劣势。

对于社会经济处于劣势的家庭而言,那些 10 岁时频繁或定期观看科学类电视节目的孩子,或者观看或收听科幻节目的孩子,成绩上也发现有类似的优势,但程度较轻。根据家长的报告数据,学生 10 岁时浏览科学主题网站的频率或参加科学社团的频率两方面,关系并不清楚,但是参与这些活动的学生比例一般很小。

家长对孩子学校的看法,比如取得好成绩的期望,纪律风气或教师的能力和敬业精神,这些都是学生成绩的重要预测因素。如果学生家长同意或非常同意其孩子所在学校成绩标准是高的,那么相对那些家长对此持不同意或非常不同意态度的学生,他们在 16 个国家(地区)的平均分数高出 21 分(表 4.12)。在韩国和德国,以及伙伴国(地区)克罗地亚和中国香港,该成绩优势介于 30 至 48 分之间。这些成绩差异中的一部分可以用社会经济因素来解释,但是在大多数国家(地区),那些家长报告高成绩标准的学生,无论处于社会经济分布顶端还是底端,其成绩优势仍然很大(详细数据参阅 www.pisa.oecd.org)。

图 4.13 ■ 社会经济背景和家长的影响

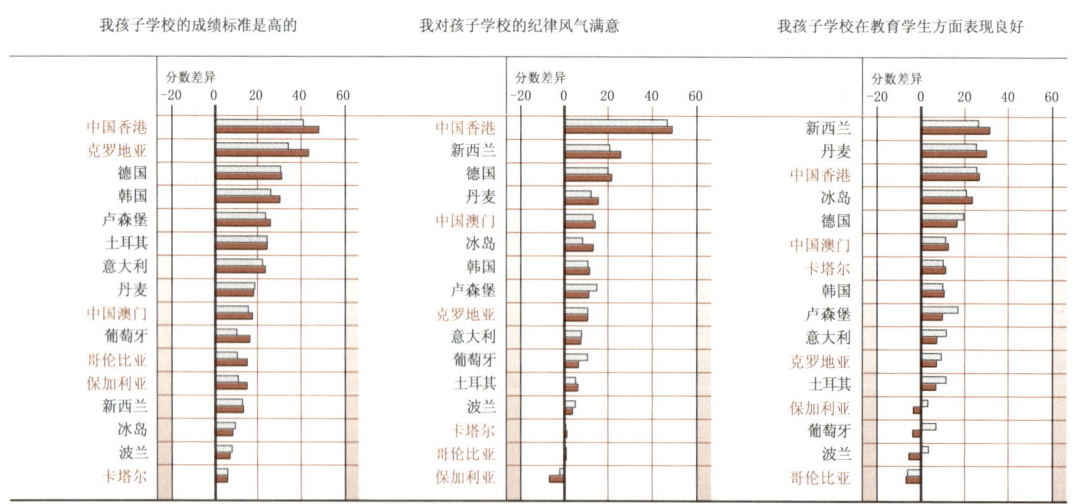

1. ESCS:PISA 经济社会文化地位指数。
资料来源:OECD PISA 2006 数据库,表 4.12。
StatLink http://dx.doi.org/10.1787/141848881750

那些家长报告对孩子所在学校纪律风气满意的学生,成绩上也有优势,虽然相对上面的优势要小,但分值也相当大(16个国家(地区)平均12分)。这一成绩优势在德国为21分,新西兰是25分,在伙伴地区中国香港是49分(表4.12)。然而,虽然报告对孩子学校纪律风气满意的家长比例,在社会经济分布底端和顶端四分之一均为80%左右,但处于社会经济顶端部分的学生成绩优势是底端部分学生相应优势的三倍还多(18分)。

当家长报告其孩子的学校在教育学生方面表现良好时,也出现了类似的特征。当家长非常同意或同意其孩子学校中绝大部分教师有能力和敬业精神时,孩子的学习成绩平均高出6分。第5章将对此做进一步论述(表5.7)。

当家长报告他们"非常同意"或"同意"孩子学校定期提供了关于孩子成绩进步情况的有用信息时,学生成绩在16个国家(地区)中平均比那些家长没有这样报告的低9分(表5.7)。值得一提的是,这一看法与家庭社会经济背景密切相关,非常同意或同意这一陈述的家长通常处于社会经济背景较低的部分。有一种看法认为,家庭社会经济水平高的家长对学校反馈有更高的期望。

政策启示

家庭背景影响着教育上的成功,而且学校学习的经历通常会强化这种作用。尽管PISA结果表明成绩差不一定是较差的社会经济背景带来的结果,但是,社会经济背景确实会强有力地影响成绩。

这对公共教育政策是一个重大的挑战,因为就公共政策而言,无论学生的社会经济背景如何,都要努力为他们提供受教育的机会。国家(地区)层面的研究结果常常令人失去信心。很多时候仅仅是由于校间变异很小,学校似乎没多大影响作用。最为重要的是,可能社会经济条件有优势的家庭能更好地强化和提高学校作用,或者因为学校更善于培养和发展这类家庭的孩子。通常情况下,学校会再造既定的学生优势特征,而不是让成绩分布更平均。

通过PISA研究得到的国际比较观点更让人鼓舞。尽管在所有的国家(地区),家庭背景和教育成果之间都有明显的正相关,但一些国家(地区)的情况表明,教育的高质和公平是可以同时并存的。

在不同国家(地区)各自的运作情境下,哪些策略对实现这些目标是有用的?本章所描述的特征在不同国家(地区)有着非常不同的表现。因此,推进策略一样需要量体裁衣。考虑这些特征之间如何相互作用,这并不容易。首先,需要重述一下本章中描述的不同维度,并观察各维度上几个位于均值左右的国家(地区),其他国家(地区)可以跟它们进行比较。

图4.14a至4.14f归纳了在考察学生背景与成绩关系时采用的三个水平。第一,一个国家(地区)内的总体关系,即如果学生的社会经济背景已知,那么能对学生成绩做出什么预测。第二,一个给定学校内的关系,即在一个给定的学校,能对一个学生成绩做出什么预测。第三,在学校间进行比较时的关系,即如果学校总体生源背景已知,那么能对学校的平均成绩做出什么预测。

所有维度中,每个维度上都有几个因素是重要的。相关关系的两个核心方面,一是与某一特定社会经济差异相关的成绩差异在校内和校间有多大(斜率),二是上述预测成真的可能性有多大(解释的方差)。另外,一个国家(地区)内的社会经济变异量和一个国家(地区)内的总体成绩差异也有影响。

这些模式有助于选择有针对性的政策(Willms, 2006)。可选的方式(组合起来可能也会起作用)包括:

- 当目标是成绩差的学生时,无论其背景情况,既可以通过针对成绩差的学校,也可以针对学校内成绩差的学生,这取决于学校中低分学生的集中程度。比如,针对可能在学龄前教育或中小学教育中落后的学生,可提供早期的干预措施。其他学校教育系统中,对于在最初几年的小学教育中无法跟上正常速度的学生,可提供后期干预或补救课程。一些以成绩为导向的教育计划致力于为学业成绩好的学生提供合适的课程,比如天才教育。

- 针对背景不利的学生,可以通过提供特殊的课程计划以及额外的教育资源或经济援助。当社会经济梯度解释力强,并且能解释的成绩变异比例大时,可以采用这种方法。和上面一样,它既可以在学校水平也可以在学生个体水平,这要看学校间社会经济梯度的强度,也要看学校在社会经济背景方面的隔离程度。

- 更普遍的政策主要基于提高全体学生的成绩标准。在那些经济梯度解释力弱,且学生成绩变异较小的国家(地区),这些政策能起到更大的作用。这些政策会涉及到调整课程计划的内容和速度、提高教学技巧、推行全日制学校教育、改变入学年龄或增加语文课的时间。

下面的例子说明了PISA 2006科学数据中观察到的不同模式,它们分别指向不同的政策干预措施。

低分学生集中

在一些国家(地区),要面对的关键问题是相当多的学生在科学和其他素养上能力水平低。第2章指出,在一些国家(地区),大多数学生的科学能力较弱。在另一些国家(地区),即使大量学生能力水平高,但能力低的学生也相当多。在墨西哥和土耳其,以及伙伴国吉尔吉斯斯坦、卡塔尔、阿塞拜疆、突尼斯、印度尼西亚、巴西、哥伦比亚、阿根廷、黑山、罗马尼亚、泰国、约旦、保加利亚和乌拉圭,低分的学生绝对数量很大,15岁学生成绩位于1级或以下的比例超过40%。

在另一些国家(地区),低分学生比例绝对值相对其他国家(地区)而言并不高,但是在国内的相对值很高。例如,美国有9.1%的学生能力处于5级或6级,约等于OECD平均值,但是同样约有四分之一(24.4%)的学生在科学上位于1级或以下。从平均成绩来看,新西兰是成绩最好的国家之一,但仍有13.7%的学生能力位于1级或以下。其他能力强和能力差的学生间差异相对较大的国家(地区)有法国、德国、日本和英国。对于上述第二类国家(地区),很明显需要关注低分学生,因为对于那些低分学生非常多的国家(地区),帮助低分学生无法成为一个特定的针对性政策。

不同的斜率和社会经济梯度解释力

学校管理者在努力提高学生成绩时,通常会碰到这样一个问题:学校的努力应该主要针对那些成绩差的学生,还是那些社会经济背景差的学生。社会经济梯度的总体斜率,以及社会经济背景能够解释的成绩变异比例,这两者对于解决这一问题有帮助。前面提到,社会经济梯度斜率指与一定社会经济差异相联系的成绩差异量,而梯度解释力指学生情况与预测的梯度线之间的符合程度,这两者之间存在重要不同。图4.14a显示了这两个量度之间的不同特征。

图4.14a ■ 丹麦、葡萄牙、韩国和英国学校成绩与学校社会经济背景之间的关系

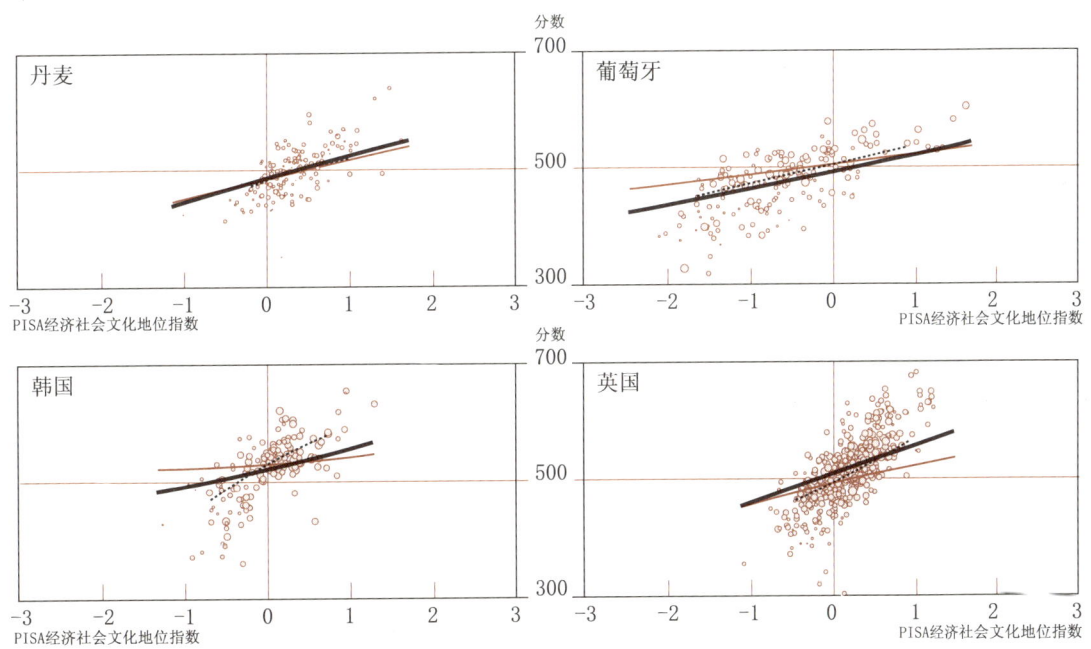

注:每一个标记表示PISA一个样本学校,标记的大小与学校15岁学生的人数相对应。
资料来源:OECD PISA 2006 数据库。
StatLink http://dx.doi.org/10.1787/141848881750

梯度解释力相对微弱的国家(地区),即不同社会经济层次学生的成绩预测值趋于接近的国家(地区),专门针对背景不利学生的政策本身不能满足该国许多低分学生的需要。

虽然葡萄牙和韩国的梯度陡峭程度相似,都没有超过OECD的平均水平,但它们的梯度在解释力上差别巨大。韩国(8.1%)的关系强度仅仅是葡萄牙(16.6%)的一半,这说明葡萄牙能解释比平均水平更多的成绩变异(表4.4a)。

另一方面,如果比较英国(梯度比平均值陡峭)和葡萄牙,就会出现不同的情形。英国的梯度

解释力仅达到平均水平(13.9%)。这样一来,尽管相比英国经济背景差的学生,葡萄牙相应学生平均的成绩落差较小,但葡萄牙可能会发现,针对经济背景差的学生来减少成绩差异更为有效。梯度解释力相对较强的国家(地区)会发现,针对社会经济的政策更容易帮助最需要的学生,这说明,此类政策非常需要被纳入到提高成绩的政策中去。

在葡萄牙(梯度为28分)、冰岛(29分)、土耳其(31分)、芬兰(31分)、意大利(31分)、西班牙(31分)、韩国(32分)和加拿大(33分),这些国家的梯度都比OECD的平均水平40分(一个标准差的社会经济背景变化导致的分数变化)更平坦(表4.4a)。在这些国家,相对较少的低分学生来自背景不利的家庭,并且学校的成绩与学校的生源社会经济背景之间相关很低。因此,就政策本身而言,那些专门针对来自背景不利学生的政策就没法解决这些国家许多低分学生的需要。此外,如果目标是确保绝大部分学生达到某一最低水平的成绩,那么,这些国家中针对社会经济的政策将惠及相当大比例成绩水平高的学生。

与此相对,那些社会经济背景对学生成绩影响力强的国家(地区),针对社会经济的政策将把更多资源分配给那些可能需要这些服务的学生。例如,比较一下挪威和斯洛伐克(分别为图4.14c和4.14e)。如果着力根据图左侧区域信息采取行动,那么针对社会经济的政策将会把挪威许多学校和学生排除在外,这些学生和学校成绩差但背景好,分布在图中的右下方。相反,针对成绩的政策将会触及大多数低分学生和学校。斯洛伐克的社会经济背景和学生成绩之间的关系更为紧密,针对社会经济的干预政策可能会产生更大的作用,因为有更大比例的学生和学校位于图的左下象限。

然而,对于社会经济梯度陡峭的国家(地区),针对社会经济的政策作用仍可能被高估。在社会经济梯度陡峭但社会经济背景的变异解释量不多的国家(地区),可能存在相当多成绩差但社会经济背景优越的学生。例如,考虑一下捷克的情况,捷克的梯度陡峭程度超过了均值,达到51分,但变异解释量却不多(15.6%)。当图4.14e中的纵轴截点向左移动时,即关注社会经济背景更为不利的学生时,成绩水平低却未得到此类政策覆盖的学校和学生的比例增加了。因此,在这种情况下,针对社会经济的政策容易遗漏大量成绩较差的学生。

不同的社会经济状况

在解读社会经济梯度时,一个国家(地区)的社会经济差异程度是一个重要的背景信息。例如,加拿大和西班牙拥有相似的社会经济梯度,但是在学生PISA经济社会文化地位指数分第5和第95个百分位数之间的差异分布范围上,西班牙超出加拿大35%(表4.4a)。这有助于解释为什么加拿大社会经济背景能解释的成绩变异不及平均水平,而在西班牙,社会经济分布顶端和底端的学生成绩差异远大于加拿大。因此,各国(地区)在考虑如何采取针对政策时,需要考虑其学生人口的社会经济状况。在比较墨西哥和西班牙时,情况很类似,只是墨西哥的家庭背景分布更趋偏态,社会经济差的学生集中程度更高,这表明尽管墨西哥的梯度线较平,但仍需要采取经济补助政策,以帮助那些经济背景最不利的学生。另一方面,瑞士社会相对公平,这意味着学生之间不同背景的差异所起作用相对较小,针对社会经济的政策改革不大可能成为提高成绩的主要方法。

图 4.14b ■ 瑞典和墨西哥学校成绩与学校社会经济背景之间的关系

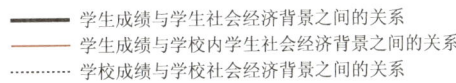

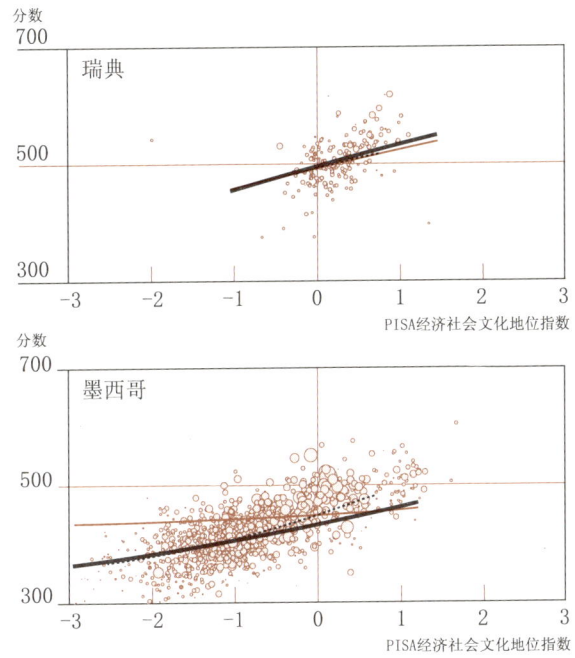

注：每一个标记表示 PISA 一个样本学校，标记的大小与学校 15 岁学生的人数相对应。
资料来源：OECD PISA 2006 数据库。
StatLink http://dx.doi.org/10.1787/141848881750

不同的校间梯度

一所学校的生源社会经济总量与学生成绩之间的关系可以有多种不同的变化。一个特征是，当学生进入一所生源社会经济总量更好学校时，在多大程度上可预测其科学成绩会更好。第二个是，学生达到这一预测值的可能性大小——即关系的强度。第三个特征是学校生源社会经济总量的差异程度，该特征在比较不同国家（地区）时非常重要。若一个学生的机会受到学校生源社会经济总量差异的强烈影响，并且所在国家（地区）绝大部分学校生源社会经济总量都相类似，那这个特征就不太重要了。

这一点可以通过对四个国家的比较来说明。这四个国家是美国（校间梯度约等于OECD平均值），德国（校间梯度相对较陡），西班牙和挪威（校间梯度相对较平）。在德国，学校间约四分之三的成绩差异可以用社会经济因素解释（表 4.1a）。另一方面，尽管对于不同生源社会经济总量的学校，西班牙的成绩差异斜率是最小的，但其社会经济背景可解释方差量仍接近 50%。其中一个重要的因素在于，西班牙学生在进入不同学校时存在相当大程度的隔离，在生源社会经济总量顶端和底端四分之一的学校之间，社会经济差异与德国相同（表 4.4b）。相反，挪威在学校生源社会经济总量的差异上还不及西班牙的一半。

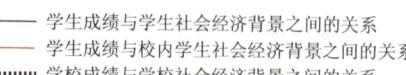

图 4.14c ■ 美国、德国、西班牙和挪威中学校成绩与学校社会经济背景之间的关系

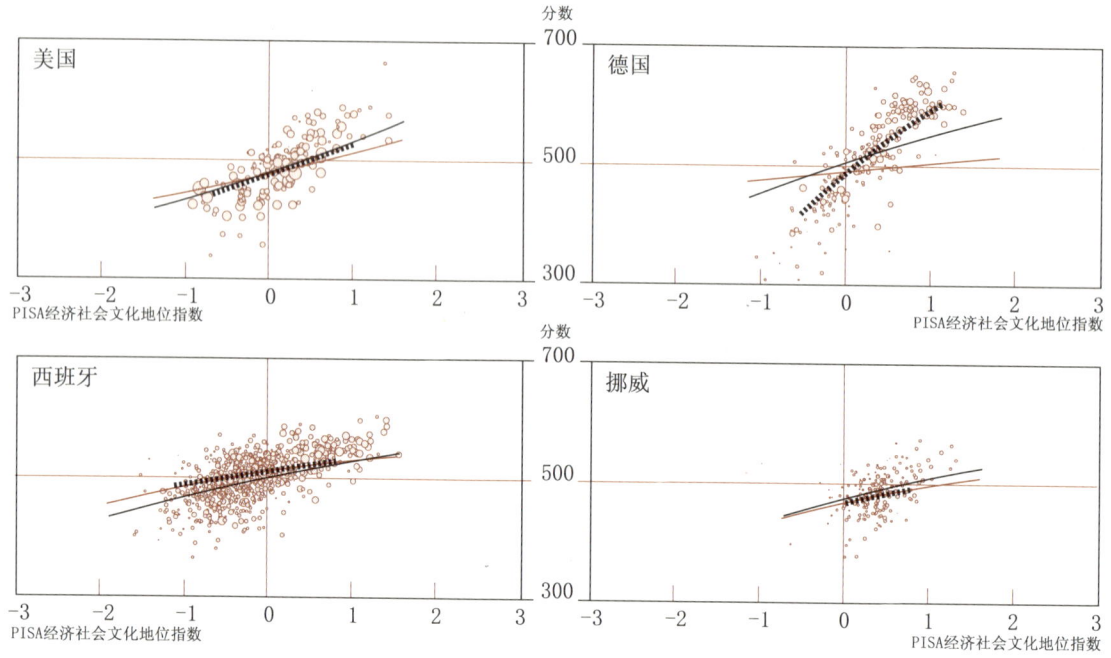

注：每一个标记表示 PISA 一个样本学校，标记的大小与学校 15 岁学生的数量相对应。
资料来源：OECD PISA 2006 数据库。
StatLink http://dx.doi.org/10.1787/141848881750

这有助于解释，为什么尽管梯度线比西班牙更陡，但挪威学校间社会经济差异可以解释的成绩差异却更少——占 38％，是 PISA 2006 中该值最低的国家之一。还要注意的是，挪威和西班牙学校间成绩总体差异都较小。把这些因素综合起来考虑，那些需要考虑学校间社会经济隔离是否危害公平或总体成绩的国家（地区）具有这些特征：学校间的成绩差异大，并且学校间社会经济因素可解释的变异量较大。

不同的校内梯度

从某种程度上来说，根据学生能力把学生分入不同学校的学校教育系统，每所学校内的学生成绩差异都应该比较小，无论是总差异量还是与社会经济背景相联系的差异量，都应该如此。这也是实践中观察到的大体模式。然而，国家（地区）间在这方面的差异一般会比学校间的差异小。因此，即使芬兰和新西兰这两个在 PISA 结果中公平性最好和最差的国家，它们在这一量度上也没有很大区别。所有国家（地区）校内社会经济差异造成的成绩差异都没有超过总成绩变异的 11％。可以得出这样一个总体结论，虽然有证据表明需要解决校内社会经济造成的成绩差异，但是，没有一个国家（地区）能单靠这种方法使学生成绩变得更为平均。

图 4.14d ■ 比利时、瑞士、新西兰和芬兰的学校成绩与学校社会经济背景之间的关系

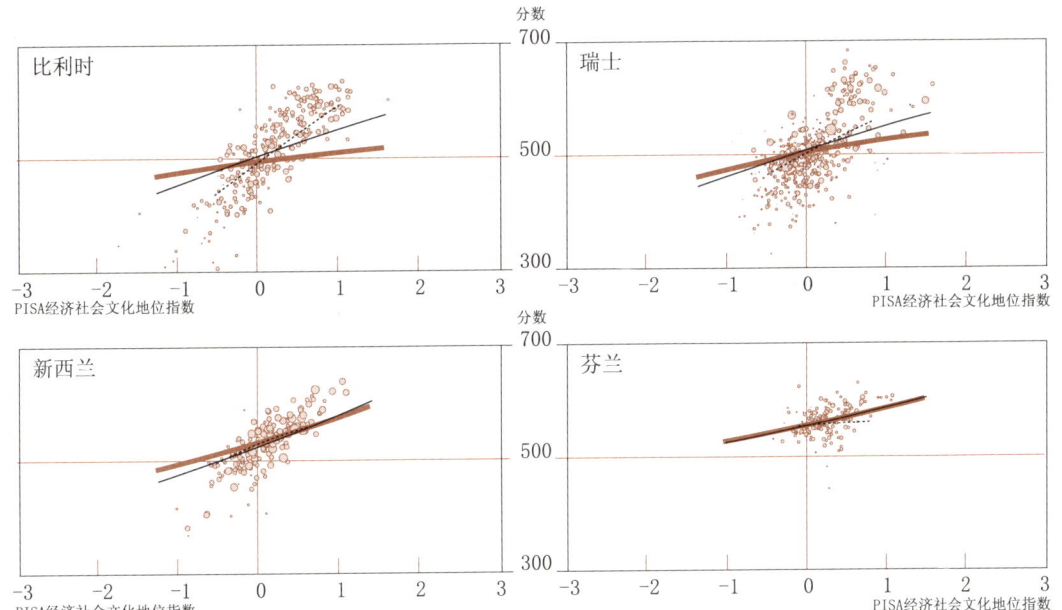

注：每一个标记表示 PISA 一个样本学校，标记的大小与学校 15 岁学生的数量相对应。
资料来源：OECD PISA 2006 数据库。
StatLink http://dx.doi.org/10.1787/141848881750

图 4.14e[1/5] ■ 学校成绩与学校社会经济背景之间的关系：学校平均分介于 300 至 700 分

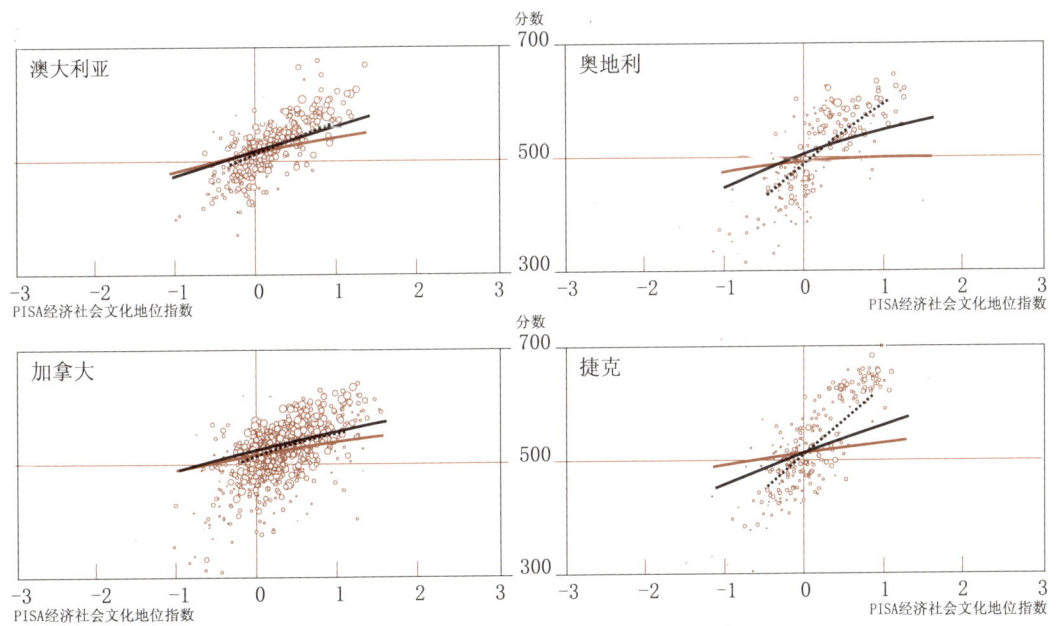

注：每一个标记表示 PISA 一个样本学校，标记的大小与学校 15 岁学生人数相对应。
资料来源：OECD PISA 2006 数据库。
StatLink http://dx.doi.org/10.1787/141848881750

图 4.14e[2/5] ■ 学校成绩与学校社会经济背景之间的关系:学校平均分介于 300 至 700 分

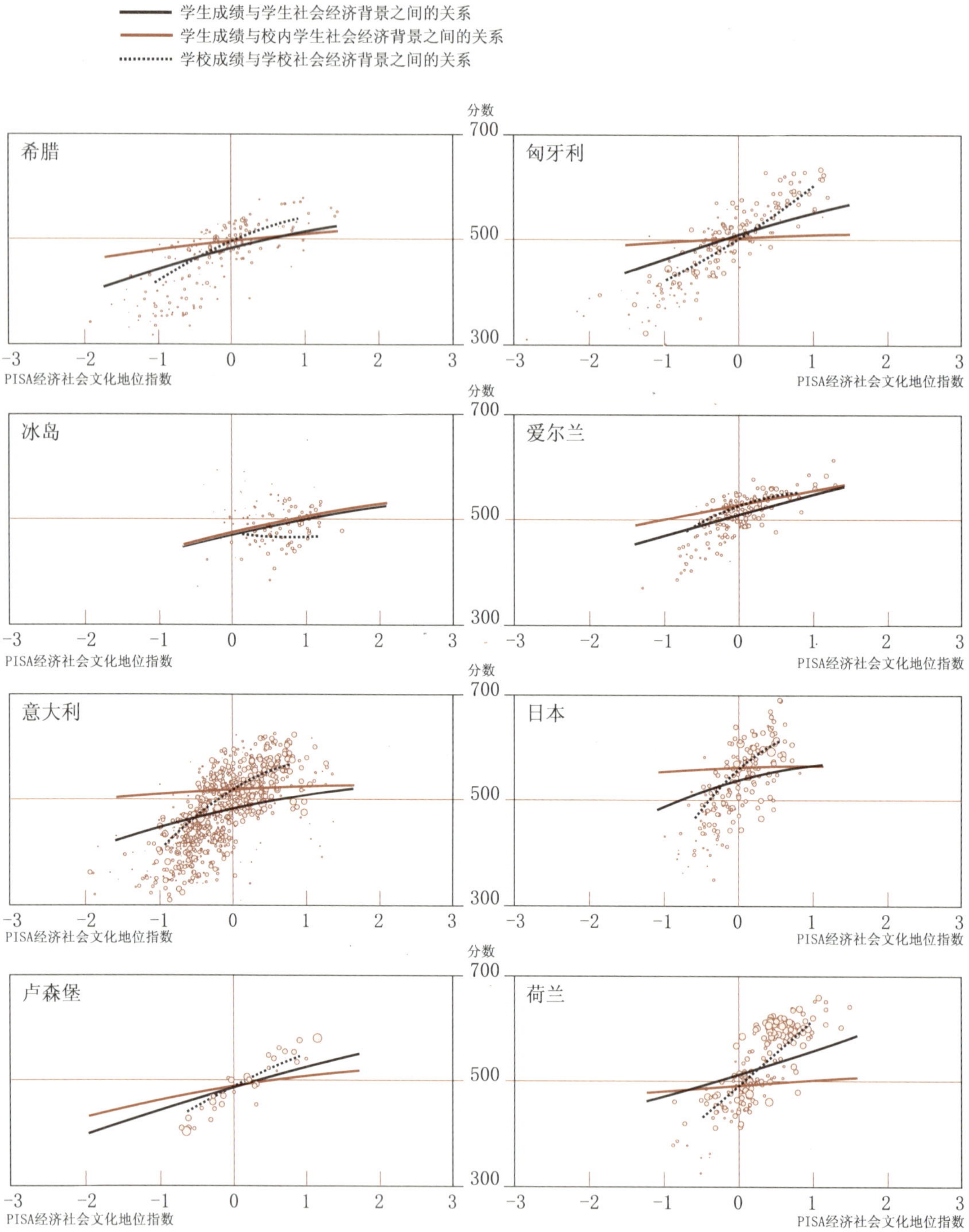

― 学生成绩与学生社会经济背景之间的关系
― 学生成绩与校内学生社会经济背景之间的关系
⋯ 学校成绩与学校社会经济背景之间的关系

注:每一个标记表示 PISA 一个样本学校,标记的大小与学校 15 岁学生人数相对应。
资料来源:OECD PISA 2006 数据库。
StatLink http://dx.doi.org/10.1787/141848881750

图 4.14e[3/5] ■ 学校成绩与学校社会经济背景之间的关系:学校平均分介于 300 至 700 分

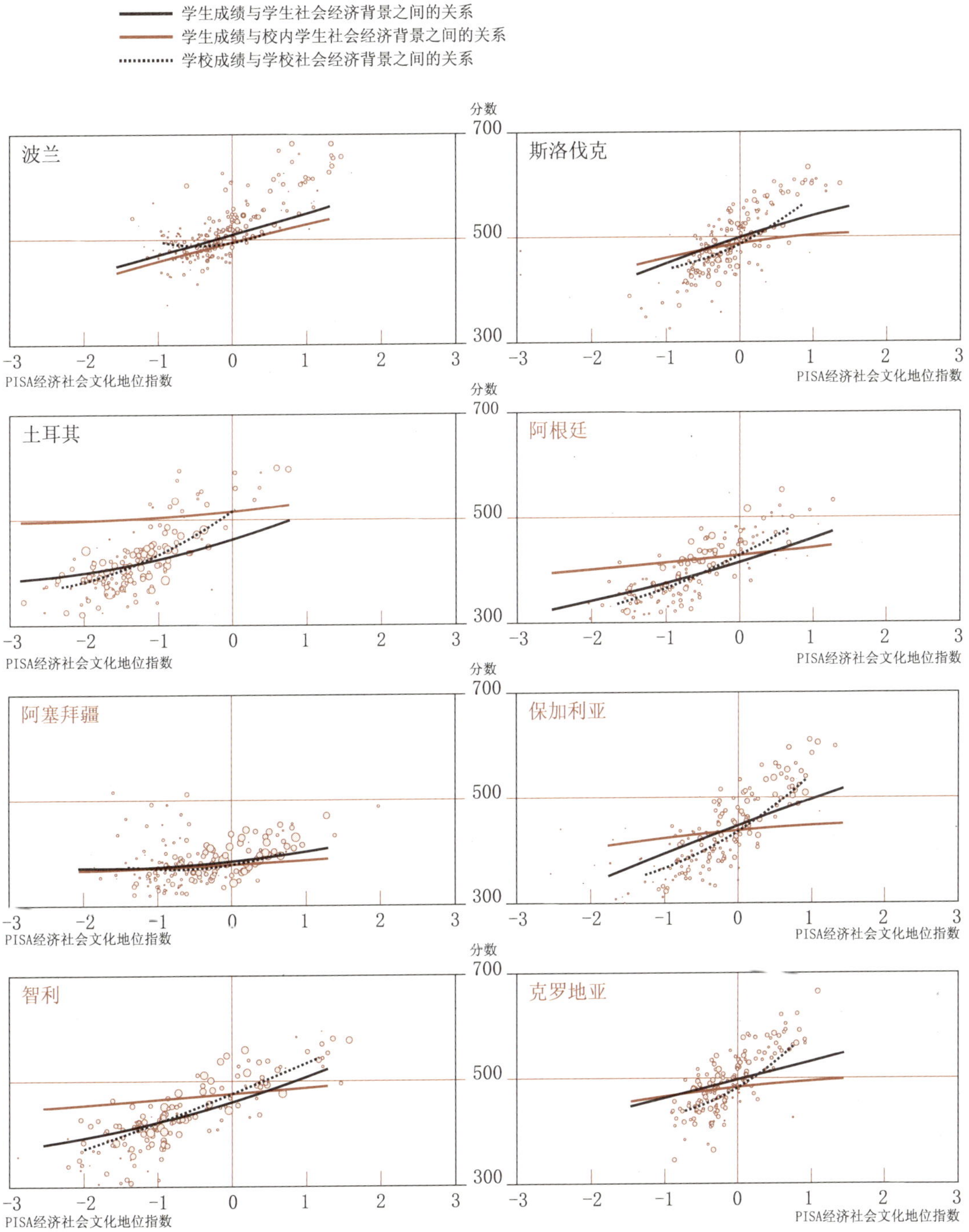

— 学生成绩与学生社会经济背景之间的关系
— 学生成绩与校内学生社会经济背景之间的关系
······ 学校成绩与学校社会经济背景之间的关系

注:每一个标记表示 PISA 一个样本学校,标记的大小与学校 15 岁学生人数相对应。
资料来源:OECD PISA 2006 数据库。
StatLink http://dx.doi.org/10.1787/141848881750

图 4.14e[4/5] ■ 学校成绩与学校社会经济背景之间的关系：学校平均分介于 300 至 700 分

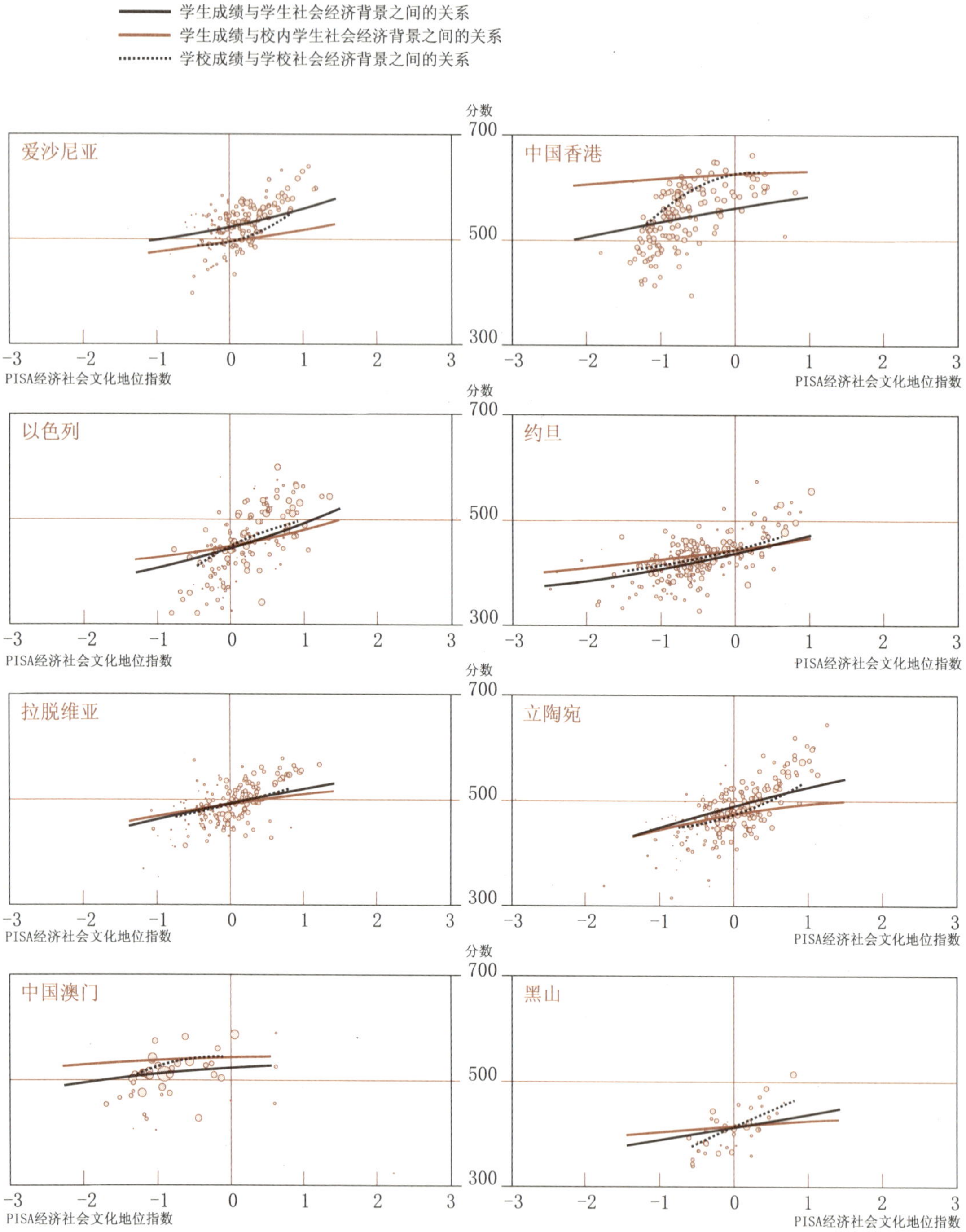

— 学生成绩与学生社会经济背景之间的关系
— 学生成绩与校内学生社会经济背景之间的关系
······ 学校成绩与学校社会经济背景之间的关系

爱沙尼亚　中国香港

以色列　约旦

拉脱维亚　立陶宛

中国澳门　黑山

注：每一个标记表示 PISA 一个样本学校，标记的大小与学校 15 岁学生人数相对应。
资料来源：OECD PISA 2006 数据库。
StatLink http://dx.doi.org/10.1787/141848881750

图 4.14e[5/5] ■ 学校成绩与学校社会经济背景之间的关系：学校平均分介于 300 至 700 分

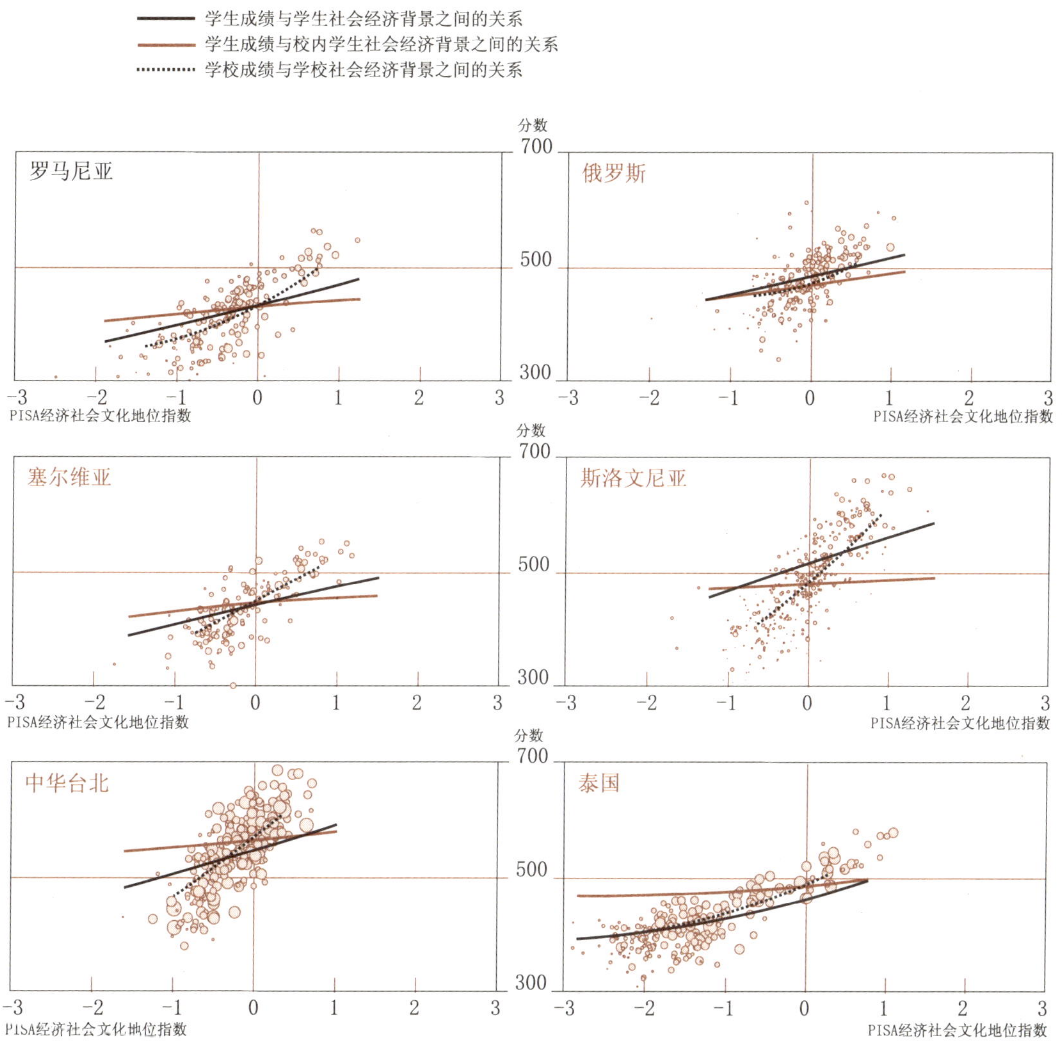

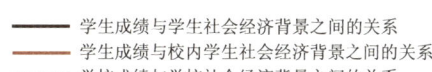

注：每一个标记表示 PISA 一个样本学校，标记的大小与学校 15 岁学生人数相对应。
资料来源：OECD PISA 2006 数据库。
StatLink http://dx.doi.org/10.1787/141848881750

这些结果倾向于将政策制订者的注意力集中到学校教育系统上，特别是集中到中等教育体系的特征上。这很自然，因为 PISA 是对 15 岁学生的测评。实际上，这份报告中对学校效率的分析是基于初等教育后期或中学的学校数据。然而，PISA 并非测评年轻人前一年在学校学到的东西，也不是在中学阶段学到的东西。它体现的是自出生开始的所有学习发展。一个国家（地区）的 PISA 结果不仅取决于儿童在小学和中学期间拥有的学校和家庭教育机会，还取决于于儿童在婴儿及学前期所受的照料水平和接受的刺激信息。

因此，提高质量和公平需要一种长期的观点和全面的视角。对一些国家（地区）来说，这或许意味着要采取措施保护儿童的健康发展，或者促进幼儿教育。对另一些国家（地区）来说，这或许意味着要进行社会经济改革，使家庭有能力更好地照料儿童。在许多国家（地区），这或许意味着要努力促进社会经济的全纳性，同时扩大学校教育的规模。

图 4.14f ■ 学校成绩与学校社会经济背景之间的关系:学校平均分介于 200 至 600 间和介于 100 至 500 间

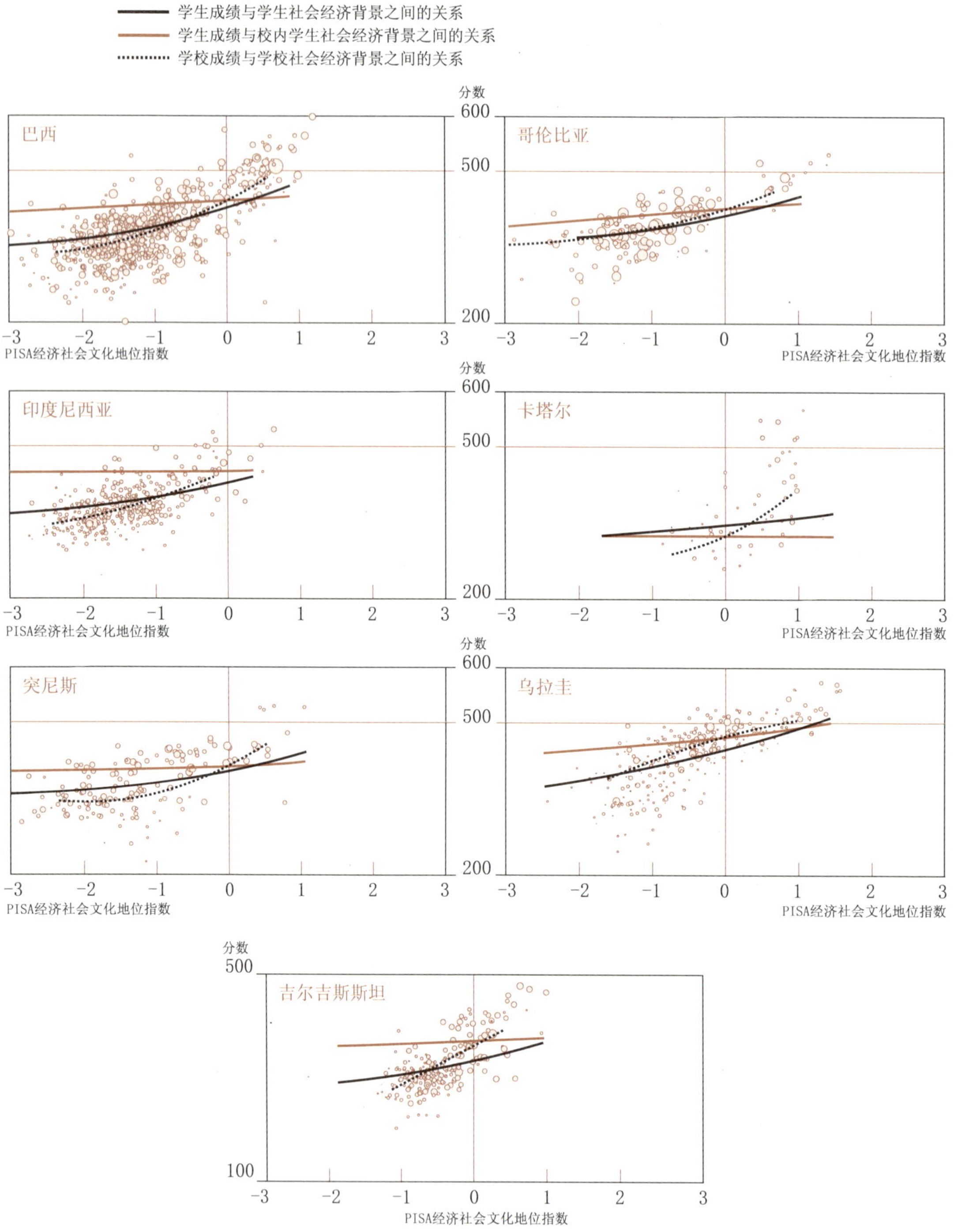

—— 学生成绩与学生社会经济背景之间的关系
—— 学生成绩与校内学生社会经济背景之间的关系
······ 学校成绩与学校社会经济背景之间的关系

注:每一个标记表示 PISA 一个样本学校,标记的大小与学校 15 岁学生的数量相对应。
资料来源:OECD PISA 2006 数据库。
StatLink http://dx.doi.org/10.1787/141848881750

注　释

[1] 科学量表总方差的分割是通过一个包括学生、学校和系统的三层模型来估计的。科学总分被用作结果变量。

[2] 变异通过统计方差来表示。该方差是通过对标准差进行平方得到的，这在第2章曾提到过。在进行比较时，我们采用了方差而非标准差，这是因为采用方差可以对学生成绩变异进行分解。由于《PISA 2006 技术报告》(OECD，即将出版)中已经解释的一些原因，而且最主要是因为该表格中的数据仅仅包含有效社会经济背景数据的学生，所以这里的方差可能与第2章中的标准差平方不一致。在《PISA 2006 技术报告》中，我们还解释了为什么在一些国家(地区)学校间和学校内方差之和与总方差有微小的差异。平均数是通过对表格中所有OECD成员国的计算得出的。

[3] 土耳其和墨西哥也表现出较低的学生成绩变异，但是在这些国家以及许多伙伴国家(地区)，15岁学生在校率相当低(见附件A3)，这意味着15岁人群中的成绩变异可能会被严重低估。

[4] OECD的平均值是通过对各国数据进行简单的算术平均得到的。这一平均值与第2章中OECD平均标准差的平方不同，因为后者包含了国家间的成绩差异，而前者仅简单地对各国内部成绩变异求平均值。

[5] 例如，在一些国家(地区)，一些PISA样本学校被定义为管理单位，即使他们在不同地区拥有分校区，意大利就是如此；在一些国家(地区)，样本学校被定义为有15岁学生就读的较大的教育机构；另一些地方，样本学校被定义为物理意义上的校园；还有一些地方，是从管理角度来定义的(例如，拥有一名校长的单位)。《PISA 2006 技术报告》(OECD, forthcoming)对学校的定义方法进行了描述。

[6] 这一数据是通过将该国(地区)的校间方差百分比除以OECD平均校间方差得到的。

[7] 1999年以前，该教育系统在8年基础教育后提供三种培养方向，普通中等教育、以某种职业为培养方向的学术教育、以直接进入劳动力市场为目的的职业教育。1999年实施的教育系统提供6年的小学教育，之后是三年学科导向的普通初中教育，然后是分流的高中教育。

[8] 尽管科学成绩不能在PISA 2000、PISA 2003 和 PISA 2006 间进行比较，但可以对学校间变异的比例进行适当地比较。

[9] 这是通过学生成绩方差中可被PISA经济社会文化地位指数(参阅附件A1中该指数的定义)解释的比例表示的。

[10] **PISA 经济社会文化地位指数**不仅涵盖了职业地位，还包括了学生家庭成员和家庭背景的各个方面。它是根据以下几个变量获得的：父亲或母亲的**国际职业地位社会经济指数**中较高的一个；父亲或母亲教育水平中较高一个的受教育水平转成受教育年限(要了解教育水平如何转换为受教育年限，参阅表A1.1)；**家庭财富指数**，通过询问学生家里是否拥有：一张学习用的桌子、一个自己的房间、有一个安静学习场所、一个教育软件、互联网连接、自己拥有的计算器、经典的文学作品、诗词集、艺术品(比如绘画作品)、教辅读物、一本词典、一台洗碗机、DVD或VCD播放器、其他三种国家(地区)特定的物品，还有手机、电视、电脑、汽车和家庭藏书的数量。选择这些变量的理由是，社会经济地位通常被认为是由职业地位、教育程度和财富拥有量决定的。由于PISA无法直接衡量父母收入(除参加了PISA家长问卷的国家(地区)外)，就用家庭物品数量作为替代。学生的经济社会文化地位指数分是通过主成分分析获得的，并且，通过把OECD的平均值定为0，标准差定位1来进行标准化。更为详尽的说明参阅附件A1。PISA经济社会文化地位指数各成分的数据参阅表4.7a、4.7b、4.7c、4.8b、4.9b，指数值参阅表4.4a。

[11] 为了进行此项分析，此处仅包括那些15岁学生中有移民背景的人数超过总人数3%的国家。

[12] 对OECD成员国来说，不存在相关(跨国的相关系数等于$-.02, p = 0.921$)，对所有国家(地区)而言，存在很小的负相关(跨国相关系数等于$-.35, p = 0.045$)。就是说，考虑所有国家(地区)时，成绩差距在那些移民比例高的国家(地区)有缩小的趋势。

[13] 第一代和第二代移民学生的平均成绩跨国差异可能受到移民人口代际间构成差异的影响，比如，15岁的第一代移民与15岁的第二代移民父母来自不同的国家，或者比例大小不同。然而，PISA 2003的分析表明，来自同一国

家的学生在不同的移入国成绩也有相当大的差异。

[14] 等级相关系数为0.95。

[15] OECD成员国的方差平均解释率和各国平均斜率与表4.9中的OECD平均和总体值并不相同,这是因为总体值同时反映了国家间的差异。

[16] 参阅注释8。

[17] 结果分解是学校间斜率、校内斜率以及 η^2 的函数,它是学校间社会经济背景的变异部分。η^2 可以被视为是对社会经济背景隔离的测量指标(Willms & Paterson, 1995),从理论上来讲,该值可以在0和1之间变化,0表示完全无任何隔离的教育制度,每所学校间的社会经济水平分布都相同,1表示完全隔离的教育制度,即每所学校内学生的社会经济背景都相同,但是各学校的社会经济背景平均值互不相同。还可以考虑一下这个等式:$1-\eta^2$,该等式可以看作社会经济全纳指数,它可以从0到1变化,0表示隔离的学校教育体制,1表示完全无隔离的学校教育体制。借助隔离和全纳指标,总体的斜率与学校间和学校内的斜率关系为:$\beta_t = \eta^2 \times \beta_b + (1-\eta^2) \times \beta_w$,$\beta_t$ 表示总体斜率,β_b 表示学校间的斜率,β_w 表示学校内的平均斜率。

[18] 这些国家是丹麦、德国、冰岛、意大利、韩国、卢森堡、新西兰、波兰、葡萄牙、土耳其以及伙伴国(地区)保加利亚、哥伦比亚、克罗地亚、中国香港、中国澳门和卡塔尔。在考察PISA家长问卷的结果时,需要提醒的是,在有些国家未应答人数相当多。家长问卷中有相当多缺失值的国家列在后面,括号中是缺失值的比例:葡萄牙(11%)、意大利(14%)、德国(20%)、卢森堡(24%)、新西兰(32%)、冰岛(36%)和卡塔尔(40%)。

第五章
学校及教育体系特征与学生的科学成绩

概述	183
录取、选拔和分组政策	185
■ 学校录取政策	185
■ 教育机构的区分和留级	188
■ 校内能力分组	191
■ 学校录取、选拔和能力分组与学生科学成绩的关系	192
公共和私人利益相关者在学校管理和财政中的作用	197
■ 学校管理和财政中的公共和私人利益相关者与学生科学成绩之间的关系	197
家长的作用:择校和家长对学校的影响	200
■ 择校和家长对学校的影响与学生科学成绩之间的关系	203
问责体制	204
■ 问责体系的性质和用途	207
■ 向家长和公众反馈学生成绩	207
■ 存在外部标准参照考试	209
■ 问责政策与学生科学成绩的关系	210
学校管理方式和利益相关者在决策中的参与	212
■ 学校教职员在学校决策中的参与	212
■ 利益相关者在学校决策中的参与	216
■ 学校自主权与学生科学成绩的关系	219
学校资源	220
■ 校长报告的人力资源	220
■ 校长报告的物力资源	222

- ■ 学生和校长报告的学习时间和教育资源 …………… 224
- ■ 学校资源与学生科学成绩之间的关系 …………… 228

学校和教育体系的资源、实施和政策对学生成绩的综合作用 …………… 230
- ■ 即使考虑了人口和社会经济背景后仍与成绩有联系的学校因素 …………… 233
- ■ 即使考虑了人口和社会经济背景后仍与成绩有联系的教育系统因素 …………… 233
- ■ 仅当未考虑人口和社会经济背景时与成绩相联系的学校因素 …………… 235

学校和教育体系的资源、实施以及政策对社会经济背景与学生科学成绩之间关系的综合作用 …………… 238

政策启示 …………… 241

概述

第4章介绍了社会经济背景对学生成绩的重大影响,也暗示了其对教育机会分配的重大影响。同时,教育政策并不能直接改变许多不利的社会经济因素,至少短期内不会。比如,父母的受教育程度只能逐渐提高,家庭平均财富不仅依赖国家(地区)长期的经济发展,还依赖鼓励个人节约文化的形成。社会经济劣势的影响巨大,而且这种劣势的各个方面要经过相当长的时期才会发生改变,意识到这一事实向教育政策制订者提出了一个至关重要的问题:学校和学校政策怎样才能提高学生成绩,促进教育机会公平?

类似PISA的研究最多只能在一定程度上回答这些问题,这是因为这类国际性比较研究无法涵盖许多重要的背景因素,而且这类研究没有考察长期的过程,因而无法建立稳固的因果联系(专栏5.1)。但是,采用多层分析[1],就可以同时描述学校和教育体系的学习环境和所获测试成绩。

PISA 2000、PISA 2003和PISA 2006考察的学校因素是根据以下三个方面的研究选出来的:

- 有效教学研究,这些研究倾向关注课堂管理和教学策略,比如学生的学习机会、完成学习任务的时间,课堂教学效果的监控,教学方法和学生分类方法。

- 学校效能研究,这些研究关注学校的组织和管理特征,比如学校和班级的氛围,成就导向,学校的自主权和教育领导,评价机制与具体实施办法,家长参与和教师发展。

- 投入资源的研究,这些研究关注诸如学校规模,生师比,学校硬件基础设施和教育资源的质量,教师经验、培训和薪酬,以及这些因素如何转变为教育成果。

PISA的各种调查对学生、校长和家长提出的问题均来自这三个领域,并且集中于那些得到先前的经验性研究支持的方面。PISA没有收集教师的数据,这主要是因为教育是一种不断累积的过程,而且在绝大多数国家(地区),为15岁学生授课的都有多名老师。在PISA这样的研究中,还不可能建立起一套方法把教师和学生联系起来,以做出类似教师特征和行为对学习成绩影响作用的推论。因此,只能通过学生和学校校长的看法间接地推断教学和学习情况。

这一章依次讨论下列六组学校和教育系统层面的因素:

- 入学、分组和选拔

- 学校管理和资金投入

- 家长施加的压力和择校

- 问责制度

- 学校自主权

- 学校资源(人力的、物力的和教育的)

专栏 5.1 ■ 对学校数据及其与学生成绩关系的解读

PISA 2006 的指标基于学生和校长对以下两方面的报告：学校的学习环境和组织管理，以及开展学习活动的社会和经济环境。一些 PISA 2006 的指标是通过综合学生或校长对一系列有关问题的回答获得的。这些问题选自理论上较大的概念和先前的研究。采用结构方程模型来验证理论上预期的指标分类，并验证它们的跨国可比性。为此，一个模型既要在每一个国家（地区）中单独地进行估算，也要对所有 OECD 成员国综合起来进行估算。更详细地了解 PISA 2006 的指标结构和模型结构，可参阅附录 A1 和 A8。

在解释数据时需要注意，所收集的校长数据存在一些局限性：

- 平均每个 OECD 成员国仅调查了 300 名校长，并且其中 7 个国家的受调查人数少于 170 人。

- 尽管校长能够提供其学校的信息，但是每所学校仅对单一渠道来源的信息进行归纳（然后再把这些信息与学生填报的内容作比较），这并不合理。最重要的是，学生的成绩通常与不同学科领域许多老师的工作有关。

- 15 岁的学生自己感觉到的、也就是 PISA 所能考察的学习环境只能部分地反映出形成他们 15 岁之前教育经历的学习环境，尤其是在某些教育体系中，学生要在不同类型的初中和高中教育机构中学习。15 岁学生当前的学习环境与之前的并不相同，就这方面来说，PISA 收集的学习环境数据并不能很好地代表学生不断累积的学习环境数据，因此，其对学习结果的作用往往会被低估。

- 在一些国家（地区），界定学生接受教育的学校不是一件简单的事情，因为 15 岁的学生可能在不同类型的学校里，这些学校的教育层次和课程目标可能并不相同[2]。由于学生抽样的方式，校内变异既包括班级间的变异也包括学生间的变异。

- 对学校资源的研究必须精确，但调查中可能不容易做到这一点，特别是当调查时间限制影响到应答者提供的信息时更是如此。比如，一位校长可能没有类似班级规模这种特定主题的精确数据，也没有时间或资源来收集这些数据。而且，为了弄清某种资源变化如何影响学生成绩，需要着重将特定资源与特定学生相联系，而不是与学校平均成绩相联系。这些局限性共同限制了 PISA 在学校资源对教育成果影响作用方面做出直接统计预测的能力。因此，解读学校资源指标时要谨慎，记住其中存在着潜在的测量问题，还有一些变量被省略了。然而，尽管存在这些限制，学校问卷的信息仍具有指导意义，它为国家（地区）和下一级权力部门如何实现其教育目标提供重要的启示。

在使用类似 PISA 数据库这样的非实验性学校成绩数据时，还须牢记学校作用同学校教育作用的区别，特别是在解读那些有中等程度相关的因素时，比如学校资源、政策、教育机构特征和学生成绩。学校教育的作用是指，接受不接受学校教育对成绩的影响。在这一方面，有一些严格控制的研究已经证明，学校教育不仅对知识有显著影响作用，对基本的认知技能

也是如此(例如 Blair *et al.*，2005；Ceci，1991；Downing & Martinez，2002)。学校作用是教育研究者使用的一个简称，表示学生学业成绩因进入的学校不同所受的影响，学校不同通常是指在资源、政策或机构特征上的不同。当学校和学校系统没有本质区别时，学校影响作用可能不大。尽管如此，中等的学校作用不应与缺乏学校教育作用相混淆。

这份报告中所出现的基于校长报告的信息都经过了加权处理，因此，它体现了每所学校中15岁学生的人数。

在上述每一部分，都会考察相关的学校政策、措施和机构特征，以及在考虑人口和社会经济背景因素之前和之后，它们与学习成绩的影响关系。另外，这一章也考察这些因素之间的关系，以及社会经济背景对学生成绩影响的作用，以评估这些因素如何促进教育机会的公平分布。

本章的分析分别从科学、阅读和数学的学习结果单独进行过。由于分析结果在三个学科领域并不存在本质上的区别，所以下面仅就科学成绩进行讨论。

录取、选拔和分组政策

第4章提到，满足学生不断增长的不同需求，使所有学生都能从高效率的教学中受益，这是教育系统面临的巨大挑战。各国(地区)应对这一挑战的方法各不相同：一些国家(地区)采用非选拔性的学校体系，要求每所学校满足成绩不同的所有学生，以期为学生提供相似的学习机会。其他国家(地区)在面对差异时，明确采取了学校间或学校内的选拔分组方式，目的是根据学生的学习潜力和/或对特定课程的兴趣提供相应的教育。PISA 2006收集了学校录取政策、教育体系内机构分层程度以及学校遵循的校内分化方式三个方面的信息。

学校录取政策

录取和派位政策构成了学生选拔的基本框架，无论选拔目的是为学生分配课程方案还是依据职业目标和教育需要分流学生。那些不同课程体系和不同学校间成绩差异巨大的国家(地区)，以及那些由于居住地隔离而牢固确立了社会经济隔离的国家(地区)，录取和派位政策对于家长和学生都是高利害事件。效率高的学校对学习动机强的学生和好教师有更强的吸引力；相反，学生和教师的"人才外流"风险造成了其他学校的恶化。而且，学生一旦被学校录取，他们就成为一个由同龄人和成人共同组成的团体中的成员，如第4章所述，学生所在学校的社会经济背景与学生学习成果之间的联系强度远大于学生个人的社会经济背景与学习成果之间的联系。

为了评估教育系统的选拔机制，校长需要回答在录取学生时他们对下列因素的关注程度：学生居住地；学生的学业成绩记录(包括派位考试成绩)；生源学校的推荐；家长对于学校教学或宗教理念的认可；学生对特定课程的需要或期望；其他家庭成员曾经或现在就读本校的情况。

在这些标准中，报告最多的是学生居住在特定的区域。OECD平均来说，47%的15岁学生所在学校校长报告说，学生居住地是学校决定录取的前提条件或者会被优先考虑。在比利时、匈牙利、墨西哥以及伙伴国(地区)克罗地亚、中国澳门、中国香港、斯洛文尼亚、智利、塞尔维亚和阿根廷，这一比例不及10%，但是在冰岛、波兰、美国、瑞士以及伙伴国突尼斯，则该比例超过了80%(图5.1)。

图 5.1[1/2] ■ 学校录取政策

校长报告下述方面是该校录取"前提条件"或"优先考虑因素"的学生比例

居住在特定的区域	学生百分比	学生的学业记录	学生百分比	生源学校的推荐	学生百分比
冰岛	94	塞尔维亚	91	荷兰	90
突尼斯	83	克罗地亚	91	中国澳门	59
波兰	82	日本	86	瑞士	40
美国	81	保加利亚	84	德国	38
瑞士	80	中国香港	83	泰国	33
挪威	79	黑山	67	日本	26
加拿大	78	中国澳门	66	加拿大	22
芬兰	75	荷兰	65	卡塔尔	22
卡塔尔	74	奥地利	65	中国香港	20
希腊	71	匈牙利	64	以色列	19
泰国	71	印度尼西亚	63	印度尼西亚	18
西班牙	68	罗马尼亚	62	澳大利亚	18
德国	65	韩国	59	新西兰	16
约旦	65	卡塔尔	53	中华台北	16
英国	61	中华台北	53	突尼斯	14
瑞典	57	瑞士	51	约旦	14
葡萄牙	57	斯洛伐克	46	吉尔吉斯斯坦	13
丹麦	55	爱沙尼亚	44	爱尔兰	12
立陶宛	53	泰国	44	韩国	11
吉尔吉斯斯坦	50	捷克	42	哥伦比亚	11
新西兰	49	卢森堡	42	阿根廷	10
阿塞拜疆	47	德国	39	保加利亚	9
卢森堡	42	斯洛文尼亚	38	爱沙尼亚	9
爱尔兰	42	墨西哥	38	罗马尼亚	9
爱沙尼亚	42	以色列	36	美国	9
澳大利亚	42	智利	33	墨西哥	9
俄罗斯	41	土耳其	29	丹麦	9
以色列	39	约旦	27	俄罗斯	8
土耳其	35	比利时	26	卢森堡	8
中华台北	33	突尼斯	24	智利	7
保加利亚	29	吉尔吉斯斯坦	23	比利时	7
奥地利	25	哥伦比亚	20	英国	7
韩国	23	拉脱维亚	18	塞尔维亚	7
乌拉圭	22	阿塞拜疆	17	阿塞拜疆	7
捷克	21	波兰	13	意大利	7
拉脱维亚	20	立陶宛	11	冰岛	7
印度尼西亚	20	俄罗斯	11	波兰	6
巴西	20	加拿大	10	奥地利	5
日本	20	英国	10	巴西	5
斯洛伐克	19	新西兰	9	斯洛伐克	3
哥伦比亚	15	澳大利亚	9	捷克	3
罗马尼亚	12	乌拉圭	8	克罗地亚	3
意大利	11	巴西	8	西班牙	2
荷兰	10	美国	8	芬兰	2
黑山	10	意大利	7	拉脱维亚	2
阿根廷	10	阿根廷	7	立陶宛	2
墨西哥	10	葡萄牙	7	土耳其	1
塞尔维亚	9	希腊	4	斯洛文尼亚	1
智利	7	芬兰	4	希腊	1
斯洛文尼亚	6	丹麦	4	葡萄牙	1
中国香港	5	西班牙	3	乌拉圭	1
匈牙利	4	爱尔兰	2	匈牙利	1
比利时	2	瑞典	2	挪威	1
中国澳门	2	冰岛	1	瑞典	0
克罗地亚	2	挪威	a	黑山	a
OECD 平均	47	OECD 平均	27	OECD 平均	13

资料来源：OECD PISA 2006 数据库，表 5.1。

StatLink http://dx.doi.org/10.1787/141887160188

图 5.1[2/2] ■ 学校录取政策

校长报告下述方面是该校录取"前提条件"或"优先考虑因素"的学生比例

家长认可学校的教学或宗教理念	学生需要或期望学习特定的课程	其他家庭成员就读该校的情况
保加利亚 48	保加利亚 75	保加利亚 51
泰国 48	塞尔维亚 71	西班牙 48
比利时 40	斯洛文尼亚 64	澳大利亚 42
卡塔尔 35	罗马尼亚 48	卢森堡 41
印度尼西亚 35	拉脱维亚 46	爱尔兰 37
以色列 33	泰国 44	卡塔尔 34
澳大利亚 27	奥地利 44	英国 33
爱尔兰 27	葡萄牙 41	葡萄牙 31
匈牙利 23	加拿大 37	新西兰 31
丹麦 20	意大利 33	阿根廷 27
荷兰 19	匈牙利 30	加拿大 26
新西兰 19	日本 29	中国澳门 25
哥伦比亚 19	突尼斯 27	希腊 24
阿塞拜疆 17	以色列 26	丹麦 24
俄罗斯 17	澳大利亚 25	泰国 19
阿根廷 16	印度尼西亚 25	德国 17
中华台北 16	中华台北 22	中国香港 17
加拿大 15	美国 22	智利 16
西班牙 14	德国 22	立陶宛 15
中国香港 13	瑞士 21	约旦 14
智利 12	阿根廷 20	俄罗斯 13
英国 12	哥伦比亚 20	芬兰 13
约旦 12	荷兰 20	奥地利 12
罗马尼亚 12	新西兰 19	突尼斯 12
中国澳门 12	俄罗斯 19	以色列 12
捷克 11	冰岛 19	瑞典 12
巴西 11	斯洛伐克 18	意大利 11
德国 11	卡塔尔 17	拉脱维亚 11
奥地利 10	芬兰 17	吉尔吉斯斯坦 11
意大利 10	丹麦 17	墨西哥 11
葡萄牙 10	约旦 16	塞尔维亚 10
拉脱维亚 10	吉尔吉斯斯坦 15	比利时 10
芬兰 10	韩国 15	冰岛 10
冰岛 10	爱尔兰 14	爱沙尼亚 10
爱沙尼亚 9	希腊 14	美国 10
日本 9	比利时 13	中华台北 9
塞尔维亚 8	西班牙 13	印度尼西亚 8
吉尔吉斯斯坦 7	智利 12	罗马尼亚 7
斯洛伐克 7	墨西哥 12	乌拉圭 7
卢森堡 7	卢森堡 11	阿塞拜疆 6
乌拉圭 6	中国澳门 11	巴西 6
墨西哥 6	乌拉圭 11	斯洛文尼亚 6
波兰 6	捷克 10	日本 6
美国 5	瑞典 10	哥伦比亚 6
斯洛文尼亚 5	英国 10	波兰 6
立陶宛 4	爱沙尼亚 9	挪威 5
希腊 4	黑山 9	荷兰 4
黑山 4	克罗地亚 8	捷克 4
韩国 4	立陶宛 8	匈牙利 4
突尼斯 3	中国香港 7	土耳其 3
瑞典 3	巴西 6	斯洛伐克 3
挪威 2	土耳其 5	黑山 2
瑞士 2	阿塞拜疆 5	克罗地亚 2
土耳其 1	波兰 5	韩国 1
克罗地亚 1	挪威 3	
OECD 平均 12	OECD 平均 19	OECD 平均 17

资料来源：OECD PISA 2006 数据库，表 5.1。
StatLink http://dx.doi.org/10.1787/141887160188

学生学业记录是接下来一个被提及最多的标准,OECD成员国平均比例为27%。这些记录包括正式考试、非正式的学习评估或正式的资格证书。这种学业能力选拔有其积极方面。无论对成绩较好还是较差的学生,这种选拔方式都可以通过调整学习环境以适应他们的需求,使每个群体的学生都可以按照自己的节奏学习,同时,作为一种奖励形式,它使学生能进入一所期望的学校或一种鼓励取得好成绩的课程方向。另一方面,也有人认为,学业能力选拔阻碍了那些落选学生的发展:因为高质量、高水平的课程计划和教育机构自然要求也高,当采用学业能力选拔来挑选新生时,那些最初学习较差的学生最终获得的是质量低的教育;成绩差的学生没法像成绩好的学生那样从期望和雄心中获益,因此也没法提高他们的成绩;把学生根据掌握的知识分类,这会给那些没有达到知识掌握标准的学生打上烙印,给他们贴上学习差的标签,并使他们进一步接受教育及在劳动力市场上的前途变得暗淡;而且,先前特别是小时候掌握知识的水平,对未来潜力的预测并不准确(Brunello et al.,2006)。因为许多最初的成绩差异都源于社会经济背景的差异,社会经济背景对生活机遇有差别的影响可能也会加剧。在日本、荷兰、奥地利、匈牙利、韩国、瑞士以及伙伴国(地区)塞尔维亚、克罗地亚、保加利亚、中国香港、黑山、中国澳门、印度尼西亚、罗马尼亚、卡塔尔和中华台北,超过一半的15岁学生所在学校校长报告学生学业记录是录取的前提,或至少是在录取中优先考虑的因素。相反,在冰岛、瑞典、爱尔兰、西班牙、丹麦、芬兰、希腊、葡萄牙、意大利、美国、澳大利亚、新西兰和英国,以及伙伴国阿根廷、巴西和乌拉圭,该比例仅为10%(图5.1)。

接下来一个标准是学生对特定课程的需要或期望,OECD平均为19%,然后是其他家庭成员就读该校的情况(过去或现在),OECD平均为17%。生源学校推荐在OECD平均为13%,但这一标准在不同学校间差异很大。在瑞典和挪威,不到1%的学生所在学校把生源学校的推荐作为录取的前提条件或者优先考虑因素,并且有34个国家(地区),该比例都低于10%。但该值在荷兰和瑞士分别为90%和40%,在伙伴经济体中国香港为59%。在家长对学校教学或宗教理念的认可方面,OECD成员国平均有12%的学生所在学校将其作为先决条件或者优先考虑因素(图5.1)。

教育机构的区分和留级

许多教育系统都有将学生分入各种独立教育类型中的机制,这些教育类型的课程内容不同、课程学习结束时获得的资格证书不同,转入更高一级教育或就业市场的期望也不相同,它们代表着不同的教育方向。通常,更趋学术的方向为进入大学水平的教育做准备,职业方向为特定工作或劳动力市场上的职业提供培训(尽管这些方向也可能提供进一步教育的选择)。

根据学生的成绩或其他特征,用不同的教育机构和课程设置来予以区分,这是学生分类的一种方法。之所以用学习成绩对学生进行分类,这通常基于一种假设,即当学生处于一种能够相互激励的学习环境时,他们的天资能够得到最佳发展,而且,学生智力整齐划一有利于高效率的教学。

表5.2中的测量数据涵盖了从15岁之前基本不区分的中等教育到拥有四个或更多学校类型或不同课程方案的教育系统(捷克、斯洛伐克、奥地利、比利时、德国、爱尔兰、卢森堡、荷兰、瑞士以及伙伴国黑山和卡塔尔)。

OECD成员国间的简单跨国比较表明,虽然15岁学生可选学校类型或特定课程设置的数量

图 5.2 ■ 机构因素之间的相互关系

通过相应变量在国家（地区）间的相关来表示

- OECD 成员国
- 所有参与国（地区）

1. 15 岁学生可选择的学校类型或特定教育课程数量
2. 所学课程是为了进入下一级职业教育或直接就业的 15 岁学生比例
3. 该教育系统第一次进行选拔时的学生年龄
4. 参与学校中复读学生的比例（初中）
5. 参与学校中复读学生的比例（高中）
6. 科学量表上的平均成绩
7. 学生科学量表成绩的方差
8. 总方差占 OECD 成员国学生成绩方差均值的百分比
9. 学校间方差占 OECD 成员国学生成绩方差均值的百分比
10. 学生成绩与 PISA 经济社会文化地位指数之间关系的紧密程度
11. 存在外部标准参照考试

	1 相关系数[1]	1 p值[1]	2 相关系数[1]	2 p值[1]	3 相关系数[1]	3 p值[1]	4 相关系数[1]	4 p值[1]	5 相关系数[1]	5 p值[1]	6 相关系数[1]	6 p值[1]	7 相关系数[1]	7 p值[1]	8 相关系数[1]	8 p值[1]	9 相关系数[1]	9 p值[1]	10 相关系数[1]	10 p值[1]	11 相关系数[1]	11 p值[1]
1			0.56	(0.00)	−0.86	(0.00)	0.05	(0.81)	0.24	(0.21)	−0.15	(0.45)	−0.05	(0.81)	−0.07	(0.70)	0.72	(0.00)	0.52	(0.00)	0.10	(0.62)
2	0.31	(0.02)			−0.50	(0.01)	−0.05	(0.80)	0.12	(0.56)	0.17	(0.40)	0.03	(0.89)	0.01	(0.97)	0.59	(0.00)	0.17	(0.39)	0.15	(0.45)
3	−0.66	(0.00)	−0.24	(0.08)			0.01	(0.97)	−0.14	(0.47)	0.23	(0.23)	0.12	(0.52)	0.14	(0.45)	−0.75	(0.00)	−0.53	(0.00)	−0.03	(0.86)
4	−0.12	(0.40)	−0.15	(0.29)	−0.05	(0.73)			0.93	(0.00)	−0.20	(0.28)	−0.14	(0.47)	−0.14	(0.45)	−0.03	(0.86)	0.29	(0.12)	−0.41	(0.03)
5	0.04	(0.76)	−0.05	(0.73)	−0.13	(0.33)	0.91	(0.00)			−0.22	(0.24)	−0.15	(0.42)	−0.17	(0.38)	0.13	(0.51)	0.33	(0.08)	−0.31	(0.10)
6	0.12	(0.37)	0.05	(0.73)	−0.06	(0.68)	−0.30	(0.03)	−0.22	(0.10)			0.48	(0.00)	0.46	(0.01)	−0.03	(0.88)	−0.30	(0.10)	0.29	(0.12)
7	0.08	(0.55)	−0.04	(0.79)	−0.14	(0.30)	−0.09	(0.52)	0.00	(0.99)	0.46	(0.00)			1.00	(0.00)	0.24	(0.20)	0.11	(0.55)	−0.03	(0.88)
8	0.06	(0.67)	−0.04	(0.77)	−0.13	(0.35)	−0.10	(0.48)	−0.02	(0.91)	−0.02	(0.91)	0.99	(0.00)			0.21	(0.27)	0.11	(0.56)	−0.03	(0.89)
9	0.54	(0.00)	0.29	(0.04)	−0.65	(0.00)	0.02	(0.88)	0.18	(0.17)	0.07	(0.61)	0.39	(0.00)	0.39	(0.00)			0.50	(0.00)	−0.01	(0.96)
10	0.24	(0.08)	0.05	(0.71)	−0.48	(0.00)	0.10	(0.44)	0.22	(0.10)	0.07	(0.63)	0.43	(0.00)	0.42	(0.00)	0.51	(0.00)			−0.09	(0.64)
11	0.14	(0.31)	−0.07	(0.62)	0.08	(0.54)	−0.48	(0.00)	−0.42	(0.00)	0.26	(0.05)	0.06	(0.63)	0.07	(0.78)	−0.04	(0.61)	−0.16	(0.25)		

注：将图中相关系数数平方得到方差解释率。
1. 黑体字表示相关系数达到上 5%（$p < 0.05$）的显著水平。
资料来源：OECD PISA 2006 数据库，表 5.2。
StatLink http://dx.doi.org/10.1787/141887160188

与各国（地区）科学平均成绩并没有相关（参阅图 5.2 第 6 栏第 1 行），但它可以解释 OECD 学校间平均变异的 52%（参阅图 5.2 中的第 9 栏第 1 行）[3]。加入伙伴国（地区）后，除了关系稍弱（29%，参阅图 5.2 的第 1 栏第 9 行）外，其他情况类似。

更为重要的是，就社会经济背景和学生成绩之间关系的紧密程度而言，学校类型或不同课程方案的数量能解释 OECD 成员国之间变异的 27%（参阅图 5.2 第 10 栏第 1 行）。换句话说，那些不同课程方案数量较多的国家（地区），社会经济背景对学生成绩的影响更大，这意味着教育分层可能与社会经济隔离间存在联系。这种学生区分方式的一个方面就是学术类课程和职业类课程相互分离。职业教育与普通教育的区别不仅在课程内容上，还在于职业教育一般要为学生从事特定类型的职业做准备，一些情况下，就是为学生直接进入劳动力市场做准备。各国（地区）接受职业教育的学生比例各不相同，从三分之一 OECD 成员国和一半伙伴国（地区）的不超过 1%，直到荷兰（55%）和伙伴国塞尔维亚（76%）、黑山（68%）和斯洛文尼亚（52%）的超过一半（表 5.2）。

做出进入不同类型学校决定的通常年龄，是分轨和分流的一个重要维度，此时，学生和家长面临着抉择。在奥地利和德国，学生 10 岁时就要做出选择，非常早。相反，在新西兰、西班牙和美国，在孩子完成中学教育以前，不会出现正式的学校分类（表 5.2）。虽然选拔的年龄与各国（地区）学生的平均成绩间没有关系，但是，在 OECD 学生成绩变异中，那些较早选拔学生的国家（地区）相比较晚选拔学生的国家（地区）有更大的校间变异。事实上，选拔学生的年龄能解释 OECD 成员国一半以上的学校间成绩变异（参阅图 5.2 第 9 栏第 3 行），并且，它可以解释所有参与国（地区）学校间变异的 42%（参阅图 5.2 第 3 栏第 9 行）。虽然这本身并不令人意外，因为学校间的变异可被视为教育分轨预期出现的结果。研究还发现，较早选拔的教育系统常常是社会经济有巨大分化的表现。在 OECD 成员国 PISA 经济社会文化地位指数与学生成绩之间关系的平均强度中，开始选拔的年龄可以解释 28%（图 5.2 第 10 栏第 3 行）。为什么选拔学生的年龄与社会经济选拔性之间关系这么紧密？可以这么解释，即学生在较小的时候，更多依赖于父母和父母的资源。在一个机构区分明确的教育系统内，社会经济背景更高的家长在增加孩子机会方面更具优势，相对而言，在那些更晚做决策的教育系统内，学生自身的作用会更大。

复读的目的是让课程内容适合学生的能力水平，因此它也可以视为一种进行学生分类的方式。在绝大多数国家（地区），一般在学年末教师对学生进行的正式或非正式考试结束后，就会提出复读一年的要求，这意味着学生没能充分理解所学内容或没有达到期望的能力水平，尽管有时候复读仅仅是因为一些科目上的失败。校长需要回答在前一学年，学校初中和高中（ISCED 2 和 3）阶段学生留级的比例。OECD 成员国中，校长报告的平均留级率分别为 3% 和 4%。但是，各国（地区）之间差异很大：在葡萄牙、西班牙以及伙伴国家突尼斯、乌拉圭、阿根廷和巴西，初、高中的留级比例都在 10% 或以上。在伙伴国（地区）中国澳门的初中和卢森堡的高中，留级率也在 10% 以上（表 5.2）。PISA 2003（www.pisa.oecd.org）结果表明，留级一年的学生成绩仍低于国家（地区）的平均分。其他一些研究比较了复读一年的学生与其他虽然成绩差但仍升入高年级的学生，结果发现复读对于学生几乎无益，而且常常会给学生留下耻辱的烙印。需要指出的是，通常一个学生复读一年的平均成本为 20 000 美元，其中包括额外一年的学费外加学生一年耗费的机会成本，后者的主要影响作用是降低了学生终生的收入（OECD，2005d）。

要对这些结果做出解释并非易事。本质上，教育机构的区分不会必然导致学生成绩变异增大，或造成数据所示的社会经济选择性增强。如果对水平相同的学生施教要比对水平不同的学生施教效率更高，这应该会提高学生的成绩，而不是扩大成绩的差异。然而，在一个水平相同的环境中，虽然成绩好的学生可以有更多机会相互学习，相互促进，但成绩较差的学生却可能就没有了学习榜样，没法获得帮助了。

情况还可能是这样，在一个机构区分明确的教育系统中，那些没有达到成绩标准的学生更容易被送往其他成绩要求更低的学校，而不是努力提高他们的成绩。最后，还有一种可能，一个学生能力和背景存在巨大差异的情境可能会激发教师采用更为个别化的教学方法。

当然，问题依然存在。教育机构的区分是否有助于提高学生的整体学习水平？类似 PISA 这样的跨领域调查研究没法对这一问题做出结论性的回答。OECD 成员国中有 5 个国家（澳大利亚、加拿大、芬兰、日本和韩国）既拥有高于平均的科学成绩，又在社会经济背景对学生成绩的影响作用上低于平均值，它们对学生的分轨都比较晚。OECD 范围内，对教育系统分层更细的成员通常成绩稍差，但这一趋势很微弱，也没有达到统计上的显著性。

虽然各国（地区）的教育结构有深刻的历史和文化背景，但并非静止不变。实际上，自 20 世纪 60 年代以来，OECD 范围内经历了教育结构从高度层级化到综合化的深刻变革（Field *et al.*, 2007）。北欧国家最早，30 多年前就开始这一变革，而西班牙则在 20 世纪 90 年代增加了两个学年的综合教育，开始了这一改革。最近的例子是波兰，波兰把学生进入不同轨道教育机构的时间推迟了一年。因为在 PISA 2000 和 PISA 2003 评估之间波兰进行了学校教育结构改革，所以这里需要做进一步探讨。如第 4 章所述，就 PISA 2000 和 PISA 2003 的科学成绩来说，波兰的校间方差大幅减少，从占 OCED 学生成绩变异均值（不同学校培养方向可解释的比例最大）的 50.7% 直降到占 14.9%。波兰现在是校间方差最小的国家（地区）之一（PISA 2006 为 12.2%；参阅表 4.1a，4.1b 和 4.1c），在研究者看来，这一结果意味着 PISA 所测试的 15 岁学生已经不再被划分到不同的学校轨道了。

当然，还有一个重要问题要问。波兰更为综合的教育结构仅仅是造成了学校成绩方差的重新分布，还是真正提高了学习成绩？通过对波兰 PISA 测试成绩变化的细致分析，答案清晰地呈现了出来。首先，第 6 章讲到，波兰是 OECD 成员国中阅读成绩提高最多的国家，在 PISA 2000 和 PISA 2003 之间提高 17 分，PISA 2003 和 PISA 2006 之间又提高了 11 分。在前一阶段，绝大部分的成绩提高来自成绩分布的较低端；在 PISA 2000 中，23.3% 的学生得分在 1 级或以下。在职业教育方向（占学生人口 23%），这类学生几乎占到四分之三。职业教育方向的学生似乎从综合的学校系统中受益最大，因为学生人口中成绩差的（成绩水平在 1 级或以下）比例从 23.3% 降到 PISA 2003 的 16.8%，再降到 PISA 2006 的 16.1%。自然，问题出现了，是不是更为综合的学校系统对成绩较好的学生不利？PISA 的结果并不支持这一假设。相反，波兰能力水平最高两级的学生比例从 PISA 2000 的 25% 提高到 PISA 2003 的 29%，再到 PISA 2006 的 35%。数学方面的结果也非常类似。

校内能力分组

除了教育机构的划分，还可以在学校内对学生进行分组。实施这一措施的理由与教育机构

间的区分非常类似,即通过形成一个更为一致的学习环境,以更好地满足学生需要。

PISA 要求校长报告是否根据学生能力分班或在班级内分组,并报告这些分组涉及所有科目、部分科目(无需说明具体是什么),还是根本不存在[5]。从这些问题的回答中,可以区分出三种能力分组的形式。OECD 平均来说,14% 的 15 岁学生所在学校报告所有科目上都采用能力分组(分班和/或班内分组);54% 的学生所在学校报告在一些科目上存在能力分组,但并非所有科目都存在;33% 的学生所在学校报告根本不存在能力分组(图 5.3 和表 5.3)。

各国(地区)在三种形式的校内能力分组上的 15 岁学生比例差异巨大。希腊超过 85% 的 15 岁学生所在学校的校长报告没有任何形式的能力分组,在波兰、意大利、奥地利、比利时、挪威、德国和土耳其以及伙伴国(地区)塞尔维亚、克罗地亚、中华台北、斯洛文尼亚、中国澳门和乌拉圭,该比例从 52% 到 67% 不等。

然而,在英国、爱尔兰、新西兰、澳大利亚和加拿大以及伙伴国以色列、阿塞拜疆和泰国,超过 90% 的 15 岁学生所在学校的校长报告在所有科目或部分科目上进行能力分组,并且在所有这些国家(地区),教育系统初次选拔学生的年龄都在 15 岁或 15 岁以上(表 5.2 和 5.3)。

在荷兰、卢森堡、瑞士和伙伴国突尼斯、印度尼西亚、黑山、卡塔尔、泰国、巴西、哥伦比亚和俄罗斯,有超过 40% 的 15 岁学生所在学校校长报告所有科目上都存在能力分组。另一方面,在希腊、芬兰、匈牙利、挪威、波兰、奥地利和澳大利亚以及伙伴国斯洛文尼亚,这一比例为 5%(图 5.3)。

与不采用能力分组或仅在部分科目上采用相比,所有科目上都采用能力分组与学生的成绩有什么关系?在六个 OECD 成员国和四个伙伴国,报告所有科目上都采用能力分组的学校科学成绩更低;仅在伙伴国卡塔尔,相比那些没有或部分科目进行能力分组的学校,这类学校的成绩仅高一点(图 5.3)。[6]

在考虑了学生的家庭背景以后,没有或仅在部分科目进行能力分组的学校相比所有科目都进行能力分组的学校,学生成绩更高的国家有英国、瑞士、葡萄牙、德国、捷克、瑞典、卢森堡以及伙伴国斯洛文尼亚、黑山、阿根廷和巴西,分差从 7 分到 61 分不等。

学校录取、选拔和能力分组与学生科学成绩的关系

在评估上述这些因素与学生和学校成绩之间存在多大程度相关时,不能将单个因素对学习成绩的作用简单相加,因为他们之间是相互联系的。下面将依次考察每一个因素的作用,但考察的模型中同时考虑了其他几个因素。这一部分也会说明这些因素在澳大利亚、加拿大、芬兰、日本和韩国的作用,这五个 OECD 成员国既有高于平均水平的科学成绩,又在社会经济背景对成绩的影响上低于平均值。本章在最后将会给出该模型的一个更为复杂的版本,该版本中还包含了学校和教育系统水平上的其他因素。

在澳大利亚、加拿大、芬兰、日本和韩国,有 8% 的 15 岁学生所在学校报告在校内所有科目上实施能力分组(OECD 平均为 14%)。该比例从芬兰的 2% 到加拿大的 15% 不等。在这五个国家中的四个,教育系统初次选拔学生的年龄在 15 岁或更大(OECD 平均为 13.6 岁)。15 岁学生可选的学校类型或特定教育课程数量平均为 1.6;其中有三个国家有一种课程方案,日本有两种,韩

图 5.3 ■ 校内能力分组和学生科学成绩

1. 深黑色表示达到统计上的显著性水平。
资料来源：OECD PISA 2006 数据库，表 5.3。
StatLink http://dx.doi.org/10.1787/141887160188

国三种(OECD平均为2.5)。另一方面,在考察学校录取中学业选拔性时,在这五个国家差异很大。五个国家平均有26%的15岁学生所在学校学业选拔性很高,即学校报告学业记录和生源学校的推荐是录取的前提条件(OECD平均19%),而33%的学生所在学校学业选拔性低,即学校报告在录取时既不考虑学业记录也不考虑生源学校的推荐(OECD平均42%)。在日本,选拔性高和选拔性低的学校比例分别为72%和1%,而芬兰是3%和79%(表5.22)。

第4章讲过,社会经济因素不仅在学生个体层面起作用,还通过构成学校的总体的学习环境起作用。为考察这一点,接下来的分析既考虑了个体的社会经济背景,也考虑了学校生源社会经济背景,前者用PISA经济社会文化地位指数表示,后者用该指数的学校平均值来表示。为了考察录取、选拔和分组政策与科学成绩的关系净值,我们对人口和社会经济背景进行了调整[7]。通过这种调整,可以比较在相似的社会经济背景下开展教学的学校。但是,调整后的净值并不能完整地说明录取、选拔和分组政策的真实作用,因为成绩上的一些差异是录取方式和社会经济因素共同作用的结果。例如,选拔可能会增强社会经济因素的作用,如社会经济背景不利的学生可能被改送成绩期望低的学校。相反,不考虑环境因素就对学校因素进行解释(即本章所指的总量模型),这会忽视学校和国家(地区)环境因素方面的差异。因此,总效应和净效应都有意义。例如,家长和其他利益相关者可能对学校的总体成绩(包括学校生源社会经济背景带来的任何效应)最感兴趣,而那些对教育系统与学校的质量和效率感兴趣的人可能主要对净效应感兴趣。

净值模型和总量模型中都考虑的因素在前几部分都描述过:基于学业记录和生源学校推荐的学生录取,校内所有科目的能力分组,首次选拔的年龄,一个国家(地区)15岁学生可选的不同课程方案的数量(专栏5.2)[8]。

不足为奇,报告学业选拔水平更高的学校(学生学业成绩和/或生源学校的推荐是学校录取的前提)成绩会更好。在所有参与国家(地区),该优势在PISA科学量表上达到30.4分,几乎相当于一个学年的成绩优势;然而,在考虑了人口和社会经济因素之后,该优势缩减到18.1分(参阅专栏5.2中第一个表格)。虽然这些结果表明单个学校能从更加严格的录取政策中获益,但并不能回答学业选拔在整个教育系统中所起的作用。在所有其他情况一致时,学校学业选拔水平高的教育系统总体上表现得更好还是更差?可以用一个独立的模型来考察下面的问题:除对单个学校的效应外,选拔性学校比例的大小对教育系统总成绩是否有影响。结果表明,并不存在统计上的显著性差异,就是说,虽然选拔性的学校常常成绩更好,但在其他因素相同的情况下,一个拥有更大比例选拔性学校的教育系统成绩并不会更好[9]。

考察学校或教育系统层面的变量与学生的总体成绩之间在多大程度上存在相关有重要意义,同时,考察这些因素与公平问题之间的关系也是很重要的。PISA通过学生成绩与学生及学校社会经济背景之间的关系强度来评价教育系统的公平性,后者以PISA经济社会文化地位指数为测量指标(表5.20a)[10]。成绩对社会经济因素的依赖越强,说明对学生潜力的开发效率越低,教育机会越不公平。因此,这一部分的分析试图评估:特定的学校和系统层面的因素是否与社会经济背景对学生成绩的影响相联系。这可以通过测量一个单位的PISA经济社会文化地位指数平均造成的学生成绩增加或减少量来进行。分析结果表明,在社会经济背景对学生成绩的影响大小上,学生是否就读学业选拔性高的学校不起作用(参阅专栏5.2第二个表格)。

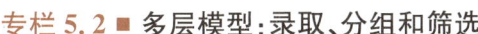

专栏 5.2 ■ 多层模型：录取、分组和筛选

录取、分组和选拔与学生成绩	总量		净值	
	分数变化	p值	分数变化	p值
校内所有科目进行能力分组的学校(1=所有科目在班级间/或班级内进行能力分组；0=没有能力分组或者仅在校内一些科目上进行能力分组)	−10.2	(0.000)	−4.5	(0.002)
录取中学业选拔性高的学校(1=学业记录和/或生源学校推荐是学生录取的前提；0=其他)	30.4	(0.000)	18.1	(0.000)
录取中学业选择性低的学校(1=在录取学生既不考虑学业记录也不考虑生源学校推荐；0=其他)	−14.5	(0.000)	−1.6	(0.264)
选拔早的教育系统(首次选拔年龄与15岁相比每提前一年)	−4.2	(0.331)	−0.4	(0.927)
15岁学生可选的系统层面学校类型或不同课程方案的数量	6.9	(0.357)	3.3	(0.607)

录取、分组和选拔与社会经济背景影响作用的关系	PISA经济社会文化地位指数每增加一个单位科学成绩增加的分数		学校层面PISA经济社会文化地位指数每增加一个单位科学成绩增加的分数	
	关系变化	p值	关系变化	p值
校内所有科目进行能力分组的学校(1=所有科目在班级间/或班级内进行能力分组；0=没有能力分组或者仅在校内一些科目上进行能力分组)	0.6	(0.311)		
录取中学业选拔性高的学校(1=学业记录和/或生源学校推荐是学生录取的前提；0=其他)	−1.2	(0.139)		
录取中学业选择性低的学校(1=在录取学生是不考虑学业记录也不考虑生源学校推荐；0=其他)	1.1	(0.084)		
选拔早的教育系统(首次选拔年龄与15岁相比每提前一年)	−1.3	(0.056)	6.6	(0.009)
15岁学生可选的系统层面学校类型或不同课程方案的数量	−1.3	(0.294)	6.2	(0.049)

注：这一分析基于55个参与国(地区)的数据。p值(可能值)表示一个特定多层分析回归系数是随机获得的可能性，它的真实值等于零。这样，p值越小，特定的教育系统或学校层面变量与科学成绩之间的相关就越强。阴影部分的数据有统计上的显著性。学校层面的因素在0.5%水平上(p<0.005)检查统计上的显著性，而系统层面的因素则在10%的水平上(p<0.1)检查，这是因为学校水平有14 000个值，而系统层面仅有55个值(以便平衡第一类和第二类错误)。第一类错误是指，多层分析的结果可以得出给定的机构变量与科学成绩相关的结论，但实际上并不相关。第二类错误是指，多层分析的结果可以得出给定的机构变量与科学成绩不相关的结论，但实际上存在相关。在净值模型中，下述人口和社会经济背景因素均得到考虑：学生层面包括学生的PISA经济社会文化地位指数、性别、学生和父母的出生地以及家庭中使用的语言；学校层面，学校生源社会经济状况、学校位置及学校规模；以及国家(地区)层面的国家(地区)平均的经济社会文化地位指数。

表5.19a中有对第一份表中结果更为详细的描述，5.20a描述的是第二份表中的信息。该模型在附录8中详述。

类似的分析也可以针对学校进行能力分组的政策。校长报告其学生在校内所有科目上进行能力分组的学生,科学成绩较低,在总量模型上的效应达到10.2分,净值模型上为4.5分(参阅专栏5.2第一个表格)。同时,就社会经济背景对学生成绩的影响作用大小而言,学生是否就读校内各科目进行能力分组的学校不起作用(参阅专栏5.2第二个表格)。

图5.4 ■ 按分轨系统划分的学生和学校的社会经济背景对学生科学成绩的影响作用

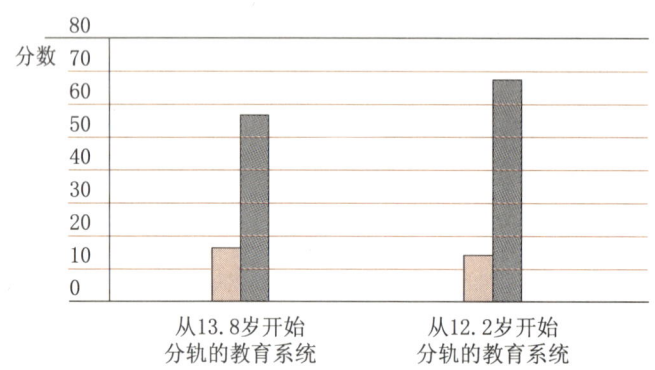

注:就55个国家(地区)而言,从教育系统最初选拔的年龄到15岁之间平均为1.2年,标准差是1.6。"从13.8岁开始分轨的教育系统"是从平均年龄段开始分轨的教育系统(15岁减去1.2年)。"从12.2岁开始分轨的教育系统"是从较早年龄段开始分轨的教育系统(比平均年龄段早一个标准差,所以是13.8岁减1.6年)。
资料来源:OECD PISA 2006 数据库,表 5.19a。
StatLink http://dx.doi.org/10.1787/141887160188

学生的学业成绩与他们是否被分配到不同培养方向的机构、在多大年龄进行分配没有关系(参阅专栏5.2第一个表格)。然而,机构分流与社会经济背景对学生成绩的影响之间存在紧密的关系(参阅专栏5.2第二个表格):学生越早被分流到不同的教育机构或者课程方案,学校平均社会经济背景对他们成绩的影响就越大。实际上,首次选拔年龄与15岁(PISA试测的年龄)相比每提前一年,一个单位的学校平均PISA经济社会文化地位指数对成绩的影响就要提高6.2分。另一方面,结果表明,与分轨制相联系的社会经济隔离会造成学校内更为一致的环境,这反映在校内学生背景对学生成绩影响作用的轻微减少上。然而,这一减少量相比学校社会经济影响作用的增加量要小得多。总体来看,早期选拔和分流会增强教育机会分配中的社会经济不公平。这一点可以解释,为什么在那些高度区分和早期选拔的学校系统中社会经济背景对学生成绩有更强的影响力。图5.4中比较了分轨年龄从13.8岁(参阅图5.4中左侧的竖条)开始和早1.6岁开始分轨的两种教育系统,1.6岁等于模型中55个国家(地区)一个标准差的距离(参阅图5.4中右侧的竖条)。淡灰色竖条的长度表示PISA经济社会文化地位指数每增加一个单位对学生科学成绩的影响作用,深灰色的竖条长度表示学校的平均PISA经济社会文化地位指数每增加一个单位对科学成绩的影响作用。

公共和私人利益相关者在学校管理和财政中的作用

学校教育主要是一项公共事业。尽管如此,随着教育机会、教育机构和教育投资者的多元化,各国(地区)政府正在塑造新的合作关系来筹集教育资源,也在制定新的政策以使不同的利益相关者更充分地参与到教育中来,更加公平地分担成本和收益。

从OECD成员国平均值来看,仅有4%的15岁学生所在学校是私人管理或主要由私人投资(指不依靠政府的私立学校)(表4.19)。根据OECD的标准,这些学校主要由非政府组织管理,比如教会、商会或企业,并且/或者由董事会管理,大多数董事会成员不是由政府部门指派的。私立学校的资金至少有50%来自私人,比如家长缴纳的学费、捐款、赞助或者家长募捐,以及其他非政府资金来源。

这种私人办学模式只有在世界上少数国家(地区)比较常见。私立学校学生人数超过在校生数10%的国家(地区)只有日本、韩国、墨西哥、西班牙以及伙伴国(地区)中华台北、中国香港、印度尼西亚、约旦、乌拉圭、哥伦比亚和泰国。相反,在超过二分之一的伙伴国(地区),不存在私立学校或者就读于私立学校的15岁学生不超过3%(图5.5)。

私人办学不仅是多渠道筹措教育经费的一种途径,而且有时候它还被视为一种提高教育成本效益的办法。公共财政支持的学校并不一定要公共化管理。作为一种替代,政府可以根据不同的资金分配机制,把资金转移支付到公立或私立教育机构(OECD, 2007)。根据家长的择校来分配注入学校的资金,政府有时能刺激教育机构安排更合适的课程和教学,借以更好地适应不同学生的要求和兴趣。这样政府就可以减少投资失败和投资不当的成本。一种做法是依据学生人数和学分来决定对教育机构的直接公共投入。另一种方法是把钱交给学生或其家庭(比如,通过奖学金和教育券),由他们自己选择公立或私立学校就读。

在OECD成员国中,主要依靠公共资金,由私人管理的私立学校模式(这里称为依靠政府的私立学校)比那种私人投资的学校更加普遍。根据OECD成员国可比数据的平均值,11%的15岁学生就读于依靠政府资金的私立学校。在爱尔兰、荷兰以及伙伴地区中国澳门和中国香港,该比例介于55%和91%之间(图5.5)[11]。

学校管理和财政中的公共和私人利益相关者与学生科学成绩之间的关系

在澳大利亚、加拿大、芬兰、日本和韩国,这五个科学平均成绩高于平均值,同时社会经济背景对成绩影响小于平均值的OECD国家(参阅图4.10中右上象限),平均来说,22%的15岁学生所在学校报告由私人管理,并且所有资金中有75%来自公共资源(OECD平均值分别为17%和85%)。然而,五个国家之间也存在相当大的差异:在芬兰3%的15岁学生所在学校由私人管理但所有资金都来自公共资源,而在韩国,46%的15岁学生所在学校由私人管理,而仅有47%的资金来自公共资源(表5.22)。

那么,这些机构上的安排与学校成绩之间有怎样的联系呢?这个问题很难回答,不光是因为公立和私立学校中学生的特征有时并不相同,还因为一些国家(地区)的私立学校在不同的学校类型——例如普通教育和职业教育中分布并不平均,而这可能反过来与成绩相关。在那些私立

图 5.5 ■ 公立和私立学校

- 观察到的成绩差异
- 考虑学生社会经济背景后的成绩差异
- 考虑学生和学校社会经济背景后的成绩差异

	就读私立学校的学生比例	就读私立学校的学生比例	公立和私立学校（依靠政府和不依靠政府的学校）成绩差异
		依靠政府 / 不依靠政府	
中国澳门	4	69 / 28	
中国香港	7	91 / 2	
荷兰	33	67 / 0	
爱尔兰	42	55 / 3	
智利	47	45 / 8	
韩国	54	32 / 15	
印度尼西亚	61	13 / 26	
中华台北	65	0 / 35	
西班牙	65	25 / 10	
阿根廷	67	25 / 8	
日本	70	1 / 29	
以色列	73	20 / 6	
丹麦	76	23 / 1	
约旦	81	1 / 18	
哥伦比亚	83	5 / 12	
泰国	83	6 / 10	
匈牙利	84	13 / 3	
乌拉圭	85	0 / 15	
卢森堡	86	14 / 0	
墨西哥	90	0 / 10	
奥地利	91	8 / 1	
葡萄牙	91	7 / 2	
卡塔尔	91	0 / 9	
瑞典	92	8 / 0	
斯洛伐克	92	7 / 0	
巴西	92	0 / 8	
美国	93	1 / 7	
加拿大	93	4 / 3	
英国	94	0 / 6	
德国	94	6 / 0	
希腊	95	0 / 5	
瑞士	95	1 / 4	
新西兰	96	0 / 4	
捷克	96	4 / 0	
意大利	96	1 / 2	
OECD 平均	86	10 / 4	

资料来源：OECD 2006 数据库，表 5.4。

StatLink http://dx.doi.org/10.1787/141887160188

学校人数比例较大的国家（地区），平均来看，私立学校的学生成绩超过公立学校的有 21 个国家（地区），公立学校成绩超过私立学校的有 4 个国家（地区）[12]。OECD 成员国平均而言，私立学校的成绩优势为 25 分。

在丹麦、葡萄牙、瑞典、爱尔兰、匈牙利、西班牙、加拿大、墨西哥和美国以及伙伴国（地区）哥伦比亚、智利、中国澳门、约旦，该成绩优势介于 17 至 63 分之间，在希腊、新西兰和英国以及伙伴国阿根廷、乌拉圭和卡塔尔，成绩优势介于 76 分和 96 分之间，而在伙伴国巴西，优势达到 107 分（图 5.5）。

在解读这些数据时，很重要的一点是认识到影响择校的因素有许多。例如，如果家庭经济不充裕,学生要就读学费昂贵的不依靠政府的私立学校就有困难。即使是依靠政府支持的私立学校,虽然不收学费,但学校所面对的群体可能不同,或者它们可能采取非常严格的转学或选拔措施。

考察这一点的一种方法是调整学生和学校的不同社会经济背景。结果同时显示在图5.5中。如果考虑了学生的家庭背景,私立学校平均仍有成绩优势,但会缩减到8分。在西班牙、瑞典、墨西哥、爱尔兰、加拿大、美国、希腊和新西兰,以及伙伴国(地区)哥伦比亚、智利、乌拉圭、中国澳门、约旦和阿根廷,私立学校的优势净值在16分和48分之间。在英国以及伙伴国巴西和卡塔尔,优势介于51分到90分之间。

如果不仅考虑学生的家庭背景,还考虑学校生源总体社会经济背景,那么情况就会再次发生变化。第4章曾详细探讨过,学校背景对成绩有强大的影响作用,所以一旦考虑这一因素,OECD平均来说,公立学校相对私立学校要领先12分。一旦学生和学校的社会经济背景都考虑,OECD成员国中,就仅有加拿大的私立学校相对公立学校的成绩优势达到统计上的显著水平,而在伙伴国(地区)卡塔尔、巴西、约旦和中国澳门,这种情况更为普遍[13]。相反,在瑞士、日本、捷克、希腊、意大利、墨西哥和卢森堡,以及伙伴国(地区)中华台北,乌拉圭和泰国,一旦考虑了学生和学校的社会经济背景,公立学校成绩便会超过私立学校。

这就是说,一旦考虑社会经济因素,私立学校质量就不再优越,但尽管如此,在许多国家(地区),私立学校吸引着那些想使孩子收益最大化的父母,这其中也包含学校生源总体社会经济水平带给学生的收益。

除了图5.5中各国(地区)的结果外,我们也用多层模型估算了公立和私立学校管理与学校成绩之间的关系总量和净值(参阅专栏5.3第一个表格)。结果表明,如果不对人口和社会经

专栏5.3 ■ 多层模型:学校管理和资金——公共或私人

学校管理和资金与学生成绩	总量		净值	
	分数变化	p值	分数变化	p值
学校由私人管理(1=私立;0=公立)	20.0	(0.002)	−2.6	(0.353)
政府来源经费比例高的学校(1=政府来源经费每增加10%)	−3.2	(0.000)	0.3	(0.436)

学校的管理和经费以及社会经济背景的影响	学生PISA经济社会文化地位指数每增加一个单位对应的科学分数增加量	
	分数变化	p值
学校由私人管理(1=私立;0=公立)	−0.7	(0.382)
政府来源经费比例高的学校(1=政府来源经费每增加10%)	0.2	(0.174)

注:参阅专栏5.2中的注。

表5.19b中有对第一份表中结果更为详细的描述,5.20b描述的是表二中的信息。该模型在附录8中详述。

济因素进行调整的话,私人管理的学校成绩更好[14],私人投资占学校资金的份额越大,学校成绩越好。然而,一旦考虑了人口和社会经济因素,这两方面的优势就都不存在了。这表明,私立学校的优势不仅来自学生自身的社会经济优势,更重要的是因为它们生源的总体社会经济优势,这一优势使它们可以创造一个更加有益的学习环境[15]。同样,我们还进行了分析,评估公共或私人管理以及资金投入对社会经济背景和成绩之间作用的影响,结果并未发现有影响,这一数据并不支持下述假设,即私立学校占比例越大,学校教育结果因社会经济而形成的分化越大(参阅专栏5.3第二个表格)。

家长的作用:择校和家长对学校的影响

在一些国家(地区),家长团体作为学校决策团体中的一部分,可以对学校施加直接的影响作用(参阅后面"学校管理方法和利益相关者在决策中的作用"一节)。除此之外,家长还可以对学校施加间接的影响,最明显的是他们可以为孩子择校。最近几年,一些国家(地区)扩大了择校的范围,在中学教育阶段尤其如此。其中部分原因是家长择校的要求越来越强烈,部分是因为学校教育的市场化或准市场化被认为能够推动学校自身提高质量、缩减开支(例如Hoxby, 2002)。

为了对择校作用进行评估,学校校长需要指出同一区域是否存在与其竞争生源的学校。OECD成员国平均来说,有60%的家长可以为孩子在两所或更多所学校中做选择(图5.6)。在澳大利亚、斯洛伐克、英国、新西兰和日本,以及伙伴国(地区)印度尼西亚、中国香港、中华台北、中

图5.6 ■ 择校

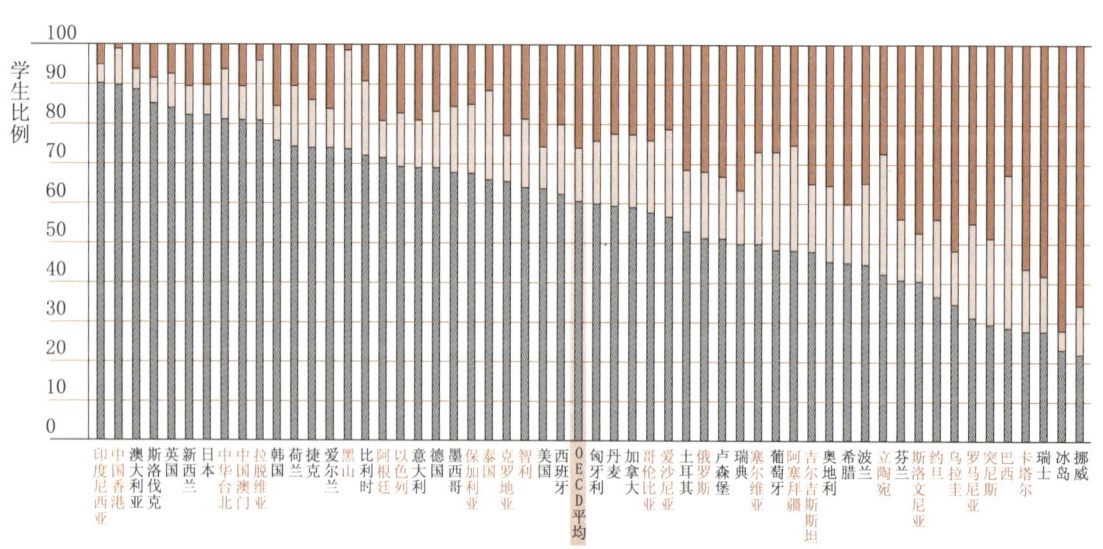

资料来源:OECD PISA 2006 数据库,表 5.5。
StatLink http://dx.doi.org/10.1787/141887160188

国澳门和拉脱维亚,择校最为普遍,有超过80%的15岁学生所在学校校长报告至少存在两所备选的学校。另一方面,在冰岛、挪威、瑞士以及伙伴国卡塔尔、乌拉圭,根据校长的报告,至少一半学生的家长没法择校。然而,解读这些结果时需要谨慎,周边区域存在其他学校并不一定意味着所有的家长都能选择,特别是当这些学校是私人管理时。在一些国家(地区),这还要看15岁的学生是处于小学阶段还是中学阶段。

学校校长在多大程度上承受着家长要求学生达到高水平学业标准的压力？OECD成员国平均而言,21%的学生所在学校校长报告一直承受着来自学生家长的压力,家长们期望学校设定非常高的学业标准并使学生达到这些标准,而47%的学生所在的学校校长报告仅有少量家长施加压力,要求学生达到更高的学业标准(图5.7)。根据校长的报告,家长高水平学业标准的期望在新西兰、瑞典、爱尔兰非常高,超过40%的学生所在学校校长报告承受着来自家长持续的压力。另一方面,OECD成员国平均来看,32%的学生家长几乎没有对学校施加压力。芬兰是成绩最好的国家,79%的学生家长几乎没对学校施加压力。

图 5.7 ■ 校长对学生家长期望的看法

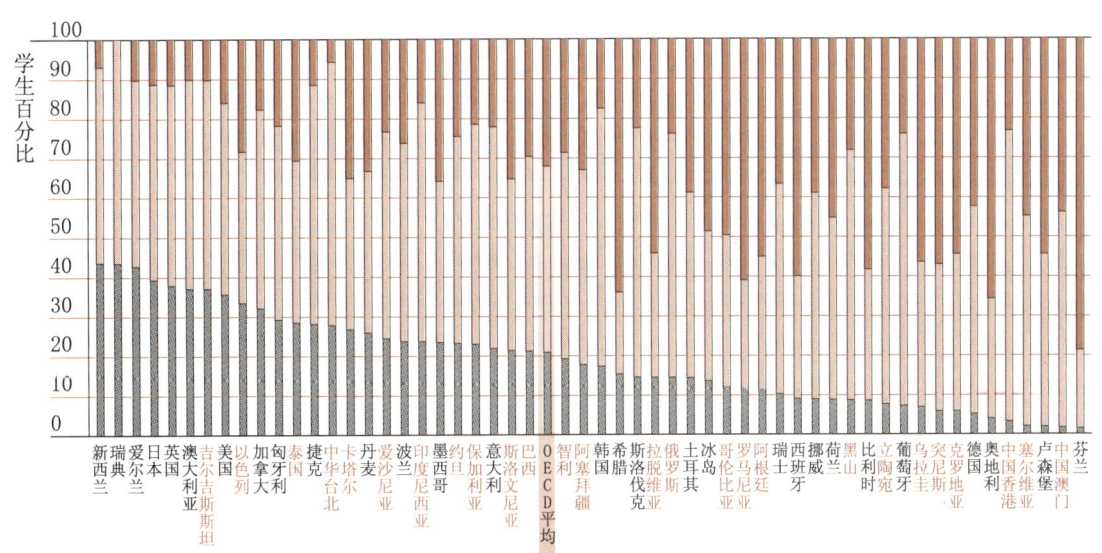

资料来源:OECD PISA 2006 数据库,表5.6。
StatLink http://dx.doi.org/10.1787/141887160188

作为PISA 2006的一部分,有16个国家(地区)在完成学生和校长问卷的同时,还获得了家长的数据(图5.8)[16]。这些数据从另一个角度描述了对学校的要求和期望。

- 16个国家(地区)平均来看,86%的15岁学生的家长同意或非常同意孩子的学校在教育孩子方面表现良好,并且每个国家(地区)这一百分比都超过76%。那些家长同意或非常同

图 5.8 ■ 家长对学校质量的看法

在以下有关孩子学校的陈述中，家长表示"同意或非常同意"的学生比例，以及家长表示"同意或非常同意"的学生与表示"不同意或非常不同意"的学生在科学成绩上的差异

	学校多数老师看起来是能干且敬业的	学校成绩标准是高的	我满意学校的教学内容和教学方法	我满意学校的纪律风气
丹麦	88	77	77	74
德国	80	71	71	74
冰岛	86	72	78	76
意大利	91	80	86	81
韩国	83	71	77	78
卢森堡	84	77	75	83
新西兰	93	87	87	83
波兰	90	88	84	80
葡萄牙	94	76	87	80
土耳其	87	73	73	82
保加利亚	95	87	91	80
哥伦比亚	94	86	93	83
克罗地亚	92	66	85	82
中国香港	90	54	82	89
中国澳门	89	74	84	84
卡塔尔	87	80	78	79
国家（地区）平均	89	76	82	81

	学校仔细地记录孩子的进步	学校定期提供孩子发展的有用信息	学校在教育孩子方面做得很好
丹麦	72	68	78
德国	61	46	76
冰岛	82	81	83
意大利	85	83	92
韩国	66	63	79
卢森堡	72	58	83
新西兰	85	82	91
波兰	82	93	90
葡萄牙	84	83	89
土耳其	66	67	85
保加利亚	84	85	94
哥伦比亚	93	92	96
克罗地亚	78	84	92
中国香港	75	57	79
中国澳门	83	75	82
卡塔尔	76	65	85
国家（地区）平均	78	74	86

1. 深黑色表示达到了统计上的显著性水平。
资料来源：OECD PISA 2006 数据库。
StatLink http://dx.doi.org/10.1787/141887160188

意学校在教育孩子方面表现良好的学生,相比家长不同意或非常不同意这一点的学生,成绩要高出 11 分。在新西兰、丹麦和冰岛以及伙伴经济体中国香港,这一成绩优势超过 24 分。

- 平均而言,76% 的家长同意或非常同意孩子学校的成绩标准高,该比例在各国(地区)之间并不相同,从伙伴经济体中国香港的 54%,直至波兰、新西兰和伙伴国保加利亚和哥伦比亚的超过 85%。同样,那些家长认为学校标准高的学生,成绩更好,16 个国家(地区)平均为 21 分。德国和韩国以及伙伴国(地区)中国香港和克罗地亚,该成绩优势介于 30 分到 48 分之间。

- 平均而言,81% 的家长报告对孩子学校的纪律风气满意,特别是在卢森堡、新西兰以及伙伴国(地区)中国香港、中国澳门、哥伦比亚和克罗地亚。平均来说,家长对孩子学校纪律风气满意与 12 分的成绩优势相联系。

- 平均而言,89% 的家长同意或非常同意他们孩子的老师是能干且敬业的,这一比例从德国、韩国、卢森堡的 80% 左右直至葡萄牙、新西兰、意大利和波兰以及伙伴国保加利亚、哥伦比亚和克罗地亚的超过 90%。各个国家(地区)这一量度与学生成绩之间的关系并不一致,但平均是正相关的(6 分)。

- 平均而言,74% 的家长同意或非常同意学校定期提供了关于孩子进步的有用信息,但这一比例在德国少于 50%,而在波兰和伙伴国哥伦比亚则超过 90%。各个国家(地区)这一量度与学生成绩之间的关系并不一致,但平均是负相关的(9 分)。

择校和家长对学校的影响与学生科学成绩之间的关系

在澳大利亚、加拿大、芬兰、日本和韩国这五个科学平均成绩高于平均值,同时社会经济背景对成绩影响小于平均值的 OECD 国家(参阅图 4.10 的右上象限),平均来说,80% 的 15 岁学生所在学校报告与同一区域的一所或多所学校争夺生源(OECD 平均为 74%)。这一比例从芬兰的 56% 到澳大利亚的 94% 不等。类似的,平均来说,73% 的 15 岁学生所在学校校长报告学校一直承受着来自许多家长的压力或者承受来自少量家长的压力,但这一比例从芬兰的 21% 至澳大利亚的 90% 不等(OECD 平均 68%)(表 5.22)。

可以使用两个多层模型(总量和净值)来评价择校、家长压力与学生科学成绩的联系(参阅专栏 5.4 第一个表格)。结果表明,如果学校与同一区域其他学校存在生源竞争的情况,那么该校的学生成绩更好,但如果考虑人口和社会经济因素之后,这一优势就不复存在了。但是,即使考虑了人口和社会经济因素之后,如果一个教育系统中这种面临竞争的学校比例越高,学生成绩就越好。这些结果表明,在考虑了社会经济因素之后,学生是否就读面临竞争的学校对他们的成绩没有影响,但学校系统是否提供更高比例的竞争性学校,确实对学生成绩有影响。无论学生所在学校是否存在竞争,若某个教育系统中有 85% 的学校与其他学校竞争,那么相比该比例为 75% 的教育系统,学生的科学成绩高 6.7 分[17]。

类似的,相比没有家长压力的校长,那些所在学校校长认为他们承受家长要求保证高标准学业水平压力的学生,成绩更好,但考虑了人口和社会经济因素之后,这一相关关系就不存在统计上的显著性了。

与家长施加的压力和择校有关的任何因素都与教育公平不存在统计上的显著相关(参阅专栏5.4第二个表格)。

要解读类似择校、录取政策和学校成绩之间的关系是有难度的,因为选拔性更强的学校成绩好可能仅仅是因为它们拒绝了成绩差的学生,而不一定是因为他们提供了更好的教育。最后一节将考察所有这些已经探讨过的因素对学生科学成绩的总体影响。

专栏5.4 ■ 多层模型:家长施加的压力和择校

家长施加的压力和择校与学生成绩	总量		净值	
	分数变化	p值	分数变化	p值
竞争激烈的学校(1=有一所或多所竞争生源的学校;0=没有其他学校竞争生源)	17.9	(0.000)	1.9	(0.245)
家长施加压力巨大的学校(1=家长施加压力;0=家长基本不施加压力)	11.2	(0.000)	2.0	(0.228)
竞争性学校比例大的教育系统(每增加10%的竞争性学校)	3.1	(0.525)	6.7	(0.076)

家长施加的压力和择校与社会经济背景的影响	PISA经济社会文化地位指数每增加一个单位科学成绩增加的分数		学校层面PISA经济社会文化地位指数每增加一个单位科学成绩增加的分数	
	关系变化	p值	关系变化	p值
竞争激烈的学校(1=有一所或多所竞争生源的学校;0=没有其他学校竞争生源)	1.0	(0.083)		
家长施加压力巨大的学校(1=家长施加压力;0=家长基本不施加压力)	1.0	(0.085)		
竞争性学校比例大的教育系统(每增加10%的竞争性学校)	—0.8	(0.291)	3.5	(0.211)

注:参阅专栏5.2中的注释。

表5.19c中有对第一份表结果更为详细的描述,5.20c描述的是表二中的信息。该模型在附录8中有详述。

问责体制

在许多国家(地区),政府和公众的关注点已从单纯控制教育的资源和内容,转移到关注教育的结果,这一转变推动着教育机构工作质量标准的建立。各国(地区)在标准设立中采取了各种措施,包括从规定广义的教育目标到构建清晰界定的学科领域成绩期望,各不相同。

成绩标准的设定又会推动问责制度的建立。在过去十余年间,对学生成绩的评估已成为许多OECD成员国的常态——通常这些结果被广泛报道,公众和关心学校教育进步的人士也在讨论中使用这些结果。然而,在各个国家(地区)内部以及不同国家(地区)之间,评估理念和所用评

图 5.9 [1/2] ■ 以问责为目的的学业成绩数据使用

校长报告成绩数据以下述方式使用的学生比例

公示		用以评价校长工作		用以评价教师工作	
英国	93	英国	91	俄罗斯	100
美国	91	罗马尼亚	89	吉尔吉斯斯坦	99
荷兰	83	俄罗斯	89	阿塞拜疆	98
黑山	83	印度尼西亚	88	罗马尼亚	97
阿塞拜疆	81	阿塞拜疆	87	印度尼西亚	97
俄罗斯	75	吉尔吉斯斯坦	85	英国	94
泰国	72	波兰	78	以色列	94
罗马尼亚	69	泰国	75	卡塔尔	93
新西兰	67	以色列	74	匈牙利	92
瑞典	67	匈牙利	69	捷克	91
加拿大	64	突尼斯	69	拉脱维亚	91
吉尔吉斯斯坦	61	卡塔尔	67	波兰	89
澳大利亚	60	捷克	62	泰国	86
卡塔尔	57	爱沙尼亚	57	爱沙尼亚	86
中国香港	56	美国	57	立陶宛	84
塞尔维亚	53	巴西	54	墨西哥	83
卢森堡	52	土耳其	51	约旦	82
爱沙尼亚	51	斯洛伐克	51	突尼斯	82
挪威	47	约旦	48	巴西	78
捷克	47	澳大利亚	48	土耳其	75
丹麦	44	立陶宛	47	斯洛伐克	75
波兰	43	哥伦比亚	41	荷兰	73
智利	38	瑞典	40	哥伦比亚	73
墨西哥	38	智利	39	黑山	71
以色列	36	塞尔维亚	38	塞尔维亚	66
斯洛文尼亚	36	新西兰	38	中国香港	63
土耳其	35	黑山	38	保加利亚	59
哥伦比亚	35	墨西哥	37	智利	56
意大利	33	拉脱维亚	36	阿根廷	54
葡萄牙	33	挪威	35	瑞典	49
克罗地亚	33	保加利亚	31	新西兰	47
拉脱维亚	32	荷兰	31	乌拉圭	46
希腊	32	中国香港	28	澳大利亚	43
中华台北	32	克罗地亚	24	西班牙	42
约旦	29	斯洛文尼亚	24	美国	42
斯洛伐克	28	韩国	23	中国澳门	41
匈牙利	28	奥地利	22	挪威	40
立陶宛	27	加拿大	22	葡萄牙	39
冰岛	26	意大利	21	克罗地亚	39
巴西	26	德国	19	韩国	34
保加利亚	19	阿根廷	19	中华台北	30
突尼斯	18	丹麦	15	爱尔兰	30
爱尔兰	18	乌拉圭	15	德国	28
韩国	17	葡萄牙	14	斯洛文尼亚	27
德国	14	中华台北	14	奥地利	26
印度尼西亚	14	西班牙	14	日本	26
乌拉圭	13	日本	10	冰岛	25
西班牙	11	冰岛	10	意大利	25
日本	11	比利时	7	丹麦	22
中国澳门	10	希腊	6	加拿大	19
奥地利	8	爱尔兰	6	比利时	15
瑞士	7	瑞士	6	芬兰	14
阿根廷	6	中国澳门	3	希腊	9
比利时	5	芬兰	3	瑞士	8
芬兰	4	卢森堡	a	卢森堡	5
OECD 平均	38	OECD 平均	32	OECD 平均	43

资料来源:OECD PISA 2006 数据库,表 5.8。

StatLink http://dx.doi.org/10.1787/141887160188

图 5.9 [2/2] ■ 以问责为目的的学业成绩数据使用

校长报告成绩数据以下述方式使用的学生比例

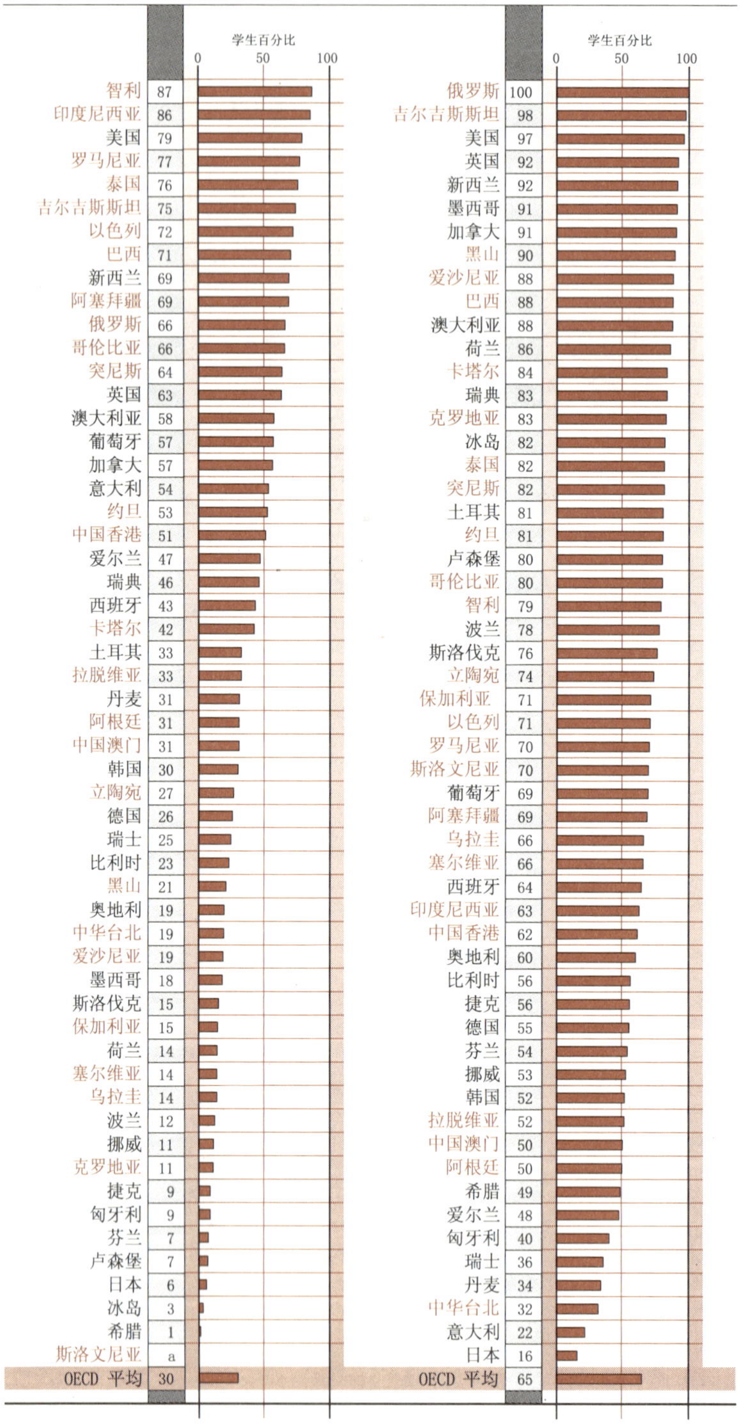

用以决定学校的教育资源分配		由政府管理机构定期跟踪检查	
智利	87	俄罗斯	100
印度尼西亚	86	吉尔吉斯斯坦	98
美国	79	美国	97
罗马尼亚	77	英国	92
泰国	76	新西兰	92
吉尔吉斯斯坦	75	墨西哥	91
以色列	72	加拿大	91
巴西	71	黑山	90
新西兰	69	爱沙尼亚	88
阿塞拜疆	69	巴西	88
俄罗斯	66	澳大利亚	88
哥伦比亚	66	荷兰	86
突尼斯	64	卡塔尔	84
英国	63	瑞典	83
澳大利亚	58	克罗地亚	83
葡萄牙	57	冰岛	82
加拿大	57	泰国	82
意大利	54	突尼斯	82
约旦	53	土耳其	81
中国香港	51	约旦	81
爱尔兰	47	卢森堡	80
瑞典	46	哥伦比亚	80
西班牙	43	智利	79
卡塔尔	42	波兰	78
土耳其	33	斯洛伐克	76
拉脱维亚	33	立陶宛	74
丹麦	31	保加利亚	71
阿根廷	31	以色列	71
中国澳门	31	罗马尼亚	70
韩国	30	斯洛文尼亚	70
立陶宛	27	葡萄牙	69
德国	26	阿塞拜疆	69
瑞士	25	乌拉圭	66
比利时	23	塞尔维亚	66
黑山	21	西班牙	64
奥地利	19	印度尼西亚	63
中华台北	19	中国香港	62
爱沙尼亚	19	奥地利	60
墨西哥	18	比利时	56
斯洛伐克	15	捷克	56
保加利亚	15	德国	55
荷兰	14	芬兰	54
塞尔维亚	14	挪威	53
乌拉圭	14	韩国	52
波兰	12	拉脱维亚	52
挪威	11	中国澳门	50
克罗地亚	11	阿根廷	50
捷克	9	希腊	49
匈牙利	9	爱尔兰	48
芬兰	7	匈牙利	40
卢森堡	7	瑞士	36
日本	6	丹麦	34
冰岛	3	中华台北	32
希腊	1	意大利	22
斯洛文尼亚	a	日本	16
OECD 平均	30	OECD 平均	65

资料来源：OECD PISA 2006 数据库，表 5.8。
StatLink http://dx.doi.org/10.1787/141887160188

估工具的特征都存在巨大差异。OECD 成员国采取的措施包括不同形式的外部评估、外部评价或督导,以及学校自身的质量保证和自我评估的努力。

鉴于问责体系在当今政策和公众讨论中所起的重要作用,以及 OECD 成员国中问责体系的多样性(OECD,2007),PISA 2006 收集的数据涉及问责体制的性质、使用最终结果并将其通报给不同利益相关者和全体公众的方式。

问责体系的性质和用途

如何更好地开发和利用学校成绩以提高对教育的热切期望,使教育目标和内容透明化,并为教师提供一个有用的参照框架,以使他们理解并促进学生的学习,同时避免犯缩减课程内容和应试教育的错误,这方面的争论相当多。PISA 要求校长指出是否有管理机构定期跟踪检查学生成绩,是否会用这些数据来评价教师和校长的工作表现,是否用这些数据来决定各学校或学校的教育资源分配。

OECD 成员国平均来看,65% 的 15 岁学生所在学校报告成绩被管理机构定期检查。然而,这一比例变化范围很大,在美国、英国、新西兰、墨西哥和加拿大以及伙伴国俄罗斯、吉尔吉斯斯坦,该比例为 90%,到澳大利亚、荷兰、瑞典、冰岛、土耳其、卢森堡以及伙伴国黑山、爱沙尼亚、巴西、卡塔尔、克罗地亚、泰国、突尼斯、约旦和哥伦比亚,该比例超过 80%,而到瑞典、丹麦、意大利、日本以及伙伴地区中华台北,该比例则不足 36%(图 5.9)。

OECD 成员国平均来看,43% 的 15 岁学生所在学校报告使用成绩来评价教师的工作表现。在英国、匈牙利和捷克以及伙伴国俄罗斯、吉尔吉斯斯坦、阿塞拜疆、罗马尼亚、印度尼西亚、以色列、卡塔尔、拉脱维亚,这一比例超过 90%,波兰和墨西哥以及伙伴国泰国、爱沙尼亚、立陶宛、约旦和突尼斯,这一比例超过 80%。但在芬兰、比利时和加拿大,报告的学校比例少于 20%,在卢森堡、瑞士、希腊,报告的学校比例少于 10%。在绝大多数国家(地区),成绩是更频繁地用于评价老师而非校长的工作表现,有些情况下尤其如此(图 5.9)。

用成绩来决定教育资源的分配的做法不太普遍。OECD 成员国平均来看,30% 的 15 岁学生所在学校报告存在这种做法,但是,这一比例变化比较大,从伙伴国智利和印度尼西亚的 85%,到希腊、冰岛、日本、卢森堡、芬兰、匈牙利和捷克,该比例不到 10%。

向家长和公众反馈学生成绩

对于评价和测评结果能够如何使用和应该如何使用等问题上,仍存在多种不同的看法。有些人主要将测评结果视为展示最佳做法、发现共同问题的工具,用以鼓励教师和学校改善并发展出更具支持性和更有效的学习环境。还有人扩展了测评的目的,用以支持公共服务中的竞争或资源配置上的市场机制,例如,通过将学校教育成绩的比较结果公开以促进家长择校,或通过使教育经费随着学生进行转移。更普遍的问题在于在多大程度上、以何种方式让家长和一般公众了解学生的成绩。PISA 既考察了家长能在多大程度上了解学生的成绩,也考察了一般公众可以在多大程度上了解学校的表现情况。

OECD 成员国平均来看,多数学生(54%)所在学校校长报告会给家长反馈其孩子相对于本校其他学生的成绩情况。在斯洛伐克和伙伴国印度尼西亚、阿塞拜疆、罗马尼亚、塞尔维亚、约旦、吉尔吉斯斯坦和俄罗斯,这种情况涉及超过 90% 的学生,而在瑞典、芬兰和意大利,该比例仅介于 12% 和 19% 间(图 5.10)。

图 5.10 ■ 学校向家长报告成绩

校长报告学校向家长提供学生成绩相对以下几类情况的学生比例

本校其他学生		其他学校的其他学生		国家（地区）或地区基准	
印度尼西亚	98	印度尼西亚	74	瑞典	94
阿塞拜疆	98	土耳其	74	哥伦比亚	92
罗马尼亚	95	阿塞拜疆	72	智利	89
斯洛伐克	94	罗马尼亚	67	印度尼西亚	89
塞尔维亚	92	吉尔吉斯斯坦	65	阿塞拜疆	87
约旦	91	美国	64	美国	86
吉尔吉斯斯坦	91	俄罗斯	61	吉尔吉斯斯坦	81
俄罗斯	91	巴西	60	英国	80
卡塔尔	89	斯洛伐克	56	日本	80
土耳其	88	卡塔尔	51	波兰	79
哥伦比亚	88	智利	48	韩国	78
墨西哥	88	波兰	46	俄罗斯	74
中国香港	86	丹麦	43	新西兰	74
巴西	85	泰国	43	罗马尼亚	74
韩国	84	韩国	42	土耳其	72
泰国	83	墨西哥	39	阿根廷	67
黑山	83	约旦	38	挪威	65
保加利亚	81	新西兰	37	爱沙尼亚	63
加拿大	79	英国	36	斯洛伐克	61
波兰	79	捷克	35	加拿大	61
卢森堡	78	保加利亚	34	巴西	60
突尼斯	74	加拿大	34	卡塔尔	58
智利	73	冰岛	32	捷克	57
匈牙利	71	挪威	30	泰国	52
希腊	70	塞尔维亚	28	澳大利亚	50
德国	68	德国	27	丹麦	49
中华台北	66	突尼斯	27	冰岛	49
美国	66	拉脱维亚	25	芬兰	47
捷克	66	哥伦比亚	25	保加利亚	46
阿根廷	65	立陶宛	25	约旦	41
克罗地亚	60	以色列	24	斯洛文尼亚	37
澳大利亚	59	瑞典	23	墨西哥	36
立陶宛	57	克罗地亚	23	匈牙利	33
以色列	55	阿根廷	22	葡萄牙	32
英国	55	爱沙尼亚	21	以色列	32
西班牙	50	匈牙利	21	德国	31
新西兰	50	中华台北	20	拉脱维亚	31
瑞士	49	澳大利亚	20	突尼斯	30
乌拉圭	48	黑山	18	塞尔维亚	28
葡萄牙	47	瑞士	17	爱尔兰	26
冰岛	41	芬兰	16	瑞士	23
爱沙尼亚	41	卢森堡	13	中华台北	21
日本	40	荷兰	11	黑山	21
挪威	39	奥地利	10	意大利	20
中国澳门	39	西班牙	10	荷兰	19
爱尔兰	39	意大利	8	希腊	16
荷兰	35	爱尔兰	7	乌拉圭	15
比利时	35	希腊	6	中国香港	15
拉脱维亚	32	中国香港	6	比利时	14
丹麦	31	乌拉圭	4	卢森堡	13
奥地利	29	中国澳门	4	西班牙	11
斯洛文尼亚	28	葡萄牙	4	奥地利	9
意大利	19	斯洛文尼亚	2	中国澳门	2
芬兰	15	比利时	1	克罗地亚	a
瑞典	12	日本	a	立陶宛	a
OECD 平均	54	OECD 平均	27	OECD 平均	47

资料来源：OECD PISA 2006 数据库，表 5.9。
StatLink http://dx.doi.org/10.1787/141887160188

在许多OECD成员国,向家长报告的学生成绩信息,会更普遍地参照国家基准,而不是参照本校其他学生的成绩。例如,瑞典仅有12%的学生所在学校会向家长报告孩子相对本校其他学生的成绩,而94%的15岁学生所在学校报告提供相对于本地区或国家(地区)标准或基准的成绩。在日本、芬兰、挪威、英国、新西兰、美国以及伙伴国爱沙尼亚,情况类似。总体上说,瑞典、美国、英国、日本以及伙伴国哥伦比亚、智利、印度尼西亚、阿塞拜疆、吉尔吉斯斯坦,有超过80%的15岁学生所在学校会向家长报告相对与本国(地区)或地区标准或基准的学生成绩,而在澳大利亚、西班牙、卢森堡、比利时、希腊、荷兰和意大利以及伙伴国(地区)中国澳门、中国香港和乌拉圭,这一比例则低于20%(图5.10)。

向家长报告其孩子所在学校相对于其他学校学生的成绩信息,这种情况并不多见。OECD国家平均而言,有27%的学生就读的学校报告,学校向家长提供了学生作为一个群体相对于其他学校相同年级学生的学业成绩。运用这种措施的比例在各国(经济间)也差异很大,在比利时、葡萄牙、希腊、爱尔兰、意大利、西班牙,以及伙伴国(地区)斯洛文尼亚、中国澳门、乌拉圭、中国香港,该比例不足10%,而在土耳其、美国,以及伙伴国印度尼西亚、阿塞拜疆、罗马尼亚、吉尔吉斯斯坦、俄罗斯,该比例超过了60%。

向家长提供测评信息是一个方面,而许多国家(地区)更普遍关注的问题是来自问责体制的结果应该向公众公开的程度和方式。一些人认为,应该努力公开对教育公共政策的所有评估信息(并有适当的分析),目的是向纳税人和接受学校教育服务的人提供证据,以判断学校是否正在提供预期的结果,据此为干预在重点领域表现不佳的教育体系提供基础,以提高政府公信力,或提高政策争论的质量。另有人则认为,公开学校成绩不利于教育,因为这些数据会被错误地解读,特别是在没有对社会经济背景进行调整的情况下更是如此。同样存在分歧的还有,何种类型的报告更为有效,能提高成绩,能促使教师和学校参与到学校进步中;以及在多大程度上学校和家长所获得的信息超出了学校自身成绩的范围。PISA要求学校校长报告是否会公示本校的成绩。

在英国和美国,有90%的15岁学生所在学校报告学校成绩会被公示;在荷兰以及伙伴国黑山和阿塞拜疆,这一比例超过80%。相反,在芬兰、比利时、瑞士和奥地利以及伙伴国阿根廷,这一比例的学生少于10%,而在日本、西班牙、德国、韩国和爱尔兰以及伙伴国(地区)中国澳门、乌拉圭、印度尼西亚、突尼斯和保加利亚,该比例不足20%(图5.9)。

存在外部标准参照考试

外部考试的存在是问责体制的另一个侧面。PISA收集了有关外部标准参照考试的信息,例如以某一课程为主要内容,评估学习这一科目的学生应掌握的知识和能力(Bishop 1998, 2001)[18]。这些考试将学生成绩与外部标准相比较,而不是与同班或同校学生比较。可能更重要的是,这种考试通常直接决定着学生的升学或毕业。

在一些国家(地区),所有学生都在中学期间或者毕业时参加同一个外部标准参照考试,但在其他国家(地区),比如英国,学生可以选择参加某一学科的不同水平的考试。

表5.2呈现了所有参与国这类科学考试的情况。在联邦制国家,带小数点的数字表示该比例是该国进行这类科学考试的区域所占的比例[19]。

问责政策与学生科学成绩的关系

澳大利亚、加拿大、芬兰、日本和韩国,这五个科学平均成绩高于OECD平均值,同时社会经济背景对成绩影响小于平均值的国家(参阅图4.10中右上象限),平均来说,56%的15岁学生所在学校报告会告知家长其孩子相对校内其他孩子的成绩情况(这一比例从芬兰的15%到加拿大的79%不等,OECD平均值为54%),63%的学生所在学校报告会告知家长其孩子相对于国家基准的成绩情况(这一比例从芬兰的47%到日本的80%不等,OECD的均值为47%),22%的学生所在学校报告会告知家长其孩子相对于其他学校的成绩情况(该比例从日本的0%到韩国的42%,OECD平均值为26%)。这五个国家平均而言,31%的15岁学生所在学校报告会公示成绩(这一比例从芬兰的4%到加拿大的64%不等,OECD的均值为38%),21%的学生所在学校报告会使用成绩来评价校长工作(这一比例从芬兰的3%到澳大利亚的48%不等,OECD平均值为31%),27%的学生所在学校报告会使用学生成绩来评价教师工作(这一比例从芬兰的14%到澳大利亚的43%不等,OECD平均值为43%),32%的学生所在学校报告根据成绩来配置学校的教育资源(这一比例从日本的6%到澳大利亚的58%,OECD的平均值为30%),有60%的学生所在学校报告会定期监测成绩(这一比例从日本的16%到加拿大的91%,OECD平均值为65%)。这五个国家都存在外部标准参照考试(表5.22)。

那么,问责制及其实施与各国(地区)的成绩之间如何相关呢?这很难回答,最显而易见的一个原因是,这些政策和实施通常与其他学校政策和实施紧密联系在一起(还可参阅本章最后一小节)。专栏5.5中的模型针对的是影响学生成绩的三个方面,即定期进行学校成绩统计、向家长和公众反馈成绩以及国家(地区)进行的外部标准参照考试。

与本章之前各小节相类似,该模型分别在考虑了学生、学校和国家(地区)社会经济背景前后考察了这些因素,这是通过在进行人口和社会经济因素的调整之前和之后,考察问责制与教育成果之间的关系后得到的。结果表明,各国(地区)平均而言,当该模型把问责制的其他所有方面都考虑在内时,有外部标准参照考试的国家(地区)的学生成绩在PISA科学量表上有36.1分的优势,约相当于一个学年的成绩增加值(参阅专栏5.5第一个表)。一旦考虑了人口和社会经济背景因素,尽管这种正向联系仍然存在,但就不再具有统计上的显著性了[20]。相比不公布的学校,那些将学生成绩向公众公布的学校学生成绩要高出14.7分,并且,即使在考虑了学生和学校的人口及社会经济背景之后,这一正向联系仍然存在。PISA测量的问责制的其他方面与成绩之间的关系更加微弱,且没有达到统计上的显著性。问责政策中没有一项与社会经济背景对学生成绩的影响之间存在显著性相关。

专栏 5.5 ■ 多层模型：问责政策

问责政策与学生成绩	总量		净值	
	分数变化	p 值	分数变化	p 值
学校通知家长其孩子相对于本校学生的成绩(1=是；0=否)	4.7	(0.140)	2.8	(0.139)
学校通知家长其孩子相对国家(地区)基准成绩(1=是；0=否)	4.2	(0.100)	1.8	(0.228)
学校通知家长其孩子相对于其他学校成绩(1=是；0=否)	−5.0	(0.013)	−1.4	(0.352)
学校将成绩向社会公开(1=是；0=否)	14.7	(0.000)	6.6	(0.000)
学校根据成绩评价校长工作(1=是；0=否)	−2.3	(0.354)	0.0	(0.993)
学校根据成绩评价教师工作(1=是；0=否)	4.3	(0.076)	−0.5	(0.711)
学校根据成绩进行资源配置(1=是；0=否)	−4.8	(0.034)	−4.3	(0.007)
学校长期跟踪成绩数据(1=是；0=否)	−2.4	(0.327)	−1.2	(0.443)
采用外部标准参照考试的教育系统(采用比率)	36.1	(0.028)	17.0	(0.226)

问责政策与社会经济背景的影响	学生 PISA 经济社会文化地位指数每增加一个单位，相应科学分数的增加值		学校平均 PISA 经济社会文化地位指数每增加一个单位，相应科学分数的增加值	
	分数变化	p 值	分数变化	p 值
学校通知家长其孩子相对于本校学生的成绩(1=是；0=否)	−0.5	(0.327)		
通知家长其孩子相对国家(地区)基准成绩的学校(1=是；0=否)	1.1	(0.058)		
通知家长其孩子相对于其他学校成绩的学校(1=是；0=否)	−0.4	(0.057)		
学校将成绩向社会公开(1=是；0=否)	1.3	(0.012)		
学校根据成绩评价校长工作(1=是；0=否)	0.2	(0.789)		
学校根据成绩评价教师工作(1=是；0=否)	0.4	(0.566)		
学校根据成绩进行资源配置(1=是；0=否)	−0.3	(0.599)		
学校长期跟踪成绩数据(1=是；0=否)	−0.4	(0.514)		
采用外部标准参照考试的教育系统(采用比率)	2.8	(0.290)	12.7	(0.120)

注：参阅专栏 5.2 中的注释。

第一张表的详尽结果在表 5.19d 中，第二张表的详尽结果在 5.20d 中。附录 A8 详细描述了该模型。

学校管理方式和利益相关者在决策中的参与

学校教职员在学校决策中的参与

自上世纪80年代早期开始,增加教育机构运作的自主权就成为了机构重组和学校教育改革的主要目的,其目标是希望通过把责任下移给教育一线、鼓励教育回应当地的需要,提高学生学业水平。增强自主权包括加强校长的决策职责,以及在某些情况下强化教师和部门领导的管理职责。尽管如此,虽然自主权可能会刺激学校回应当地的需要,但有时候,它被看成是为那些社会中原本已处于优势地位的群体创设了优先选择的机制。

为了评估教师在决定学校政策和管理中有多大发言权,PISA 2006 要求校长回答,教师、校长、学校董事会、地区或当地教育权力机构或者国家(地区)教育权力机构在以下各项决策上是否要承担重要责任:选聘和解雇教师、确定教师起薪和加薪、编制学校预算、确定学校内部预算的分配、制定学生纪律政策和评价政策、录取学生、选择教材、决定课程内容和课程设置等方面。图5.11 显示了学校管理的不同类型,有校长报告仅由学校承担重要责任的学校在校生百分比,报告学校与地区和/或国家(地区)教育权力机构都要承担重要责任的学校在校生百分比,以及报告仅由地区和/或国家(地区)教育权力机构承担重要责任的学校学生百分比。

在解释图5.11 中学校承担重要责任的学校比例时要谨慎。首先,由于各国(地区)在决策权的分配上存在很大的差异,所以对校长提出的问题必须非常概括。因此,校长可能会根据自身所处情境理解问题并据此作出回答。比如,当校长被问到谁在编制学校预算时承担重要责任时,一些校长可能把这个问题与学校的日常预算联系起来,而其他校长可能根本没有参与学校的日常预算工作,因此他们可能把这个问题与补充性资金(即学生家长或来自社区的捐款)联系起来。另外,校长也可能指出有多个利益相关者都承担重要职责。由于每个利益相关者承担责任的程度并不确定,因此,无论利益相关者对不同方面决策的实际影响力有多大,这里都赋予回答同样的权重。

与私有企业不同,图5.11 表明,在大多数国家(地区),学校对确定教师起薪几乎没有发言权。除了美国、荷兰、捷克、瑞典、英国、匈牙利和斯洛伐克以及伙伴国(地区)中国澳门、智利和印度尼西亚以外,其他国家(地区)只有不到三分之一的15岁学生的校长报告,只有学校对确定教师起薪有较大权力(OECD 的均值为22%)。教师受聘后,奖金的增加状况也存在类似情况。仅在美国、英国以及伙伴国家(地区)中国澳门和泰国,有超过三分之二的学生所在学校校长报告对已选聘教师的加薪权也十分有限。只有在捷克、荷兰、瑞士、美国与伙伴国(地区)中国澳门和泰国,有超过三分之二的学生所在学校校长报告,只有学校对确定教师的加薪有较大权力(OECD 的均值为21%)。

对于教师的选聘与解雇,学校有更大的灵活性。从 OECD 国家的平均值来看,59%的15岁学生的校长报告只有学校在选聘教师时承担重要责任,学校承担解雇教师责任的学生比例为50%。然而,各国(地区)之间在这方面差异很大。在斯洛伐克、新西兰、荷兰、捷克、冰岛、瑞典、美国和冰岛,以及伙伴国(地区)拉脱维亚、黑山、中国澳门和爱沙尼亚,95%的15岁学生所在学

图5.11[1/2] ■ 学校参与决策

图例：
- 仅学校负有重要责任
- 学校和政府都负有重要责任
- 仅政府负有重要责任

校长报告以下责任承担状况的学生比例

	选聘教师	解雇教师	确定教师起薪	确定教师加薪	编制学校预算	确定校内预算分配
各国（地区）负担重要职责（"仅学校"、"学校和政府"、"仅政府"）的学校比例与科学成绩之间的相关[1]	0.43	0.32	0.20	0.22	0.47	0.54

1. 黑体字表示达到了统计上5%（$p<0.05$）水平上的显著性。
资料来源：OECD PISA 2006 数据库，表5.10。
StatLink http://dx.doi.org/10.1787/141887160188

图 5.11[2/2] ■ 学校参与决策

- 仅学校负有重要责任
- 学校和政府都负有重要责任
- 仅政府负有重要责任

校长报告以下责任承担状况的学生比例

	制定学生纪律政策	制定学生评价政策	录取学生	选择教材	确定课程内容	决定开设的课程
各国（地区）负担重要职责（"仅学校"、"学校和政府"、"仅政府"）的学校比例与科学成绩之间的相关[1]	0.41	0.43	0.27	0.51	0.52	0.58

（各国/地区条形图，包括：澳大利亚、奥地利、比利时、加拿大、捷克、丹麦、芬兰、德国、希腊、匈牙利、冰岛、爱尔兰、意大利、日本、韩国、卢森堡、墨西哥、荷兰、新西兰、挪威、波兰、葡萄牙、斯洛伐克、西班牙、瑞典、瑞士、土耳其、英国、美国、OECD 平均、阿根廷、阿塞拜疆、巴西、保加利亚、智利、哥伦比亚、克罗地亚、爱沙尼亚、中国香港、印度尼西亚、以色列、约旦、吉尔吉斯斯坦、拉脱维亚、立陶宛、中国澳门、黑山、卡塔尔、罗马尼亚、俄罗斯、塞尔维亚、斯洛文尼亚、中华台北、泰国、突尼斯、乌拉圭）

1. 黑体字表示达到了统计上 5%（$p<0.05$）水平上的显著性。
资料来源：OECD PISA 2006 数据库，表 5.10。
StatLink http://dx.doi.org/10.1787/141887160188

校报告仅学校在聘任教师时承担重要责任。在葡萄牙、德国和卢森堡,以及伙伴国(地区)乌拉圭和哥伦比亚,该比例不足20%,而在土耳其、希腊、意大利和奥地利,以及伙伴国罗马尼亚、突尼斯和约旦,该比例不及10%。

同样,学校在制定预算中所发挥的作用差异也非常大。在波兰和伙伴国阿塞拜疆,10%或更少的学生所在学校报告仅学校在制定预算中负有重要责任,而在荷兰和新西兰,以及伙伴国(地区)约旦、中国澳门、印度尼西亚和中国香港,该比例超过了90%(OECD平均57%)。除了波兰和伙伴国巴西、俄罗斯、罗马尼亚、阿塞拜疆和拉脱维亚,大多数15岁学生所在学校报告,在涉及如何使用资金上,仅学校承担重要责任。在许多国家(地区),几乎所有学生所在学校都是如此(OECD平均84%)。

各国(地区)学校职责变化较大的另一个领域是决定课程的内容和开设的课程。[21]在日本、波兰和韩国以及伙伴国(地区)中国澳门和泰国,超过90%的15岁学生所在学校报告,仅学校在确定课程内容方面承担重要责任。在希腊、卢森堡和土耳其以及伙伴国突尼斯、塞尔维亚、黑山、乌拉圭、克罗地亚、约旦和保加利亚,这一比例为10%(OECD平均43%)。在决定开设的课程方面,日本、新西兰以及伙伴国(地区)泰国、中国香港,有超过90%的15岁学生所在学校校长报告,仅学校对此承担重要责任。在卢森堡、希腊和伙伴国突尼斯、塞尔维亚和克罗地亚,该比例不到10%(OECD平均51%)。与学校管理的其他方面不同,在决定课程内容和开设的课程上,学校和地区和/或国家(地区)教育权力机构都承担重要职责(OECD平均27%)。

在学校纪律、选择教材和录取政策方面,图上的变化就要小一些,大部分国家(地区)的学校报告在这些方面承担重要职责。OECD成员国平均而言,学校报告在这三个方面承担重要职责的学生比例分别为82%、80%和74%(图5.11)。

同样,在评价政策方面,绝大多数学生所在学校校长报告仅学校承担重要职责(OECD平均:63%)。然而,在卢森堡和希腊以及伙伴国保加利亚、克罗地亚、斯洛文尼亚和乌拉圭,该比例仅为学生人数的五分之一不到。而且在多数OECD成员国中,大多数15岁学生所在学校的校长报告,国家权力机构直接影响学生的评价方式。在希腊和卢森堡以及伙伴国突尼斯,该比例为70%或更大。

在希腊和土耳其以及伙伴国突尼斯、约旦和乌拉圭,学校的参与在不同的决策领域都比较低,在其他国家,比如荷兰、美国、捷克、英国、瑞典、匈牙利和新西兰,以及伙伴国(地区)中国澳门、爱沙尼亚和中国香港,学校参与程度较高。

在一些国家(地区),在不同的决策领域,学校的参与程度差异相当大。比如土耳其,在选聘教师和决定课程内容方面,分别有6%和11%的学生所在学校报告承担重要责任,而有84%的学生所在学校报告在决定录取学生方面承担重要责任,在分配学校预算方面承担责任的占到72%。相反,澳大利亚仅有23%的15岁学生的校长报告在分配学校预算方面承担重要责任,但同时,在决定学校开设的课程(81%)、决定课程内容(79%)和录取学生方面(92%)比例较高。

在特定的国家(地区),学校自主权的不同方面与学生学业之间的联系通常较弱,很多情况下,只是由于决策职责都是建立在国家(地区)层面上,因此这些测量指标在国家(地区)内部几乎没有变动。然而,当审视这两者在不同国家(地区)的联系时,数据表明,在上述绝大多数决策方面,那些校长报告自主权水平较高的国家(地区),学生科学成绩更高,如图5.11上方国家(地区)间相关所示。例如,报告在确定课程内容方面承担重要责任的学校比例,能够解释国家(地区)间科学成绩差异量的27%。在学校决定预算分配方面,解释量为22%。其余的决策方面,跨国相关较弱,但除了教师起薪和加薪外,均达到了统计上的显著水平。很明显,这些跨国的相关同样也受许多其他因素的影响。

利益相关者在学校决策中的参与

在学校内部和外部的利益相关者参与决策方式上,国家(地区)间存在着重大差异。在选聘教师、预算分配、教学内容和评估实施四个决策领域,所有七个利益相关团体直接影响决策的程度不同,校长报告最多的是地区或国家(地区)教育权力部门对决策有直接的影响力,接下来依次为学校董事会、教师团体、外部考试委员会、企业雇主、家长团体和学生团体(表5.12a至5.12d)[23]。但是,OECD成员国中,根据校长报告,特定的利益相关者在四个决策领域的直接影响作用并不相同。学校董事会主要影响预算分配(62%),接着是教师选聘(34%)、评估实施(29%)和确定教学内容(22%)。校外考试委员会自然在评估实施方面(40%)影响最大,接着是教学内容(22%)。教师团体在评估实施方面(59%)和教学内容方面(56%)影响作用重大,接着是教师选聘(29%)和预算分配(24%)。一般而言,家长和学生团体在不同决策领域的实际影响作用都非常有限。

图5.12表明,决策模式在不同国家(地区)差异巨大。例如,尽管地区和国家(地区)层面的教育权力部门倾向于在所有四个决策领域的直接影响最常被提到,实际上仍有例外:在瑞典、冰岛、挪威、斯洛伐克、匈牙利以及伙伴国爱沙尼亚、保加利亚、黑山和俄罗斯,仅7%到20%的15岁学生校长报告地区或国家(地区)教育权力部门直接影响教师选聘(OECD平均54%)(表5.12a)。类似的,在冰岛、瑞典、土耳其、希腊和伙伴国哥伦比亚和约旦,与预算分配相关的相应比例介于5%和20%之间(OECD平均50%)(表5.12b);在丹麦、波兰和韩国,与教学内容决策相关的相应比例分别仅为12%、29%和31%(OECD平均66%)(表5.12c);在意大利、日本和伙伴国阿塞拜疆,与评价实施决策相联系的比例分别仅为17%、23%、21%(OECD平均59%)(表5.12d)。

同样,在考察教师团体(例如教师协会、课程委员会和工会)承担的责任时,国家(地区)间差异巨大。例如,在匈牙利、波兰、日本、芬兰、捷克、美国、瑞典、荷兰、意大利、德国,以及伙伴国(地区)爱沙尼亚、哥伦比亚、泰国、斯洛文尼亚、拉脱维亚、立陶宛、中国香港、俄罗斯和克罗地亚,70%的15岁学生所在学校校长报告教师团体直接影响教学内容,而在冰岛、伙伴国突尼斯和以色列,该比例在10%或以下(OECD平均56%)。在评估实施、教师选聘和预算分配这三个领域,OECD平均值分别为59%、29%和24%(表5.12a至5.12d)。

在新西兰、美国、英国、意大利、比利时、希腊、卢森堡、韩国、西班牙,以及伙伴国(地区)中国

图 5.12 ■ 利益相关者在学校决策方面的直接影响作用

校长报告各利益相关者直接影响学校决策的在校生比例

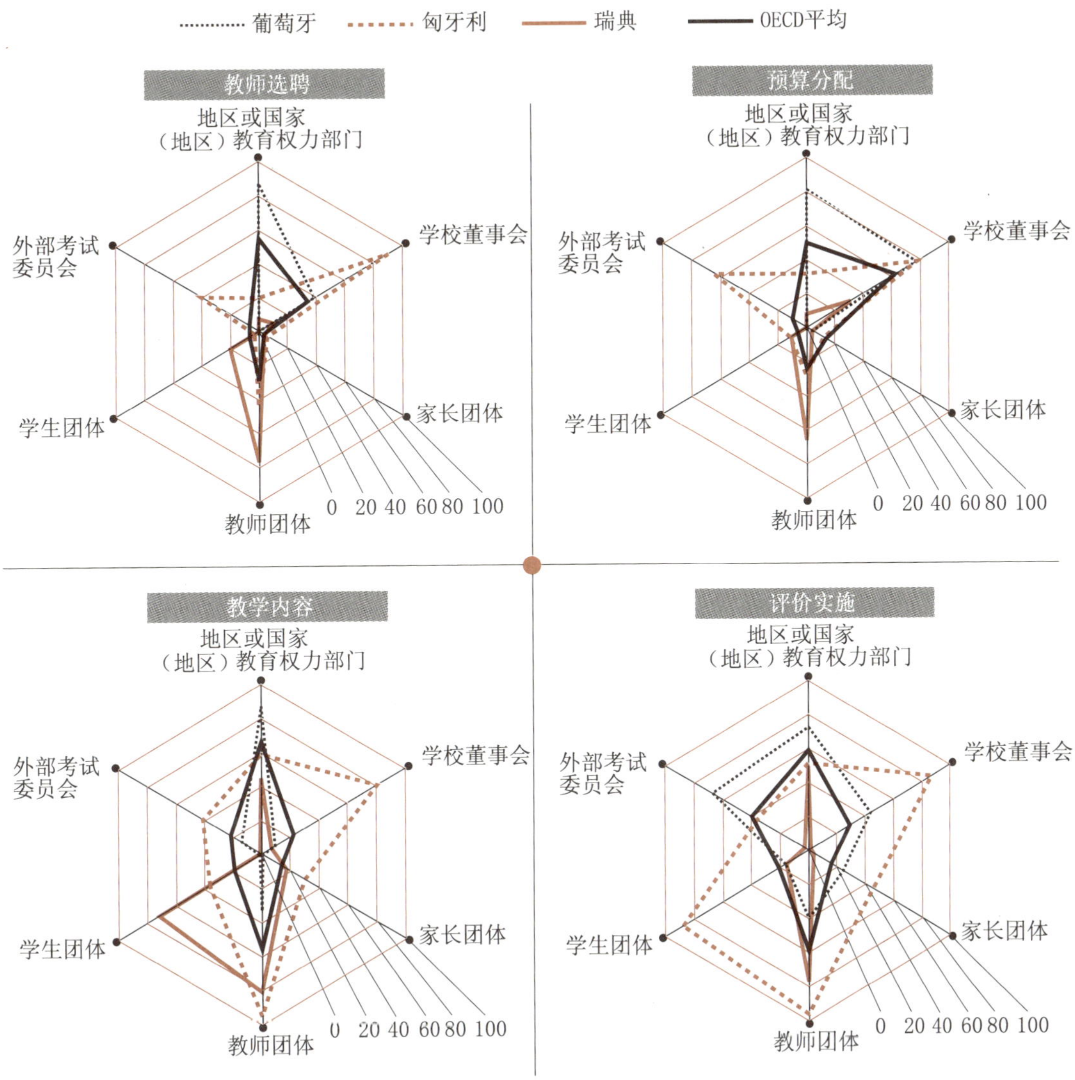

······ 葡萄牙　---- 匈牙利　—— 瑞典　—— OECD平均

[教师选聘、预算分配、教学内容、评价实施四幅雷达图]

注：葡萄牙的例子代表校长倾向于报告地区或国家（地区）层面教育权力部门直接影响所有四个决策领域的国家（地区）；匈牙利的例子代表校长倾向于报告学校董事会直接影响所有四个决策领域的国家（地区）；瑞典的例子代表校长倾向于报告教师团体会直接影响所有四个决策领域的国家（地区）。

资料来源：OECD PISA 2006 数据库，表 5.12a、5.12b、5.12c 和 5.12d。

StatLink http://dx.doi.org/10.1787/141887160188

香港和克罗地亚，超过80%的15岁学生所在学校校长报告学校董事会直接影响预算决策（OECD平均62%）。但是，在丹麦和波兰以及伙伴国（地区）阿塞拜疆、中华台北，这一比例低于5%。OECD成员国平均而言，34%的学生所在学校报告学校董事会直接影响教师选聘，但这一比例在成员间差异巨大。在新西兰、荷兰和爱尔兰，以及伙伴国（地区）智利、中国澳门和列支敦士登，二分之一到四分之三的学生校长报告董事会直接影响教师选聘决策；在英国、美国、瑞士和比利时，以及伙伴国（地区）中华台北、塞尔维亚和中国香港，这一比例超过80%，在匈牙利，该比例达到

91%。在另一极端,希腊、意大利、土耳其、丹麦、奥地利、挪威、韩国和德国,以及伙伴国突尼斯、哥伦比亚、保加利亚和约旦,15岁学生所在学校的校董会影响教师选聘决策的比例在10%以下,波兰还不到1%。在教学内容和评估实施领域,学校董事会的影响相对而言更为有限,OECD成员国平均而言,比例分别是22%和29%。

外部考试委员会的作用在评估实施方面自然最为强大,但在一些国家(地区),学校仍然经常报告考试委员会对教学内容也有直接影响力。然而,在这方面,国家(地区)之间差异巨大。在新西兰、英国、爱尔兰、澳大利亚、荷兰,以及伙伴国(地区)中国香港和泰国,超过四分之三的15岁学生校长报告外部考试委员会直接影响评估实施方面的决策。在奥地利、希腊、西班牙、瑞典、日本和德国,以及伙伴国以色列,这种考试委员会或者不存在,或者起不了重要作用(OECD平均40%)。在教学内容、预算分配和教师选聘方面,OECD平均比例分别为22%、10%和7%(表5.12a至5.12d)。

为了弄清可能出现在学校教育和劳动力市场间的制度性联系,校长需要回答工商业在多大程度上影响着学生课程。OECD成员国平均而言,11%的15岁学生所在学校在课程方面受到工商业的重大影响,影响相对很小或不直接的占53%,工商业对课程没有影响的占36%。同样,这些数据在不同国家(地区)间差异也相当大,在奥地利和伙伴国印度尼西亚,有50%或更多的学生所在学校报告工商业对课程影响重大(图5.13)。

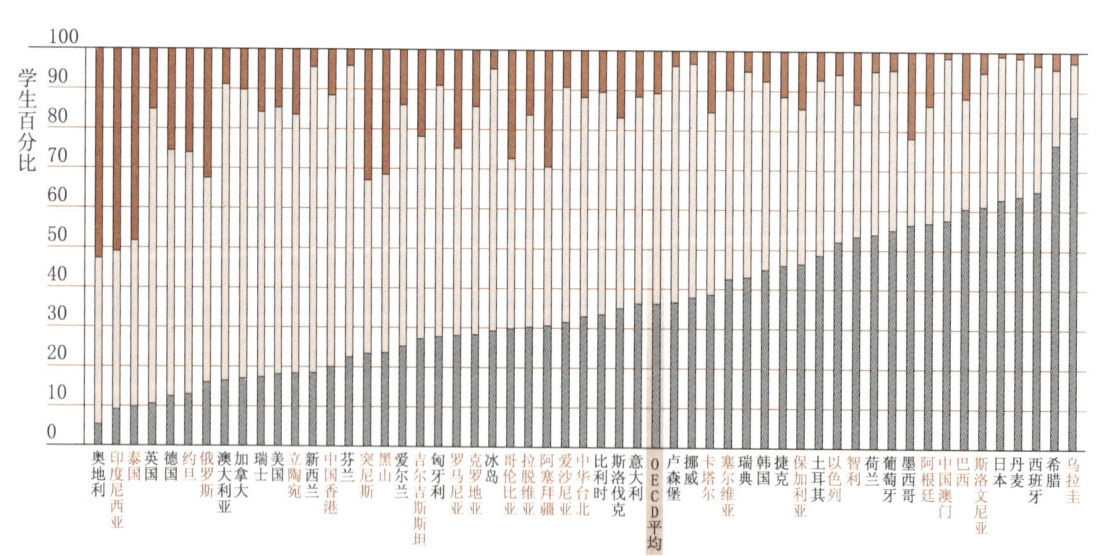

图5.13 ■ 工商业对学校课程的影响

材料来源:OECD PISA 2006 数据库,表5.11。
StatLink http://dx.doi.org/10.1787/141887160188

学校自主权与学生科学成绩的关系

为了分析学校自主权的不同方面与学生科学成绩的相关关系,我们利用主成分分析构建了三个学校自主权指标:学校在教师选聘方面的自主权、学校在预算分配方面的自主权和学校在教育内容方面的自主权[24]。那么,在澳大利亚、加拿大、芬兰、日本和韩国这五个科学成绩高于平均水平,社会经济背景对学生成绩影响低于平均水平的国家(参阅图4.10的第二象限),是否存在一些共同特征呢?首先,这五个国家的学校均在教师选聘方面的自主权都较低(OECD平均-0.02)。相反,相比55个国家(地区)的平均数,五个国家(除加拿大)在教育内容方面都具有较高自主权(OECD平均0.15)。在预算安排的自主权方面,情况就不同了:相对55个国家(地区)的平均数(OECD平均0.19),澳大利亚和韩国的学校平均而言,具有较高水平的自主权,而加拿大和日本的学校在预算方面的自主权较低(表5.22)。

我们使用多层模型分析了学校自主权的不同方面与学生成绩之间的联系。在考虑了人口和社会经济背景因素的作用后,学校层面的自主权指数在教师选聘、教育内容和预算方面均与学生成绩没有统计上的显著相关(参加专栏5.6的第一张表)。然而,在教育内容以及预算方面的学校自主权方面出现了一个系统层面的成分效应。无论学生就读的学校是否具有更高的自主权水平,如果教育系统给予学校在选择教材、决定课程内容和决定课程设置方面更多主权,那么学生的成绩就更好(该自主权水平指数增加一个单位,学生科学成绩相应增加20.3分)。类似的,无论学生就读的学校自主水平高还是低,如果教育系统给予学校在学校预算规划和学校预算配置方面更多的自主权,那么学生的成绩也更好(该自主权水平指数增加一个单位,学生科学成绩相应增加22.5分)。学校自主权并不对社会经济背景与科学成绩之间的相关产生影响,也就是说,更大的学校自主权并不会与更不公平的学习机会分配相联系(参阅专栏5.6第二张表格)。

专栏5.6 ■ 多层模型:学校自主权

学校自主权和学生成绩	总量		净值	
	分数变化	p值	分数变化	p值
学校在教师选聘方面的自主权指数(一个指数标准差的作用)	9.5	(0.000)	-3.4	(0.005)
学校在教育内容方面的自主权指数(一个指数标准差的作用)	0.9	(0.573)	-0.8	(0.368)
学校在预算方面的自主权指数(一个指数标准差的作用)	1.1	(0.457)	1.5	(0.045)
教育系统在教师选聘方面的学校平均自主权指数(一个指数标准差的作用)	0.7	(0.936)	1.5	(0.829)
教育系统在教育内容方面的学校平均自主权指数(一个指数标准差的作用)	22.1	(0.019)	20.3	(0.004)
教育系统在预算方面的学校平均自主权指数(一个指数标准差的作用)	27.2	(0.056)	22.5	(0.048)

学校自主权和社会经济背景的影响	学生PISA经济社会文化地位指数每增加一个单位,相应科学分数的增加值		学校平均PISA经济社会文化地位指数每增加一个单位,相应科学分数的增加值	
	分数变化	p值	分数变化	p值
学校在教师选聘方面的自主权指数(一个指数标准差的作用)	0.0	(0.943)		
学校在教育内容方面的自主权指数(一个指数标准差的作用)	0.4	(0.394)		
学校在预算方面的自主权指数(一个指数标准差的作用)	0.1	(0.675)		
教育系统在教师选聘方面的学校平均自主权指数(一个指数标准差的作用)	1.8	(0.311)	2.8	(0.683)
教育系统在教育内容方面的学校平均自主权指数(一个指数标准差的作用)	1.3	(0.495)	−1.3	(0.806)
教育系统在预算方面的学校平均自主权指数(一个指数标准差的作用)	1.0	(0.765)	6.6	(0.436)

注:参阅专栏5.2的注释。

第一张表的更多细节参阅表5.19e,第二张表参阅5.20e。该模型在附录A8中详述。

学校资源

学校教学的有效性要求下列三方面因素的综合作用:训练有素、富有才干的教师队伍,充足的教育资源和完善的教育设施,以及积极上进、乐于学习的学生。在公开的讨论中,类似班级和学校规模、学校硬件的质量、师资短缺、教师水平等资源常常会与成绩相联系。这节探讨重要的学校资源,其中包括人力、物力和教育方面的资源,然后探讨它们与学生成绩的关系,探讨它们与社会经济背景对学生成绩的影响作用的关系。当我们在PISA的框架中考察学校资源的因素时要时刻牢记专栏5.1提到的挑战,这是很重要的。

校长报告的人力资源

为了了解学校多大程度上能够聘用到足够的科学教师,学校校长需要回答以下问题:在PISA 2006测试时的这一个学期,学校是否有科学老师空缺?如果回答是,那么空缺是否被补上了?结果表明,OECD成员国平均而言,3%的学生所在学校报告有1个或更多个科学教师职位仍然空缺,59%的学生所在学校报告,通过招聘新教师或对现有教师工作的调整,空缺的科学教师职位已经被填补,还有38%的所在学校报告不存在科学教师空缺。然而,在葡萄牙、希腊、波兰、意大利、西班牙、爱尔兰、斯洛伐克、瑞典、瑞士以及伙伴国(地区)保加利亚、中国香港、突尼斯、立陶宛、罗马尼亚,存在科学教师空缺的15岁在校生比例1%,在土耳其、英国以及伙伴国(地区)哥伦比亚、约旦、斯洛文尼亚、以色列、中华台北和巴西,该比例介于5%至10%,到德国、卢森堡以及伙伴国印度尼西亚、吉尔吉斯斯坦和阿塞拜疆,该比例超过了10%(图5.14)。

图 5.14 ■ 学校校长报告的科学教师职位空缺以及他们对补充合格科学教师的认识

学校校长报告以下情况的在校生占比				教师短缺指数
没有需要填补的科学教师职位空缺	所有科学教师职位空缺都得到了填补	没有需要填补的科学教师职位空缺或所有科学教师职位空缺都得到了填补两种情况下，合格科学教师的缺乏或多或少影响教学	一个或更多个科学教师职位空缺未得到填补	▬ 学生群体最高和最低四分之一的变化范围[1] ● 指数均值

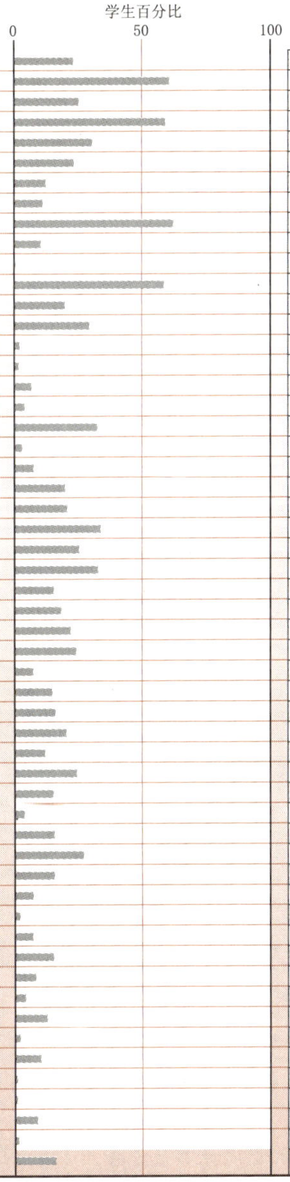

国家/地区	没有需要填补	所有空缺填补		未填补
印度尼西亚	6	60		34
吉尔吉斯斯坦	3	72		25
卢森堡	38	43		19
阿塞拜疆	55	32		13
德国	40	48		12
巴西	9	81		10
中华台北	19	71		10
英国	19	73		9
土耳其	63	30		7
以色列	23	69		7
斯洛文尼亚	23	70		7
约旦	9	85		6
哥伦比亚	56	39		5
澳大利亚	22	75		4
芬兰	59	37		4
塞尔维亚	41	56		3
奥地利	56	41		3
匈牙利	57	40		3
俄罗斯	7	90		3
日本	11	86		3
荷兰	34	63		3
美国	27	71		3
乌拉圭	45	52		3
智利	35	62		3
卡塔尔	20	78		3
墨西哥	49	49		2
捷克	54	44		2
泰国	41	57		2
爱沙尼亚	55	43		2
丹麦	37	61		2
黑山	48	50		2
克罗地亚	27	71		2
中国澳门	14	84		2
加拿大	18	80		2
阿根廷	37	61		2
冰岛	31	67		2
新西兰	19	79		2
韩国	80	19		1
拉脱维亚	34	65		1
比利时	25	74		1
瑞士	42	57		1
瑞典	27	72		1
罗马尼亚	41	58		1
斯洛伐克	3	97		1
立陶宛	54	45		1
爱尔兰	55	44		1
西班牙	36	64		0
意大利	33	66		0
波兰	73	27		0
希腊	31	69		0
葡萄牙	25	75		0
保加利亚	69	31		0
中国香港	50	50		0
突尼斯	69	31		0
OECD 平均	38	59		3

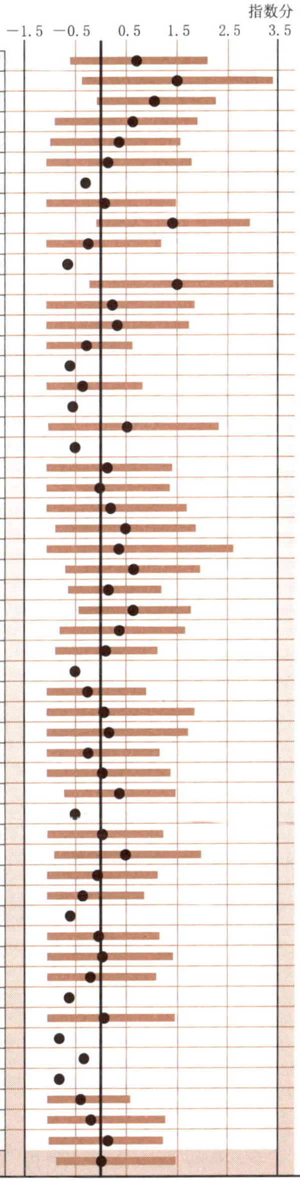

1. 若一个国家(地区)50%以上的学生的指数值相同，则学生群体最高和最低四分之一的变化范围不显示。
材料来源：OECD PISA 2006 数据库，表 5.13 和 5.14。
StatLink http://dx.doi.org/10.1787/141887160188

另外,对于关键学科缺乏合格教师对教学的影响程度,PISA 2006也考察了校长的看法。不出所料,相比学校有科学教师空缺的校长,那些不缺科学教师的校长更少报告学校教学因为缺乏合格科学教师而受到影响。比如,OECD成员国平均来看,在那些有科学教师空缺的学校,65%的校长报告合格科学教师的缺乏影响了教学,但在没有科学教师空缺的学校,仅有16%的校长报告同样的现象。但是,在一些国家(地区),即便学校没有科学教师空缺,校长仍旧认为科学教师缺乏影响了教学。例如,在土耳其、墨西哥和德国,以及伙伴国吉尔吉斯斯坦、阿塞拜疆、约旦、智利和俄罗斯,在科学教师没有空缺的学校,仍有30%甚至更多的校长报告教学或多或少受到了合格科学教师缺乏的影响。各国(地区)在科学教师空缺程度上的一些差异可能是由于对科学教师的资质要求不同造成的(图5.14)。

在考察人力资源时,不光要考察国家(地区)人力资源的平均水平,考察国家内部人力资源的分配方式也很重要。为此,根据校长对科学、语言、数学和其他学科教师的缺乏在多大程度上影响学校教学这一问题的回答,PISA构建了一个教师短缺指数。该指数的OECD成员国均值设为0,标准差设为1。正值表示学校校长报告合格教师的缺乏影响教学的频率比OECD成员国的均值更高,而负值则含义相反。在芬兰、捷克、奥地利和瑞典,以及伙伴国保加利亚、克罗地亚,各学校校长对教师短缺影响作用的认识差异非常小,而在土耳其、比利时,以及伙伴国(地区)吉尔吉斯斯坦、卡塔尔、约旦、俄罗斯、中国澳门、哥伦比亚、巴西和阿塞拜疆,学校之间的差异相当大(图5.14)。

PISA还计算另一个学校人力资源质量的指标——平均生师比,该指标的计算基于校长报告的学校男女学生人数以及专兼职教师人数,将学生总人数除以全职教师的等量人数。在葡萄牙、希腊、比利时、意大利、卢森堡,以及伙伴国阿塞拜疆,15岁学生中不到10个对应一位等量的全职教师,而在墨西哥以及伙伴国(地区)智利、哥伦比亚、泰国和中国香港,有超过20名学生对应一位等量的全职教师,在伙伴国巴西,学生数则超过30(表5.14)。

校长报告的物力资源

虽然确保完善的基础设施和充足的教育资源不能保证产生良好的学习成果,但这些资源的不足可能会对学习有负面影响。PISA要求校长报告学校教学在多大程度上受到以下几种资源的短缺或不足的影响:科学实验室设备、课本等教学材料、教学用计算机、互联网连接、教学所用计算机软件、图书资料和视听资源(参阅图5.15)。OECD成员国平均而言,仅有少量15岁学生所在学校校长报告学校教学或多或少受到上述资源短缺或不足的影响。在互联网连接和教学资料方面的担忧尤其少:学校校长报告教学受到这两种资源影响的在校生比例分别为20%和25%。相反,校长对实验室设备的提供有更多担忧,特别是在斯洛伐克、土耳其、墨西哥、冰岛、波兰、挪威和匈牙利以及许多伙伴国(地区),这些国家(地区)大部分15岁学生所在学校校长报告实验室设备的短缺或不足影响了学生学习。

综合校长对七个有关教育资源短缺或充足的回答,可以构建一个综合教育资源指标。该指标的正值表示校长对教育资源短缺影响学校教学能力的担忧低于校长回答的平均值。这一指标表明,在瑞士、日本、澳大利亚以及伙伴地区中华台北,几乎没有校长认为教育资源的不足影响到了学校教学能力,而在伙伴国吉尔吉斯斯坦、印度尼西亚、阿塞拜疆、黑山、俄罗斯、哥伦比亚,许多校长有这种担忧(图5.15)。但是,解释这些数据时,必须明确,校长并没有提供一个有关教

图 5.15 ■ 物力资源——学校教育资源质量指标

- A 视听资源的短缺或不足
- B 图书资料的短缺或不足
- C 教学所用计算机软件的短缺或不足
- D 互联网连接的缺乏或不足
- E 教学计算机的短缺或不足
- F 教学材料的短缺或不足
- G 科学实验室设备的短缺或不足

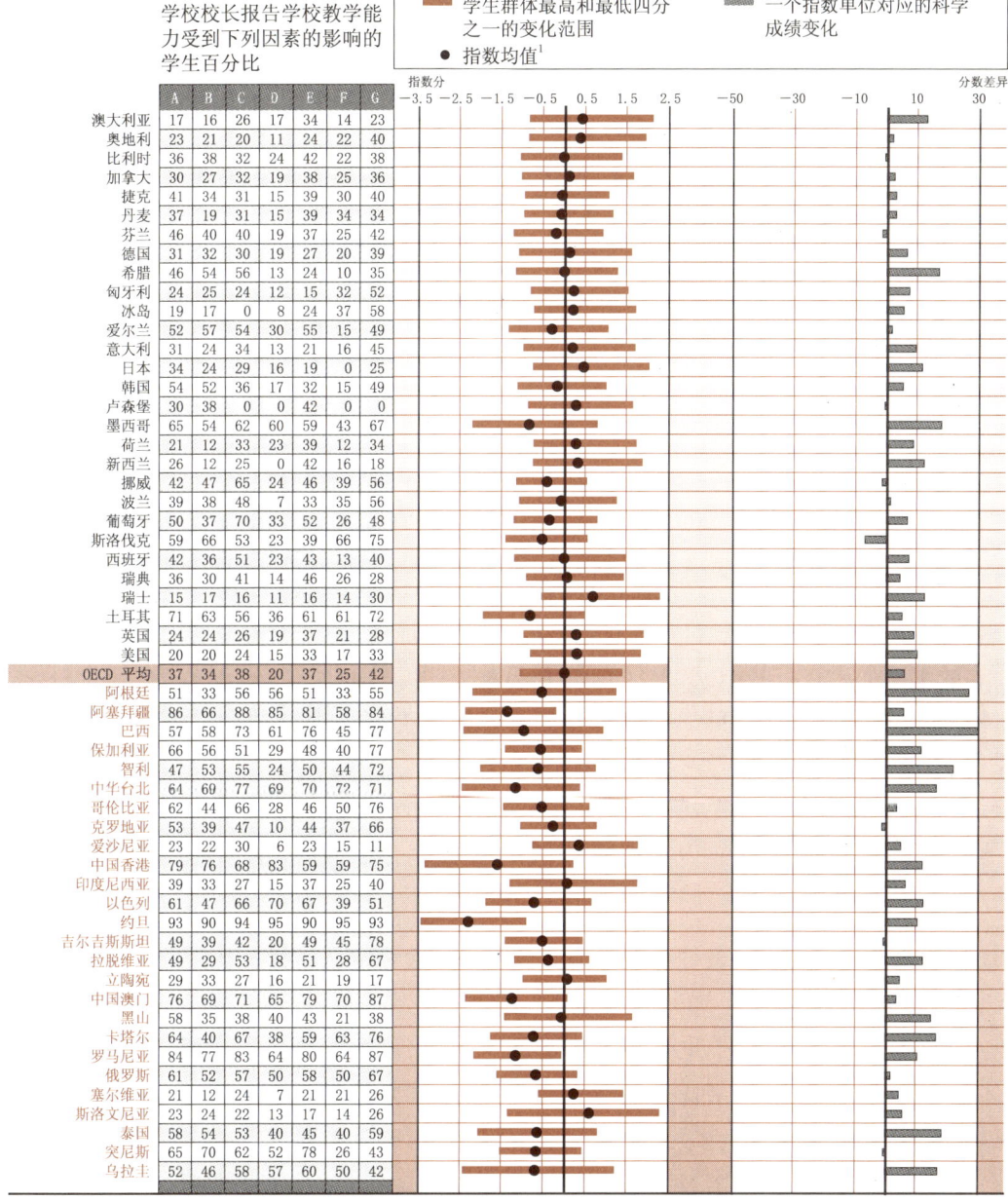

1. 较高的平均值表示校长认为学校教育资源的质量对教学的妨碍程度较小。

资料来源：OECD PISA 2006 数据库，表 5.15。

StatLink http://dx.doi.org/10.1787/141887160188

面向明日世界的科学能力——国际学生评估项目（PISA）2006 报告

育资源的客观测度值,而是他们对学校教学能力是否受到教育资源短缺或不足影响的认识。因此,在比较学校间和国家(地区)间的回答时,必须要谨慎。尽管如此,校长的认识会对其行为产生重要的影响,因此仍然应该受到重视。

在挪威、斯洛伐克,以及伙伴国立陶宛、爱沙尼亚、保加利亚、拉脱维亚、塞尔维亚和突尼斯,校长对这些教育资源评价的差异(表现为最低和最高四分之一之间的指数差值)都很小,而在墨西哥、澳大利亚以及伙伴国(地区)乌拉圭、中华台北、印度尼西亚、阿根廷、巴西、卡塔尔和以色列,学校校长间的认识差异是最大的(图5.15)。

学校校长还报告了学校里用于教学的计算机数量,该数除以校内学生数之后,就得到可用教学计算机生均数量的指标。该指标在国家(地区)间差异很大。在英国、澳大利亚、卢森堡、奥地利、美国和挪威,5名或更少的学生分享一台教学用计算机,而在伙伴国阿塞拜疆、吉尔吉斯斯坦、突尼斯、巴西、黑山、印度尼西亚和俄罗斯,25名或更多学生分享一台计算机(表5.15)。

学生和校长报告的学习时间和教育资源

PISA要求学生报告2006年他们是否学习了科学课,如果学了科学课,那这些课如何安排。比如,学生可能以某种组合的方式必修或选修了综合科学、生物学、物理学或化学,或者在学校已经不学习科学课了。类似PISA这样基于年龄的抽样表明,抽取的学生可能来自多个不同的年级,并且在一些国家(地区),科学课可能到一定的年级之前是必修课,但之后就不是了。56个国家(地区)中,43个有数据,其中至少有80%的15岁学生仍然接受某种形式的学校科学教育,无论是必修课还是选修课或者是两者的综合(图5.16和表5.16)。在24个参与国(地区)中,至少90%的15岁学生报告在上科学课。在芬兰、斯洛伐克、冰岛、法国,以及伙伴国拉脱维亚、斯洛文尼亚和黑山,至少95%的15岁学生报告有科学课,在挪威波兰和伙伴国俄罗斯,所有学生报告有科学课。

15岁学生在学校接触科学的方式有很多种。国家(地区)间或国内地区间的重要差异表现在科学内容的组织上。在有些国家(地区),学生学习一门综合科学课,有时称为"综合科学",学生要学习物理学、生物学和地球科学中的各种概念。另一类课程则分别设置生物学、物理学、化学和地球科学,学生在一学年中学习所有课程或部分课程。还有其他一些教育系统,课程是依据主题来组合的,没有单独的科学课,学生运用自己的科学知识和技能回答一个主题内的特定问题,同时,他们还要运用其他学科知识和技能,比如地理或写作。而且,学生也有可能遇到将所有上述方法综合起来的课程。

PISA调查了科学的不同教授方式。挪威是唯一一个所有15岁学生必须学习综合科学课的国家。13个参与国中,70%至90%的学生有综合科学必修课,而且在韩国、日本、芬兰、冰岛、加拿大以及伙伴国泰国和印度尼西亚,这类学生的比例至少达到80%。相反,在奥地利、法国、希腊、匈牙利、卢森堡、波兰和斯洛伐克,以及伙伴国阿塞拜疆、保加利亚、克罗地亚、拉脱维亚和塞尔维亚,没有开设综合科学课(无论是必修还是选修)。在波兰,所有学生必修生物学、化学和物理学课,在其他11个国家(地区),学生必修的课程大都是生物学、化学或物理学。类似的,在伙伴国俄罗斯,绝大部分15岁学生有生物学、化学和物理学必修课,仅3%的学生有综合科学必修课。芬兰与众不同,大部分学生既有综合科学必修课,也有生物学、化学和物理学等分科必修课(图5.16和表5.16)。

图 5.16 ■ 15 岁学生学习科学课的比例

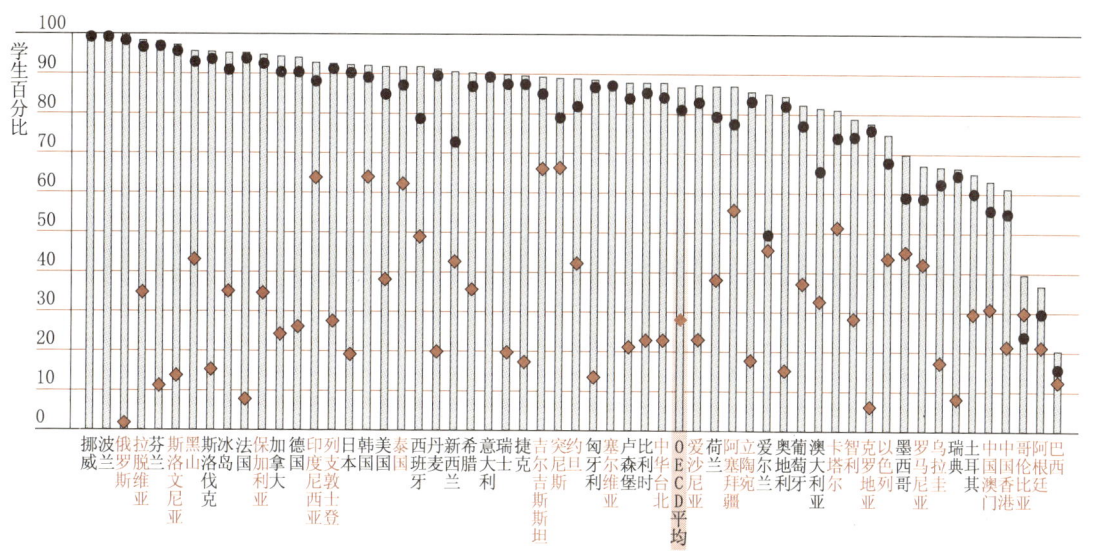

资料来源：OECD PISA 2006 数据库，表 5.16。
StatLink http://dx.doi.org/10.1787/141887160188

通过校内外对科学的接触，学生们有机会探索和获取一些科学知识、定理和技能。因此，我们有理由预期学生花在科学学习上的时间会与科学成绩相联系。PISA 2006 要求学生估计花在常规科学课、校外科学课以及自己花在科学研究和家庭作业上的小时数。在阅读和数学方面，学生也要回答同样的问题。

平均而言，OECD 成员国的 28.7% 的学生报告他们校内科学课在四小时以上。该比例在新西兰升至 64.8%，在英国为 61.9%，加拿大为 56.8%，美国为 49.1%。在伙伴国(地区)中，中国澳门、俄罗斯、哥伦比亚和中国香港的比例介于 40% 至 46% 之间。在挪威，仅有 6.9% 的学生报告他们每周在学校学习科学的时间超过四小时(图 5.17 和表 5.17)。

在许多国家(地区)，大部分学生报告他们每周在校学习科学的时间为两小时或更少，其中包括斯洛伐克、荷兰、卢森堡，以及伙伴国吉尔吉斯斯坦、罗马尼亚、智利和阿根廷。

课外活动有助于学生对科学的学习，因为它们能够增强学生的学习动机并能将科学置于真实的情境中。PISA 2006 要求校长回答学校举行这类活动的情况。这些活动包括远足、参与科学竞赛、参加科学展、进行课外科学课题研究、参加科学社团。依据校长对上述五个问题的回答，可以形成一个单一的指数。

图 5.17 ■ 学生的学习时间

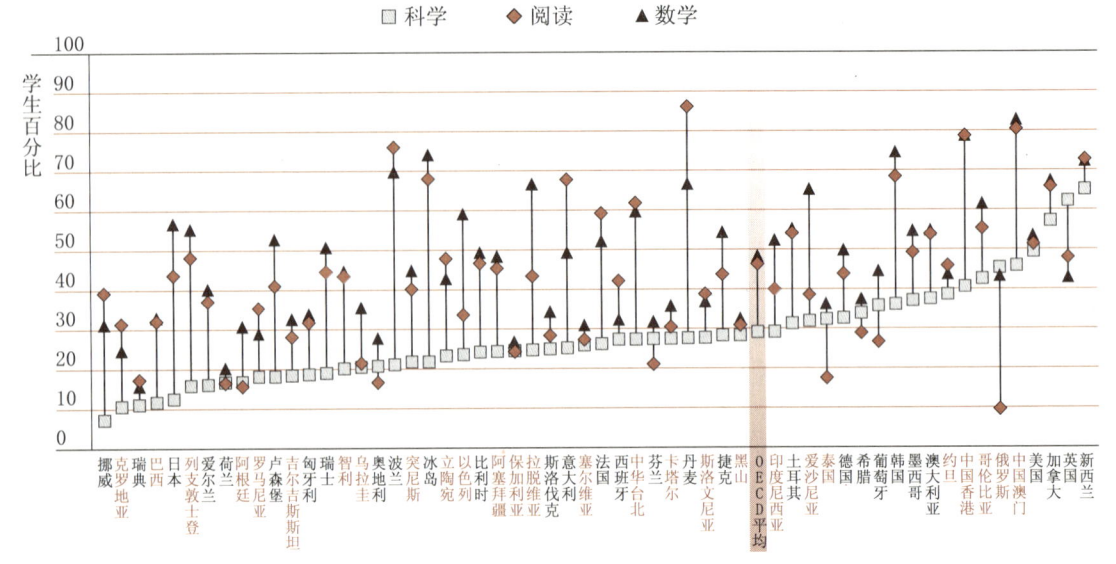

资料来源：OECD PISA 2006 数据库，表 5.17。
StatLink http://dx.doi.org/10.1787/141887160188

促进科学学习最常见的课外活动是组织学生远足。OECD 成员国中，89% 的学生所在学校报告组织了远足活动。在斯洛伐克、波兰、匈牙利，以及伙伴国罗马尼亚、立陶宛和俄罗斯、拉脱维亚、卡塔尔和斯洛伐克，这一比例超过 97%。在 OECD 成员国中，日本报告的远足活动最少，只有 30% 的学生所在学校校长报告有这种活动（图 5.18 和表 5.18）。

对 OECD 成员国而言，54% 的学生校长报告鼓励参与科学竞赛。波兰的科学竞赛最为普遍，所有学生所在学校校长均报告有这一活动，而在澳大利亚以及伙伴国吉尔吉斯斯坦和俄罗斯，这一比例超过了 95%。科学竞赛在日本并不这么流行，仅有 6% 的学生所在学校校长报告参加这类活动。这一比例在丹麦（10%）和挪威（16%）也不高。

科学社团在 OECD 成员国中也不太普遍（平均而言，38% 的学生所在学校校长报告有这种社团），相应的参加科学展的比例为 39%，进行课外科学研究项目的比例为 45%。

这些课外活动的普遍程度可以综合为一个指数。该指数值低于 OECD 平均数半个标准差以上的国家（即那些学校较少提供这些活动的国家）有日本（−1.16）、丹麦（−0.83）、冰岛（−0.71）、芬兰（−0.60）和荷兰（−0.51）。该指数值超过 OECD 平均数半个标准差以上的国家（地区）有斯洛伐克（0.70）、葡萄牙（0.66）、匈牙利（0.62）、波兰（0.58）、韩国（0.54）、新西兰（0.51），以及伙伴国（地区）泰国（1.34）、俄罗斯（1.19）、立陶宛（1.19）、斯洛文尼亚（1.15）、中国香港（0.92）、爱沙尼亚（0.90）、约旦（0.87）、哥伦比亚（0.82）、罗马尼亚（0.77）、中华台北（0.76）、吉尔吉斯斯坦（0.76）和卡塔尔（0.59）。

图 5.18 ■ 促进科学学习的学校活动指数

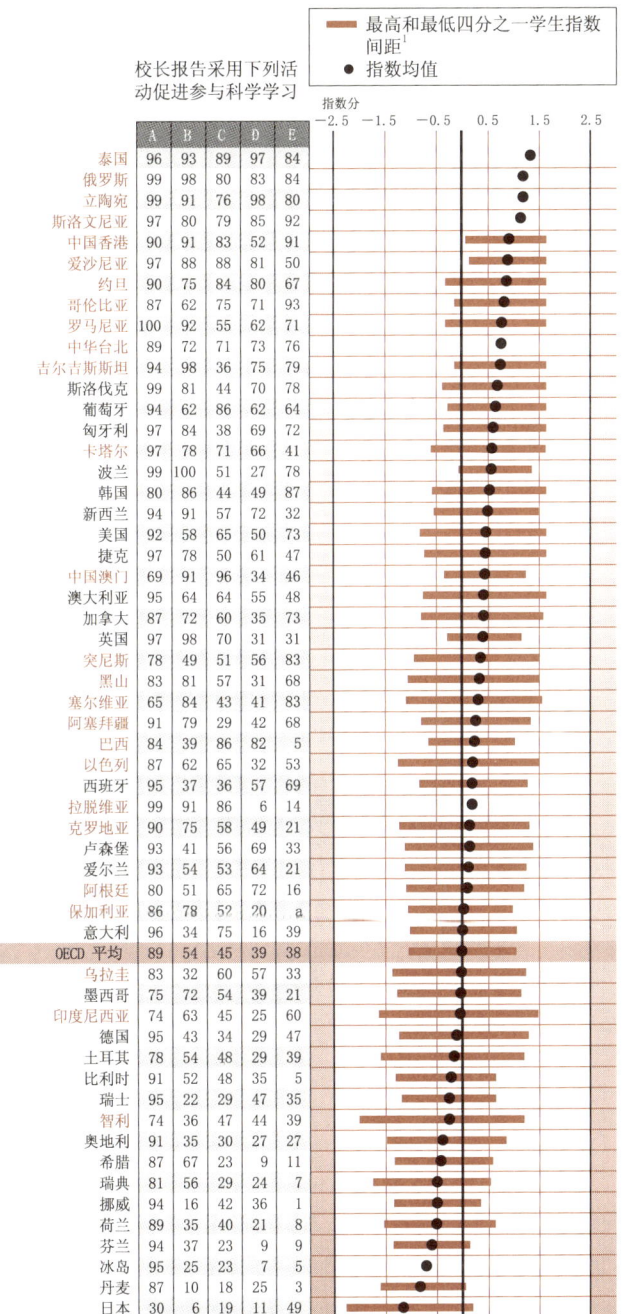

1. 若该指数值相等的学生数超过了 50%，则该国（地区）最高和最低四分之一学生指数间距没有呈现。
资料来源：OECD PISA 2006 数据库，表 5.18。
StatLink http://dx.doi.org/10.1787/141887160188

学校资源与学生科学成绩之间的关系

在澳大利亚、加拿大、芬兰、日本和韩国,这五个科学平均成绩高于平均值,同时社会经济背景对成绩影响小于平均值的OECD国家(地区)(参阅图4.10中第一象限),学校资源方面有相当大的差异。例如,五个国家平均来看,每14.1名学生对应1名老师,但这一比例范围从芬兰的11.3直到加拿大的16.7(OECD平均13.4)。五个国家平均来看,五位学生分享一台教学计算机,该学生数范围从澳大利亚的4名直到芬兰的7名(OECD平均为7)。在校长认为缺乏合格教师阻碍教学的程度上,日本、韩国和芬兰低于OECD平均值,而澳大利亚和加拿大则高于OECD平均值。日本和澳大利亚的校长倾向于认为学校资源充足,但在芬兰和韩国,情况就不一样了。五个国家平均来看,学生的校内平均学习时间为每周11.5小时,芬兰最少,9.7小时,加拿大最多,12.9小时(OECD平均10.6小时);学生校外课程的平均学习时间为2.3小时,芬兰最少,1.1小时,韩国最多,4.8小时(OECD平均2.4小时);学生的自学和家庭作业时间为每周4.3小时,从日本最少的3.1小时到加拿大最多的5.3小时(OECD平均为4.9小时)。就学校提供的促进学生科学学习的活动而言,韩国、加拿大和澳大利亚的校长倾向于报告提供的更多,而在日本和芬兰则较少(表5.22)。

本小节接下来的内容考察学校校长在人力、物力和教育资源方面的看法与科学成绩之间的关系。由于学校资源的不同方面相互联系,所以不能通过将之前考察的各个因素简单相加后来估算学校资源对学生成绩的影响作用。只有综合考虑不同因素的作用才有可能估算它们对学生和学校成绩的影响作用。

同本章前面的小节一样,学校资源与学生成绩之间的相关关系分别在考虑人口和社会经济因素之前和之后进行分析。对人口和社会经济因素调整后,考察学校因素的作用就可以比较学校在相似情况下的运作情况。相反,不根据背景情况进行调整,就会忽略学校构成和国家(地区)情况之间的差异。也就是说,若家长要为孩子择校,那么未经调整的影响总量能为他们提供更为真实的状况。例如,家长和利益相关者自然最为关心学校的总体表现,其中包含了任何学校总体社会经济背景带来的效应,对他们而言,学校自身的增益值仅放在第二位来考虑。

下面的模型同时计算总量效应(在调整社会经济因素之前)和净值效应(在调整人口和社会经济因素之后)。由于方法上的原因,只要有可能构建综合指标,就尽量使用指标而非单一的问题。模型中包含了以下一些因素:教师短缺指数、生师比、学校教育资源指数、教学用计算机与在校生的比率、校内学习时间(所有科目)、家庭作业时间、学习校外课程的时间、促进科学学习的学校活动以及学生在本学年和前一学年学习的科学课程。

如专栏5.7第一张表格所示,从学校层面来看,无论是考虑背景因素之前还是之后,学生校内科学、数学和语言常规课的平均学习时间、学生自学或家庭作业的时间、学校提供科学学习机会的平均水平以及促进科学学习的学校活动指数等因素都与科学学习呈正相关。[25]在模型考虑了背景因素和其他所有因素之后,如果学校每周常规课程增加一小时,该校学生成绩就提高8.7分;若学校的自学和家庭作业时间每周增加一小时,该校学生成绩就提高3.1分;若学校提供的促进科学学习的活动指数增加一个指数单位,则学生成绩高2.9分。

在总量模型中,教师短缺指数与科学成绩呈负相关,即那些报告教师短缺发生率越高的学校,学生成绩越差,同时,学校教育资源质量指数与科学成绩正相关。然而,当净值模型考虑了背景因素以后,这两者的效应就不存在了。

平均校内学习时间与社会经济背景对学生成绩的影响之间存在显著的相关(参阅专栏5.7第二张表格)。当学校每周课内学习时间为均值(10小时)时,学校学生的PISA经济社会文化地位指数增加一个单位,学校成绩提高16.1分,但是,当学校每周课内学习时间为11小时时,成绩提高16.7分(表5.10f)。结果还表明,生均教学计算机数越多,学生个体的社会经济背景对科学成绩的影响就越小。在平均学习时间更长的学校,校内学生在学习时间方面存在的差异就可能更大,相比社会经济背景处于劣势的同校同学,那些社会经济背景处于优势的学生学习时间更长;这可能表现为,在平均学习时间更长的学校,社会经济背景对学生成绩影响更大。并且,当学校的生均计算机数更多时,无论学生的社会经济背景如何,都有机会在学校接触到有助于他们学习的教育资源;这可能会表现为,在生均计算机数更多的学校,社会经济背景对学生成绩的影响更小。然而,这些关系的特征和因果联系还并未确定。

专栏5.7 ■ 多层模型:学校资源

学校资源和学生成绩	总量		净值	
	分数变化	p值	分数变化	p值
人力资源指标				
学校生师比均值(每名教师多一名学生)	0.33	(0.121)	−0.16	(0.304)
学校层面的教师短缺指数(该指数一个标准差的效应)	−4.14	(0.000)	−1.55	(0.073)
物力资源指标				
学校平均每生教学计算机数量(每生增加一台计算机)	−12.5	(0.359)	2.5	(0.817)
学校层面的学校教育资源质量指数(该指数一个标准差的效应)	5.14	(0.000)	0.17	(0.789)
教育资源指标				
学生常规校内课程学习时间的学校平均数(每周增加一个小时)	14.3	(0.000)	8.7	(0.000)
学生校外课程学习时间的学校平均数(每周增加一个小时)	−12.9	(0.000)	−9.0	(0.000)
学生自学或家庭作业时间的学校平均数(每周增加一个小时)	3.8	(0.004)	3.1	(0.001)
学校提供的科学学习机会(学习任何科学课程的学生比例每增加10%)	1.7	(0.080)	1.4	(0.016)
促进学生科学学习的学校活动指数的学校平均值(该指数一个标准差的效应)	7.07	(0.000)	2.89	(0.000)

学校资源和社会经济背景的影响作用	学生 PISA 经济社会文化地位指数每增加一个单位,科学分数的增加值	
	分数变化	p 值
人力资源指标		
学校生师比均值(每名教师多一名学生)	0.00	(0.909)
学校层面的教师短缺指数(该指数一个标准差的效应)	−0.04	(0.865)
物力资源指标		
学校平均每生教学计算机数量(每生增加一台计算机)	−6.6	(0.004)
学校层面的学校教学资源质量指数(该指数一个标准差的效应)	0.35	(0.141)
教育资源指标		
学生常规校内课程学习时间的学校平均数(每周增加一个小时)	0.6	(0.003)
学生校外课程学习时间的学校平均数(每周增加一个小时)	−0.8	(0.020)
学生自学或家庭作业时间的学校平均数(每周增加一个小时)	−0.1	(0.850)
学校提供的科学学习机会(学习任何科学课程的学生比例每增加 10%)	0.1	(0.438)
促进学生科学学习的学校活动指数的学校平均值(该指数一个标准差的效应)	0.49	(0.117)

注:参阅专栏 5.2 的注释。

第一张表的更多细节参阅表 5.19f,第二张表参阅 5.20f。该模型在附录 A8 中详述。

学校和教育体系的资源、实施和政策对学生成绩的综合作用

前面几个小节考察了学校教育系统的各个方面,这些不同方面也可以相互联系起来。例如,教育资源良好的学校也倾向于采用最为有效的授课方式。因此,接下来的分析要把这些因素综合起来考察。这一分析在两个方面能提供有价值的启示。首先,它能表明学生成绩的总体变异量与本章所考察的学校和教育系统层面因素之间的联系。其次,它能清晰地呈现单个政策和措施的独特效应达到何种程度,这种与成绩的联系,不能仅用它们同其他与好成绩相联系的因素——包括社会经济背景——之间的相关来解释。与之前提醒过的一样,要考虑到在这些因素中,有一些因素比其他因素测量得更为细致,并且,还有很多对学习结果有潜在影响的其他因素 PISA 并没有测量到。例如,目前有大量关于学校有效性的研究都表明,教师质量是学习结果的一个强有力的预测因素(Wright, horn 和 Sanders, 1997;Wayne 和 Youngs, 2001;Loeb, 2003),但是,PISA 还不可能对此进行测量。读者要谨记专栏 5.1 中所述的方法学上的警告。

下面所考察的模型建立在55个参与国(地区)的学生数据之上,每个国家(地区)给予同等权重。因为相对PISA所考察的因素,教育系统的数量偏少,所以模型分两步建立。首先,同时在学生、学校和系统层面对科学成绩与六组学校因素之间的关系进行逐一考察。六组因素是本章前面所讨论过的:学生录取、分组和选拔政策、公共和私人利益相关者在学校管理和财政中的作用,家长施加的压力和择校、问责制度、学校自主权以及学校资源。之后,六组因素中与科学成绩有显著相关[26](参阅专栏5.2至5.7中的第一张表格)的单个因素将被纳入一个综合的多层模型中进行分析(表5.19g)。这些因素与科学成绩之间的关系会分别在学生、学校和教育系统层面进行考察,且分别在考虑社会经济变量之前和之后进行。与前面的部分一致,前者称为效应总量,而后者称为效应净值(专栏5.8)[27]。

专栏5.8 ■ 学生成绩的综合多层模型

	总量		净值	
	分数变化	p值	分数变化	p值
录取、分组和选拔				
校内所有科目进行能力分组的学校(1=所有科目在班级间/或班级内进行能力分组;0=没有能力分组或者仅在校内一些科目上进行能力分组)	−7.6	(0.000)	−4.5	(0.000)
录取中学业选拔性高的学校(1=学业记录和/或生源学校推荐是学生录取的前提;0=其他)	18.5	(0.000)	14.4	(0.000)
录取中学业选择性低的学校(1=在录取学生是既不考虑学业记录也不考虑生源学校推荐;0=其他)	−7.0	(0.002)	−1.3	(0.378)
学校管理和资金				
政府方面资金比例高的学校(1=政府方面资金每增加10%)	−2.1	(0.000)		
家长施加的压力和择校				
家长施加压力巨大的学校(1=家长施加压力;0=家长基本不施加压力)	6.0	(0.002)		
竞争性学校比例大的教育系统(每增加10%的竞争性学校)	−4.6	(0.178)		
问责制度				
学校将成绩向社会公开(1=是;0=否)	5.3	(0.000)	3.5	(0.001)
学校自主权				
学校在预算方面的自主权指数(一个指数标准差的作用)	1.4	(0.155)	0.9	(0.188)
教育系统在预算方面的学校平均自主权指数(一个指数标准差的作用)	28.6	(0.023)	25.7	(0.008)
学校资源				
学校层面的教师短缺指数(该指数一个标准差的效应)	−3.5	(0.000)		
学校层面的学校教学资源质量指数(该指数一个标准差的效应)	3.9	(0.000)		
学生常规校内课程学习时间的学校平均数(每周增加一个小时)	14.0	(0.000)	8.8	(0.000)
学生校外课程学习时间的学校平均数(每周增加一个小时)	−11.7	(0.000)	−8.6	(0.000)
学生自学或家庭作业时间的学校平均数(每周增加一个小时)	3.8	(0.002)	3.1	(0.000)
促进学生科学学习的学校活动指数的学校平均值(该指数一个标准差的效应)	6.7	(0.000)	2.9	(0.000)

注:参阅专栏5.2的注释。
第一张表的更多细节参阅表5.19g。该模型的具体信息在附录A8中详述。

净值综合模型不仅包含了人口和社会经济背景因素，还包含专栏 5.8 中净值模型中的学校和系统层面因素，它能够解释成绩总差异方差的 40%（表 5.19a）。在得到解释的 40% 方差中，19% 来自国家（地区）之间（相当于国家（地区）间总方差的四分之三），18% 来自国家（地区）内学校之间（相当于超过学校总方差的三分之二），2% 来自校内学生之间（相当于学生间总方差的二十分之一）。

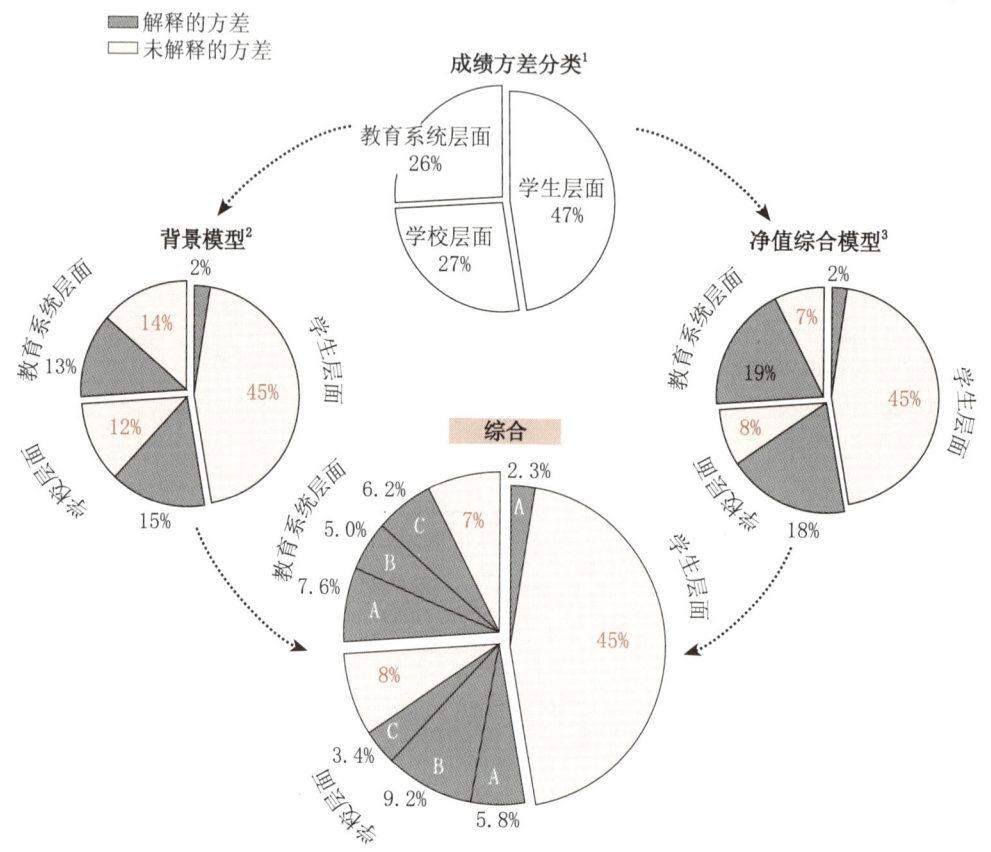

图 5.19a ■ 学生、学校和教育系统层面的科学成绩方差和得到解释的方差

A 单纯由背景因素解释部分
B 由学校和教育系统因素及背景因素共同解释的部分
C 单纯由学校和教育系统层面因素解释的部分

1. 这一模型表示成绩总变异来自学生、学校和国家（地区）的数量（参阅表 5.19g 的模型 0a）
2. 这一模型仅包含了人口和社会经济背景因素，例如学生的 PISA 经济社会文化地位（ESCS）指数、ESCS 的平方值、性别、移民情况、家庭语言、学校位置、学校规模、学校规模的平方值、ESCS 的学校平均值以及教育系统层面的 ESCS（参阅表 5.19g 中的模型 0b）。
3. 该模型不仅包含了背景模型中的人口和社会经济背景因素，还包含学校和系统层面的因素，例如校内所有科目进行能力分组、学校录取中学业选拔性的高低、学校问责制度（将成绩向社会公开）、学校预算自主权（以及一个国家（地区）中具有预算自主权的学校比例）、学生常规校内课程学习时间、校外课程学习时间、自学或家庭作业时间的学校平均数，以及促进学生科学学习的学校活动指数的学校平均值（参阅表 5.19g 中的模型 2N）。

资料来源：OECD PISA 2006 数据库，表 5.19g。
StatLink http://dx.doi.org/10.1787/141887160188

对每个国家(地区),我们还可以研究专栏5.8所示净值模型中学校因素对成绩变异的解释量。图5.19b列出了单纯由某些类型学校因素解释的成绩变异、单纯由人口和社会经济因素解释的成绩变异、由学校因素及人口和社会经济因素共同解释的成绩变异,以及不能解释的学校变异。图中横条的长度表示学校间成绩变异占OECD成员国学校间平均变异的百分比。第二列的百分比表示模型能解释的学校成绩变异占每个国家(地区)成绩总变异的百分比。OECD成员国平均而言,81%的国(地区)内校间成绩变异能够由该模型[28]解释,在卢森堡、新西兰、德国,这一比例超过了90%,而在加拿大、挪威和芬兰以及伙伴国印度尼西亚,该比例不到60%或更少,在伙伴国阿塞拜疆,该比例为31%。在大多数国家(地区),超过一半的校间成绩变异可用学校因素及人口和社会经济因素共同解释(图5.19b)。

这些模型除了可以显示学校因素可解释的成绩变异比例外,还可以估算这些因素对学校成绩的影响大小。在考虑社会经济背景之前和之后,前五个学校因素和下方的一个教育系统因素对科学成绩都有影响力。相反,最后列出的四个学校因素在考虑社会经济背景因素之前对科学成绩有影响作用,但考虑了社会经济背景之后,影响作用就达不到统计学上的显著性了。

即使考虑了人口和社会经济背景后仍与成绩有联系的学校因素

- 校长有关校内所有科目进行能力分组的报告(在其他所有情况相同的情况下,相比所有科目都不进行分组或仅在部分科目上进行能力分组的学校,所有科目进行能力分组的学校的学生成绩要低4.5分)。

- 校长有关录取学生时学业选拔性高的报告(在其他所有情况相同的情况下,相比录取政策选拔性中等的学校,学业成绩记录或生源学校推荐是学校录取前提条件的学校的学生成绩高14.4分)。

- 校长有关学校成绩数据向公众公布的报告(在其他所有情况相同的情况下,相比不公布成绩数据的学校,把成绩数据向公众公布的学校的学生成绩高出3.5分)。

- 校长有关该校学生在校学习科学、数学和语言(在其他所有情况相同的情况下,每周平均学习时间多一小时的学校,学生成绩高8.8分)、校外课程(在其他所有情况相同的情况下,平均学习时间多一小时的学校,学生成绩低8.6分)、自学(在其他所有情况相同的情况下,平均学习时间多一小时的学校,学生成绩高3.1分)所花费时间的平均数的报告。

- 校长有关促进学生科学学习的学校活动的报告(在其他所有情况相同的情况下,该指数每增加一个单位,学生成绩高2.9分)。

即使考虑了人口和社会经济背景后仍与成绩有联系的教育系统因素

- 学校在预算方面有较高自主权的教育系统(在其他所有情况相同的情况下,教育系统预算自主权指数增加一个标准差,成绩高出25.7分)。

图 5.19b ■ 各国(地区)科学成绩在学校层面的方差和得到解释的方差

图例：
- 没有解释的校间方差
- 单纯由人口和社会经济因素解释的校间方差
- 单纯由学校特征解释的校间方差
- 由人口、社会经济因素及学校因素共同解释的校间方差

国家/地区	校间方差占各国（地区）总方差的百分比	得到解释的校间方差占各国（地区）校间总方差的百分比
德国	57	91
保加利亚	54	83
斯洛文尼亚	60	86
匈牙利	61	88
捷克	53	82
奥地利	55	85
荷兰	60	86
比利时	52	87
智利	50	90
阿根廷	48	80
意大利	50	78
日本	47	73
希腊	47	81
中华台北	47	75
土耳其	53	82
卢森堡	30	99
瑞士	36	80
斯洛伐克	42	73
以色列	31	67
巴西	47	69
乌拉圭	40	71
克罗地亚	40	82
OECD 平均	33	81
塞尔维亚	41	78
罗马尼亚	49	75
韩国	35	83
中国香港	37	76
突尼斯	42	78
美国	24	85
葡萄牙	32	83
吉尔吉斯斯坦	39	72
泰国	37	83
新西兰	17	93
立陶宛	28	77
英国	20	79
哥伦比亚	30	72
黑山	28	85
墨西哥	40	67
俄罗斯	27	61
澳大利亚	18	72
中国澳门	26	76
爱尔兰	17	84
约旦	23	65
爱沙尼亚	21	75
印度尼西亚	43	59
加拿大	19	57
丹麦	16	69
拉脱维亚	19	66
瑞典	12	75
西班牙	15	66
波兰	14	67
冰岛	9	69
挪威	11	59
阿塞拜疆	50	31
芬兰	6	60

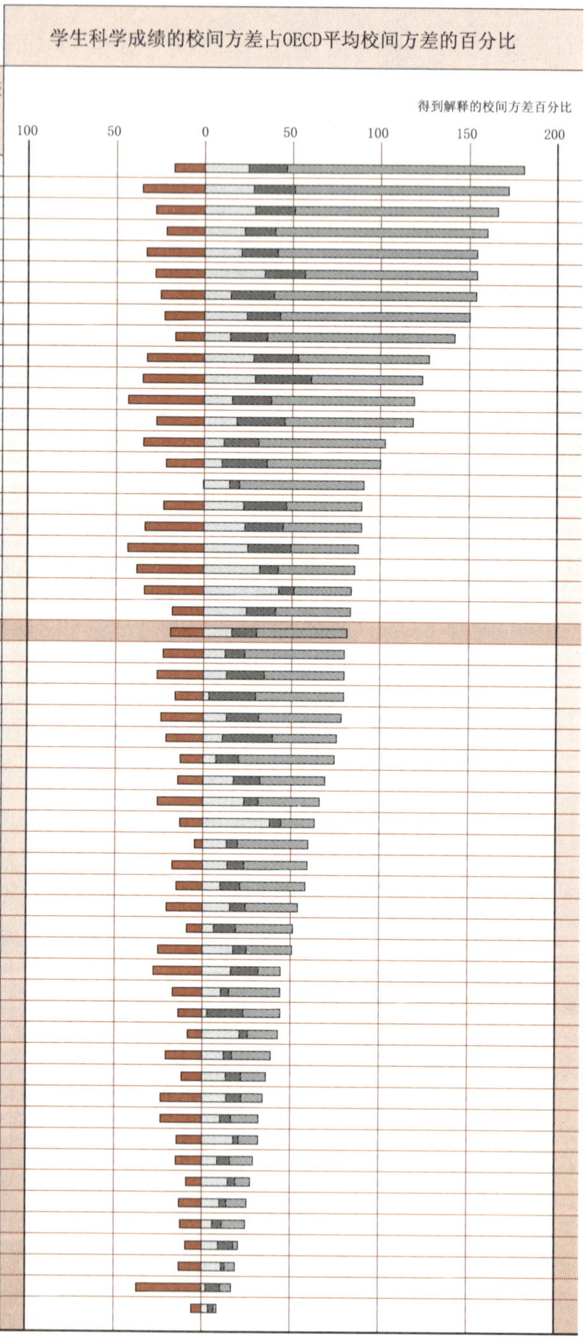

资料来源：OECD PISA 2006 数据库，表 5.21a。
StatLink http://dx.doi.org/10.1787/141887160188

仅当未考虑人口和社会经济背景时与成绩相联系的学校因素

- 校长有关政府方面资金投入水平的报告(在其他所有情况相同的情况下,政府资金投入比例多10%的学校,学生成绩低2分)。
- 校长对区域内是否有竞争生源的学校存在的报告(在其他所有情况相同的情况下,相比不跟其他学校竞争的学校,那些与其他学校竞争的学校的学生成绩高6.0分)。
- 校长对教学因缺乏合格教师而受到妨碍的认识(在其他所有情况相同的情况下,该指数增加一个单位,学生成绩低3.5分)。
- 校长对学校教学资源质量持积极评价(在其他所有情况相同的情况下,该指数增加一个单位,学生成绩高3.9分)。

在总量模型和净值模型(专栏5.8和表5.19中的模型2G、模型2N)中均有显著性作用的学校和系统层面的因素,为学校和系统层面特征与科学成绩之间的联系提供了一个有意思的说明。即使在考虑了学生、学校和国家(地区)层面的显著背景因素之后,一些特定的因素仍然是学生成绩的重要预测变量。这些因素提供了一些线索,说明一些学校和国家(地区)在政策指导下所采取的措施,能够提高成绩,超越教育资源处于标准状态的水平。

上述分析说明,就学校资源而言,促进学生科学成绩的学校具有下述特征:通过管理资源以增加校内学习时间,鼓励学生自学,提供能推动科学学习的课外学习活动,包括科学社团、科学展、科学竞赛、课外科学项目、远足和实地考察。尽管单独来看,这些额外的资源与学生成绩的提高仅有中等程度的相关,但将这些因素综合到一起,它们就产生重要的影响作用(专栏5.8和表5.19g)。

同样,我们也用一个包含学生和学校水平的两层模型依次研究了各个国家(地区)净值综合模型中的学校因素。学校因素对科学成绩的影响净值,以及学生和学校的人口和社会经济背景也列在了表5.21b和图5.20中。结果表明,除了冰岛和瑞典之外的所有国家(地区),科学、数学和语言的常规学校课程学习时间增加,净效应也显著地增加。该净效应值从2分到17分不等,在希腊、葡萄牙、匈牙利和捷克,以及伙伴国(地区)突尼斯、阿根廷、罗马尼亚、以色列、俄罗斯、中国澳门、中国香港、黑山、智利、拉脱维亚和巴西,每周校内学习时间增加一小时,学生科学成绩增加10分。自学或家庭作业的时间增加,净效应值在21个OECD成员国和11个伙伴国家(地区)达到了统计上的正向显著水平。在瑞士、瑞典、日本、美国以及伙伴地区中国香港,该净效应值介于10至12分之间,在比利时、韩国、荷兰以及伙伴地区中华台北,该值介于15至20分之间。在希腊、奥地利、土耳其以及伙伴国突尼斯,该效应值轻微负向,但达到了统计上的显著性。即使考虑了学生和学校的人口和社会经济背景作用之后,那些开展促进科学学习活动的学校,也倾向于有更好的成绩。在15个OECD成员国和12个伙伴国家(地区),该指数增加一个单位的净效应值达到了正向显著性水平,科学方面的效应值变动在2至12分之间。在波兰、瑞士、德国,以及伙伴国(地区)中国澳门、保加利亚和阿塞拜疆,该效应值在7分以上。该净效应值在三个国家是负向的,分别是冰岛(−6.5)、卢森堡(−6.3)和芬兰(−4.5)(图5.20和表5.21b)。

图 5.20 [1/2] ■ 学校因素与学生科学成绩的净联系

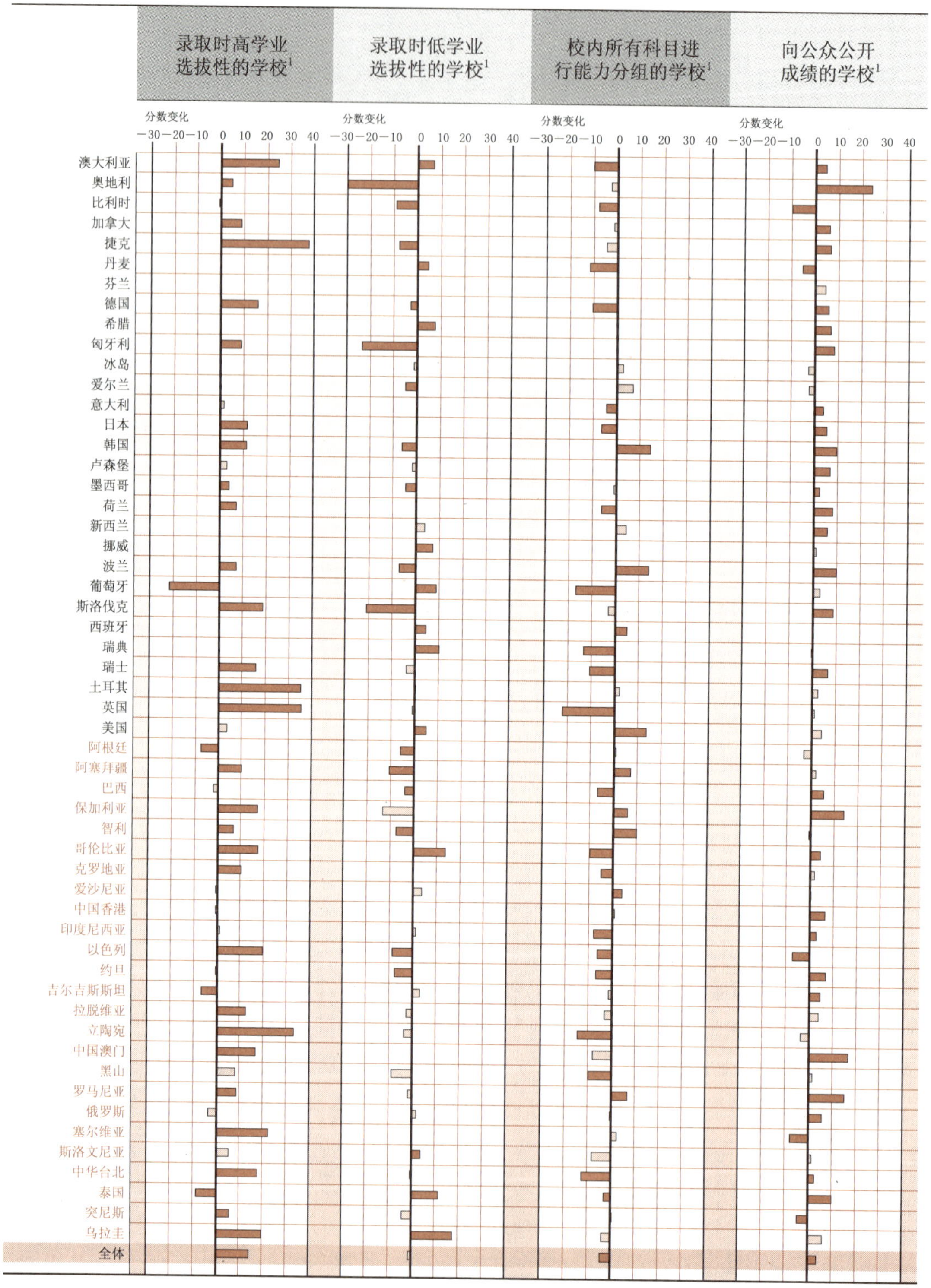

1. 统计上的显著性差异用更黑的字体显示。
资料来源：PISA 2006 数据库，表 5.19g 和表 5.21b。
StatLink http://dx.doi.org/10.1787/141887160188

图 5.20[2/2] ■ 学校因素与学生科学成绩的联系净值

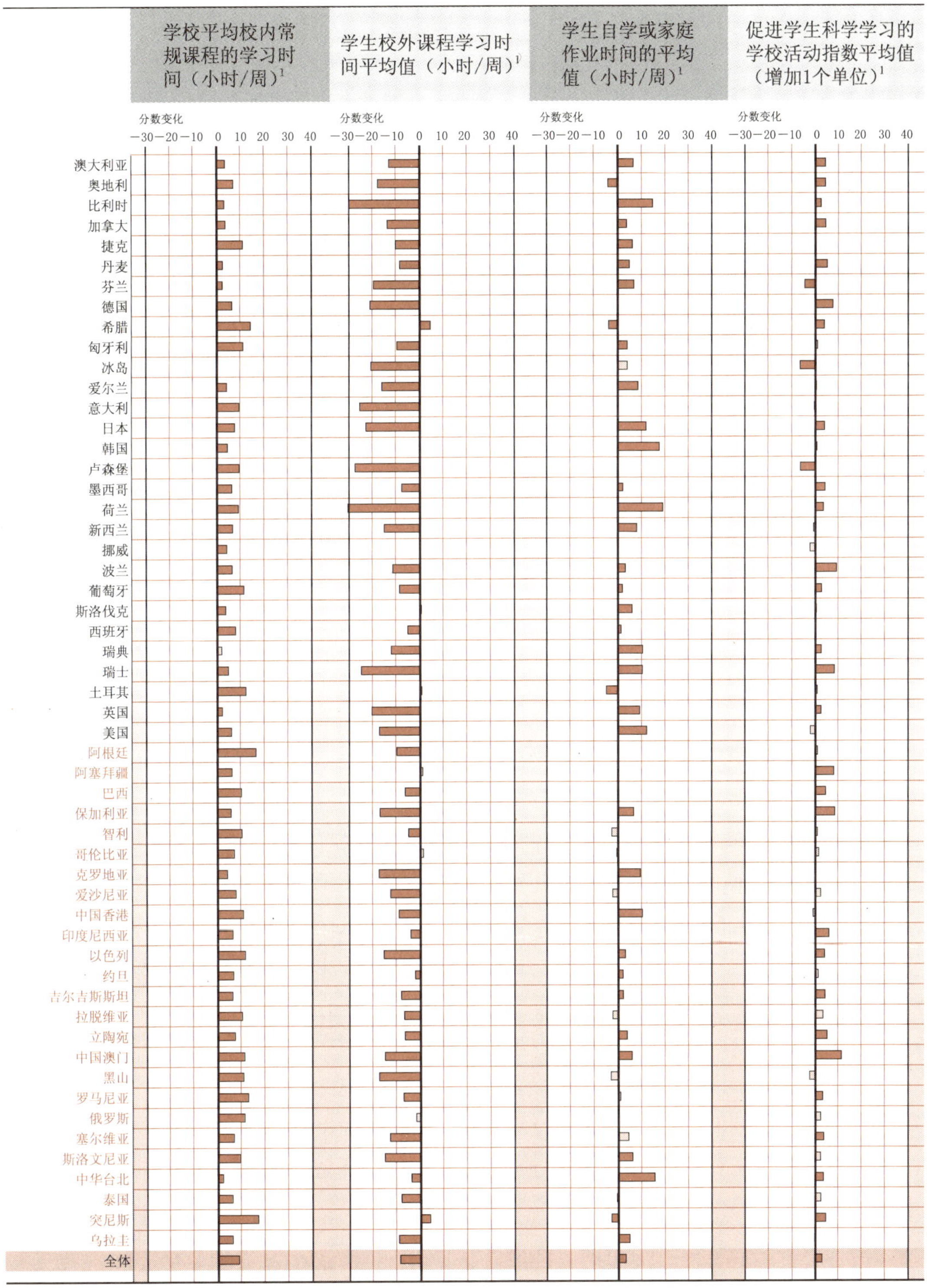

1. 统计上的显著性差异用更黑的字体显示。
资料来源：PISA 2006 数据库，表 5.19g 和表 5.21b。
StatLink http://dx.doi.org/10.1787/141887160188

专栏5.8中模型的结果同样可以对其他教育政策问题有所启示。例如，同时考察55个国家（地区）时，那些把学生成绩公开的学校，学生成绩有5.3分的总量优势，在考虑了社会经济因素以后，成绩优势为3.5分（专栏5.8和表5.19g）。这种关系在17个OECD成员国和12个参与国（地区）中都可以观察到：学校的净效应值在澳大利亚最大，为23.9分，但在荷兰、匈牙利、斯洛伐克、韩国、波兰以及伙伴国（地区）泰国、保加利亚、罗马尼亚和中国澳门，分值介于8至17之间（图5.20和表5.21b）。

55个国家（地区）综合来看，校内不进行能力分组或能力分组仅在部分科目上进行的学校，学生成绩比其他学校学生高出7.6分，而净效应值是4.5分（专栏5.8和表5.19g）。所有科目进行能力分组的净效应值在11个OECD和10个伙伴国（地区）中是负向的，大小从-4到-22分不等。在瑞士、丹麦、瑞典、葡萄牙、英国，以及伙伴国（地区）中华台北和立陶宛，净效应值在-11到-22分之间。然而，在九个国家（地区），净效应值是正向的，在西班牙以及伙伴国爱沙尼亚、保加利亚、罗马尼亚、阿塞拜疆和智利，分值变化在4到10分之间，在韩国（14.5）、波兰（14.1）以及美国（13.6），该值大于11（图5.20和表5.21b）。

将学业成绩记录和生源学校推荐作为录取前提条件的学校，其学生成绩比其他学校高出18.5分。当把社会经济背景因素纳入考虑时，这一效应几乎消失了。然而，有一点很重要，若一个国家（地区）选拔性高的学校成绩好于选拔性低的学校，这并不意味着如果有更多学校进行选拔，总体成绩就会提高[29]。

若教育系统中有更多学校享有制定学校预算、决定预算分配方面的自主权，那么即使考虑了背景因素，学生科学成绩也会更好（专栏5.8和表5.19g）。

在综合总量模型中，科学老师齐备、教学资源充足的学校，学生成绩比其他学校的要好。然而，若考虑社会经济背景因素，这些效应值就不存在了。这说明一些学校硬件资源与背景紧密相连；例如，在一些国家（地区），社会经济背景越高的家庭就读的学校科学教师达标情况更好、教育资源更丰富。类似的，在考虑了人口和社会经济背景因素之后，公立学校和私立学校学生的成绩差异消失了，那些就读学校所在区域有其他学校争夺生源的学生，成绩上的优势也同样消失了。

学校和教育体系的资源、实施以及政策对社会经济背景与学生科学成绩之间关系的综合作用

第4章讲过，学生和学校成绩对社会经济因素的依赖程度在各学校和各种教育系统中差异巨大。在一些学校和教育系统，学生的学业成绩与社会经济背景联系紧密，而在其他系统中，学习成果很少依赖于社会经济背景。

这一部分考察不同学校政策和措施的综合影响作用，本章在有关学生社会经济背景与科学成绩之间相关紧密程度的部分已经探讨过这一问题，这里的目的是明确学校和系统层面可能促进教育机会公平分配的因素。

由于PISA评估的学校因素数量远远超过了参加PISA测试的教育系统数量，因此我们分两步

建立了模型。首先,分别研究本章考察的六组因素(录取政策、学生挑选和分类、公共和私人利益相关者对学校的管理和资金投入、家长择校和施加给学校成绩的压力、问责制度、学校自主权、学校资源)中各个指标对学生社会经济背景和学业成绩之间关系的影响(参阅专栏5.2至5.7中的第二个表格以及表5.20a至5.20f)。随后,综合研究了不同群体中的各个因素,其中的因素在这些分析中都对社会经济背景和学生成绩关系有统计上的显著影响力(参阅专栏5.2、5.7和表5.20a至5.20f)[30]。

专栏 5.9 ■ 社会经济背景影响作用的综合多层模型

	学生 PISA 经济社会文化地位指数每增加一个单位,科学分数的增加值		学校 PISA 经济社会文化地位指数每增加一个单位,科学分数的增加值	
	分数变化	p 值	分数变化	p 值
选拔早的教育系统(开始选拔时的年龄与15岁的年龄之差)	−1.9	(0.004)	8.9	(0.000)
学生校内学习常规课程的学校平均时间(每周增加一个小时)	0.7	(0.000)		

注:参阅专栏5.2。
更详细的结果可参阅表5.20g。该模型在附录A8中详述。

在该模型考察的因素中,有两个与教育机会的公平分配密切相关的因素,并且这种关系即使考虑了其他学校和教育系统层面的因素外依然如此。这与单独考察机构特征的模型所得结果一致。这两个因素是学生在校内学习科学、数学和语言的平均时间,和学生进入不同类型学校的年龄(专栏5.7和专栏5.2)。学生在校学习时间每周若增加一个小时,学生PISA社会经济背景指数一个单位对应的科学成绩就增加0.7分。若一个教育系统中,学生在教育阶段的早期就被分入不同类型的学校或特定教育课程,则学校内学生个体的社会经济背景影响作用微弱,但学生所在学校的社会经济背景因素对学生成绩的影响作用显著地增强,超过了学生个人社会经济背景对科学成绩的影响作用。例如,在不同类型学校中学习的时间每增加一年,校内学生社会经济背景与科学成绩的关系就会相应减弱,增加一个单位的PISA经济社会文化地位指数对应的科学分数会降低1.9分。另一方面,若教育分流时间早一年,学校社会经济构成对学生成绩的影响就会增大,平均每增加一个单位的学校PISA经济社会文化地位指数,对应的科学分数增加8.9分,超过了学生个人社会经济背景对科学成绩的影响作用。这些结果表明,教育的分轨会强化学校间的社会经济隔离。

对各国(地区)学生的课内学习时间进行比较发现,无论学生来自何种社会经济背景,相比于学校课内学习时间处于平均水平的学生,那些学校课内学习时间长的学生的成绩更好(图5.21)。因此,即使课内学习时间长的学校中社会经济背景对成绩的影响更大,也不表示这些学生的学习时间应该缩短,这是因为来自所有社会经济背景的学生均可以从较长的课内学习时间中受益。

图 5.21 ■ 在校学习时间不同时,学生经济社会文化地位和学生科学成绩之间的关系

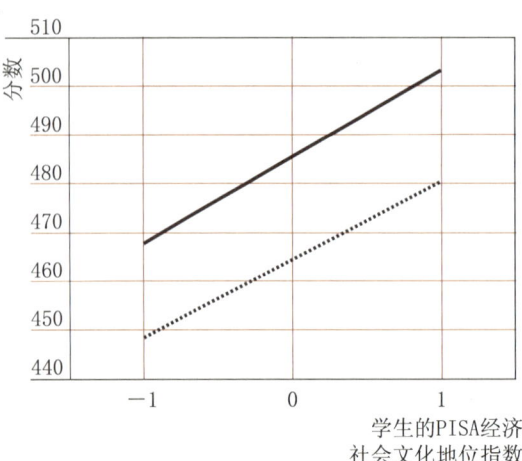

注:55 个国家(地区)中,平均常规课程时间为每周 10.2 小时,标准差为 2.4 小时。"学习时间处于平均值的学校"指常规课程时间每周 10.2 小时的学校。"学习时间比平均值长的学校"指常规课程时间每周 12.6 小时的学校(比平均时间长一个标准差)。
资料来源:OECD PISA 2006 数据库,表 5.20g。
StatLink http://dx.doi.org/10.1787/141887160188

也可以用同样的方法考察早期分轨的影响作用(图 5.22)。图 5.22 的左侧显示了学生总体社会经济背景处于劣势的学校所在学生的社会经济背景(横轴)与学生成绩(纵轴)之间的关系;

图 5.22 ■ 分轨制度不同时,学生经济社会文化地位与学生科学成绩间的关系

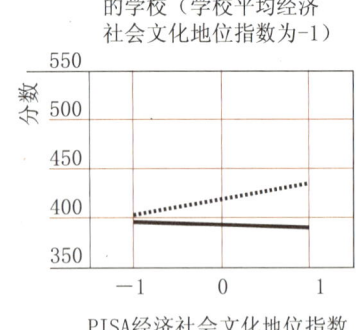
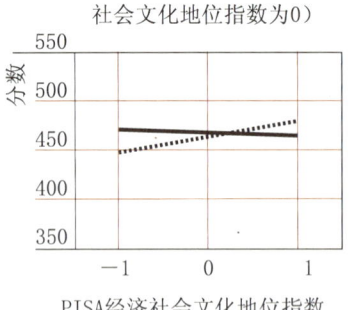
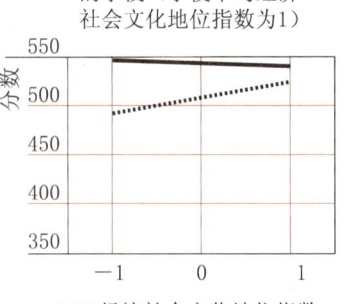

注:55 个国家(地区)中,教育体系首次选拔的年龄与 15 岁的平均年龄差为 1.2,标准差为 1.6。"系统在平均阶段开始分轨"对应于系统在 13.8 岁(15 岁减去 1.2 年)开始分轨。"系统在早期阶段开始分轨"对应于系统在 12.2 岁(比平均年龄早一个标准差)开始分轨。
资料来源:OECD PISA 2006 数据库,表 5.20g。
StatLink http://dx.doi.org/10.1787/141887160188

中间部分表示社会经济总量近似OECD平均的学校,右侧表示社会经济背景总量较好的学校。

表面看来,在制度性分层化的教育系统中,学生个人的社会经济背景和成绩之间的关系较弱,这在图上表现为相对平坦的校内社会经济梯度线。然而,在早期进行分流的教育系统中,无论学生个人的社会经济背景(左侧的实线)如何,只要就读学校的整体社会经济背景差,所有学生的成绩都一样会差;同时,无论个人社会经济背景如何,只要学校社会经济背景好,所有学生的成绩也一样会好(右侧实线)。即便分流早的教育系统和综合的教育系统在总成绩水平上没有区别,但相比于更为综合的教育系统,在早期分流教育系统中不同学校间的上述差异要大得多。这样,分流早的教育系统倾向于同更大的社会经济不公平相联系,而平均成绩水平也显示没有提高。

政策启示

本章指出了一系列学校特征因素,这些因素会影响学习结果,影响这些学习结果在学校间的差异,也影响这些差异与学校间学生社会经济背景不平衡分布之间联系的紧密程度。

这些研究发现无法提出明确的政策方案,因为这些政策方案的提出要基于对各种不同政策措施作用下学生成绩的直接测量。这部分原因是专栏5.1中列出的方法学问题,另一部分原因是由于类似PISA这种大规模的调查无法细致地观察学校内的政策和措施。

反过来说,这些发现可以初步回答国家(地区)评估中一些无法回答的问题,包括:学校系统差异的总效应,大量学校因素中有哪些与成绩之间存在一致的、可测量的联系,以及这些联系多大程度上与社会经济背景相互作用。

这样,通过说明哪些因素与成绩间的联系最为紧密,说明社会经济背景的差异多大程度上与社会经济所造成的在资源获得和进入具有积极特征的学校方面的差异相联系,PISA可以从宏观策略上给我们启示,帮助我们追寻学校系统的质量和公平。

一些学校特征组与成绩之间存在着联系。若单独考察每个组,则影响作用比较微弱,然而,如果这种作用在上千所学校和几十个国家(地区)都达到了显著水平,那它就值得我们进一步研究。在这一水平上,本章的主要部分发现:

- 学生录取、学校分流、校内分组的不同方式造成的结果模式的差异。最重要的是,在那些把学生较早分入不同类型学校的教育系统中,社会经济通过学校综合作用造成的差异到15岁时已经相当大了,但其平均成绩水平并不比综合性的教育系统高。这表明进行早期分轨的国家(地区)需要特别注意那些进入社会经济背景较差学校的学生,还要关注这种做法会在多大程度上扩大成绩差异,同时却无法提高总成绩水平。将学生在校内所有科目上进行能力分组的学校,总成绩稍差,这表明,这种政策对特定学生学习的潜在阻碍作用,超过了它对其他学生学习的促进作用。
- 私立学校和生源存在竞争的学校成绩较高,不过,一旦考虑了学生个体的社会经济背景和学校所有学生社会经济背景均值的综合作用,上述两者就都没有统计上的显著性了。在公立和私立学校间,学生的社会经济差异对成绩的影响作用没有显著性差异,在存在

生源竞争的学校和其他学校之间,情况也一样。这就是说,只要考虑了人口和社会经济因素,私立学校的成绩优势就不复存在了,但在许多国家(地区),私立学校仍然对家长具有吸引力,因为他们希望使孩子最大程度地受益,这中间也包含着学校总体社会经济水平带给孩子的益处。

向公众公开学生成绩的学校成绩更好。即使考虑了其他所有的学校因素、人口和社会经济因素之后,公开学校的学习情况仍然对成绩有影响作用。这种影响作用存在于这么多国家(地区)中,这表明外部标准的监督所带来的动力,而非主要源自学校和老师个人的鼓励,可以对结果有实际的影响力。PISA本身就鼓励各国(地区)不要将内部教育评估标准看作理所应当,现在PISA也指出,对学校进行外部测试并公开结果的方式,会在各国(地区)内部造成很强的影响作用。

- 那些在编制学校预算和校内预算分配上给予学校自主权的国家(地区),学生成绩更好,即使考虑了其他学校和教育系统层面的因素以及人口和社会经济因素后也是如此。类似的,那些在教材和课程等方面给予学校更多自主性的教育系统,学生成绩更好,但这种效应在考虑了其他学校和教育系统层面的因素后,就不显著了。这些结果表明,在学校系统内,更多的自主权一般都会有影响作用,这可能是由于教育系统赋予了学校管理者更强的独立性,使其可以对所处情境做出回应。

- 学校资源中的特定方面与学生成绩之间存在中等程度的相关。然而,在考虑了学生的社会经济水平后,这种相关关系便不存在了,这表明,学校资源本身可能不会带来更好的成绩,因为在许多情况下,在物力和人力资源较好学校中,学生通常也来自社会经济背景相对较好的家庭。控制社会经济背景的作用后,在仍旧能达到显著水平的资源因素中,课内学习时间最明显的。学生课内学习时间越长,成绩就越好。学校提供的科学课外活动也能更好地促进学生的科学学习。

另外,根据这些效应所采取的特定政策干预,有没有可能被其他对学生成绩影响作用更大的因素所掩盖,比如干预政策没有覆盖的学校学习环境和学校管理的诸多方面,或者包含每所学校学生的社会经济背景在内的环境因素影响,这是一个更大的问题。接下来对这个问题的分析将考察所选学校因素的综合作用,其中每个因素的影响力超过了它与学生社会经济背景及其他学校因素相联系所产生的影响力。这些因素包括:

- 学生学习时间,最重要的是学校上课时间,也包括校外课程和个人学习时间。
- 学校内促进科学学习的活动
- 向公众公开学业成绩
- 校内所有科目进行能力分组(呈现不大的负向作用)
- 学校选拔学生的程度
- 教育系统给予学校更多的预算自主权

对这六个因素的综合计算表明,在考虑了人口和社会经济差异对成绩变异的解释之后,学生

科学成绩变异约有四分之一与这些因素在国家（地区）间及学校间的变化相联系。然而，这一效应的大部分并不能归因于学校因素的单独作用，而是学校因素与人口和社会经济因素两者的综合作用。例如，学习时间较长的学校通常倾向于招收社会经济条件更好的学生，尽管这些学生较高的成绩预期仅能部分地解释这些学校的优异成绩，但较长的学习时间和学校整体较高的社会地位这两者的效应能相互增强。在政策层面，这表明，这些学校因素提高学习成绩的可能性，需要综合考虑在这些因素特征上具有优势的学校多大程度上招收了更具优势的学生。我们所面临的挑战，就是找出方法，使这些特征惠及更大范围学生群体。

这样一来，学校系统的一个关键问题就是，是否存在一些既可以系统地促进公平又不会降低质量的政策。考虑到有限资源的分配，这个问题并不明朗。这是因为，降低社会经济背景优势学生和学校的资源质量可能会造成的成绩下滑，提高社会经济背景不利学生和学校的资源质量可能会带来成绩的提高，但前者的下滑量是否大于后者的提高量却是很难计算的。即便这样做不会降低平均成绩，但也可能会减少成绩优异学生的人数，而这本身是人们不愿意看到的结果。然而，很明显，本章中效应最强的因素并非那些与有限的资源（比如优秀教师的分配）联系最为紧密的因素。实际上，这些效应与学校和学校系统如何运作有关。比如，学生的上课时间、学校采取何种方法报告成绩。把这种优势赋予一个学生并不会明显造成另一个学生的损失。

另一个更为复杂的问题涉及选拔和区分的作用。很明显，不可能每所学校都能通过更严格的学生选拔来提高学生成绩。然而，PISA 有一个明确的结论，早期选拔在破坏了公平的同时，并不能带来质量上任何明显的提高。也就是说，那些在中学阶段对学生进行区分的学校系统，其 15 岁学生的成绩水平差异超过根据社会经济背景计算的平均水平，同时在平均成绩上也没有系统性的提高。近年来，许多对学生进行早期学校机构分流的国家（地区）和地区已经推迟了分流或减少了分流的程度。这一事实表明，其他国家（地区）和地区也应该考虑这种做法。

注 释

[1] 在包含多种学校系统的国家(地区),本章呈现的结果是整体情况,而非个别学校系统的特征。

[2] 例如,在有些国家(地区),一些 PISA 样本学校被定义为管理单位,即使他们在不同地区拥有分校区,比如意大利;在有些国家(地区),样本学校被定义为有 15 岁学生就读的较大的教育机构;另一些地方,样本学校被定义为物理上的校园;还有一些地方,则是从管理角度定义学校的(例如,拥有一名校长的单位)。《PISA 2006 技术报告》(OECD,即将出版)对学校的定义方法进行了描述。

[3] 对图 5.2 中的相关系数进行平方得到变异解释量。

[4] 1999 年以前,该教育系统在初等教育 8 年级后提供三种培养方向,普通中等教育、以某种职业为培养方向的学术教育、以直接进入劳动力市场为目的的职业教育。1999 年实施的教育系统提供 6 年的小学教育,之后是三年学科导向的普通初中教育,然后是分流的高中教育。

[5] "分组"一词通常是指一种可用于任何班级的教学策略,与是否存在分轨和分流没有关系。对学生的分类可以根据兴趣、在特定任务、团体或集体项目上的能力等来分组。然而,在 PISA 中,"能力分组"是指分轨或分流,意为根据觉察或测量到的能力,将学生分入学习要求或教学内容层次不同的班级。学校校长要报告是否根据能力将学生分入不同的班级,以及在班级里是否对学生根据能力分组。因此,本小节分析的能力分组并不包括基于不同教学内容的分组。

[6] 能力分组的这些相反效用可能部分地由于为分组形式的不同。例如,一些学校和国家(地区)对学业成绩优秀的学生进行分组,而其他一些国家(地区)则对学业成绩差的学生分组。

[7] 在学生层面上,考虑了下列变量:父母的职业和教育,以及学生可获得的家庭中的教育和文化资源,综合表示为 PISA 经济社会文化地位水平指数,性别,学生及父母的出生地,家庭语言。在学校层面,考虑了学校总体社会经济水平(以学校 15 岁学生的经济社会文化地位总体水平为测算指标),学校位置和学校规模。在国家(地区)层面,考虑了国家(地区)的职业特征水平、学生的家庭和家庭背景的国家(地区)平均值(以 PISA 经济社会文化地位指数来表示)。一些独立的模型也通过人均 GDP,而非 PISA 经济社会文化地位指数来预测,目的是检查该指数的效能。两类模型的结果都非常接近。

[8] 本分析不包含法国和卡塔尔。法国没有提供学校的数据。在构成经济社会文化指地位指数的因素上,卡塔尔有大量缺失数据。

[9] 包含该国选拔程度很高学校比例的模型结果表明,该变量与学生成绩之间不存在显著性的联系(分数变化是2.6,p 值为 0.918)。

[10] PISA 经济社会文化地位指数与学生科学成绩之间的梯度被用来衡量公平性。本章中所有社会经济背景影响作用的模型也控制了其他背景因素,比如学生的性别、移民状况、家庭语言以及学校位置、学校规模、学校平均的社会经济背景和国家(地区)富裕指数。

[11] 根据 OECD 的标准,公立学校是指有公共教育权力机构或部门负责和直接管理的教育机构;或由政府部门或管理团体(协会、委员会等)控制和管理的教育机构,其中管理团体的成员或是由政府机构直接指定,或是通过公众选举的。私立学校是由非政府组织(例如教堂、商会或工商企业等)负责和管理的教育机构,或者其管理委员会大部分成员不是由公共部门选拔任命的教育机构。

[12] 本小节的比较中,由于依赖政府的私立学校和不依赖政府的私立学校是合并在一起的,不然,学校的数量过少,就没法做出可信的比较。并且,只有就读私立学校的学生超过 3% 的国家(地区)才可以纳入比较。

[13] 需要指出的是中国澳门有超过 96% 的 15 岁学生就读私立学校。

[14] 表 5.4 中公立和私立学校之间的分数差异是通过对每个国家(地区)这两种学校类型的比较得出来的,而这个多层模型中私人管理的效应是指控制了资金来源(公共/私人)后的效用。这就可以解释为什么表 5.4 中公立和私立学校之间的分数差异要大于多层模型中所发现的公共管理的效应了。

[15] 教育系统层面的考试表明,私人管理学校比例高的国家(地区),成绩稍微好一些。即使控制了人口和社会经济因素后,也是如此。也就是说,在一个私人管理学校比例更高的教育系统中,无论学生就读的学校是否由私人管理,他们的成绩都更好。

[16] 这些国家(地区)是丹麦、德国、冰岛、意大利、韩国、卢森堡、新西兰、波兰、葡萄牙、土耳其,以及伙伴国(地区)保加利亚、哥伦比亚、克罗地亚、中国香港、中国澳门和卡塔尔。在考察PISA家长问卷的结果时,需要提醒的是,一些国家(地区)未应答人数相当多。家长问卷中有相当多缺失值的国家(地区)列在下面,括号中是缺失值的比例:葡萄牙(11%)、意大利(14%)、德国(20%)、卢森堡(24%)、新西兰(32%)、冰岛(36%)和卡塔尔(40%)。

[17] 所有55个国家(地区)平均而言,学生所在教育系统中有75%的学校存在竞争。

[18] 标准参照的外部考试的界定是根据约翰·毕啸普(John Bishop)对"基于课程的外部考试系统"(curriculum-based external examination system,CBEES)的定义得出。CBEES具有以下特征:它有标示学生成就的标志,对学生产生真实的作用,它参照外部标准定义学生成就,而不是参照班级或学校里的其他学生。为了能够公正地比较同一学校内和不同学校间的学生成绩,这种考试按学科组织,针对特定课程序列内容,将帮助学生准备特定考试的职责集中于一位老师或个别老师的小组身上;它在科目上标识出多个成绩水平,而不仅仅是标明通过或未通过,几乎所有中等学校的学生都参加过这种考试(Bishop 1998,2001)。

[19] 数据是通过OECD的教育系统指标项目(Indicators of Educational System,INES)收集的。伙伴国家(地区)的PISA项目负责人要完成一份问卷。对于伙伴国家(地区)来说,当外部标准参照考试仅在某些类型课程领域中时,所给的小数表示普通教育和职业教育的比例。

[20] 它达到了统计学12%水平上的显著性。

[21] 需要指出的是,在决定课程内容和开设课程时,即使学校在这方面负有重要职责,学校也仍可能会受到外部标准参照外部考试的影响。

[22] 这涵盖了校长回答的相应问题中"仅学校负有重要责任"和"学校和政府都负有重要责任"两个题目的回答。

[23] 七个利益相关者群体的影响作用,是把校长报告相应群体在四个决策领域有直接影响作用的学生比例数进行平均计算后得出的,这四个决策领域分别是教师选聘和解雇、分配学校预算、决定教学内容、制定评价措施。

[24] 学校在教师管理方面的自主性指数包括以下部分:学校在选聘教师(0.811)、解雇教师(0.833)、确定教师起薪(0.797)和确定教师加薪方面的相应职责。学校在预算方面的自主性指数包括以下部分:学校在制定学校预算(0.827)、确定校内预算分配(0.827)方面相应的职责。学校在教育内容方面的自主性指数包三部分:学校在选择教材(0.794)、决定课程内容(0.837)和决定开设的课程(0.824)上的相关职责。括号中的数字是各因子的负荷。学校的相关职责是这样计算的,若仅学校("校长或教师"和/或"校董会")承担重要职责,政府("地区或当地教育行政部门"和/或"国家(地区)教育行政部门")不承担责任,则赋值1;若学校和政府都承担重要责任,则赋值0;如果仅政府承担重要责任,则赋值-1。

[25] 尽管模型中包含了"校外课程学习时间"这个变量,但讨论中并不会涉及此变量。这是因为,该因素不能被视为一种学校资源,之所以将它放入模型中,是为了把家庭作业时间和在校学习时间放在一个学习总时间的综合框架中进行解释。在该模型中,校外课程与成绩存在负相关,比如家教和其他影子教育。这可能是因为科学学习差的学生会通过校外学习来进行补救(Baker et al.,2001)。

[26] 为了平衡两个层次上的第一类和第二类统计误差,同时考虑到在学校层面的分析实际上有约14 000所学校的数据,而系统层面上的分析仅有55个观测值,纳入因素的标准是,系统层面的因素要求p值低于10%,学校层面的因素要求p值低于0.5%。

[27] 由于总量模型和净值模型是分别建立的,最终的总量综合模型和最终的净值综合模型所包含的学校和系统层面的因素会有所不同。

[28] 这一数字与模型2N中的方差解释量(69%)不同,是因为它是基于学生层面和学校层面的两层模型得出的,而后者是基于系统层面、学生层面和学校层面三层模型得出的。

[29] 参阅注释[9]。

[30] 参阅注释[26]。

第六章
从 PISA 2000 到 PISA 2006 学生阅读和数学成绩概览

引言 ·· 248
学生在阅读领域会做什么 ············· 248
  ■ PISA 阅读试题概述 ················· 250
学生的阅读成绩 ···························· 257
  ■ 国家（地区）在阅读量表上的平均成绩 ······ 259
  ■ 学生阅读成绩是怎样变化的 ·············· 264
  ■ 阅读成绩的性别差异 ···················· 266
学生在数学领域会做什么 ············· 267
  ■ PISA 数学试题概述 ················· 267
学生的数学成绩 ···························· 275
  ■ 国家（地区）在数学量表上的平均成绩 ······ 277
  ■ 学生的数学成绩是如何变化的 ············ 280
  ■ 数学成绩的性别差异 ···················· 283
政策启示 ·· 283
  ■ 阅读 ································ 283
  ■ 数学 ································ 285
  ■ 性别差异 ···························· 285

引言

PISA 用 15 岁学生的成绩来比较各国教育系统相对别国的地位。同样重要的是，PISA 监测经过一段时间后教育结果的变化，并追踪那些与学生成绩和学校成绩有关的因素变化，包括学生的态度和期望，学校学习环境以及与学校政策和实践有关的因素。

本章对各个学科领域的测评进行纵向的比较，以一个学科领域全面测评的时间为基础[1]。第一次全面测评阅读是 PISA 2000，PISA 2006 是之后第二次测评阅读，第一次全面测评数学是 PISA 2003，PISA 2006 是之后第一次测评数学。本章概述了学生的阅读和数学成绩，以及自 PISA 2000 和 PISA 2003 以来的变化。

这些结果的确为我们提供了几次研究比较的基础，但是在解释跨时间的变化时也存在一定的局限性。

- 既然阅读测试和数学测试分别只有三个时间点和两个时间点的数据，那么我们还无法估计观察到的结果在多大程度上能说明长期的趋势。

- 总体上 PISA 每一轮测试都运用了相同的测量方法，但是会不断地做些小的改进，所以我们不能过分关注结果的微小变化。而且当几次测试之间仅仅用数量有限的几个相同试题作为连接试题的话，抽样误差和测量误差都是不可避免的。为此，我们相应地扩大了跨时间比较的置信区间，而且只考虑统计上有显著性的变化。[2]

- 因为分析方法上的原因，一些国家的结果无法进行 PISA 2000、PISA 2003 和 PISA 2006 的比较。在 OECD 国家中，斯洛伐克和土耳其从 2003 年才开始参加 PISA 项目。由于荷兰 PISA 2000 的抽样结果未能达到 PISA 的应答率标准，所以平均分没有纳入 PISA 2000 的结果报告中。由于卢森堡 PISA 2000 和 PISA 2003 的测量环境发生很大的变化，所以只比较其 PISA 2003 和 PISA 2006 的调查结果[3]。英国 PISA 2000 和 2003 的样本未达到 PISA 的应答率标准，所以英国的结果与其他国家是不可比的[4]。此外，美国没有 PISA 2006 的阅读测试结果[5]；澳大利亚对 PISA 2000 数据的权重进行了调整[6]。

在有这些限制条件的情况下，我们对阅读和数学测试结果进行的跨时间比较仍得到许多有价值的信息。

学生在阅读领域会做什么

阅读素养（reading literacy）主要侧重于考查学生在实际生活情境中运用书面信息的能力。PISA 对阅读素养的定义是，学生为了达到个人目标、增长知识、发展潜能以及参与社会活动，而理解、运用和反思书面材料的能力。（OECD，2006a）。这一定义超越了对书面材料的信息解码和字面上的解释这样一些传统概念，面向更加应用型的任务。PISA 所指的阅读素养概念是从三个维度来定义的：阅读材料的形式、阅读任务的类型或方面、文本材料写作的情境或用途。

第一维度是文本形式(text format),PISA 把阅读材料或文本分成连续文本(continuous text)和非连续文本(non-continuous text)。连续文本一般由句子构成,而句子又组成段落,还可以组成节、章和书等。非连续文本的组织结构不同于连续文本,要用到的阅读方法也不同,可以按照它们的格式来分类。

第二维度是阅读的三个方面(aspects)。一些试题要求学生检索信息(retrive information),就是要求学生在文中找出单项或是多项的信息。另一些试题要求学生解释文本(interpret texts),就是说从书面信息中建构意义并做出推论。还有一些试题要求学生反思和评价文本(reflect on and evaluate texts),就是将书面信息与他们过去的知识、经验和观念相联系。

第三维度是情境或背景(situation or context),根据作者不同的写作意图、材料中直接或间接的人物关系以及大体的内容,分为不同的文本类型。PISA 测试中选择的情境在最大限度上扩展了阅读素养测评中内容的多样性,包括为了个人用途的阅读(reading for private use)(personal)、为了公共用途的阅读(reading for public use)、为了工作(职业)的阅读(reading for work (occupational))、为了教育的阅读(reading for education)。

对于 PISA 阅读素养测评基本概念框架的完整描述,请参阅《测评科学、阅读和数学素养:PISA 2006 框架》(*Assessing Scientific, Reading and Mathematical Literacy: A Framwork for PISA 2006*, OECD, 2006a)一书。

因为阅读是 PISA 2000 研究的重点,所以关于阅读素养的概念框架和测量方式已经发展成熟,而且 OECD 的平均值 500 分被设定为 PISA 2000 以后阅读测量的基准。在 2003 年和 2006 年,PISA 测评的重点分别转向了数学和科学,阅读测评时间由 210 分钟缩减为 60 分钟,只能对 PISA 2000 报告[7]中的总成绩进行更新,而不能像 PISA 2000 报告那样对知识和技能进行深入的分析。PISA 2000 报告中,学生的阅读成绩是按照上面提到的三个方面分别报告的,而 PISA 2003 和 PISA 2006 只有少量时间用于阅读测评,所以阅读成绩只能用一个综合量表来报告。

与 PISA 2000 和 PISA 2003 的报告一致,PISA 2006 的阅读成绩也根据任务的难易度分为五级水平(对 PISA 能力水平更详细的描述参见第 2 章)。阅读等级水平的制定不仅能够划分学生的成绩等级,而且能够描述哪些事情是学生可以做到的。连续的阅读等级水平对应的是难度逐步递增的任务要求,任务属于哪一能力水平是由专家小组确定的,每一等级的任务有某些共同特点和要求,并且都与高一级或低一级的任务有区别,然后,各项任务假定的难易程度还要根据参与国(地区)学生的成绩来校验。一项对任务范围更为细致的分析发现,可能存在一组有序的知识建构的技能和策略。例如,检索信息,最简单的任务,是要求学生根据单一标准来寻找表述得很明确的信息,即便有竞争性信息也是很少的,或者是让学生确定熟悉的文本材料的主题,或者是在文本材料和日常生活之间建立简单的联系。通常,文本的信息是很明确的,而且文本本身不会很长,文章结构也不会很复杂。相反,更高难度的检索信息题需要学生能够寻找信息,并对多条深嵌在文本内的信息排序,有时需要依照多条标准。往往文本中会有一些竞争性的信息,它们与答案所需的信息具有一些共同特征。同样,对于要求解释或反思和

评价的试题,低水平的试题和高水平的试题在以下方面也不相同:正确回答问题所需要的步骤多少,正确答案所要求的阅读策略在问题或指导中明确显示的程度,文本的复杂性和熟悉性程度,以及文本中出现的竞争性或干扰性信息的数量。

学生处于某一个等级水平不仅表明掌握了那个水平所需要的知识和技能,而且也说明达到了该水平以下等级的要求。例如,达到 3 级水平的所有学生,他们也一定达到 1 和 2 级水平。具备某个等级水平的学生,需要正确回答那个等级至少一半以上的题目。那些在 335 分以下的学生,即没有达到 1 级水平的学生,在日常生活中不能表现出 PISA 所要测评的最基本的阅读能力。当然我们不能把这些成绩解释为学生根本就没有一点阅读能力,而是说成绩低于 1 级水平标志着学生能力的严重缺乏,很难把阅读素养作为获取其他领域知识和技能的工具。

图 6.1 表示的是阅读素养量表上学生等级水平的全貌,条状图中各种阴影的长度代表各个能力等级水平学生的比例。

图 6.1 ■ 在阅读量表上达到各能力水平的学生百分比

国家(地区)顺序按达到 3,4,5 级学生的百分比降序排列。
资料来源:OECD PISA 2006 数据库,表 6.1a。
StatLink http://dx.doi.org/10.1787/142046885031

PISA 阅读试题概述

我们选择了一组样题,使大家更好地理解 PISA 测试中会遇到的试题类型。

这部分出现的每个题目都是试题本中出现的真题,并且根据 PISA 2006 阅读测评框架归类,考虑问题的情境,文本形式,能力方面,能力水平和用分数值表示的题目难度。

图 6.2 ■ 部分阅读试题难度分布

水平	阅读	
>625.6	5级	（631） 劳动——问题16
552.9	4级	（581） 涂鸦——问题14
480.2	3级	（485） 劳动——问题16
407.5	2级	（478） 乍得湖——问题11
334.8	1级	（356） 跑道——问题1
	1级以下	

下面的《劳动人口》单元既有3级水平的问题又有5级水平的问题。《劳动人口》单元的任务在文本形式上归为"非连续文本"。这一单元用树形图表示一个国家劳动力的结构和分布。该图示出现在一本高中经济学课本中，因此在情境上归为"教育的"。虽然源于某一个国家，但是其中的术语和定义都是OECD确定的内容，因此该引导文本可以被认为是具有国际性的。

《劳动人口》单元所代表的阅读文本，是成年人为了全面参与现代社会的经济和政治生活，可能遇到而且必须能理解的资料。单元中共有五个问题，代表了全部的三个能力方面，并且跨度从2级水平到5级水平。这里再现其中的一个问题，这道题有两个不同的评分代码，根据学生回答的质量，给予满分或部分得分。

一般来说，对于使用条件信息（即，文章正文部分以外的信息）的要求，会显著增加试题的难度。这题的回答分两类能很清楚地说明这点，因为满分和部分得分的根本区别在于，能否运用条件信息来正确识别文章中的数字信息。这两类回答之间的难度差异在2个能力水平等级以上。

《涂鸦》单元的引导文本是网络上发表的两封信。试题模拟了典型的读写活动，作为读者，我们经常将两种或更多不同来源的想法进行综合，比较和对照。

由于《涂鸦》所涉及的信件都在网络上公开，所以在情境上属于"公众的"，属于"连续文本"大类中的"议论"，因为作者提出主张，并努力说服读者接受某个观点。

《涂鸦》的内容预期会吸引15岁学生的兴趣：两封信的作者暗中的争论是，涂鸦的设计者是艺术家还是艺术破坏者？这是被测试者考虑的实际问题。

PISA 2000阅读测评中，《涂鸦》单元有4个问题，难度从2级水平到4级水平，针对的能力方面是解释文章、反思和评价。这里呈现的问题是4级水平的。

跟PISA的其他阅读试题相似，这道题的相对难度说明，在利用有关结构和风格的形式知识、对文章内容作出有判断力的评价方面，许多15岁的学生并没有得到足够的训练。

图 6.3 ■ 劳动人口

下面这幅树形图,显示出某个国家的劳动人口或工作年龄人口结构。1995 年,该国总人口大约 340 万。

截止 1995 年 3 月 31 日的劳动人口结构(单位:千人)[1]

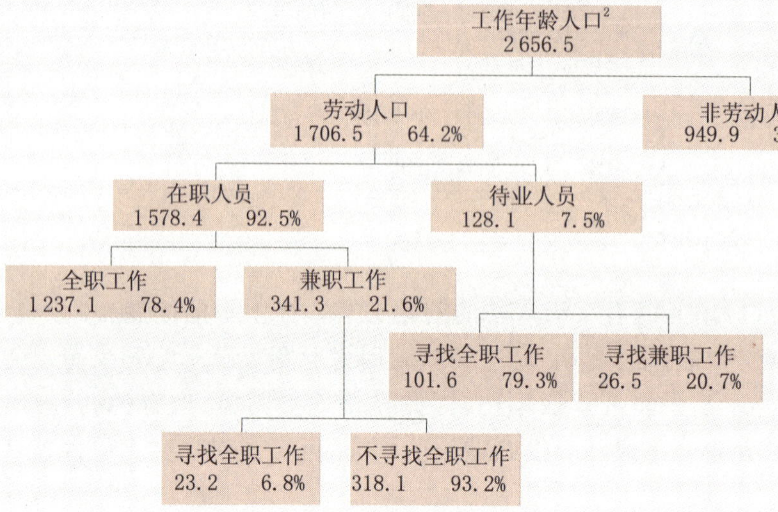

```
                        工作年龄人口[2]
                          2 656.5
                    ┌────────┴────────┐
              劳动人口              非劳动人口[3]
           1 706.5   64.2%         949.9   35.8%
         ┌─────┴─────┐
    在职人员          待业人员
 1 578.4  92.5%    128.1   7.5%
 ┌───┴───┐        ┌───┴───┐
全职工作  兼职工作  寻找全职工作  寻找兼职工作
1 237.1  341.3    101.6  79.3%  26.5  20.7%
78.4%   21.6%
       ┌───┴───┐
   寻找全职工作  不寻找全职工作
    23.2  6.8%   318.1  93.2%
```

1. 人口数字以千人计。
2. 工作年龄人口的定义是 15 岁至 65 岁的人口。
3. "非劳动人口"指那些不积极寻找工作及/或不能工作的人士。

资料来源:D. Miller, *Form 6 Economics*, ESA Publications, Box 9453, Newmarker, Auckland, NZ, p. 64.

劳动人口——问题 16
情境:为了教育的阅读
文本形式:非连续文本
角度:检索信息
难度:485——正确回答的百分比(OECD 国家):64.9%
　　　　631——正确回答的百分比(OECD 国家):27.9%

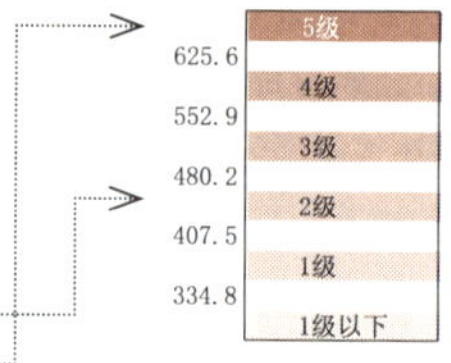

分数	级别
625.6	5级
552.9	4级
480.2	3级
407.5	2级
334.8	1级
	1级以下

工作年龄人口中有多少属于非劳动人口?(写出实际人数,并非百分比。)

点评

　　这个问题的回答分为两种难度水平,部分得分的回答处于 3 级水平,分数为 485 分,满分的回答处于 5 级水平,分数为 631。满分(5 级水平)的学生要能够定位信息,并把正文中的数量信息(树形图)与脚注中的信息结合——也就是说,与正文外的信息结合。此外,学生必须利用脚注的信息来判断该类别正确的人数。这些特点都会影响这道题目的难度,这道题是 PISA 阅读测评中最难的检索信息题之一。

　　部分得分(3 级水平)只要求学生对树形图中符合条件的数字定位。获得部分分数不需要利用脚注中的条件。即便不利用这些重要信息,这个任务仍有中等难度。

图 6.4 ■ 涂鸦

下面有关涂鸦的两封信是在互联网上发表的。涂鸦就是在墙上或其他地方不合法地画画或写字。现在请参考信件,然后回答下列问题。

为了去掉墙上的涂鸦,这次已经是第四次清洗学校墙壁,这真的使我气极了。创作本来是值得欣赏的,但创作的方式不应该给社会带来额外的开支。

为什么要在禁止涂鸦的地方乱画东西,损坏年轻人的声誉?专业的艺术家不会把自己的作品挂在大街上,对吗?相反,他们会通过合法的展览来赚取收入和名声。

我认为楼房、篱笆和公园的长椅本身就是艺术品了,在它们上面涂鸦,只会破坏其风格,而且,这样做更会破坏臭氧层。我真不明白这些可耻的艺术家为什么在其"艺术品"被一次又一次的清理后,还要不断地乱涂乱画。

嘉嘉

品味是无法言喻的。社会上充满了各种各样的沟通方式和广告宣传,如公司的标志、店名,还有矗立在大街两旁的各种扰人的大型广告牌。它们是否获得大众接受?没错,大多数是。而涂鸦是否获得大众接受?有些人会接受,但有些人则不接受。

谁负责涂鸦所引起的费用?谁最终负担广告的费用?对,就是消费者。

那些树立起广告牌的人事先有没有向你请示?当然没有。那么,涂鸦者应该要事先请示吗?你的名字、组织的名字,和街上的大型艺术品,这些不都只是沟通的方式吗?

想想数年前在商店里出现的条纹和格子花服装,还有滑雪服饰。这些服饰的图案和颜色就是直接从多姿多彩的墙上偷来的。可笑的是,这些图案和颜色竟然被欣然接受,但是那些有同样特色的涂鸦却被认为是讨人厌的。

现在要做艺术真的不容易。

小雅

资料来源:Mari Hankala.

涂鸦——问题 5
情境:为了公共用途的阅读
文本形式:连续文本
角度:反思和评价文本内容
难度:581
正确回答的比例(OECD 国家):45.2%

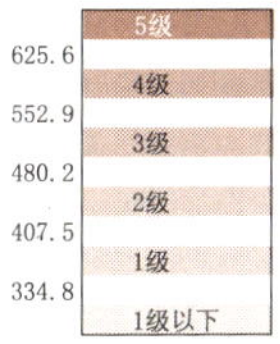

我们可以讨论一封信件**叙述的事情**(它的内容)。
我们可以讨论一封信件**写作的手法**(它的形式)。
不论你同意哪个作者的论点,你认为哪一封信写得比较好?请根据其中一封信或者两封信的**写作手法**来解释作答。

点评

《涂鸦》中最难的试题是 4 级水平的,对应的分值为 581。它要求学生通过两封信的比较,用形式知识评价作者的手法。在三个角度中,这道题属于反思和评价文本形式,因为如果要回答这个问题,阅读者必须利用他们自己对什么是好的写作手法的理解。

多种答案都能给予满分,包括那些谈到两个作者或其中一个的语气或议论的策略,或其中一封信的结构。希望学生能参考一封或两封信的风格或格式,来解释他们的观点,提到以下这些的可以得满分,包括:写作风格、论证的结构、论点和论据的说服力,语气,使用的术语,以及说服读者的策略,但如果仅仅说"较好的论点"是不够的,必须有证据支持。

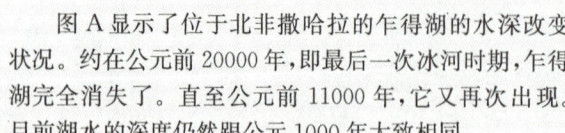

图 6.5 ■ 乍得湖

图 A 显示了位于北非撒哈拉的乍得湖的水深改变状况。约在公元前 20000 年，即最后一次冰河时期，乍得湖完全消失了。直至公元前 11000 年，它又再次出现。目前湖水的深度仍然跟公元 1000 年大致相同。

图 B 显示撒哈拉岩石艺术图（在山洞石壁上的古代图案或图画）和野生动物式样的变化。

资料来源：Copyright Bartholomew Ltd 1988. Extracted from *The Times Atlas of Archaeology* and reproduced by permission of Harper Collins Publishers.

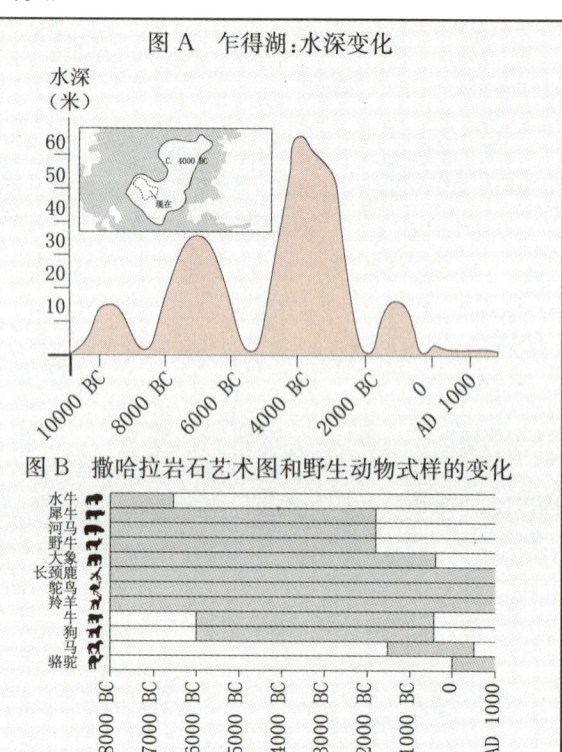

乍得湖——问题 11
情境：为了公共用途的阅读
文本形式：非连续文本
角度：检索信息
难度：478
正确回答的比例（OECD 国家）：65.1%

乍得湖目前的湖水深度是多少？
A 约 2 米。
B 约 15 米。
C 约 50 米。
D 完全消失不见了。
E 并没有提供资料。

评分
满分：A 约 2 米。

点评
  这个试题是 2 级水平的检索信息题，分数值是 478 分，要求学生在曲线图和介绍中查找信息并将几条信息结合起来。问题中"目前"一词可以直接和介绍中的相关句子联系起来，指的是乍得湖"目前"的深度跟公元前 1000 年大致相同。读者要把这条信息与图 A 中的信息结合起来，在曲线图上找到公元前 1000 年，然后读出当时湖的深度。竞争性信息是图 A 中的多个时间，和图 B 中重复提到的"公元前 1000 年"。然而，这道题相对比较容易，因为关键信息在介绍中是明确给出的。没有选择正确答案 A"约 2 米"的学生，大多选择了 E"并没有提供资料"，可能是因为他们只看了图 A，而没有把图 A 的信息与介绍中的信息结合起来。

图 6.6 ■ 运动鞋

舒适的运动鞋

位于法国里昂的运动医疗中心,近 14 年来不断研究青年运动员和职业运动员的受伤问题。研究结果显示,最好的医治方法是预防……和一双好的运动鞋。

碰撞、摔倒、磨损、扯伤……

8 至 12 岁的运动员中,有 18%曾经弄伤脚跟。足球运动员的踝部软骨是很容易被碰撞的;25%的职业运动员本身都知道踝部软骨确实是一个弱点。而膝关节软骨也很容易造成不可挽救的伤害,如果在青少年时期(10 至 12 岁)没有小心保护,将会导致过早的骨关节炎。尾骨部位也不能避免损伤,特别是在运动员疲倦时,他们很容易因碰撞或摔倒造成骨折。

研究表明,超过十年球龄的足球运动员在胫骨或脚后跟都会有骨刺,这就是所谓的"足球运动员的脚"。这是由于鞋和鞋底和脚跟的位置不稳固而造成的问题。

保护、支持、稳固、缓冲

如果运动鞋太硬,会阻碍活动;如果太柔软,则会增加撞伤和扭伤的危险。因此,一双好的运动鞋必须符合以下四个标准:

首先,它必须有外部保护作用:抵挡来自足球或其他球员的撞力,调适凹凸不平的地面。即使是在寒冷的冬天和雨天,也能保持脚部温暖、干爽。

另外,它必须能支撑脚部,尤其是脚跟关节,以避免扭伤、肿胀和其他问题,这些问题甚至会影响膝部。

除此以外,它还要给予运动员良好的稳固性,使他们不会在湿地上滑倒或在极干燥的地上打滑。

最后,它要具备避震缓冲作用,这对于排球运动员和篮球运动员尤其重要,因为他们需要不停跳跃,受伤可能大。

保持脚部干爽

要避免一些轻微但疼痛的毛病,如水泡,甚至是干裂或是脚癣(真菌感染)。运动鞋一定要保持良好的透气程度,帮助脚汗散发,同时又要防止外界湿气渗入。运动鞋的理想材料是皮革,因为它可以防水,下雨时不会渗入雨水。

资料来源:Revue ID(16) 1-15 June 1997.

运动鞋——问题 1
情境:为了教育的阅读
文本形式:连续文本
角度:形成解释
难度:356
正确回答的百分比(OECD 国家):84.6%

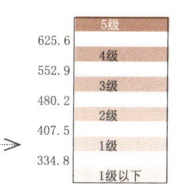

文章的作者想表达什么信息?
A. 很多运动鞋的质量已经大大改善了。
B. 如果你不满 12 岁,最好不要踢足球。
C. 青年人因为身体越来越差,所以越来越容易受伤。
D. 对青年运动员来说,穿上一双好的运动鞋是很重要的。

评分

满分:D. 对青年运动员来说,穿上一双好的运动鞋是很重要的。

点评

这道题的类别归为形成解释文本而不是提取信息。至少有两点使这个题目变得比较容易。第一,要求的信息是在介绍中的,是文章中比较短的部分。第二,文章中有很多冗余信息,在介绍部分提到的主要观点在文章中重复了多次。当要求读者利用的信息在文章开头出现或文中重复时,阅读任务变得比较容易。这道试题同时满足这两个标准。

问题想要发现作为学生能否形成整体的理解。只有少数百分比的学生没有选择正确的答案,这些学生的答案分散在 A、B、C 三个选项中。选择人数最少也最不可能的选项是 B,"如果你不满 12 岁,最好不要踢足球。"这些学生可能试图把问题与文本中的词相匹配,所以把 B 中的"12"与文章开头两次提到 12 岁联系了起来。

在《乍得湖》单元,引导材料在文本形式上属于非连续性文本。这一单元呈现了考古地图上的两幅图。图 A 是曲线图,图 B 是直方图。这一单元里还有第三种形式的非连续文本,就是在图 A 中镶嵌了一幅关于湖的小图。两段简短的文字也是引导材料的组成部分。通过将这些信息并列,作者要求读者将湖水水位随时间的变化与湖周围野生物种栖息的特定时期相联系。

这种形式的文本学生们通常会在教育情境中碰到,尽管如此,由于地图是公开面向普通读者的,所以这个文本在情境维度上归到"公众的"一类。这一单元总共有五道题,涵盖了全部三个能力方面。试题难度从 1 级到 4 级水平,这里所列举的一道题是 2 级水平的,该试题基于像《乍得湖》这样的非连续文本,它要求学生把不同的方面的信息综合起来,而 1 级水平的非连续性试题一般只要求学生注意几条单独出现的、不连贯的信息。

《运动鞋》单元是摘自一本面向青少年学生的杂志上的说明文,归为"为了教育的阅读"情境。在 PISA 阅读测试中选用这种类型的文章的原因之一是,15 岁左右的学生对这类题材比较感兴趣。这类文章通常有卡通式的插图,并用小标题分开。这是连续性文本中说明性文章的例子,它给出了思路提纲,列出了根据青年运动员穿着的舒适性判断跑鞋质量的标准。

《运动鞋》单元的第一题属于 1 级水平的试题,对应的分数是 356 分。它要求读者对一篇主题熟悉的文章归纳主要观点。

图 6.7(第一部分) ■ 阅读能力的 5 级水平概述

水平	分数下限	学生一般能做什么
5	625.6	查找深藏在文本中的多条信息,并进行排序或综合,有些信息可能是在文本之外的。能推断文本中的哪些信息和任务相关。能处理似是而非或者具有竞争性的信息。能分析有细微差别的语言的内涵,或者体现出对文本有全面而又细致的理解。能利用专业知识进行批判性的评价或假设。能处理与预期相背离的概念,能深入理解篇幅长或者复杂的文本。在连续文本中,学生能对语言结构并不明晰的文本做出分析,以辨别文本细节部分与其内隐的主题或意图的关系。在非连续文本中,学生能从罗列的许多冗长具体的信息中发现信息的模式,有时能通过外部信息加以辨认。读者要能自主意识到,对文本的全面理解需要参考同一文章的某个分开的部分,例如脚注。
4	552.9	在背景或体裁熟悉的文本中,能查找隐藏在文本中的多条信息,并进行排序或综合,这些信息可能要符合多种标准。能推断文本中的哪些信息和任务相关。对于背景不熟悉的材料,能利用高水平的基于文本的推论,来理解和应用分类,能通过对文本的通盘考虑来分析各部分的含意。能处理与预期相背离的、模糊不清的、并用否定词语表达的概念。能利用正规知识或公共知识对文本进行假设或进行批判性地评价。能精确地理解篇幅长或者复杂的文本。在连续文本中,学生在缺乏清晰的段落标记的情况下,能根据语义或主题线索把若干段落联系起来,来查找、解释、评价隐藏的信息或者做出心理学意义和哲学意义上的推断。在非连续文本中,学生在缺乏甚至根本没有标志或专门格式等帮助的情况下,能够浏览一篇冗长详细的文本来查找相关信息,从而找到若干信息加以比照或综合。

图 6.7（第二部分） ■ 阅读能力的 5 级水平概述

级别	分数	描述
3	480.2	能找到适合多种标准的信息，在某些情形中能辨认信息之间的关系。能处理明显的竞争性信息。为了能辨别主要意思、理解相互关系、解释一个单词或短语的含意，能将文本的几个部分结合起来。能考虑不同的标准进行比较、对比或分类。能处理竞争性信息。能进行联系或比较、做出解释或者对文本的特点做出评价。能与熟悉的、日常知识联系起来获得对文本的细致的理解，或者利用并不属于常识性的知识。在连续文本中，学生能利用文本惯常的组织结构，以及利用内在的或外在的逻辑关联，诸如句子、段落之间的因果关系等，来查找、解释或者评价信息。在非连续文本中，学生在思考一个部分的内容时，能利用分开的另一个部分的内容，它的形式很可能与前一个不同，或者能综合图、地图中的空间、语言和数字信息，对呈现的信息做出结论。
2	407.5	能查找一条或多条信息，这些信息可能要求符合多重标准。能处理竞争性的信息。能辨别文本的主要观点、理解相互关系、形成或应用简单的分类，或者在信息并不明确并且要求进行低水平推论的时候，能解释有限范围内的文本的意思。能在文本知识和外部知识之间做出比较或联系，或者利用个人的经验和态度对文本的特点做出解释。在连续文本中，学生能利用段落中的逻辑和语言上的联系来查找或解释信息；或者综合文本或文本中的某些部分的信息来推断作者的意图。在非连续文本中，学生能够掌握用形象化方式（如简单的树形图或表）呈现的信息的内在结构；或者能够综合图或表中的两种信息。
1	334.8	在极少具备或根本不具备竞争性信息的文本中，能查找一条或多条符合单一标准且明确陈述的独立信息。当需要的信息在文本中非常明确的时候，能辨认熟悉话题的主题或者作者的意图。能在文本信息和常识之间建立简单的关联。在连续文本中，学生能利用冗余信息、段落标题或普通的印刷惯例，形成对文本主要观点的总体印象；或者在很短的一部分文本中寻找明确陈述的信息。在非连续文本中，学生能关注不连续的信息，这些信息通常是以简单的方式呈现的，如一幅简单的地图、线图或者直方图，只包含少量信息并且呈现方式直截了当，而且其中的文字往往只有很少的几个单词或短语。

学生的阅读成绩

PISA 2006 测评采用的阅读能力水平定义与 2000 年阅读作为主要测试领域时的定义一致。评定阅读能力水平的过程与第 2 章中详细描述的科学能力水平评定过程一致。阅读领域共分五级能力水平。

5 级水平（高于 625.6 分）

在阅读素养量表上达到 5 级水平学生能够解答复杂的阅读试题，比如能够在不熟悉的文本材料中查找和运用难以发现的信息；表现出对文本的深入理解；能够推断文本中的哪些信息是和任务相关的；能够批判性评价和建立假设，利用专业知识，包容可能与预期相背离的概念。

在 PISA 参与国家（地区）中，阅读素养达到最高等级的学生比例是人们非常关心的，因为这一比例会影响到各个国家（地区）对未来全球知识的贡献。

在 OECD 地区，平均只有 8.6% 的学生达到 5 级，而韩国有 21.7% 的学生达到这一水平，而芬兰和新西兰高于 15%。加拿大有 14.5% 的学生达到这一水平，冰岛、波兰和比利时以及伙伴地区中国香港也高于11%。相反，墨西哥只有1%的学生达到5级水平，印度尼西亚、吉尔吉斯斯坦、阿塞拜疆、突尼斯、约旦、泰国、塞尔维亚、罗马尼亚和黑山等国家的比例则在0.5%以下（见图6.1和表6.1a）。

当然，达到5级水平的学生比例基本相同的国家（地区）可能平均分不同，这是因为这些国家（地区）在较低能力水平上的分布比例不同。以芬兰和新西兰为例，这两个国家的学生达到5级水平的学生比例分别为16.7%和15.9%，但是它们的平均分却相差悬殊，这其中的部分原因是，芬兰只有4.8%的学生在1级水平或1级以下，而新西兰则有14.5%的学生在1级或1级以下，因此芬兰学生的阅读平均分为547而新西兰为521。

4级水平（高于552.9分，但是低于或等于625.6分）

在阅读素养量表上达到4级水平的学生能够解答较难的阅读试题，比如能够寻找隐含的信息；能够处理含混不清的概念；能够对文本材料做出批判性的评价。在OECD地区，平均29.3%的学生达到4级或更高水平（即4级和5级）（见图6.1和表6.1a）。韩国有一半以上的学生达到4级，芬兰、加拿大、新西兰和伙伴地区中国香港至少有40%的学生达到4级。除了墨西哥、土耳其、西班牙和希腊，OECD各国至少有20%的学生达到4级水平。

3级水平（高于480.2分，但是低于或等于552.9分）

在阅读素养量表上达到3级水平的学生能够解答中等复杂程度的试题，比如能够查找多种信息；能够把文本的不同部分联系起来，并且将它们与熟悉的日常知识联系起来。在OECD地区，平均57.1%的学生达到了3级或更高水平（即3级，4级和5级），在30个OECD国家中有6个（韩国，芬兰，加拿大，爱尔兰，新西兰和澳大利亚）、伙伴国（地区）中有两个（中国香港和列支敦士登），有65%以上的15岁学生达到3级水平以上，这是大多数学生所应该达到的能力水平，OECD地区有27.8%的学生达到了这一水平。

2级水平（高于407.5分，但是低于或等于480.2分）

在阅读素养量表上达到2级水平的学生能够解答基础的阅读试题，比如能查找简单的信息；做出各种浅显的推论；理解文本中明确说明的内容；以及能够利用一些外部知识来理解材料。在OECD地区，平均79.9%的学生达到2级以上水平。除了墨西哥、土耳其、斯洛伐克和希腊外，OECD各国至少73%的学生达到2级或更高水平（见图6.1和表6.1a）。在芬兰，95.2%的学生达到2级或2级以上，85%以上的学生达到这一水平的有（按降序排列）：新西兰、澳大利亚、爱尔兰、加拿大、韩国和伙伴国（地区）列支敦士登、爱沙尼亚、中国澳门和中国香港。

1级水平（高于334.8分，但是低于或等于407.5分）或以下

PISA所定义的阅读素养关注的是用阅读来学习的知识和技能，而不是在学习阅读的过程中获得的技巧。由于在OECD国家中尚未掌握阅读技巧的年轻人很少，所以PISA不去测评15岁学生阅读的流利程度或者他们的拼写识字水平怎样。与当今大多数有关阅读素养的观点相一致，PISA主要测评个人在多大程度上能够对校内外阅读的各类文本材料的意义进行建构、扩展和反思。能与这种阅读素养观相匹配的最简单的阅读任务就是1级水平的，处于这一能力水平的学生仅能完成PISA测试中最简单的试题，比如说查找一项单一的信息；确定文章的主题思想或者与日常知识建立简单的联系。

如果学生的成绩低于334.8分,也就是低于1级,可能看不出他们掌握了PISA要测评的最基本的阅读能力,但这并不意味着这些学生不具备读写能力。但是,根据他们在测评中回答问题的情况,估计他们在一个全部由1级水平试题构成的测试中也只能做出不到一半的题目。这些学生很难将阅读素养作为有效的工具,来提升、扩展他们在其他领域的知识技能,因此这些阅读能力低于1级的学生难以完成从教育到工作岗位的初步转型,而且今后无法从进一步受教育和学习的机会中获得提高。

OECD各国平均有12.7%的学生处于1级水平,有7.4%在1级以下,但是不同国家之间也有很大的不同。比如,在芬兰和韩国,1级或1级以下的学生不到6%。其他OECD国家中,1级或1级以下的学生比例从11.0%(加拿大)至47.0%(墨西哥)不等(见图6.1和表6.1a)。

在OECD国家中,至少25%的学生在1级或1级以下的国家有(按降序排列):墨西哥、土耳其、斯洛伐克、希腊、意大利和西班牙。在伙伴国(地区)中,50%以上的学生处于1级或1级以下的有吉尔吉斯斯坦、卡塔尔、阿塞拜疆、突尼斯、印度尼西亚、阿根廷、黑山、哥伦比亚、巴西、罗马尼亚、塞尔维亚和保加利亚。

教育系统中有很大比例的学生处于1级甚至1级以下就不得不引起关注,大量学生可能没有掌握必要的阅读知识和技能,所以不能充分地从教育机会中获益。更为严重的是,大量证据表明,这种在初次教育中就存在的学习差距将很难在以后的生活中得到弥补。OECD的数据显示,与就业相联系的继续教育和培训往往会强化这种个人在离开初次教育时就存在的能力差距。即使控制影响培训参与率的其他因素以后,成人的读写能力与继续教育和培训的参与率仍有紧密联系。读写能力、继续教育和培训之间是互相强化的,而那些最少接受培训的恰恰是那些最需要培训的人。

国家(地区)在阅读量表上的平均成绩

上述讨论关注的是各国(地区)学生阅读成绩分布的比较,另外也可以用PISA测评的平均分来概括学生成绩,并对各国(地区)在阅读素养上所处的相对位置进行比较。平均成绩高的国家(地区)将有相当的经济和社会优势。

在PISA 2006测评中,OECD国家阅读的平均分是492分。这比PISA 2000的500分的平均分略微下降,部分原因是,学生成绩低于OECD国家平均水平的两个国家,土耳其和斯洛伐克,在2003年参加了PISA。但是,对于有PISA 2000和PISA 2006两次测评可比数据的国家,PISA 2006的平均成绩仍然与PISA 2000大体相同。

下面这部分主要看参加PISA 2006测试的国家(地区)的阅读平均成绩。在解释平均成绩时,只考虑那些国家(地区)间的差异在统计上有显著性的情况。图6.8a表示了这些国家(地区)两两之间成绩差异大到足以肯定其中样本成绩高的那个国家(地区)其所有15岁在校学生成绩都会比较高。从横行来看,可以将一个国家(地区)的成绩和图最上端所列的一系列国家(地区)相比较,图中的符号代表了该国家(地区)成绩是显著低于、或无显著差异、或显著高于被比较的国家(地区)。

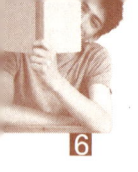

图 6.8a（第一部分）■ 阅读量表平均成绩的多重比较

	平均分	标准误	韩国 556 (3.8)	芬兰 547 (2.1)	中国香港 536 (2.4)	加拿大 527 (2.4)	新西兰 521 (3.0)	爱尔兰 517 (3.5)	澳大利亚 513 (2.1)	列支敦士登 510 (3.9)	波兰 508 (2.8)	瑞典 507 (3.4)	荷兰 507 (2.9)	比利时 501 (3.0)	爱沙尼亚 501 (2.9)	瑞士 499 (3.1)	日本 498 (3.6)	中华台北 496 (3.4)	英国 495 (2.3)	德国 495 (4.4)	丹麦 494 (3.2)	斯洛文尼亚 494 (1.0)	中国澳门 492 (1.1)	奥地利 490 (4.1)	法国 488 (4.1)	冰岛 484 (1.9)	挪威 484 (3.2)	捷克 483 (4.2)	匈牙利 482 (3.3)	拉脱维亚 479 (3.7)
韩国	556	(3.8)		▲	▲	▲	▲	▲	▲	▲	▲	▲	▲	▲	▲	▲	▲	▲	▲	▲	▲	▲	▲	▲	▲	▲	▲	▲	▲	▲
芬兰	547	(2.1)	▼		▲	▲	▲	▲	▲	▲	▲	▲	▲	▲	▲	▲	▲	▲	▲	▲	▲	▲	▲	▲	▲	▲	▲	▲	▲	▲
中国香港	536	(2.4)	▼	▼		▲	▲	▲	▲	▲	▲	▲	▲	▲	▲	▲	▲	▲	▲	▲	▲	▲	▲	▲	▲	▲	▲	▲	▲	▲
加拿大	527	(2.4)	▼	▼	▼		○	▲	▲	▲	▲	▲	▲	▲	▲	▲	▲	▲	▲	▲	▲	▲	▲	▲	▲	▲	▲	▲	▲	▲
新西兰	521	(3.0)	▼	▼	▼	○		○	▲	▲	▲	▲	▲	▲	▲	▲	▲	▲	▲	▲	▲	▲	▲	▲	▲	▲	▲	▲	▲	▲
爱尔兰	517	(3.5)	▼	▼	▼	▼	○		○	○	▲	▲	▲	▲	▲	▲	▲	▲	▲	▲	▲	▲	▲	▲	▲	▲	▲	▲	▲	▲
澳大利亚	513	(2.1)	▼	▼	▼	▼	▼	○		○	○	○	○	▲	▲	▲	▲	▲	▲	▲	▲	▲	▲	▲	▲	▲	▲	▲	▲	▲
列支敦士登	510	(3.9)	▼	▼	▼	▼	▼	○	○		○	○	○	○	▲	▲	▲	▲	▲	▲	▲	▲	▲	▲	▲	▲	▲	▲	▲	▲
波兰	508	(2.8)	▼	▼	▼	▼	▼	▼	○	○		○	○	○	○	▲	▲	▲	▲	▲	▲	▲	▲	▲	▲	▲	▲	▲	▲	▲
瑞典	507	(3.4)	▼	▼	▼	▼	▼	▼	○	○	○		○	○	○	○	○	▲	▲	▲	▲	▲	▲	▲	▲	▲	▲	▲	▲	▲
荷兰	507	(2.9)	▼	▼	▼	▼	▼	▼	○	○	○	○		○	○	○	○	▲	▲	▲	▲	▲	▲	▲	▲	▲	▲	▲	▲	▲
比利时	501	(3.0)	▼	▼	▼	▼	▼	▼	▼	○	○	○	○		○	○	○	○	○	○	○	▲	▲	▲	▲	▲	▲	▲	▲	▲
爱沙尼亚	501	(2.9)	▼	▼	▼	▼	▼	▼	▼	▼	○	○	○	○		○	○	○	○	○	○	▲	▲	▲	▲	▲	▲	▲	▲	▲
瑞士	499	(3.1)	▼	▼	▼	▼	▼	▼	▼	▼	▼	○	○	○	○		○	○	○	○	○	○	▲	○	▲	▲	▲	▲	▲	▲
日本	498	(3.6)	▼	▼	▼	▼	▼	▼	▼	▼	▼	○	○	○	○	○		○	○	○	○	○	○	○	○	▲	▲	▲	▲	▲
中华台北	496	(3.4)	▼	▼	▼	▼	▼	▼	▼	▼	▼	▼	▼	○	○	○	○		○	○	○	○	○	○	○	▲	▲	▲	▲	▲
英国	495	(2.3)	▼	▼	▼	▼	▼	▼	▼	▼	▼	▼	▼	○	○	○	○	○		○	○	○	○	○	○	▲	▲	▲	▲	▲
德国	495	(4.4)	▼	▼	▼	▼	▼	▼	▼	▼	▼	▼	▼	○	○	○	○	○	○		○	○	○	○	○	▲	○	▲	▲	▲
丹麦	494	(3.2)	▼	▼	▼	▼	▼	▼	▼	▼	▼	▼	▼	○	○	○	○	○	○	○		○	○	○	○	▲	▲	▲	▲	▲
斯洛文尼亚	494	(1.0)	▼	▼	▼	▼	▼	▼	▼	▼	▼	▼	▼	▼	▼	○	○	○	○	○	○		○	○	○	▲	▲	▲	▲	▲
中国澳门	492	(1.1)	▼	▼	▼	▼	▼	▼	▼	▼	▼	▼	▼	▼	▼	▼	○	○	○	○	○	○		○	○	▲	▲	▲	▲	▲
奥地利	490	(4.1)	▼	▼	▼	▼	▼	▼	▼	▼	▼	▼	▼	▼	▼	○	○	○	○	○	○	○	○		○	○	○	○	○	○
法国	488	(4.1)	▼	▼	▼	▼	▼	▼	▼	▼	▼	▼	▼	▼	▼	▼	○	○	○	○	○	○	○	○		○	○	○	○	○
冰岛	484	(1.9)	▼	▼	▼	▼	▼	▼	▼	▼	▼	▼	▼	▼	▼	▼	▼	▼	▼	▼	▼	▼	▼	○	○		○	○	○	○
挪威	484	(3.2)	▼	▼	▼	▼	▼	▼	▼	▼	▼	▼	▼	▼	▼	▼	▼	▼	▼	○	▼	▼	▼	○	○	○		○	○	○
捷克	483	(4.2)	▼	▼	▼	▼	▼	▼	▼	▼	▼	▼	▼	▼	▼	▼	▼	▼	▼	▼	▼	▼	▼	○	○	○	○		○	○
匈牙利	482	(3.3)	▼	▼	▼	▼	▼	▼	▼	▼	▼	▼	▼	▼	▼	▼	▼	▼	▼	▼	▼	▼	▼	○	○	○	○	○		○
拉脱维亚	479	(3.7)	▼	▼	▼	▼	▼	▼	▼	▼	▼	▼	▼	▼	▼	▼	▼	▼	▼	▼	▼	▼	▼	○	○	○	○	○	○	
卢森堡	479	(1.3)	▼	▼	▼	▼	▼	▼	▼	▼	▼	▼	▼	▼	▼	▼	▼	▼	▼	▼	▼	▼	▼	▼	○	▼	○	○	○	○
克罗地亚	477	(2.8)	▼	▼	▼	▼	▼	▼	▼	▼	▼	▼	▼	▼	▼	▼	▼	▼	▼	▼	▼	▼	▼	▼	▼	▼	○	○	○	○
葡萄牙	472	(3.6)	▼	▼	▼	▼	▼	▼	▼	▼	▼	▼	▼	▼	▼	▼	▼	▼	▼	▼	▼	▼	▼	▼	▼	▼	▼	○	▼	○
立陶宛	470	(3.0)	▼	▼	▼	▼	▼	▼	▼	▼	▼	▼	▼	▼	▼	▼	▼	▼	▼	▼	▼	▼	▼	▼	▼	▼	▼	▼	▼	▼
意大利	469	(2.4)	▼	▼	▼	▼	▼	▼	▼	▼	▼	▼	▼	▼	▼	▼	▼	▼	▼	▼	▼	▼	▼	▼	▼	▼	▼	▼	▼	▼
斯洛伐克	466	(3.1)	▼	▼	▼	▼	▼	▼	▼	▼	▼	▼	▼	▼	▼	▼	▼	▼	▼	▼	▼	▼	▼	▼	▼	▼	▼	▼	▼	▼
西班牙	461	(2.2)	▼	▼	▼	▼	▼	▼	▼	▼	▼	▼	▼	▼	▼	▼	▼	▼	▼	▼	▼	▼	▼	▼	▼	▼	▼	▼	▼	▼
希腊	460	(4.0)	▼	▼	▼	▼	▼	▼	▼	▼	▼	▼	▼	▼	▼	▼	▼	▼	▼	▼	▼	▼	▼	▼	▼	▼	▼	▼	▼	▼
土耳其	447	(4.2)	▼	▼	▼	▼	▼	▼	▼	▼	▼	▼	▼	▼	▼	▼	▼	▼	▼	▼	▼	▼	▼	▼	▼	▼	▼	▼	▼	▼
智利	442	(5.0)	▼	▼	▼	▼	▼	▼	▼	▼	▼	▼	▼	▼	▼	▼	▼	▼	▼	▼	▼	▼	▼	▼	▼	▼	▼	▼	▼	▼
俄罗斯	440	(4.3)	▼	▼	▼	▼	▼	▼	▼	▼	▼	▼	▼	▼	▼	▼	▼	▼	▼	▼	▼	▼	▼	▼	▼	▼	▼	▼	▼	▼
以色列	439	(4.6)	▼	▼	▼	▼	▼	▼	▼	▼	▼	▼	▼	▼	▼	▼	▼	▼	▼	▼	▼	▼	▼	▼	▼	▼	▼	▼	▼	▼
泰国	417	(2.6)	▼	▼	▼	▼	▼	▼	▼	▼	▼	▼	▼	▼	▼	▼	▼	▼	▼	▼	▼	▼	▼	▼	▼	▼	▼	▼	▼	▼
乌拉圭	413	(3.4)	▼	▼	▼	▼	▼	▼	▼	▼	▼	▼	▼	▼	▼	▼	▼	▼	▼	▼	▼	▼	▼	▼	▼	▼	▼	▼	▼	▼
墨西哥	410	(3.1)	▼	▼	▼	▼	▼	▼	▼	▼	▼	▼	▼	▼	▼	▼	▼	▼	▼	▼	▼	▼	▼	▼	▼	▼	▼	▼	▼	▼
保加利亚	402	(6.9)	▼	▼	▼	▼	▼	▼	▼	▼	▼	▼	▼	▼	▼	▼	▼	▼	▼	▼	▼	▼	▼	▼	▼	▼	▼	▼	▼	▼
塞尔维亚	401	(3.5)	▼	▼	▼	▼	▼	▼	▼	▼	▼	▼	▼	▼	▼	▼	▼	▼	▼	▼	▼	▼	▼	▼	▼	▼	▼	▼	▼	▼
约旦	401	(3.3)	▼	▼	▼	▼	▼	▼	▼	▼	▼	▼	▼	▼	▼	▼	▼	▼	▼	▼	▼	▼	▼	▼	▼	▼	▼	▼	▼	▼
罗马尼亚	396	(4.7)	▼	▼	▼	▼	▼	▼	▼	▼	▼	▼	▼	▼	▼	▼	▼	▼	▼	▼	▼	▼	▼	▼	▼	▼	▼	▼	▼	▼
印度尼西亚	393	(5.9)	▼	▼	▼	▼	▼	▼	▼	▼	▼	▼	▼	▼	▼	▼	▼	▼	▼	▼	▼	▼	▼	▼	▼	▼	▼	▼	▼	▼
巴西	393	(3.7)	▼	▼	▼	▼	▼	▼	▼	▼	▼	▼	▼	▼	▼	▼	▼	▼	▼	▼	▼	▼	▼	▼	▼	▼	▼	▼	▼	▼
黑山	392	(1.2)	▼	▼	▼	▼	▼	▼	▼	▼	▼	▼	▼	▼	▼	▼	▼	▼	▼	▼	▼	▼	▼	▼	▼	▼	▼	▼	▼	▼
哥伦比亚	385	(5.1)	▼	▼	▼	▼	▼	▼	▼	▼	▼	▼	▼	▼	▼	▼	▼	▼	▼	▼	▼	▼	▼	▼	▼	▼	▼	▼	▼	▼
突尼斯	380	(4.0)	▼	▼	▼	▼	▼	▼	▼	▼	▼	▼	▼	▼	▼	▼	▼	▼	▼	▼	▼	▼	▼	▼	▼	▼	▼	▼	▼	▼
阿根廷	374	(7.2)	▼	▼	▼	▼	▼	▼	▼	▼	▼	▼	▼	▼	▼	▼	▼	▼	▼	▼	▼	▼	▼	▼	▼	▼	▼	▼	▼	▼
阿塞拜疆	353	(3.1)	▼	▼	▼	▼	▼	▼	▼	▼	▼	▼	▼	▼	▼	▼	▼	▼	▼	▼	▼	▼	▼	▼	▼	▼	▼	▼	▼	▼
卡塔尔	312	(1.2)	▼	▼	▼	▼	▼	▼	▼	▼	▼	▼	▼	▼	▼	▼	▼	▼	▼	▼	▼	▼	▼	▼	▼	▼	▼	▼	▼	▼
吉尔吉斯斯坦	285	(3.5)	▼	▼	▼	▼	▼	▼	▼	▼	▼	▼	▼	▼	▼	▼	▼	▼	▼	▼	▼	▼	▼	▼	▼	▼	▼	▼	▼	▼

统计上显著高于OECD平均成绩。
与OECD平均成绩没有显著性差异。
统计上显著低于OECD平均成绩。

▲ 平均成绩显著地高于比较国家（地区）。
○ 与比较国家（地区）之间没有统计上的显著差异。
▼ 平均成绩显著地低于比较国家（地区）。

资料来源：OECD PISA 2006 数据库。

StatLink http://dx.doi.org/10.1787/142046885031

图 6.8a(第二部分) ■ 阅读平均成绩的多重比较

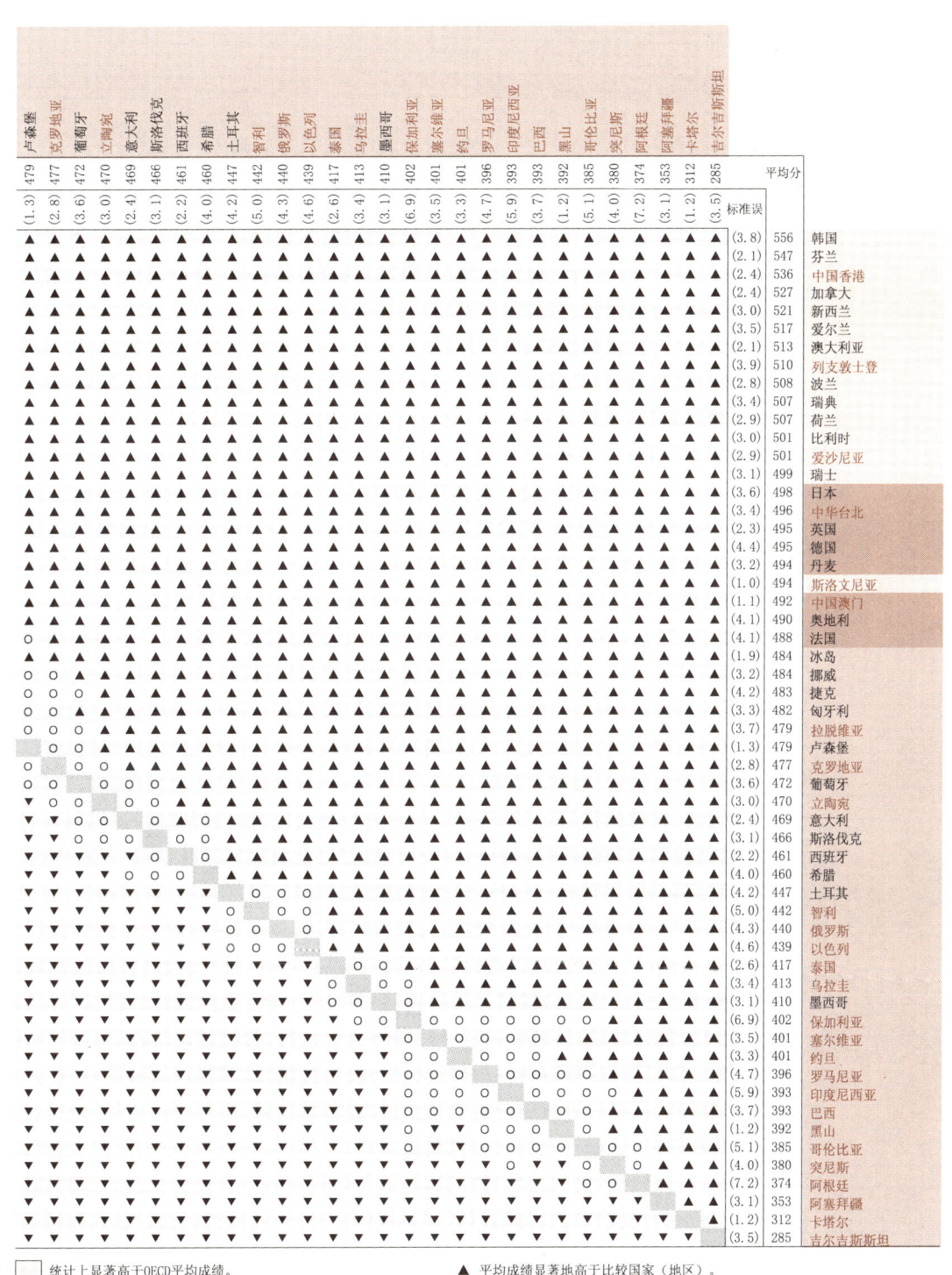

资料来源：OECD PISA 2006 数据库。
StatLink http://dx.doi.org/10.1787/142046885031

图 6.8b ■ 国家(地区)阅读量表成绩排名

	统计上显著高于 OECD 平均成绩
	与 OECD 平均成绩没有显著性差异
	统计上显著低于 OECD 平均成绩

			阅读量表			
			排名范围			
	平均分	标准误	OECD 国家(地区)		所有国家(地区)	
			最高排名	最低排名	最高排名	最低排名
韩国	556	(3.8)	1	1	1	1
芬兰	547	(2.1)	2	2	2	2
中国香港	536	(2.4)			3	3
加拿大	527	(2.4)	3	4	4	5
新西兰	521	(3.0)	3	5	4	6
爱尔兰	517	(3.5)	4	6	5	8
澳大利亚	513	(2.1)	5	7	6	9
列支敦士登	510	(3.9)			6	11
波兰	508	(2.8)	6	10	7	12
瑞典	507	(3.4)	6	10	7	13
荷兰	507	(2.9)	6	10	8	13
比利时	501	(3.0)	8	13	10	17
爱沙尼亚	501	(2.9)			10	17
瑞士	499	(3.1)	9	14	11	19
日本	498	(3.6)	9	16	11	21
中华台北	496	(3.4)			12	22
英国	495	(2.3)	11	16	14	22
德国	495	(4.4)	10	17	12	23
丹麦	494	(3.2)	11	17	14	23
斯洛文尼亚	494	(1.0)			16	21
中国澳门	492	(1.1)			18	22
奥地利	490	(4.1)	12	20	15	26
法国	488	(4.1)	14	21	18	28
冰岛	484	(1.9)	17	21	23	28
挪威	484	(3.2)	16	22	22	29
捷克	483	(4.2)	16	22	22	30
匈牙利	482	(3.3)	17	22	23	30
拉脱维亚	479	(3.7)			24	31
卢森堡	479	(1.3)	20	22	26	30
克罗地亚	477	(2.8)			26	31
葡萄牙	472	(3.6)	22	25	29	34
立陶宛	470	(3.0)			30	34
意大利	469	(2.4)	23	25	31	34
斯洛伐克	466	(3.1)	23	26	31	35
西班牙	461	(2.2)	25	27	34	36
希腊	460	(4.0)	25	27	34	36
土耳其	447	(4.2)	28	28	37	39
智利	442	(5.0)			37	40
俄罗斯	440	(4.3)			37	40
以色列	439	(4.6)			38	40
泰国	417	(2.6)			41	42
乌拉圭	413	(3.4)			41	44
墨西哥	410	(3.1)	29	29	41	44
保加利亚	402	(6.9)			42	50
塞尔维亚	401	(3.5)			44	48
约旦	401	(3.3)			44	48
罗马尼亚	396	(4.7)			44	50
印度尼西亚	393	(5.9)			44	51
巴西	393	(3.7)			46	51
黑山	392	(1.2)			47	50
哥伦比亚	385	(5.1)			48	53
突尼斯	380	(4.0)			51	53
阿根廷	374	(7.2)			51	53
阿塞拜疆	353	(3.1)			54	54
卡塔尔	312	(1.2)			55	55
吉尔吉斯斯坦	285	(3.5)			56	56

资料来源：OECD PISA 2006 数据库。

StatLink http://dx.doi.org/10.1787/142046885031

因为结论均基于样本,所以我们不可能得出非常精确的所参与国家(地区)的相对排序,但是,还是有95%的可能性确定一个国家(地区)排名的范围。[8] 参见图6.8b。

韩国在阅读素养量表上的成绩高于其他所有OECD国家,甚至高于在PISA 2000和PISA 2003测试中成绩最好的芬兰。韩国的平均成绩为556分,超过OECD各国平均分492分将近一个能力等级。其他高出OECD各国平均分的有:芬兰(547分)、加拿大(527分)、新西兰(521分)、爱尔兰(517分)、澳大利亚(513分)、波兰(508分)、瑞典(507分)、荷兰(507分)、比利时(501分)和瑞士(499分),以及伙伴国(地区)中国香港(536分)、列支敦士登(510分)、爱沙尼亚(501分)和斯洛文尼亚(494分)。7个OECD国家的成绩接近平均分,它们分别是奥地利、丹麦、法国、德国、日本和英国,以及伙伴地区中华台北和中国澳门。[9] 在OECD国家中,成绩的差异相当大,最高分和最低分相差146分,如果计入伙伴国(地区)的分数,那么差异范围将扩大到271分。

尽管国家(地区)的平均分差异很大,但是每个国家内学生成绩的变异更大。教育系统所面临的主要挑战之一是,在增加成绩高的学生比例的同时减少成绩低的比例。成绩差与阅读素养有很大关系,因为阅读素养水平对个人福祉、社会状况、国家在全球的社会经济地位有很大影响(OECD,2003)。另外,这方面背景的不公平性可以从(表6.1C)的第5和第95的百分位数的成绩分布差异上看出来。OECD国家中,芬兰和韩国这一分布差异最小,分别为265分和289分,而同时这两个国家的总成绩又是最高的;捷克、比利时、德国、奥地利、意大利、斯洛伐克和新西兰第5百分位数和第95百分位数之间的差异是最大的,大于芬兰和韩国将近一个标准差,其中除了比利时和新西兰,其他国家都低于OECD平均水平。

专栏6.1 ■ 15岁学生的PISA成绩对未来教育成功的预测力有多强?

有三个研究表明,PISA阅读成绩与后来完成高中学业和就读高中后教育与否密切相关。

加拿大过渡期青年的问卷调查(YITS)是一项关于青年人生活中,教育、培训和工作的模式以及影响的长期调查研究(Knighton and Bussiere,2006)。在2000年,有29 330个15岁的加拿大学生参加了PISA测试,四年以后,研究者对同一批学生(已经19岁了)的教育结果进行评价,并且与他们15岁时的PISA阅读成绩联系起来做比较,分析表明,学生15岁时的PISA阅读成绩,对他们19岁前完成高中学业的比例以及成功升入高中后教育的比例有很强的预测作用。如下图所示,阅读能力等级最低的学生(1级及以下)有四分之一左右(28%)接受了某种形式的中学后教育,2级水平的学生,入学率增加到了45%,3级是65%,4级是76%,5级是88%。即使是考虑了诸如性别、家长教育水平、母语、家庭收入以及居住地等因素,年轻人的阅读能力水平仍然对中学后教育率有非常重要的影响。进一步的分析表明即使控制了社会经济因素,那些15岁时阅读水平达到2级的学生在19岁时接受中学后教育的比例是1级的两倍,而达到5级的学生接受中学后教育的比例则是1级水平的17倍。

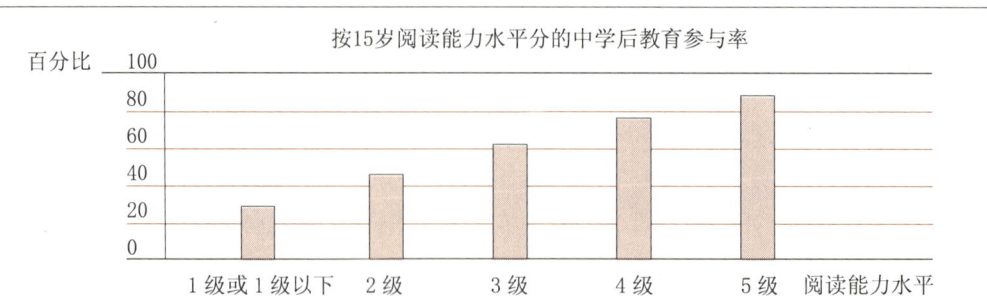

一项在丹麦进行的研究也得出了相似的结论,那些19岁时完成义务后教育、普通高中教育或职业高中教育的青年人百分比与他们15岁时PISA阅读测试成绩密切相关。

澳大利亚以PISA 2003这批学生作为进一步研究的基础,看数学测试成绩对未来的教育成功的影响。第一次后续研究是在2006年(Hillman and Thomson, 2006)[10],研究的结果与加拿大相似,完成12年教育的学生比例随着15岁时数学能力水平上升而增加。

(详见, http://www.pisa.gc.ca/yits.shtml(YITS); http://www.sfi.dk/sw19649.asp(丹麦报告);和www.acer.edu.au(澳大利亚报告))

学生阅读成绩是怎样变化的

在首次分析了从PISA 2000到PISA 2003的变化后,PISA 2006提供了自PISA 2000首次全面测评阅读以来,阅读成绩的发展趋势信息,由此也使政策制订者既能就学习结果的绝对值来监测进步,也能用与其他国家进步的相对值来监测。

纵观OECD国家,PISA阅读成绩在2000年和2006年之间大都保持相同,这本身就很值得注意,因为大多数国家在最近几年以来在不断地增加教育投入,如表2.6所示,1995年和2004年之间,OECD国家平均来看,中小学生均经费按不变价计算增加了39%,而在从2000年第一次PISA测试到2004年的短短四年间,平均增加了22%,而其中有6个OECD国家增加了30%到61%。

同时,数据还显示有些国家在学习结果上得到了显著的提高,其中一些国家投入增长只是中等水平。

两个OECD国家(韩国和波兰)和五个伙伴国(地区)(智利、列支敦士登、印度尼西亚、拉脱维亚和中国香港)自PISA 2000起阅读成绩就有了提高。

- 在2000年到2006年间,韩国学生的PISA阅读成绩从一个原来就很高的水平又增加了31分,这样就成为所有参与国家(地区)里成绩最好的,甚至超过了成绩一直保持高水平的芬兰(表6.3a),韩国成绩提高主要是由于提高了成绩好的学生的水平,而成绩差的学生却没有很明显的变化(表6.3c)。实际上,在第95百分位数,即5%成绩最好的学生,增加了59分,达到了688分,在第90百分位数的学生增加了55分,而第75百分位数的增加了44分。相比较而言,在第5和第10百分位数的学生并没有什么改变。韩国政府把成绩提高归功于增加了一门新课程,该课程对短文写作考试给予了更多的重视,而且大学的入学考

图 6.9 ■ PISA 2006 与 PISA 2000 阅读成绩差异

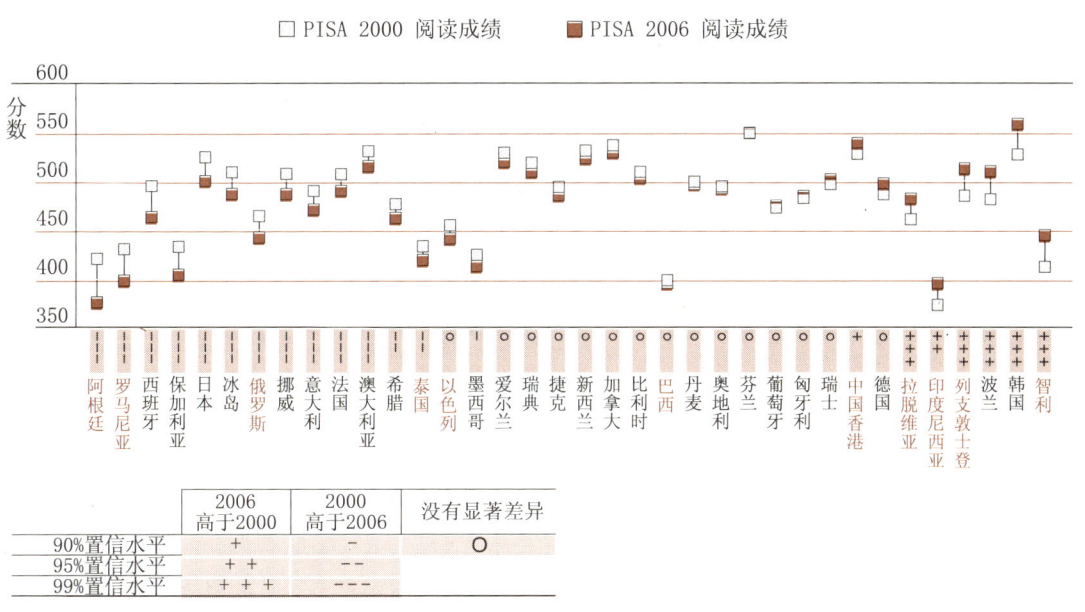

按各国(地区)PISA 2006 与 PISA 2000 分数差异从小到大排列。
数据来源：OECD PISA 2006 数据库，表 6.3a。
StatLink http://dx.doi.org/10.1787/142046885031

试都开始采用或更多地采用写作成绩作为筛选的标准，给了学生形成并表达自己观点和思想的机会。这种做法进一步鼓励学习成绩好的高中生提高他们的阅读和推理能力，以便成功地进入他们选择的大学。

- 中国香港学生的成绩也提高很多，PISA 2006 比 PISA 2000 的成绩增加了 11 分，从本来已经很高的成绩提高到了 536 分。然而他们的提高主要是依靠原来成绩差的学生成绩提高，第 5 百分位数学生提高了近 21 分，高于其他百分位数的学生。

- 波兰学生的 PISA 阅读成绩从 2000 年到 2003 年增加了 17 分，从 2003 年到 2006 年增加了 11 分，到现在达到了 508 分，第一次超过了 OECD 国家的平均分。在两次测评之间，波兰学生成绩的提高主要是源于低水平学生成绩的提高(也就是第 5，第 10，以及第 25 百分位数的学生)。由此，只有 5% 的学生低于标准，而在 PISA 2000 有近 10% 的学生低于标准。波兰本国的大量研究表明(见第 5 章)，这种提高是与 1999 年的学校体制改革相联系的，改革使现在的教育结构更加综合，自 PISA 2003 以来，波兰各个能力层次的学生成绩都得到了更加均衡的提高。

- 从 PISA 2000 到 PISA 2006，在阅读方面有显著提高的其他国家有：智利(提高 33 分)，列支敦士登(28 分)，印度尼西亚(22 分)，和拉脱维亚(21 分)。但是除了列支敦士登外，这些国家还是低于 OECD 国家的平均成绩。

然而许多国家在 PISA 2000 和 PISA 2006 之间表现出下降的趋势，其中包括九个 OECD 国家(按降序排列)：西班牙、日本、冰岛、挪威、意大利、法国、澳大利亚、希腊和墨西哥，以及五个伙伴国：阿根廷、罗马尼亚、保加利亚、俄罗斯和泰国。在法国、日本和墨西哥，以及伙伴国泰国，成绩好的学生只有些许下降，而成绩差的学生下降则非常明显。值得注意的是在高于平均水平的OECD国家中，只有澳大利亚学生阅读成绩下降有统计上的显著性，降低了15分，主要是由于成绩好的学生水平下降。其他有显著下降的国家成绩都在平均水平左右或在平均水平之下，但其中的日本和冰岛原来都在平均水平之上。对于斯洛伐克来说，成绩好的学生有了提高，但是成绩差的学生分数却下降了。而瑞士则提高了处于分布低端的学生成绩水平。

阅读成绩的性别差异

在前两次PISA调查中，对所有OECD国家而言，女生阅读成绩都显著占优，PISA 2006的调查再次反映了这种模式。对前两次PISA测试的分析解释了这种性别差异，是因为在大多数形式的阅读活动中，女生都比男生更投入，女生阅读材料的类型更多样化，而且她们也更善于利用学校和社区的图书馆（OECD，2002）。

在PISA 2006测试中，性别差异最大的OECD国家分别是：希腊（57分），芬兰（51分），冰岛（48分），挪威（46分），捷克（46分），奥地利（45分），土耳其（44分），德国（42分），斯洛伐克（42分），意大利（41分），比利时、匈牙利、波兰、瑞典（都是40分）。伙伴国（地区）中其他差异比较大的是：卡塔尔（66分），保加利亚（58分），约旦（55分），阿根廷、斯洛文尼亚和泰国都是54分的差异（图6.10和表6.1c）。

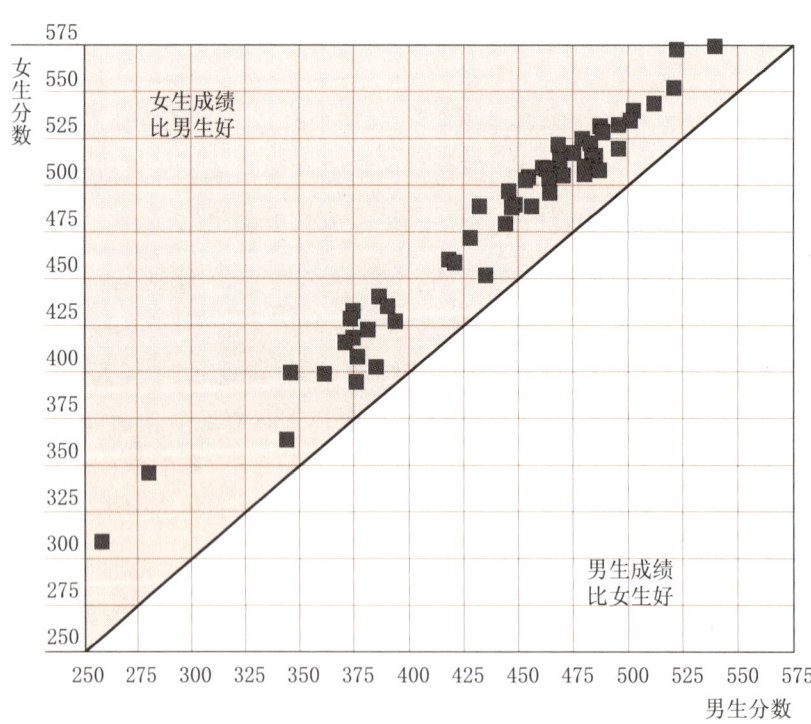

图6.10 ■ 男生与女生在阅读量表上的成绩

注：统计上有显著性的性别差异用深色标注（见附录3）。
数据来源：OECD PISA 2006数据库，表6.2c。
StatLink http://dx.doi.org/10.1787/142046885031

OECD国家中性别差异最小的国家是荷兰(24分),英国(29分),丹麦(30分),日本和瑞典(都是31分)和卢森堡(32分)。在伙伴国(地区)中,智利、印度尼西亚和哥伦比亚性别差异最小,阿塞拜疆(20分)、中华台北(21分)和中国澳门(26分)的差异也相对较小。

值得一提的是,对于OECD国家平均而言,女生比男生高38分,PISA 2000和PISA 2003的报告都反映了女生有显著的成绩优势。韩国男生成绩提高20分,但是女生成绩提高是男生的两倍(41分)。

PISA 2009的重点又回到了阅读,这能为各国(地区)提供9年来阅读成绩的变化信息,相隔9年的两次测评都把阅读作为主要领域。

学生在数学领域会做什么

PISA用了数学素养(mathematical literacy)的概念,它是学生在各种情境中,提出、解决和解释数学问题(这些问题涉及数量、空间、概率或其他数学概念)时,有效地分析、推理和交流的能力。在《测评科学,阅读和数学能力:PISA 2006框架》(*Assessing Scientific, Reading and Mathematical literacy: A Framework for PISA 2006*,OECD,2006a)一书中,OECD国家建立了比较各国PISA数学成绩的指导原则,把数学素养定义为:"……个体识别和理解数学在世界中所起作用的能力,做出有根据的判断的能力,以及作为一个关心社会、善于思考的公民,为了满足个人生活需要而运用数学和从事数学活动的能力。"(OECD,2006a)。

对学生的数学知识和技能的测评根据以下三个维度进行:与不同问题和题目相关的数学内容(mathematical content);为了把观察到的现象与数学联系起来并解决相应的问题而需要激活的过程(processes);作为引导材料来源的问题情境和背景(situations and contexts)。

数学是PISA 2003测评的主要领域,2003年OECD国家的平均值设为500分,这一平均值是本报告中用来与PISA 2006数学成绩相比较的基准,也是和未来测试结果相对照的基准。但是PISA 2006的数学测试时间由PISA 2003的210分钟减少到120分钟,只能够对总体水平作描述,而不能像PISA 2003报告那样对数学知识和技能进行详尽的分析(OECD,2004a)。

PISA数学试题概述

我们选取了一组样题,让读者更好地理解PISA数学试题中会碰到的问题类型。下面这些样题是PISA 2003测试后发布的。与阅读一样,PISA 2006没有再发布数学样题。所选试题的分布图如图6.11所示。这些试题根据其难度进行排序,最复杂的题列在顶端,最简单的题列在底部。

接近量表顶部的题目在呈现时一般都涉及许多个不同的要素,并且要求高水平的解释。由于情境常常是不熟悉的,因此要求学生有一定程度的深入思考能力和一定的创造力。问题还通常要求某种形式的论证,一般都是以解释理由的形式出现。典型的活动包括:解释复

杂的、不熟悉的数据；对复杂的实际情境进行数学构建；使用数学建模过程。量表这部分的题目通常包括一些需要学生进行联系的元素，而学生能否成功一般需要他们有策略地运用一些相互关联的步骤。例如《木匠》问题1，呈现给学生四幅图，在已知围花坛的木材长度的情况下，学生必须从中选出其中一幅（也可能是多幅）最合适的花坛设计图，这道题考查学生对几何知识的理解和应用。

图6.11 ■ 部分数学试题难度分布图

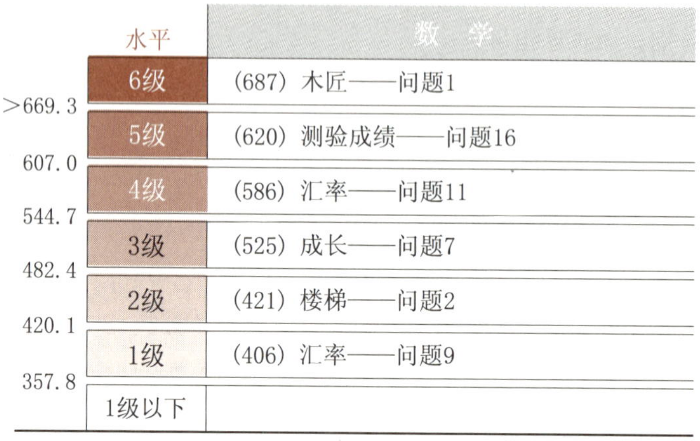

水平	数学
6级（>669.3）	(687) 木匠——问题1
5级（607.0）	(620) 测验成绩——问题16
4级（544.7）	(586) 汇率——问题11
3级（482.4）	(525) 成长——问题7
2级（420.1）	(421) 楼梯——问题2
1级（357.8）	(406) 汇率——问题9
1级以下	

　　量表中部的题目要求进行相当多的解释，而且题目情境也经常是不太熟悉或者学生没练习过的。这些题目经常要用到对情境的不同表示法，其中包括更加形式化的数学表述，还需要仔细地将这些不同表述联系起来，以加深理解和方便分析。这些题目常常包括一连串的推理或一系列的计算步骤，而且可能要学生通过简单的解释来表达他们的推理过程。典型的活动包括：解释一系列相关的图表；解释文本，将文本与表或图表中的信息相联系，提取相关信息并进行一些计算；使用比例尺转换计算地图上的距离；并且运用空间推理和几何学知识进行距离、速度和时间运算。例如，《成长》单元向学生呈现了10—20岁男女青年的平均身高曲线图，该单元中的问题7要求学生指出生活中女性平均身高超过同龄男性的时间段。学生必须理解曲线图，确切地了解图中显示的内容。他们还必须把男性和女性的曲线图联系起来，确定指定的时间段是如何显示的，然后从横坐标上准确地读出相关的值。

　　接近量表底部的题目，情境简单且相对熟悉，只要求对情境做最少的解释，并把常见的数学知识直接应用在熟悉的情境中。典型的活动是：直接从图表读数，进行非常简单和直接的算术运算，对少数几个数字正确排序，对熟悉的物体计数，使用简单的货币汇率，辨认和列出简单的组合结果。例如，《汇率》单元的问题9告诉学生新加坡元（SGD）和南非兰特（ZAR）间的单位汇率为1新币＝4.2兰特。题目要求学生根据汇率把3 000元新币转换成南非兰特。汇率是以一个熟悉的等式呈现的，所要求的数学步骤也是直接和相当明了的。

图 6.12 ■ 木匠

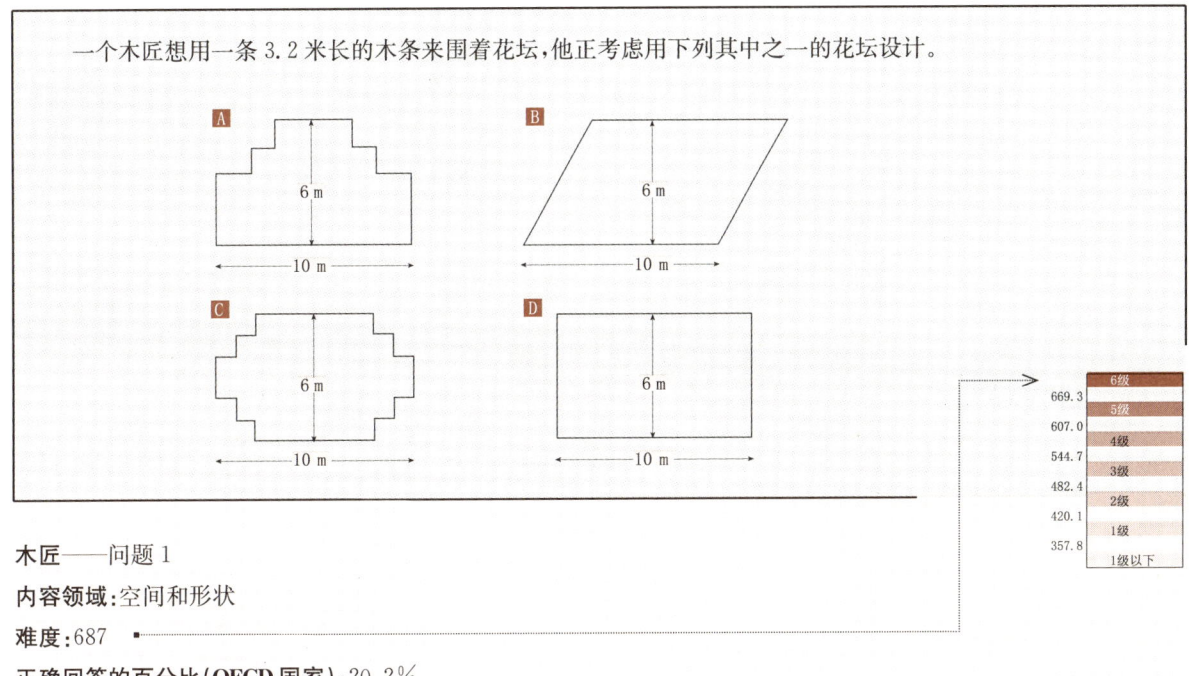

木匠——问题 1

内容领域：空间和形状

难度：687

正确回答的百分比(OECD 国家)：20.2％

以上的花坛可以用 32 米长的木条造出来吗？请在下表圈出"可以"或"不可以"。

花坛设计	若运用这设计,可以用 32 米的木条造出来吗?
设计 A	可以/不可以
设计 B	可以/不可以
设计 C	可以/不可以
设计 D	可以/不可以

评分

满分：依次为可以,不可以,可以,可以

点评

　　这道复合式选择题属于教育情境,因为它是一个准现实问题,经常能在数学课堂上碰到,而不大可能是工作情境中的一个真实问题。尽管并不典型,但 PISA 测评中也包含了少量这类的题目。然而,完成这道题目所需的能力肯定与数学素养相关,并且是数学素养的组成部分。这是一道难度为 687 分的 6 级水平题目。题目属于空间和形状领域。学生必须能够认识到二维图形 A、C 和 D 的周长相等才能解决问题,因此他们需要解读形象信息并看到存在的同和异。学生要看到 32 米长的木料能否做成一个特定的花坛形状。在三种情况下,由于矩形的形状使得结果非常明显。但是第四个是平行四边形,32 米不够。这种对于几何洞察力、论证技能和几何知识的运用,使这道题目体现了 6 级水平。

面向明日世界的科学能力——国际学生评估项目(PISA)2006 报告

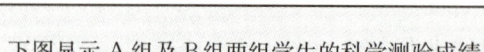

图 6.13 ■ 测验成绩

下图显示 A 组及 B 组两组学生的科学测验成绩。

A 组学生的平均分是 62.0 分,而 B 组学生的平均分为 64.5 分。学生在测验中得到 50 分或 50 分以上才算通过考试。

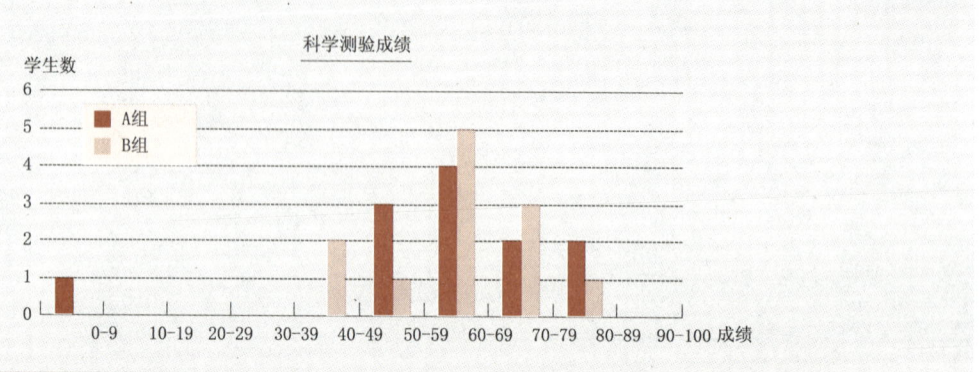

测验成绩——问题 16

内容领域:不确定性

难度:620

正确回答的百分比(OECD 国家):32.7%

请看上图,老师认为在这次测验中,B 组学生的成绩比 A 组学生的成绩好。

A 组学生不同意老师的看法。他们试图说服老师 B 组不一定做得比较好。

试运用图表资料,举出一项 A 组学生可以用来说服老师的数学依据。

点评

　　这道开放式问题属于教育情境,难度值是 620 分。该题的教育情境是所有学生都熟悉的:比较测验成绩。这道题中,两组学生参加了科学测验:A 组和 B 组。结果以两种方式向学生呈现:包含数据的文字说明和在同一网格线内的两组图。问题是要找到证据证明实际上 A 组学生比 B 组考得好,以反驳老师因 B 组均分较高而认为 B 组考得好的结论。很明显该题属于不确定性内容领域。这个内容领域的知识在信息社会很重要,因为数据和图的表示法无论在传媒还是我们的日常生活的其他许多方面都起着重要的作用。实际上学生对这道题至少可以从三方面论证。第一个是 A 组有更多的学生通过了考试;第二是 A 组分数中极端值造成的歪曲影响;最后一个是 A 组有更多的学生考到 80 分及以上。答对的学生已经能在具有某种结构且数学表示法在某种程度上显而易见的问题情境中应用统计知识。同时,他们还需要用推理和洞察力来解读和分析已有的信息,而且还要表述自己的理由和论点。因此这道题属于 5 级。

图 6.14 ■ 汇率——问题 11

来自新加坡的梅陵(Mei-Ling)准备去南非做3个月的交换生。她需要把一些新加坡元(SGD)兑换成南非兰特(ZAR)。

汇率——问题 11
内容领域:数量
难度:586
正确回答的百分比(OECD国家):40.5%

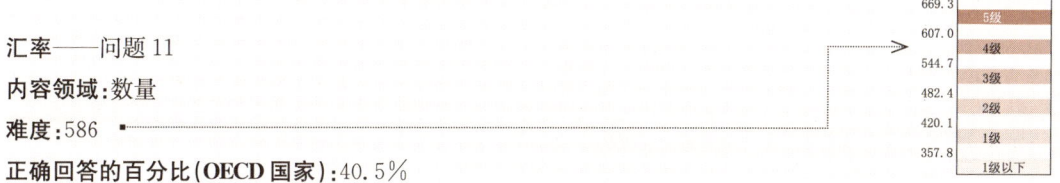

这三个月中,汇率从1新加坡元兑4.2南非兰特变为1新加坡元兑4.0南非兰特。
当梅陵把南非兰特换回新加坡元时,汇率是1新加坡元兑4.0而不是4.2南非兰特,她满意吗?
请给出解释来支持你的答案。

评分
满分:"是的",并且提供充分解释。

点评
  这道开放式问题属于公共情境,难度值是586分。由于这道题的数学内容需要学生用到涉及数字运算的程序知识:乘法和除法,这些属于数量的内容,因此这道题在数量领域。解决问题所需的能力并不浅显:学生需要反思汇率的概念及其在这个特定情境中的作用。虽然所有要求的信息都明确给出了,但这道题所要求的数学化能力是相当高的:不仅是对相关数学知识的确定有点复杂,而且在数学世界中换算问题对学生要求很高。解决这个问题的能力可以说是使用灵活推理和反思能力。解释结果也需要交流表达能力。由于该题目包含熟悉的背景、复杂的情境和非常规的问题,需要用到推理能力、洞察力和交流表达能力,因此它属于4级水平。

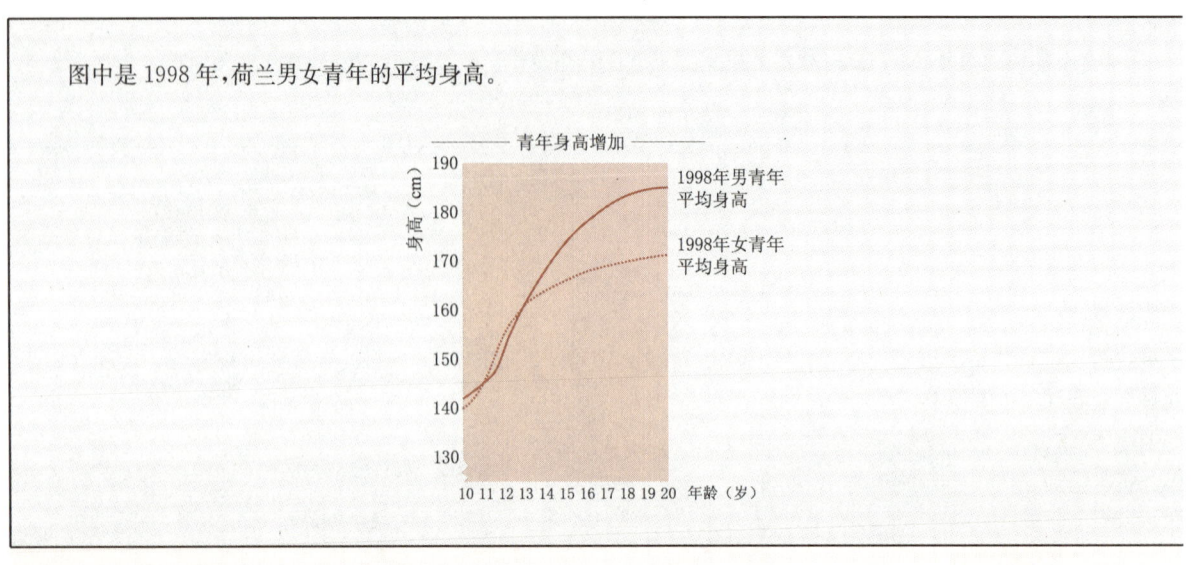

图 6.15 ■ 成长

成长——问题 7

内容领域：变化和关系

难度：525

正确回答的百分比（OECD 国家）：54.8%

根据这个图，在哪个年龄阶段女青年的平均身高超过男青年？

评分

满分：正确指出 11—13 岁这一阶段，或者说 11、12 岁的时候女青年比男青年高。

点评

  这道题目强调年龄与身高的关系，说明它属于变化和关系的内容领域，它的最低难度值是 420 分（1 级）。因为它要求学生对比两组数据的特征，解释这些数据并得出结论。成功解决这个问题需要的能力是：针对常见的数学内容，并且是采用相当熟悉和标准的表示法的情况下，能够解释和解码的能力。学生需要具备思考和推理能力来回答下面的问题："图中的交叉点在哪儿？"也需要论证和交流能力来解释这些交叉点的意义，找到需要的答案。得到部分分数的学生能表现出较好的推理能力和洞察力，不过不能写出完整的、综合的答案。也许他们能够确认 11 岁、12 岁或 13 岁是答案的一部分，却不能把 11 到 13 岁看成是连续的。这道题目很好地说明了 1 级和 2 级水平之间的界线。回答得满分说明已经达到 3 级，难度值是 525 分。得满分的学生不仅推理和洞察能力很好，而且能写出完整的、综合的答案。成功解决问题的学生能够熟练地使用用图来表示的方法，得出结论，并交流他们得出的结果。

图 6.16 ■ 楼梯

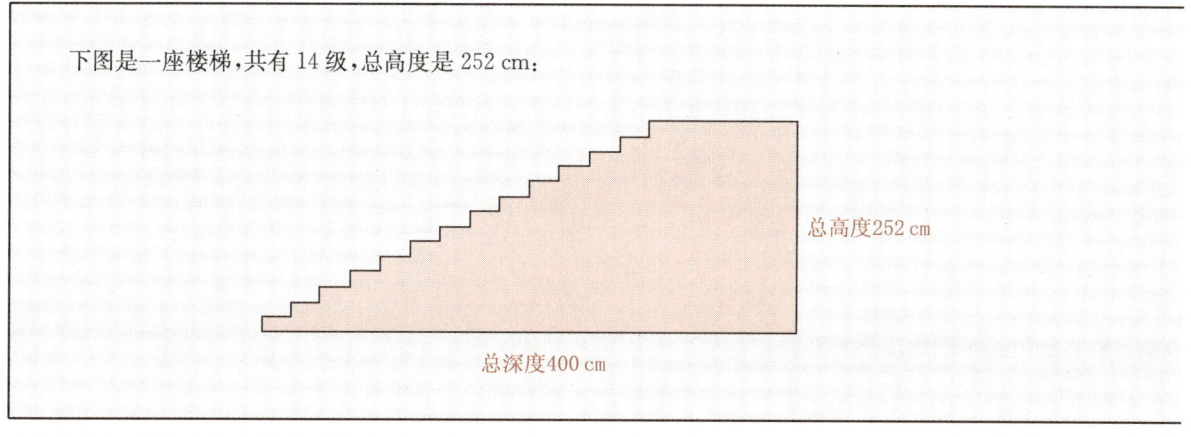

楼梯——问题 2

内容领域：空间和形状

难度：421

正确回答的百分比（OECD 国家）：78.3%

在这 14 级楼梯中，每级楼梯的高度应是多少呢？

高度：……………… cm。

评分

满分：18

点评

这道简答题属于木匠的日常生活情境，因此被归入职业情境。其难度为 421 分，一个人即使不是木匠也可以理解相关的信息；很明显，一个受过教育的公民应当能够理解并解决这样的问题。它使用了两种不同的表示法，一种是包含数字的语言，一种是图形表示法。但是图形能起到简单且非主要的功能：学生知道楼梯的样子。这道题目因为包含冗余信息（总深度 400 cm），所以值得注意。冗余信息有时会迷惑学生，但是这种冗余在实际的问题解决中非常普遍。楼梯问题的情境将这一问题归入空间和形状领域，但是实际的计算过程仅需要简单的除法。所有必须的信息，甚至还有一些不需要的信息，它们均在一种可以识别的情境中呈现，学生可以从一个单一的信息来源中获得相关信息，而且，本质上说，这道题目只需利用一种表示法，再加上它要求运用基本的运算，这道题目刚刚达到 2 级水平。

图6.17 ■ 汇率——问题9

来自新加坡的梅陵(Mei-Ling)准备去南非做3个月的交换生。她需要把一些新加坡元(SGD)兑换成南非兰特(ZAR)。

汇率——问题9

内容领域:数量

难度:406

正确回答的百分比(OECD国家):79.9%

梅陵发现新加坡元和南非兰特的汇率是:1新加坡元(SGD)=4.2南非兰特(ZAR)。
根据这个汇率,她把3 000新加坡元换成南非兰特。
请问她能拿到多少南非兰特?

评分

满分:12 600南非兰特(单位不做要求)

点评

　　这道简答题属于公共情境,难度值是406分。也许并不是所有学生都有运用汇率的经历,但这个概念是一个公民应具备的知识和技能。数学内容限于四种基本算法中的一种:乘法。所以本题属于数量领域,具体地说是:数字运算。至于考查的能力,只需要一种很有限的数学化形式:理解简单的文本,并且把给出的信息和所需要的计算联系起来。要用到的信息都明确罗列出来了,因而解决这道题需要的能力也就是常规的计算和/或标准运算法则的应用。这道题有熟悉的背景、明确定义的问题、常规的计算,因此属于1级水平。

学生的数学成绩

PISA 2006 所采用的数学能力水平与 PISA 2003 数学作为主要测试领域时确定的分级是一致的。评定数学能力水平的过程与第 2 章中详细描述的科学能力水平评定过程相同。数学领域共分 6 级能力水平。

图 6.18 ■ 数学的六个能力水平概述

水平	最低分数线	学生一般能完成的内容
6	669.3	在 6 级水平,学生能基于对复杂问题情境的研究和建模,对所获信息进行概念化、概括并加以运用;能将不同的信息源和表示法联系起来,并在其间自由地转换;能进行高水平的数学思维和推理;能够运用洞察力和理解力,以及所掌握的符号和形式的数学运算与关系,来提出新的方法和策略,以破解陌生情境中的问题;能明确地表达并准确地交流他们的做法,以及对自己的发现、解释、观点和原有情境适用性进行反思。
5	607.0	在 5 级水平,学生能在复杂的情境下建立并使用模型,识别限定条件并列出假设;能够选择、比较和评估适当的问题解决策略,来解决与这些模型相关的复杂问题;能有策略地运用开阔而良好的思维和推理能力,合理连接的表示法、符号和形式的特征描述,以及与这类情境有关的洞察力;能反思自己的做法,明确地表达并交流自己的解释和推理。
4	544.7	在 4 级水平,学生能在可能包含限定条件或要求进行假设的复杂具体情境下有效运用明确的模型;能选择和整合包括符号表示法在内的不同的表示法,将它们直接与实际情况联系起来;在这些情境中,该水平的学生能运用娴熟的技能,进行灵活的推理,并且具有一定的洞察力;基于自己的理解、论证和做法,他们能形成并交流自己的解释和观点。
3	482.4	在 3 级水平,学生能执行清晰表述的行动步骤,包括那些要求连续决策的步骤;能选择和运用简单的问题解决策略;能理解和使用基于不同信息来源的表示法,并能对其进行直接推理;能进行简短的交流来报告他们的解释、结果和推理。
2	420.1	在 2 级水平,学生在仅需要直接推断的情况下能够理解和识别条件情境;能从单一来源中提取相关的信息并利用单一的表示模式;能运用基本算法、公式、步骤和惯例;能进行直接推理,并解释结果的字面意思。
1	357.8	在 1 级水平,学生能回答熟悉情境中所有相关信息都给出且明确界定的问题;能在明确的情境中,根据直接指示辨别信息并完成常规的步骤;能执行那些显而易见并紧随在引导内容之后的动作。

6 级水平(高于 669.3 分)

在数学量表上达到 6 级水平的学生能进行高水平的数学思考和推理;能够运用洞察力和理解力,以及所掌握的符号和形式的数学运算与关系,来提出新的方法和策略,以破解陌生情境中的问题;能够明确地表达并准确地交流他们的做法以及对自己的发现、解释、观点及其对原有情境适用性的反思。

在 OECD 国家中,平均 3.3% 的学生达到 6 级水平,韩国有 9.1% 的学生达到 6 级,捷克、芬兰、比利时和瑞士有 6% 或更高比例的学生达到 6 级。伙伴地区中华台北和中国香港分别有

11.8%和9%的学生达到这一水平。相反,墨西哥只有0.1%的学生达到6级,而伙伴国哥伦比亚、突尼斯、印度尼西亚、吉尔吉斯斯坦和约旦等国这一比例则更低。

从表6.2a和6.2c我们可以看出,两个达到6级水平学生比例相同的国家,平均分会受到1级水平学生百分比的影响。例如,爱沙尼亚和法国达到6级水平的学生都是2.6%,但是他们的平均分有很大差异——爱沙尼亚的平均分(515分)显著高于法国的平均分(496分),其中的部分原因是爱沙尼亚1级水平的学生百分比相对比较低(2.7%),而法国有8.4%的学生处于1级水平。

5级水平(高于607.0分,但是低于或等于669.3分)

在数学量表上达到5级水平的学生能在复杂的情境下建立并使用模型,辨别限定条件并列出假设;能选择、比较和评估适当的问题解决策略,来解决与这些模型相关的复杂问题;能有策略地运用开阔而良好的思维和推理能力、合理联系起来的表示法、符号和形式的特征描述,以及与这类情境有关的洞察力。

在OECD国家中,平均有13.4%的学生达到5级或6级(图6.19和表6.2a)。韩国是OECD国家中达到5级和6级的学生比例最高的国家,达到27.1%;芬兰、瑞士、比利时和荷兰都超过20%;伙伴地区中华台北和中国香港分别有31.9%和27.7%的学生达到5级或6级,除了墨西哥和土耳其以外,OECD国家至少5%的学生达到5级水平。

4级水平(高于544.7分,但是低于或等于607.0分)

在数学量表上达到4级水平的学生能在可能包含限定条件或要求提出假设的复杂具体情境下有效运用明确的模型;能选择和整合包括符号表示法在内的不同表示法,将它们直接与实际情况联系起来;在这些情境中,该水平的学生能运用娴熟的技能,进行灵活的推理,并且具有一定的洞察力。在OECD国家中,平均32.5%的学生达到这一水平或以上(即4级、5级和6级)(图6.19和表6.2a)。在韩国、芬兰以及伙伴地区中华台北和中国香港,大多数学生处于这一水平。在瑞士、荷兰、比利时、加拿大、日本和新西兰,以及伙伴国(地区)列支敦士登和中国澳门,超过40%的学生达到这一水平。但是,在墨西哥、土耳其、希腊、意大利、葡萄牙、美国和西班牙,以及大多数伙伴国(地区),只有不到四分之一的学生达到4级。

3级水平(高于482.4分,但是低于或等于544.7分)

在数学量表上达到3级水平的学生能执行清晰描述的行动步骤,包括那些要求连续决策的步骤;能选择和运用简单的问题解决策略;能理解和使用基于不同信息来源的表示法;能通过简短的交流来报告他们的解释、结果和推理。在整个OECD地区,平均有56.8%的学生在数学量表上至少达到3级或3级以上(即3级、4级、5级和6级)(图6.19和表6.2a)。在30个OECD国家中,芬兰、韩国、加拿大、荷兰、瑞士和日本等6个国家,在伙伴国(地区)中,中国香港、中华台北、中国澳门和列支敦士登,67%以上的15岁学生至少达到3级水平。

2级水平(高于420.1分,但是低于或等于482.4分)

2级水平的学生在仅需要直接推断的情况下能够理解和识别条件情境;能从单一来源中提取相关的信息并利用单一的表示模式;能运用基本算法、公式、步骤或惯例;能进行直接推理,并解

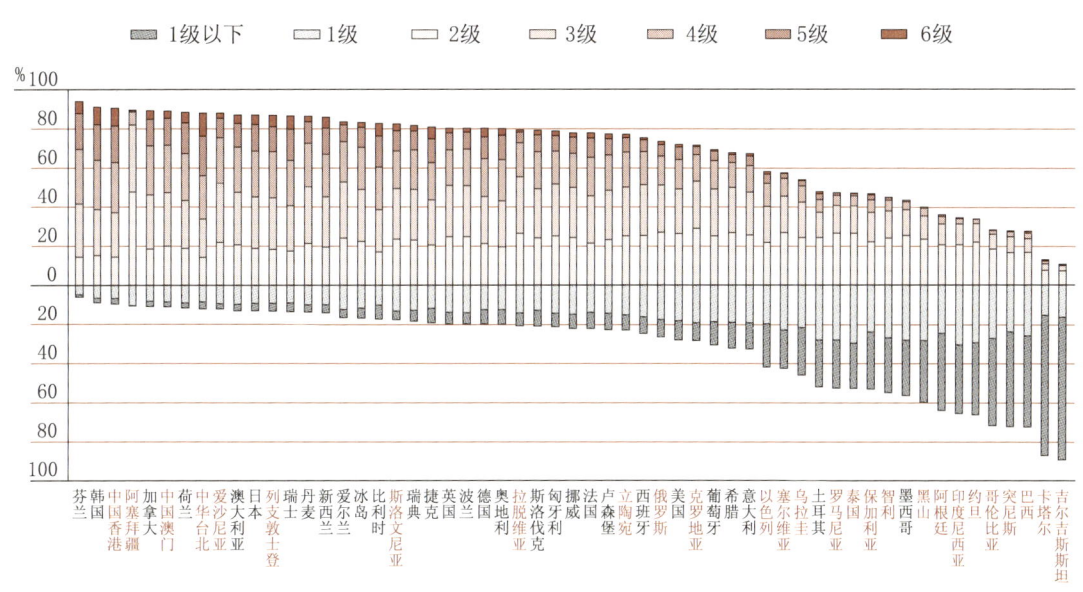

图 6.19 ■ 数学量表上各能力水平学生的百分比

国家(地区)顺序按达到 2, 3, 4, 5, 6 级学生的百分比降序排列。
资料来源：OECD PISA 2006 数据库，表 6.2a。
StatLink http://dx.doi.org/10.1787/142046885031。

释结果的字面意思。这一水平代表了 PISA 数学量表中最基本的能力水平，学生开始表现出能够主动地运用数学的能力，是未来发展和运用数学能力的基础。在 OECD 国家中，平均 78.7% 的学生达到 2 级水平或 2 级以上。在芬兰、韩国和伙伴地区中国香港，有 90% 以上的学生达到或超过这一阈限水平。除了葡萄牙、希腊、意大利、土耳其和墨西哥以外，其他 OECD 国家至少有 70% 的学生达到 2 级水平或 2 级以上(图 6.19 和表 6.2a)。

1 级水平(高于 357.8 分，但是低于或等于 420.1 分)或以下

1 级水平的学生能回答熟悉情境中相关信息完整且明确界定的问题；能在明确的情境中，根据直接指示辨别信息并完成常规的步骤；能执行那些显而易见并紧随在引导内容之后的动作。

成绩在 357.8 分以下的学生是在 1 级水平以下的，一般不能成功地解决 PISA 测评中最基本的数学问题。他们在测评中的答题情况是，即使在全部由 1 级水平难度的试题组成的测试中，他们能答对的也不到一半。这些学生很难把数学作为有效的工具，来从今后进一步受教育和学习的机会中获得提高。

在 OECD 国家中，平均有 13.6% 的学生处于 1 级水平，7.7% 的学生在 1 级以下，但是，国家之间的差异比较大。在芬兰、韩国和伙伴地区中国香港，不到 10% 的学生处于 1 级或 1 级水平以下。在其他 OECD 国家中，成绩为 1 级或 1 级以下的百分比从加拿大的 10.8% 到墨西哥的 56.5% 不等。(图 6.19 和表 6.2a)。

国家(地区)在数学量表上的平均成绩

与阅读一样，各国的数学成绩可以用平均分来概括。如上所述，因为数学是 PISA 2003 测试

图 6.20a（第一部分） ■ 数学量表平均分的多重比较

	平均分	中华台北 549	芬兰 548	中国香港 547	韩国 547	荷兰 531	瑞士 530	加拿大 527	中国澳门 525	列支敦士登 525	日本 523	新西兰 522	比利时 520	澳大利亚 520	爱沙尼亚 515	丹麦 513	捷克 510	冰岛 506	奥地利 505	斯洛文尼亚 504	德国 504	瑞典 502	爱尔兰 501	法国 496	英国 495	波兰 495	斯洛伐克 492	匈牙利 491	卢森堡 490	挪威 490
标准误		(4.1)	(2.3)	(2.7)	(3.8)	(2.6)	(3.2)	(2.0)	(1.3)	(4.2)	(3.3)	(2.4)	(3.0)	(2.2)	(2.7)	(2.6)	(3.6)	(1.8)	(3.7)	(1.0)	(3.9)	(2.4)	(2.8)	(3.2)	(2.1)	(2.4)	(2.8)	(2.9)	(1.1)	(2.6)
中华台北	549 (4.1)		○	○	○	▲	▲	▲	▲	▲	▲	▲	▲	▲	▲	▲	▲	▲	▲	▲	▲	▲	▲	▲	▲	▲	▲	▲	▲	▲
芬兰	548 (2.3)	○		○	○	▲	▲	▲	▲	▲	▲	▲	▲	▲	▲	▲	▲	▲	▲	▲	▲	▲	▲	▲	▲	▲	▲	▲	▲	▲
中国香港	547 (2.7)	○	○		○	▲	▲	▲	▲	▲	▲	▲	▲	▲	▲	▲	▲	▲	▲	▲	▲	▲	▲	▲	▲	▲	▲	▲	▲	▲
韩国	547 (3.8)	○	○	○		▲	▲	▲	▲	▲	▲	▲	▲	▲	▲	▲	▲	▲	▲	▲	▲	▲	▲	▲	▲	▲	▲	▲	▲	▲
荷兰	531 (2.6)	▼	▼	▼	▼		○	○	○	○	○	○	○	○	▲	▲	▲	▲	▲	▲	▲	▲	▲	▲	▲	▲	▲	▲	▲	▲
瑞士	530 (3.2)	▼	▼	▼	▼	○		○	○	○	○	○	○	○	▲	▲	▲	▲	▲	▲	▲	▲	▲	▲	▲	▲	▲	▲	▲	▲
加拿大	527 (2.0)	▼	▼	▼	▼	○	○		○	○	○	○	○	○	▲	▲	▲	▲	▲	▲	▲	▲	▲	▲	▲	▲	▲	▲	▲	▲
中国澳门	525 (1.3)	▼	▼	▼	▼	○	○	○		○	○	○	○	○	▲	▲	▲	▲	▲	▲	▲	▲	▲	▲	▲	▲	▲	▲	▲	▲
列支敦士登	525 (4.2)	▼	▼	▼	▼	○	○	○	○		○	○	○	○	○	○	▲	▲	▲	▲	▲	▲	▲	▲	▲	▲	▲	▲	▲	▲
日本	523 (3.3)	▼	▼	▼	▼	○	○	○	○	○		○	○	○	○	○	▲	▲	▲	▲	▲	▲	▲	▲	▲	▲	▲	▲	▲	▲
新西兰	522 (2.4)	▼	▼	▼	▼	○	○	○	○	○	○		○	○	○	▲	▲	▲	▲	▲	▲	▲	▲	▲	▲	▲	▲	▲	▲	▲
比利时	520 (3.0)	▼	▼	▼	▼	○	○	○	○	○	○	○		○	○	○	▲	▲	▲	▲	▲	▲	▲	▲	▲	▲	▲	▲	▲	▲
澳大利亚	520 (2.2)	▼	▼	▼	▼	○	○	○	○	○	○	○	○		○	▲	▲	▲	▲	▲	▲	▲	▲	▲	▲	▲	▲	▲	▲	▲
爱沙尼亚	515 (2.7)	▼	▼	▼	▼	▼	▼	▼	▼	○	○	○	○	○		○	○	▲	○	▲	▲	▲	▲	▲	▲	▲	▲	▲	▲	▲
丹麦	513 (2.6)	▼	▼	▼	▼	▼	▼	▼	▼	○	○	▼	▼	▼	○		○	○	○	▲	▲	▲	▲	▲	▲	▲	▲	▲	▲	▲
捷克	510 (3.6)	▼	▼	▼	▼	▼	▼	▼	▼	▼	▼	▼	▼	▼	○	○		○	○	○	○	○	○	▲	▲	▲	▲	▲	▲	▲
冰岛	506 (1.8)	▼	▼	▼	▼	▼	▼	▼	▼	▼	▼	▼	▼	▼	▼	○	○		○	○	○	○	○	▲	▲	▲	▲	▲	▲	▲
奥地利	505 (3.7)	▼	▼	▼	▼	▼	▼	▼	▼	▼	▼	▼	▼	▼	○	○	○	○		○	○	○	○	○	▲	▲	▲	▲	▲	▲
斯洛文尼亚	504 (1.0)	▼	▼	▼	▼	▼	▼	▼	▼	▼	▼	▼	▼	▼	▼	▼	○	○	○		○	○	○	▲	▲	▲	▲	▲	▲	▲
德国	504 (3.9)	▼	▼	▼	▼	▼	▼	▼	▼	▼	▼	▼	▼	▼	▼	▼	○	○	○	○		○	○	○	○	○	▲	▲	▲	▲
瑞典	502 (2.4)	▼	▼	▼	▼	▼	▼	▼	▼	▼	▼	▼	▼	▼	▼	▼	○	○	○	○	○		○	○	○	○	▲	▲	▲	▲
爱尔兰	501 (2.8)	▼	▼	▼	▼	▼	▼	▼	▼	▼	▼	▼	▼	▼	▼	▼	○	○	○	○	○	○		○	○	○	▲	▲	▲	▲
法国	496 (3.2)	▼	▼	▼	▼	▼	▼	▼	▼	▼	▼	▼	▼	▼	▼	▼	▼	▼	○	▼	○	○	○		○	○	○	○	○	○
英国	495 (2.1)	▼	▼	▼	▼	▼	▼	▼	▼	▼	▼	▼	▼	▼	▼	▼	▼	▼	▼	▼	○	○	○	○		○	○	○	○	○
波兰	495 (2.4)	▼	▼	▼	▼	▼	▼	▼	▼	▼	▼	▼	▼	▼	▼	▼	▼	▼	▼	▼	○	○	○	○	○		○	○	○	○
斯洛伐克	492 (2.8)	▼	▼	▼	▼	▼	▼	▼	▼	▼	▼	▼	▼	▼	▼	▼	▼	▼	▼	▼	▼	▼	▼	○	○	○		○	○	○
匈牙利	491 (2.9)	▼	▼	▼	▼	▼	▼	▼	▼	▼	▼	▼	▼	▼	▼	▼	▼	▼	▼	▼	▼	▼	▼	○	○	○	○		○	○
卢森堡	490 (1.1)	▼	▼	▼	▼	▼	▼	▼	▼	▼	▼	▼	▼	▼	▼	▼	▼	▼	▼	▼	▼	▼	▼	○	○	○	○	○		○
挪威	490 (2.6)	▼	▼	▼	▼	▼	▼	▼	▼	▼	▼	▼	▼	▼	▼	▼	▼	▼	▼	▼	▼	▼	▼	○	○	○	○	○	○	
立陶宛	486 (2.9)	▼	▼	▼	▼	▼	▼	▼	▼	▼	▼	▼	▼	▼	▼	▼	▼	▼	▼	▼	▼	▼	▼	▼	▼	▼	○	○	○	○
拉脱维亚	486 (3.0)	▼	▼	▼	▼	▼	▼	▼	▼	▼	▼	▼	▼	▼	▼	▼	▼	▼	▼	▼	▼	▼	▼	▼	▼	▼	○	○	○	○
西班牙	480 (2.3)	▼	▼	▼	▼	▼	▼	▼	▼	▼	▼	▼	▼	▼	▼	▼	▼	▼	▼	▼	▼	▼	▼	▼	▼	▼	▼	▼	▼	▼
阿塞拜疆	476 (2.3)	▼	▼	▼	▼	▼	▼	▼	▼	▼	▼	▼	▼	▼	▼	▼	▼	▼	▼	▼	▼	▼	▼	▼	▼	▼	▼	▼	▼	▼
俄罗斯	476 (3.9)	▼	▼	▼	▼	▼	▼	▼	▼	▼	▼	▼	▼	▼	▼	▼	▼	▼	▼	▼	▼	▼	▼	▼	▼	▼	▼	▼	▼	▼
美国	474 (4.0)	▼	▼	▼	▼	▼	▼	▼	▼	▼	▼	▼	▼	▼	▼	▼	▼	▼	▼	▼	▼	▼	▼	▼	▼	▼	▼	▼	▼	▼
克罗地亚	467 (2.4)	▼	▼	▼	▼	▼	▼	▼	▼	▼	▼	▼	▼	▼	▼	▼	▼	▼	▼	▼	▼	▼	▼	▼	▼	▼	▼	▼	▼	▼
葡萄牙	466 (3.1)	▼	▼	▼	▼	▼	▼	▼	▼	▼	▼	▼	▼	▼	▼	▼	▼	▼	▼	▼	▼	▼	▼	▼	▼	▼	▼	▼	▼	▼
意大利	462 (2.3)	▼	▼	▼	▼	▼	▼	▼	▼	▼	▼	▼	▼	▼	▼	▼	▼	▼	▼	▼	▼	▼	▼	▼	▼	▼	▼	▼	▼	▼
希腊	459 (3.0)	▼	▼	▼	▼	▼	▼	▼	▼	▼	▼	▼	▼	▼	▼	▼	▼	▼	▼	▼	▼	▼	▼	▼	▼	▼	▼	▼	▼	▼
以色列	442 (4.3)	▼	▼	▼	▼	▼	▼	▼	▼	▼	▼	▼	▼	▼	▼	▼	▼	▼	▼	▼	▼	▼	▼	▼	▼	▼	▼	▼	▼	▼
塞尔维亚	435 (3.5)	▼	▼	▼	▼	▼	▼	▼	▼	▼	▼	▼	▼	▼	▼	▼	▼	▼	▼	▼	▼	▼	▼	▼	▼	▼	▼	▼	▼	▼
乌拉圭	427 (2.6)	▼	▼	▼	▼	▼	▼	▼	▼	▼	▼	▼	▼	▼	▼	▼	▼	▼	▼	▼	▼	▼	▼	▼	▼	▼	▼	▼	▼	▼
土耳其	424 (4.9)	▼	▼	▼	▼	▼	▼	▼	▼	▼	▼	▼	▼	▼	▼	▼	▼	▼	▼	▼	▼	▼	▼	▼	▼	▼	▼	▼	▼	▼
泰国	417 (2.3)	▼	▼	▼	▼	▼	▼	▼	▼	▼	▼	▼	▼	▼	▼	▼	▼	▼	▼	▼	▼	▼	▼	▼	▼	▼	▼	▼	▼	▼
罗马尼亚	415 (4.2)	▼	▼	▼	▼	▼	▼	▼	▼	▼	▼	▼	▼	▼	▼	▼	▼	▼	▼	▼	▼	▼	▼	▼	▼	▼	▼	▼	▼	▼
保加利亚	413 (6.1)	▼	▼	▼	▼	▼	▼	▼	▼	▼	▼	▼	▼	▼	▼	▼	▼	▼	▼	▼	▼	▼	▼	▼	▼	▼	▼	▼	▼	▼
智利	411 (4.6)	▼	▼	▼	▼	▼	▼	▼	▼	▼	▼	▼	▼	▼	▼	▼	▼	▼	▼	▼	▼	▼	▼	▼	▼	▼	▼	▼	▼	▼
墨西哥	406 (2.9)	▼	▼	▼	▼	▼	▼	▼	▼	▼	▼	▼	▼	▼	▼	▼	▼	▼	▼	▼	▼	▼	▼	▼	▼	▼	▼	▼	▼	▼
黑山	399 (1.4)	▼	▼	▼	▼	▼	▼	▼	▼	▼	▼	▼	▼	▼	▼	▼	▼	▼	▼	▼	▼	▼	▼	▼	▼	▼	▼	▼	▼	▼
印度尼西亚	391 (5.6)	▼	▼	▼	▼	▼	▼	▼	▼	▼	▼	▼	▼	▼	▼	▼	▼	▼	▼	▼	▼	▼	▼	▼	▼	▼	▼	▼	▼	▼
约旦	384 (3.3)	▼	▼	▼	▼	▼	▼	▼	▼	▼	▼	▼	▼	▼	▼	▼	▼	▼	▼	▼	▼	▼	▼	▼	▼	▼	▼	▼	▼	▼
阿根廷	381 (6.2)	▼	▼	▼	▼	▼	▼	▼	▼	▼	▼	▼	▼	▼	▼	▼	▼	▼	▼	▼	▼	▼	▼	▼	▼	▼	▼	▼	▼	▼
哥伦比亚	370 (3.8)	▼	▼	▼	▼	▼	▼	▼	▼	▼	▼	▼	▼	▼	▼	▼	▼	▼	▼	▼	▼	▼	▼	▼	▼	▼	▼	▼	▼	▼
巴西	370 (2.9)	▼	▼	▼	▼	▼	▼	▼	▼	▼	▼	▼	▼	▼	▼	▼	▼	▼	▼	▼	▼	▼	▼	▼	▼	▼	▼	▼	▼	▼
突尼斯	365 (4.0)	▼	▼	▼	▼	▼	▼	▼	▼	▼	▼	▼	▼	▼	▼	▼	▼	▼	▼	▼	▼	▼	▼	▼	▼	▼	▼	▼	▼	▼
卡塔尔	318 (1.0)	▼	▼	▼	▼	▼	▼	▼	▼	▼	▼	▼	▼	▼	▼	▼	▼	▼	▼	▼	▼	▼	▼	▼	▼	▼	▼	▼	▼	▼
吉尔吉斯斯坦	311 (3.4)	▼	▼	▼	▼	▼	▼	▼	▼	▼	▼	▼	▼	▼	▼	▼	▼	▼	▼	▼	▼	▼	▼	▼	▼	▼	▼	▼	▼	▼

- □ 统计上显著高于OECD平均成绩。
- ▨ 与OECD平均成绩没有显著性差异。
- ▨ 统计上显著低于OECD平均成绩。
- ▲ 平均成绩显著地高于比较国家（地区）。
- ○ 与比较国家（地区）之间没有统计上的显著差异。
- ▼ 平均成绩显著低于比较国家（地区）。

资料来源：OECD PISA 2006 数据库。

StatLink http://dx.doi.org/10.1787/142046885031

图 6.20a(第二部分) ■ 数学量表平均分的多重比较

	立陶宛	拉脱维亚	西班牙	阿塞拜疆	俄罗斯	美国	克罗地亚	葡萄牙	意大利	希腊	以色列	塞尔维亚	乌拉圭	土耳其	泰国	罗马尼亚	保加利亚	智利	墨西哥	黑山	印度尼西亚	约旦	阿根廷	哥伦比亚	巴西	突尼斯	卡塔尔	吉尔吉斯斯坦		平均分	
	486	486	480	476	476	474	467	466	462	459	442	435	427	424	417	415	413	411	406	399	391	384	381	370	370	365	318	311	标准误		
	(2.9)	(3.0)	(2.3)	(2.3)	(3.9)	(4.0)	(2.4)	(3.1)	(2.3)	(3.0)	(4.3)	(3.5)	(2.6)	(4.9)	(2.3)	(4.2)	(6.1)	(4.6)	(2.9)	(1.4)	(5.6)	(3.3)	(6.2)	(3.8)	(2.9)	(4.0)	(1.0)	(3.4)			
▲	▲	▲	▲	▲	▲	▲	▲	▲	▲	▲	▲	▲	▲	▲	▲	▲	▲	▲	▲	▲	▲	▲	▲	▲	▲	▲	▲	▲	(4.1)	549	中华台北
▲	▲	▲	▲	▲	▲	▲	▲	▲	▲	▲	▲	▲	▲	▲	▲	▲	▲	▲	▲	▲	▲	▲	▲	▲	▲	▲	▲	▲	(2.3)	548	芬兰
▲	▲	▲	▲	▲	▲	▲	▲	▲	▲	▲	▲	▲	▲	▲	▲	▲	▲	▲	▲	▲	▲	▲	▲	▲	▲	▲	▲	▲	(2.7)	547	中国香港
▲	▲	▲	▲	▲	▲	▲	▲	▲	▲	▲	▲	▲	▲	▲	▲	▲	▲	▲	▲	▲	▲	▲	▲	▲	▲	▲	▲	▲	(3.8)	547	韩国
▲	▲	▲	▲	▲	▲	▲	▲	▲	▲	▲	▲	▲	▲	▲	▲	▲	▲	▲	▲	▲	▲	▲	▲	▲	▲	▲	▲	▲	(2.6)	531	荷兰
▲	▲	▲	▲	▲	▲	▲	▲	▲	▲	▲	▲	▲	▲	▲	▲	▲	▲	▲	▲	▲	▲	▲	▲	▲	▲	▲	▲	▲	(3.2)	530	瑞士
▲	▲	▲	▲	▲	▲	▲	▲	▲	▲	▲	▲	▲	▲	▲	▲	▲	▲	▲	▲	▲	▲	▲	▲	▲	▲	▲	▲	▲	(2.0)	527	加拿大
▲	▲	▲	▲	▲	▲	▲	▲	▲	▲	▲	▲	▲	▲	▲	▲	▲	▲	▲	▲	▲	▲	▲	▲	▲	▲	▲	▲	▲	(1.3)	525	中国澳门
▲	▲	▲	▲	▲	▲	▲	▲	▲	▲	▲	▲	▲	▲	▲	▲	▲	▲	▲	▲	▲	▲	▲	▲	▲	▲	▲	▲	▲	(4.2)	525	列支敦士登
▲	▲	▲	▲	▲	▲	▲	▲	▲	▲	▲	▲	▲	▲	▲	▲	▲	▲	▲	▲	▲	▲	▲	▲	▲	▲	▲	▲	▲	(3.3)	523	日本
▲	▲	▲	▲	▲	▲	▲	▲	▲	▲	▲	▲	▲	▲	▲	▲	▲	▲	▲	▲	▲	▲	▲	▲	▲	▲	▲	▲	▲	(2.4)	522	新西兰
▲	▲	▲	▲	▲	▲	▲	▲	▲	▲	▲	▲	▲	▲	▲	▲	▲	▲	▲	▲	▲	▲	▲	▲	▲	▲	▲	▲	▲	(3.0)	520	比利时
▲	▲	▲	▲	▲	▲	▲	▲	▲	▲	▲	▲	▲	▲	▲	▲	▲	▲	▲	▲	▲	▲	▲	▲	▲	▲	▲	▲	▲	(2.2)	520	澳大利亚
▲	▲	▲	▲	▲	▲	▲	▲	▲	▲	▲	▲	▲	▲	▲	▲	▲	▲	▲	▲	▲	▲	▲	▲	▲	▲	▲	▲	▲	(2.7)	515	爱沙尼亚
▲	▲	▲	▲	▲	▲	▲	▲	▲	▲	▲	▲	▲	▲	▲	▲	▲	▲	▲	▲	▲	▲	▲	▲	▲	▲	▲	▲	▲	(2.6)	513	丹麦
▲	▲	▲	▲	▲	▲	▲	▲	▲	▲	▲	▲	▲	▲	▲	▲	▲	▲	▲	▲	▲	▲	▲	▲	▲	▲	▲	▲	▲	(3.6)	510	捷克
▲	▲	▲	▲	▲	▲	▲	▲	▲	▲	▲	▲	▲	▲	▲	▲	▲	▲	▲	▲	▲	▲	▲	▲	▲	▲	▲	▲	▲	(1.8)	506	冰岛
▲	▲	▲	▲	▲	▲	▲	▲	▲	▲	▲	▲	▲	▲	▲	▲	▲	▲	▲	▲	▲	▲	▲	▲	▲	▲	▲	▲	▲	(3.7)	505	奥地利
▲	▲	▲	▲	▲	▲	▲	▲	▲	▲	▲	▲	▲	▲	▲	▲	▲	▲	▲	▲	▲	▲	▲	▲	▲	▲	▲	▲	▲	(1.0)	504	斯洛文尼亚
▲	▲	▲	▲	▲	▲	▲	▲	▲	▲	▲	▲	▲	▲	▲	▲	▲	▲	▲	▲	▲	▲	▲	▲	▲	▲	▲	▲	▲	(3.9)	504	德国
▲	▲	▲	▲	▲	▲	▲	▲	▲	▲	▲	▲	▲	▲	▲	▲	▲	▲	▲	▲	▲	▲	▲	▲	▲	▲	▲	▲	▲	(2.4)	502	瑞典
▲	▲	▲	▲	▲	▲	▲	▲	▲	▲	▲	▲	▲	▲	▲	▲	▲	▲	▲	▲	▲	▲	▲	▲	▲	▲	▲	▲	▲	(2.8)	501	爱尔兰
▲	▲	▲	▲	▲	▲	▲	▲	▲	▲	▲	▲	▲	▲	▲	▲	▲	▲	▲	▲	▲	▲	▲	▲	▲	▲	▲	▲	▲	(3.2)	496	法国
▲	▲	▲	▲	▲	▲	▲	▲	▲	▲	▲	▲	▲	▲	▲	▲	▲	▲	▲	▲	▲	▲	▲	▲	▲	▲	▲	▲	▲	(2.1)	495	英国
▲	▲	▲	▲	▲	▲	▲	▲	▲	▲	▲	▲	▲	▲	▲	▲	▲	▲	▲	▲	▲	▲	▲	▲	▲	▲	▲	▲	▲	(2.4)	495	波兰
○	○	○	▲	▲	▲	▲	▲	▲	▲	▲	▲	▲	▲	▲	▲	▲	▲	▲	▲	▲	▲	▲	▲	▲	▲	▲	▲	▲	(2.8)	492	斯洛伐克
○	○	○	▲	▲	▲	▲	▲	▲	▲	▲	▲	▲	▲	▲	▲	▲	▲	▲	▲	▲	▲	▲	▲	▲	▲	▲	▲	▲	(2.9)	491	匈牙利
○	○	▲	▲	▲	▲	▲	▲	▲	▲	▲	▲	▲	▲	▲	▲	▲	▲	▲	▲	▲	▲	▲	▲	▲	▲	▲	▲	▲	(1.1)	490	卢森堡
○	○	○	▲	▲	▲	▲	▲	▲	▲	▲	▲	▲	▲	▲	▲	▲	▲	▲	▲	▲	▲	▲	▲	▲	▲	▲	▲	▲	(2.6)	490	挪威
	○	○	○	○	○	○	▲	▲	▲	▲	▲	▲	▲	▲	▲	▲	▲	▲	▲	▲	▲	▲	▲	▲	▲	▲	▲	▲	(2.9)	486	立陶宛
○		○	○	○	○	○	▲	▲	▲	▲	▲	▲	▲	▲	▲	▲	▲	▲	▲	▲	▲	▲	▲	▲	▲	▲	▲	▲	(3.0)	486	拉脱维亚
○	○		○	○	○	▲	▲	▲	▲	▲	▲	▲	▲	▲	▲	▲	▲	▲	▲	▲	▲	▲	▲	▲	▲	▲	▲	▲	(2.3)	480	西班牙
○	○	○		○	○	○	▲	▲	▲	▲	▲	▲	▲	▲	▲	▲	▲	▲	▲	▲	▲	▲	▲	▲	▲	▲	▲	▲	(2.3)	476	阿塞拜疆
▼	○	○	○		○	○	▲	▲	▲	▲	▲	▲	▲	▲	▲	▲	▲	▲	▲	▲	▲	▲	▲	▲	▲	▲	▲	▲	(3.9)	476	俄罗斯
▼	○	○	○	○		○	▲	▲	▲	▲	▲	▲	▲	▲	▲	▲	▲	▲	▲	▲	▲	▲	▲	▲	▲	▲	▲	▲	(4.0)	474	美国
▼	▼	▼	○	○	○		○	○	▲	▲	▲	▲	▲	▲	▲	▲	▲	▲	▲	▲	▲	▲	▲	▲	▲	▲	▲	▲	(2.4)	467	克罗地亚
▼	▼	▼	▼	▼	▼	○		○	○	▲	▲	▲	▲	▲	▲	▲	▲	▲	▲	▲	▲	▲	▲	▲	▲	▲	▲	▲	(3.1)	466	葡萄牙
▼	▼	▼	▼	▼	▼	○	○		○	▲	▲	▲	▲	▲	▲	▲	▲	▲	▲	▲	▲	▲	▲	▲	▲	▲	▲	▲	(2.3)	462	意大利
▼	▼	▼	▼	▼	▼	▼	○	○		▲	▲	▲	▲	▲	▲	▲	▲	▲	▲	▲	▲	▲	▲	▲	▲	▲	▲	▲	(3.0)	459	希腊
▼	▼	▼	▼	▼	▼	▼	▼	▼	▼		○	▲	▲	▲	▲	▲	▲	▲	▲	▲	▲	▲	▲	▲	▲	▲	▲	▲	(4.3)	442	以色列
▼	▼	▼	▼	▼	▼	▼	▼	▼	▼	○		○	○	▲	▲	▲	▲	▲	▲	▲	▲	▲	▲	▲	▲	▲	▲	▲	(3.5)	435	塞尔维亚
▼	▼	▼	▼	▼	▼	▼	▼	▼	▼	▼	○		○	▲	▲	▲	▲	▲	▲	▲	▲	▲	▲	▲	▲	▲	▲	▲	(2.6)	427	乌拉圭
▼	▼	▼	▼	▼	▼	▼	▼	▼	▼	▼	○	○		○	○	○	▲	▲	▲	▲	▲	▲	▲	▲	▲	▲	▲	▲	(4.9)	424	土耳其
▼	▼	▼	▼	▼	▼	▼	▼	▼	▼	▼	▼	▼	○		○	○	○	▲	▲	▲	▲	▲	▲	▲	▲	▲	▲	▲	(2.3)	417	泰国
▼	▼	▼	▼	▼	▼	▼	▼	▼	▼	▼	▼	▼	○	○		○	○	▲	▲	▲	▲	▲	▲	▲	▲	▲	▲	▲	(4.2)	415	罗马尼亚
▼	▼	▼	▼	▼	▼	▼	▼	▼	▼	▼	▼	▼	○	○	○		○	○	▲	▲	▲	▲	▲	▲	▲	▲	▲	▲	(6.1)	413	保加利亚
▼	▼	▼	▼	▼	▼	▼	▼	▼	▼	▼	▼	▼	▼	○	○	○		○	▲	▲	▲	▲	▲	▲	▲	▲	▲	▲	(4.6)	411	智利
▼	▼	▼	▼	▼	▼	▼	▼	▼	▼	▼	▼	▼	▼	▼	▼	○	○		▲	▲	▲	▲	▲	▲	▲	▲	▲	▲	(2.9)	406	墨西哥
▼	▼	▼	▼	▼	▼	▼	▼	▼	▼	▼	▼	▼	▼	▼	▼	▼	▼	▼		○	▲	▲	▲	▲	▲	▲	▲	▲	(1.4)	399	黑山
▼	▼	▼	▼	▼	▼	▼	▼	▼	▼	▼	▼	▼	▼	▼	▼	▼	▼	▼	○		○	○	▲	▲	▲	▲	▲	▲	(5.6)	391	印度尼西亚
▼	▼	▼	▼	▼	▼	▼	▼	▼	▼	▼	▼	▼	▼	▼	▼	▼	▼	▼	▼	○		○	○	▲	▲	▲	▲	▲	(3.3)	384	约旦
▼	▼	▼	▼	▼	▼	▼	▼	▼	▼	▼	▼	▼	▼	▼	▼	▼	▼	▼	▼	○	○		○	○	▲	▲	▲	▲	(6.2)	381	阿根廷
▼	▼	▼	▼	▼	▼	▼	▼	▼	▼	▼	▼	▼	▼	▼	▼	▼	▼	▼	▼	▼	○	○		○	▲	▲	▲	▲	(3.8)	370	哥伦比亚
▼	▼	▼	▼	▼	▼	▼	▼	▼	▼	▼	▼	▼	▼	▼	▼	▼	▼	▼	▼	▼	○	○	○		▲	▲	▲	▲	(2.9)	370	巴西
▼	▼	▼	▼	▼	▼	▼	▼	▼	▼	▼	▼	▼	▼	▼	▼	▼	▼	▼	▼	▼	▼	▼	▼	▼		▲	▲	▲	(4.0)	365	突尼斯
▼	▼	▼	▼	▼	▼	▼	▼	▼	▼	▼	▼	▼	▼	▼	▼	▼	▼	▼	▼	▼	▼	▼	▼	▼	▼		▲	▲	(1.0)	318	卡塔尔
▼	▼	▼	▼	▼	▼	▼	▼	▼	▼	▼	▼	▼	▼	▼	▼	▼	▼	▼	▼	▼	▼	▼	▼	▼	▼	▼		▼	(3.4)	311	吉尔吉斯斯坦

□ 统计上显著高于OECD平均成绩。
▨ 与OECD平均成绩没有显著性差异。
▨ 统计上显著低于OECD平均成绩。

▲ 平均成绩显著地高于比较国家(地区)。
○ 与比较国家(地区)之间没有统计上的显著差异。
▼ 平均成绩显著地低于比较国家(地区)。

资料来源:OECD PISA 2006 数据库。

StatLink http://dx.doi.org/10.1787/142046885031

的重点,当时把 OECD 国家 PISA 2003 的平均分设为 500 分,并作为与 PISA 2006 测试结果比较的基准。对于 PISA 2006,OECD 国家数学平均分为 498 分,略低于 PISA 2003 的 500 分,但是这一差异并不显著。

在解释平均成绩时,我们只考虑那些在统计上有显著性的国家(地区)间的差异。图 6.20a 表示了这些国家(地区)两两之间成绩差异大到足以肯定其中样本成绩高的那个国家(地区)其所有 15 岁在校学生成绩都会比较高。从横行来看,可以将一个国家(地区)的成绩和图最上端所列的一系列国家(地区)相比较,图中的符号代表了该国家(地区)成绩是显著低于,或无显著差异,或显著高于被比较的国家(地区)。

四个国家(地区)在 2006 年的数学测试中成绩优于其他国家(地区):芬兰、韩国、伙伴地区中华台北和中国香港。这四个国家(地区)的平均分都比其他 OECD 国家高 16 分以上,分别是 548、547、549 和 547 分,而且比 PISA 2006 OECD 平均分 498 分高半个能力等级水平以上。其他 OECD 国家中,平均分显著高于 OECD 平均的有:荷兰、瑞士、加拿大、日本、新西兰、比利时、澳大利亚、丹麦、捷克、冰岛和奥地利;伙伴国(地区)中有列支敦士登、中国澳门、爱沙尼亚和斯洛文尼亚。接近于 OECD 平均分的是德国、瑞典、冰岛、法国、英国和波兰。

因为结论均基于样本,所以我们不可能非常精确地得出所有参与国家(地区)的相对排序,但是,还是有 95% 的可能性确定一个国家(地区)排名的范围(图 6.20b)。

高水平和低水平学生的成绩差异参见表 6.2c。在 OECD 国家中,芬兰和爱尔兰在第 5 百分位数和第 95 百分位数之间的分布间距最小,分别为 266 分和 268 分。在伙伴国(地区)中,一些成绩比较低的国家,例如阿塞拜疆、印尼和泰国,差异也比较小,介于 153 分和 269 分之间,同时,成绩高的伙伴国家之一,爱沙尼亚,差异为 264 分,也处于这个区间。另一方面,在奥地利、瑞士、德国、捷克和比利时,第 5 百分位数和第 95 百分位数的学生成绩差异相当大,其中比利时的差异部分反映了不同社区之间的差异。

学生的数学成绩是如何变化的

如前面所提到的那样,我们不可能直接比较 PISA 2006 和 PISA 2003 的数学成绩,因为只有两个时间点,任何推论都必须谨慎。整体上纵观 OECD 各国,PISA 2003 与 PISA 2006 之间数学成绩并没有显著的变化,OECD 平均分虽然相差两分,但这在统计上没有显著性(表 6.3b)。

对大多数国家来说,从 PISA 2003 到 PISA 2006 的数学成绩基本上没有变化,但是少数国家有显著变化。

两个 OECD 国家,墨西哥和希腊,以及两个伙伴国家,印度尼西亚和巴西,学生的数学成绩在 PISA 2006 比 PISA 2003 好。

- 墨西哥 PISA 2006 的数学成绩比 PISA 2003 高出 20 分,达到 406 分,但仍然低于 OECD 国家平均成绩。在阅读方面,墨西哥女生 PISA 2006 成绩比 PISA 2003 有显著提高,但是男生的成绩没有变化;在数学测试中,男生和女生的成绩都取得了同样的进步。

图 6.20b ■ 国家(地区)数学量表成绩排名

统计上显著高于 OECD 平均成绩
与 OECD 平均成绩没有显著性差异
统计上显著低于 OECD 平均成绩

			数学量表			
			\multicolumn{4}{c}{排名范围}
	平均分	标准误	OECD 国家		所有国家/经济体	
			最高排名	最低排名	最高排名	最低排名
中华台北	549	(4.1)			1	4
芬兰	548	(2.3)	1	2	1	4
中国香港	547	(2.7)			1	4
韩国	547	(3.8)	1	2	1	4
荷兰	531	(2.6)	3	5	5	8
瑞士	530	(3.2)	3	6	5	9
加拿大	527	(2.0)	3	6	5	10
中国澳门	525	(1.3)			7	11
列支敦士登	525	(4.2)			5	13
日本	523	(3.3)	4	9	6	13
新西兰	522	(2.4)	5	9	8	13
比利时	520	(3.0)	6	10	8	14
澳大利亚	520	(2.2)	6	9	10	14
爱沙尼亚	515	(2.7)			12	16
丹麦	513	(2.6)	9	11	13	16
捷克	510	(3.6)	10	14	14	20
冰岛	506	(1.8)	11	15	16	21
奥地利	505	(3.7)	10	16	15	22
斯洛文尼亚	504	(1.0)			17	21
德国	504	(3.9)	11	17	16	23
瑞典	502	(2.4)	12	17	17	23
爱尔兰	501	(2.8)	12	17	17	23
法国	496	(3.2)	15	22	21	28
英国	495	(2.1)	16	21	22	27
波兰	495	(2.4)	16	21	22	27
斯洛伐克	492	(2.8)	17	23	23	30
匈牙利	491	(2.9)	18	23	24	31
卢森堡	490	(1.1)	20	23	26	30
挪威	490	(2.6)	19	23	25	31
立陶宛	486	(2.9)			27	32
拉脱维亚	486	(3.0)			27	32
西班牙	480	(2.3)	24	25	31	34
阿塞拜疆	476	(2.3)			32	35
俄罗斯	476	(3.9)			32	36
美国	474	(4.0)	24	26	32	36
克罗地亚	467	(2.4)			35	38
葡萄牙	466	(3.1)	25	27	35	38
意大利	462	(2.3)	26	28	37	39
希腊	459	(3.0)	27	28	38	39
以色列	442	(4.3)			40	41
塞尔维亚	435	(3.5)			40	41
乌拉圭	427	(2.6)			42	43
土耳其	424	(4.9)	29	29	41	45
泰国	417	(2.3)			43	46
罗马尼亚	415	(4.2)			43	47
保加利亚	413	(6.1)			43	48
智利	411	(4.6)			44	48
墨西哥	406	(2.9)	30	30	46	48
黑山	399	(1.4)			49	50
印度尼西亚	391	(5.6)			49	52
约旦	384	(3.3)			50	52
阿根廷	381	(6.2)			50	53
哥伦比亚	370	(3.8)			52	55
巴西	370	(2.9)			53	55
突尼斯	365	(4.0)			53	55
卡塔尔	318	(1.0)			56	56
吉尔吉斯斯坦	311	(3.4)			57	57

资料来源:OECD PISA 2006 数据库。
StatLink http://dx.doi.org/10.1787/142046885031

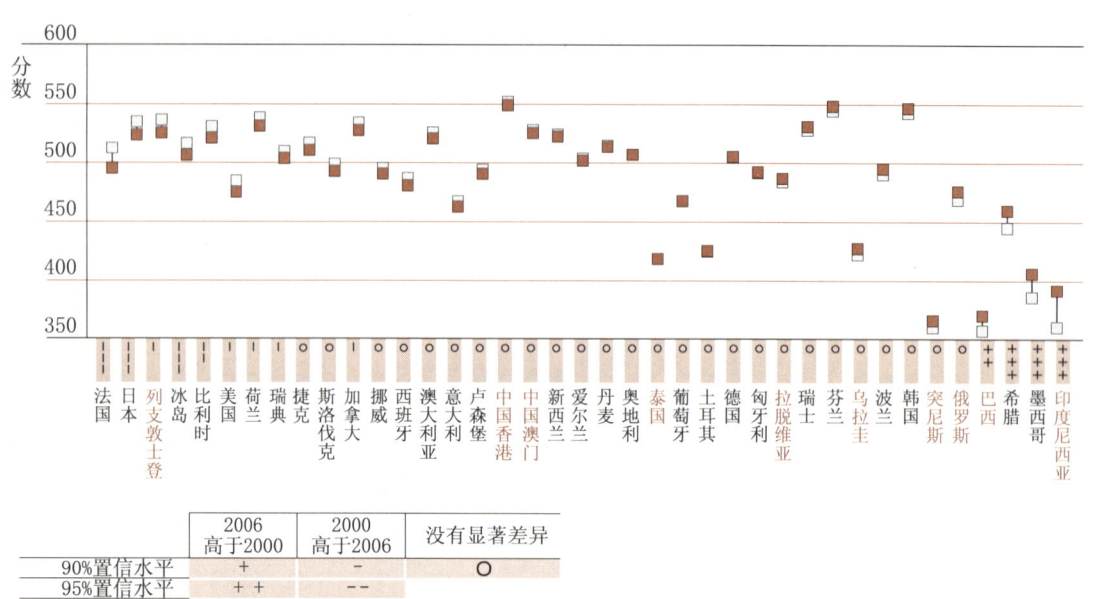

图 6.21 ■ PISA 2006 与 PISA 2000 数学成绩差异

按国家(地区)PISA 2006 与 PISA 2003 分数差异从小到大排列。
资料来源：OECD PISA 2006 数据库，表 6.3b。
StatLink http://dx.doi.org/10.1787/142046885031。

- 希腊 PISA 2006 数学成绩比 PISA 2003 提高近 14 分，主要是由于中下游学生成绩的提高，还要归功于女生在 PISA 2006 成绩的显著提高。相反，这两次测试期间阅读成绩没有显著变化。

- 印度尼西亚 PISA 2006 数学成绩比 PISA 2003 提高了 31 分，与阅读的情况一样，成绩的提高主要归功于 PISA 2006 男生的成绩提高了。

- 巴西 PISA 2006 的数学成绩比 PISA 2003 提高了 13 分，这主要归功于低端学生成绩的提高。

法国 PISA 2006 数学成绩有显著下降(15 分)，主要是因为成绩差的学生数量增加。在伙伴国家列支敦士登，PISA 2006 的成绩比 PISA 2003 下降了 11 分(表 6.3b)。

有一些国家学生的成绩在 PISA 2006 和 PISA 2003 之间保持稳定，但是成绩的分布发生了显著变化。

- 在澳大利亚、丹麦和土耳其，数学成绩处于底端的学生在 PISA 2006 的成绩比 PISA 2003 高，也就是说最差的学生在 2006 年成绩提高了，而在高端的学生成绩却有所下降，所以这些国家的总体水平在 PISA 2006 和 PISA 2003 之间没有显著性差异。

- 在比利时、加拿大、冰岛、日本、荷兰和瑞典，成绩处于高端的学生在 PISA 2006 的成绩比 PISA 2003 低，也就是说好学生的成绩在 2006 年下降了，而差生成绩仍然没有什么起色。

- 在突尼斯,高端学生的成绩在 PISA 2006 比 PISA 2003 高,但是低端学生的成绩没有什么变化。

数学成绩的性别差异

在 PISA 2003 和 PISA 2006 之间,男生数学测试占有优势这一情况保持不变,男女成绩差异为 11 分。

成绩性别差异最大的是奥地利和日本,男生分别比女生高 23 分和 20 分,在伙伴国中,智利和哥伦比亚差异最大,男生分别比女生高 28 分和 22 分。其他 OECD 国家中,男生成绩显著高于女生的是德国、英国、意大利、卢森堡、葡萄牙、澳大利亚、斯洛伐克、加拿大、瑞士、荷兰和芬兰,以及伙伴国巴西。女生数学成绩显著高于男生的国家唯有卡塔尔(表 6.2C)。

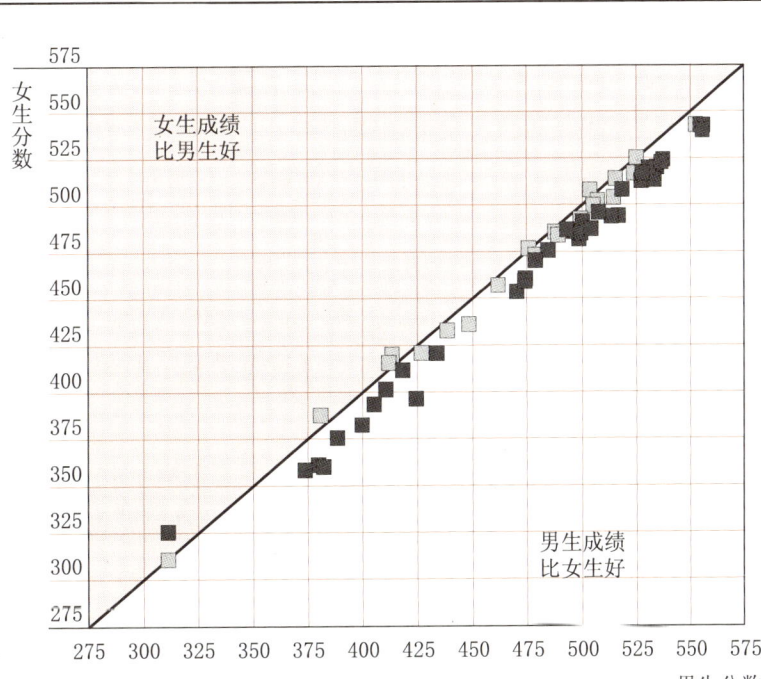

图 6.22 ■ 男生与女生在数学量表上的成绩

注:统计上有显著性的性别差异用深色标注(见附录3)。
资料来源:OECD PISA 2006 数据库,表 6.2c。
StatLink http://dx.doi.org/10.1787/142046885031。

政策启示

阅读

PISA 2006 的结果显示,在 15 岁学生的阅读知识和技能上,国家之间有很大差异,但是国家之间的差异只是学生总体差异的一小部分。要满足如此多样的学生群体需求,同时要缩小学生的成绩差异,这对所有国家来说都是严峻的挑战:平均 8.6% 的 15 岁学生达到 PISA 阅读能力的最高等级水平,证明这些学生能够完成复杂的阅读试题,能够深入理解文本及文本各部分之间的相互关系,能够利用专门知识对文本信息进行批判性的评价并提出假设。在量表的另一端,平均

7.4%的学生没能达到1级水平,他们没有达到PISA所要测量的最基本的知识和技能,虽然单纯从技术上来说这些学生可能是会阅读的,但在把阅读作为工具来拓展和提高其他领域的知识和技能时,他们存在严重的障碍。尽管这些学生的比例在两个OECD国家和一个伙伴国中低于2%,但是在墨西哥和15个伙伴国(地区)中,该比例超过20%(表6.1a)。在接近义务教育末期还没有为进一步的学习打好读写能力基础的学生,即使人数少,但也有显著性,这必须引起致力于全社会实现终身学习的政策制订者的关注。这点非常重要,因为现在事实证明,学校教育之后的继续教育和培训会扩大而不是缩小初次教育水平不同而造成的能力差距。(OECD,2007)。

在OECD国家中,处于1级水平或1级以下的学生平均占20%。在有较大比例的学生处于1级或1级以下的教育系统中,家长、教育工作者、政策制订者应该认识到,有相当数量的学生未能从所获得的教育机会中充分受益,也没有有效地获得能使他们在将来的学校教育中受益的必要知识和技能。一项由澳大利亚、加拿大和丹麦进行的长期研究中发现(专栏6.1),15岁时PISA成绩处于1级水平的学生,很可能在学校教育之后的发展中失败。

在研究成绩随时间的变化时,结果表明,纵观OECD各国,从PISA 2000到PISA 2006,阅读成绩基本上保持平稳。但是要注意教育经费显著提高这一背景情况。如表2.6所示,在1995年和2004年之间,OECD各国平均来说,生均初等和中等教育经费实际增加了39%。从2000年第一次PISA测评到2004年这短短4年间,平均增长了22%,而其中6个OECD国家的增幅达到了30%至61%。分析经费支出的决定因素,特别是提供教育的场所和模式,就可以理解教育经费为什么会增长了(OECD,2007)。传统教育是劳动密集型的,教师工资在总成本中占了大部分,薪酬水平由资格和自动增长决定,这使得教育的成本随时间而增长。但是,数据也表明,教育基本上没有像其他产业那样再次开发,而其他产业则必须重新开发以提供更物有所值的产品或服务。

同时,PISA结果还显示,一些国家学生的学习成绩取得了很大的提高。韩国和波兰的例子说明了可能达到的增长水平。它们的增长方式极不相同,增长的起点也不相同,波兰在第一次PISA调查时,低能力水平的问题比韩国严重得多。

韩国从PISA 2000到PISA 2006,阅读成绩在一个本来已经很高的起点上提高了近31分,大致相当于一个年级水平,阅读成绩名列所有参与国(地区)之首,超过了芬兰。在PISA 2000测评中,韩国阅读能力差的学生比其他任何国家都少——只有5.7%的学生在1级水平或1级以下(见表2.1a,OECD,2001),但是成绩高的学生也很少,只有5.7%的学生达到5级水平,而芬兰和新西兰有18%的学生达到5级,各国平均有9.5%的学生达到5级。从表6.3c可见,从2000年到2006年,韩国的提高主要是由于其成绩好的学生成绩有显著提高,而成绩差的学生水平却基本没有改变。

在波兰,PISA 2000的情况有很大的不同,将近有四分之一(23.3%)的学生在1级或以下(见表2.1a,OECD,2001)。从表6.3c可以看出,从2000年到2003年,波兰学生平均成绩的提高主要是通过成绩处于低端(即第5、第10和第25百分位数)的学生成绩的提高,波兰本国的大量研究表明,该国学生成绩的提高与其1999年的学校体制改革有很大的关系,改革使教育结构更加综合。自从PISA 2003以来,波兰各个层次的学生成绩都得到了更加均衡的提高。

这些不寻常的例子都证明了在短短的六年里，学生成绩可以得到多大的提高。

数学

随着科学、数学和技术在现代社会中的作用增长，要实现个人价值、就业和全面参与社会的目标，越来越多地要求所有的成人都必须掌握数学、科学和技术素养，而不仅限于那些有志从事科学事业的人。一个国家数学和相关学科最优秀的学生成绩，可能预示着这个国家在未来先进技术领域的地位，还可能预示着国家整体的国际竞争力；而成绩差的学生数学能力的不足将会影响到个人在劳动力市场上的竞争力和收入水平，也会影响他们全面参与社会的能力。

毋庸置疑，政策制订者和教育工作者应该把数学教育放在非常重要的地位上，满足对数学技能增长的需求要求整个教育系统都达到卓越，因此必须监测国家在培养年轻人这方面的基础能力上做得怎样。

大多数国家内部学生数学成绩的巨大差异（已得到本章的分析证实）表明，整个教育系统都达到卓越仍然是一个遥远的目标，国家需要服务的学生能力跨度大，既包括成绩非常好的，也包括非常需要帮助的。同时，一些成绩最好的国家在取得好成绩的同时，优秀生和差生之间的差距也处于适度的水平。

PISA 2006 数学测评中观察到的学生成绩的差异，在多大程度上是学生先天能力分布的反映？因而成为教育系统的政策无法直接影响的挑战？本章的分析说明不仅每个国家内部学生数学能力的差异大小各不相同，而且成绩差异大也不是一个国家在数学总体成绩上达到高水平的必要条件。虽然我们在比较国家之间的差异时，要更多地考虑一般的背景因素，但是公共政策也因此而能够通过为所有学生提供平等的机会和学习结果而作出重大贡献。国家之间的差异不仅在于学生平均成绩的差异，也在于他们能在多大程度上缩小成绩最高和最低的学生之间的差距，并减少学习结果公平分配的障碍，这是一个与政策制订者直接相关的重要发现。

虽然到目前为止只能追溯短短三年时间的变化，但是 OECD 国家墨西哥和伙伴国家印度尼西亚的学生已经表现出非常大的提高，这两个国家在 2003 年的 PISA 测试中，大多数学生处于 1 级或者 1 级以下，但是两国都已经开始缩小这一比例了，墨西哥从 66.0% 下降到了 56.5%，而印度尼西亚从 78.1% 下降到了 65.8%（见表 2.5a，OECD 2004）。

性别差异

教育政策制订者对性别平等问题给予了相当的重视，尤其关注女性面临的不利情况。PISA 结果指出了许多国家的成功做法，也指出了新出现的男生方面的问题，特别是在阅读方面以及成绩较差的学生中。实际上，阅读成绩的性别差异仍然比较大，女生平均高出男生 38 分。而在数学测试中，许多国家的女生平均成绩仍然处于劣势，但是在一些国家男生之所以保持优势主要是由于有少数学生成绩突出。分别对 PISA 2000 和 PISA 2003 性别差异进行分析，发现男生对阅读的参与度比女生低，女生对数学的焦虑比男生高。但是 PISA 2006 并没有收集这方面的数据，因为 PISA 2006 的学生问卷主要针对与科学相关的问题。PISA 2009 测评将为我们提供新的有关学生阅读参与度的信息。

除了本章所描述的内容外，PISA 2003 的分析表明，男生和女生后来选择不同的职业和岗位与PISA数学成绩的性别差异有惊人的相关，而且与15岁时对数学的态度和学习方法上的性别差异关系更大（OECD，2004a）。在解释观察到的性别差异时要注意一个问题，男生和女生对于学校、教育轨道和课程会做出不同的选择，至少在很多国家如此。PISA 2003将观察到的总体的性别差异与学校内部的性别差异以及在解释了课程和学校特点差异后的性别差异做了比较，对于大多数国家而言，校内的性别差异大于总体学生的性别差异。例如，在比利时、德国和匈牙利，男生的数学成绩分别高出女生8分、9分和8分（见表2.5c，PISA 2003），但是在学校内部男生却分别比女生高26分、31分和26分（见表2.5d，PISA 2003），这反映出这些国家的一个事实，女生进入成绩更高的、学术性的学校比例比男生高。如果考虑PISA所调查到的课程和学校特点的话[11]，那么在许多国家估计到的性别差异还会进一步增加。从政策角度以及对课堂中的教师而言，必须继续关注数学成绩的性别差异，即使在某种程度上，学校内和课程内男生在数学成绩上的优势被女生选择去成绩更高的学校和学术性的学校就读而掩盖了，也需要继续关注。

这一结论在PISA 2003所作的一个比较中得到加强，2003年PISA还测量了学生的解决问题能力，在《面向明日世界的问题解决：PISA 2003首次测评交叉课程能力》一书中有报告（*Problem Solving For Tomorrow's World：First Measures of Cross-curricular Competencies from PISA 2003*，OECD，2004C）。报告中指出男生和女生在分析推理能力上大致相同，而分析推理能力也是数学能力的一个组成部分。数学成绩的差异看来与学校中数学任务嵌入的情境有关，而不是与潜在的数学推理能力有关。

同时，许多国家看来确实提供了男女生都能平等受益的学习环境，这或者是教育方面努力的直接结果，或者是因为良好的社会经济环境所致，或者是两者的共同作用。这些在不同国家之间的不同的性别差异情况表明，目前的差异并不是男女青少年的差异所造成的不可避免的结果，有效的政策和措施能够克服这种似乎长期不可避免的性别差距以及男女生在兴趣、学习风格乃至潜在的学习能力方面的差异。

注 释

[1] PISA 2003 的报告中,评估数学和科学成绩变化的内容相对比较有限,因为 PISA 2000 数学是次要领域,不像在 PISA 2003 中是主要领域,而科学在 2000 年和 2003 年都不是测评的重点。但现在所有领域都已经全面开发了,所以比较都是以各领域第一次作为重点领域时为起点。

[2] 通常当我们比较两个同一年份的平均值时,其显著性由计算两个平均值差异与平均值差异标准误的比率来衡量。如果这一比率的绝对值高于 1.96,那么我们有 95% 的可信度得出存在差异的结论。当我们比较不同年份 PISA 测试的平均值时,我们需要运用另一个误差,即连接误差(linking errors),对结果的显著性差异估计就会比较保守一些。PISA 2006 的连接误差比 PISA 2003 的稍大。具体的表述请参见《PISA 2006 技术报告》(PISA 2006 Technical Report, OECD, forthcoming)。

[3] 卢森堡 PISA 2000 和 PISA 2003 实施测评的条件有变化,在于测试的组织和语言方面,目的是为了提高与 OECD 制定的 PISA 测评标准的一致性,并且更好地体现该国学校系统的特点。在 PISA 2000 测试时,卢森堡的学生每人拿到一本试题本,该试题本所用测试语言是在测试前一周由每个学生自己选择的。但是实际上,对测试语言的熟悉程度成为影响卢森堡很大一部分学生 PISA 2000 成绩的重大障碍。因此,在 PISA 2003 和 PISA 2006 的测试中,同时给学生两本试题本,两种教学语言各有一本,学生在开始测试前当场选择他们愿意测试的语言版本。这样,测试条件就更接近其他只采用一种教学语言的国家,更有可比性,使数学、科学、阅读和解决问题的测评成绩更具公平性。由于实施过程中的这种变化,卢森堡的 PISA 2000 与 PISA 2003 的测试条件和测试结果就不能进行比较了。而 PISA 2006 的测试条件和 PISA 2003 一样,所以结果是可以比较的。

[4] 在 PISA 2000 测评时,英国的应答率比最低要求低 3.7%。当时,英国向 PISA 专业协作组织提交了一些证明材料,根据专业协作组织的测算,认为应答率偏差很可能可以忽略,所以允许估计未参加测试学校的成绩,尽管如此,结果仍不能纳入国际报告中。在 PISA 2003 的测试中,由于英国的应答率未能达到要求的抽样标准,PISA 专业协作组织又做了进一步调查,但不认为应答率偏差是可以忽略不计的。因此,这些数据被认为没有国际可比性,因此在绝大多数比较中都没有包括进去。PISA 2006 采用了更为严格的标准,所以英国 PISA 2000 和 PISA 2003 的数据都没有在本章的比较中包括进去。

[5] 美国由于试题本的一个印刷错误,造成一些阅读试题的指导语不正确,使得我们无法正确估计阅读的平均成绩。这一错误对学生成绩估计的影响可能超过一个抽样标准误。详见附录 A3。科学和数学试题未出现这种情况。

[6] 如《PISA 2000 技术报告》(PISA 2000 Technical Report, OECD, 2002)所示,奥地利 PISA 2000 测试的样本没有完全覆盖 PISA 技术标准所要求的在综合学校和工作为本的职业教育的在校生。因此 PISA 2000 报告中对奥地利的测试结果估计有偏差(OECD, 2001)。PISA 2003 测评中纠正了这种与技术标准的不一致性。为了对测试结果进行可靠的比较,我们用权重对学生数做了调整和修改,使得 PISA 2000 和 PISA 2003 的结果有可比性。详见 OECD 5 号工作文件《PISA 2000:奥地利的样本权重问题》(OECD Working Paper No. 5, PISA 2000: Sample Weight Problems in Austria, http://www.oecd.org/working papers, presents further details on this issue)。

[7] 为了保证计算趋势时的可比性,PISA 2006 所用的 28 道阅读题是 PISA 2000 年测试中所用的 141 道题的子集。相同的试题也在 PISA 2003、PISA 2006 的测试中采用。选择试题时考虑到测试框架各方面的相对平衡,例如各类试题的分配比例是一致的。

[8] 各个量表上每个国家的相对名次的排序是根据其平均成绩、标准误和两个测试领域成绩量表之间的协方差。

[9] 每个特定国家的平均成绩与 OECD 国家平均成绩的比较是基于重新计算的 OECD 各国平均值,是在排除了该国家的数据后而计算所得的 OECD 国家的平均成绩,这样能够避免产生两个平均数之间的依存关系。

[10] Hillman, K. and S. Thomson(2006), Pathways from PISA: LSAY and the 2003 PISA sample two years on, ACER, Melbourne.

[11] 关于课程类型和学校特点的具体内容,详见附录 A1。

参考文献

Autor, D., Levy, F. and **R. J. Murnane**, "The Skill Content of Recent Technical Change", *Quarterly Journal of Economics* 118, M.I.T. Press, Cambridge, pp. 1279-1334.

Baker, D., B. Goesling and **G. Letendre** (2002), "Socio-economic Status, School Quality and National Economic Development: A Cross-national Analysis of the 'Heyneman-Loxley Effect' on Mathematics and Science Achievement", *Comparative Education Review* 46.3, University of Chicago Press, Chicago, pp. 291-312.

Bandura, A. (1994), *Self-Efficacy: The Exercise of Control,* Freeman, New York.

Baumert, J. and **O. Köller** (1998), "Interest Research in Secondary Level I: An Overview" in L. Hoffmann *et al.* (eds.), *Interest and Learning,* Institute for Science Education at the University of Kiel, Kiel.

Bempechat, J., N.V. Jimenez and **B.A. Boulay** (2002), "Cultural-Cognitive Issues in Academic Achievement: New Directions for Cross-National Research", in A.C. Porter and A. Gamoran (eds.), *Methodological Advances in Cross-national Surveys of Educational Achievement,* National Academic Press, Washington, D.C.

Bishop, J. (1998), "Do Curriculum-based External Exit Exam Systems Enhance Student Achievement?", CPRE Research Report Series RR-40, Consortium for Policy Research in Education, University of Pennsylvania, Philadelphia.

Bishop, J. (2001), "How External Exit Exams Spur Achievement", in F. Mane and M. Bishop (eds.) *Educational Leadership,* Association for Supervision and Curriculum Development, Baltimore.

Blair, C., D. Gamson, S. Thorne and **D. Baker** (2005), "Rising Mean IQ: Cognitive Demand of Mathematics Education for Young Children, Population Exposure to Formal Schooling, and the Neurobiology of the Prefrontal Cortex", *Intelligence* 33, Elsevier, pp. 93-106.

Brunello, G. and **D. Checchi** (2006) "Does School Tracking Affect Equality of Opportunity? New International Evidence", IZA Discussion Papers 2348, Institute for the Study of Labor (IZA), Bonn.

Butler, J. and **R. Adams** (2007) "The Impact of Differential Investment of Student Effort on the Outcomes of International Studies", *Journal of Applied Measurement* 8.3, JAM Press, Maple Grove, pp. 279-304.

Bybee, R. (1997), *Achieving Scientific Literacy: From Purposes to Practices,* Heinemann, Portsmouth.

Bybee, R. (2005), "Scientific Literacy and the Environment," essay prepared for the OECD PISA Science Forum, Poland, August 2005.

Carstensen, C., J. Rost and **M. Prenzel** (2003), "Proposal for Assessing the Affective Domain", document prepared for the PISA Science Expert Group Meeting, Las Vegas, 7-8 October 2003.

Ceci, S. (1991), "How Much Does Schooling Influence General Intelligence and Its Cognitive Components? A Reassessment of the Evidence", *Developmental Psychology* 27.5, American Psychological Association, Washington, D.C., pp. 703–722.

Cohen, J. and **P. Cohen.** (1985), *Applied Multiple Regression and Correlation Analysis for the Behavioural Sciences* (2nd ed.), Erlbaum, Hillsdale.

Datcher, L. (1982), "Effects of Community and Family Background on Achievement", *Review of Economics and Statistics* 64.1, M.I.T Press, Cambridge, pp. 32-41.

Downey, D., P. von Hippel and **B. Broh** (2004), "Are Schools the Great Equalizer? Cognitive Inequality During the Summer Months and School Year", *American Sociological Review* 69, American Sociological Association, Washington, D.C., pp. 613-635.

Eccles, J. S. (1994), "Understanding Women's Educational and Occupational Choice: Applying the Eccles et al. Model of Achievement-related Choices", Psychology of Women Quarterly 18, Blackwell Publishing, Oxford, pp. 585-609.

Eccles, J.S. and **A. Wigfield** (1995), "In the Mind of the Achiever: The Structure of Adolescents' Academic Achievement-related Beliefs and Self-perceptions", *Personality and Social Psychology Bulletin* 21, Sage, London, pp. 215-225.

Fensham, P.J. (2000), "Time to Change Drivers for Scientific Literacy", *Canadian Journal of Science, Mathematics, and Technology Education* 2, University of Toronto Press, Toronto, pp. 9-24.

Field, S., M. Kuczera and **B. Pont** (2007), *No More Failures: Ten Steps to Equity in Education,* OECD, Paris.

Finn, J. and **D.A. Rock** (1997), "Academic Success Among Students at Risk for School Failure", *Journal of Applied Psychology* 82.2, American Psychological Association, Washington, D.C., pp. 221-234.

Ganzeboom, H.B.G., P.M. De Graaf and **D.J. Treiman** (1992), "A Standard International Socio-economic Index of Occupational Status", *Social Science Research* 21.1, Elsevier Ltd., pp. 1-56.

Glaser-Zikuda, M., P. Mayring and **C. von Rhoeneck** (2003), "An Investigation of the Influence of Emotional Factors on Learning Physics Interaction", *International Journal of Science Education* 25.4, Routledge, Taylor & Francis Group, London, pp. 489-507.

Hanushek, E.A. and **L. Wößmann** (2007), *Education Quality and Economic Growth*, World Bank, Washington, DC.

Harris, K-L and **K. Farrell** (2007), "The Science Shortfall: An Analysis of the Shortage of Suitably Qualified Science Teachers in Australian Schools and the Policy Implications for Universities", *Journal of Higher Education Policy and Management* 29.2, Routledge, Victoria, pp. 159-171.

Hart, B. and **T.R. Risely** (1995), *Meaningful Differences in the Everyday Experience of Young American Children*, Brookes, Baltimore.

Hillman, K. and **S. Thomson** (2006f), *Pathways from PISA: LSAY and the 2003 PISA Sample Two Years On*, ACER, Melbourne.

Heine, S.J., Lehman, D.R., Markus, H.R. and **Kitayama, S.** (1999), "Is There a Universal Need for Positive Self-regard?", *Psychological Review* 106.4, American Psychological Association, Washington, D.C., pp. 766-794.

Hoxby, C. M. (2002), "How School Choice Affects the Achievement of Public School Students," in Paul Hill (ed.), *Choice with Equity*, Hoover Press, Stanford.

Jones, M.P. (1996), "Indicator and Stratification Methods for Missing Explanatory Variables in Multiple Linear Regression", *Journal of the American Statistical Association* 91, American Statistical Association, Alexandria, pp. 222-230.

Johnson, M. K., R. Crosnoe and **G.H. Elder** (2001), "Students' Attachment and Academic Engagement: The Role of Race and Ethnicity", *Sociology of Education* 74, American Sociological Association, Washington, D.C., pp.318-340.

Knighton, T. and **P. Bussiere** (2006), "Educational Outcomes at Age 19 Associated with Reading Ability at Age 15" (research paper), Statistics Canada, Ottawa.

Law, N. (2002), "Scientific Literacy: Charting the Terrains of a Multifaceted Enterprise", *Canadian Journal of Science, Mathematics, and Technology Education* 2, Ontario Institute for Studies in Education, University of Toronto, Toronto, pp. 151–176.

Levy, F. and **R.J. Murnane** (2006), "How Computerized Work and Globalization Shape Human Skill Demands", working paper, available at: http://web.mit.edu/flevy/www/computers_offshoring_and_skills.pdf.

Loeb, Susanna (2001) "Teacher Quality: Its Enhancement and Potential for Improving Pupil Achievement," in D. Monk et al. (eds.), *Improving Educational Productivity*, Information Age Publishing Inc., Greenwich.

Marsh, H.W. (1986), "Verbal and Math Self-concepts: An Internal/External Frame of Reference Model", *American Educational Research Journal* 23.1, American Educational Research Association, Washington, D.C., pp. 129-149.

Martin, M.O., Mullis, I.V.S., Gonzalez, E.J. and **S.J. Chrostowski** (2004), *Findings From IEA's Trends in International Mathematics and Science Study at the Fourth and Eighth Grades*, TIMSS & PIRLS International Study Center, Boston College, Chestnut Hill.

Martinez, M. (2000), *Education as the Cultivation of Intelligence*, Erlbaum, Hillsdale.

Mayer, V.J. and **Y. Kumano** (2002), "The Philosophy of Science and Global Science Lliteracy", in V.J. Mayer (ed.), *Global Science Literacy*, Kluwer Academic Publishers, Dordrecht.

Mullis, I.V.S., M.O. Martin, A.E. Beaton, E.J. Gonzalez, D.J. Kelly and **T.A. Smith** (1998), *Mathematics and Science Achievement in the Final Year of Secondary School: IEA's Third International Mathematics and Science Study*, Center for the Study of Testing, Evaluation, and Educational Policy, Boston College, Chestnut Hill.

Pekrun, R., T. Götz, W. Titz and **R.P. Perry** (2002), "Academic Emotions in Students' Self-regulated Learning and Achievement: A Program of Quantitative and Qualitative Research", *Educational Psychologist* 37, Routledge, Taylor & Francis Group, London pp. 91-106.

OECD (1999), *Measuring Student Knowledge and Skills – A New Framework for Student Assessment*, OECD, Paris.

OECD (2001), *Knowledge and Skills for Life – First Results from PISA 2000*, OECD, Paris.

OECD (2002), *PISA 2000 Technical Report*, OECD, Paris.

OECD (2003), *The PISA 2003 Assessment Framework – Reading, Mathematical and Scientific Literacy*, OECD, Paris.

OECD (2004a), *Learning for Tomorrow's World – First Results from PISA 2003*, OECD, Paris.

OECD (2004b), *PISA 2003 Data Analysis Manual*, OECD, Paris.

OECD (2004c), *Problem Solving for Tomorrow's World – First Measures of Cross-curricular Competencies from PISA 2003*, OECD, Paris.

OECD (2005a), *PISA 2003 Technical Report*, OECD, Paris.

OECD (2005b), *Trends in International Migration: SOPEMI – 2004 Edition*, OECD, Paris.

OECD (2005c), *Where Immigrant Students Succeed – A Comparative Review of Performance and Engagement in PISA 2003*, OECD, Paris.

OECD (2005d), *Education at a Glance – OECD Indicators 2005*, OECD, Paris.

OECD (2006a), *Assessing Scientific, Reading and Mathematical Literacy: A Framework for PISA 2006*, OECD, Paris.

OECD (2006b), *Education at a Glance – OECD Indicators 2006*, OECD, Paris.

OECD (2006c), *International Migration Outlook 2006*, OECD, Paris.

OECD (2007), *Education at a Glance – OECD Indicators 2007*, OECD, Paris.

OECD (forthcoming), *PISA 2006 Technical Report*, OECD, Paris.

Ólafsson, R.F., Halldórsson, A.M. and **Júlíus K. Björnsson** (2003) "Gender and the Urban-rural Differences in Mathematics and Reading: An Overview of PISA 2003 Results in Iceland", *Northern Lights on PISA: Unity and Diversity in the Nordic Countries in PISA 2000*, Svein Lie, Pirjo Linnakylä and Astrid Roe (eds.), Department of Teacher Education and School Development, University of Oslo, Oslo.

Osborne, J., S. Simon and **S. Collins** (2003), "Attitudes Towards Science: A Review of the Literature and Its Implications", *International Journal of Science Education* 25:9, Routledge, pp. 1049-1079.

Raudenbush, S.W. and **A.S. Bryk** (2002), *Hierarchical Linear Models: Applications and Data Analysis Methods*, Sage, London.

Roth, K. J., S. L. Druker, H.E. Garnier, M. Lemmens, C. Chen, T. Kawanaka, D. Rasmussen, S. Trubacova, D. Warvi, Y. Okamoto, P. Gonzales, J. Stigler and **R. Gallimore** (2006), *Teaching Science in Five Countries: Results From the TIMSS 1999 Video Study*, NCES, Washington, D.C.

Snijders, T. and **R. Bosker** (1999) *Multilevel Analysis: An Introduction to Basic and Advanced Multilevel Modelling*, Sage, London.

Stadler, H. (1999), "Fachdidaktische Analyse der österreichischen SchülerInnenergebnisse bei TIMSS Pop 3 – Betrachtung der Ergebnisse in geschlechtsspezifischer Hinsicht" [Analysis of the results of TIMSS Pop 3 with a focus on gender issues], *Zweiter Zwischenbericht zum Projekt IMST – Innovations in Mathematics and Science Teaching, Teil I (im Auftrag des BMUK)*, University of Klagenfurt, Klagenfurt.

Van de Vijver, F. and **K. Leung** (1997), "Methods and Data Analysis of Comparative Research", in J. W. Berry, Y., H. Poortinga and J. Pandey (eds.), *Handbook of Cross-Cultural Psychology, Vol. 1 Theory and Method*, Allyn and Bacon, Needham Heights, M.A.

Voelkl, K.E. (1995), "School Warmth, Student Participation, and Achievement", *Journal of Experimental Education* 63.2, HELDREF Publications, Washington, D.C., pp. 127-138.

Warm, T.A. (1985), "Weighted Maximum Likelihood Estimation of Ability in Item Response Theory with Tests of Finite Length", *Technical Report CGI-TR-85-08*, U.S. Coast Guard Institute, Oklahoma City.

Wayne, A.J. and **P. Youngs** (2003) "Teacher Characteristics and Student Achievement Gains: A Review", *Review of Educational Research* 73.1, American Educational Research Association, pp. 89-122.

Wigfield, A., J.S. Eccles and **D. Rodriguez** (1998), "The Development of Children's Motivation in School Context", *Review of Research in Education* 23, 73-118, American Educational Research Association, Washington, D.C.

Willms, J.D. (2002), *Vulnerable Children: Findings from Canada's National Longitudinal Survey of Children and Youth*, University of Alberta Press, Edmonton.

Willms, J.D. (2004), "Student Performance and Socio-economic Background", unpublished research, University of New Brunswick.

Willms, J.D. (2006), *Learning Divides: Ten Policy Questions About the Performance and Equity of Schools and Schooling Systems*, UNESCO Institute for Statistics, Montreal.

Willms, J.D. and **L. Paterson** (1995), "A Multilevel Model for Community Segregation", *Journal of Mathematical Sociology* 20.1, Routledge, Taylor & Francis Group, London, pp. 23-40.

Wright, S.P., Horn, S.P. and **W.L. Sanders** (1997), "Teacher and Classroom Context Effects on Student Achievement: Implications for Teacher Evaluation", *Journal of Personnel Evaluation in Education* 11, Springer Netherlands, pp. 57-67.

附录 A
技术背景资料

附录 A 中所有表格都能在以下地址找到：
http://dx.doi.org/10.1787/142050165315

附录 A1：指标构建与从学生、学校和家长背景问卷里得出的其他指标 ································ 292
附录 A2：PISA 的目标总体，PISA 的样本，以及对学校的界定 ································ 307
附录 A3：标准误、显著性检验与子群体比较 ············· 319
附录 A4：质量保证 ·· 322
附录 A5：PISA 测试工具的开发 ······················· 324
附录 A6：开放题评分的信度 ···························· 328
附录 A7：PISA 2000，PISA 2003 与 PISA 2006 测评结果比较 ······································ 330
附录 A8：多层回归分析中的技术说明 ················· 333
附录 A9：准备用于多层回归分析数据文件的 SPSS SYNTAX ······································· 343
附录 A10：学生对科学态度测量指标的技术说明 ·········· 344

附录A1：指标构建与从学生、学校和家长背景问卷里得出的其他指标

这一部分将解释从PISA 2006学生、学校和家长背景问卷中得出的指标。

PISA中一些测量反映的指标都概括了学生或者学校代表（一般是校长）对一系列相关问题的回答。这些问题选自以理论描述与先前研究为基础的较大的构念（constructs）。我们用结构方程模型来证实这些指标理论上假设的行为表现，并验证这些指标跨国家（地区）的可比性。基于这一目的，分别建构了针对每一个国家（地区）的模型和针对所有OECD国家的集合模型。

对其他PISA指标的详细描述和对方法的具体说明，请参见《PISA 2000技术报告》（*PISA 2000 Technical Report*，OECD，2002d）、《PISA 2003技术报告》（*PISA 2003 Technical Report*，OECD，2005a）和《PISA 2006技术报告》（*PISA 2006 Technical Report*，OECD，forthcoming）。

除非有其他的说明，只要一个指标涉及多个问题和多个学生的回答，那么对指标的量化采用加权极大似然估计（WLE）（见Warm，1985），采用单参数项目反应模型（如果题目答案多于两类则用部分计分模型）。量化分三步：

- 用每个OECD国家的学生的等组子样本估计项目参数。
- 通过锚定由上一步得到的项目参数来计算所有学生和学校的估计值。
- 再对指标做标准化，使OECD学生总体的指标值的平均数为0，标准差为1（在标准化过程中，所有国家都被赋予相同权重）。

对问卷中不同的回答类别，按照回答类别在学生、学校或家长问卷中出现的顺序依次编码，在本附录中有说明的地方，这些编码的顺序会按照构建指标或量表的目的而采用反向计分。

需要着重指出的是，指标的负值并不必然表示学生对问题的回答是否定的，而只是说明回答者与所有OECD国家的回答者的平均水平相比肯定的程度稍低一些。同样，指标的正值表示回答者比所有OECD国家的回答者的平均水平更加积极或肯定。

在各国（地区）的学生和学校问卷中，用各国（地区）相应等值的术语替代了下文〈〉里的术语。比如，术语〈ISCED 5A水平的资格〉在美国被译成"学士学位，研究生证书课程，硕士学位课程或者第一专业证书课程"。类似的还有，术语〈测评所采用的语言的课程〉在卢森堡被译成"德语课"或"法语课"，这取决于学生接受的是德语版的还是法语版的测评工具。

学生层面的变量

学生背景

父母职业与学生职业期望

要求学生填报其父母的职业，还要求学生填报在30岁时期望自己从事的职业。然后把对从事职业的开放式回答按照国际标准职业分类（ISCO，1988）进行编码。

PISA国际标准职业社会经济地位指数（ISEI）是从学生填报的父母职业中得出的。该指数能抓住把父母的教育转化为收入的职业特征。该指数是这样得出来的：通过对职业分组最优量化，使教育透过职业对收入的间接影响最大化,而使不考虑职业情况下的教育对收入的直接影响最小化(都扣除了年龄的影响)。更多方法学上的信息,请参见 Ganzeboom 等(1992)。**最高国际标准职业社会经济地位指数(HISEI)**对应于父亲或者母亲两人中最高的**国际标准职业社会经济地位指数**。

学生的职业期望与其父母的职业还被转换成 4 种社会经济分类:i)高技术白领:立法委员、高级官员和管理人员、专业人员、技术员与专业辅助人员;ii)低技术白领:服务业工作者、商店和市场销售人员与职员;iii)高技术蓝领:熟练的农业和渔业工人、手艺人和相关行业的工作者;iv)低技术蓝领:设备和机械操作工、装配工与初级职业。

经济、社会和文化地位

除了职业地位外,**经济、社会和文化地位指数**被用来涵盖更广视角下的学生家庭背景。它从以下变量得来:父亲或者母亲的**最高国际标准职业社会经济地位指数(HISCEI)**;父亲或者母亲的**最高受教育程度**(HISCED),将之转换成为受教育年限(受教育程度对教育年限的转换参见表 A1.1);**家庭财产指数**,通过询问学生在家是否有以下物品或条件来得出:用来学习的书桌、自己的房间、安静的学习场所、用来完成学校作业的电脑、教育软件、因特网连接、属于自己的计算器、名著、诗集、艺术品(如:绘画)、教辅书、词典、洗碗机、DVD 播放器或录像机,家中拥有手机、电视机、电脑、汽车和书籍的数量,以及其他三项各国(地区)特定的项目。选择这些变量的基本原理是,社会经济地位通常被看作是由职业地位、教育和财产而定的。PISA 没有直接测量父母的收入(除了那些采用家长问卷的国家(地区)以外),而用调查有关家庭用品的方式来替代。指标上的学生得分取自主成分分析的因子分数,分数都被转化为以 OECD 的平均数为 0、标准差为 1 的标准分数。

每个参与国(地区)的得分也采用主成分分析,用以测定指标的成分在多大程度上是以相似的方式对不同的国家(地区)起作用。分析表明不同国家(地区)的因素负荷的模式非常相似,即所有三个成分对指标的贡献程度都相近。就职业成分而言,平均的因素负荷值为 0.81,不同国家(地区)的因素负荷在 0.72 到 0.87 之间。就教育成分而言,平均的因素负荷值为 0.80,不同国家(地区)的因素负荷在 0.73 到 0.86 之间。就财产成分而言,平均的因素负荷值为 0.73,不同国家(地区)的因素负荷在 0.55 到 0.83 之间。指标的信度在 0.52 到 0.80 之间。这些结果证明**经济、社会和文化地位指数**有跨国家(地区)的效度。

PISA 2000 分析中采用的**经济、社会和文化地位指数**是从 5 个指标中得出的:**父母的最高国际标准职业地位指数**(HISEI),**父母的最高受教育程度**(根据国际标准教育分类计算的受教育年限),**家庭财富指数**,**文化财产指数**和**家庭教育资源指数**。在有关父母受教育程度的问题中,PISA 2000 没有区分大学教育(ISCED 5A)和非大学高等教育(ISCED 5B)。

PISA 2003 采用的**经济、社会和文化地位指数**是从 3 个与家庭背景有关的指标中得出的:**父母的最高受教育程度**(根据国际标准教育分类计算的受教育年限),**父母的最高国际标准职业地位指数**(HISEI)和**家庭财产指数**。但是,在 PISA 2003 中,指标计算中没有包括家庭拥有手机、电脑、汽车和电视机的数量,家庭拥有书籍的数量是分为两个等级计算的。

附录 A 技术背景资料

表 A1.1 ■ 父母受教育程度转化为学校教育年限

		未上过学	完成 ISCED 1（小学）	完成 ISCED 2（初中）	完成 ISCED 3B 或 3C（面向劳动力市场或 ISCED 5B 的高中）	完成 ISCED 3A（面向 ISCED 5A and 5B）和/或 ISCED 4（中学后非高等教育）	完成 ISCED 5A（大学教育）或 ISCED 6（高级研究课程）	完成 ISCED 5B（非大学高等教育）
OECD	澳大利亚	0.0	6.0	10.0	11.0	12.0	15.0	14.0
	奥地利	0.0	4.0	9.0	12.0	12.5	17.0	15.0
	比利时	0.0	6.0	9.0	12.0	12.0	17.0	14.5
	加拿大	0.0	6.0	9.0	12.0	12.0	17.0	15.0
	捷克	0.0	5.0	9.0	11.0	13.0	16.0	16.0
	丹麦	0.0	6.0	9.0	12.0	12.0	17.0	15.0
	英格兰、威尔士和北爱尔兰	0.0	6.0	9.0	12.0	13.0	16.0	15.0
	芬兰	0.0	6.0	9.0	12.0	12.0	16.5	14.5
	法国	0.0	5.0	9.0	12.0	12.0	15.0	14.0
	德国	0.0	4.0	10.0	13.0	13.0	18.0	15.0
	希腊	0.0	6.0	9.0	11.5	12.0	17.0	15.0
	匈牙利	0.0	4.0	8.0	10.5	12.0	16.5	13.5
	冰岛	0.0	7.0	10.0	13.0	14.0	18.0	16.0
	爱尔兰	0.0	6.0	9.0	12.0	12.0	16.0	14.0
	意大利	0.0	5.0	8.0	12.0	13.0	17.0	16.0
	日本	0.0	6.0	9.0	12.0	12.0	16.0	14.0
	韩国	0.0	6.0	9.0	12.0	12.0	16.0	14.0
	卢森堡	0.0	6.0	9.0	12.0	13.0	17.0	16.0
	墨西哥	0.0	6.0	9.0	12.0	12.0	16.0	14.0
	荷兰	0.0	6.0	10.0		12.0	16.0	
	新西兰	0.0	5.5	10.0	11.0	12.0	15.0	14.0
	挪威	0.0	6.0	9.0	12.0	12.0	16.0	14.0
	波兰	0.0		8.0	12.0	12.0	16.0	15.0
	葡萄牙	0.0	6.0	9.0	12.0	12.0	16.0	15.0
	苏格兰	0.0	7.0	11.0	13.0	13.0	16.0	16.0
	斯洛伐克	0.0	4.5	8.5	12.0	12.0	17.5	13.5
	西班牙	0.0	5.0	8.0	10.0	12.0	16.5	13.0
	瑞典	0.0	6.0	9.0	11.5	12.0	15.5	14.0
	瑞士	0.0	6.0	9.0	12.5	12.5	17.5	14.5
	土耳其	0.0	5.0	8.0	11.0	11.0	15.0	13.0
	美国	0.0	6.0	9.0		12.0	16.0	14.0
伙伴国（地区）	阿根廷	0.0	6.0	10.0	12.0	12.0	17.0	14.5
	阿塞拜疆	0.0	4.0	9.0	11.0	11.0	17.0	14.0
	巴西	0.0	4.0	9.0	11.0	11.0	16.0	14.5
	保加利亚	0.0	4.0	8.0	12.0	12.0	17.5	15.0
	智利	0.0	6.0	8.0	12.0	12.0	17.0	16.0
	中华台北	0.0	6.0	9.0	12.0	12.0	16.0	14.0
	哥伦比亚	0.0	5.0	9.0	11.0	11.0	15.5	14.0
	克罗地亚	0.0	4.0	8.0	11.0	12.0	17.0	15.0
	爱沙尼亚	0.0	4.0	9.0	12.0	12.0	16.0	15.0
	中国香港	0.0	6.0	9.0	11.0	13.0	16.0	14.0
	印度尼西亚	0.0	6.0	9.0	12.0	12.0	15.0	14.0
	以色列	0.0	6.0	9.0	12.0	12.0	15.0	15.0
	约旦	0.0	6.0	10.0	12.0	12.0	16.0	14.5
	吉尔吉斯斯坦	0.0	4.0	8.0	11.0	10.0	15.0	13.0
	拉脱维亚	0.0	3.0	9.0	11.0	11.0	16.0	16.0
	列支敦士登	0.0	5.0	9.0	11.0	13.0	17.0	14.0
	立陶宛	0.0	3.0	9.0	11.0	11.0	16.0	15.0
	中国澳门	0.0	6.0	9.0	11.0	12.0	16.0	15.0
	黑山	0.0	4.0	8.0	11.0	12.0	16.0	15.0
	卡塔尔	0.0	6.0	9.0	12.0	12.0	16.0	15.0
	罗马尼亚	0.0	4.0	8.0	11.5	12.5	16.0	14.0
	俄罗斯	0.0	4.0	9.0	11.5	12.0	15.0	
	塞尔维亚	0.0	4.0	8.0	11.0	12.0	17.0	14.5
	斯洛文尼亚	0.0	4.0	8.0	11.0	12.0	16.0	15.0
	泰国	0.0	6.0	9.0	12.0	12.0	16.0	14.0
	突尼斯	0.0	6.0	9.0	12.0	13.0	17.0	16.0
	乌拉圭	0.0	6.0	9.0	12.0	12.0	17.0	15.0

PISA 2006 采用的**经济、社会和文化地位指数**也包括了家庭财产、**父母的最高国际标准职业地位指数**(HISEI)、**父母的最高受教育程度**(HISCED)，但是 PISA 2006 还增加了一些项目以及各国自选的特定项目。量表构建采用项目反应理论(IRT)的量化方法，先用共同的项目分别估计每个国家(地区)的参数。对每个国家(地区)来说，共同项目参数的总和限定为零。接下来，这些项目参数被锚定，再加入剩余的其他项目，每个国家(地区)单独制定量表。

PISA 2003 与 PISA 2006 的指数相关非常高(R 值为 0.96)。这表明采用不同的方法计算指数对结果没有大的影响。要了解这个指数的更多信息，参见《PISA 2006 技术报告》(*PISA 2006 Technical Report*, OECD, forthcoming)。

父母受教育程度

在分析教育结果时，经常把父母受教育程度作为一个家庭背景变量。指标利用以下这些信息来构成：**父亲受教育程度、母亲受教育程度**与双亲中最高的受教育程度，即**父母最高受教育程度指数(HISCED)**。要求学生根据国家(地区)标准来确定其母亲和父亲最高的受教育程度，然后把国家(地区)标准按照国际标准教育分类(ISCED 1997，见 OECD, 1999)进行编码以获得国际间可比较的受教育程度的分类。分类结果为：(0)未完成〈ISCED 1〉；(1)完成〈ISCED 1〉(小学教育)；(2)完成〈ISCED 2〉(初中教育)；(3)完成〈ISCED 3B 或者 3C〉(高中阶段的职业/准职业教育，在大多数国家(地区)其教育目标是直接进入劳动力市场)；(4)完成〈ISCED 3A〉(普通高中教育，在大多数国家(地区)其教育目标是接受 A 类高等教育(大学教育)和/或〈ISCED 4〉(高中后非高等教育)；(5)获得完成〈ISCED 5B〉资格(高等职业教育)；(6)完成〈ISCED 5A, 6〉(A 类高等教育和高级研究课程)。

正如上文指出的，父母最高的受教育程度也被转换为学校教育年限，转换系数见表 A1.1。父母未完成〈ISCED 1〉的被赋值为 3 年学校教育，因为对大多数父母来说，没有受过一点学校教育是不可能的。

移民背景

移民背景指标是根据学生对其父母是出生在当前测评的国家(地区)还是其他国家(地区)的回答得出的。回答分成三类：1)"本国"学生(学生出生在测评国家(地区)或者父母中至少有一人出生在该国家(地区))；2)"第二代移民"学生(学生出生在测评国家(地区)但其父母都出生在其他国家(地区))；3)"第一代移民"学生(学生和父母都出生在其他国家(地区))。在一些比较中，将第一代移民子女学生与第二代移民学生并为一组，称为"有移民背景的学生"。

家庭中使用的语言

题目要求学生填报在家中大多数时间使用的语言。**家庭中使用语言指标**把学生区分为以下几类：1)在家中大多数时间使用的语言是测评所用的语言；2)在家中大多数时间用的是测评国家(地区)的另一种语言；3)在家中大多数时间用的是另一种语言。

在大多数国家(地区)，每一种语言都被识别出来，然后再进行国际编码以备在该领域做深入研究和分析。

标志家庭财富的家庭财产可获得性

这个指数从三个项目中得出：1)学生是否有自己的房间、家中是否有因特网连接、洗碗机、DVD播放机或录像机；2)家庭拥有以下物品的数量：手机、电视机、电脑和汽车；3)三个国家(地区)特定的能用来表示该国家(地区)财富的项目。用IRT的量化方法构建量表，正值表示家庭财富水平比较高。还为各国家(地区)估计自己的项目参数，国际项目参数的总和被限定为零。

家庭教育资源

家庭教育资源这一PISA指数是从学生对家里是否拥有以下几项资源的回答中得出的：1)学习用的书桌；2)安静的学习场所；3)可以用来做学校作业的电脑；4)教育软件；5)属于他们自己的计算器；6)教辅书；7)词典。量表构建采用项目反应理论(IRT)的量化方法，正值表示家庭教育资源水平较高。还为各国家(地区)估计自己的项目参数。

家庭文化财产

家庭文化财产指数是从学生对家里是否拥有以下几项资源的回答中得出的：名著(给出例子予以说明)、诗集与艺术品(给出例子予以说明)。用IRT的量化方法构建量表，正值表示文化财产水平较高。

学习和教学

年级

学生所在年级的数据是通过学生问卷与学生资料记录表获得的。年级与学生成绩间的关系是在考虑了下述的背景变量作用的情况下，借助多层模型来估计的：1)**PISA经济、社会和文化地位指数**；2)**PISA经济、社会和文化地位指数**的平方；3)**PISA经济、社会和文化地位指数**的学校平均值；4)学生是否出生在国外的指标(第一代移民学生)；5)学校里第一代移民学生占的百分比；6)学生的性别。

表A1.2表示了多层模型的结果。表A1.2里的第1栏估计了与一个年级(或学年)相关的分数差异。对28个OECD国家来说该差异是能够被估计的，这些国家的PISA样本中有相当多的15岁学生分布在至少2个不同的年级。由于无法假定这些15岁学生在不同的年级上是随机分布的，所以要对可能关系到不同年级学生分布的那些上文提及的背景因素做调整。表中2到7栏反映了这些调整。尽管能够估计出在排除了选择和背景因素的影响后两个相邻年级学生间的成绩差异，但是这些差异并非必然等同于学生在上一个学年中取得的进步，而应该解释为上一学年所能取得的进步的下限。这不仅因为接受测评的学生有所不同，而且还因为在设计PISA测评内容时，并没有特意把它与之前一个学年学生所学的东西匹配起来，而是更宽泛地评估了学生到15岁时从学校中总共学到了什么。比如，如果参加测评的15岁学生所在年级的课程主要涉及的是非PISA测评的内容(PISA测评的内容反过来可能是在之前较低的年级就已经涉及)，那么观察到的成绩差异会低估学生的进步。

为了调整国家(地区)间的差异，使用**相对年级指标**来说明学生是属于该国(地区)的主体年级(值为0)，还是高于或低于主体年级(-x年级，+x年级)。

附录 A 技术背景资料

表 A1.2 ■ 考虑选取的背景变量后用多层模型估计科学成绩的年级效应

		年级		PISA 经济社会文化地位指数		PISA 经济社会文化地位指数的平方		学校平均的 PISA 经济社会文化地位指数		第一代移民学生		第一代移民学生的百分比		性别学生为女性		截距	
		协相关	标准误	协相关	标准误	协相关	标准误	协相关	标准误	协相关	标准误	协相关	标准误	协相关	标准误	协相关	标准误
OECD	澳大利亚	36.6	(2.04)	27.9	(1.51)	−2.3	(1.17)	58.1	(2.12)	−8.5	(2.45)	0.0	(0.04)	−1.5	(1.89)	512.0	(1.54)
	奥地利	30.3	(2.00)	6.0	(1.76)	−3.4	(1.04)	103.9	(2.56)	−48.4	(3.99)	0.1	(0.07)	−14.8	(2.81)	519.8	(2.26)
	比利时	46.2	(1.56)	12.9	(1.12)	−0.9	(0.65)	78.5	(1.85)	−21.1	(3.48)	−0.1	(0.04)	−16.9	(1.65)	527.3	(1.30)
	加拿大	47.1	(2.01)	21.2	(1.57)	−2.2	(1.14)	38.6	(2.15)	−15.4	(2.90)	−0.1	(0.03)	−9.2	(1.85)	529.0	(1.45)
	捷克	36.6	(3.40)	16.4	(1.56)	−1.7	(1.38)	116.3	(2.85)	−25.8	(9.25)	−0.6	(0.29)	−17.1	(2.83)	545.3	(2.57)
	丹麦	44.0	(2.84)	26.2	(1.88)	1.7	(1.23)	26.7	(4.27)	−47.2	(6.24)	−0.2	(0.12)	−12.5	(2.68)	493.3	(2.38)
	芬兰	32.8	(4.04)	25.9	(1.65)	2.9	(1.43)	14.5	(3.86)	−66.3	(11.46)	−0.8	(0.24)	0.8	(2.82)	557.3	(2.19)
	法国	50.2	(3.76)	15.1	(1.85)	1.5	(1.28)	69.4	(3.16)	−24.7	(4.39)	0.0	(0.07)	−18.0	(2.02)	537.2	(2.07)
	德国	36.2	(1.83)	7.4	(1.58)	0.6	(0.99)	97.7	(2.08)	−32.4	(3.30)	−0.4	(0.06)	−18.6	(2.28)	498.8	(1.97)
	希腊	21.9	(3.03)	14.6	(1.55)	−2.3	(1.20)	56.1	(2.03)	−0.7	(5.63)	−0.1	(0.11)	−3.8	(3.06)	486.4	(2.23)
	匈牙利	20.2	(1.98)	4.1	(1.35)	−0.4	(0.94)	79.3	(3.03)	−3.9	(7.83)	−1.0	(0.49)	−26.8	(2.36)	523.3	(1.46)
	冰岛	c	c	30.3	(2.91)	−1.7	(1.63)	−8.8	(5.92)	−55.5	(14.29)	−0.1	(0.46)	6.3	(3.06)	479.8	(4.71)
	爱尔兰	19.7	(1.64)	28.2	(1.88)	−0.8	(1.29)	45.8	(2.91)	−7.9	(7.71)	−0.5	(0.20)	−2.6	(3.23)	504.9	(2.84)
	意大利	35.7	(2.01)	4.3	(1.04)	−1.2	(0.61)	78.5	(1.63)	−30.5	(5.54)	0.3	(0.08)	−14.5	(2.00)	504.0	(1.29)
	日本	0.0	(0.00)	5.6	(2.13)	−3.4	(2.28)	131.2	(2.33)	−32.4	(24.75)	−1.6	(0.71)	−3.3	(2.55)	536.6	(1.86)
	韩国	44.0	(7.91)	8.8	(1.88)	2.3	(1.30)	82.0	(2.63)	35.3	(26.74)	17.4	(1.97)	0.3	(3.43)	520.9	(2.01)
	卢森堡	38.6	(1.64)	14.1	(1.54)	−1.8	(0.81)	60.3	(2.60)	−33.6	(3.57)	0.1	(0.07)	−12.1	(2.30)	487.5	(2.75)
	墨西哥	9.8	(1.80)	7.1	(1.15)	0.7	(0.49)	31.3	(0.96)	−37.2	(7.79)	−1.7	(0.14)	−13.4	(1.77)	464.8	(1.06)
	荷兰	30.4	(1.80)	5.9	(1.26)	0.4	(0.98)	121.0	(1.66)	−27.4	(5.35)	0.3	(0.05)	−17.2	(2.19)	517.2	(1.91)
	新西兰	43.4	(5.03)	39.2	(1.92)	3.5	(1.62)	58.0	(3.85)	−13.7	(4.29)	−0.2	(0.08)	−3.4	(3.99)	531.3	(2.91)
	挪威	59.8	(14.97)	30.0	(2.25)	−2.8	(1.56)	26.4	(5.67)	−33.6	(7.74)	−0.2	(0.15)	3.2	(3.33)	470.6	(3.01)
	波兰	76.2	(6.29)	32.2	(1.57)	0.6	(1.07)	18.0	(3.34)	−9.8	(47.14)	−4.3	(1.21)	−5.0	(2.31)	520.5	(1.92)
	葡萄牙	50.8	(1.27)	11.2	(1.27)	1.5	(0.55)	14.8	(1.80)	−14.8	(4.93)	−0.4	(0.08)	−15.6	(2.22)	539.2	(2.06)
	斯洛伐克	28.9	(5.12)	19.3	(1.78)	−2.9	(1.18)	47.1	(4.38)	−30.2	(15.86)	−0.7	(0.58)	−14.7	(2.72)	522.5	(2.73)
	西班牙	69.1	(1.54)	11.8	(1.17)	−2.4	(0.77)	14.1	(1.41)	−28.2	(5.40)	−0.1	(0.07)	−16.9	(1.83)	546.7	(1.44)
	瑞典	56.5	(5.73)	28.6	(2.65)	−0.6	(1.40)	28.4	(6.37)	−43.6	(5.24)	−0.1	(0.10)	−1.4	(2.68)	499.0	(2.35)
	瑞士	42.6	(2.28)	17.6	(1.28)	−1.1	(0.97)	49.7	(1.99)	−47.4	(2.95)	−0.7	(0.04)	−17.1	(2.12)	538.6	(1.44)
	土耳其	69.1	(1.54)	13.7	(2.58)	2.3	(0.96)	64.4	(1.72)	−2.6	(8.16)	0.5	(0.20)	2.1	(2.60)	516.1	(2.08)
	英国	34.1	(5.62)	32.2	(2.07)	−2.4	(1.49)	68.7	(2.67)	−8.5	(5.14)	−0.1	(0.06)	−9.6	(2.42)	505.6	(1.80)
	美国	31.7	(2.73)	30.3	(1.90)	3.2	(1.15)	43.7	(2.82)	−20.1	(4.92)	0.0	(0.07)	−6.7	(2.58)	483.4	(2.01)

附录 A 技术背景资料

续表

参与国(地区)	年级		PISA 经济社会地位和文化地位指数		PISA 经济社会地位和文化地位指数的平方		学校平均的PISA经济社会地位和文化地位指数		第一代移民学生		第一代移民学生的百分比		性别学生为女性		截距	
	协相关	标准误	协相关	标准误	协相关	标准误	协相关	标准误	协相关	标准误	协相关	标准误	协相关	标准误	协相关	标准误
阿根廷	38.3	(2.71)	12.4	(2.07)	0.1	(1.16)	44.0	(2.49)	2.3	(9.47)	0.0	(0.21)	-1.1	(3.98)	445.9	(2.32)
阿塞拜疆	5.8	(1.17)	6.2	(1.08)	0.6	(0.61)	16.7	(1.12)	-9.2	(5.59)	0.1	(0.05)	6.9	(1.57)	387.9	(1.21)
巴西	32.8	(1.23)	9.2	(1.77)	1.2	(0.68)	34.8	(1.46)	-7.7	(6.17)	-1.2	(0.14)	-14.9	(2.18)	453.1	(1.61)
保加利亚	17.3	(3.22)	12.3	(1.69)	-0.9	(1.10)	61.9	(4.14)	-15.8	(26.14)	-4.7	(0.75)	-3.1	(3.06)	453.4	(2.17)
智利	34.3	(2.74)	10.7	(1.54)	0.8	(0.65)	43.9	(1.78)	-48.3	(14.58)	1.1	(0.52)	-18.2	(2.61)	490.8	(1.90)
中华台北	4.7	(2.93)	14.0	(1.39)	1.3	(1.38)	105.6	(1.87)	-43.6	(12.15)	-2.5	(0.29)	-8.9	(2.19)	578.0	(1.74)
哥伦比亚	27.2	(1.77)	9.3	(2.53)	1.2	(0.95)	22.7	(2.47)	-9.1	(25.95)	-7.5	(0.82)	-18.2	(3.44)	443.5	(2.55)
克罗地亚	22.1	(2.52)	12.0	(1.47)	-2.6	(1.15)	85.4	(2.33)	-9.1	(3.08)	0.0	(0.09)	-14.4	(2.62)	508.6	(2.20)
爱沙尼亚	40.9	(2.85)	16.8	(1.58)	2.8	(1.80)	34.6	(2.90)	-4.6	(4.24)	-1.0	(0.06)	-4.5	(2.48)	550.2	(2.28)
中国香港	35.2	(1.83)	4.7	(2.42)	0.7	(1.03)	76.0	(3.28)	17.6	(3.00)	0.6	(0.07)	-22.1	(2.37)	595.2	(2.48)
印度尼西亚	14.6	(1.53)	3.0	(2.02)	0.7	(0.62)	34.4	(1.37)	-27.5	(15.99)	-0.6	(0.19)	-8.8	(1.46)	437.6	(2.06)
以色列	30.9	(6.01)	26.0	(2.35)	3.1	(1.53)	64.9	(3.54)	-0.2	(4.48)	0.5	(0.07)	-2.1	(4.34)	429.6	(3.20)
约旦	61.7	(5.19)	22.5	(1.78)	3.3	(0.75)	18.7	(1.77)	6.5	(3.40)	0.3	(0.06)	19.0	(4.17)	433.4	(2.84)
吉尔吉斯坦	20.9	(2.13)	6.1	(1.80)	0.8	(0.85)	64.9	(2.60)	3.2	(6.96)	2.6	(0.25)	3.7	(2.35)	356.5	(2.11)
拉脱维亚	49.0	(3.82)	16.1	(2.13)	-0.4	(1.96)	34.0	(3.24)	-1.4	(4.76)	-0.6	(0.08)	-1.7	(2.61)	505.8	(2.55)
列支敦士登	41.5	(7.61)	17.8	(4.98)	-6.5	(3.37)	102.8	(15.95)	-16.8	(7.38)	-0.4	(0.31)	-13.3	(6.31)	527.0	(12.38)
立陶宛	37.1	(2.99)	21.9	(1.48)	-2.9	(1.32)	44.8	(2.76)	10.1	(11.54)	-1.3	(0.16)	0.1	(2.50)	494.7	(2.03)
中国澳门	39.5	(1.33)	3.8	(2.18)	-0.7	(1.01)	3.4	(6.31)	15.1	(2.56)	0.2	(0.27)	-24.1	(2.70)	539.7	(16.36)
黑山	19.3	(3.56)	9.1	(1.47)	-1.4	(1.40)	62.3	(5.29)	14.9	(4.78)	-0.4	(0.06)	-9.2	(2.40)	416.1	(2.89)
卡塔尔	24.7	(1.81)	1.4	(1.20)	0.3	(0.80)	23.6	(2.84)	32.6	(2.44)	1.0	(1.18)	14.4	(5.46)	302.6	(4.15)
罗马尼亚	26.6	(6.64)	11.3	(2.82)	-0.6	(1.23)	55.5	(2.76)	4.1	(34.39)	17.4	(2.60)	-12.6	(2.60)	448.9	(2.03)
俄罗斯	39.1	(0.93)	18.3	(0.32)	-0.4	(0.22)	57.1	(0.58)	-24.5	(2.33)	0.2	(0.09)	-9.3	(0.47)	514.0	(0.41)
塞尔维亚	17.2	(7.90)	10.3	(1.26)	-2.1	(1.05)	73.7	(2.66)	-3.7	(3.17)	0.4	(0.09)	-13.4	(2.15)	452.3	(1.95)
斯洛文尼亚	24.5	(5.25)	1.8	(1.44)	2.9	(1.18)	121.7	(2.87)	-32.3	(3.98)	-0.2	(0.09)	-20.5	(2.51)	504.5	(1.91)
泰国	26.2	(2.19)	14.4	(2.37)	3.0	(0.86)	34.7	(1.67)	-44.7	(19.34)	-0.5	(0.29)	5.5	(2.12)	487.7	(1.67)
突尼斯	36.5	(1.47)	5.7	(1.58)	1.3	(0.53)	15.3	(1.74)	-16.2	(9.00)	-1.6	(0.55)	-11.1	(2.43)	443.7	(2.07)
乌拉圭	34.4	(2.62)	14.9	(1.49)	2.5	(0.69)	26.7	(2.33)	-0.7	(18.15)	0.8	(0.57)	-11.5	(2.79)	471.8	(2.13)

动机因素

对科学的一般兴趣

对科学的一般兴趣指数是从学生对学习以下议题的兴趣水平中得出的：1)物理学；2)化学；3)植物学；4)人类生物学；5)天文学；6)地质学；7)科学家设计实验的方法；8)科学的解释有什么要求。回答类别采用4点量表："兴趣高"、"兴趣中等"、"兴趣低"和"没有兴趣"。所有项目都采用反向计分，再用IRT方法量化，在这个PISA 2006的新指标上，正值表示对科学的兴趣水平高。

对科学的喜爱

对科学的喜爱指数是从学生对以下陈述的同意程度中得出的：1)我在学习〈广义的科学〉议题时一般都会有乐趣；2)我喜欢阅读〈广义的科学〉的内容；3)我很高兴处理〈广义的科学〉问题；4)我喜欢获得有关〈广义的科学〉的新知识；5)我对学习〈广义的科学〉感兴趣。回答类别采用4点量表："非常同意"、"同意"、"不同意"和"非常不同意"。所有项目都采用反向计分，再用IRT方法量化，在这个PISA 2006的新指标上，正值表示对科学的喜爱程度高。

对科学的工具性动机

对科学的工具性动机指数是从学生对以下陈述的同意程度中得出的：1)努力学习〈科学〉学科是值得的，因为它对我今后想做的工作有帮助；2)我在〈科学〉学科中学的内容对我重要，因为我未来的学习需要这些知识；3)我学习〈科学〉学科因为我知道它对我是有用的；4)学习〈科学〉学科对我来说是值得的，因为我学习的内容会改善我的职业前途；5)在〈科学〉学科中我会学到许多内容，能帮我找到工作。回答类别采用4点量表："非常同意"，"同意"，"不同意"和"非常不同意"。所有项目都采用反向计分，再用IRT方法量化，在这个PISA 2006的新指标上，正值表示对科学的工具性动机水平高。

学习科学的未来导向性动机

学习科学的未来导向性动机指数是从学生对以下陈述的同意程度中得出的：1)我想从事与〈广义的科学〉有关的职业；2)我想在〈中学〉毕业后学习〈广义的科学〉专业；3)我想终身从事先进〈广义的科学〉事业；4)我长大后想做〈广义的科学〉项目。回答类别采用4点量表："非常同意"、"同意"、"不同意"和"非常不同意"。所有项目都采用反向计分，在这个PISA 2006的新指标上，正值表示学习科学的未来导向性动机水平高。

科学自我信念

对科学的自我效能

对科学的自我效能指数是从学生对靠自己完成以下任务的能力的信念中得出的：1)识别有关健康问题的新闻报道中潜在的科学问题；2)解释为什么有些地区地震发生的频率高于其他地区；3)描述抗生素在治疗疾病中的作用；4)识别与垃圾处理有关的科学问题；5)预测环境变化会怎样影响某些物种的生存；6)解释食品标签上提供的科学信息；7)讨论新的证据会如何导致你对火星上有生命的可能性的理解变化；8)在酸雨形成原因的两种解释中找出其中较好的一种。回答类别采用4点量表："我做这个题目很容易"，"我做这个题目需要一点努力"，"我要很努力才能靠自己做这个题目"和"我做不了这个题目"。所有项目都采用反向计分，再用IRT方法量化，在

这个 PISA 2006 的新指标上，正值表示对科学的自我效能水平高。

对科学的自我概念

对科学的自我概念指数是从学生对以下陈述的同意程度中得出的：1）学习高级的〈科学〉议题对我来说容易；2）我在〈科学〉议题的〈测验问题〉上一般能答好；3）我能很快地学习〈科学〉议题；4）〈科学〉议题对我来说是容易的；5）在学校学习科学课时，我能很好地理解科学概念；6）我能轻松地理解〈科学〉中的新观点。回答类别采用 4 点量表："非常同意"、"同意"、"不同意"和"非常不同意"。所有项目都采用反向计分，再用 IRT 方法量化，在这个 PISA 2006 的新指标上，正值表示对科学的自我概念积极。

科学价值观

普遍科学价值观

普遍科学价值观指数是从学生对以下陈述的同意程度中得出的：1）〈广义的科学和技术〉进步通常能改善人们的生活条件；2）〈广义的科学〉对帮助我们理解自然界是重要的；3）〈广义的科学和技术〉进步通常有助于促进经济；4）〈广义的科学〉对社会是有价值的；5）〈广义的科学和技术〉进步通常会带来社会收益。回答类别采用 4 点量表："非常同意"、"同意"、"不同意"和"非常不同意"。所有项目都采用反向计分，在这个 PISA 2006 的新指标上，正值表示普遍的科学价值观积极。

个人科学价值观

个人科学价值观指数是从学生对以下陈述的同意程度中得出的：1）〈广义的科学〉中有些概念有助于我看到我和他人有怎样的关系；2）长大后我会有多种方式用到〈广义的科学〉；3）〈广义的科学〉对我非常有用；4）我发现〈广义的科学〉有助于我理解我身边的事物；5）我离开学校后会有很多机会用到〈广义的科学〉。回答类别采用 4 点量表："非常同意"、"同意"、"不同意"和"非常不同意"。所有项目都采用反向计分，在这个 PISA 2006 的新指标上，正值表示个人的科学价值观积极。

科学活动

学生与科学有关的活动指数是从学生做以下事情的频率中得出的：1）看有关〈广义的科学〉的电视节目；2）借阅或购买有关〈广义的科学〉议题的书籍；3）访问有关〈广义的科学〉议题的网站；4）收听有关〈广义的科学〉进步的无线电广播节目；5）阅读〈广义的科学〉杂志或报纸上的科学文章；6）参加〈科学兴趣小组〉。回答类别采用 4 点量表："非常同意"、"同意"、"不同意"和"非常不同意"。所有项目都采用反向计分，在这个 PISA 2006 的新指标上，正值表示学生科学活动的频率高。

科学素养和环境

对环境问题的意识

学生对环境问题的意识指数是从学生对自己在以下环境问题上掌握的信息水平的信念中得出的：1）大气中温室气体增加；2）对转基因生物的利用；3）酸雨；4）核废弃物；5）砍伐森林把土地做其他用途的后果。回答类别采用 4 点量表："我从没听说过这个问题"，"我听说过这个问题，但是我不能解释它究竟说的是什么"、"我对这个问题有所了解,能解释一般的问题"和"我熟悉这方面的内容,我能很好地解释这个问题。"所有项目都采用反向计分,在这个 PISA 2006 的新指标上,正值表示学生对环境问题的意识水平高。

对环境问题的关注度

学生对环境问题的关注度指数是从学生对以下环境问题的关注程度中得出的:1)空气污染;2)能源短缺;3)植物和动物消失;4)砍伐森林把土地做其他用途;5)水资源短缺;6)核废弃物。回答类别采用4点量表:"这是我和他人都非常关心的一个问题"、"这是我国其他人非常关心的问题但我本人不关心"、"这是其他国家的人们非常关心的问题"和"这个问题谁也不关心"。所有项目都采用反向计分,在这个 PISA 2006 的新指标上,正值表示学生对环境问题的关心程度高。

对环境问题的乐观度

学生对环境问题的乐观度指数是从学生对今后20年中与以下环境议题有关的问题发展的乐观程度中得出的:1)空气污染;2)能源短缺;3)植物和动物消失;4)砍伐森林把土地做其他用途;5)水资源短缺;6)核废弃物。回答类别采用3点量表:"改进"、"保持不变"、"变得更差"。所有项目都采用反向计分,在这个 PISA 2006 的新指标上,正值表示学生对环境问题的乐观程度高。

对可持续发展的责任感

学生对可持续发展的责任感指数是从学生对以下陈述的同意程度中得出的:1)把汽车尾气排放作为汽车使用情况的常规检查是很重要的;2)看到不必要地使用电子设备而造成能源浪费时,我觉得不安;3)我赞成制定规范工厂排放的法律,即使这会提高产品的价格;4)为了减少污染,应尽可能少使用塑料袋;5)应该要求工厂证明他们安全处置了危险废弃物;6)我赞成制定法律保护濒危物种的栖息地。回答类别采用4点量表:"非常同意"、"同意"、"不同意"和"非常不同意"。所有项目都采用反向计分,在这个 PISA 2006 的新指标上,正值表示学生对可持续发展的责任感强。

科学相关职业

学校对科学相关职业的准备

学校对科学相关职业准备指数是从学生对以下陈述的同意程度中得出的:1)我学校中开设的学科为学生提供了〈科学相关职业〉的基础知识和技能;2)我学校中的〈科学〉课为学生提供了许多不同职业的基础知识和技能;3)我学习的学科为我提供了〈科学相关职业〉的基础知识和技能;4)我的老师为我提供了我需要的〈科学相关职业〉的基础知识和技能。回答类别采用4点量表:"非常同意"、"同意"、"不同意"和"非常不同意"。所有项目都采用反向计分,在这个 PISA 2006 的新指标上,正值表示学生认为学校在这方面的有用性程度高。

学生对科学相关职业的信息

学生对科学相关职业的信息指数是从学生对自己在以下议题上掌握的信息水平的信念中得出的:1)劳动力市场上可以找到的〈科学相关职业〉;2)哪里可以找到〈科学相关职业〉的信息;3)如果学生要找〈科学相关职业〉需要采取哪几个步骤;4)雇佣人们从事〈科学相关职业〉的雇主或公司。回答类别采用4点量表:"信息很丰富"、"有一定信息"、"信息不多"和"一点信息也没有"。所有项目都采用反向计分,在这个 PISA 2006 的新指标上,正值表示学生对科学相关职业

的信息了解程度高。

科学教与学

科学教与学中的互动

科学教与学中的互动指数是从学生对"在学校中学习〈科学〉议题时以下活动发生的频率是多少"这个问题的回答中得出的：1）学生有机会解释他们的观念；2）课上包括了学生对该议题的观点；3）有课堂辩论或讨论；4）学生有关于该议题的讨论。回答类别采用4点量表："在所有的课上"、"在大多数课上"、"在有些课上"和"没有或几乎没有"。所有项目都采用反向计分，在这个PISA 2006的新指标上，正值表示互动式科学教学的频率高。

科学教与学中的动手做活动

科学教与学中的动手做活动指数是从学生对"在学校中学习〈科学〉议题时以下活动发生的频率是多少"这个问题的回答中得出的：1）学生花时间在实验室做操作实验；2）要求学生设计〈科学〉问题怎样才能在实验室研究；3）要求学生从他们自己做过的试验中得出结论，4）学生按照教师的指导做实验。回答类别采用4点量表："在所有的课上"、"在大多数课上"、"在有些课上"和"没有或几乎没有"。所有项目都采用反向计分，在这个PISA 2006的新指标上，正值表示这种科学教学活动频率高。

学生在科学教与学中的研究

学生在科学教与学中的研究指数是从学生对"在学校中学习〈科学〉议题时以下活动发生的频率是多少"这个问题的回答中得出的：1）让学生设计自己的实验；2）给学生选择自己研究的机会；3）要求学生做一个研究来检验自己的想法。回答类别采用4点量表："在所有的课上"、"在大多数课上"、"在有些课上"和"没有或几乎没有"。所有项目都采用反向计分，在这个PISA 2006的新指标上，正值表示这种科学教学活动频率高。

在科学教与学中重视重视模式或应用（Focus on model or applications）

在科学教与学中重视模式或应用指数是从学生对"在学校中学习〈科学〉议题时以下活动发生的频率是多少"这个问题的回答中得出的：1）教师解释〈科学〉观点怎样才能应用到许多不同的现象中（例如，物体的移动，有相同特性的物质）；2）教师用科学来帮助学生理解学校外的世界；3）教师清楚地解释〈广义的科学〉概念对我们生活的有用性。回答类别采用4点量表："在所有的课上"、"在大多数课上"、"在有些课上"和"没有或几乎没有"。所有项目都采用反向计分，在这个PISA 2006的新指标上，正值表示这种科学教学活动频率高。

信息与通讯技术(ICT)熟悉度

ICT 因特网/娱乐应用

因特网/娱乐应用指数是从学生对他们由于以下原因而使用电脑的频率的回答中得出的：1）浏览因特网上有关人、事或观念的信息；2）玩游戏；3）用因特网来组织小组或团队；4）从因特网上下载软件（包括游戏）；5）从因特网上下载音乐；6）交流（例如电子邮件或聊天室）。回答类别采用5点量表："几乎每天"、"每周1—2次"、"每月2—3次"、"每月1次或1次不到"、"从不"。所有项目都采用反向计分，正值表示 ICT 使用频率高。

ICT 程序/软件应用

ICT 程序/软件应用指数是从学生对他们由于以下原因而使用电脑的频率的回答中得出的：1）写文件（例如用 Word® 或 WordPerfect®）；2）用电子表格（例如〈Lotus 1 2 3® 或 Microsoft Excel®〉玩游戏；3）制图、绘画或使用图形程序；4）用诸如数学程序之类的教育软件；5）写电脑程序。回答类别采用5点量表："几乎每天"、"每周1—2次"、"每月2—3次"、"每月1次或1次不到"、"从不"。所有项目都采用反向计分，正值表示 ICT 使用频率高。

在 ICT 因特网任务中的自信

在 ICT 因特网任务中的自信指数是从学生对"自己用电脑完成以下任务的能力的信念"的回答中得出的：1）在线聊天；2）用因特网查找信息；3）从因特网上下载软件或程序；4）在电子邮件后加附件；5）从因特网上下载音乐；6）撰写并发送电子邮件。回答类别采用4点量表："我自己完全能做好这件事"、"我在别人的帮助下能做这件事"、"我知道这是什么意思但是我不会"、"我不知道这是什么意思"。所有项目都采用反向计分，再用 IRT 方法量化，正值表示自信程度高。

在 ICT 高水平任务中的自信

在 ICT 高水平任务中的自信指数是从学生对"自己用电脑完成以下任务的能力的信念"的回答中得出的：1）用软件查毒并杀毒；2）编辑数码照片或其他图片；3）创建数据库（例如用〈Microsoft Access®〉）；4）用文字处理器（例如为学校写一篇小论文）；5）用电子表格绘制统计图；6）创建电子演示文稿（例如用〈Microsoft PowerPoint®〉）；7）创建多媒体演示文稿（伴有声音、图像、视频）；8）建网页。回答类别采用4点量表："我自己完全能做好这件事"、"我在别人的帮助下能做这件事"、"我知道这是什么意思但是我不会"、"我不知道这是什么意思"。所有项目都采用反向计分，再用 IRT 方法量化，正值表示自信程度高。

学校层面的变量

学校特征

学校规模

学校规模指标指的是学校在校生总数，包括男生和女生人数之和，是从校长提供的在校生数中得出的。

学校的女生比例

学校女生比例指标指学校在校生中女生所占的比例，即在校女生数除以在校男生与女生人数之和，是从校长提供的在校生数中得出的。

学校类型

按照学校事务的最终决定权掌握在私人实体还是公共实体中，将学校分成公立学校或者私立学校。**学校类型**共分三类：1）公立学校，接受公共教育机关或代理机构的控制和管理；2）依靠政府的私立学校，根据校长的回答，学校接受非政府机构的管理，例如教会、贸易协会或者商业机构，以及/或者董事会，董事会大部分成员不是由政府机构选出的，这类学校50%或更多的核心经费来自政府机构；3）不依靠政府的私立学校，它是受民间组织或者不是由政府机构选择产生的董事会控制，它们从政府组织获得的资金少于其核心经费的50%。

录取政策与教学背景

学业选拔

校长被问及学校的录取政策。**学业选拔指标**是根据校长对"学校在录取学生时,在多大程度上考虑了以下因素"的回答来构建的,回答类别分为"不考虑"、"考虑"、"高优先级"或者"必备条件":1)学生住在某个特定的地区;2)学生的成绩单(包括派位考试);3)母校的推荐;4)父母对学校的教学或宗教思想的认可;5)学生对某个特定课程的需要或期望;6)家中其他成员(目前或过去)在本校学习。如果学生的成绩单或母校的推荐被作为优先条件或必要条件的话,那么该学校就被认为采用了选拔录取政策。如果录取时这两个因素都不考虑,那么该学校就被认为采用非选拔录取政策。

能力分组

校长被问及学校的能力分组政策。要求校长填报学生是否按能力分组:1)按能力分到不同班级;2)按能力在班内分组,是否在所有学科分组,或者在某些学科分组,或者都不分组。**能力分组指标**是根据以下三种学校分类来确定的:1)学校的任何学科都没有按能力分组;2)学校的一些学科按上述两种形式中的一种进行能力分组;3)学校所有的学科都按上述两种形式中的一种进行能力分组。

学校管理

要求校长填报校长、教师、〈学校董事会〉、〈省级或县级教育局〉、或〈国家教育部〉是否在以下方面承担相当大的责任:1)选聘教师;2)解聘教师;3)确定教师的起薪;4)决定教师的加薪;5)编制学校预算;6)决定校内预算的分配;7)确定学生的纪律规范;8)确定学生的测评政策;9)批准学生入学就读;10)选择使用的教材;11)决定课程内容;12)决定开设的课程。**资源自主权指标**是指由学校负责作出的与学校资源相联系的决定的数量(上述 1 到 6 项)。**课程自主权指标**是指由学校负责作出的与课程相联系的决定的数量(上述 8,10,11,12 项)。

学校资源

学校教育资源

学校教育资源指数从 7 个项目得来,它们测量校长感到的阻碍学校教学的潜在因素:1)科学实验室的设备短缺或不足;2)教学材料(例如课本)短缺或不足;3)教学用计算机短缺或不足;4)因特网连接短缺或不足;5)教学用计算机软件短缺或不足;6)图书馆资料短缺或不足;7)视听资源短缺或不足。回答类别采用 4 点量表:"完全没有"、"很少有"、"某种程度上有"、"很多"。所有这些项目量化时采用反向记分,正值表示对这方面的积极评价。该指标用 IRT 量化方法构建。

教师短缺

教师短缺指数从以下项目得来,这些项目测量了校长感到的阻碍学校教学的潜在因素,包括缺少:1)合格的科学教师;2)合格的数学教师;3)合格的语文教师;4)合格的其他学科教师。在 PISA 2006 中,这些项目是和评价学校基础设施的项目一起评估的。回答类别采用 4 点量表:"完全没有"、"很少有"、"某种程度上有"、"很多"。这些项目量化时采用正向记分,正值表示校长报告学校教师短缺的多。该指标用 IRT 量化的方法构建。

学校活动

促进科学学习的学校活动

促进科学学习的学校活动指数是从校长的回答中得出的,指的是学校是否有以下这些活动,以促进〈15岁学生所在主要年级〉学生参与科学学习:1)科学兴趣小组;2)科学展览会;3)科学竞赛;4)课外科学项目(包括研究);5)远足或实地考察。正值表示学校在这方面的活动多。

学习环境议题的学校活动

学习环境议题的学校活动指数是从校长的回答中得出的,指的是学校是否组织以下这些活动,为〈15岁学生所在主要年级〉学生提供学习环境议题的机会:1)〈野外教育〉;2)参观博物馆;3)参观科学和(或)技术中心;4)课外环境项目(包括研究);5)讲座和(或)研讨会。正值表示学校在这方面的活动多。

家长变量

下面这些指标是根据选做的家长问卷得出的,这是PISA 2006的新特点,在10个OECD国家和6个伙伴国家(地区)中实施。[1]

学生过去的科学活动

学生过去的科学活动指数是从15岁学生的家长的回答中得出的,是关于孩子在10岁的时候做以下事情的频率:1)看有关科学的电视节目;2)阅读有关科学发现的书籍;3)看、读或听科学小说;4)访问有关科学议题的网站;5)参加科学兴趣小组。回答类别采用4点量表:"经常"、"定期"、"有时"、"从不"。这些项目量化时采用反向记分,指标正值表示学生过去参加科学活动的频率高。

家长感知的学校质量

家长感知的学校质量指数是从15岁学生的家长对以下陈述的同意程度中得出的:1)我孩子学校大多数教师看起来能够胜任并且有献身精神;2)我孩子学校的学业标准高;3)我对孩子学校所教的内容和教学方法感到高兴;4)我对孩子学校的纪律风气感到满意;5)我孩子的进步在学校得到负责的监测;6)我孩子的学校在我孩子进步方面定期地提供有用的信息;7)我孩子的学校在教育学生方面做得好。回答类别采用4点量表:"非常同意"、"同意"、"不同意"、"非常不同意"。这些项目量化时采用反向计分,指标正值表示对学校质量的评价积极。

家长认为科学学习的重要性

家长认为科学学习的重要性指数是从15岁学生的家长对以下陈述的同意程度中得出的:1)在当今世界中,为了得到一份好工作,具备良好的科学知识和技能是重要的;2)雇主一般希望他们的雇员有较强的科学知识和技能;3)今天大多数工作都要求科学知识和技能;4)具备良好的科学知识和技能在劳动力市场上是优势。回答类别采用4点量表:"非常同意"、"同意"、"不同意"、"非常不同意"。这些项目量化时采用反向计分,指标正值表示认为科学学习重要性程度高。

家长报告的科学职业动机

家长报告的科学职业动机指数是从15岁学生的家长的回答中得出的,有关这些陈述:1)孩子是否对从事〈科学相关职业〉感兴趣;2)他们是否希望自己的孩子从事〈科学相关职业〉;3)他们

的孩子是否表现出在〈中学〉毕业后继续学习科学的兴趣；4）他们是否希望自己的孩子在〈中学〉毕业后继续学习科学。这些项目量化时采用反向计分，指标正值表示科学职业动机水平高。

家长的普遍科学价值观

家长的普遍科学价值观指数是从 15 岁学生的家长同意以下陈述的程度中得出的：1)〈广义的科学和技术〉进步通常会改善人们的生活条件；2)〈广义的科学〉对帮助我们理解自然界是重要的；3)〈广义的科学和技术〉进步通常有助于促进经济；4)〈广义的科学〉对社会有价值；5)〈广义的科学和技术〉进步通常对社会有益。回答类别采用 4 点量表："非常同意"、"同意"、"不同意"、"非常不同意"。这些项目量化时采用反向计分，指标正值表示普遍的科学价值观积极。

家长的个人科学价值观

家长的个人科学价值观指数是从 15 岁学生的家长同意以下陈述的程度中得出的：1)〈广义的科学〉中有些概念有助于我看到我和他人有怎样的关系；2)我在日常生活中有许多机会用到〈广义的科学〉；3)〈广义的科学〉对我非常有用；4)我发现〈广义的科学〉有助于我理解我身边的事物。回答类别采用 4 点量表："非常同意"、"同意"、"不同意"和"非常不同意"。这些项目量化时采用反向计分，指标正值表示个人的科学价值观积极。

家长对环境问题的关心程度

家长对环境问题的关心程度指数是从 15 岁学生的家长对以下环境问题的关心程度中得出的：1)空气污染；2)能源短缺；3)植物和动物消失；4)砍伐森林把土地做其他用途；5)水资源短缺；6)核污染。回答类别采用 4 点量表："这是我和他人都一个非常关心的问题"、"这是我国其他人非常关心的问题但我本人不关心"、"这是其他国家的人们非常关心的问题"和"这个问题谁也不关心"，这些项目量化时采用反向计分，指标正值表示对环境问题的关心程度高。

家长对环境问题的乐观

家长对环境问题的乐观指数是从 15 岁学生的家长对今后 20 年中与以下环境议题有关的问题发展的乐观程度中得出的：1)空气污染；2)能源短缺；3)植物和动物消失；4)砍伐森林把土地做其他用途；5)水资源短缺；6)核污染。回答类别采用 3 点量表："改进"、"保持不变"、"变得更差"。所有这些项目量化时采用反向计分，正值表示家长对环境问题的乐观程度高。

附录 A2：PISA 的目标总体，PISA 的样本，以及对学校的界定

PISA 目标总体的定义

PISA 2006 评估了到某个时间点的累积教育和学习收益，在该时间点上大部分年轻人仍然是初次教育（initial education）的在校生。

就国际性调查而言，一个主要的挑战是如何对概念进行操作性定义，以确保各个国家（地区）的目标总体间具有国际可比性。

由于各国（地区）学前教育和保育的性质和范围不同、正规学校教育的入学年龄以及学制结构不尽相同，所以我们无法界定具有国际可比性的就读年级。因此，教育成绩的国际比较通常都是参照一个目标年龄群来界定其总体的。之前有一些国际评估是用某个年龄的适龄儿童所就读的主要年级来确定其目标总体的，这种方法的缺陷是该年级学生会在年龄的分布上有细小差异，这就经常导致在不同的国家（地区），或者同一国家（地区）不同的教育系统里选择不同的目标年级，使得国家（地区）之间、有时是一个国家（地区）的内部产生的严重的可比性问题。此外，因为并非所有目标年龄的学生都包含在基于年级的样本中，没有抽到的适龄学生在某些国家（地区）被招入高一年级而在另一些国家（地区）被招入低一年级，这可能使结果产生更严重的偏差。前者是排除了潜在表现水平更高的学生，后者是排除了潜在表现水平更低的学生。

为了解决该问题，PISA 的目标总体采用了基于年龄的界定，就是说，这一界定不受制于各个国家（地区）的学制结构：PISA 评估的学生是在评估开始时年龄在 15 岁 3 个月（整）到 16 岁 2 个月（整）之间的在校学生，不管学生在哪个年级或者哪种类型教育机构就读，也不考虑他们是否接受的是全日制教育（PISA 2006 排除了 6 年级及以下的 15 岁学生，在参与 PISA 2006 的国家（地区）中，只有极少数国家（地区）存在大量这样的学生）。尽管有些教育机构（特别是某类职业教育机构）可能在某些国家（地区）并不被称为学校，但是在本报告中教育机构一般是指学校。正如从该定义可以估计出的那样，所有 OECD 国家的学生的平均年龄是 15 岁零 9 个月，各国（地区）平均年龄最小的是 15 岁 8 个月，最大的是 15 岁 11 个月，两者之间差异为 3 个月零 2 天（0.26 岁）。

按照对该总体的定义，PISA 评价的是出生于一段可比时期内的一组个体的知识与技能，但他们可能有不同的校内和校外的教育经历。这些知识和技能在 PISA 中被称为不同国家（地区）学生在某个相同年龄上的教育收益。学生在年级分布上可能较窄或较宽，这取决于各个国家（地区）的学校入学和升学的政策。此外，在一些国家（地区），PISA 目标总体学生可能会进入不同的教育系统、教育分轨或分流（education systems, tracks, or streams）。

即使某个国家（地区）在阅读、科学或数学素养量表上的得分显著地高于另一个国家（地区），也不能必然地推断说第一个国家（地区）的学校或者教育系统的某些方面就比第二个国家（地区）有效得多。然而我们可以合理地推断说在 PISA 测量的几个素养领域中，第一个国家（地区）学习经验的累积效果，即学生自童年早期到 15 岁拥有的学校和家庭经验，产生了更好的结果。

PISA 的目标总体没有包括在国外上学的本国居民，但是包括了在测评国家(地区)上学的外国居民。

为了满足那些在本国分析中希望得到基于年级的结果的国家(地区)的需要，PISA 2006 提供了按年级抽样的国际可选项来补充按年龄抽样的办法。

总体覆盖率

所有国家(地区)都努力让本国样本最大范围地覆盖那些接受教育的 15 岁学生，包括在特殊教育机构里的学生。因此，PISA 2006 达到了在同类型的国际调查里从未有过的总体覆盖率的标准。

PISA 的抽样标准允许各国(地区)剔除一部分学校或学校里的一部分学生，剔除的学生总量占总体的比例最多不超过 5%。除加拿大(6.35%)和丹麦(6.07%)两个国家外，其他所有国家(地区)都达到了该标准，其中 32 个国家(地区)的总剔除率小于 2%。如果考虑因语言因素而剔除的比例(比如，把它从总剔除率中排除)，那么丹麦剔除率将小于 5%。更多信息参见 www.pisa.oecd.org。

上述剔除的限定范围包括：

- 学校层面：1)所处地理位置极偏僻难以到达的学校，或者按照 PISA 管理要求实施测评是不可行的学校；2)学校所有学生都属于"校内剔除"的界定范围内，比如盲人学校。这些学校中在校的 15 岁学生人数必须少于该国有效目标总体的 2.5%【注：1)最多占 0.5%，2)最多占 2%】。《PISA 2006 技术报告》(PISA 2006 Technical Report, OECD, forthcoming)中记录了学校层面剔除的数量、性质与理由。

- 学生层面：1)智力落后的学生；2)功能性残疾的学生；3)对测评所采用的语言很不熟练的学生。不能单纯因为能力水平低或者有常规纪律问题而剔除学生。校内 15 岁学生被剔除的人数必须少于该国目标总体的 2.5%。

表 A2.1 反映了 PISA 2006 参与国(地区)的目标总体。关于目标总体以及 PISA 抽样标准的实施，更多信息请参见《PISA 2006 技术报告》(PISA 2006 Technical Report, OECD, forthcoming)。

- 第 1 栏：年龄为 **15 岁的总人数**(total number of 15-year-olds)，是能得到的最新的数据，在大多数国家(地区)是 2005 年的数据，即评估前一年的数据。

- 第 2 栏：7 年级及 7 年级以上(按上文的界定)的 15 岁在校生数，称为**符合抽样标准的总体**(eligible population)。

- 第 3 栏：**国家(地区)预期目标总体**(national desired target population)。主要考虑到一些实际原因，允许各国(地区)从符合抽样标准的总体中预先剔除 0.5% 的人数。以下提到的超过额度的预先剔除是征得 PISA 专业协作组织同意的：阿塞拜疆从被占领土剔除了占总体 5.7% 的人口；加拿大从领地和土著保留地剔除了占总体 1.1% 的人口；法国剔除了占总体 3.98% 的海外领地和其他教育机构的学生，印尼由于安全原因剔除了 4 个省的学生，这些学生占总体的 4.4%；吉尔吉斯斯坦剔除了占总体 3.3% 的学生，这些学生就读的学校地处

附录 A 技术背景资料

表 A2.1 ■ PISA 目标总体和样本

					总体和样本信息								覆盖率指标		
	(1) 15岁人口总数	(2) 15岁人口中7年级及以上在校生总数	(3) 国家预期目标总体	(4) 学校层面剔除总数	(5) 学校剔除后校内剔除前国家预期目标总体	(6) 学校层面剔除率(%)	(7) 参加学生数	(8) 加权的参加学生数	(9) 剔除学生数	(10) 加权的剔除学生数	(11) 校内剔除率(%)	(12) 总的剔除率(%)	(13) 覆盖率指标1: 国家预期总体的覆盖率	(14) 覆盖率指标2: 国家在校生人口的覆盖率	(15) 覆盖率指标3: 15岁总体覆盖率
OECD															
澳大利亚	270 115	256 754	255 554	1 371	254 183	0.54	14 170	234 940	234	2 935	1.23	1.76	0.98	0.98	0.87
奥地利	97 337	92 149	92 149	401	91 748	0.43	4 927	89 925	94	1 586	1.73	2.16	0.98	0.98	0.92
比利时	124 943	124 557	124 216	2 957	121 259	2.38	8 857	123 161	28	401	0.32	2.70	0.97	0.97	0.99
加拿大	426 967	428 876	424 238	5 141	419 097	1.21	22 646	370 879	1 681	20 339	5.20	6.35	0.94	0.93	0.87
捷克	127 748	124 764	124 764	1 124	123 640	0.90	5 932	128 827	8	203	0.16	1.06	0.99	0.99	1.01
丹麦	66 989	65 984	65 984	1 871	64 113	2.84	4 532	57 013	170	1 960	3.32	6.07	0.94	0.94	0.85
芬兰	66 232	66 232	66 232	1 257	64 975	1.90	4 714	61 387	135	1 650	2.62	4.47	0.96	0.96	0.93
法国	809 375	809 375	777 194	19 397	757 797	2.50	4 716	739 428	28	3 876	0.52	3.00	0.97	0.93	0.91
德国	951 535	1 062 920	1 062 920	6 009	1 056 911	0.57	4 891	903 512	37	6 017	0.66	1.22	0.99	0.99	0.95
希腊	107 505	110 663	110 663	640	110 023	0.58	4 873	96 412	65	1 397	1.43	2.00	0.98	0.98	0.90
匈牙利	124 444	120 061	120 061	3 230	116 831	2.69	4 490	106 010	31	1 103	1.03	3.69	0.96	0.96	0.85
冰岛	4 820	4 777	4 777	16	4 761	0.33	3 789	4 624	95	96	2.04	2.37	0.98	0.98	0.96
爱尔兰	58 667	57 648	57 510	50	57 460	0.09	4 585	55 114	93	1 103	1.67	1.76	0.98	0.98	0.94
意大利	578 131	639 971	639 971	16	639 955	0.00	21 773	520 055	363	8 984	1.70	1.70	0.98	0.98	0.90
日本	1 246 207	1 222 171	1 222 171	16 604	1 205 567	1.36	5 952	1 113 701	0	0	0.00	1.36	0.99	0.99	0.89
韩国	660 812	627 868	627 868	3 461	624 407	0.55	5 176	576 669	4	625	0.11	0.66	0.99	0.99	0.87
卢森堡	4 595	4 595	4 595	0	4 595	0.00	4 567	4 733	193	9 493	3.92	3.92	0.96	0.96	1.03
墨西哥	2 200 916	1 383 364	1 383 364	0	1 383 364	0.00	30 971	1 190 420	49	1 221 440	0.27	0.27	1.00	1.00	0.54
荷兰	197 046	193 769	193 769	57	193 712	0.03	4 871	189 576	7	227	0.12	0.15	1.00	1.00	0.96
新西兰	59 734	59 341	59 341	451	58 890	0.76	4 823	53 398	222	58 443	3.84	4.58	0.95	0.95	0.84
挪威	61 708	61 449	61 373	412	60 961	0.67	4 692	59 884	156	1 764	2.86	3.51	0.96	0.96	0.97
波兰	549 000	546 000	546 000	10 400	535 600	1.90	5 547	515 993	18	1 685	0.33	2.22	0.98	0.98	0.94
葡萄牙	115 426	100 816	100 816	0	100 816	0.00	5 109	90 079	112	95 300	2.05	2.05	0.99	0.99	0.78
斯洛伐克	79 989	78 427	78 427	1 355	77 072	1.73	4 731	76 201	11	193	0.25	1.98	0.98	0.98	0.95
西班牙	439 415	436 885	436 885	3 930	432 955	0.90	19 604	381 686	557	401 848	2.65	3.52	0.96	0.96	0.87
瑞典	129 734	127 036	127 036	2 330	124 706	1.83	4 443	126 393	122	3 471	2.67	4.46	0.98	0.98	0.97
瑞士	87 766	86 108	86 108	2 130	83 978	2.47	12 193	89 651	186	842	0.93	3.38	0.97	0.97	1.02
土耳其	1 423 514	800 968	782 875	970	781 905	0.12	4 942	665 477	1	130	0.02	0.14	1.00	0.98	0.47
英国	779 076	767 248	767 248	12 879	754 369	1.68	13 152	732 004	229	12 033	1.62	3.27	0.97	0.97	0.94
美国	4 192 939	4 192 939	4 192 939	19 710	4 173 229	0.47	5 611	3 578 040	254	142 517	3.83	4.28	0.96	0.96	0.85

附录A 技术背景资料

续表

参与国（地区）	(1) 15岁人口总数	(2) 15岁人口中7年级及以上在校生总数	(3) 国家预期目标总体	(4) 学校层面剔除总数	(5) 学校层后剔除校内剔除前国家预期目标总体	(6) 学校层面剔除率（%）	(7) 参加学生数	(8) 加权的参加学生数	(9) 剔除学生数	(10) 加权的剔除学生数	(11) 校内剔除率（%）	(12) 总的剔除率（%）	(13) 覆盖率指标1: 国家预期的总体的覆盖率	(14) 覆盖率指标2: 国家在校生人口的覆盖率	(15) 覆盖率指标3: 15岁总体覆盖率
阿根廷	662 686	579 222	579 222	2 393	576 829	0.41	4 339	523 048	4	636	0.12	0.53	0.99	0.99	0.79
阿塞拜疆	139 119	139 119	131 235	780	130 455	0.59	5 184	122 208	0	0	0.00	0.59	0.99	0.94	0.88
巴西	3 390 471	2 374 044	2 357 355	0	2 357 355	0.00	9 295	1 875 461	19	6 438	0.34	0.34	1.00	0.99	0.55
保加利亚	89 751	88 071	88 071	1 733	86 338	1.97	4 498	74 326	0	0	0.00	1.97	0.98	0.98	0.83
智利	299 426	255 459	255 393	2 284	253 109	0.89	5 235	233 526	28	1 259	0.54	1.43	0.99	0.99	0.78
中华台北	334 391	318 691	318 691	2 972	315 719	0.93	8 815	293 513	21	922	0.31	1.24	0.99	0.99	0.88
哥伦比亚	897 477	543 630	543 630	2 814	540 816	0.52	4 478	537 262	2	541 743	0.03	0.55	0.99	0.99	0.60
克罗地亚	54 500	51 318	51 318	548	50 770	1.07	5 213	46 523	38	382	0.81	1.87	0.98	0.98	0.85
爱沙尼亚	19 871	19 623	19 623	569	19 054	2.90	4 865	18 662	50	23 580	1.10	3.97	0.96	0.96	0.94
中国香港	77 398	75 542	75 542	678	74 864	0.90	4 645	75 145	1	21	0.03	0.93	0.99	0.99	0.97
印度尼西亚	4 238 600	3 119 393	2 983 254	9 388	2 973 866	0.31	10 647	2 248 313	0	0	0.00	0.31	0.97	0.95	0.53
以色列	122 626	109 370	109 370	1 770	107 600	1.62	4 584	93 347	72	1 339	1.41	3.01	0.97	0.97	0.76
约旦	138 026	126 708	126 708	0	126 708	0.00	6 509	90 267	73	1 042	1.14	1.14	0.99	0.99	0.65
吉尔吉斯斯坦	128 810	94 922	92 109	1 617	90 492	1.76	5 904	80 674	42	521	0.64	2.39	0.98	0.95	0.63
拉脱维亚	34 277	33 659	33 534	932	32 602	2.78	4 719	29 232	26	33 980	0.44	3.21	0.97	0.96	0.85
列支敦士登	422	362	362	0	362	0.00	339	353	3	3	0.84	0.84	0.99	0.99	0.84
立陶宛	53 931	51 808	51 761	613	51 148	1.18	4 744	50 329	28	264	0.52	1.70	0.98	0.98	0.93
中国澳门	8 835	6 648	6 648	6	6 642	0.09	4 760	6 417	0	0	0.00	0.09	1.00	1.00	0.73
黑山	9 190	8 973	8 973	155	8 818	1.72	4 455	7 734	0	0	0.00	1.72	0.98	0.98	0.84
卡塔尔	8 053	7 865	7 865	0	7 865	0.00	6 265	7 271	3	3	0.04	0.04	1.00	1.00	0.90
罗马尼亚	341 181	241 890	240 661	2 943	237 718	1.22	5 118	223 887	0	0	0.00	1.22	0.99	0.98	0.66
俄罗斯	2 243 924	2 077 231	2 077 231	43 425	2 033 806	2.09	5 799	1 810 856	60	20 576	1.12	3.19	0.97	0.97	0.81
塞尔维亚	88 584	80 692	80 692	1 811	78 881	2.24	4 798	73 907	6	78 713	0.12	2.36	0.98	0.98	0.83
斯洛文尼亚	23 431	23 018	23 018	228	22 790	0.99	6 595	20 595	45	27 236	0.48	1.46	0.99	0.99	0.88
泰国	895 924	727 860	727 860	7 234	720 626	0.99	6 192	644 125	5	353	0.05	1.05	0.99	0.98	0.72
突尼斯	153 331	153 331	153 331	0	153 331	0.00	4 640	138 491	2	52	0.04	0.04	1.00	1.00	0.90
乌拉圭	52 119	40 815	40 815	97	40 718	0.24	4 839	36 011	5	39	0.11	0.34	1.00	1.00	0.69

1. 对本表格其他更详细的全面解释请参考 PISA 2006 技术报告（OECD, forthcoming）。

边远、难以到达。

- 第4栏:从国家(地区)预期目标总体中剔除的学校的在校生数,指从抽样框架中剔除或是后来在收集学校数据时剔除的人数。

- 第5栏:国家(地区)预期目标总体减去被剔除的学校中的全部学生数后的大小,即第3栏减去第4栏后的数字【即C5=C3-C4,Cn表示第n栏,译者注】。

- 第6栏:被剔除学校的在校生所占的百分比,即第4栏除以第3栏后再乘以100【即C6=C4/C3*100,译者注】。

- 第7栏:**参加PISA 2006的学生数**(number of students participating in PISA 2006)。要注意的是它并不包括参加评估的国家(地区)额外选择的年龄为15岁的人数。

- 第8栏:**加权后的参加学生数**(weighted number of participating students)。即,相当于PISA样本所代表的该国(地区)目标总体的学生数。

- 每个国家(地区)都努力使样本学校能最大程度地覆盖PISA目标总体。就每一个样本学校而言,首先列出所有符合抽样标准的学生,即那些年龄是15岁的学生,不管他在读几年级。要剔除的样本学生仍列入抽样档案,并列清单说明剔除他们的原因。第9栏显示**被剔除的学生的总人数**(total number of excluded students),表A2.2中有进一步的描述和细分。第10栏是**加权的剔除学生数**(weighted number of excluded students),即反映从样本中剔除的学生数所代表的该国(地区)目标总体里的人数,对其描述与细分见表A2.2。学生剔除是基于以下四类标准:1)智力残疾的学生——有精神障碍或情感障碍且认知迟滞的学生,在PISA测试环境中他们无法完成任务;2)功能性残疾的学生——有中度至重度永久性身体残疾的学生,在PISA测试环境中他们无法完成任务;3)对测评语言不熟练的学生——无法读、说所在国(地区)测试用的任何一种语言,也无法克服测试环境中的语言障碍的学生(一般来说是那些学习测试所用语言不满一年的学生);4)其他——由国家(地区)PISA中心认定没有能力参加测试、并经国际评估中心认可的学生。

- 第11栏:**校内剔除学生所占的百分比**(percentage of students excluded within schools)。即加权后被剔除的学生数(第10栏)除以加权的剔除学生数与参与的学生数之和(第8栏加上第10栏),再乘以100【即C11=C10/(C8+C10)×100,译者注】。

- 第12栏:**总剔除率**(overall exclusion rate),反映了PISA中加权的剔除人数占国家(地区)预期目标总体的百分比,它们或是在学校层面的剔除或是校内学生的剔除。计算方法是:学校层面的剔除率(第6栏除以100)加上校内剔除率(第11栏除以100)乘以1减去学校层面的剔除率(第6栏除以100),再把该结果乘以100【即C12=(C6/100+C11/100×(1-C6/100))×100,译者注】。加拿大和丹麦这两个国家的剔除率高于5%(更多关于剔除的信息可见 www.oecd.org)。如果考虑了因语言能力不足而剔除的比例(即,把它从总剔除率中排除),那么丹麦的剔除率则低于5%。

- 第13栏:是衡量PISA样本在多大程度上覆盖了国家(地区)预期目标总体(extent to which

附录 A 技术背景资料

表 A2.2 ■ 剔除

	学生剔除（未加权）					学生剔除（已加权）				
	(1) 因残疾而剔除的学生数（代码1）	(2) 因残疾而剔除的学生数（代码2）	(3) 因语言的剔除的学生数（代码3）	(4) 因其他原因而剔除的学生数（代码4）	(5) 剔除学生总数	(6) 加权的因残疾而剔除的学生数（代码1）	(7) 加权的因残疾而剔除的学生数（代码2）	(8) 加权的因语言而剔除的学生数（代码3）	(9) 加权的因其他原因而剔除的学生数（代码4）	(10) 加权的剔除学生总数
OECD										
澳大利亚	25	167	42	0	234	355	2 056	524	0	2 935
奥地利	1	29	64	0	94	11	576	999	0	1 586
比利时	2	13	13	0	28	38	190	173	0	401
加拿大	125	1 372	184	0	1 681	2 061	14 565	3 714	0	20 339
捷克	0	2	6	0	8	0	47	155	0	203
丹麦	11	60	58	41	170	119	710	670	462	1 960
芬兰	5	105	25	0	135	64	1 287	299	0	1 650
法国	3	9	16	0	28	421	1 277	2 179	0	3 876
德国	3	19	15	0	37	418	3 000	2 599	0	6 017
希腊	1	9	3	52	65	37	255	55	1 050	1 397
匈牙利	2	11	1	17	31	64	469	12	559	1 103
冰岛	6	65	24	0	95	6	66	24	0	96
爱尔兰	8	40	15	30	93	80	401	153	304	937
意大利	24	270	69	0	363	563	6 713	1 707	0	8 984
日本	0	0	0	0	0	0	0	0	0	0
韩国	0	4	0	0	4	0	625	0	0	625
卢森堡	1	24	168	0	193	1	24	168	0	193
墨西哥	40	6	3	0	49	2 005	659	553	0	3 217
荷兰	6	1	0	0	7	191	36	0	0	227
新西兰	25	111	82	4	222	243	1 068	792	32	2 135
挪威	8	103	45	0	156	96	1 159	509	0	1 764
波兰	5	7	0	6	18	468	656	0	561	1 685
葡萄牙	10	90	12	0	112	215	1 467	208	0	1 890
斯洛伐克	2	8	1	0	11	30	149	14	0	193
西班牙	40	359	158	0	557	441	6 354	3 591	0	10 386
瑞典	8	88	26	0	122	354	2 406	711	0	3 471
瑞士	9	62	115	0	186	42	229	571	0	842
土耳其	0	0	1	0	1	0	0	130	0	130
英国	29	151	49	0	229	1 482	7 698	2 853	0	12 033
美国	24	192	38	0	254	14 376	109 160	18 981	0	142 517

附录 A 技术背景资料

续表

	学生剔除（未加权）					学生剔除（已加权）				
	(1) 因残疾而剔除的学生数（代码1）	(2) 因残疾而剔除的学生数（代码2）	(3) 因语言而剔除的学生数（代码3）	(4) 因其他原因而剔除的学生数（代码4）	(5) 剔除学生总数	(6) 加权的因残疾而剔除的学生数（代码1）	(7) 加权的因疾而剔除的学生数（代码2）	(8) 加权的因语言而剔除的学生数（代码3）	(9) 加权的因其他原因而剔除的学生数（代码4）	(10) 加权的剔除学生总数
阿根廷	3	1	0	0	4	594	41	0	0	636
阿塞拜疆	0	0	0	0	0	0	0	0	0	0
巴西	13	6	0	0	19	5 344	1 094	0	0	6 438
保加利亚	0	0	0	0	0	0	0	0	0	0
智利	16	8	4	0	28	734	395	130	0	1 259
中华台北	1	20	0	0	21	50	872	0	0	922
哥伦比亚	1	1	0	0	2	107	78	0	0	186
克罗地亚	6	32	0	0	38	49	332	0	0	382
爱沙尼亚	6	44	0	0	50	41	167	0	0	208
中国香港	0	0	1	0	1	0	0	21	0	21
印度尼西亚	0	0	0	0	0	0	0	0	0	0
以色列	22	18	32	0	72	408	327	603	0	1 339
约旦	38	9	26	0	73	481	118	443	0	1 042
吉尔吉斯斯坦	33	4	5	0	42	417	45	59	0	521
拉脱维亚	20	5	1	0	26	94	30	6	0	130
列支敦士登	0	3	0	0	3	0	3	0	0	3
立陶宛	4	19	0	5	28	27	200	0	37	264
中国澳门	0	0	0	0	0	0	0	0	0	0
黑山	0	0	0	0	0	0	0	0	0	0
卡塔尔	2	0	1	0	3	2	0	1	0	3
罗马尼亚	0	0	0	0	0	0	0	0	0	0
俄罗斯	6	52	2	0	60	1 724	18 393	459	0	20 576
塞尔维亚	1	2	3	0	6	14	31	41	0	86
斯洛文尼亚	5	25	15	0	45	6	50	42	0	98
泰国	0	4	1	0	5	0	232	121	0	353
突尼斯	2	0	0	0	2	52	0	0	0	52
乌拉圭	3	1	1	0	5	28	6	5	0	39

剔除代码：
代码 1 功能性残疾——学生有中度或中度的肢体残疾
代码 2 智力残疾——学生有智力或情感上的障碍，被诊断为认知迟滞或受有资质的专业人员认为是认知迟滞
代码 3 测试用的语言残疾——学生的语言能力有限——学生的母语不是该国测评用的任何一种语言，并且学生在该国居住不到一年
代码 4 由国家中心界定并经国际协作组织认可的其他类型

注：对本表格其他更详细的全面解释请参考 PISA 2006 技术报告（OECD, forthcoming）。
StatLink http://dx.doi.org/10.1787/142050165315

the national desired target population is covered by the PISA sample)的指标。仅有加拿大和丹麦的覆盖率低于95%。

- 第14栏：是衡量PISA样本在多大程度上覆盖了15岁在校生(extent to which 15-year-old enrolled in schools are covered by the PISA sample)的指标。该指标测量了没有被剔除的学生样本占国家(地区)在校生总体的比率。它把学校层面和学生层面的剔除都考虑在内。数值接近100表明该PISA样本代表了PISA 2006界定的整个教育系统。这一指标的计算方法是：加权后的参加学生数(第8栏)除以加权后的参加学生数与被剔除的学生数之和(第8栏加上第10栏)，乘以国家(地区)界定的目标总体(第5栏)除以符合抽样标准的总体(第2栏)(乘以100)【即C14＝(C8/(C8＋C10)×C5/C2)×100，译者注】。覆盖率低于95%的国家(地区)只有加拿大、丹麦、法国以及伙伴国家阿塞拜疆。

- 第15栏：15岁人口覆盖率(coverage of the 15-year-old population)指标。该指标是加权后的参加学生数(第8栏)除以15岁的总人数(第1栏)【即C15＝C8/C1，译者注】。

这样的高覆盖率有助于提高评估结果的可比性。比如，即便假定被剔除的学生的得分较之参加学生的得分会系统性偏低，并且假定它们是中等程度的相关，那么5%的剔除率可能会高估国家(地区)平均分数，但高估值低于5分(在一个国际平均值是500分，标准差是100分的量表上)。这一估算是基于以下计算：假定剔除倾向与学生成绩之间的相关程度是0.3，如果剔除率是1%，则平均值可能会被高估1分；如果剔除率是5%，则高估3分；如果剔除率是10%，则高估6分。假定剔除倾向与学生成绩之间的相关程度是0.5，如果剔除率是1%，则平均值可能会被高估1分；如果剔除率是5%，则高估5分；如果剔除率是10%，则高估10分。这一计算应用了一个模型，该模型假设参与倾向与成绩的分布是双变量正态分布。详见《PISA 2000技术报告》(PISA 2000 Technical Report，OECD，2001)。

抽样程序与应答率

任何调查结果的准确性都取决于从国家(地区)样本以及抽样程序(Sampling Procedures)中得到的信息的质量。PISA建立了一套质量标准、程序、测量工具和验证机制，以确保各国(地区)样本得到的是可比性数据，其结果能做可信的比较。

大多数PISA样本都采用二阶段分层取样(采用不同抽样设计的国家(地区)，其抽样设计记录在《PISA 2006技术报告》里(PISA 2006 Technical Report，OECD forthcoming))。第一阶段是抽取有15岁在校生的学校。采用按概率比例抽样法系统化地抽取学校，样本大小是15岁在校生数(预估的符合抽样标准的在校学生)的函数。每个国家(地区)至少选取150所学校(只要该国(地区)有这么多学校)，但是做国家(地区)内部分析往往要求更大的样本量。在抽取学校时，也同时确定替补学校，以防有的样本学校不愿参加PISA 2006。

冰岛、列支敦士登、卢森堡和卡塔尔四个国家，它们所有的学校以及学校里所有符合抽样标准的学生都包含在了样本内。但是并非所有学生都参与了各领域的评估，因此，仅对科学这一主要测评领域而言，这些国家参与了完整的普查。

PISA专业协作组织的专家完成了每一个参与国(地区)的学校样本选取工作，并对那些自选样本的国家（地区）的抽样进行了严密的监督。

抽样工作的第二步是抽取样本学校里的样本学生。一旦学校被抽到，那么就要准备好这些样本学校里 15 岁学生的名单。按照等概率原则从名单中抽取 35 名学生（如果在校生人数少于 35，那么就选取所有 15 岁学生）。

PISA 数据质量标准对学校与学生的最低参与率都做了要求。建立这些标准是为了使潜在的应答偏差最小化。对达到这些标准的国家（地区）而言，由无应答产生的任何偏差几乎都可以忽略不计，即，无应答偏差小于抽样误差。

一开始就被选到的学校必须要有 85% 的最低应答率（response rate）。如果学校的最初应答率在 65% 到 85% 之间，可以通过使用替补学校来达到一个可接受的学校应答率。这一做法会带来增加应答偏差的风险。因此鼓励参与国家（地区）尽可能多地说服列在初始样本内的学校参与测评。学生参与率在 25% 到 50% 之间的学校将不被当作参与学校，但这些学校的数据仍将包括在数据库中，并纳入各类估算。学生参与率低于 25% 的学校的数据则不纳入数据库。

PISA 2006 也规定了参与学校的学生最低参与率是 80%。在国家（地区）层面，必须要达到这一最低参与率，但并不必然要求每个参与学校如此。如果学校在参加初次测评时参与学生很少，那么就必须要安排补测。学生参与率的计算包括所有的参与学校，无论他们是初次抽样抽到的学校还是替补学校，也包括所有参与的学生，无论是参与初次测评的还是后来参加补测的学生。那些只参与问卷部分的学生只要他们描述了其父亲或者母亲的职业，就纳入国际数据库，并且纳入本出版物的统计中。

表 A2.3 反映了在未加入替补样本时及加入替补样本后，学生和学校的应答率。

- 第 1 栏：**未加入替补学校时加权的学校参与率**（weighted participation rate of schools before replacement）。由第 2 栏除以第 3 栏得来。

- 第 2 栏：**未加入替补学校时应答学校的加权学生数**（weighted number of responding schools before school replacement）（根据在校生数进行加权）。

- 第 3 栏：**未加入替补学校时样本学校的加权学生数**（weighted number of sampled schools before school replacement）（既包括应答学校也包括未应答学校）（根据在校生数进行加权）。

- 第 4 栏：**未加入替补学校时未加权的应答学校数**（unweighted number of responding schools before schools before school replacement）。

- 第 5 栏：**未加入替补学校时未加权的应答学校数和未应答学校数**（unweighted number of responding and non responding schools before school replacement）。

- 第 6 栏：**加入替补学校后加权的学校参与率**（weighted participation rate of schools after school replacement）。由第 7 栏除以第 8 栏得来。

- 第 7 栏：**加入替补学校后应答学校的加权学生数**（weighted number of responding schools after school replacement）（根据在校生数进行加权）。

附录A 技术背景资料

表 A2.3 ■ 应答率

	初始样本—学校替补前					最终样本—学校替补后					最终样本—学校替补后校内的学生				
	(1) 学校替补前加权的学生参与率(%)	(2) 应答学校加权学生数(用在校生数加权)	(3) 样本学校(应答学校)的加权学生数(也用在校生数加权)	(4) 应答学校数(未加权)	(5) 应答和未应答学校数(未加权)	(6) 学校替补后加权的校参与率(%)	(7) 应答学校加权学生数(也用在校生数加权)	(8) 样本学校(应答和未应答学校)加权学生数(按在校学生数加权)	(9) 应答学校数(未加权)	(10) 应答和未应答学校数(未加权)	(11) 学校替补后加权的学生参与率(%)	(12) 参加评测的学生数(已加权)	(13) 样本学生数(参加评测和缺席的)(已加权)	(14) 参加评测的学生数(未加权)	(15) 样本学生数(参加评测和缺席的)(未加权)
澳大利亚	98.40	247 212	251 222	349	356	98.85	248 321	251 222	350	356	86.30	200 410	232 221	14 071	16 590
奥地利	98.77	91 471	92 606	197	203	98.77	91 471	92 606	197	203	90.81	80 765	88 942	4 925	5 542
比利时	81.54	100 785	123 597	236	288	93.59	115 646	123 563	269	288	92.98	107 247	115 343	8 857	9 492
加拿大	83.20	348 248	418 565	850	941	86.23	360 867	418 514	861	941	81.43	258 789	317 822	22 201	26 329
捷克	72.87	91 281	125 259	198	264	93.87	117 526	125 202	244	264	90.62	110 435	121 869	5 927	6 560
丹麦	87.24	49 865	57 156	189	218	96.47	55 068	57 085	209	218	89.51	49 249	55 018	4 510	5 035
芬兰	100.00	65 086	65 086	155	155	100.00	65 086	65 086	155	155	92.78	56 954	61 387	4 714	5 082
法国	96.68	732 366	757 512	179	187	96.68	732 366	757 512	179	187	89.78	641 681	714 695	4 684	5 218
德国	98.15	932 815	950 350	223	227	99.05	941 356	950 350	225	227	92.26	825 350	894 612	4 884	5 294
希腊	92.51	96 973	104 827	176	192	99.35	104 124	104 810	189	192	95.24	91 494	96 070	4 871	5 116
匈牙利	94.70	108 354	114 425	180	189	100.00	114 266	114 266	189	189	93.12	98 716	106 010	4 490	4 823
冰岛	98.35	4 819	4 900	135	151	98.35	4 819	4 900	135	151	83.32	3 781	4 538	3 781	4 538
爱尔兰	100.00	57 245	57 245	164	164	100.00	57 245	57 245	164	164	83.75	46 160	55 114	4 585	5 469
意大利	90.53	564 533	623 570	753	874	97.47	607 860	623 619	796	874	92.30	467 291	506 270	21 753	23 465
日本	87.27	1 032 152	1 182 688	171	196	92.38	1 092 616	1 182 688	181	196	99.55	1 028 039	1 032 727	5 952	5 971
韩国	99.24	572 256	576 637	153	155	99.89	575 984	576 637	154	155	99.04	570 786	576 314	5 176	5 229
卢森堡	100.00	4 955	4 955	31	31	100.00	4 955	4 955	31	31	96.49	4 567	4 733	4 567	4 733
墨西哥	95.46	1 281 867	1 342 898	1 115	1 184	96.20	1 291 872	1 342 898	1 128	1 184	96.40	1 101 670	1 142 760	30 885	32 119
荷兰	75.70	151 039	199 533	146	194	94.25	187 953	199 423	183	194	90.15	161 900	179 592	4 848	5 375
新西兰	91.69	54 182	59 090	162	179	96.06	56 762	59 090	170	179	87.03	44 638	51 291	4 823	5 535
挪威	90.47	54 613	60 369	193	213	95.40	57 582	60 359	203	213	87.81	50 232	57 205	4 692	5 345
波兰	95.41	507 651	532 061	209	222	99.99	532 150	532 197	221	222	91.70	473 144	515 945	5 547	6 074
葡萄牙	94.87	94 835	99 961	165	174	98.73	98 593	99 863	172	174	86.74	77 053	88 828	5 092	5 862
斯洛伐克	92.42	70 860	76 671	170	190	99.93	76 865	76 920	188	190	93.19	70 837	76 011	4 729	5 095
西班牙	98.262 6	416 539	423 904	682	686	100	424 621	424 621	686	686	88.48	337 710	381 686	19 604	21 328
瑞典	99.59	126 611	127 133	197	199	99.59	126 611	127 133	197	199	91.37	115 210	126 095	4 443	4 851
瑞士	95.44	77 940	81 660	496	512	99.09	81 345	82 095	509	512	94.94	84 366	88 861	12 191	12 778
土耳其	97.16	773 777	796 371	155	160	100.00	794 826	794 826	160	160	97.59	649 451	665 477	4 942	5 057
英国	76.05	569 438	748 796	439	587	88.15	660 503	749 270	494	587	87.65	565 955	645 688	13 050	15 182
美国	68.95	2 689 741	3 901 131	145	209	79.09	3 085 548	3 901 521	166	209	91.00	2 589 680	2 845 841	5 611	6 179

OECD

续表

参与国家（地区）	初始样本－学校替补前					最终样本－学校替补后						最终样本－学校替补后的学生			
	(1) 学校替补前加权的学校参与率(%)	(2) 应答学校加权学生数(用在校生数加权)	(3) 样本学校(应答和未应答学校)的加权学生数(用在校生数加权)	(4) 应答学校数(未加权)	(5) 应答和未应答学校数(未加权)	(6) 学校替补后加权的学校参与率(%)	(7) 应答学校加权学生数(用在校生数加权)	(8) 样本学校(应答和未应答学校)加权学生数(按在校生数加权)	(9) 应答学校数(加权)	(10) 应答和未应答学校数(未加权)	(11) 学校替补后加权的学生参与率(%)	(12) 参加测评的学生数(已加权)	(13) 样本学生数(参加测评和缺席的)(已加权)	(14) 参加测评的学生数(未加权)	(15) 样本学生数(参加测评和缺席的)(未加权)
阿根廷	95.08	547 775	576 125	168	179	96.19	554 186	576 125	171	179	89.31	447 966	501 589	4 297	4 854
阿塞拜疆	94.86	123 718	130 423	163	172	99.37	129 952	130 775	171	172	98.02	119 024	121 433	5 184	5 284
巴西	98.01	2 300 530	2 347 346	606	629	99.24	2 329 154	2 346 988	617	629	90.83	1 692 354	1 863 114	9 246	10 408
保加利亚	98.76	82 248	83 281	178	180	99.35	82 548	83 092	179	180	94.47	69 821	73 907	4 498	4 768
智利	83.08	207 183	249 370	161	196	87.89	219 082	249 283	173	196	93.72	192 205	205 089	5 233	5 585
中华台北	98.03	420 165	428 630	235	240	98.10	420 394	428 529	236	240	97.75	283 168	289 675	8 815	8 988
哥伦比亚	93.53	500 567	535 166	154	167	99.22	530 585	534 764	165	167	93.89	500 459	533 020	4 478	4 787
克罗地亚	98.59	48 081	48 768	159	163	99.80	48 727	48 823	161	163	95.63	44 400	46 431	5 213	5 455
爱沙尼亚	98.98	19 071	19 267	167	169	100.00	19 261	19 261	169	169	94.89	17 708	18 662	4 865	5 119
中国香港	68.57	52 768	76 956	106	156	93.76	72 564	77 392	146	156	91.51	64 124	70 071	4 645	5 073
印度尼西亚	99.72	2 249 728	2 256 019	349	352	100.00	2 256 019	2 256 019	352	352	97.81	2 199 184	2 248 313	10 647	10 918
以色列	89.89	95 231	105 941	139	167	93.45	99 541	106 520	149	167	90.57	79 246	87 498	4 584	5 058
约旦	100.00	99 088	99 088	210	210	100.00	99 088	99 088	210	210	96.26	86 890	90 267	6 509	6 791
吉尔吉斯斯坦	99.58	89 863	90 240	200	201	100.00	90 240	90 240	201	201	97.08	78 319	80 674	5 904	6 074
拉脱维亚	97.57	31 740	32 532	171	175	99.96	32 532	32 532	175	175	96.66	28 255	29 232	4 719	4 885
列支敦士登	100.00	362	362	12	12	100.00	362	362	12	12	96.03	339	353	339	353
立陶宛	96.85	48 989	50 584	190	197	100.00	50 584	50 584	197	197	93.76	47 189	50 329	4 744	5 061
中国澳门	100.00	6 608	6 608	43	43	100.00	6 608	6 608	43	43	97.57	6 261	6 417	4 760	4 882
黑山	94.64	7 363	7 780	49	51	94.64	7 363	7 780	49	51	93.23	6 821	7 317	4 367	4 681
卡塔尔	98.02	7 260	7 407	128	137	98.02	7 260	7 407	128	137	87.34	6 224	7 126	6 224	7 126
罗马尼亚	100.00	231 533	231 533	174	174	100.00	231 533	231 533	174	174	99.83	223 887	223 503	5 118	5 129
俄罗斯	100.00	1 848 221	1 848 221	209	209	100.00	1 848 221	1 848 221	209	209	96.02	1 738 842	1 810 856	5 799	6 036
塞尔维亚	98.67	76 534	77 568	160	163	99.96	77 539	77 568	162	163	93.91	69 375	73 877	4 798	5 112
斯洛文尼亚	97.42	21 983	22 565	355	365	97.71	22 049	22 565	356	365	91.50	18 489	20 206	6 576	7 194
泰国	97.70	705 353	721 963	208	212	100.00	721 552	721 552	212	212	98.74	636 028	644 125	6 192	6 266
突尼斯	100.00	153 009	153 009	152	152	100.00	153 009	153 009	152	152	94.53	130 922	138 491	4 640	4 905
乌拉圭	96.30	38 378	39 854	270	280	96.30	38 378	39 854	270	280	88.24	30 693	34 784	4 779	5 380

- 第8栏：加入替补学校后样本学校的加权学生数（weighted number of schools sampled after school replacement）（既包括应答学校也包括未应答学校）（根据在校生数进行加权）。
- 第9栏：加入替补学校后未加权的应答学校数（unweighted number of responding schools after school replacement）。
- 第10栏：加入替补学校后未加权的应答学校数和未应答学校数（unweighted number of responding and non responding schools after school replacement）。
- 第11栏：加入替补学校后加权的学生参与率（weighted student participation rate after replacement）。由第12栏除以第13栏得出。
- 第12栏：加权后的参加测评的学生数（weighted number of students assessed）。
- 第13栏：加权后的学生样本数（weighted number of students sampled）（既包括参与测评的学生数也包括在测评当天缺席的学生数）。
- 第14栏：未加权的参加测评的学生数（unweighted number of students assessed）。注意，学生应答率低于50%的学校里的学生不在这些比例中（加权的比例和未加权的比例）。
- 第15栏：未加权的学生样本数（unweighted number of students sampled）（既包括参与测评的学生数也包括在测评当天缺席的学生数）。注意，如果有的学校学生应答率不到一半，那么这些学校里的学生不计在学生样本数中（无论是加权或未加权的学生样本数中都不包括）。

学校的界定

在一些国家（地区），是对学校内部的分支单位取样，而不是把学校作为一个行政单位，这可能会影响学校间方差的估计。在奥地利、捷克、匈牙利、意大利和日本，以及伙伴国家罗马尼亚和斯洛文尼亚，实施多套教学课程【例如，有的学校既提供普通教育课程又提供职业教育课程，译者注】的学校按这些不同的教学课程被分为几个不同的单位。在荷兰，完中被分为初中和高中两个单位。在伙伴国家乌拉圭，采用多部制教学的学校被分成几个相应的单位。在比利时的佛兰德语区，有多个校区的学校是按校区抽样；而在法语区，则把多校区学校作为一个大的行政单位来抽样。在澳大利亚，有一个以上校区的学校按校区单独抽样。在阿根廷，有一个以上校区的学校按校址分别抽样。在斯洛伐克，把那些既教斯洛伐克语又教匈牙利语的学校按教学的语言分成不同单位进行抽样。在西班牙，巴斯克地区采用多语种教学模式的学校按教学语言模式分为不同的单位抽样。

附录 A3：标准误、显著性检验与子群体比较

本篇报告里的统计反映的是根据学生样本对各国（地区）成绩的估计值，而不是根据每个国家（地区）里的每个学生回答了每个问题后的结果计算出来的数值。因此，对估计值的不确定性程度进行测量是很重要的。PISA 的每个估计值都与不确定性程度相关联，可以用标准误来表示这种不确定性。置信区间则可以用来推断总体平均值以及由样本估计引起的不确定性的比例。从一个观测样本的统计看，假设样本数据是服从正态分布的，就能推断出其对应的总体值落在置信区间里的可能性为 95%，即对同一个总体用不同的样本进行 100 次重复测量，其中 95 次的测量结果落在这个置信区间里。

很多情况下，读者主要感兴趣的是某个特定国家（地区）的一个给定值是否和该国（地区）或其他国家（地区）的另一个值有差异，比如，一个国家（地区）里女生的成绩是否好于这个国家（地区）男生的成绩。本报告的图表中，被标注为统计上有显著性的差异，无论其值大小，均表示假定当对应总体值之间确实没有差异时，观察到显著性差异的可能性低于 5%，同样，如果两个测量间没有相关，那么报告它们有显著性相关的风险也在 5% 之内。

在整个报告中，在对比较值作统计显著性评价时都进行了显著性检验。

PISA 2000、PISA 2003 和 PISA 2006 的成绩差异

对 PISA 2000、PISA 2003 和 PISA 2006 间平均成绩的差异做了统计显著性检验，用粗体字表示的数字说明 PISA 2000、PISA 2003 和 PISA 2006 的成绩在 95% 的置信水平上有统计显著性差异，用粗体加斜体表示的数字说明 PISA 2000、PISA 2003 和 PISA 2006 的成绩在 90% 的置信水平上有统计显著性差异。对 PISA 2000、PISA 2003 和 PISA 2006 测评成绩差异的解释请看附录 A7 的注释。

性别差异

对学生成绩或者其他指标进行了性别差异的统计显著性检验。正向差异表示男生得分更高，而负向差异表示女生得分更高。在第二册的数据表中，粗体一般表示在 95% 的置信水平上存在统计上的显著性差异。

顶端和底端 1/4 学生的成绩差异

对相关 PISA 指标顶端和底端 1/4 学生的平均成绩进行了差异显著性检验。粗体的数字表示在 95% 的置信水平上，顶端 1/4 和底端 1/4 学生在该指标上的成绩存在统计上的显著差异。

每个单位指标上的成绩变化

在很多数据表中，计算了每个单位指标上的学生成绩差异。粗体的数字表示在 95% 的置信水平上，差异显著不为 0。

相对风险或者增加的似然性

相对风险是对前置因素与结果因素间联系的一种测量。相对风险就是两类风险的比率，也就是当前项出现时观察到结果的风险，以及当前项不出现时观察到结果的风险。图 A3.1 呈现了

下文用到的符号。

图 A3.1 ■ 在一个双向表格里用到的标记

p_{11}	p_{12}	$p_{1.}$
p_{21}	p_{22}	$p_{2.}$
$p_{.1}$	$p_{.2}$	$p_{..}$

$p_{..}$ 等同于 $n_{..}/n_{..}$，$n_{..}$ 表示学生总数，所以 $p_{..}$ 就等于 1，$p_{i.}$，$p_{.j}$ 分别表示每一行和每一列的边际概率。边际概率等同于边际次数除以学生总数。最后，p_{ij} 表示每个单元格的概率，它等同于一个特定单元格里的观测数除以观测总数。

PISA 中，行代表前置因素，第 1 行表示"有前项"，第 2 行表示"没有前项"；列表示结果因素，第 1 列表示"有结果"，第 2 列表示"没有结果"。相对风险就等于：

$$RR = \frac{(p_{11}/p_{1.})}{(p_{21}/p_{2.})}$$

第二册数据表中的粗体数字表示在 95% 的置信水平上，风险概率显著不为 1。

PISA 2000、PISA 2003 与 PISA 2006 的百分比差异

在比较 PISA 2000、PISA 2003 与 PISA 2006 样本的百分比时，使用了统计显著性检验。第二册数据表中的粗体数字表示在 95% 的置信水平上，百分比存在统计上的显著差异。在比较 2003 与 2000 的数据时应该牢记，2000 年要求校长填报的是各自学校 15 岁学生的情况，而在 2003 年，要求校长反映整个学校的情况。类似的是，在 2000 年，要求学生反映他们上语言课的情况，而在 2003 年，要求学生反映他们上数学课的情况。2006 年，除了关注的重点从数学变成了科学以外，询问学生和校长的问题与 PISA 2003 相同。

公立学校与私立学校在科学成绩上的差异

对公立学校与私立学校的成绩差异进行了统计显著性检验。在做这项检验时，将政府依赖型与独立型私立学校合在一起考虑。正向差异表示公立学校的分数高而负向差异表示私立学校的分数高。第二册数据表中的粗体数字表示在 95% 的置信水平上，分数存在统计上的显著差异。

本国(地区)学生与移民背景学生科学成绩的差异

对本国(地区)学生与非本国(地区)学生的成绩差异进行了统计显著性检验。在做这项检验时，将第一代和第二代移民子女学生合在一起考虑。正向差异表示本国(地区)学生的分数高，而负向差异表示第一代和第二代移民子女学生的成绩高。第二册数据表中的粗体数字表示在 95% 的置信水平上，分数存在统计上的显著差异。

效应值

有时比较某个指标在不同群体间的差异是很有用的，比如男性和女性、国家(地区)之间的差异。在这种情况下可能会出现一个问题，即不同的国家(地区)有不同的指标分布。一种解决方法是计算把分布差异考虑在内的效应值。例如，用效应值来测量某个国家(地区)中男生和女生

在科学自我效能上的差异,这种差异是相对该国(地区)男生和女生的科学自我效能得分的平均变异而言的。

效应值也可以对不同度量标准的测量间的差异做比较。比如,可以比较 PISA 指数与 PISA 测试分数之间的效应值。例如,科学成绩的性别差异与其他几个指数上的性别差异间的比较。

依照惯例,小于 0.20 的效应值被认为是小效应,大约 0.50 的效应值被认为是中等效应,大于 0.80 的效应值被认为是大效应。本报告中,只有当效应值等于或者大于 0.20 时才认为存在比较差异,否则即便存在统计上有显著性的较小的差异也不被认为是存在比较差异;第二册数据表中的粗体数字表示效应大小等于或者大于 0.20。在表和图里,小于 0.20 但是因为四舍五入而成为 0.20 的值并未用粗体突出显示出来。浅色底纹表示效应值的绝对值大于等于 0.2 但小于 0.5,中等底纹表示效应值的绝对值大于等于 0.5 但小于 0.8,深色底纹表示效应值的绝对值大于等于 0.8。

两个子群体间的效应值的计算是:

$$\frac{m_1 - m_2}{\sqrt{\frac{\sigma_1^2 + \sigma_2^2}{2}}}$$

m_1 和 m_2 分别表示子群体 1 和子群体 2 的平均数,σ_1^2 和 σ_2^2 分别表示子群体 1 和子群体 2 的方差。子群体 1 和 2 之间的效应值等于两个子群体的平均数之差($m_1 - m_2$)除以两个子群体的方差之和(σ_1^2 和 σ_2^2)除以 2 后的平方根。

分布偏度

计算了社会经济背景分布的偏度。负偏态值表示处于不利社会经济背景的学生分布在长尾,而正值表示处于有利社会经济背景的学生分布在长尾。

美国的结果

美国在试题本印刷中出现了一个错误,页码改变了,某些阅读试题的指导语把学生指向错误的页面,这可能影响了学生的成绩。在控制了不受印刷错误影响试题的成绩后,用美国学生在这些试题上的成绩与 PISA 2006 和 PISA 2003 中相同的试题相比较来估计印刷错误对学生成绩的潜在影响。

印刷错误对学生数学和科学测试平均成绩的影响估计为 1 分,所以美国的数学和科学成绩数据仍然保留。

印刷错误对学生阅读测试平均成绩的影响估计为 6 分,超过了一个抽样标准误,所以美国的阅读成绩在本书和 PISA 数据库中都被剔除了。

附录A4：质量保证

与前几次PISA测评一样，在PISA 2006的各个部分都采取了质量保证程序（Quality Assurance Procedures）。

为了确保PISA测评工具在质量上的一致性和语义上的等值性，我们向各参与国（地区）提供了同等的英文和法文原版测评工具，并要求参与国（地区）（除了英语和法语国家（地区）外）运用这两种版本，翻译出两个独立的译本，再将两个译本相统一。同时我们还提供准确翻译和修订（adaptation）的指南，其中包括挑选和培训翻译人员的说明。对于每个参与国（地区）来说，测评工具（包括测试材料、评分指南、问卷和手册）在正式用于PISA 2006试测和正式测试前，其翻译和格式都必须经过由PISA专业协作组织任命的专家译员核对或确认（verification）（这些专家译员的母语一般是所确认国家（地区）的教学语言，并且对该国的教育体制也很了解）。要了解更多PISA翻译程序的信息，可参阅《PISA 2006技术报告》（PISA 2006 Technical Report，OECD，forthcoming）。

测试的实施具有标准化程序。PISA专业协作组织提供解释如何实施测评的全套手册，包括对学校主考（School Co-ordinator）工作的精确指导，以及测试主任（Test Administrator）主持测试所用的脚本（script）。对于测评程序的修订意见和主持测试时所用脚本的修改意见要在确认前提交给PISA专业协作组织审批，然后，PISA专业协作组织再确认各国（地区）对这些手册的翻译和修订。

为了确立PISA有效且无偏差的信度，并促进在测试管理上的一致性，必须遵循以下标准来挑选参与国（地区）的测试主任：测试主任必须不是其主持测试的PISA考场中任何参加测试学生的阅读、数学或自然科学的授课老师；测试主任希望不是其主持测试的PISA测试学校的教职员工；测试主任最好不是任何PISA测试样本学校中的教职员工。参与国家（地区）都为测试主任组织了一次他们亲自参与的培训。

同时，我们要求PISA参与国（地区）保证：测试主任与学校主考会共同准备测试的实施，包括更新学生资料表和确定剔除的学生；认知题测试不允许超时（但学生问卷是允许超时的）；在两场各持续一小时的认知测试前不能实施任何测试工具；测试主任在学生资料表上记录下学生测试出勤状况，并填写测试报告表；任何认知测试工具都不得复印；学校教职员不得在测试开始前翻阅认知测试工具；测试主任在测试完成后立即把材料交还所在国家（地区）的PISA中心。

如果超过15%的PISA样本学生无法参加初次的测试，我们希望国家（地区）项目负责人组织补测。

来自PISA专业协作组织的国家（地区）质量监察员会到访所有的国家（地区）中心，考查数据收集程序。最后，来自PISA专业协作组织的学校质量监察员在测试期间要访问15所样本学校。要了解有关实地操作的更多信息，可参阅《PISA 2006技术报告》（PISA 2006 Technical Report，OECD，forthcoming）。

PISA操作手册中列出了评分指南的要点，为了确保这些要点在应用时的一致性和准确性，我们设计了评分步骤。国家（地区）项目负责人对评分步骤的修改都要提交给 PISA 专业协作组织审批。我们还做了信度研究，来分析评分的一致性，这将在后面详细讨论。

为了帮助 PISA 数据输入，我们设计了专门的软件，能发现数据输入中常见的错误，并辅助数据清理。我们还提供了培训，帮助国家（地区）项目负责人熟悉这些程序。

对 PISA 所用的质量保证程序的描述及其结果请参阅《PISA 2006 技术报告》(*PISA 2006 Technical Report*, OECD, forthcoming)

附录 A5：PISA 测试工具的开发

PISA 2006 测试工具（assessment instrument，即试卷）的开发是一个多方互动的过程，其中包括 PISA 专业协作组织、在 OECD 支持下工作的多个国际专家组、PISA 理事会和各国（地区）专家。首先由一组国际专家牵头，在深入地咨询各参与国（地区）的意见后，确定各测评领域的技能和能力范围，这些技能和能力被视为个人能否全面参与成功的现代社会并在其中作出贡献的关键。随后，参与国（地区）、其他对测试材料有所贡献的试题开发专家才对测评领域，即测评框架进行描述。这个测评框架的开发包括以下步骤：

- 形成对测评领域的操作性定义，并对定义背后的假设做出描述；
- 对怎样把各个测试题组织起来的方法进行评估，以便向决策者和研究人员汇报参与国家（地区）15 岁学生在每个测评领域的成绩；
- 确定构造国际通用的测试题时所要考虑的一系列关键特征；
- 将测试构造中要采用的一系列关键特征操作化，其界定要基于已有文献资料和其他大规模测试的经验；
- 评估变量的有效性，即每个变量对理解各参与国家（地区）任务难度的贡献；
- 准备对结果的解释方案。

测评框架在科学和政策层面上都得到认可以后，便可以作为开发测试工具的基础。测评框架在《测评科学、阅读和数学素养：PISA 2006 框架》（*Assessing Scientific, Reading and Mathematical Literacy: A Framework for PISA 2006*, OECD 2006a）一书中做了描述。这些框架为参与国（地区）在 PISA 测量目标上达成一致提供了共同的语言和工具。

随后要设计能体现测评框架目的的试题。先在所有参与国（地区）进行试测，据此选出 PISA 2006 正式测试的最终试题。表格 A5.1、A5.2 和 A5.3 显示了 PISA 2006 试题在 PISA 框架各个维度中的分布。

测试工具也同样考虑了 OECD 国家间在民族、文化和语言上的多样性。为此，PISA 专业协作组织用了几个不同国家的专业试题开发团队。除了由 PISA 专业协作组织的国际专家开发的试题外，各参与国（地区）也同时提供试题。专业协作组织的多国试题开发团队根据 PISA 测评框架的要求，确定提交上来的大量材料是否合适。最后的结果是，试题库选用的试题来自：澳大利亚、奥地利、比利时、加拿大、捷克、芬兰、法国、德国、希腊、意大利、韩国、荷兰、新西兰、挪威、瑞典和瑞士。

选入试题库的试题要经过各个国家（地区）评审，涉及以下要求：（1）试题潜在的文化、性别或其他偏差；（2）试题对 15 岁学生的学校内和学校外情境的相关性（有用性）；（3）学生对试题的熟悉度和感兴趣的程度。第一次征求各参与国（地区）对试题库的意见是在开发试测试题的过程中，第二次征求意见是在试测之后，用于挑选正式测试的试题。

表 A5.1 ■ 科学试题按 PISA 科学测评框架维度分布

情境	试题数	单选题数	复合式选择题数	封闭式问答题数	开放式问答题数	简答题数
科学试题按内容领域分布						
科学知识"物质系统"	17	8	3	2	4	0
科学知识"生命系统"	25	9	7	1	8	0
科学知识"地球和宇宙"	12	5	2	1	4	0
科学知识"技术系统"	8	2	3	0	3	0
关于科学的知识"科学探究"	25	9	10	0	6	0
关于科学的知识"科学解释"	21	5	4	1	11	0
总计	**108**	**38**	**29**	**5**	**36**	**0**
科学试题按科学能力分布						
识别科学议题	24	9	10	0	5	0
科学地解释现象	53	22	11	4	16	0
运用科学证据	31	7	8	1	15	0
总计	**108**	**38**	**29**	**5**	**36**	**0**
科学试题按情境或背景分布						
个人的	29	13	6	4	6	0
社会的	59	21	16	0	22	0
全球的	20	4	7	1	8	0
总计	**108**	**38**	**29**	**5**	**36**	**0**

StatLink http://dx.doi.org/10.1787/142050165315

表 A5.2 ■ 阅读试题按 PISA 阅读素养测评框维度分布

情境	试题数	单选题数	复合式选择题数	封闭式问答题数	开放式问答题数	简答题数
阅读试题按形式分布						
连续文本	18	8	1	0	9	0
非连续文本	10	1	0	4	1	4
总计	**28**	**9**	**1**	**4**	**10**	**4**
阅读试题按阅读任务类型分布						
检索信息	8	1	1	3	0	3
解释文本	13	8	0	1	3	1
反思和评价文本	7	0	0	0	7	0
总计	**28**	**9**	**1**	**4**	**10**	**4**
阅读试题按情境或文本写作时的用途分布						
为了个人用途的阅读（个人的）	6	2	0	1	3	0
为了公共用途的阅读	7	1	0	2	3	1
为了工作的阅读（职业的）	7	1	1	1	2	2
为了教育的阅读	8	5	0	0	2	1
总计	**28**	**9**	**1**	**4**	**10**	**4**

StatLink http://dx.doi.org/10.1787/142050165315

表 A5.3 ■ 数学试题按 PISA 数学测评框架维度分布

情境	试题数	单选题数	复合式选择题数	封闭式问答题数	开放式问答题数	简答题数
数学试题按内容分布						
变化和关系	13	1	2	2	7	1
数量	13	3	2	2	0	6
空间和形状	11	3	2	2	3	1
不确定性	11	5	3	0	1	2
总计	**48**	**12**	**9**	**6**	**11**	**10**
数学试题按能力集分布						
再现	11	5	0	2	2	2
联系	24	3	7	2	4	8
反思	13	4	2	2	5	0
总计	**48**	**12**	**9**	**6**	**11**	**10**
数学试题按情境或背景分布						
个人的	9	3	2	1	1	2
公共的	18	7	2	3	3	3
职业的	1	0	0	0	0	1
教育的	7	1	3	2	1	0
科学的	12	1	2	0	5	4
数学内的	1	0	0	0	1	0
总计	**48**	**12**	**9**	**6**	**11**	**10**

StatLink http://dx.doi.org/10.1787/142050165315

试测时,所有试题在各参与国(地区)进行测试,之后试题开发人员和专家组考虑了多方面的因素,用于筛选出正式测试所用试题:(1)试测的结果;(2)各参与国(地区)的试题评审结果;(3)试测评分过程中发现的问题。试题开发人员和专家组在 2005 年 10 月选定了最终的试题,在一个阶段的商榷后,这组试题被参与国(地区)在科学性和政策考虑层面都予以接受。

正式测试包括 37 个科学单元,包括 108 道试题和 32 道嵌入式态度问题。其中 13 个单元来自参与国递交的材料,23 个单元来自于专业协作组织的专家团队,1 个源自国际数学和科学教育成就趋势调查(TIMSS)的材料。正式测试工具还包括 31 个数学单元(48 道试题)、8 个阅读单元(28 道试题)。

PISA 测试工具中运用了五种类型的试题:

- 开放式问答题(open-constructed response items):这些试题要求学生建构较长的回答,允许的答案范围广,包括多样的、个性化的回答和不同的观点。这些试题通常要求学生将引导文本中的信息和观点与他们自己的经验和观点相结合,其答案的接受程度不在于学生所处的立场,而在于他们在判断和解释这些立场时利用所阅读材料的能力。对于部分正确或不够完整的回答,往往给予部分得分,所有的开放式问答题都采用人工评分。

- 封闭式问答题(closed-constructed response items):这些试题要求学生自己建构答案,可接受的答案有一定的范围限制,这类试题的大部分只分为对与错,只有少数试题需要人工评分。

- 简答题(short-response items):与封闭式问答题一样,这些试题也要求学生提供简要的回答,但可能的回答范围仍然很大。这些试题是人工评分的,因此评分类别有对或错,还可以有部分得分。
- 复合式选择题(complex multiple-choice items):这些试题要求学生做出一系列的选择,通常每个小题都是二选一。学生通过在每个小题后的一个词或一个词组(如"是"或"不是")上画圈来指出答案。每个小题的评分只分对错,整个试题则可以有满分也可以有部分得分。
- 单选题(选择题)(multiple-choice items):这些试题要求学生在四个或五个可选项中选出一个答案,这些可选项可以是数字、单词、词组或者句子。这些试题评分只分对错。

PISA 2006 的设计是希望在大范围的内容中找出群体层面的信息。科学测试的试题总共需要 210 分钟完成,数学试题总共需要 120 分钟完成,阅读试题总共需要 60 分钟完成。不过,每个学生所做的测试只需 120 分钟。

为了在有限的 120 分钟测试时间内涵盖期望了解的大范围内容,每个领域的测试内容都被分成不同的单元组,组成 13 种试题本。共有 7 个科学试题单元组,每个 30 分钟;4 个数学试题单元组,每个 30 分钟;2 个阅读试题单元组,每个 30 分钟。这意味着在 PISA 2006 中,每个学生只回答一部分科学试题。

测试的设计是均衡的,以便使每个试题单元组都出现四次,每次出现在一本试题本的四个可能的位置之一,并且,每个单元组与另一个单元组同时出现的可能性只有一次。因此,该设计最终能确保每一个试题单元组都能被一组有代表性的样本来回答。

想了解更多有关 PISA 测试工具和 PISA 测试设计的信息,请参阅《PISA 2006 技术报告》(*PISA 2006 Technical Report*, OECD, forthcoming)。

附录A6：开放题评分的信度

开放题的评分过程是确保PISA结果的质量和可比性的重要步骤。

具体的评分指南能使开放题评分准确并在各国（地区）之间保持一致。评分指南包括评分手册、用于招聘评分员的培训材料、用于培训国家（地区）评分员所用的工作坊材料。在进行各国（地区）评分员培训前，PISA专业协作组织先向各参与国（地区）的评分负责人提供材料并进行培训。之后，参与国（地区）的评分负责人再负责国内评分员的培训工作。

对于每道试题，相关的评分手册描述了问题的题旨和如何对每道题的学生回答进行评分，它把回答分成几种评分类别：满分、部分得分、零分。PISA 2006还对部分数学试题和科学试题采用了两位数评分系统，其中第一位数字代表得分情况，第二位数字代表学生解决问题的不同策略和方法。第二位数字可得出各国（地区）学生策略和错误概念的基本情况。评分手册还举出了一些学生回答的真实例子（从试测中摘出），以及对这些回答的评分归类原因。

在每个PISA参与国（地区），试题本中都要抽取一部分子样本，由四位评分员分别评分，并接受PISA专业协作组织的检查。为了更仔细地检查每个国家（地区）内评分过程的一致性，并估计与使用不同评分员有关的方差构成量，PISA专业协作组织进行了试题本子样本的评分员间信度研究。对国家（地区）多次评分的试题本进行了同质性分析，并与试测的结果相比较。具体可参阅《PISA 2006技术报告》(*PISA 2006 Technical Report*, OECD, forthcoming)。

在国家（地区）之间，我们采用国际评分检查（International Coding Review(ICR)）来检查参与国（地区）之间在运用评分标准上的一致性。目的在于估计各个国家（地区）中心在评分标准应用上潜在的偏差（可能偏松或者偏紧），并且用"PISA分数单位"来表示这种偏差。ICR的实施分为以下两个阶段：

第一阶段，在每个接受仲裁的PISA实体（PISA entity，要求覆盖三个测试领域，每种测试语言都要选取有代表性的比例）中随机选取一些已经经过多次评分分析的试题本样本，由受过独立培训的、会多种语言的核查员进行第五次评分，这位独立评分员的评分代码称为"核查员评分代码"(verifier code)。然后用统计方法分析核查员评分代码与各国（地区）报告的评分之间的一致性，以分辨出那些核查员评分代码与报告的评分不一致的情况。

评估各国（地区）评分一致性用的统计是各试题的核查员评分代码与各国（地区）报告的各试题评分之间的平均差异，当差异在统计上具有显著性时（根据PISA 2003数据计算该国平均数的标准误，对于新国家则是一个固定的标准），所有被认为是有潜在差异的试题都要做进一步的复查。

对于任何看来可能存在严重问题的国家（地区），必须要进行第二阶段的检查，以确认所有发现的在各国（地区）评分与核查员评分之间的不一致性是由于本国（地区）评分中的问题造成的，而不是核查员应用评分标准上的问题。第二阶段，在第一阶段分析后标记为有差异的试题中，每组试题（一个仲裁实体中每个测评领域为一组）随机抽取20个学生回答样本，由专业协作组织的高级研究人员进行国际仲裁。在必要时，学生回答要翻译为英语，这些试题的回答和四个本国

（地区）评分以及核查员评分一起，由各领域的国际仲裁员复查。国际仲裁员对每个回答给予一个评分代码，相应的评分将与核查员评分及本国（地区）评分员评分相比较。

基于这些数据的分析，我们希望能够估计出在每个仲裁实体评分中潜在的偏差，用PISA分数单位表示，国际评分检查的结果发表在《PISA 2006 技术报告》中（*PISA 2006 Technical Report*，OECD，forthcoming）。

附录A7：PISA 2000，PISA 2003 与 PISA 2006 测评结果比较

PISA 2000，PISA 2003 和 PISA 2006 所用的阅读报告量表是可以直接比较的；PISA 2006 所用的数学量表与 PISA 2003 的数学量表是可以直接比较的；PISA 2006 所用的科学量表则为将来提供了比较结果的基准。在某个测评领域作为主要领域的那年，OECD 国家在该领域的平均分被设定为 500 分，也就是说，阅读是 PISA 2000 调查的主要领域，因此 OECD 国家在 PISA 2000 的阅读平均分为 500 分，PISA 2003 的数学和 PISA 2006 的科学也是这样。

PISA 2000，PISA 2003 和 PISA 2006 的阅读、数学和科学测评是有连接的测评，也就是说，这几次测试的数学、阅读和科学试题中有一些共同的试题。在 PISA 2000 和 PISA 2003 中，有 20 道数学试题在两次测试中都用到，阅读有 28 题，科学有 25 题，这些共同的试题称为"连接试题"(linking item)。PISA 2006 中有 8 道阅读试题在 PISA 2000 和 PISA 2003 中都用过，PISA 2006 中所有的数学试题在 PISA 2003 中都用过。

为了建立 PISA 共同的衡量标准，我们比较了几次测试中连接试题的难度。所用的程序在《PISA 2006 技术报告》(PISA 2006 Technical Report，OECD，forthcoming)中有详细说明。利用几次测试间难度的比较来进行得分转换，以便在同一个量表上报告数据。转换值取决于每道连接试题的难度变化。

由于每道连接试题提供的连接信息稍有差异，因此，连接试题的选样会影响估计的转换值。这就意味着，如果连接试题选得不一样，转换值也会稍有不同。正如同由于学生样本使得国家（地区）平均值不确定一样，转换值也会因连接试题的抽样而不确定。

因连接试题抽样带来的不确定性被称为连接误差(linking error)，在比较 PISA 2000，PISA 2003 和 PISA 2006 结果时必须考虑这个误差。正如同由学生抽样过程带来的误差一样，这个连接误差的确定值也只能估计。与抽样误差一样，连接误差值的大致范围也是通过标准误来表示的。表 A7.1 列出了连接误差。在估计各次 PISA 分数差异的统计显著性时，差异的标准误中，除了包括两个分数之间的标准误外还包括了连接误差。例如，可以用下面的公式来计算某个国家 2000 年和 2003 年分数差异的标准误，$\sigma^2_{(\hat{\mu}_{2000})}$ 和 $\sigma^2_{(\hat{\mu}_{2003})}$ 分别表示 PISA 2000 和 PISA 2003 结果的标准误，$\sigma^2_{(linking\ error)}$ 表示 PISA 2000 与 PISA 2003 之间的连接误差：

$$SE = \sqrt{\sigma^2_{(\hat{\mu}_{2000})} + \sigma^2_{(\hat{\mu}_{2003})} + \sigma^2_{(linking\ error)}}$$

表 A7.1 ■ 连接误差

PISA 调查周期	测评领域	连接误差
2006—2003	数学	1.38
2006—2003	阅读	4.47
2006—2000	阅读	4.98
2003—2000	阅读	5.31
2003—2000	科学	3.11

StatLink http://dx.doi.org/10.1787/142050165315

然后,用分数差异除以标准误来表明通常使用的统计显著性(也就是说,结果等于或大于 1.96 就表示在 95% 的置信水平上有显著性差异)。参见《PISA 2003 数据分析手册》(*PISA 2003 Data Analysis Manual*, OECD, 2004b) 或《PISA 2006 数据分析手册》(*PISA 2006 Data Analysis Manual*, OECD, forthcoming)。

如前所述,PISA 2006 设计了一些新的试题,体现了新的科学框架的发展。表 A7.2 显示了三次 PISA 测试科学结果的比较。科学在 PISA 2006 第一次成为主要测试领域,因此建立了新的量表,作为将来 PISA 科学成绩比较的基础。以前的量表是基于 PISA 2000 的结果。表 A7.2 同时呈现了基于 PISA 2000 和 PISA 2006 量表的科学试题比较结果。

表 A7.2 ■ 三次 PISA 调查科学连接试题比较

		PISA 2000		PISA 2006		PISA 2006		PISA 2006		PISA 2003		基于两次测试连接试题估计的 PISA 2006 与 PISA 2003 科学成绩差异
		PISA 2000 量表上全部科学试题		PISA 2006 量表上全部科学试题		PISA 2000 量表上全部科学试题		PISA 2000 量表上的连接试题		PISA 2000 量表上的连接试题		
		平均分	标准误	平均分	标准误	平均分	标准误	平均分	标准误	平均分	标准误	
		(1)		(2)		(3)		(4)		(5)		(6)
OECD	澳大利亚	528	3.5	527	2.3	521	2.2	530	3.1	529	2.2	0.7
	奥地利	505	2.6	511	3.9	505	3.8	498	5.1	496	3.5	1.8
	比利时	496	4.3	510	2.5	505	2.4	511	3.0	514	2.5	−3.0
	加拿大	529	1.6	534	2.0	528	2.0	532	2.5	527	2.0	4.9
	捷克	511	2.4	513	3.5	507	3.4	512	5.0	519	3.9	−6.9
	丹麦	481	2.8	496	3.1	491	3.0	490	4.0	482	3.4	8.4
	芬兰	538	2.5	563	2.0	556	2.0	565	2.5	556	2.4	8.8
	法国	500	3.2	495	3.4	490	3.3	499	4.2	515	3.2	**−16.2**
	德国	487	2.4	516	3.8	510	3.7	518	4.4	514	4.0	3.2
	希腊	461	4.9	473	3.2	469	3.1	480	4.0	459	3.9	**20.5**
	匈牙利	496	4.2	504	2.7	499	2.6	492	3.4	495	2.9	−2.8
	冰岛	496	2.2	491	1.6	486	1.6	483	2.1	490	2.0	−7.2
	爱尔兰	513	3.2	508	3.2	503	3.1	509	3.8	518	3.1	−8.7
	意大利	478	3.1	475	2.0	471	2.0	465	2.5	468	3.1	−3.5
	日本	550	5.5	531	3.4	525	3.3	548	4.1	547	4.4	0.2
	韩国	552	2.7	522	3.4	516	3.3	544	4.2	554	3.8	−10.4
	卢森堡	443	2.3	486	1.1	481	1.0	476	1.4	476	1.8	−0.6
	墨西哥	422	3.2	410	2.7	407	2.6	391	3.0	368	3.8	**22.7**
	荷兰	529	4.0	525	2.7	519	2.7	526	3.7	532	3.5	−6.1
	新西兰	528	2.4	530	2.7	524	2.6	521	2.6	522	2.7	−0.6
	挪威	500	2.8	487	3.1	482	3.0	480	3.5	476	3.3	4.3
	波兰	483	5.1	498	2.3	493	2.3	495	3.4	486	3.2	9.0
	葡萄牙	459	4.0	474	3.0	470	2.9	454	3.9	455	3.9	−1.0
	斯洛伐克	m	m	488	2.6	484	2.5	469	3.8	475	3.5	−5.8
	西班牙	491	3.0	488	2.6	484	2.5	484	3.0	474	2.7	10.2
	瑞典	512	2.5	503	2.4	498	2.3	501	3.1	508	3.1	−7.0
	瑞士	496	4.4	512	3.2	506	3.1	513	3.6	513	3.9	0.3
	土耳其	m	m	424	3.8	421	3.7	400	5.2	403	6.3	−2.4
	英国	532	2.7	515	2.3	509	2.2	521	3.0	527	3.1	−5.7
	美国	499	7.3	489	4.2	484	4.1	473	4.7	487	3.2	−13.5

附录 A 技术背景资料

续表

伙伴国(地区)		PISA 2000		PISA 2006		PISA 2006		PISA 2006		PISA 2003		基于两次测试连接试题估计的PISA 2006 与PISA 2003 科学成绩差异
		PISA 2000 量表上全部科学试题		PISA 2006 量表上全部科学试题		PISA 2000 量表上全部科学试题		PISA 2000 量表上的连接试题		PISA 2000 量表上的连接试题		
		平均分	标准误	平均分	标准误	平均分	标准误	平均分	标准误	平均分	标准误	
		(1)		(2)		(3)		(4)		(5)		(6)
	阿根廷	396	8.6	391	6.1	389	5.9	377	6.3	m	m	m
	阿塞拜疆	m	m	382	2.8	380	2.7	379	3.8	m	m	m
	巴西	375	3.3	390	2.8	388	2.7	376	3.5	357	4.5	**19.0**
	保加利亚	m	m	434	6.1	431	6.0	434	7.5	m	m	m
	智利	415	3.4	438	4.3	435	4.2	420	5.2	m	m	m
	中华台北	m	m	532	3.6	526	3.5	545	4.3	m	m	m
	哥伦比亚	m	m	388	3.4	386	3.3	387	4.4	m	m	m
	克罗地亚	m	m	493	2.4	488	2.4	486	3.4	m	m	m
	爱沙尼亚	m	m	531	2.5	525	2.5	538	3.1	m	m	m
	中国香港	541	3.0	542	2.5	536	2.4	563	3.0	561	4.4	1.4
	印度尼西亚	393	3.9	393	5.7	391	5.6	391	7.5	373	2.9	**17.7**
	以色列	434	9.0	454	3.7	450	3.6	454	4.8	m	m	m
	约旦	m	m	422	2.8	419	2.8	410	4.0	m	m	m
	吉尔吉斯斯坦	m	m	322	2.9	322	2.9	301	3.4	m	m	m
	拉脱维亚	460	5.6	490	3.0	485	2.9	478	3.8	480	3.9	−2.8
	列支敦士登	476	7.1	522	4.1	516	4.0	535	4.9	m	m	m
	立陶宛	m	m	488	2.8	483	2.7	492	3.5	m	m	m
	中国澳门	m	m	511	1.1	505	1.0	520	1.3	527	3.7	−6.5
	黑山	m	m	412	1.1	409	1.0	386	1.6	m	m	m
	卡塔尔	m	m	349	.9	348	.8	312	1.5	m	m	m
	罗马尼亚	m	m	418	4.2	415	4.1	414	5.6	m	m	m
	俄罗斯	460	4.7	479	3.7	475	3.6	474	4.4	473	4.3	1.1
	塞尔维亚	m	m	436	3.0	432	3.0	409	4.2	m	m	m
	斯洛文尼亚	m	m	519	1.1	513	1.1	511	1.7	m	m	m
	泰国	436	3.1	421	2.1	418	2.1	391	2.9	397	3.0	−6.0
	突尼斯	m	m	386	3.0	383	2.9	383	4.3	367	2.9	**15.5**
	乌拉圭	m	m	428	2.7	425	2.7	423	3.0	394	3.3	**28.9**

StatLink http://dx.doi.org/10.1787/142050165315

栏目(1)表示基于 PISA 2000 量表估计的全部科学试题上的学生成绩;

栏目(2)表示 PISA 2006 估计的基于 PISA 2006 量表的全部科学试题上的学生成绩;

栏目(3)表示 PISA 2006 估计的基于 PISA 2000 量表的全部科学试题上的学生成绩;

栏目(4)表示 PISA 2006 估计的基于 PISA 2000 量表的连接试题上的学生成绩;

栏目(5)表示 PISA 2003 估计的基于 PISA 2000 量表的连接试题上的学生成绩;

栏目(6)表示根据 PISA 2006 和 PISA 2003 的连接试题估计的两次测试科学成绩的差异。用(4)减去(5)计算得出。有统计显著性差异的结果用粗体字表示。

附录 A8：多层回归分析中的技术说明

附录 A8 可以从 www.pisa.org 网站下载。(译者注：原书中是不呈现这部分内容的。为了方便感兴趣的读者阅读，译者将从网站下载的附录译成了中文。)

方法

第五章描述的多水平分析是运用等级线性和非线性模型(HLM)软件实施的[2]。进行了三个层面的回归分析，学生是第 1 层，学校是第 2 层，国家(地区)是第 3 层。运用完整矩阵最大似然性程序[3]。运用了标准化的学生最终权重，因此权重后的总和等于数据库中的学生数，并且各个国家(地区)对分析结果的贡献是同等的。学生科学成绩的五个似然值作为结果变量。

数据

用于多层分析的数据文件包括 55 个国家(地区)中 14 052 所学校的 387 769 名学生[4]。用了三种数据来源：

- 多层分析中的大部分指标来自 PISA 2006 的学生问卷和学校问卷。
- OECD 国家学校体系第一次筛选的年龄数据，来自《教育概览 2006》(OECD, 2006e)。
- PISA 2006 系统层面问卷，用于伙伴国(地区)的额外系统层面数据，尤其是指基于标准的外部科学考试的运用，以及学校系统中第一次筛选的年龄数据。系统层面问卷由各伙伴国(地区)的国家(地区)项目负责人(National Project Manager，简称 NPM)补充获得。

数据准备

选择变量并重新编码

基于理论考虑和先前的实证研究发现，选择了几个学校层面和系统层面的解释变量，以便研究这些变量与学生成绩的关系，以及社会经济背景对学生成绩的影响。这些变量可以分成六组：

- 录取、分组和筛选
- 学校管理和财政
- 家长压力和选择
- 问责政策
- 学校自主性
- 学校的(人力、物力和教育)资源

所有这六个组的指标都分别选择几个变量，这些变量主要来自 PISA 2006 数据库，但也有些来自教育系统层面的数据。即便是有单个试题陈述的变量存在，我们也更倾向于用指数变量，因

为一个指数能比单一试题变量综合更多的信息,而且指数比单个试题有更小的测量误差问题(指数的例子,可参阅附录 A1)。对有些分析,有可能从几个类似变量中做选择。在这种情况下,会选择缺失数据率最低、与成绩相关性最高的变量。

人口统计背景和社会经济背景变量不太依据学校层面和系统层面的因素,而是根据先前的实证研究发现进行筛选。这些变量都包括在净模型(即,考虑了背景因素的模型)中,以便研究学校层面变量和系统层面变量的净效应。模型中的变量包括:

- 学生层面
  — PISA 的经济社会文化地位指数(ESCS)及其平方值
  — 性别
  — 在家讲的语言
  — 移民状况

- 学校层面
  — 学校的平均 PISA 经济社会文化地位指数
  — 学校的规模及其平方值
  — 学校的位置

- 系统层面
  — 国家的平均 PISA 经济社会文化地位指数

这些所选的背景变量和解释变量在必要时都进行了重新编码。专栏 A8.1 列举了所有变量的描述性统计量。变量名中第一个或第二个字母分别为"X"或"Y"的是学校层面或系统层面变量。重新编码变量的详细 SPSS 程序在附录 A9 中,可在 www.pisa.oecd.org 网址下载。

缺失数据的处理

专栏 A8.1 呈现了分析变量中缺失值的比例。虽然大部分变量的缺失值都在 5% 以下,然而,因为各模型都包括 30 多个变量,而 listwise 的处理方式是,只要一个变量有缺失值,该变量对应的所有数据个案都要在模型计算中剔除,这样会使样本量减少 28.21%。因此,缺失值都进行了估算以便在分析中包括尽可能多的观测个案数据。

由于大部分变量的缺失率都不高,因而就采用了一种简单的估算方法来处理缺失数据的问题:通过虚拟变量调整来估算个人层面和学校层面的预测值(Cohen and Cohen,1985)。系统层面的数据个案量很少($n=55$),因此系统层面的变量就没有进行估算。

我们知道,这种估算方法一般会产生系数估算偏差(Jones,1996),这些包括缺失值的变量的标准误会被低估,因为他们没有考虑因估算而导致的不确定性。然而,33 个变量中只有 2 个变量的缺失数据率超过 5%,这种偏差就可以忽略不计。

估算的第一步,不管变量类型为连续变量、类别变量还是二分变量,先为所有包括缺失值的变量产生一个称为"缺失虚拟"的变量。如果该变量上数据缺失,则该缺失虚拟变量值设为 1,如果不缺失,则设为 0。专栏 A8.1 中第一个字母为"M"的变量指代缺失虚拟变量。

专栏 A8.1 ■ 背景和解释变量的描述统计值

变量说明	类型	变量名	平均数	标准差	最小值	最大值	缺失值(%)
学生层面							
PISA学生经济社会文化地位指数(ESCS)	B	ESCS, MESCS	−0.22	1.08	−5.67	3.35	0.95%
PISA学生经济社会文化地位指数的平方	B	ESCS2	1.22	1.81	0.00	32.14	0.95%
学生是女性	B	FEMALE	0.50	0.50	0.00	1.00	<0.00%
学生没有移民背景(学生及其家长都在测评所在国家出生)	B	NATIVE; MNATIVE	0.88	0.33	0.00	1.00	2.47%
学生在家大部分时间或总是讲测试所用的语言或其他本国语言	B	SAMELANG; MSAMELANG	0.93	0.26	0.00	1.00	3.44%
学校层面							
学校位于一个小城镇或小村庄(人口少于1.5万人)	B	XRURAL; MXRUAL	0.33	0.47	0.00	1.00	1.49%
学校位于城市(人口超过10万人)	B	XCITY	0.36	0.48	0.00	1.00	1.49%
学校规模	B	XSCHSIZE; MSSCHSIZE	8.47	7.44	0.03	100.00	2.61%
学校规模的平方	B	XSCHSIZ2	127.10	382.99	0.00	10 000.00	2.61%
学校平均PISA经济社会文化地位指数	B	XESCS; MXESCS	−0.22	0.74	−3.67	1.97	<0.00%
录取,分组和筛选							
校内所有学科都按能力分组的学校	E	XABGR; MXABGR	0.19	0.40	0.00	1.00	3.33%
录取中学业筛选性低的学校	E	XLOSELE	0.32	0.47	0.00	1.00	2.33%
录取中学业筛选性强的学校	E	XHISELE; MXHISELE	0.23	0.42	0.00	1.00	2.33%
学校管理和财政							
由私人管理的学校	E	XPRIVMAN; MSPRIVMAN	0.18	0.39	0.00	1.00	3.11%
学校财政中很大比例来自政府经费的学校	E	XGOVFUND; MSGOVFUND	82.75	26.77	0.00	100.00	7.47%
家长的压力和选择							
竞争程度高的学校	E	XSCHLOCOMP; MXSCHLCOMP	0.73	0.45	0.00	1.00	2.66%
发现家长压力很高的学校	E	XPRESSPA; MXPRESSPA	0.65	0.48	0.00	1.00	2.53%
绩效政策							
学校告知家长其孩子在学校中相对于其他孩子的成绩表现	E	XACCI; MXACCI	0.61	0.49	0.00	1.00	2.31%
学校告知家长其孩子相对于国家标准的成绩表现	E	XACC2; MXACC2	0.45	0.50	0.00	1.00	2.84%
学校告知家长其孩子相对于其他学校的成绩表现	E	XACC3; MXACC3	0.28	0.45	0.00	1.00	3.20%
学校公布成绩信息	E	XACC4; MXACC4	0.37	0.48	0.00	1.00	2.92%
学校用成绩数据评估校长	E	XACC5; MXACC5	0.37	0.48	0.00	1.00	3.69%
学校用成绩数据评估教师	E	XACC6; MXACC6	0.55	0.50	0.00	1.00	2.93%
学校用成绩数据分配学校资源	E	XACC7; MXACC7	0.35	0.48	0.00	1.00	3.52%

续表

变量说明	类型	变量名	平均数	标准差	最小值	最大值	缺失值(%)
学校保留以往的成绩数据记录	E	XACC8；MXACC8	0.66	0.47	0.00	1.00	3.33%
任何缺失的绩效数据		MXACC					7.82%
学校自主性							
学生在招聘员工上的自主性	E	XFACS；MXFACS					1.15%
学校在经费预算上的自主性	E	XFACB；MXFACB	0.00	1.00	−1.24	1.66	1.12%
学校在教育内容上的自主性	E	XFACC；MXFACC	0.00	1.00	−2.31	0.87	1.11%
任何缺失的学校自主性变量		MXFAC	0.00	1.00	−1.93	1.09	1.16%
学校资源							
学校平均生师比	E	XSTRATIO；MXSTRATIO	14.75	6.69	0.27	100.33	6.84%
学校层面的教师短缺指数	E	XTCSHORT；MXTCSHORT	0.05	1.06	−1.06	3.62	2.01%
学校用于教学的生均计算机数	E	XIRATCOMP；MXIRATCOMP	0.12	0.12	0.00	1.47	4.32%
学校层面学校教育资源质量指数	E	XSCMATED；MXSCMATED	−0.28	1.13	−3.43	2.14	1.62%
学校中学生在学校常规课堂中的平均学习时间	E	XLTSCTOT；MXLSCTOT	10.24	2.37	0.00	21.00	0.31%
学校中学生在校外课堂的平均学习时间	E	XLTOSTOT；MXLTOSTOT	2.77	1.57	0.00	13.00	0.31%
学校中学生用于自学或家庭作业上的平均学习时间	E	XLTSTTOT；MXLTSTTOT	5.27	1.64	0.00	19.00	0.31%
学校提供从事科学的机会	E	XANYSCIE；MXANYSCIE	81.73	22.29	0.00	100.00	0.27%
学校中推动学生学习科学的学校活动指数	E	XSCIPROM；MXSCIPROM	0.23	1.01	−2.27	1.64	1.79%
系统层面							
国家平均PISA经济社会文化地位指数	B	YESCS	−0.22	0.51	−1.52	0.77	—
录取、分组和选拔							
早期选拔系统（第一次选拔时的年龄与15岁之间的年龄差）	E	YYRSSEP	1.20	1.62	0.00	5.00	—
系统层面向15岁学生提供的学校类型和独特教育课程	E	YNRTRACK	2.33	1.21	1.00	5.00	—
家长的压力和选择							
拥有很高比例竞争性学校的系统	E	YSCHLCOM	74.61	16.15	27.81	98.76	—
绩效政策							
有基于标准的外部考试的系统	E	YSCENTEX	0.56	0.47	0.00	1.00	—
在一个变量上至少有一个缺失值的个案比例							28.21%

注：第二列中的"B"是指背景变量，"E"是指解释变量。为了计算缺失值的比例，各国都进行了权重。变量名中第一个字母"M"是指虚拟变量。因为变量"female"中只缺失了四个（没有经过权重）个案，缺失值设为0，并且这个变量不设虚拟变量。

StatLink http://dx.doi.org/10.1787/142050165315

第二步,将缺失值估算成连续变量。用该变量经过加权的学校平均值替代缺失值。如果一个学校中各个变量上的数据都是缺失的,那么该学校的加权平均数就无法计算获得,这时,就用加权后的国家平均数估算。如果一个国家在各个变量上的所有数据都缺失,则用加权后的国际平均值进行估算。当用学校平均值或国家平均值替代缺失值时,权重是与抽样概率相对应的(PISA 2006数据库中权重因素是 W_FSTUWT)。当用国际平均值替代缺失值时,所用的国家权重是一样的,也就是说,每个国家都给予1 000个数据的同等权重。

类别变量被重新编码成一系列的虚拟变量[5]。每一个类别或综合类别会产生一个虚拟变量,如果观测值属于该类别,则赋值1,如果不是,则赋值0。虚拟变量和二分变量中的缺失值由0替代。

学生权重

在多层分析中,数据文件在学生层面用"标准化学生最终权重"进行加权处理,PISA 2006数据库中"标准化学生最终权重"是基于学生的最终权重计算得出的(W_FSTUWT)[6]根据分析目的的不同,标准化学生最终权重是在两个不同的层面计算得出的:

- 两层回归分析的国家(地区)层面,学生最终权重(W_FSTUWT)在国家(地区)层面进行标准化,以便:(1)使同一国家(地区)内的权重总和等于数据库中该国的学生总数(也就是该国的样本数);(2)保持权重比例等同于学生最终权重(每个国家(地区)内部的 W_FSTUWT)。

- 三层回归分析的国际层面。在国际层面,包括了57个参与国中的55个国家(地区),对学生最终权重(W_FSTUWT)进行标准化处理,以便:(1)使55个国家(地区)的权重总和等于数据库中55个国家(地区)的学生总数;(2)保持权重比例等同于各个国家(地区)内部的学生最终权重比例(W_FSTUWT);(3)确保在引入一个国家(地区)因素后每个国家(地区)对分析的贡献是同等的(即,各个国家(地区)内部的权重之和是与所有55个国家(地区)的权重总和相同的)。

计算标准化学生最终权重的 SPSS 程序在附录 A9 中,可在 www.pisa.oecd.org 网址下载。

学生成绩建模

这一小节概要地说明了用于与教育成绩相关的学校和系统层面变量多层分析的建模策略。

为了建构多层模型,我们采用分步骤的方法,按照 Raudenbush 和 Bryk(2002)所建议的方法,从学生层面开始逐渐上升到国家(地区)层面。其结果是上面所列的三个层面的背景变量,以及专栏 A8.2 中呈现的背景模型(参阅表格 5.19g 中的模型 0b)。

> **专栏 A8.2 ■ 学生成绩的背景模型**
>
> 水平 1 模型
>
> $$Y = P0 + P1 * (ESCS) + P2 * (MESCS) + P3 * (ESCS2) + P4 * (FEMALE)$$
> $$+ P5 * (NATIVE) + P6 * (MNATIVE) + P7 * (SAMELANG) + P8 * (MSAMELAN) + E$$
>
> 水平 2 模型
>
> $$P0 = B00 + B01 * (XESCS) + B02 * (MXESCS) + B03 * (XRURAL) + B04 * (XCITY)$$
> $$+ B05 * (MXRURAL) + B06 * (XSCHSIZE) + B07 * (XSCHSIZ2) + B08 * (MXSCHSIZ) + R0$$
>
> 水平 3 模型
>
> $$B00 = G000 + G001(YESCS) + U00$$
>
> 注：参阅专栏 A8.1 中对变量的界定。

通过多层分析,除非另外特别指出,不然,在国家(地区)层面如果 p 值小于 0.1,在学校层面如果 p 值小于 0.005,就被看作在统计上有显著性。在这两个层面选择了不同的标准值,以便在显著性和统计力间取得平衡。尤其是在国家(地区)层面,只有 55 个个案数据,统计力很小,因此选择了更高的显著性水平。而在学校层面则有 14 000 多个个案数据,因此选择了相当低的显著性水平：0.005。

表格 5.19 中的模型 0b 总结了背景模型的结果,也就是说,该模型只考虑了背景变量。

所考虑的解释变量

运用多层模型,在考虑人口统计和社会经济背景变量之前和之后,分别分析了所选系统层面变量和学校层面变量对学生科学成绩的影响[7]。正如本附录前面前一个小节所描述的,基于理论考虑和原先的实证研究结论选择了六组变量。测量这六组变量的指标都选择了一个或更多的变量。这六组变量的所有背景变量和解释变量都列在专栏 A8.1 中。

在分析系统层面变量和学校层面变量对学习结果的影响时,分两个步骤完成。专栏 A8.1 中所列的系统层面和学校层面变量被分成六组：录取、分组和筛选；学校管理和财政；家长压力和选择；问责政策；学校自主性；学校的(人力、物力和教育)资源。

第一步,按次序研究六个组中每个组的影响,分别估算每个组的模型。第二步,从第一步分别运算的各个模型中,只有显示具有显著性的预测值会放入综合模型。如果综合模型中,该预测值显示不再具有显著性,则在分析中将其剔除。

上述两步骤程序的运用,是依据 Raudenbush 和 Bryk(2002),以及 Snijders 和 Bosker(1999)所建议的模型具体过程。另一种相反的方法——后退法,是一次性放入所有的可能预测变量,然后除不具有显著性的变量,但因为变量数据很多,而且存在多元共线性的问题[8],因此,后退法在本研究中不可行。

专栏 A8.3 呈现了最终的净综合模型。该模型的数据分析结果呈现在第五章的专栏 5.8 和表格 5.19g 的模型 2N 中。

专栏 A8.3 ■ 学生成绩的最终净混合模型

水平 1 模型

$$Y = P_0 + P_1 * (ESCS) + P_2 * (MESCS) + P_3 * (ESCS2) + P_4 * (FEMALE)$$
$$+ P_5 * (NATIVE) + P_6 * (MNATIVE) + P_7 * (SAMELANG) + P_8 * (MSAMELAN) + E$$

水平 2 模型

$$P_0 = B_{00} + B_{01} * (XESCS) + B_{02} * (MXESCS) + B_{03} * (XRURAL) + B_{04} * (XCITY)$$
$$+ B_{05} * (MXRURAL) + B_{06} * (XSCHSIZE) + B_{07} * (XSCHSIZ2) + B_{08} * (MXSCHSIZ)$$
$$+ B_{09} * (XLTSTTOT) + B_{010} * (XLTSCTOT) + B_{011} * (XLTOSTOT) + B_{012} * (XSCIPROM)$$
$$+ B_{013} * (MXSCIPRO) + B_{014} * (XFACB) + B_{015} * (MSFACB) + B_{016} * (XACC4) + B_{017} * (MXACC4)$$
$$+ B_{018} * (XLOSELE) + B_{019} * (XHISELE) + B_{020} * (MXHISELE) + B_{021} * (XABGR) + B_{022} * (MXABGR)$$
$$+ B_{023} * (MXLTTOT) + R_0$$

水平 3 模型

$$B_{00} = G_{000} + G_{001}(YFACB) + G_{002}(YESCS) + U_{00}$$

注:参阅专栏 A8.1 中对变量的界定。

除了此次描述的学生成绩最终净综合模型——包括背景变量的模型外,净模型——不考虑背景变量的模型——也运用了同样的两步骤分析策略。最终的总综合模型呈现在第五章的专栏 5.8 和表格 5.19g 的模型 2G 中。

固定/随机效应和中心确定

在研究所选系统层面和学校层面变量对科学成绩影响的模型中,在三个水平上,所有的斜率都是固定的,只有截距是随机的。

包括背景变量和解释变量在内的所有变量都以总平均分为中心。以总平均分为中心是对变量的线性转换,是通过特定值减去所有 55 个国家(地区)的总平均值实现的。要注意的是,对于固定的斜率,无论变量是否以总平均分为中心,其估算的斜率都没有差异。而当以总平均分为中心时,只是对截距的解释会有变化。在所有模型中,截距的解释是,在模型中所有变量都为国际平均分值的学生的科学成绩分数。

社会经济背景对学生成绩影响的建模

在研究学校和系统层面变量在关于社会经济背景对学生成绩影响中所起的作用时,采用了两个步骤程序,类似于学生成绩模型的方法。第一步,依次研究上述所列六组变量其中一组的效应。然后,第二步将第一步结果中具有统计显著性的变量纳入综合模型中。

为了了解这些因素的净效应,分析中包括了学生层面、学校层面和系统层面的背景变量。背景变量与前一节所描述模型中所用的变量是完全一样的。专栏 A8.4 呈现了详细的背景模型构成。

专栏 A8.4 中,第一个字母"M"指代缺失虚拟变量,第一个或第二个字母"X"和"Y"分别表示学校层面和系统层面数据。与第一系列模型(用于分析学生成绩的模型)的唯一差别是,ESCS 斜

率和 XESCS 斜率给出的是随机斜率。

表格 5.20g 中，模型 0b 总结了分析社会经济背景对学生成绩影响的背景模型分析结果，也就是，只包括背景变量而没有解释变量的模型。

专栏 A8.4 ■ 社会经济背景影响力的背景模型

水平 1 模型

$Y = P0 + P1 * (ESCS) + P2 * (MESCS) + P3 * (ESCS2) + P4 * (FEMALE) + P5 * (NATIVE) + P6 * (MNATIVE) + P7 * (SAMELANG) + P8 * (MSAMELAN) + E$

水平 2 模型

$P0 = B00 + B01 * (XESCS) + B02 * (MXESCS) + B03 * (XRURAL) + B04 * (XCITY) + B05 * (MXRURAL) + B06 * (XSCHSIZE) + B07 * (XSCHSIZ2) + B08 * (MXSCHSIZ) + R0$

$P1 = B10 + R1$

水平 3 模型

$B00 = G000 + G001(YESCS) + U00$

$B01 = G010 + U01$

$B10 = G100 + U10$

注：参阅专栏 A8.1 中对变量的界定。

所考虑的解释变量

分析的第一步，将学校层面的变量加入背景模型中，六组变量分别加入，估算截距和学生层面 PISA 经济社会文化状况指数的斜率。以学校资源变量组为例，专栏 A8.5 包含了社会经济背景影响的组。在等式中引入来自学校资源组的所有变量，指出截距(P0)以外，还包括学生层面 PISA 经济社会文化状况指数(P1)的斜率。其重点是斜率的系数(以及相应的显著值)，P1。只在估算截距时才包括变量的缺失虚拟变量(以字母 M 开头)，而在斜率估算模型中不包括变量的缺失虚拟变量。

专栏 A8.5 ■ 社会经济背景影响力的模型："学校资源"

水平 1 模型

$Y = P0 + P1 * (ESCS) + P2 * (MESCS) + P3 * (ESCS2) + P4 * (FEMALE) + P5 * (NATIVE) + P6 * (MNATIVE) + P7 * (SAMELANG) + P8 * (MSAMELAN) + E$

水平 2 模型

$P0 = B00 + B01 * (XESCS) + B02 * (MXESCS) + B03 * (XRURAL) + B04 * (XCITY) + B05 * (MXRURAL) + B06 * (XSCHSIZE) + B07 * (XSCHSIZ2) + B08 * (MXSCHSIZ) + B09 * (XSTRATIO) + B010 * (MXSTRATI) + B011 * (XTCSCHORT) + B012 * (MXTCSHOR) + B013 * (XIRATCOM) + B014 * (MXIRATCO) + B015 * (XSCMATED) + B016 * (MXSCMATE) + B017 * (XLTSTTOT) + B018 * (XLTSCTOT) + B019 * (XLTOSTOT) + B020 * (XANYSCIE) + B021 * (MXANYSCI) + B022 * (XSCIPROM) + B023 * (MXSCIPRO) + B024 * (MXLTTOT) + R0$

$$P1 = B10 + B11 * (XSTRATIO) + B12 * (XTCSHORT) + B13 * (XIRATCOM) + B14 * (XSCMATED)$$
$$+ B15 * (XLTSTTOT) + B16 * (XLTSCTOT) + B17 * (XLTOSTOT) + B18 * (XANYSCIE)$$
$$+ B19 * (XSCIPROM) + R1$$

水平 3 模型

$$B00 = G000 + G001(YESCS) + U00$$
$$B01 = G010 + U01$$
$$B10 = G100 + U10$$
$$B110 = G1100$$

注：参阅专栏 A8.1 中对变量的界定。

专栏 A8.6 呈现了问责政策变量组的模型。系统层面的变量，例如有基于标准的外部考试 (SCENTEXA) 包括在内，以估算截距 (B00) 和两个斜率，分别为学生层面 PISA 经济社会文化状况指数 (ESCS，B10)、学校层面 PISA 经济社会文化状况斜率 (XESCS，B01)。重要的系数是 G011 和 G101。

专栏 A8.6 ■ 社会经济背景影响力的模型："绩效政策"

水平 1 模型

$$Y = P0 + P1 * (ESCS) + P2 * (MESCS) + P3 * (ESCS2) + P4 * (FEMALE)$$
$$+ P5 * (NATIVE) + P6 * (MNATIVE) + P7 * (SAMELANG) + P8 * (MSAMELAN) + E$$

水平 2 模型

$$P0 = B00 + B01 * (XESCS) + B02 * (MXESCS) + B03 * (XRURAL) + B04 * (XCITY)$$
$$+ B05 * (MXRURAL) + B06 * (XSCHSIZE) + B07 * (XSCHSIZ2) + B08 * (MXSCHSIZ)$$
$$+ B09 * (XACC1) + B010 * (XACC2) + B011 * (XACC3) + B012 * (XACC4)$$
$$+ B013 * (XACC5) + B014 * (XACC6) + B015 * (XACC7) + B016 * (XACC8) + B017 * (MXACC) + R0$$

$$P1 = B10 + B11 * (XACC1) + B12 * (XACC2) + B13 * (XACC3) + B14 * (XACC4)$$
$$+ B15 * (XACC5) + B16 * (XACC6) + B17 * (XACC7) + B18 * (XACC8) + R1$$

水平 3 模型

$$B00 = G000 + G001(YSCENTEX) + G002(YESCS) + U00$$
$$B01 = G010 + U011(YSCENTEX) + U01$$
$$B10 = G100 + G101(YSCENTEX) + U10$$

注：参阅专栏 A8.1 中对变量的界定。

在分析社会经济背景影响力建模过程的第二步时，将第一步估算中有统计显著性的变量一起放入分析中，产生专栏 A8.7 所呈现的综合模型。

专栏 A8.7 ■ 社会经济背景影响力的最终混合模型

水平 1 模型

$Y = P_0 + P_1 * (ESCS) + P_2 * (MESCS) + P_3 * (ESCS2) + P_4 * (FEMALE)$
$+ P_5 * (NATIVE) + P_6 * (MNATIVE) + P_7 * (SAMELANG) + P_8 * (MSAMELAN) + E$

水平 2 模型

$P_0 = B_{00} + B_{01} * (XESCS) + B_{02} * (MXESCS) + B_{03} * (XRURAL) + B_{04} * (XCITY)$
$+ B_{05} * (MXRURAL) + B_{06} * (XSCHSIZE) + B_{07} * (XSCHSIZ2) + B_{08} * (MXSCHSIZ)$
$+ B_{09} * (XLTSCTOT) + B_{010} * (MXLTSCTO) + R_0$

$P_1 = B_{10} + B_{11} * (XLTSCTOT) + R_1$

水平 3 模型

$B_{00} = G_{000} + G_{001}(YYRSSEP) + G_{002}(YESCS) + U_{00}$

$B_{01} = G_{010} + U_{011}(YYRSSEP) + U_{01}$

$B_{10} = G_{100} + G_{101}(YYRSSEP) + U_{10}$

注：参阅专栏 A8.1 中对变量的界定。

最后的综合模型分析结果呈现在第五章的专栏 5.9 和表格 5.20g（模型 2）中。

附录A9：准备用于多层回归分析数据文件的SPSS SYNTAX

附录A9可在www.pisa.oecd.org.网站上下载。

附录 A10：学生对科学态度测量指标的技术说明

表 A10.1 ■ 样本总体背景：就读正规教育的学生比例

PISA 2006 报告的比例是基于就读于正规教育的 15 岁学生的有效样本。在许多国家，很大比例的 15 岁学生已经不再就读于正规教育。下面列出了该比例少于 90% 的国家（地区）。因此这些国家（地区）中的结果可能会有所偏差。要注意的是，如果就读于正规教育的 15 和 16 岁学生比例缺失的话，提供的是中等教育净入学率数据。

	A) 就读于正规教育的 15 岁和 16 岁学生的比例	15 岁	16 岁
OECD	卢森堡	89	82
	墨西哥	66	54
	葡萄牙	88	80
	土耳其	59	55
伙伴国	俄罗斯	84	73

来源：OECD。

	B) 中等教育的净入学率（2004 年）	%
伙伴国（地区）	阿根廷	79
	阿塞拜疆	77
	巴西	76
	保加利亚	88
	智利	78
	哥伦比亚	55
	克罗地亚	85
	爱沙尼亚	90
	印度尼西亚	57
	以色列	89
	约旦	81
	吉尔吉斯斯坦[1]	88
	拉脱维亚	89
	立陶宛	93
	中国澳门	77
	卡塔尔	87
	罗马尼亚	81
	俄罗斯	76
	斯洛文尼亚	95
	泰国	64
	突尼斯	64
	乌拉圭	69

1 毛入学率。
来源：UNESCO。

表 A10.2 ■ PISA 2006 态度测量指标的心理计量学品质：抽样 OECD 国家和伙伴国家(地区)的经典项目统计量

	Cronbach's Alpha 系数[1]				
	合并样本		信度低的国家(地区)数量		
	OECD	伙伴国(地区)	OECD	伙伴国(地区)	信度低的OECD国家
学生的自我信念					
对科学的自我效能指数	0.83	0.80	0	1	
对科学的自我概念指数	0.92	0.89	0	0	
对科学探究的支持					
科学的普遍价值观指数	0.75	0.72	4	16	墨西哥、希腊、匈牙利、法国
科学的个人价值观指数	0.75	0.72	4	16	墨西哥、希腊、匈牙利、法国
对科学的兴趣					
对科学的普遍兴趣指数	0.85	0.82	0	0	
对科学的喜爱指数	0.88	0.91	0	0	
学习科学的工具性动机指数	0.92	0.90	0	0	
学习科学的未来导向动机指数	0.92	0.90	0	0	
科学相关活动指数	0.80	0.79	0	2	
对资源和环境的责任感					
学生对环境问题的意识指数	0.76	0.75	2	4	希腊、匈牙利
学生对环境问题的乐观态度指数	0.79	0.83	2	0	奥地利、德国
学生对可持续发展的责任感指数	0.79	0.76	0	9	
学生对环境问题的关注度指数	0.81	0.80	1	2	意大利

	项目总分相关系数(试题数量，$r<.3$)[2]				
	合并的样本		项目总分相关性低的国家(地区)数量		
	OECD	伙伴国(地区)	OECD	伙伴国(地区)	信度低的国家
学生的自我信念					
对科学的自我效能指数	0	0	0	0	
对科学的自我概念指数	0	0	0	0	
对科学探究的支持					
科学的普遍价值观指数	0	0	0	0	
科学的个人价值指数	0	0	0	0	
对科学的兴趣					
对科学普遍兴趣的指数	0	0	0	1	突尼斯
对科学的喜爱指数	0	0	0	0	
学习科学的工具性动机指数	0	0	0	0	
学习科学的未来导向动机指数	0	0	0	0	
科学相关活动指数	0	0	10	1	澳大利亚、奥地利、比利时、芬兰、法国、冰岛、爱尔兰、荷兰、新西兰、英国、突尼斯
对资源和环境的责任感					
学生对环境议题的意识指数	0	0	0	0	
学生对环境问题的乐观度指数	0	0	0	1	拉脱维亚
学生对可持续发展的责任感指数	0	0	0	7	保加利亚、哥伦比亚、印度尼西亚、拉脱维亚、俄罗斯、泰国、突尼斯
学生对环境问题的关注度指数	0	0	0	1	突尼斯

1. 关于 Cronbach's Alpha 的说明：

信度高	(0.80 或更高)
信度中等	(0.70 到 0.79)
信度低	(0.60 到 0.69)
信度非常低	(小于 0.60)

2. 关于项目总分相关性的说明：

这些相关性指出，各个项目在多大程度上(对于该指数上的其他项目)与整体分数相关。项目总分相关性低(<0.3)表明项目的量表特征不好。

StatLink http://dx.doi.org/10.1787/142050165315

表 A10.3 ■ 态度指数与科学成绩间关系概述

	OECD 国家			
	国家间与成绩的相关性	国家数据，国家内部与成绩的相关性为		
		正值[1]	负值[1]	
学生的自我信念				
对科学的自我效能指数	0.33	30	0	
对科学的自我概念指数	0.15	30	0	
对科学探究的支持				
对科学探究支持量表	0.25	30	0	
科学的普遍价值观指数	0.22	30	0	
科学的个人价值观指数	0.12	29	0	
对科学的兴趣				
对科学议题兴趣量表	−0.06	6	0	
对科学普遍兴趣的指数	0.13	30	0	
对科学的喜爱指数	0.19	30	0	
学习科学的工具性动机指数	0.09	28	0	
学习科学的未来导向动机指数[2]	0.08	29	1	墨西哥
科学相关活动指数[3]	0.04	29	0	墨西哥
对资源和环境的责任感				
学生对环境问题的意识指数	0.43	30	0	
学生对环境问题的乐观态度指数	−0.17	0	30	
学生对可持续发展的责任感指数	0.18	39	0	
学生对环境问题的关注度指数[4]	0.01	17	2	捷克、冰岛

	伙伴国（地区）			
	国家间与成绩的相关性	国家数据，国家内部与成绩的相关性为		
		正值[1]	负值[1]	
学生的自我信念				
对科学的自我效能指数	0.28	27	0	
对科学的自我概念指数	−0.07	18	2	印度尼西亚、吉尔吉斯斯坦
对科学探究的支持				
对科学探究的支持量表	0.23	27	0	
科学的普遍价值观指数	0.13	27	0	
科学的个人价值观指数	−0.05	16	6	阿根廷、哥伦比亚、吉尔吉斯斯坦、黑山、塞尔维亚、乌拉圭
对科学的兴趣				
对科学议题的兴趣量表	−0.12	4	0	
对科学普遍兴趣的指数	−0.02	22	2	哥伦比亚、吉尔吉斯斯坦
对科学的喜爱指数	−0.04	18	4	哥伦比亚、吉尔吉斯斯坦、黑山、塞尔维亚
学习科学的工具性动机指数	−0.11	11	9	阿根廷、巴西、保加利亚、哥伦比亚、以色列、吉尔吉斯斯坦、黑山、俄罗斯、塞尔维亚
学习科学的未来导向动机指数	−0.13	13	10	阿塞拜疆、巴西、保加利亚、哥伦比亚、印度尼西亚、吉尔吉斯斯坦、黑山、罗马尼亚、俄罗斯、塞尔维亚
科学相关活动指数	−0.04	9	8	阿根廷、巴西、哥伦比亚、约旦、吉尔吉斯斯坦、黑山、卡塔尔、突尼斯
对资源和环境的责任感				
学生对环境问题的意识指数	0.46	27	0	
学生对环境问题的乐观态度指数	−0.19	0	26	
学生对可持续发展的责任感指数	0.20	26	1	以色列
学生对环境问题的关注度指数	0.12	28	2	中国香港、立陶宛

1. 只包括指数与科学成绩间的相关性具有统计显著性的国家。
2. 注：墨西哥是唯一一个该指数与 PISA 经济社会文化状况指数间呈负相关的 OECD 国家。
3. 注：在墨西哥该指数与 PISA 经济社会文化状况指数间没有相关性。
4. 注：捷克和冰岛是 PISA 经济社会文化状况指数与学生层面对环境议题的关注指数间呈现负相关的仅有的两个国家。

StatLink http://dx.doi.org/10.1787/142050165315

表 A10.4 ■ 国际职业标准分类编码——1988年版(ISCO-88)中 PISA 科学相关职业列表

ISCO-88 代码	职 业
1236	计算服务部经理
1237	研究和开发部经理
2110	**物理学家、化学家及相关专业人员**
2111	物理学家和天文学家
2112	气象学家
2113	化学家
2114	地质学家和地球物理学家【包括测地学家】
2122	统计学研究人员【包括保险统计员】
2130	计算学专业人员
2131	计算机系统设计师和分析师【包括软件工程师】
2132	计算机程序师
2139	未分类的计算机专业人员
2140	**建筑师、工程师及相关专业人员**
2141	建筑师和城市规划师
2142	土木工程师
2143	电气工程师
2144	电子工程师和远程通讯工程师
2145	机械工程师
2146	化学工程师
2147	采矿工程师,冶金工程师及相关专业人员
2148	制图师和测量师
2149	建筑师、工程师及相关专业人员
2200	**生命科学和卫生保健专业人员**
2210	生命科学专业人员
2211	生物学家、动物学家、植物学家及相关专业人员
2212	药理学家、病理学家及相关专业人员【包括生物化学家】
2213	农学家及相关专业人员
2220	**卫生保健专业人员(不包括护理人员)**
2221	医师
2222	牙科医师
2223	兽医师
2224	药剂师
2229	未分类的卫生保健专业人员(不包括护理人员)
2230	**护理人员和助产士**【包括注册护士、注册助产士、护士(无进一步说明)】
2442	社会学家,人类学家及相关专业人员
2445	心理学家
2446	社会工作者【包括从事救济事业的工作者】
3110	**物理和工程学技术员**
3111	化学和物理学技术员

续表

ISCO-88 代码	职业
3112	土木工程技术员
3113	电气工程技术员
3114	电子和远程通讯工程技术员
3115	机械工程技术员
3116	化学工程技术员
3117	采矿和冶金工程技术员
3118	制图员
3119	未分类的物理和工程学技术员【包括施工技术员】
3130	**光学和电子设备操作员**
3131	摄影师和影像、声音设备操作员【包括摄影师,调音师】
3132	广播和远程通讯设备操作员
3133	医疗设备操作员
3139	未分类的光学和电子设备操作员【包括电影放映员,电报员】
3143	飞机驾驶员及相关专业人员
3144	空中交通管制员
3145	空中交通安全技术员
3150	**安全和质量检查员**
3151	建筑和防火检验员
3152	安全,卫生及质量检验员
3200	生命科学和卫生保健助理专业人员
3210	**生命科学技术员及相关助理专业人员**
3211	生命科学技术员【包括医学实验助理,医学技术员等;物理和生命科学技术员,技术员等,(动物标本)剥制师】
3212	农学和林业技术员
3213	农场和林业顾问
3220	**现代卫生保健助理专业人员(不包括护理)**
3221	医疗助理
3222	保健专家
3223	饮食专家和营养专家
3224	配镜师和配镜员
3225	牙医助理
3226	理疗师及相关专业人员【包括脊椎按摩医师,男按摩师,整骨医师】
3227	兽医助理【包括接种疫苗兽医】
3228	药剂师助理
3229	未分类的现代卫生保健助理专业人员(不包括护理)【包括顺势医学师,言语治疗师,职业治疗员】
3230	**护理和助产助理专业人员**
3231	护理相关专业人员【包括实习护士】
3232	助产助理专业人员【包括实习助产士】

StatLink http://dx.doi.org/10.1787/142050165315

注　释

［1］参加家长问卷选项的国家有：丹麦、德国、冰岛、意大利、韩国、卢森堡、新西兰、波兰、葡萄牙和土耳其，以及伙伴国家（地区）保加利亚、哥伦比亚、克罗地亚、中国香港、中国澳门和卡塔尔。

［2］即商业软件 HLM6.04（由 Raudenbus 开发研制）。

［3］用这种方法，相似性方程中同时包括回归系数和差异因素。

［4］不包括法国和卡塔尔的数据。

［5］从类别变量产生的虚拟变量数据少于变量的类别量，因为其中一个或多个类别被当作参照组。

［6］有关学生最终权重的详细描述可参阅《PISA 2006 技术报告》（OECD, forthcoming）。

［7］没有考虑背景变量的模型被称为总模型。考虑背景变量后的模型称为净模型。

［8］当两个或两个以上自变量之间相关性很高时，就会有多元共线性。

附录 B
共同协作的 PISA,其构建和实施

附录 B 共同协作的 PISA，其构建和实施

简介

PISA 是一项共同协作的项目，它集中了各参与国（地区）科学性的专业知识，以各国（地区）政府共同关注的政策兴趣点为其发展方向。

在 OECD 的目标框架下，代表各国（地区）的 PISA 理事会（PISA Governing Board，简称 PGB）决定 PISA 优先关注的政策，并监督项目实施过程的落实情况，包括指标构建、评估工具发展以及结果报告中的优先性。

PISA 参与国（地区）的专家们同时也是 PISA 工作团队中的一员，该团队负责将政策目标与国际上最优秀的专业技术相联系。通过加入这些专家团队，各国（地区）能够确保所使用的工具具有国际效度，并考虑了各 OECD 成员国的文化和教育情境，所有评估材料具有良好的测量特性，并且这些工具强调真实性以及教育上的有效性。

参与国家（地区）通过其项目负责人依照一致同意的实施步骤在国家（地区）层面实施 PISA。国家（地区）项目负责人的作用非常重要，他/她要确保测评实施的高质量，核查并评估测评调查的结果、分析、报告和出版物。

在 PISA 理事会所确定的框架下，测评的设计和实施由一个称为 PISA 专业协作组织的国际协作组织负责，该组织由澳大利亚教育研究委员会（Australia Council of Educational Research，简称 ACER）领导。其中的合作机构还有荷兰国家教育测量研究院（Nehterlands National Institute for Educational Measurement，简称 Citogroep）、日本国家教育研究院（the National Institute for Educational Research in Japan，NIER）以及美国的 WESTAT。

OECD 秘书处负责整个项目的管理，监督项目的日常实施，作为 PISA 理事会的秘书处，促使各国（地区）间达成共识，并且承担 PISA 理事会与负责项目具体实施的国际专业协作组织之间的中间协调人工作。另外，OECD 秘书处要与 PISA 专业协作组织共同合作，充分听取参与国（地区）在政策层面（PISA 理事会）和实施层面（国家（地区）项目负责人）的意见，以确定指标、进行分析、准备并发表国际报告。

下面列出了各个 PISA 团队成员和为 PISA 作出贡献的专家和顾问。

OECD 成员国

澳大利亚：Giancarlo Savaris 和 Wendy Whitham
奥地利：Helene Babel 和 Juergen Horschinegg
比利时：Ariane Baye, Christiane Blondin 和 Liselotte Van De Perre
加拿大：Satya Brink, Patrick Bussière 和 Dianne Pennock
捷克：Jana Strakova
丹麦：Jørgen Balling Rasmussen
芬兰：Jari Rajanen
法国：Gérard Bonnet 和 Jean-Claude Emin
德国：Hans Konrad Koch, Elfriede Ohrnberger 和 Botho Priebe, Alexander Renner
希腊：Panos Kazantzis
匈牙利：Ben Csapó
冰岛：Júlíus K. Bjrnsson
爱尔兰：Gerry Shiel
意大利：Raimondo Bolletta, Giacomo Elias 和 Piero Cipollone
日本：Ryo Watanabe

韩国：Whan-sik Kim 和 Mee-Kyeong Lee

卢森堡：Michel Lanners

墨西哥：Felipe Martinez Rizo 和 Jorge Santibáñez Romellón

荷兰：Jules L. Peschar 和 Paul van Oijen

新西兰：Lynne Whitney

挪威：Alette Schreiner

波兰：Stanislaw Drzazdzewski

葡萄牙：Carlos Pinto Ferreira 和 Glória Ramalho

斯洛伐克：Julius Hauser 和 Paulina Korsnakova

西班牙：Carmen Maestro Martin, Ramon Pajares Box, Enrique Roca Cobo 和 Josu Sierra Orrantia

瑞典：Anita Wester

瑞士：Heinz Gilomen, Katrin Holenstein 和 Heinz Rhyn

土耳其：Sevki Karaca 和 Ruhi Kilç

英国：Lorna Bertrand, Liz Levy, Jo Mac Donald, Audrey Mac Dougall 和 Bill Maxwell

美国：Daniel J. Mc Grath, Mark Schneider 和 Elois Scott

观察国（地区）

巴西：Reynaldo Fernandes

保加利亚：Neda Kristanova

智利：Leonor Cariola

克罗地亚：Michelle Braš-Roth

中国香港：Esther Sui-chu Ho

印度尼西亚：Bahrul Hayat

以色列：Michal Beller

拉脱维亚：Andris Kangro

中国澳门：Chio Fai Sou

卡塔尔：Juan Enrique Froemel 和 Adel Sayed

俄罗斯：Galina Kovalyova

斯洛文尼亚：Mojca Straus

中华台北：Fou-Lai Lin

PISA 2006 国家（地区）项目负责人

阿根廷：Marta Kisilevsky（2006 年 2 月始）和 Margarita Poggi（2005 年 10 月止）

澳大利亚：Sue Thomson

奥地利：Günter Haider 和 Claudia Schreiner

阿塞拜疆：Emin Meherremov

比利时：Ariane Baye 和 Inge De Meyer

巴西：Sheyla Carvalho Lira（2005 年 10 月始）和 Mariana Migliari（2005 年 10 月止）

保加利亚：Svetla Petrova

加拿大：Tamara Knighton 和 Dianne Pennock

智利：Ema Lagos

中华台北：Huann-shyang Lin

哥伦比亚：Francisco Ernesto Reyes J

克罗地亚：Michelle Braš Roth

捷克：Jana Paleckova

丹麦：Niels Egelund

爱沙尼亚：Imbi Henno（2006 年 9 月始）和 Kristi Mere（2006 年 9 月止）

芬兰：Pekka Arinen

法国：Ginette Bourny（2006 年 7 月始）和 Anne Laure Monnier（2006 年 7 月止）

德国：Manfred Prenzel

希腊：Panos Kazantzis

中国香港：Esther Ho Sui Chu

匈牙利：Ildikó Balázsi（2005 年 11 月始），Pála Károly（2005 年 8 月至 2005 年 11 月）和 Peter Vari（2005 年 8 月止）

冰岛：Almar Midvik Halldorsson

印度尼西亚：Burhanuddin Tola（2006 年 3 月始）和 Bahrul Hayat（2006 年 3 月止）

爱尔兰：Eemer Eivers（2005 年 11 月始）和 Judith Cosgrove（2005 年 11 月止）

以色列：Bracha Kramarski

意大利：Bruno Losito

日本：Ryo Watanabe

约旦：Khattab Mohammad Abulibdeh

韩国：Mee-Kyeong Lee
吉尔吉斯斯坦：Inna Valkova
拉脱维亚：Andris Kangro
立陶宛：Jolita Dudaité
卢森堡：Iris Blanke
中国澳门：Lam Fat Lo
墨西哥：María-Antonieta Díaz-Gutiérrez 和 Rafael Vidal
黑山：Tanja Ostojic（2007年1月始）和 Ana Grego（2007年1月止）
荷兰：Erna Gille
新西兰：Maree Telford
挪威：Marit Kjaernsli
波兰：Michal Federowicz
葡萄牙：Lídia Padinha
卡塔尔：Juan Enrique Froemel
罗马尼亚：Roxana Mihail
俄罗斯：Galina Kovalyova
塞尔维亚：Dragica Pavlovic Babic
斯洛伐克：Paulina Korsnakova
斯洛文尼亚：Mojca Straus
西班牙：Lis Cercadillo Pérez（2007年1月始）和 Ramon Pajares Box（2007年1月止）
瑞典：Karl-Göran Karlsson
瑞士：Huguette McCluskey
泰国：Sunee Klainin
突尼斯：Néjib Ayed
土耳其：Müfide Çliskan（2006年10月始）和 Sevki Karaca（2006年10月止）
英国：Jenny Bradshaw 和 John Hall
美国：Holly Xie（2006年3月始）和 Mariann Lemke（2005年8月止）
乌拉圭：Andrés Peri（2005年11月始）和 Pedro Ravella（2005年11月止）

OECD秘书处

Andreas Schleicher（PISA与成员国（地区）关系总协调）
John Cresswell（项目管理和分析服务）
Miyako Ikeda（分析服务和成员国（地区）关系协调）
Claire Shewbridge（分析服务）
Sophie Vayssettes（分析服务）
Karin Zimmer（项目管理）
Cécile Bily（管理支持）
Juliet Evans（管理支持）
Kate Lancaster（编辑出版支持）
Elke Lüdemann（为筹备PISA 2006报告提供分析服务）
Yugo Nakamura（PISA 2006报告筹备支持）
Diana Toledo Figueroa（PISA 2006报告筹备支持）
Susanne Salz（PISA 2006报告筹备支持）

PISA专家团队

科学专家团队

Rodger Bybee（主席）（BSCS，美国科罗拉多斯普林斯）
Ewa Bartnik（Warsaw University，波兰）
Peter Fensham（Queensland University of Technology，澳大利亚）
Paulina Korsnakova（National Institute for Education，斯洛伐克）
Robert Laurie（University of New Brunswick，加拿大）
Svein Lie（University of Oslo，挪威）
Pierre Malléus（Ministère de l'Education nationale，法国巴黎）
Michelina Mayer（INVALSI，意大利弗拉斯卡蒂）
Robin Millar（University of York，英国）
Yasushi Ogura（National Institute for Educational Policy Research，日本）
Manfred Prenzel（University of Kiel，德国）

Andrée Tiberghien(University of Lyon,法国)

阅读专家团队

John de Jong(主席,自2005年9月始)(Language Testing Services,荷兰)

Irwin Kirsch(Chair to Sept 2005)(Education Testing Service,美国新泽西)

Marilyn Binkley(National Centre for Educational Statistics,美国纽约)

Alan Davies(University of Edinburgh,英国)

Stan Jones(Statistics Canada)

Dominique Lafontaine(Université de Liège,比利时)

Martine Rémond(IUFM de Créteil et Université Paris,法国)

数学专家团队

Jan de Lange(主席)(Freudenthal Institute, Utrecht University,荷兰)

Werner Blum(University of Kassel,德国)

John Dossey(Consultant,美国)

Zbigniew Marciniak(University of Warsaw,波兰)

Mogens Niss(University of Roskilde,丹麦)

Yoshinori Shimizu(University of Tsukuba,日本)

问卷专家团队

David Baker(Pennsylvania State University,美国)

Rodger Bybee(BSCS, Colorado Springs,美国)

Aletta Grisay(Consultant,法国巴黎)

David Kaplan(University of Wisconsin-Madison,美国)

John Keeves(Flinders University,澳大利亚)

Reinhard Pekrun(University of Munich,德国)

Erich Ramseier(Abteilung Bildungsplanung und Evaluation,瑞士伯恩)

J. Douglas Willms(University of New Brunswick,加拿大)

PISA技术咨询团队

Keith Rust(主席)(Westat,美国)

Ray Adams(International Project Director, ACER)

John de Jong(Language Testing Services,荷兰)

Cees Glas(University of Twente,荷兰)

Aletta Grisay(Consultant,法国巴黎)

David Kaplan(University of Wisconsin-Madison,美国)

Christian Monseur(University of Liege,比利时)

Sophia Rabe-Hesketh(University of California-Berkeley,美国)

Thierry Rocher(Ministère de l'Education Nationale,法国)

Norman Verhelst(CITO,荷兰)

Kentaro Yamamoto(ETS, New Jersey,美国)

Rebecca Zwick(University of California-Santa Barbara,美国)

Larry Hedges(Northwestern University,美国)

Steve May(Ministry of Education,新西兰)

J. Douglas Willms(University of New Brunswick,加拿大)

Pierre Foy(IEA Data Processing Centre,德国汉堡)

Eugene Johnson(American Institutes for Research,美国华盛顿特区)

Irwin Kirsch(ETS, Princeton,美国)

PISA专业协作组织

澳大利亚教育研究委员会

Ray Adams(国际项目主任)

Susan Bates(项目管理)

Alla Berezner(数据管理和分析)

Yan Bibby(数据处理和分析)
Wei Buttress(项目管理,质量监控)
Renee Chow(数据处理)
Judith Cosgrove(数据处理和分析,国家(地区)项目中心支持)
George Doukas(数据处理和分析,计算机辅助测试)
Eveline Gebhardt(数据处理和分析)
Sam Haldane(IT服务,计算机辅助测试)
Dewi Handayani(数据处理,试测)
John Harding(科学工具开发)
Jennifer Hong(数据处理,抽样)
Marten Koomen(管理,计算机辅助测试)
Dulce Lay(数据处理,试测,抽样)
Le Tu Luc(数据处理)
Tom Lumley(阅读测试开发)
Helen Lye(科学测试开发)
Greg Macaskill(数据管理和处理,抽样)
Fran Maher(科学工具、测试开发)
Ron Martin(科学工具、测试开发)
Barry McCrae(科学工具、测试开发)
Pippa McKelvie(项目管理,数据处理,质量监控)
Juliette Mendelovits(阅读工具、测试开发)
Esther Michael(管理支持)
Martin Murphy(试测和抽样)
Van Nguyen(数据处理)
Gayl O'Connor(科学工具开发)
Alla Routitsky(数据管理和处理)
Wolfram Schulz(问卷开发和分析)
Fionnuala Shortt(数据处理,质量监控)
Ross Turner(管理,数学工具、测试开发)
Daniel Urbach(数据处理和分析)
Maurice Walker(抽样,问卷开发和分析)
Wahyu Wardono(项目管理,计算机辅助测试)

Westat
Keith Rust(PISA抽样、加权工作专业协作组织负责人,TAG主席)
Sheila Krawchuk(抽样、加权和质量监控)
Eugene Brown(加权)
Ming Chen(加权)
Fran Cohen(加权)
Joseph Croos(加权)
Susan Fuss(抽样、加权和质量监控)
Ismael Flores-Cervantes(质量监控)
Amita Gopinath(加权)
Sharon Hirabayashi(加权)
John Lopdell(加权)
Shawn Lu(加权)
Christian Monseur(咨询、抽样、加权和质量监控)
Merl Robinson(质量监控)
William Wall(加权)
Erin Wilson(抽样和加权)

日本国家教育研究院
Hanako Senuma(数学工具开发)
Yasushi Ogura(科学工具开发)

Citogroep
Janny Harmsen(项目管理)
Kees Lagerwaard(数学工具开发)
Ger Limpens(数学工具开发)
Norman Verhelst(技术建议,数据分析)
Jose Bruens(科学工具开发)
Joop Hendricx(科学工具开发)
Annemarie de Knecht(管理)

美国教育考试服务社
Irwin Kirsch(阅读框架和测试开发)

其他专家
Steve Dept(cApStAn语言质量控制)(翻译和确认服务)
Andrea Farrari(cApStAn语言质量控制)(翻译和确认服务)
Oystein Guttersrud(ILS, University of Oslo)

（科学工具开发）

Marit Kjaernsli(ILS, University of Oslo)（科学工具开发）

Svein Lie(ILS, University of Oslo)（科学工具开发）

Rolf V. Olsen(ILS, University of Oslo)（科学工具开发）

Steffen Brandt(IPN, University of Kiel)（科学工具开发）

Claus Carstensen(IPN, University of Kiel)（科学工具开发）

Barbara Drechsel(IPN, University of Kiel)（科学工具开发）

Marcus Hammann(IPN, University of Kiel)（科学工具开发）

Michael Komorek(IPN, University of Kiel)（科学工具开发）

Manfred Prenzel(IPN, University of Kiel)（科学工具开发，问卷框架开发）

Peter Nentwig(IPN, University of Kiel)（科学工具开发）

Martin Senkbeil(IPN, University of Kiel)（科学工具开发）

Beatrice Halleux(Consultant, Belgium)（翻译/确认审阅，法语资料开发）

Aletta Grisay(Consultant, France)（技术建议，法语资料开发，问卷开发）

Anne-Laure Monnier(Consultant, France)（法语资料开发）

Christian Monseur(University of Liege)（技术建议，数据分析）

Eve Recht(Consultant, Australia)（编辑出版服务）

Tina Seidel（问卷框架开发）

Alexander Wiseman（问卷框架开发）

附录 C
本报告数据的链接

本报告第 2 卷，*PISA 2006：Data/Données*，提供第 1 卷分析使用的数据表以及一些国家（地区）不同地区的结果。

这些数据表也可以通过统计数字链接（StatLinks）从网上获得：

第 2 章　http://dx.doi.org/10.1787/142056138443
第 3 章　http://dx.doi.org/10.1787/142102278412
第 4 章　http://dx.doi.org/10.1787/142104560611
第 5 章　http://dx.doi.org/10.1787/142127877152
第 6 章　http://dx.doi.org/10.1787/142183565744
一些国家（地区）不同地区的结果
　　　　http://dx.doi.org/10.1787/142184405135

这些统计数字链接（StatLinks）稳定，且持续不变。

此外，所有的 PISA 数据和出版物均可在 PISA 网站（www.pisa.oecd.org）上免费获得。

该书包含

StatLinks

StatLinks，一种从印刷页面获取 EXCEL文件的服务

可在本书中的图表右下角查看StatLinks。要下载相应的Excel电子表格，只要在网络浏览器中输入链接即可，前缀是 *http://dx.doi.org*。
如果您阅读的是PDF电子书，并且您的电脑接入互联网，只需点击链接即可。
你将发现StatLinks出现在更多的OECD书籍中。

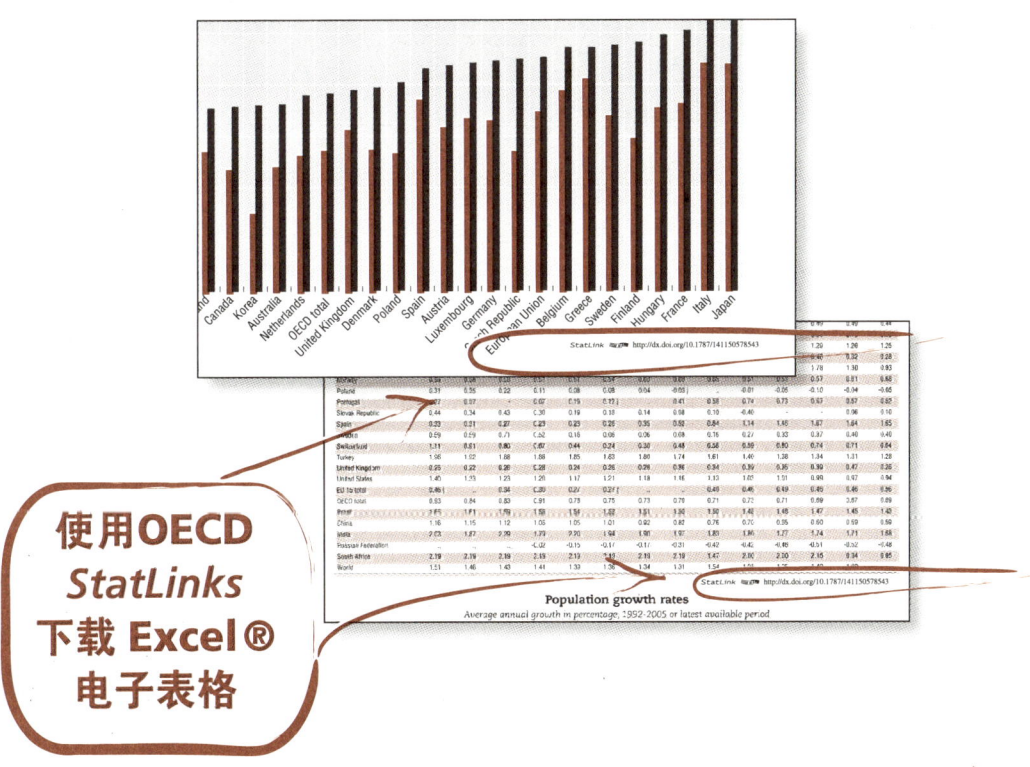

使用OECD *StatLinks* 下载 Excel® 电子表格

StatLinks：OECD出版的又一创举
在www.oecd.org/statistics/statlink 了解更多
我们乐于倾听您对我们的出版物和类似StatLinks服务的看法：发送电子邮件至oecdpublishing@oecd.org联系我们

后　　记

本书的翻译工作由上海市教育科学研究院普通教育研究所副所长陆璟负责。第1卷各部分的译者分别为陆璟（第一章、第六章及附录A1至A7）、占盛丽（第二章、第三章及附录A8至A10）朱小虎（第四章、第五章及附录B、附录C），包晗也参与了第六章的翻译工作。第2卷中对应章节表格的翻译也同样安排，由朱小虎进行统校。之后，陆璟、占盛丽和朱小虎三人进行了交叉校对及订正。

与《面向明日世界的学习——国际学生评估项目（PISA）2003报告》一样，本书图表繁多、结构复杂。我们非常感谢OECD Publishing为我们提供的全书电子图表及排版所需的电子文档。这使得我们的翻译和后期书籍的制版速度得以大大提高。

我们要特别感谢上海市教育委员会副主任张民选教授以及普通教育研究所所长傅禄建老师，他们非常关心本书的翻译工作，给予了大量人力物力的支持。感谢上海教育出版社政治室刘芳主任和本书责任编辑童亮老师，他们对本书的出版付出了辛勤的劳动。

由于译者本身能力有限，书中难免会有错误，希望读者不吝赐教，我们将认真听取、虚心学习，在以后的工作中加以改进。

译　者
2010年10月